Die ideale Ergänzung zum Studienbuch

Dolde | Graßhof | Remmert
Landesrecht Baden-Württemberg
Textsammlung

Nomos, 18. Auflage 2023, 938 Seiten, broschiert
ISBN 978-3-7560-0767-7
29,90 € inkl. MwSt.

Die Textsammlung umfasst die wichtigen Vorschriften des Verwaltungs- und Verfassungsrechts. Sie eignet sich für Studium und Praxis.

NomosStudienbuch

Dr. Jan-Dirk Rausch

Landesrecht
Baden-Württemberg

Studienbuch

2. Auflage

Die Deutsche Nationalbibliothek verzeichnet diese Publikation in
der Deutschen Nationalbibliografie; detaillierte bibliografische
Daten sind im Internet über http://dnb.d-nb.de abrufbar.

ISBN 978-3-7560-0062-3 (Print)
ISBN 978-3-7489-1471-6 (ePDF)

2. Auflage 2024
© Nomos Verlagsgesellschaft, Baden-Baden 2024. Gesamtverantwortung für Druck
und Herstellung bei der Nomos Verlagsgesellschaft mbH & Co. KG. Alle Rechte, auch
die des Nachdrucks von Auszügen, der fotomechanischen Wiedergabe und der Übersetzung, vorbehalten.

Vorwort und Benutzungshinweise

Dieses Studienbuch ist an den Anforderungen des Ersten und des Zweiten juristischen Staatsexamens ausgerichtet. Sämtliche hier dargestellten Rechtsgebiete sind in gleichem Maße examensrelevant. Das Studienbuch soll darüber hinaus auch für Studierende der Hochschulen, für die öffentliche Verwaltung, für Referendarinnen und Referendare, die aus anderen Bundesländern kommen und für Praktiker hilfreich sein, die sich in die Materie des baden-württembergischen Verwaltungsrechts einarbeiten möchten.

Entsprechend seiner Bezeichnung verfolgt dieses Werk das Ziel, die jeweiligen Rechtsgebiete in verständlicher Form zu vermitteln. Dabei liegt der Schwerpunkt auf der Darstellung der klausur- und examenstypischen Konstellationen. Diese ist so gestaltet, dass mithilfe des erarbeiteten systematischen Wissens, insbesondere hinsichtlich der Ermächtigungsgrundlagen und der Zuständigkeiten in den jeweiligen Rechtsgebieten, auch auf den ersten Blick als atypisch erscheinende Klausurfälle gelöst werden können.

Das Studienbuch gliedert sich in die Kapitel Baurecht, Kommunalrecht, Polizeirecht, Verwaltungsvollstreckungsrecht und Landesverfassungsrecht. Sie sind alle strukturell gleich aufgebaut und nehmen alle landesrechtlichen Spezifika des materiellen Rechts auf. Da sich zwischen den einzelnen Rechtsgebieten Überschneidungen ergeben, wird auf die Kapitel untereinander verwiesen. Dabei kommt es bewusst in angemessenem Umfang zu Wiederholungen. Fragen des Verwaltungs- und Verfassungsprozessrechts werden angesprochen, um ein entsprechendes Problembewusstsein zu schaffen; ebenso werden Regelungen des Verwaltungsverfahrensrechts, wie etwa zum Begriff des Verwaltungsaktes, zu dessen Bekanntgabe oder zur Anhörung, nur erörtert, soweit sie das jeweilige Rechtsgebiet konkret betreffen.

Die Orientierung an der Vermittlung des erforderlichen Prüfungswissens bringt es mit sich, dass die jeweiligen Rechtsgebiete nur im Hinblick auf ihre Klausurrelevanz, nicht aber vollständig dargestellt werden können. Dies würde den Umfang eines Studienbuches übersteigen. Gleichwohl erhebt dieses Werk den Anspruch, das für ein erfolgreiches Staatsexamen erforderliche Wissen umfassend und hinreichend zu vermitteln.

Wer den Inhalt dieses Buches kennt und verstanden hat, wird seine persönliche Prüfungsreife jedoch nur dann erlangen, wenn es ihm gelingt, dieses Wissen auch in die im Examen geforderten Klausuren umzusetzen. Hierzu ist ein umfangreiches Training an examenstypischen Fällen erforderlich, idealerweise in Lehrveranstaltungen, in denen die Möglichkeit zu ausführlichen Rückfragen besteht, und in Klausuren- und Vertiefungskursen, in denen eine umfassende Fehleranalyse betrieben wird. Im Gegensatz zum materiellen Wissen verlangt die Klausurfähigkeit zusätzliche Erfordernisse, die sich nur durch das regelmäßige Schreiben von Klausuren und die eigenständige Erarbeitung von Fallgliederungen erlernen lassen, wie z. B. das Erkennen von Problemen, die richtige Schwerpunktsetzung, das Bewusstsein für logische Zusammenhänge, die Fähigkeit zur eigenen Argumentation, die Wahrnehmung von Informationen des Aufgabenstellers über rechtliche Problemstellungen und die Ausformulierung in präziser und verständlicher Sprache.

Nach den Erkenntnissen der Lernpsychologie bleiben bei ausschließlichem Lesen nur etwa zehn Prozent des Stoffes im Gedächtnis präsent. Die reine Lektüre eines Buches ist daher ähnlich ineffektiv wie der Besuch einer „Vorlesung", deren Funktion der Dozent oder die Dozentin allzu wörtlich nimmt. Um diesem Problem ein wenig zu begegnen, sind in diesem Studienbuch Fragen zur Lernkontrolle aufgenommen sowie Fälle und Lösungen wiedergegeben. Bei Letzteren handelt es sich um beispielhaft – und in keiner Weise abschließend – aufgenommene typische Konstellationen, die aber bei weitem nicht den Umfang einer fünfstündigen Examensklausur erreichen. Es soll mit den Fällen in erster Linie gezeigt werden, wie die Lösung einer Klausur zu gliedern und sprachlich auszuformulieren ist. Bewusst wurde darauf verzichtet, direkt an den Anschluss des Sachverhalts die jeweilige Lösung abzudrucken. Ein Lerneffekt tritt nur ein, wenn sich die Leserin oder der Leser des Sachverhalts zunächst stichwortartig eine eigene Lösung des Falles überlegt und erst dann die Lösung nachschlägt.

Auch die Fragen zur Lernkontrolle werden nur dann zu einem Wissenserfolg führen, wenn sie nicht nur überhaupt, sondern in kontrollierbarer Form beantwortet werden, sei es etwa durch das Niederschreiben von Antwort-Stichwörtern oder durch das wechselseitige Abfragen in einer Arbeitsgruppe.

Soweit in diesem Studienbuch Fußnoten aufgeführt sind, dienen sie dem Quellennachweis und der Vertiefung. Um die Lesbarkeit dieses Studienbuches zu erleichtern, wurde bewusst auf einen allzu umfangreichen Fußnotenapparat verzichtet. Die Fußnoten sollten somit nur nachgelesen werden, falls sich das Verständnis nicht bereits aus dem geschriebenen Text ergibt oder wenn man – etwa bei der Lösung von Hausarbeiten – auf weiterführende Quellen angewiesen wäre. Die Randnummern bei Gerichtsentscheidungen beziehen sich auf die Datenbank *juris* sowie auf die kostenlosen Datenbanken *rechtsprechung-im-internet.de* und *landesrecht-bw.de*.

Dieses Buch konnte in Konzept, Aufbau und Darstellung nur aufgrund der mehrjährigen Erfahrung in meinen Lehrveranstaltungen in Heidelberg und Freiburg zur Vorbereitung auf die Staatsexamina entstehen. Allen Studierenden, die mit großer Motivation die ihnen unbekannten Rechtsgebiete verstehen lernen wollten und wollen und die durch den lebhaften und kreativen Unterrichtsdialog zum Entstehen dieses Buches beigetragen haben, sei hiermit herzlich gedankt. Ebenso gilt mein Dank dem Nomos-Verlag, der sich dieses Projektes gerne angenommen hat, und Jacqueline Kolinger, die das grundlegende Manuskript nicht nur mit schätzenswerter Genauigkeit angefertigt, sondern mich auch stets zu dessen Fertigstellung angetrieben hat.

Die erste Auflage dieses Studienbuches erfuhr trotz ihres Erscheinens in der auch öffentlich-rechtlich leidvollen Coronazeit eine sehr erfreuliche positive Resonanz. Die nun schon erscheinende zweite Auflage befindet sich hinsichtlich der bearbeiteten Gesetze, Literatur und Rechtsprechung auf dem Stand von Sommer 2023. Einen Schwerpunkt bildete dabei die Novellierung des Polizeirechts.

Und auch jetzt gilt: die dritte Auflage soll besser werden als die zweite. Deshalb sind Anregungen unter jan-dirk@anwalt-verfassungsrecht.de gerne willkommen. Sie werden gerne aufgenommen.

Karlsruhe-Durlach, im September 2023   *Dr. Jan-Dirk Rausch*

Inhalt

Vorwort und Benutzungshinweise 5

§ 1 Baurecht 11

§ 2 Kommunalrecht 99

§ 3 Polizeirecht 179

§ 4 Verwaltungsvollstreckungsrecht 275

§ 5 Landesverfassungsrecht 295

Stichwortverzeichnis 313

§ 1 Baurecht

Literatur:

Battis/Krautzberger/Löhr, Baugesetzbuch, 15. Aufl., 2022; *Bohnert,* Die Ersetzungsbefugnis bei verweigertem gemeindlichem Einvernehmen – Aktuelle Rechtslage zu Amtshaftungsansprüchen und Neufassung des § 54 Abs. 4 LBO, VBlBW 2015, 369; *Breuer,* Das Baulandmodernisierungsgesetz – Analyse, Kritik und Resümee, NVwZ 2022, 585; *Dürr/Leven/Speckmaier,* Baurecht Baden-Württemberg, 17. Aufl., 2021; *Ernst/Zinkahn/Bielenberg/Krautzberger,* Baugesetzbuch, Stand: 1. Oktober 2022; *Finkelnburg/Ortloff/Otto,* Öffentliches Baurecht Bd. II, 7. Aufl., 2018; *Finkelnburg/Ortloff/Kment,* Öffentliches Baurecht Bd. I, 7. Aufl., 2017; *Gehrke/Brehsan,* Genießt der baurechtliche Bestandsschutz noch Bestandsschutz?, NVwZ 1999, 932; *Kopp/Schenke,* VwGO, 28. Aufl., 2022; *Kröninger/Aschke/Jeromin,* Baugesetzbuch mit Baunutzungsverordnung, 4. Aufl., 2018; *Mager,* Die Auswirkungen der Präklusions-Rechtsprechung des EuGH auf das Baurecht, VBlBW 2017, 54; *Mampel,* Verkehrte Eigentumsordnung – Das Unwesen des verfassungsunmittelbaren Bestandsschutzes, ZfBR 2002, 327; *Mann/Sennekamp/Uechtritz,* Verwaltungsverfahrensgesetz, 2. Aufl., 2019; *Martini/Finkenzeller,* Die Abwägungsfehlerlehre, JuS 2012, 126; *Maurer/Waldhoff,* Allgemeines Verwaltungsrecht, 20. Aufl., 2020; *Rausch,* Sind Sportwettbüros „Vergnügungsstätten" im Sinne der Baunutzungsverordnung?, DÖV 2009, 667; *H. Schulte,* Das Dogma Baufreiheit, DVBl. 1979, 133; *Spannowsky/Uechtritz,* Beck OK BauGB, Stand: 1. Dezember 2022; *Steinberg/Wickel/Müller,* Fachplanung, 4. Aufl., 2012; *Stelkens,* Planerhaltung bei Abwägungsmängeln nach dem EAG Bau – zugleich Versuch einer Abgrenzung zwischen § 1 Abs. 7 und § 2 Abs. 3 BauGB, UPR 2005, 81; *Stelkens/Bonk/Sachs,* Verwaltungsverfahrensgesetz, 10. Aufl., 2023; *Voßkuhle/Kaiser,* Grundwissen – Öffentliches Recht: Der Bebauungsplan, JuS 2014, 1074; *Wunderle,* Der Abbruch von im Verfall begriffenen baulichen Anlagen nach § 65 Abs. 2 LBO, VBlBW 2020, 221 und 272.

I. Einführung 1	b) Von der Baurechtsbehörde zu prüfende Vorschriften .. 59
II. Bauordnungsrecht und Bauplanungsrecht 5	c) Anspruch 69
1. Verfassungsrechtlicher Hintergrund 5	d) Nebenbestimmungen zur Baugenehmigung 70
2. Verknüpfung von Bauordnungsrecht und Bauplanungsrecht in Klausuren 15	e) Vereinfachtes Baugenehmigungsverfahren (§ 52 LBO) 78
III. Die zuständigen Behörden 22	f) Kenntnisgabeverfahren 81
1. Die Zuständigkeit der unteren Baurechtsbehörde 26	3. Der Bauvorbescheid 85
2. Weisungsrecht und Selbsteintrittsrecht der Fachaufsichtsbehörde 32	a) Keine Ermessensentscheidung 86
	b) Einzelne Fragen des Vorhabens 87
3. Zuständigkeiten der Gemeinden als Selbstverwaltungskörperschaft 37	c) Rechtliche Wirkung des Vorbescheides 88
a) Der Erlass von örtlichen Bauvorschriften 38	4. Die Teilbaugenehmigung 95
b) Der Erlass von Satzungen nach dem BauGB 40	5. Die Abbruchanordnung 98
	a) Anlage 99
IV. Die Ermächtigungsgrundlagen der LBO 41	b) „In Widerspruch zu öffentlich-rechtlichen Vorschriften errichtet" und „nicht auf andere Weise rechtmäßige Zustände hergestellt werden können" 100
1. Allgemeines zum bauordnungsrechtlichen Verfahrensrecht 41	
2. Die Baugenehmigung 46	c) Ermessen 108
a) Genehmigungspflichtiges Vorhaben 47	6. Nutzungsuntersagung und Einstellung von Arbeiten 117
	a) Nutzungsuntersagung 117

§ 1 Baurecht

  aa) „Im Widerspruch zur öffentlich-rechtlichen Vorschriften genutzt" 118
  bb) Ermessen 121
 b) Einstellung von Arbeiten .. 129
7. Die bauordnungsrechtliche Generalklausel (§ 47 Abs. 1 LBO) 132
8. Weitere bauordnungsrechtliche Ermächtigungsgrundlagen 139
9. Die bauordnungsrechtliche und die bauplanungsrechtliche Befreiung 141
 a) Allgemeines 141
 b) Die Befreiung gemäß § 31 Abs. 2 BauGB 144
 c) Die bauordnungsrechtliche Befreiung nach § 56 Abs. 5 LBO 155
V. Die bauplanungsrechtliche Zulässigkeit von Vorhaben 157
1. Die bauplanungsrechtliche Zulässigkeit eines Vorhabens und die Verknüpfung mit den Ermächtigungsgrundlagen der LBO 157
2. Die Prüfung der Anwendbarkeit der §§ 30 ff. BauGB (§ 29 BauGB) 162
3. Vorhaben im Geltungsbereich eines Bebauungsplanes (§ 30 BauGB) 168
 a) Qualifizierter und einfacher Bebauungsplan 168
 b) Die bauplanungsrechtliche Zulässigkeit im Geltungsbereich eines Bebauungsplans 172
  aa) Die Funktion der BauNVO 172
  bb) Art und Maß der baulichen Nutzung gemäß BauNVO (§§ 1 bis 23 BauNVO) 175
  cc) Ausnahmen und Befreiungen (§ 31 BauGB) 179
  dd) Die Besonderheit des § 15 BauNVO 185
4. Die Zulässigkeit von Vorhaben im unbeplanten Innenbereich (§ 34 BauGB) 194
 a) Die Voraussetzungen des Einfügens in § 34 Abs. 1 BauGB 197

 b) § 34 Abs. 2 BauGB und der Verweis auf die BauNVO 199
 c) Abweichungen nach § 34 Abs. 3a BauGB und Satzungsermächtigung nach § 34 Abs. 4 BauGB 202
5. Die Zulässigkeit von Vorhaben im Außenbereich (§ 35 BauGB) 204
 a) Der Außenbereich als freizuhaltende Fläche und die Systematik der Norm 204
 b) Privilegierte Vorhaben (§ 35 Abs. 1 BauGB) 209
 c) „Entgegenstehen" und „Beeinträchtigen" 225
 d) Die „teilprivilegierten" Vorhaben in § 35 Abs. 4 BauGB 230
6. Das kommunale Einvernehmen nach § 36 BauGB 235
 a) Funktion und Anwendbarkeit der Norm 235
 b) Folgen der Verweigerung des Einvernehmens 242
VI. Die Überprüfung der Rechtmäßigkeit von Bebauungsplänen 249
1. Vorüberlegungen 249
2. Die Überprüfung von Gesetzesverstößen im Einzelnen 257
 a) Planaufstellungsbeschluss 263
 b) Öffentlichkeitsbeteiligung, § 3 Abs. 1 BauGB 264
 c) Beteiligung der Träger öffentlicher Belange (§ 4 BauGB) 265
 d) Billigungs- und Auslegungsbeschluss 266
 e) Auslegung des Planentwurfs (§ 3 Abs. 2 BauGB) 268
 f) Satzungsbeschluss (§ 10 Abs. 1 BauGB) 270
 g) Inkrafttreten mit Bekanntmachung (§ 10 Abs. 3 BauGB) 276
 h) Inhaltliche Fehler im Bebauungsplan 278
  aa) Zwingendes Recht ... 279
  bb) Abwägungskontrolle 287
VII. Weitere planungsrechtliche Instrumente 304
1. Der Flächennutzungsplan 305
2. Veränderungssperre und Rückstellung 307
3. Abrundungssatzungen 313
4. Erhaltungssatzung 314
5. Örtliche Bauvorschriften 316

I. Einführung

VIII. Ausgewählte Regelungen des materiellen Bauordnungsrechts ... 317
1. Abstandsvorschriften (§ 5 ff. LBO) 318
2. Brandschutz (§ 15 LBO) 320
3. Stellplätze (§ 37 LBO) 323
4. Verunstaltungsverbote (§ 11 LBO) 325

IX. Baurechtlicher Bestandsschutz 330
1. Schutz vorhandener baulicher Anlagen 332
   a) Wirkung und mögliche Erledigung einer Baugenehmigung 333
   b) Unverhältnismäßigkeit von Abbruchanordnungen 339
2. Wiederrichtung, Neuerrichtung und Erweiterung von baulichen Anlagen 343
   a) Grundsätzliches 343
   b) Bestandsschutz nach § 34 Abs. 3a und § 35 Abs. 4 BauGB 348

X. Baurechtlicher Nachbarschutz 357
1. Allgemeines 357
2. Drittschützende Vorschriften des Bauordnungsrechts 371
3. Drittschützende Vorschriften des Bauplanungsrechts 372
   a) „Bodenrechtliche Schicksalsgemeinschaft" und Gebot der Rücksichtnahme 373
   b) Die Vorschriften des Gebots der Rücksichtnahme im Einzelnen 382
      aa) Vorhaben im Geltungsbereich eines qualifizierten Bebauungsplanes 382
      bb) Nachbarschutz bei bauplanungsrechtlicher Befreiung 388
      cc) Gebot der Rücksichtnahme im unbeplanten Innenbereich 389
      dd) Gebot der Rücksichtnahme im Außenbereich (§ 35 BauGB) .. 393
4. Rechtsschutz von Nachbargemeinden 395

XI. Prozessuales 400
1. Anfechtungs- und Verpflichtungsklagen 401
2. Vorläufiger Rechtsschutz im Baurecht 404
3. Normenkontrollverfahren 406

XII. Fragen zur Lernkontrolle 409
XIII. Fälle 410

I. Einführung

Das öffentliche Baurecht gehört zu den beliebtesten Rechtsgebieten in den Prüfungen des Ersten und Zweiten Juristischen Staatsexamens. Hier lassen sich insbesondere durch die Verknüpfung von Bauordnungsrecht und Bauplanungsrecht zahlreiche Fallvarianten bilden. Genau diese Verknüpfung scheint es jedoch oft zu sein, die in der Fallbearbeitung besondere Schwierigkeiten zu bereiten scheint. Verständlicher wird die Materie, wenn man sich zum einen die beiden Rechtsgebiete bewusst macht und zum anderen auf die Gesetze der Logik achtet. Das Auswendiglernen von Aufbauschemata („Genehmigungspflichtigkeit und Genehmigungsfähigkeit") ist wenig hilfreich. Vielmehr fördert ein gründlicher Blick in die Reihenfolge der Tatbestandsmerkmale der baurechtlichen Ermächtigungsgrundlagen – also der Normen, die die Behörden zum Handeln ermächtigen – genau das Verständnis, das für einen logisch strukturierten Fallaufbau benötigt wird.

Baurechtsklausuren werden – sieht man von der Besonderheit der Normenkontrolle gegen Bebauungspläne oder andere Satzungen einmal ab – von einer, gerne auch von mehreren Ermächtigungsgrundlagen aus entwickelt. Zusätzlich kann auch das Verwaltungsvollstreckungsrecht relevant werden (wenn zB die Baurechtsbehörde ein Haus abreißen lässt). Wer also die Voraussetzungen der – ihrer Zahl nach überschaubaren – Ermächtigungsgrundlagen in die richtige logische Reihenfolge bringen kann, daran orientiert die Subsumtion vornimmt und weiß, dass die Zuständigkeitsnormen zumeist dieselben sind, kommt in einer Klausur sehr weit.

3   Typische Klausurkonstellationen sind:
   a) die Verpflichtungsklage auf Baugenehmigung oder Vorbescheid
   b) die Anfechtungsklage gegen eine Nutzungsuntersagung, eine Abbruchanordnung, die Einstellung von Arbeiten oder gegen eine atypische Anordnung gem. § 47 Abs. 1 LBO
   c) die Anfechtungsklage eines Drittbetroffenen (evtl. auch einer Gemeinde) gegen eine Baugenehmigung oder einen Vorbescheid
   d) die Normenkontrolle gegen Bebauungspläne.

In den Beispielen a) bis c) stehen die Ermächtigungsgrundlagen im Mittelpunkt; die Normenkontrolle von Bebauungsplänen (oder anderen Satzungen) stellt eine Besonderheit dar.

4   Die inhaltliche Kontrolle von Bebauungsplänen kann darüber hinaus auch in einer Anfechtungs- oder Verpflichtungsklagesituation erscheinen, wenn sich die Frage stellt, ob ein Bauvorhaben unzulässig ist, weil der zugrunde liegende Bebauungsplan nichtig ist. Hiervon soll zunächst nicht die Rede sein. Zuerst geht es um das grundlegende Verständnis.

II. Bauordnungsrecht und Bauplanungsrecht

1. Verfassungsrechtlicher Hintergrund

5   Das öffentliche Baurecht – das private Baurecht, also insbesondere das Werkvertragsrecht, ist nicht Gegenstand dieses Buches – wird traditionell in Bauordnungsrecht und Bauplanungsrecht unterteilt. Dies ist keinesfalls willkürlich, sondern findet seine Ursache darin, dass die beiden Rechtsmaterien in unterschiedlichen Gesetzen geregelt sind. Bauplanungsrecht findet sich grundsätzlich im Bundesrecht (v.a. BauGB, BauNVO), Bauordnungsrecht im Landesrecht (LBO). Über seltene, aber nicht unbedeutende Ausnahmen wird zu sprechen sein.

6   Dass Bauordnungsrecht und Bauplanungsrecht in unterschiedlichen Gesetzen des Bundes- und Landesrechts geregelt sind, ist den Gesetzgebungskompetenzen des Bundes geschuldet. Das legendäre **Baurechtsgutachten des BVerfG** aus dem Jahre 1954 hat Auskunft darüber erteilt, wo der Bundesgesetzgeber tätig werden darf und welche Regelungsmaterien dem Landesrecht vorbehalten sind. Nach Art. 74 Abs. 1 Nr. 18 GG hat der Bund die konkurrierende Gesetzgebungskompetenz für das Bodenrecht. Was das ist, hat das Baurechtsgutachten[1] präzisiert:

7   Zur Materie „**Bodenrecht**" iSv Art. 74 Abs. 1 Nr. 18 GG gehören nur solche Vorschriften, die den Grund und Boden unmittelbar zum Gegenstand rechtlicher Ordnung haben, also die rechtlichen Beziehungen des Menschen zum Grund und Boden regeln.[2] Dies umfasst die Vorbereitung und Leitung der gesamten Bebauung in Stadt

---

1   BVerfG 1 PBvV 2/52.
2   BVerfG 1 PBvV 2/52, Rn. 75.

und Land, der zu ihr gehörigen baulichen Anlagen und Einrichtungen sowie der mit der Bebauung in Verbindung stehenden Nutzung des Bodens (Recht der städtebaulichen Planung),[3] die Maßnahmen, welche aufgrund eines Bebauungsplanes die bauliche Nutzung des Baulandes durch Herstellung der für die Allgemeinheit bestimmten Verkehrs- und Erholungsflächen sowie Versorgungs- und Entwässerungsanlagen mit ihrem Zubehör ermöglichen (Recht der Erschließung)[4] sowie – weniger prüfungsrelevant – die Umlegung, die Bodenbewertung und das Bodenverkehrsrecht.[5]

Das **Bauordnungsrecht** wurde definiert als „a) die aus der Planung sich ergebenden Auswirkungen auf Bauvorhaben und auf bestehende Gebäude, b) grundsätzliche Anforderungen baukonstruktiver, baugestalterischer und bauwirtschaftlicher Art an Bauwerke und Baustoffe, c) die Grundlagen des Genehmigungsverfahrens und der Ordnung des Bauvorgangs, d) die Pflicht zur ordnungsmäßigen Unterhaltung und Instandsetzung oder Beseitigung bei gefährlichen oder ordnungswidrigen Zuständen".[6] Hieraus hat das BVerfG unter Rückgriff auf die Weimarer Reichsverfassung die Folgerung gezogen, „dass das Baupolizeirecht mit dem allgemeinen Polizeirecht weiterhin zur Zuständigkeit der Länder gehört."[7]

Dies erklärt das bis heute vorhandene, für Studierende zunächst ungewohnte Nebeneinander von Bundesrecht (BauGB, BauNVO) und Landesrecht (LBO) im Baurecht. Bundes- und Landesrecht haben in diesen Gesetzen eine unterschiedliche Zielrichtung und können sich somit grundsätzlich nicht überschneiden, selbst dann nicht, wenn sie wortgleiche Begriffe verwenden. So dürfen insbesondere die Begriffe der „baulichen Anlage" in § 2 Abs. 1 LBO und § 29 Abs. 1 BauGB nicht gleichgesetzt werden.

Soweit der Bundesgesetzgeber seine Kompetenz nach Art. 74 Abs. 1 Nr. 18 GG nicht ausgeschöpft hat, darf im Bodenrecht auch der Landesgesetzgeber tätig werden (Art. 72 Abs. 1 GG). Ein Beispiel dieser eher seltenen Normen sind die örtlichen Bauvorschriften nach § 74 LBO, die weitgehend bauplanungsrechtlich ausgerichtet sind. Das Land durfte § 74 LBO erlassen, weil der Bund diese Thematik im BauGB nicht geregelt hat.[8]

Nach dem Gesagten dienen damit BauGB und BauNVO in erster Linie der Planung, während die LBO mit ihren materiellen Regelungen die Gefahrenabwehr, also die Verhinderung von Schäden (insbesondere Grundrechtsverletzungen an Eigentum und körperlicher Unversehrtheit) durch bauliche Anlagen abdeckt (zB Brandschutz und Standsicherheit).

Darüber hinaus enthält die LBO die äußerst wichtigen **Ermächtigungsgrundlagen**, wie etwa die Baugenehmigung, § 58 Abs. 1 LBO, oder die Abbruchanordnung, § 65 Abs. 1 Satz 1 LBO. Eine Ermächtigungsgrundlage ist stets daran zu erkennen, dass sie einer Behörde eine Handlungsmöglichkeit einräumt („Die Baugenehmigung ist zu er-

---

3 AaO Rn. 72.
4 AaO Rn. 100.
5 AaO Rn. 92 ff.
6 AaO Rn. 106 ff.
7 AaO Rn. 116.
8 Vertiefend BVerwG 4 C 8.06, Rn. 9 ff.

teilen, wenn ...", § 58 Abs. 1 LBO; „Die Baurechtsbehörde kann ...", § 66 Abs. 1 LBO). Zudem enthält die LBO die nicht minder wichtigen **Zuständigkeitsnormen**, die durch das LVG ergänzt werden (v.a. §§ 48 Abs. 1, 46 Abs. 1 Nr. 3 LBO, 15 LVG).

13 Dass sich Ermächtigungsgrundlagen und Zuständigkeiten im Landesrecht finden, ist wiederum eine Folge des Umstandes, dass Verwaltung gem. Art. 30, 83 GG im Regelfall Sache der Länder ist. Hinzu kommt die grundsätzliche Gesetzgebungskompetenz der Länder für das Verwaltungsverfahrensrecht (Art. 84 Abs. 1 Satz 1 GG).

14 Das Bundesrecht stellt im Hinblick auf die bauplanungsrechtliche (BauGB, BauNVO) Zulässigkeit einzelner baulicher Anlagen keine Verwaltungsverfahren zur Verfügung. Um sich Geltung zu verschaffen, sind die materiellen Vorschriften des Bauplanungsrechts also darauf angewiesen, sich in die Ermächtigungsgrundlagen der LBO gewissermaßen integrieren zu lassen. Dieser Zusammenhang macht gleichzeitig einen wesentlichen Inhalt vieler Klausuren aus.

2. Verknüpfung von Bauordnungsrecht und Bauplanungsrecht in Klausuren

15 Da sich unter diesen verfassungsrechtlichen Voraussetzungen das Bauplanungsrecht seinen Weg in die Ermächtigungsgrundlagen der LBO suchen muss, müssen diese ihrerseits ihrem Wortlaut nach aber auch dafür geeignet sein – und sie sind es, wie ein Blick auf die wichtigsten Normen zeigt:

16 Nach § 58 Abs. 1 Satz 1 LBO ist die Baugenehmigung zu erteilen, wenn „keine **von der Baurechtsbehörde zu prüfenden öffentlich-rechtlichen Vorschriften** entgegenstehen." Solche Vorschriften sind, neben anderen, auch solche des BauGB und der BauNVO, soweit die Normen im Einzelfall anwendbar sind. Bei der Abbruchanordnung (§ 65 Abs. 1 Satz 1 LBO) muss die Anlage „im Widerspruch zu öffentlich-rechtlichen Vorschriften errichtet" worden sein, bei der Nutzungsuntersagung (§ 65 Abs. 1 Satz 2 LBO) muss die Anlage „im Widerspruch zu öffentlich-rechtlichen Vorschriften genutzt" werden und bei der atypischen Verfügung (§ 47 Abs. 1 LBO) ist zu prüfen, ob „die baurechtlichen Vorschriften sowie die anderen öffentlich-rechtlichen Vorschriften über die Errichtung und den Abbruch von Anlagen" befolgt werden.

17 Von daher sind die Normen des Bauplanungsrechts, soweit sie im konkreten Einzelfall anwendbar sind, als „öffentlich-rechtliche Vorschriften" bei der Subsumtion einer Ermächtigungsgrundlage problemlos unterzubringen.

18 Der Wortlaut öffnet die Ermächtigungsgrundlagen aber nicht nur gegenüber dem BauGB, sondern auch gegenüber anderen Materien, insbesondere solchen, die über kein eigenes Genehmigungsverfahren verfügen (vgl. § 58 Abs. 1 Satz 2 LBO), wie etwa die §§ 22 ff. BImSchG, das Denkmalrecht und (mit Ausnahmen) das Naturschutzrecht.

19 **Beispiel:**
Kleingärtner G will ein Gartenhaus mit einem drei Meter hohen Kamin errichten, um auch seine Abfälle dort verbrennen zu können. Welche Rechtsgebiete sind bei der Baugenehmigung (§ 58 Abs. 1 LBO) als „öffentlich-rechtliche Vorschriften" zu prüfen?

Gewiss aus dem Bauordnungsrecht die Standsicherheit (§ 13 LBO) und der Brandschutz (§ 15 LBO). Aus dem BauGB muss geprüft werden, ob das Gartenhaus im Außenbereich liegt (§ 35 BauGB) und danach planungsrechtlich zulässig ist. Darüber hinaus handelt es sich um eine Anlage gem. §§ 22 ff. BImSchG, so dass auch immissionsschutzrechtliche Normen zu prüfen sind. Sofern das Gartenhaus in einem Schutzgebiet des Naturschutzrechts liegen sollte, wären auch naturschutzrechtliche Normen zu prüfen.

Es geht hier noch nicht darum, die einzelnen Vorschriften exakt zu subsumieren, sondern zu zeigen, wie sich die Öffnung der einzelnen Ermächtigungsgrundlagen auswirkt. Ob in einer Falllösung die LBO aufbaumäßig vor dem BauGB oder in umgekehrter Reihenfolge geprüft wird, ist logisch gleichwertig und sollte nach Kriterien der guten Lesbarkeit entschieden werden.

III. Die zuständigen Behörden

Üblicherweise wird bei der Rechtmäßigkeitsprüfung eines Verwaltungsaktes zwischen formeller und materieller Rechtmäßigkeit unterschieden.

Rechtmäßigkeitsprüfung eines Verwaltungsaktes
1. Bezeichnung der Ermächtigungsgrundlage
2. Formelle Rechtmäßigkeit des VA
   a) Zuständigkeit
   b) Verfahren und Form
3. Materielle Rechtmäßigkeit des VA

Auch dieser Aufbau folgt einer Logik: Ohne die Ermächtigungsgrundlage zu kennen, lässt sich nicht ermitteln, aus welchem Gesetz sich die Zuständigkeit ergibt. Und die Trennung zwischen formeller und materieller Rechtmäßigkeit erfolgt, weil formelle Fehler in einem Verwaltungsakt andere Rechtsfolgen erfahren können (§§ 45, 46 LVwVfG) als materielle.

Die Ermittlung der behördlichen Zuständigkeit stellt den Beginn der formellen Prüfung jedes baurechtlichen Verwaltungsaktes dar und ist damit eine regelmäßig wiederkehrende Aufgabe.

1. Die Zuständigkeit der unteren Baurechtsbehörde

§ 48 Abs. 1 LBO bestimmt lapidar, dass die untere Baurechtsbehörde sachlich zuständig ist. Eine Regelung über die örtliche Zuständigkeit enthält die LBO nicht, hier ist auf § 3 Abs. 1 Nr. 1 LVwVfG zurückzugreifen.

Wer als untere Baurechtsbehörde in Betracht kommt, ist in § 46 LBO geregelt: Der weitaus häufigste Fall ist dabei § 46 Abs. 1 Nr. 3 LBO, wonach „die unteren Verwaltungsbehörden" auch untere Baurechtsbehörden sind. Aufgabenzuweisungen an die unteren Verwaltungsbehörden sind im besonderen Verwaltungsrecht Baden-Württembergs sehr häufig anzutreffen.[9] Nach § 15 Abs. 1 LVG sind untere Verwaltungsbehör-

---

9 ZB § 107 Abs. 3 PolG, § 57 Abs. 1 Nr. 3 LNatSchG, § 23 Abs. 2 Nr. 3 LKreiWiG, § 80 Abs. 2 Nr. 3 WG.

den in den Landkreisen die **Landratsämter** und die **Großen Kreisstädte**[10] (Nr. 1) sowie in den **Stadtkreisen** die Gemeinden (Nr. 2).[11]

28 Für die Ermittlung der Zuständigkeit ist also von Bedeutung, in welchem Ort das vom baurechtlichen Verwaltungsakt betroffene Vorhaben liegt: Liegt es in einem Stadtkreis,[12] ist die Gemeinde zuständig. Sämtliche Stadtkreise Baden-Württembergs sind in § 12 LVG abschließend genannt. Befindet sich das Vorhaben in einer Großen Kreisstadt, so ist diese – also auch die Gemeinde – zuständig.[13] In allen anderen Fällen handelt das Landratsamt mit der Konsequenz, dass in diesen Fällen nicht das Landratsamt als Behörde[14] oder gar der Landkreis verklagt werden muss, sondern das Land Baden-Württemberg, weil das Landratsamt in seiner Funktion als untere Verwaltungsbehörde und damit als staatliche Behörde des Landes agiert (§ 1 Abs. 3 Satz 2 LKrO).

29 Üblicherweise ergibt sich daher als Zuständigkeit bei bauordnungsrechtlichen Verwaltungsakten aus §§ **46 Abs. 1 Nr. 3, 48 Abs. 1 LBO, § 15 Abs. 1 Nr. 1 (oder 2) LVG**.

30 Demgegenüber ist eine Behördeneigenschaft als untere Baurechtsbehörde iSv **§ 46 Abs. 2 LBO** äußerst selten. Hier handelt es sich um Gemeinden und Verwaltungsgemeinschaften (§§ 59 ff. GemO), die beim zuständigen Regierungspräsidium als höherer Baurechtsbehörde (§ 46 Abs. 1 Nr. 2 LBO) einen entsprechenden Antrag auf Übertragung der Zuständigkeit gestellt und diese dann auch übertragen bekommen haben, weil sie sie originär nicht besaßen.

31 Wenn eine Gemeinde untere Baurechtsbehörde ist und ein **eigenes Vorhaben der Gemeinde** betroffen ist, gegen das Einwendungen erhoben werden, wäre es dem Rechtsschutz nicht dienlich, wenn die Gemeinde sich selbst die Baugenehmigung erteilen könnte. In diesen Fällen verlagert sich deshalb die Zuständigkeit gem. § 48 Abs. 2 LBO auf die nächsthöhere Behörde, also das Regierungspräsidium (§ 46 Abs. 1 Nr. 2 LBO).

2. Weisungsrecht und Selbsteintrittsrecht der Fachaufsichtsbehörde

32 Die Wahrnehmung der bauordnungsrechtlichen Befugnisse ist eine Aufgabe des Landes, das diese Aufgaben, wie dargestellt, den Stadtkreisen, den Großen Kreisstädten und den Landratsämtern zugewiesen hat. Das Land hat folglich Einwirkungsmöglichkeiten auf die Baurechtsbehörden.

33 Die Regierungspräsidien führen die Fachaufsicht über die Stadtkreise, die Großen Kreisstädte und die Landratsämter (§§ 20 Abs. 2 Satz 1, 21 LVG); sie sind gleichzeitig höhere Baurechtsbehörde (§ 46 Abs. 1 Nr. 2 LBO).[15] In dieser Funktion können sie

---

10 Ein Fall des § 19 Abs. 1 LVG, wonach die Großen Kreisstädte nicht tätig werden dürften, liegt im Baurecht nicht vor.
11 Vgl. zum Begriff der Gemeinde §§ 1, 3 GemO.
12 Vgl. hierzu Kapitel Kommunalrecht, Rn. 68.
13 Das Land Baden-Württemberg vermeldet 95 Große Kreisstädte; http://www.kommunalwahl-bw.de/staedte-und-gemeinden; eine gesetzliche Liste gibt es nicht, die Information muss in einer Prüfungsaufgabe mitgeteilt sein.
14 Behörden sind in Baden-Württemberg vor Gericht nicht beteiligtenfähig, da eine Regelung gem. § 61 Nr. 3 VwGO nicht existiert.
15 In dieser Funktion entscheiden sie auch über Widersprüche, § 73 Abs. 1 Nr. 1 VwGO.

gem. § 47 Abs. 5 Satz 1 LBO den nachgeordneten Behörden, also insbesondere den unteren Baurechtsbehörden, unbeschränkt **Weisungen** erteilen. Diese erstrecken sich nicht nur auf die Rechtmäßigkeit, sondern auch **auf die Zweckmäßigkeit** des Verwaltungshandelns und wirken zunächst im Innenverhältnis.

Beispiel: 34
Das Regierungspräsidium weist die unteren Baurechtsbehörden an, Bauüberwachungen durchzuführen (vgl. § 66 LBO).

Leistet eine Baurechtsbehörde einer ihr erteilten Weisung innerhalb einer gesetzten 35
Frist keine Folge, so kann gem. § 47 Abs. 5 Satz 2 LBO die **Fachaufsichtsbehörde** die erforderlichen **Maßnahmen selbst treffen**, also beispielsweise eine Baugenehmigung erteilen oder eine Abbruchanordnung erlassen. Nach der Rechtsprechung des VGH Mannheim[16] soll damit aber im Außenverhältnis gegenüber dem Bürger keine Zuständigkeitsverlagerung auf die Fachaufsichtsbehörde verbunden sein, ua weil die Norm, anders als beispielsweise § 48 Abs. 2 LBO, den Begriff der „Zuständigkeit" nicht erwähnt. Greift also das Regierungspräsidium in die Zuständigkeit einer Großen Kreisstadt oder eines Stadtkreises ein und erlässt gem. § 47 Abs. 5 Satz 2 LBO die begehrte Baugenehmigung selbst, so bleibt hiernach die Gemeinde Klagegegner, etwa in einer Drittbetroffenenklage, auch wenn sie für den Verwaltungsakt nichts kann.

Die Rechtsprechung des VGH Mannheim ist insofern nicht unproblematisch, als die 36
Tätigkeit des Regierungspräsidiums als solche nach außen wirksam wird und deshalb für den Betroffenen nicht ohne Weiteres erkennbar ist, dass die alte Zuständigkeit einer Gemeinde als untere Baurechtsbehörde aufrechterhalten bleibt. Dies lässt sich im Falle einer Klage gegen den falschen Klagegegner (Land als Rechtsträger des Regierungspräsidiums anstelle des Stadtkreises oder der Großen Kreisstadt) nur mithilfe eines Hinweises des Gerichts nach § 86 Abs. 3 VwGO korrigieren, der nach Art. 19 Abs. 4 GG zur Gewährung eines effektiven Rechtsschutzes unerlässlich ist. Im Falle des Selbsteintritts des Regierungspräsidiums gegenüber dem Landratsamt stellt sich diese Problematik nicht, da bei beiden Behörden der Klagegegner das Land ist.

3. Zuständigkeiten der Gemeinden als Selbstverwaltungskörperschaft

Soweit die Gemeinden im Bauordnungsrecht tätig werden, indem sie bauordnungs- 37
rechtliche Verwaltungsakte erlassen, nehmen sie eine vom Land Baden-Württemberg übertragene Aufgabe wahr. Sie sind, wie dargestellt, an Weisungen gebunden.

a) Der Erlass von örtlichen Bauvorschriften

Dies ist jedoch nicht der Fall, wenn sie gem. § 74 LBO **örtliche Bauvorschriften** erlas- 38
sen. § 74 LBO enthält insgesamt vier Ermächtigungen zum Erlass von Satzungen: zur Durchführung baugestalterischer Absichten und zum Schutz von Bauten, Straßen, Plätzen und Ortsteilen (Abs. 1), zu Modifikationen der Stellplatzverpflichtung (Abs. 2), zur Vorbeugung von Überschwemmungen (Abs. 3) und zur Anlage von Kinderspielplätzen (Abs. 4). Bei diesen Bauvorschriften handelt es sich um **Satzungen**. So-

---

16 VGH Mannheim 3 S 2145/14, Rn. 2.

wohl der gesetzlich vorgegebene Inhalt der örtlichen Bauvorschriften als auch die gesetzlich vorgeschriebene Handlungsform („Satzung") zeigen, dass es hier nicht mehr um Bauordnungsrecht geht, wie es im Baurechtsgutachten definiert wurde,[17] sondern um Städtebaurecht, also Bauplanungsrecht, welches der kommunalen Planungshoheit zugewiesen ist. Nicht zufällig verweist § 74 Abs. 6 LBO ergänzend auf die Vorschriften des BauGB. Es findet sich damit in der LBO eine Ermächtigungsgrundlage zum Erlass von **bauplanungsrechtlichen** Vorschriften, die nur deshalb in die LBO aufgenommen werden konnte, weil der Bundesgesetzgeber insoweit seine konkurrierende Gesetzgebungskompetenz aus Art. 74 Abs. 1 Nr. 18 GG nicht ausgeschöpft hat, so dass für das Landesrecht eine Regelungsmöglichkeit verblieb.

39 Folglich werden örtliche Bauvorschriften auch wie Bebauungspläne gerichtlich überprüft.[18] Nach Auffassung des VGH Mannheim bestimmen örtliche Bauvorschriften ebenso wie Bebauungspläne gemäß Art. 14 Abs. 1 Satz 2 GG Inhalt und Schranken des Eigentums. Die Gemeinde ist beim Erlass örtlicher Bauvorschriften verpflichtet, die von ihnen berührten öffentlichen und privaten Belange in gleicher Weise unter- und gegeneinander gerecht abzuwägen, wie dies auch beim Erlass eines Bebauungsplans zu geschehen hat (§ 1 Abs. 7 BauGB). Der Gemeinde kommt dabei ebenso wie bei der Aufstellung von Bebauungsplänen ein Abwägungsspielraum zu. Entsprechend den zu § 1 Abs. 7 BauGB entwickelten Grundsätzen[19] ist die Abwägung der Gemeinde deshalb von den Verwaltungsgerichten nur eingeschränkt daraufhin überprüfbar, ob eine Abwägung überhaupt stattgefunden hat, ob in sie an Belangen eingestellt worden ist, was nach Lage der Dinge in sie eingestellt worden musste, ob die Bedeutung der von der Planung berührten öffentlichen und privaten Belange richtig erkannt worden ist und ob der Ausgleich zwischen den betroffenen öffentlichen und privaten Belangen in einer Weise vorgenommen worden ist, die zu ihrer objektiven Gewichtigkeit in einem angemessenen Verhältnis steht.[20]

b) Der Erlass von Satzungen nach dem BauGB

40 Im Bauplanungsrecht gibt es zugunsten der Gemeinden über den Bebauungsplan (§ 10 Abs. 1 BauGB) hinaus weitere Satzungsermächtigungen, etwa die Veränderungssperre, § 14 BauGB, die Erschließungssatzung, § 132 BauGB, die Ausgleichssatzung als Naturschutzmaßnahme, § 135 BauGB sowie die städtebauliche Erhaltungssatzung, § 172 BauGB. Auch hier dienen die Satzungen als Rechtsvorschriften der Durchsetzung der kommunalen Planungshoheit.

IV. Die Ermächtigungsgrundlagen der LBO
1. Allgemeines zum bauordnungsrechtlichen Verfahrensrecht

41 Gem. § 9 LVwVfG ist ein Verwaltungsverfahren auf den Erlass eines Verwaltungsaktes (oder auf den Abschluss eines öffentlich-rechtlichen Vertrages) gerichtet. Vorliegend interessieren nur die Verwaltungsakte. Das Gebrauchmachen von einer Ermäch-

---

17 Vgl. oben Rn. 8.
18 VGH Mannheim 3 S 920/17, Rn. 28; zur Überprüfung von Bebauungsplänen unten Rn. 249 ff.
19 Grundlegend BVerwG 4 C 50.72, Rn. 45.
20 VGH Mannheim 9 S 920/17, Rn. 27 f.

tigungsgrundlage in einem Bescheid oder Widerspruchsbescheid bildet den Abschluss des Verwaltungsverfahrens, welches dem Schutz des Adressaten oder des Drittbetroffenen dient.

Entsprechend gibt es spezifisch baurechtliche **Verfahrensvorschriften** wie zB die §§ 53 bis 55 LBO oder auch allgemeine Vorschriften wie die §§ 24 ff. LVwVfG. Ein Verstoß gegen Verfahrensvorschriften ist grundsätzlich an den §§ 45, 46 LVwVfG zu messen, sofern keine Spezialregelungen existieren. Nach § 45 Abs. 1 Nr. 3 LVwVfG ist ein Verfahrensfehler unbeachtlich, wenn die erforderliche Anhörung eines Beteiligten nachgeholt wird. Dies gilt nicht nur für die allgemeine Anhörung nach § 28 Abs. 1 LVwVfG, sondern auch für eine Spezialnorm wie § 53 LBO.[21] Nach § 45 Abs. 2 LVwVfG können Handlungen nach Abs. 1 bis zum Abschluss der letzten Tatsacheninstanz eines verwaltungsgerichtlichen Verfahrens nachgeholt werden. Bezüglich der Anhörung ist das BVerwG allerdings der Auffassung, dass im gerichtlichen Verfahren dann die Funktion der Anhörung für den Entscheidungsprozess der Behörde nicht mehr erfüllt würde. Äußerungen und Stellungnahmen von Beteiligten im gerichtlichen Verfahren stellen daher nach der Rechtsprechung keine nachträgliche Anhörung im Sinne dieser Regelung dar.[22]

Nach § 46 LVwVfG ist ein Verfahrensfehler unbeachtlich, wenn offensichtlich ist, dass die Gesetzesverletzung die Entscheidung in der Sache nicht beeinflusst hat. Offensichtlichkeit wird angenommen, wenn der fehlende Einfluss für jeden Dritten unmittelbar aus der Entscheidung selbst oder aus den Vorgängen bei ihrem Erlass oder ihrer Verkündung ohne Weiteres zu erkennen ist.[23]

Der Ablauf des baurechtlichen Genehmigungsverfahrens ist in den §§ 53 ff. LBO geregelt. Diese Normen gehen den Vorschriften des LVwVfG vor, sofern sie sich mit diesen überschneiden. Insbesondere stellen die Vorschriften der **Nachbarbeteiligung** (§ 55 LBO) Spezialregelungen zur allgemeinen Anhörungsregelung des § 28 LVwVfG dar. Das Baugenehmigungsverfahren beginnt mit der Einreichung des Bauantrags bei der Gemeinde (§ 53 Abs. 1 Satz 1 LBO). Bei der Nachbarbeteiligung im Genehmigungsverfahren ist nur die Beteiligung der Angrenzer zwingend ausgestaltet (§ 55 Abs. 1 Satz 1 LBO). Nach § 55 Abs. 1 Satz 3 LBO kann die Gemeinde auch sonstige Nachbarn benachrichtigen. Die Gemeinde muss die Einwendungen der Drittbetroffenen sammeln, eine eigene Stellungnahme abgeben und den Vorgang an die Baurechtsbehörde weiterleiten (§ 55 Abs. 2 Satz 4 LBO). Dieses Prozedere ist auf die Konstellation zugeschnitten, dass die Baugenehmigung vom Landratsamt erteilt wird. Ist die Gemeinde selbst Baurechtsbehörde, kann es keine Weiterleitung an das Landratsamt geben.

Wer seine Einwendungen, die die Bezeichnung des verletzten Rechtsguts und eine zumindest grobe Darlegung der im Einzelnen befürchteten Beeinträchtigungen enthalten müssen,[24] nicht innerhalb von vier Wochen nach Zustellung vorgebracht hat, ist mit

---

21 *Stelkens/Bonk/Sachs*, VwVfG, § 45 Rn. 70.
22 BVerwG 3 C 14.09, Rn. 37; BVerwG 3 C 16.11, Rn. 18.
23 *Mann/Sennekamp/Uechtritz-Emmenegger*, VwVfG, § 46 Rn. 91.
24 VGH Mannheim 3 S 1933/17, Leitsatz.

diesen Einwendungen ausgeschlossen (**materielle Präklusion**, § 55 Abs. 2 Satz 2 LBO), dh er verliert für eine Drittbetroffenenklage die Klagebefugnis.[25] Darauf muss der Drittbetroffene hingewiesen werden (§ 55 Abs. 2 Satz 3 LBO).[26] Die materielle Präklusion wirkt für den Nachbarn rechtsschutzverkürzend, gleichzeitig schützt sie den Bauherrn in seinem Anspruch auf Baugenehmigung und dient damit der Verfahrensbeschleunigung und der Rechtssicherheit.[27] Das BVerfG hat die verfassungsrechtliche Zulässigkeit der materiellen Präklusion schon früh bejaht.[28] Für das Umweltrecht hat der EuGH jedoch zwischenzeitlich entschieden, dass die Präklusionsvorschriften im Planfeststellungsrecht und im UmwRG gegen EU-Richtlinien verstoßen.[29] Insofern bedarf es für Baugenehmigungen mit Umweltbezug möglicherweise einer gesetzgeberischen Korrektur,[30] ansonsten greift der Anwendungsvorrang der Unionsrechts.

2. Die Baugenehmigung

46 Nach § 58 Abs. 1 Satz 1 LBO ist die Baugenehmigung zu erteilen, wenn dem genehmigungspflichtigen Vorhaben keine von der Baurechtsbehörde zu prüfenden öffentlich-rechtlichen Vorschriften entgegenstehen.

a) Genehmigungspflichtiges Vorhaben

47 Ob ein Vorhaben genehmigungspflichtig ist, ergibt sich aus der **Zusammenschau von § 49 und § 2 LBO**: Nach § 49 LBO bedürfen die Errichtung und der Abbruch **baulicher Anlagen** sowie der in § 50 aufgeführten anderen Anlagen und Einrichtungen der Baugenehmigung, soweit in §§ 50, 51, 69 oder 70 LBO nichts anderes bestimmt ist.

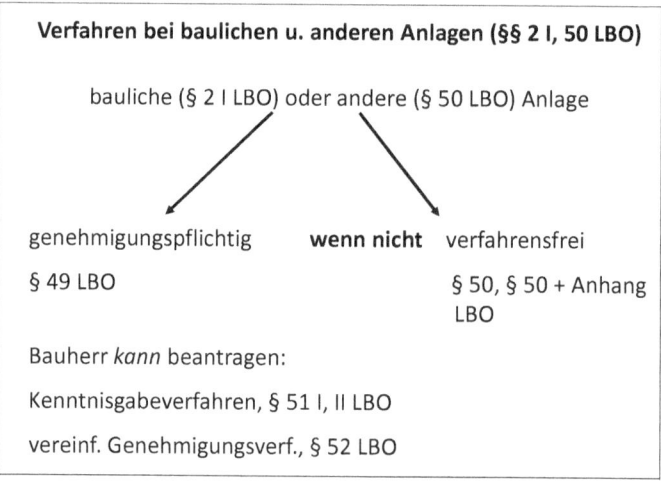

---

25 *Kopp/Schenke*, VwGO, § 42 Rn. 179.
26 Zu den strengen Voraussetzungen im Einzelnen VGH Mannheim 3 S 2016/07, Rn. 3 f. sowie 3 S 1982/16, Rn. 38 f.
27 Vgl. zur materiellen Präklusion im Planfeststellungsrecht *Steinberg/Wickel/Müller*, Fachplanung, § 2 Rn. 135.
28 BVerfG 2 BvR 1187/80, Rn. 77 ff. (Sasbach).
29 EuGH C-137/14, Kommission ./. Bundesrepublik Deutschland, curia.europa.eu.
30 *Mager* VBlBW 2017, 54 (59).

Im Mittelpunkt steht damit zunächst der bauordnungsrechtliche Begriff der „baulichen Anlage", der in § 2 Abs. 1 Satz 1 LBO legaldefiniert ist: Bauliche Anlagen sind unmittelbar mit dem Erdboden verbundene, aus Bauprodukten hergestellte Anlagen. Eine Verbindung mit dem Erdboden besteht auch dann, wenn die Anlage durch eigene Schwere auf dem Boden ruht oder wenn die Anlage nach ihrem Verwendungszweck dazu bestimmt ist, überwiegend ortsfest benutzt zu werden. 48

Beispiel: 49
Sind folgende Objekte bauliche Anlagen: ein Weihnachtsmarkthäuschen, ein Festzelt, eine Mülltonne, ein abgestellter Wohnwagen?

Bezüglich des Weihnachtsmarkthäuschens und des Festzeltes ist die Antwort eindeutig; sie können von Menschen betreten werden und sind daher sogar als Gebäude iSv § 2 Abs. 2 LBO zu qualifizieren, einem häufigen Anwendungsfall einer baulichen Anlage. Beim Wohnwagen ist zu differenzieren: ist er abgemeldet und dauerhaft an derselben Stelle, etwa in einem Garten, abgestellt, dann wird er überwiegend ortsfest benutzt und ist daher eine bauliche Anlage. Ist er dagegen zugelassen und nur vorübergehend im öffentlichen Straßenraum abgestellt, besteht kein ortsfester Benutzungszweck. Die Mülltonne schließlich ruht nicht aufgrund ihrer eigenen Schwere auf dem Boden, da sie wegbewegt werden kann und wird auch nicht ortsfest benutzt, weil sie regelmäßig zur Leerung weggenommen wird. 50

In § 2 Abs. 10 kennt die LBO darüber hinaus auch noch eine Definition des Begriffs „Bauprodukte". 51

Nach §§ 49, 50 LBO können auch andere Anlagen als bauliche Anlagen genehmigungspflichtig sein. Hier kennt die LBO als nicht-bauliche Anlagen die Anlagen der Außenwerbung (§ 2 Abs. 9 LBO) sowie die Fiktionen des § 2 Abs. 1 Satz 3 LBO, wonach bestimmte Anlagen als bauliche Anlagen „gelten". Ob solche Anlagen genehmigungspflichtig sind, bestimmt sich nach §§ 49, 50 Abs. 1 LBO iVm dem Anhang zu § 50 Abs. 1 LBO. Sind diese Anlagen im Anhang nicht als verfahrensfrei aufgeführt, sind sie genehmigungspflichtig. 52

Bei **Vorhaben von Hoheitsträgern** tritt gem. § 70 Abs. 1 LBO an die Stelle der Baugenehmigung die Zustimmung. Am Prüfungsumfang in materieller Hinsicht ändert sich dabei nichts, weil § 70 Abs. 2 LBO insbesondere auf § 58 LBO verweist. 53

Besonderheiten gelten für die **Nutzungsänderung** und den **Abbruch** baulicher Anlagen. Eine Nutzungsänderung im bauordnungsrechtlichen Sinne liegt vor, wenn einer Anlage – wenigstens teilweise – eine neue, dh andere Zweckbestimmung gegeben wird.[31] 54

Beispiel: 55
Lehrlingswohnheim in Asylbewerberunterkunft,[32] Wohnnutzung in gewerbliche Nutzung.[33]

---

31 VGH Mannheim 8 S 1528/13, Rn. 10.
32 VGH Mannheim 8 S 1528/13.
33 VGH Mannheim 3 S 248/15, Rn. 73.

56 Die Nutzungsänderung wird in § 2 Abs. 13 Nr. 1 LBO, einer etwas versteckten Vorschrift, der Errichtung gleichgestellt und ist damit grundsätzlich genehmigungspflichtig. Sie ist jedoch verfahrensfrei, muss also in keiner Weise der Behörde mitgeteilt werden, wenn für die neue Nutzung keine anderen oder weitergehenden Anforderungen gelten als für die bisherige Nutzung (§ 50 Abs. 2 Nr. 1 LBO). Damit sind rechtliche Anforderungen gemeint. Als weitergehende Anforderungen kommen insbesondere in Betracht der Brandschutz (§ 15 LBO) und die Stellplatzpflicht (§ 37 LBO), vor allem wenn die Anlage bei der neuen Nutzung von mehr Menschen frequentiert wird als bei der vorangegangenen.

57 **Beispiel:**
Umnutzung eines Wohnhauses in ein Café.

58 Der Abbruch einer Anlage ist zwar gem. § 49 LBO ebenfalls grundsätzlich genehmigungspflichtig. Häufig wird jedoch § 50 Abs. 3 LBO eingreifen, wonach insbesondere der Abbruch freistehender Gebäude der Gebäudeklassen 1 und 3 (vgl. § 2 Abs. 4 Nr. 1 und 3 LBO) verfahrensfrei ist. Ansonsten ist beim Abbruch von Anlagen ein Kenntnisgabeverfahren durchzuführen[34] (§ 51 Abs. 3 LBO). Ein genehmigungspflichtiger Abbruch ist daher eine eher seltene Konstellation. Auch Instandhaltungsarbeiten sind verfahrensfrei (§ 50 Abs. 4 LBO).[35]

b) Von der Baurechtsbehörde zu prüfende Vorschriften

59 Nach § 58 Abs. 1 Satz 1 LBO ist die Baugenehmigung zu erteilen, wenn dem genehmigungspflichtigen Vorhaben keine von der Baurechtsbehörde zu prüfenden öffentlich-rechtlichen Vorschriften entgegenstehen.

60 Die reine Wortauslegung ergibt zweierlei: erstens, dass privatrechtliche Vorschriften, etwa Pachtverträge, Dienstbarkeiten oder gar die Eigentumssituation, hinsichtlich der Baugenehmigung keine Rolle spielen. Dies wird auch anhand von § 58 Abs. 3 LBO deutlich, wonach die Baugenehmigung unbeschadet privater Rechte Dritter erteilt wird. Die zweite Erkenntnis aus dem Wortlaut ist indessen bedeutungsvoller: die Formulierung der „von der Baurechtsbehörde zu prüfenden" öffentlich-rechtlichen Vorschriften zwingt zu dem Umkehrschluss, dass es auch öffentlich-rechtliche Vorschriften geben muss, die die Baurechtsbehörde gerade **nicht** zu prüfen hat.

61 Die Erklärung hierfür liefert § 58 Abs. 1 Satz 2 LBO. Normen, über die eine andere Behörde in einem eigenen Genehmigungsverfahren zu entscheiden hat, dürfen bei der Baugenehmigung nicht geprüft werden, etwa Bestattungsrecht[36] oder Gaststättenrecht.[37] Dagegen gehören ua Normen des Denkmalrechts oder die §§ 22 ff. BImSchG zum Entscheidungsprogramm der Baugenehmigung, auch wenn in einer Prüfungsklausur hier keine Schwerpunkte und schon gar keine vertieften Ausführungen erwartet werden können, da diese Materien nicht zum Prüfungsstoff gehören.[38]

---

34 Dazu unten Rn. 81 ff.
35 Zur Abgrenzung zwischen Instandhaltung und Umbau vertiefend VGH Mannheim 8 S 93/11, Rn. 20.
36 VGH Mannheim 3 S 2679/08, Rn. 20.
37 VGH Mannheim 3 S 235/15, Rn. 29.
38 Immissionsschutzrecht ist allerdings im Assessorexamen Pflichtstoff, § 51 Abs. 2 Nr. 4 JAPrO.

Von großer, vor allem auch praktischer Bedeutung sind die materiellen **Normen des Bauordnungsrechts**; sie gehören allein schon deshalb stets zum Entscheidungsprogramm der Baugenehmigung, weil die Beachtung der Einhaltung dieser Vorschriften gem. § 47 Abs. 1 Satz 1 LBO zu den originären Aufgaben der Baurechtsbehörden gehört.[39] 62

Dass darüber hinaus die **Normen über die bauplanungsrechtliche Zulässigkeit** von Vorhaben, also die §§ 30 ff. BauGB (ggf. iVm Vorschriften der BauNVO) bei der Baugenehmigung zu prüfen sind, ist kein Automatismus. Dies liegt an der Formulierung des § 29 Abs. 1 BauGB. Danach gelten die Normen über die bauplanungsrechtliche Zulässigkeit (nur) bei „Vorhaben, die die Errichtung, Änderung oder Nutzungsänderung von baulichen Anlagen zum Inhalt haben" und für Aufschüttungen und Abgrabungen größeren Umfangs. Vor der Subsumtion bauplanungsrechtlicher Normen (§§ 30 ff. BauGB) ist somit positiv festzustellen, dass die Voraussetzungen des § 29 Abs. 1 BauGB gegeben sind. 63

Dabei wäre es ein grober systematischer Fehler, den bauplanungsrechtlichen und den bauordnungsrechtlichen Begriff der „baulichen Anlage" gleichzusetzen. Denn beide Rechtsgebiete verfolgen, wie sich schon aus dem Baurechtsgutachten des BVerfG[40] ergibt, unterschiedliche Zielrichtungen. 64

Maßgeblich ist hier der **Anlagenbegriff des Bauplanungsrechts**, der nicht nur verlangt, dass die Anlage „in einer auf Dauer gedachten Weise künstlich mit dem Erdboden verbunden ist",[41] sondern auch deren „**bodenrechtliche Relevanz**". Bodenrechtliche Relevanz ist gegeben, wenn das Vorhaben die in § 1 Abs. 6 BauGB genannten Belange in einer Weise berührt oder berühren kann, die geeignet ist, das Bedürfnis nach einer ihre Zulässigkeit regelnden verbindlichen Bauleitplanung hervorzurufen.[42] Gemeint ist damit, dass durch das Vorhaben, bei einer verallgemeinernden Betrachtungsweise, Planungsüberlegungen der Gemeinde, etwa einen Bebauungsplan zu erlassen, herausgefordert werden. 65

Beispiel: 66
Ein Marktstand ist keine bauliche Anlage iSv § 29 BauGB, da er jederzeit an einem anderen Ort aufgestellt werden kann und somit die kommunale Planung nicht beeinflusst, ein im Bodensee liegendes Ausflugsschiff ebenfalls nicht,[43] da der Bodensee nicht Territorium einer Gemeinde ist und somit der Bauleitplanung nicht zugänglich ist.

Die Thematik der bodenrechtlichen Relevanz kommt auch bei **Nutzungsänderungen** iSv § 29 Abs. 1 BauGB zum Tragen, wo ebenfalls nicht auf den bauordnungsrechtlichen Begriff der Nutzungsänderung zurückgegriffen werden darf. Eine Nutzungsänderung im Sinne des § 29 Abs. 1 BauGB liegt mithin vor, wenn die Variationsbreite der genehmigten Nutzung verlassen wird und dadurch bodenrechtliche Belange neu berührt werden können, sich also die Genehmigungsfrage unter bodenrechtlichem As- 67

---

39 Zu den materiellen bauordnungsrechtlichen Anforderungen an Bauvorhaben vgl. unten Rn. 157 ff.
40 Oben Rn. 6 ff.
41 BVerwG 4 C 33.71, Leitsatz; *Battis/Krautzberger/Löhr/Reidt*, BauGB, § 29 Rn. 10.
42 BVerwG 4 C 18.00, Rn. 18.
43 VGH Mannheim 5 S 3071/94, Rn. 37.

pekt neu stellt.⁴⁴ Der bauplanungsrechtliche Begriff der Nutzungsänderung ist damit enger als der bauordnungsrechtliche.

68 In jedem Klausurfall muss demnach, wie in der Praxis auch, zunächst erörtert werden, ob das zu beurteilende Vorhaben gem. § 29 Abs. 1 BauGB den Anwendungsbereich des Bauplanungsrechts eröffnet. Dies ist bei der Neuerrichtung beliebiger, dauerhafter Gebäude der Fall, da die Planungsvorstellungen der Gemeinde für diesen Standort von diesem Gebäude beeinflusst werden. Erst nach der Bejahung des Anlagenbegriffs kann die Zuordnung zu den §§ 30 ff. BauGB erfolgen. Wie dies zu geschehen hat, wird unten im Abschnitt über die bauplanungsrechtliche Zulässigkeit von Vorhaben erörtert.⁴⁵

c) Anspruch

69 Stehen keine von der Baurechtsbehörde zu prüfenden öffentlich-rechtlichen Vorschriften entgegen, so hat der Antragsteller auf die Baugenehmigung einen Anspruch („… ist zu erteilen …"). Diese rechtliche Konstruktion wird als „Kontrollerlaubnis" oder „präventives Verbot mit Erlaubnisvorbehalt" bezeichnet.⁴⁶ Den Anspruch auf Baugenehmigung muss es geben, weil es dem Staat nicht gestattet wäre, die grundrechtlich grundsätzlich nicht verbotene Bautätigkeit unter eine Ermessensentscheidung zu stellen. Was nicht aufgrund verfassungsmäßiger Gesetze verboten ist, darf nicht über Ermessensentscheidungen verboten werden.⁴⁷ Zweckmäßigkeits- oder Billigkeitsargumente einer Behörde haben hier keinen Platz, auch wenn es eine Baufreiheit aus Art. 14 GG dahin gehend, „nach Belieben" bauen zu dürfen, nie gegeben hat.⁴⁸ Sie besteht aber im Rahmen der verfassungsmäßigen Gesetze.

d) Nebenbestimmungen zur Baugenehmigung

70 In der Praxis sehr häufig und in Klausuren gut vorstellbar sind Nebenbestimmungen zur Baugenehmigung. Rechtsgrundlage für die Beifügung einer Nebenbestimmung ist § 36 Abs. 1 LVwVfG, weil es sich bei der Baugenehmigung um einen Verwaltungsakt handelt, auf den ein Anspruch besteht (§ 58 Abs. 1 LBO). Von den in § 36 Abs. 2 LVwVfG genannten Arten der Nebenbestimmungen kommen eine Befristung oder ein Widerrufsvorbehalt bei der Baugenehmigung grundsätzlich nicht in Betracht, da dies mit der Rechtsnatur der Baugenehmigung als gebundene Entscheidung nicht vereinbar wäre und gewissermaßen „durch die Hintertür" ein Ermessen begründet würde.⁴⁹ Vielmehr muss, wenn sich im Laufe der Zeit Gefahren abzeichnen, die von der genehmigten Anlage ausgehen, gem. § 58 Abs. 6 Satz 1 oder Satz 2 LBO ein neuer eigenständiger Verwaltungsakt erlassen werden.⁵⁰

71 Dagegen sind Auflagen oder Bedingungen in Baugenehmigungen regelmäßig anzutreffen. Während die Definition der Auflage in § 36 Abs. 2 Nr. 4 LVwVfG sehr allgemein

---

44 BVerwG 4 C 10.09, Rn. 12; VGH Mannheim 8 S 1528/13, Rn. 10.
45 Unten Rn. 157 ff.
46 *Maurer/Waldhoff*, Allgemeines Verwaltungsrecht, § 9 V 3.
47 Vgl. BVerfG 1 BvR 921/85, Rn. 87.
48 *H. Schulte* DVBl. 1979, 133.
49 Vgl. *Finkelnburg/Ortloff/Otto*, Öffentliches Baurecht Bd. II, § 8 V 3.
50 Vgl. VGH Mannheim 8 S 2322/07, Rn. 21.

gehalten ist und auf die allermeisten Nebenbestimmungen zutreffen wird, enthält der Begriff der Bedingung (§ 36 Abs. 2 Nr. 2 LVwVfG) ein zeitliches Element.

Beispiel: 72
Die Baugenehmigung wird unter der aufschiebenden Bedingung erteilt, dass die Genehmigung einer anderen Behörde beigebracht wird (Bedingung);[51] die Baugenehmigung wird mit der Auflage verbunden, das Abwasser auf eine vorgeschriebene Art in die Kanalisation einzuleiten (Auflage).

Problematisch ist dabei stets, ob gegen solche Nebenbestimmungen isoliert mit der 73 Anfechtungsklage vorgegangen werden kann. Dazu ist es zunächst erforderlich, dass die anzufechtende Nebenbestimmung selbst den Charakter eines Verwaltungsakts aufweist:

Beispiel: 74
Der Satz: „Auf die Einhaltung der Abstandsvorschriften ist zu achten" hat selbst dann keinen Regelungscharakter, wenn die Behörde selbst hierfür die Überschrift „Auflage" benutzen sollte. Maßgeblich ist die Definition des Verwaltungsaktes in § 35 LVwVfG. Danach fehlt es hier an einer Einzelfallregelung. Anders wäre es, wenn die Behörde einen Abstand von (zB) 2,50 Metern zur Grundstücksgrenze anordnen würde.

Hat die Nebenbestimmung Regelungscharakter, so ist nach der Rechtsprechung des 75 BVerwG eine isolierte Anfechtung der Nebenbestimmung möglich, wenn die Nebenbestimmung materiell-rechtlich von dem (Rest-)Verwaltungsakt getrennt werden kann.[52]

Materiellrechtlich kann eine Nebenbestimmung zur Baugenehmigung nur rechtmäßig 76 sein, wenn sie gem. § 36 Abs. 1 LVwVfG sicherstellt, dass „die gesetzlichen Voraussetzungen des Verwaltungsaktes", also der Baugenehmigung, erfüllt werden. Die materiellrechtliche Rechtfertigung für eine Nebenbestimmung kann sich somit nur aus den „von der Baurechtsbehörde zu prüfenden öffentlich-rechtlichen Vorschriften" iSv § 58 Abs. 1 Satz 1 LBO ergeben. Der Behörde ist es dabei verwehrt, den Anspruch auf Baugenehmigung mithilfe von Nebenbestimmungen auszuhöhlen. Beispielsweise kann im Wege der Auflage eine bestimmte Anzahl von Stellplätzen vorgeschrieben werden (§ 37 LBO) oder auch ein Lärmgrenzwert (§§ 22 ff. BImSchG, wenn die Anlage nicht immissionsschutzrechtlich genehmigungspflichtig ist). Wird die Nebenbestimmung nicht von materiellen Vorschriften, die Anforderungen an die Baugenehmigung stellen, getragen, so ist sie rechtswidrig.

Beispiel: 77
Eine Baugenehmigung für eine Gaststätte darf keine Nebenbestimmung zur Zuverlässigkeit des Gastwirts enthalten. Dies ist Sache des gaststättenrechtlichen Genehmigungsverfahrens.

e) Vereinfachtes Baugenehmigungsverfahren (§ 52 LBO)

In § 52 LBO ist das vereinfachte Baugenehmigungsverfahren geregelt. Der Begriff ist 78 missverständlich, denn nicht das Verfahren ist vereinfacht, sondern die Baugenehmigung. Diese beschränkt sich, anders als im Falle der „normalen", alle von der Bau-

---
51 *Finkelnburg/Ortloff/Otto*, Öffentliches Baurecht Bd. II, § 7 III 3 b (str.).
52 BVerwG 4 C 4.20, Rn. 13 f.

rechtsbehörde zu prüfenden Vorschriften (§ 58 Abs. 1 Satz 1 LBO) umfassenden Baugenehmigung, im Wesentlichen auf die Prüfung der Vereinbarkeit mit Vorschriften des Bauplanungsrechts (§ 52 Abs. 2 Nr. 1 LBO) und den bauordnungsrechtlichen Abstandsvorschriften (§ 52 Abs. 2 Nr. 2 LBO). Dabei handelt es sich allerdings um diejenigen Vorschriften, die im Hinblick auf den Nachbarschutz das größte Konfliktpotential beinhalten dürften. Das vereinfachte Baugenehmigungsverfahren ist fakultativ („kann", § 52 Abs. 1 LBO) und muss somit ausdrücklich **beantragt** werden. Es ist nur bei der Errichtung von Anlagen iSv § 51 Abs. 1 Satz 1 LBO möglich, also bei Gebäuden (§ 51 Abs. 1 Nrn. 1, 2 und 4 LBO) und bei sonstigen baulichen Anlagen (§ 51 Abs. 1 Nrn. 3 und 4 LBO). Aufgrund des im Gegensatz zur vollen Baugenehmigung nur eingeschränkten Entscheidungsumfangs der vereinfachten Baugenehmigung kann diese nur in dem Umfang in Bestandskraft erwachsen, worüber sachlich entschieden wurde. Insbesondere kann das Vorhaben an anderen Fragen scheitern, die nicht Gegenstand der vereinfachten Baugenehmigung sind.

79 **Beispiel:**
Ein Gebäude ist im vereinfachten Verfahren genehmigt und entspricht dem Bauplanungsrecht und den Abstandsvorschriften. Die Bestandskraft der Baugenehmigung hindert die Behörde nicht, zB aus Gründen des Brandschutzes (§ 15 LBO) eine Nutzungsuntersagung (§ 65 Abs. 1 Satz 2 LBO) auszusprechen. Bei einer Vollgenehmigung iSv § 58 Abs. 1 LBO wäre dies nicht möglich, da sich die Genehmigung auf alle von der Baurechtsbehörde zu prüfenden öffentlich-rechtlichen Vorschriften erstreckt und somit auch § 15 LBO an der Bestandskraft der Baugenehmigung teilnimmt.

80 Entsprechend kann auch ein Dritter die vereinfachte Baugenehmigung nur dann erfolgreich anfechten, wenn sie gegen die im eingeschränkten Prüfungsprogramm zu beachtenden öffentlich-rechtlichen Vorschriften verstößt und der Dritte hierdurch in seinen Rechten verletzt wird.[53]

f) Kenntnisgabeverfahren

81 Bei bestimmten Vorhaben kann anstelle des Baugenehmigungsverfahrens gemäß § 51 LBO ein Kenntnisgabeverfahren durchgeführt werden. Dieses ist dadurch gekennzeichnet, dass das Vorhaben der Behörde lediglich zur Kenntnis gebracht werden muss; eine Baugenehmigung ergeht in diesem Fall nicht. Dies hat zur Konsequenz, dass der Bauherr sich, insbesondere hinsichtlich des Bestandsschutzes,[54] nicht auf die Bestandskraft eines Verwaltungsaktes berufen kann. Gleichwohl wird das Kenntnisgabeverfahren als Instrument verstanden, beschleunigt Bauen zu ermöglichen, da sich durch das Kenntnisgabeverfahren die Verfahrensdauer verkürzen soll. Auch das Kenntnisgabeverfahren muss ausdrücklich **beantragt** werden.

82 Es ist nur bei Vorhaben möglich, die im Geltungsbereich eines Bebauungsplans im Sinne von § 30 Abs. 1 BauGB und außerhalb des Geltungsbereichs einer Veränderungssperre liegen (§ 51 Abs. 2 Nr. 1 und 2 LBO). Bebauungspläne im Sinne von § 30 Abs. 1 BauGB sind solche, die Art und Maß der baulichen Nutzung festsetzen, also entsprechend den Vorgaben der BauNVO den Gebietscharakter und die Anforderun-

---

53 VGH Mannheim 3 S 2167/15, Rn. 19.
54 Rn. 357 ff.

gen an die Baumaße. Im Geltungsbereich von Bebauungsplänen, die derartige umfassende Festsetzungen nicht aufweisen (einfache Bebauungspläne im Sinne von § 30 Abs. 3 BauGB), kommt das Kenntnisgabeverfahren nicht zur Anwendung. Das Kenntnisgabeverfahren ist **zwingend** erforderlich **beim Abbruch** von Anlagen und Einrichtungen (§ 51 Abs. 3 LBO).

Da das Kenntnisgabeverfahren nicht mit einer positiven behördlichen Entscheidung zugunsten des Bauherrn endet, ist es für diesen hinreichend, wenn er sein Vorhaben der Behörde zur Kenntnis bringt. Dies geschieht dadurch, dass er gemäß § 53 Abs. 1 Satz 1 LBO die Bauvorlagen bei der Gemeinde einreicht. Diese hat die Unterlagen dann, sofern sie nicht selbst Baurechtsbehörde ist, innerhalb von drei Arbeitstagen an die Baurechtsbehörde weiterzuleiten (§ 53 Abs. 3 LBO). Werden die Unterlagen nicht beanstandet, so darf bei Vorhaben im Kenntnisgabeverfahren spätestens ein Monat nach Eingang der vollständigen Bauvorlagen bei der Gemeinde mit dem Bau begonnen werden (§ 59 Abs. 4 LBO). Ist die Behörde der Auffassung, dass das ihr zur Kenntnis gebrachte Vorhaben rechtswidrig ist, so hat sie gemäß § 47 Abs. 1 LBO den Baubeginn zu untersagen. Sowohl § 55 Abs. 3 Satz 4 LBO als auch die noch deutlichere Regelung in § 59 Abs. 4 aE LBO weisen darauf hin, dass die Baurechtsbehörde von dieser Ermächtigungsgrundlage, der allgemeinen bauordnungsrechtlichen Generalklausel,[55] Gebrauch machen darf.

In einer Klausur ist von einem Kenntnisgabeverfahren oder einem vereinfachten Genehmigungsverfahren nur auszugehen, wenn diese Begriffe im Sachverhalt genannt sind.

3. Der Bauvorbescheid

Nach § 57 Abs. 1 Satz 1 LBO kann auf schriftlichen Antrag des Bauherrn ein Vorbescheid „zu einzelnen Fragen des Vorhabens" erteilt werden. Der Vorbescheid gilt gem. § 57 Abs. 1 Satz 2 LBO drei Jahre; seine Geltungsdauer kann jedoch aufgrund von §§ 57 Abs. 2, 62 Abs. 2 LBO verlängert werden.

a) Keine Ermessensentscheidung

Trotz der Formulierung in § 57 Abs. 1 LBO, der Bauvorbescheid „könne" erteilt werden, handelt es sich bei der Erteilung des Vorbescheides um eine **gebundene Entscheidung**. Dies ergibt sich nicht nur aus dem Umstand, dass inhaltlich nur solche Fragen des Vorhabens zum Gegenstand gemacht werden können, die auch Gegenstand der Baugenehmigung wären – sonst wäre ein Vorbescheid für den Antragsteller nutzlos – sondern konkret auch durch den Verweis in § 57 Abs. 2 LBO auf § 58 Abs. 1 LBO. Somit besteht ein Rechtsanspruch auf die Erteilung des Vorbescheides, wenn öffentlich-rechtliche Vorschriften den zur Klärung gestellten Fragen nicht entgegenstehen.[56]

b) Einzelne Fragen des Vorhabens

Gegenstand des Bauvorbescheids können nur „einzelne Fragen des Vorhabens" sein. Dies sind solche Fragen, die Gegenstand der Baugenehmigung sein können, also sol-

---

55 Siehe unten Rn. 132 f.
56 VGH Mannheim 3 S 439/03, Rn. 21.

che, die alle von der Baurechtsbehörde zu prüfenden öffentlich-rechtlichen Vorschriften betreffen, die nicht in einem eigenen Genehmigungsverfahren zu prüfen sind (vgl. § 58 Abs. 1 Satz 1 und 2 LBO). In Praxis und Klausuren bedeutsam ist insbesondere der **Vorbescheid über die bauplanungsrechtliche Zulässigkeit** eines Vorhabens. In diesem Fall beschränkt sich die Prüfung der Behörde auf die Frage, ob das Vorhaben den §§ 29 ff. BauGB entspricht. Ebenso ist es möglich, einen Vorbescheid über die Vereinbarkeit des Vorhabens mit bauordnungsrechtlichen Vorschriften zu beantragen, beispielsweise hinsichtlich der Abstandsvorschriften gemäß § 5 ff. LBO.

c) Rechtliche Wirkung des Vorbescheides

88 Die Diskussion, ob der Vorbescheid möglicherweise eine Zusicherung im Sinne von § 38 LVwVfG darstellen könnte, ist durch die Rechtsprechung des BVerwG entschieden.[57] Danach ist der Vorbescheid ein vorweggenommener Teil der Baugenehmigung, nach anderer Formulierung ein Ausschnitt aus dem feststellenden Teil der Baugenehmigung, der sich gegen nachfolgende Rechtsänderungen durchsetzt.[58] Dies bedeutet: Der Vorbescheid genehmigt einen rechtlichen Teil der Baugenehmigung endgültig. In der nachfolgenden, zum Bauen erforderlichen Baugenehmigung wird über diesen rechtlichen Teil nicht mehr entschieden.

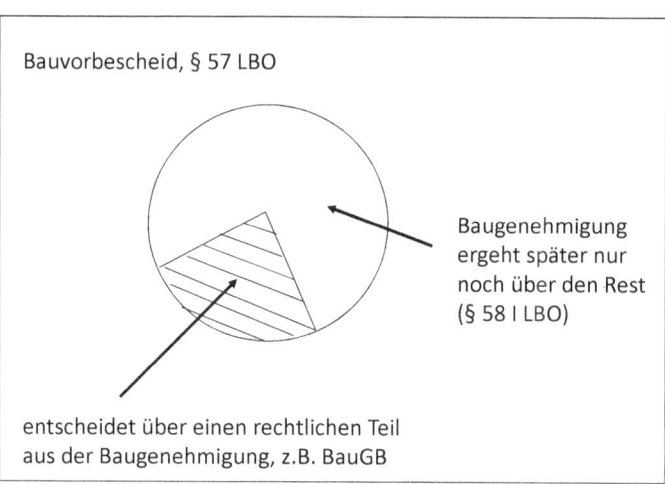

89 **Beispiel:**

Ein Vorbescheid über die bauplanungsrechtliche Zulässigkeit eines Vorhabens (§§ 29 ff. BauGB) stellt bestandskräftig fest, dass das Vorhaben dem Bauplanungsrecht entspricht.

90 Solange der Bauvorbescheid wirkt, also während seiner Geltungsdauer von drei Jahren (§ 57 Abs. 1 Satz 2 LBO mit Verlängerungsmöglichkeit gemäß §§ 57 Abs. 2, 62 Abs. 2 LBO), kann der Antragsteller eine Baugenehmigung beantragen, in der die im Vorbescheid bereits entschiedenen Fragen nicht mehr neu geprüft werden dürfen. Sein

---

57 BVerwG 4 C 39.82, Leitsatz; BVerwG 4 C 14.85, Rn. 9; VGH Mannheim 8 S 1445/00, Leitsatz 2.
58 *Finkelnburg/Ortloff/Otto*, Öffentliches Baurecht Bd. II, § 8 Rn. 60.

Charakter als vorweggenommener Teil der Baugenehmigung gestattet es nicht, dass die Baurechtsbehörde, solange ein bestandskräftiger Vorbescheid vorliegt, die im Vorbescheid entschiedenen Fragen erneut aufwirft. Dies gilt auch und gerade dann, wenn sich zwischenzeitlich die Rechtslage geändert hat.

Beispiel: 91

X erhält einen Vorbescheid über die bauplanungsrechtliche Zulässigkeit eines Wohnhauses im Geltungsbereich eines Bebauungsplanes. Ein Jahr später wird der Bebauungsplan in einem Normenkontrollverfahren aufgehoben; das Vorhaben liegt nunmehr im Außenbereich und wäre gemäß § 35 Abs. 2 BauGB unzulässig. Gleichwohl setzt sich die Bestandskraft des Bauvorbescheides durch. Der Antragsteller hat einen Anspruch auf die Baugenehmigung, weil die Fragen des Bauplanungsrechts bereits entschieden sind und die Baurechtsbehörde diese nicht erneut aufwerfen darf.

Die Bindungswirkung des Vorbescheides ergibt sich vor allem aus seiner Bestandskraft. Deshalb setzt er sich auch dann durch, wenn er rechtswidrig ist. 92

Beispiel: 93

Die Baurechtsbehörde erteilt rechtswidrigerweise einen Vorbescheid über die bauplanungsrechtliche Zulässigkeit eines Verbrauchermarktes im Außenbereich. Trotz des Verstoßes des Vorbescheides gegen § 35 Abs. 2 BauGB ist er bestandskraftfähig, da nach allgemeinen verwaltungsrechtlichen Grundsätzen auch rechtswidrige Verwaltungsakte unanfechtbar werden. Der Bauherr, der die übrigen rechtlichen Voraussetzungen erfüllt, hat auch hier einen Anspruch auf Baugenehmigung, es sei denn, die Behörde hebt gemäß § 48 Abs. 1 LVwVfG den Vorbescheid auf. In diesem Falle muss sie unter Umständen damit rechnen, dass sie Entschädigung zahlen muss (§ 48 Abs. 3 LVwVfG).

Der Vorbescheid berechtigt jedoch **in keiner Weise zur Errichtung des Vorhabens** oder auch von Teilen des Vorhabens. Dies ergibt sich zum einen aus seinem Charakter als vorweggenommenem „Teil" der Baugenehmigung, woran deutlich wird, dass eine Baugenehmigung noch nicht vollständig vorliegt. Zum anderen folgt dieser Umstand auch aus § 59 Abs. 1 Satz 1 und 2 LBO, wonach mit der Ausführung genehmigungspflichtiger Vorhaben erst nach Erteilung des Baufreigabescheins begonnen werden darf. Dieser wiederum kann nur erteilt werden, wenn zuvor auch eine Baugenehmigung erteilt wurde. 94

4. Die Teilbaugenehmigung

Gemäß § 61 LBO kann, wenn ein Bauantrag vorliegt, für die Baugrube und für einzelne Bauteile oder Bauabschnitte schon vor Erteilung der Baugenehmigung eine Teilbaugenehmigung ergehen. Anders als beim Vorbescheid handelt es sich dabei um eine volle Genehmigung eines Teils des zu errichtenden Vorhabens. Der Verweis in § 61 Abs. 1 Satz 2 LBO auf § 58 Abs. 1 bis 5 LBO zeigt, dass hier das gesamte Entscheidungsprogramm der Baugenehmigung anzuwenden ist, also sämtliche von der Baurechtsbehörde zu prüfenden öffentlich-rechtlichen Vorschriften, die keinem anderen Genehmigungsverfahren vorbehalten sind. 95

Beispiel: 96

So müssen beispielsweise bei der Teilgenehmigung für eine Baugrube die Höhenlage des Grundstücks (§ 10 LBO) und die Verkehrssicherheit (§ 16 LBO) geprüft werden.

97 Aus dem Charakter der Teilgenehmigung als Vollgenehmigung für einen Teil des Vorhabens folgt, dass die in der Teilgenehmigung bereits entschiedenen Fragen in der später ergehenden Baugenehmigung für die restlichen Teile des Vorhabens (oder auch einer weiteren Teilgenehmigung) nicht mehr entschieden werden dürfen. Diese Bindungswirkung gilt auch für eine rechtswidrige, aber bestandskräftige Teilgenehmigung.[59] Im Gegensatz zum Vorbescheid erscheint die Teilgenehmigung im Baurecht allerdings als das weniger gebräuchliche Instrument.

5. Die Abbruchanordnung

98 Die Abbruchanordnung ist in § 65 Abs. 1 Satz 1 LBO geregelt. Da § 65 Abs. 1 LBO zwei Ermächtigungsgrundlagen enthält (§ 65 Abs. 1 Satz 2 LBO regelt die Nutzungsuntersagung), ist stets auf eine exakte Zitierung der einschlägigen Regelung zu achten. Abs. 2 der Vorschrift regelt den eher seltenen Fall der Abbruchanordnung bei Verfall einer Anlage.[60]

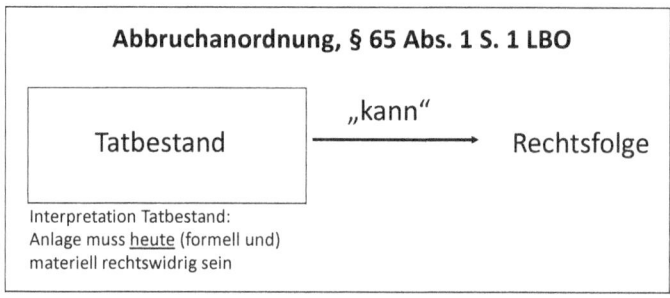

a) Anlage

99 § 65 Abs. 1 Satz 1 LBO spricht von dem Abbruch einer „Anlage". Damit sind nicht nur bauliche Anlagen im Sinne von § 2 Abs. 1 Satz 1 LBO gemeint, sondern es werden auch diejenigen Anlagen erfasst, für die die gesetzgeberische Fiktion eingreift (§ 2 Abs. 1 Satz 3 LBO), insbesondere Aufschüttungen und Abgrabungen, Ausstellungs-, Abstell- und Lagerplätze.[61] Auch Anlagen der Außenwerbung (§ 2 Abs. 9 LBO) können von der Abbruchanordnung des § 65 Abs. 1 Satz 1 LBO erfasst sein.

b) „In Widerspruch zu öffentlich-rechtlichen Vorschriften errichtet" und „nicht auf andere Weise rechtmäßige Zustände hergestellt werden können"

100 Diese beiden tatbestandlichen Elemente sind im **engen Zusammenhang** zu sehen. Für eine Abbruchanordnung ist es nicht hinreichend, dass eine Anlage lediglich im Widerspruch zu öffentlich-rechtlichen Vorschriften errichtet wurde. Können nämlich auf andere Weise – insbesondere durch die Erteilung einer Baugenehmigung, auf die der Antragsteller einen Anspruch hat (§ 58 Abs. 1 LBO) – rechtmäßige Zustände hergestellt werden, dann bedarf es zur Durchsetzung der Gesetzmäßigkeit der Verwaltung

---

59 BGH III ZR 105/81, Rn. 12.
60 Vertiefend *Wunderle*, VBlBW 2020, 221 und 272.
61 VGH Mannheim 5 S 2067/15, Rn. 24.

(Art. 20 Abs. 3 GG) des massiven Instruments der Abbruchanordnung nicht. Anders formuliert: Der Verstoß gegen die öffentlich-rechtlichen Vorschriften muss so gravierend sein, dass er nicht durch eine nachträglich zu beantragende Baugenehmigung korrigiert werden kann.

Nach der Rechtsprechung des VGH Mannheim ist darüber hinaus auch zu prüfen, ob nicht die Gesetzesverstöße durch Befreiungen oder Ausnahmen nach § 31 BauGB, beziehungsweise, wenn es sich um einen Verstoß gegen Bauordnungsrecht handelt, nach § 56 LBO geheilt werden können.[62] In diesem Fall ist allerdings Vorsicht geboten: Auf eine Befreiung von der Festsetzung eines Bebauungsplanes oder von der Einhaltung von Vorschriften der LBO hat der Antragsteller keinen Anspruch, da es sich um Ermessensentscheidungen handelt (§ 31 Abs. 2 BauGB, § 56 Abs. 5 LBO). Die Befreiung ist daher nicht die typische Möglichkeit, eine Abbruchanordnung zu verhindern. Nur in den seltensten Fällen wird ein Anspruch auf Befreiung bestehen, da eine Ermessensreduktion auf Null hinsichtlich der Befreiung üblicherweise nicht zwingend ersichtlich ist.[63] 101

Die Anlage muss zunächst **im Widerspruch zu öffentlich-rechtlichen Vorschriften errichtet** sein. Dazu gehören alle Vorschriften, über die die Baurechtsbehörden zu wachen haben (vgl. § 47 Abs. 1 Satz 1 LBO). Eine Anlage ist also bereits dann im Widerspruch zu öffentlich-rechtlichen Vorschriften errichtet, wenn sie, obwohl genehmigungspflichtig, ohne die erforderliche Baugenehmigung errichtet wurde. Darüber hinaus kommen auch vor allem Verstöße gegen die §§ 29 ff. BauGB und gegen materielle Normen der LBO in Betracht. 102

Eine Anlage ist jedoch dann nicht im Widerspruch zu öffentlich-rechtlichen Vorschriften errichtet, wenn sie über eine bestandskräftige **Baugenehmigung** verfügt, und zwar auch dann, wenn die Baugenehmigung rechtswidrig ist. Die Bestandskraft der Baugenehmigung gestattet die Errichtung der Anlage; die Genehmigung enthält die Feststellung, dass die Anlage den baurechtlichen sowie den anderen von der Baurechtsbehörde zu prüfenden öffentlich-rechtlichen Vorschriften nicht widerspricht, selbst dann, wenn es in Wirklichkeit nicht zutrifft. Damit entsteht eine **Legalisierungswirkung,** die es ausschließt, die Errichtung der genehmigten Anlage als baurechtswidrigen Zustand zu werten.[64] 103

Das Zusammenspiel der beiden Elemente in § 65 Abs. 1 Satz 1 LBO („im Widerspruch ... errichtet" **und** „nicht auf andere Weise rechtmäßige Zustände ... können") bedeutet somit, **dass die Anlage heute formell und materiell illegal sein muss:** 104

Ist die Anlage formell legal, verfügt sie also über eine Baugenehmigung, wirkt deren Bestandskraft und setzt sich gegen die Abbruchanordnung durch. Ist die Anlage formell illegal (verfügt also über keine Baugenehmigung), aber materiell legal (also genehmigungsfähig, weil sie die Anforderungen an eine Baugenehmigung erfüllt und der Antragsteller einen Anspruch hat), kann gerade dadurch auf andere Weise ein recht- 105

---

62 VGH Mannheim 3 S 2436/02, Rn. 31.
63 *Finkelnburg/Ortloff/Kment,* Öffentliches Baurecht Bd. I, § 24 Rn. 25; BVerwG 4 C 13.01, Rn. 30 f.
64 VGH Mannheim 3 S 741/15, Rn. 30.

mäßiger Zustand hergestellt werden, dass die Baugenehmigung erteilt wird. Nur wenn die Anlage weder eine Baugenehmigung aufweist noch materiell gesetzeskonform ist, kann es zur Abbruchanordnung kommen. Abzustellen ist auf den Zeitpunkt der Gegenwart, je nach Fallkonstellation also auf den Zeitpunkt der Behördenentscheidung oder der gerichtlichen Entscheidung. Es geht dabei um die Frage, ob heute, also „hic et nunc", rechtmäßige Zustände hergestellt werden **können**.[65]

106 Der Grundsatz von der formellen und materiellen Illegalität erfährt dort eine Ausnahme, wo sich die formelle Illegalität nicht prüfen lässt: Bei genehmigungsfreien Vorhaben. Hier ist die materielle Illegalität das einzige Kriterium.

107 Problematisch ist die Frage der formellen Illegalität auch dann, wenn das Vorhaben über keine bestandskräftige Genehmigung verfügt, aber ein Kenntnisgabeverfahren durchgeführt wurde. Hier wird man davon ausgehen müssen, dass die Durchführung eines Kenntnisgabeverfahrens jedenfalls dann der formellen Legalität gleichzusetzen ist, wenn die Bauvorlagen vollständig waren, so dass die Behörde mögliche Gesetzesverstöße hätte erkennen können, aber dennoch nicht nach § 47 Abs. 1 LBO den Baubeginn untersagt hat.

c) Ermessen

108 Bei der soeben vorgenommenen Auslegung des Wortlauts von § 65 Abs. 1 Satz 1 LBO erscheinen bestimmte Fallkonstellationen immer noch problematisch.

109 **Beispiel:**
Ein Schwarzbau wurde zwar in Widerspruch zur öffentlich-rechtlichen Vorschriften errichtet, die Behörde hat ihn aber erkannt und über Jahre hinweg geduldet. Oder: Eine bauliche Anlage wurde ohne Baugenehmigung errichtet, war aber aufgrund eines Bebauungsplanes über viele Jahre materiell legal. Danach wurde der Bebauungsplan aufgehoben.

110 In beiden Fällen wäre § 65 Abs. 1 Satz 1 LBO dem Wortlaut nach einschlägig. Die Anlagen wurden im Widerspruch zu öffentlich-rechtlichen Vorschriften errichtet und sie sind heute nicht genehmigungsfähig.

111 In beiden Fällen erscheint es aber unbillig, die Anlage abzubrechen, weil die Baurechtsbehörde beziehungsweise die Gemeinde durch positives Tun einen Vertrauenstatbestand gesetzt hat. Aus diesen Gründen kann nach der älteren Rechtsprechung des VGH Mannheim eine Abbruchanordnung nur ergehen, wenn „eine bauliche Anlage nicht durch eine Baugenehmigung gedeckt ist und seit ihrer Errichtung fortlaufend gegen materielle öffentlich-rechtlichen Vorschriften verstößt".[66] Diese prägnante und im Ergebnis den Bauherrn durchaus begünstigende Rechtsprechung findet jedoch im Wortlaut von § 65 Abs. 1 Satz 1 LBO keine Stütze.

112 Geboten ist es daher, die Problematik der „**vorübergehenden Legalität**" sowie behördlich gesetzter Vertrauenstatbestände **im Ermessen** zu verorten.[67] Es geht damit um die Frage, ob ein **Bestandsschutz** zugunsten der Anlage eine Abbruchanordnung ermes-

---

65 VGH Mannheim 8 S 1938/12, Rn. 21.
66 VGH Mannheim 3 S 2436/02, Rn. 19, mwN.
67 Instruktiv VGH Mannheim 5 S 2067/15, Rn. 65 zur Frage, ob eine von der Behörde gegebene Zusicherung eine Ermessensausübung zulasten des Bauherrn ausschließt.

sensfehlerhaft macht. Der Bestandsschutz ist nur im Falle einer bestehenden Baugenehmigung unproblematisch, da sich in diesem Fall der Bauherr auf die Bestandskraft des begünstigenden Verwaltungsaktes und damit auf die formelle Legalität des Vorhabens berufen kann. Anders sieht es bei der sogenannten vorübergehenden Legalität aus, wenn die Baugenehmigung fehlt. Auf das Eigentumsgrundrecht aus Art. 14 Abs. 1 GG kann sich der Bauherr in einem solchen Fall nicht berufen. Das BVerfG hat unmissverständlich entschieden, dass sich der Bestandsschutz aus verfassungsrechtlicher Sicht nur auf den genehmigten Bestand und die genehmigte Funktion einer Anlage erstreckt.[68] Damit ist der Bestandsschutz einfachgesetzlich herzuleiten.[69]

Im Falle der vorübergehenden Legalität fehlt es jedoch an einfachgesetzlichen Vorschriften. Somit bleibt als einziger Anknüpfungspunkt für die Berücksichtigung des Bestandsschutzes die Ermessensausübung. Eine Abbruchanordnung muss dann als ermessensfehlerhaft angesehen werden, wenn die Behörde gegenüber dem Bauherrn einen **Vertrauenstatbestand** gesetzt hat. Dies ist nur durch eine entsprechende Legalisierung möglich, etwa durch eine bestandskräftige unbefristete Duldungsverfügung (§ 47 Abs. 1 LBO) oder durch den Erlass eines Bebauungsplanes, welcher das Vorhaben, wenn auch nur vorübergehend, materiell legalisiert. Eine schlichte Untätigkeit der Behörde ohne Kenntnis des Vorhabens begründet einen derartigen Vertrauensschutz nicht. 113

Bei der vorübergehenden Legalität ist weiter zu fragen, wie lange zeitlich das Vorhaben materiell legal gewesen sein muss, um den Bestandsschutz zu erreichen, der eine Abbruchanordnung ermessensfehlerhaft macht. Hierzu werden unterschiedliche Auffassungen vertreten – von der „logischen Sekunde" bis zu einem länger währenden Zeitraum.[70] Geboten ist eine einzelfallbezogene Betrachtungsweise. Je länger das Vorhaben materiell legal war, desto stärker erscheint der Bestandsschutz, weil der Bauherr darauf vertrauen kann, dass sein Vorhaben dem geltenden Recht entspricht. 114

Gegenstand der Ermessensausübung bei der Abbruchanordnung ist auch die **Auswahl des** richtigen **Adressaten**. Bei mehreren Miteigentümern eines Grundstücks ist es gerechtfertigt, die Abbruchanordnung gegen jeden einzelnen Miteigentümer zu erlassen.[71] Maßgeblich bei der Adressatenauswahl ist der Grundsatz der Effektivität der Gefahrenabwehr.[72] 115

Eine Abbruchanordnung kann auch dann ermessensfehlerhaft sein, wenn sie gegen Art. 3 GG verstößt. Ein Verstoß gegen das Grundrecht kommt insbesondere dann in Betracht, wenn gegen eine größere **Anzahl von Schwarzbauten** nicht systematisch vorgegangen wird. In Übereinstimmung mit der Rechtsprechung des BVerwG[73] müssen nach der Auffassung des VGH Mannheim Schwarzbauten nicht stets flächendeckend bekämpft werden.[74] Die zuständige Behörde darf sich auf die Regelung von Einzelfäl- 116

---

68 BVerfG 1 BvR 1713/92, Rn. 4.
69 BVerwG 4 C 10.97, Rn. 25 f.
70 Vertiefend *Finkelnburg/Ortloff/Otto*, Öffentliches Baurecht Bd. II, § 13 Rn. 36 ff.
71 VGH Mannheim 8 S 3669/88, Rn. 46.
72 Hierzu Kapitel Polizeirecht, Rn. 74 ff.
73 BVerwG 7 B 106.91, Rn. 2.
74 VGH Mannheim 3 S 1962/13, Rn. 50.

len beschränken, sofern hierfür sachliche Gründe vorliegen. Wird nicht gegen alle Schwarzbauten eingeschritten, muss dem behördlichen Einschreiten ein angemessenes Konzept zugrunde liegen. Dazu gehört eine systematische Erfassung des rechtswidrigen Baubestands und gegebenenfalls auch eine Abstimmung mit der Gemeinde aufgrund deren Planungshoheit.[75]

6. Nutzungsuntersagung und Einstellung von Arbeiten
a) Nutzungsuntersagung

117 Rechtsgrundlage für die Nutzungsuntersagung ist § 65 Abs. 1 Satz 2 LBO. Danach kann die Nutzung untersagt werden, wenn Anlagen im Widerspruch zu öffentlich-rechtlichen Vorschriften genutzt werden. Hinsichtlich des Anlagenbegriffs gilt das oben zur Abbruchanordnung Ausgeführte entsprechend; auch hier ist der Anwendungsbereich der Ermächtigungsgrundlage nicht auf bauliche Anlagen begrenzt.

aa) „Im Widerspruch zur öffentlich-rechtlichen Vorschriften genutzt"

118 Der Wortlaut der Norm macht deutlich, dass nicht die Errichtung der Anlage, sondern ihre Nutzung im Widerspruch zu öffentlich-rechtlichen Vorschriften stehen muss. Maßstab sind auch hier die von der Baurechtsbehörde zu prüfenden öffentlich-rechtlichen Vorschriften (vgl. §§ 47 Abs. 1 Satz 1, 58 Abs. 1 LBO).

119 **Beispiel:**
Die Baurechtsbehörde kann die Nutzung eines Gebäudes als Gaststätte nicht mit der Begründung untersagen, der Betreiber verfüge über keine gaststättenrechtliche Erlaubnis.

120 Als Rechtsvorschriften, gegen die eine Nutzung verstoßen kann, kommen sowohl formelle als auch materielle baurechtliche Vorschriften in Betracht.[76] Häufige Anwendungsfälle sind der Erlass einer Nutzungsuntersagung wegen nicht vorhandener Genehmigung für die Nutzungsänderung (vgl. § 50 Abs. 2, § 49, § 2 Abs. 13 LBO) sowie die Nutzungsuntersagung wegen bauplanungsrechtlicher Unzulässigkeit der Nutzung (Verstoß gegen die Festsetzungen eines Bebauungsplanes über die Art der baulichen Nutzung oder gegen die §§ 34, 35 BauGB).

bb) Ermessen

121 Ist demnach festgestellt, dass die Anlage im Widerspruch zu öffentlich-rechtlichen Vorschriften genutzt wird, so schließt sich eine Ermessensentscheidung der Behörde an. Da die Behörde zur Durchsetzung des verfassungsrechtlichen Grundsatzes der Gesetzmäßigkeit der Verwaltung (Art. 20 Abs. 3 GG) tätig wird, ist eine Ermessensentscheidung zulasten der illegalen Nutzung normalerweise nicht fehlerhaft, solange der richtige Adressat ausgewählt wird.

122 Jedoch verstößt eine Nutzungsuntersagung gegen den rechtsstaatlichen Verhältnismäßigkeitsgrundsatz, wenn sich ohne Weiteres feststellen lässt, dass die ausgeübte

---
75 VGH Mannheim aaO.
76 Die von der früheren Rspr. des VGH Mannheim vertretene Auffassung, dass die Nutzung – zusätzlich – seit ihrem Beginn fortlaufend illegal sein müsse, findet im Wortlaut der Norm keine Stütze und wurde folgerichtig vom VGH aufgegeben, VGH Mannheim 3 S 2590/18, Rn. 59 ff.

Nutzung genehmigungsfähig ist[77] oder wenn die Behörde aufgrund besonderer Umstände einen schutzwürdigen Vertrauenstatbestand dahingehend geschaffen hat, dass sie sich mit der Nutzung auf Dauer weiterhin abfindet.[78]

Beispiel: 123
So wäre im allgemeinen Wohngebiet eine Nutzungsuntersagung gegen eine Metzgerei, die in einem ehemals als Bäckerei genutzten Ladengeschäft eingerichtet wird, unverhältnismäßig, wenn durch einen einfachen Blick in das Gesetz (§ 4 Abs. 2 Nr. 2 BauNVO) feststellbar ist, dass die Metzgerei wie zuvor die Bäckerei der Versorgung des Gebietes dient und deswegen planungsrechtlich zulässig ist.

Ist jedoch die Frage der Genehmigungsfähigkeit unklar, dann darf wegen formeller Baurechtswidrigkeit die Nutzung nur vorläufig bis zur endgültigen Klärung der Zulässigkeit im Baugenehmigungsverfahren untersagt werden.[79] Eine solche vorläufige Nutzungsuntersagung ist nach Auffassung des VGH regelmäßig für sofort vollziehbar zu erklären, um zu verhindern, dass sich der rechtsuntreue Bürger Nutzungsvorteile gegenüber dem rechtstreuen Bürger verschafft.[80] 124

Die Behörde hat also zu entscheiden, ob sie eine vorläufige oder eine endgültige Nutzungsuntersagung ausspricht. Die endgültige Nutzungsuntersagung kommt nur in Betracht, wenn feststeht, dass die Nutzung nicht genehmigungsfähig ist. 125

Ähnlich wie bei der Abbruchanordnung kann sich auch bei der Nutzungsuntersagung die Problematik stellen, ob die Nutzungsuntersagung ermessensfehlerhaft ist, weil der Bestandsschutz des Bauherrn entgegensteht. 126

Beispiel: 127
Ein landwirtschaftlicher Betrieb verfügt über eine Baugenehmigung zur Schweinehaltung. Er gibt diese Schweinehaltung für zwei Jahre auf. In der Zwischenzeit erlässt die Gemeinde einen Bebauungsplan, nach dessen Festsetzungen die Schweinehaltung unzulässig ist. Kann nun die Baurechtsbehörde gegen den Betrieb eine Nutzungsuntersagung erlassen, wenn der Landwirt die Schweinehaltung wieder aufnimmt?

Es spricht zwar viel dafür, dass der Bebauungsplan rechtswidrig ist, da er sich nicht mit der noch vorhandenen bestandskräftigen Baugenehmigung auseinandergesetzt hat. Dies ist jedoch nicht entscheidend. Wie bereits oben[81] ausgeführt wurde, erstreckt sich der Bestandsschutz auf den genehmigten Bestand und die genehmigte Funktion einer Anlage.[82] Daraus ergibt sich, dass eine Nutzungsuntersagung ermessensfehlerhaft ist, welche die Bestandskraft einer bestehenden Baugenehmigung ignoriert, denn eine einmal genehmigte Nutzung genießt Bestandsschutz, solange die Baugenehmigung wirksam ist.[83] Bezüglich der Wirksamkeit einer Baugenehmigung ist § 43 Abs. 2 LVwVfG heranzuziehen. Eine vorübergehend unterbrochene Nutzung stellt danach keine Erledigung der Baugenehmigung auf andere Weise im Sinne von § 43 Abs. 2 128

---

77 VGH Mannheim 8 S 2606/06, Rn. 5; VGH Mannheim 5 S 1030/17, Rn. 17.
78 VGH Mannheim 3 S 2590/18, Rn. 95.
79 VGH Mannheim 8 S 2606/06, Leitsatz 1.
80 AaO Leitsatz 2.
81 Rn. 103.
82 BVerfG 1 BvR 1713/92, Rn. 4.
83 VGH Mannheim 3 S 1467/07 Leitsatz 1.

LVwVfG dar. Dazu wäre erforderlich, dass ein dauerhafter und endgültiger Verzichtswille unmissverständlich und unzweifelhaft zum Ausdruck kommt.[84] Dies ist bei einer nur für zwei Jahre unterbrochenen Nutzung nicht der Fall. Man kann dem Inhaber der Baugenehmigung insbesondere nicht unterstellen, dass er stillschweigend oder konkludent auf die Ausnutzung der Baugenehmigung verzichtet habe. Im erwähnten Beispiel wäre eine Nutzungsuntersagung demnach ermessensfehlerhaft.[85]

b) Einstellung von Arbeiten

129 Nach § 64 Abs. 1 LBO kann die Baurechtsbehörde die Einstellung der Arbeiten anordnen, wenn Anlagen in Widerspruch zu öffentlich-rechtlichen Vorschriften errichtet oder abgebrochen werden. Diese Vorschrift gilt für genehmigungspflichtige und verfahrensfreie Anlagen gleichermaßen.

130 Die wichtigsten Anwendungsfälle der Einstellung von Arbeiten stehen in § 64 Abs. 1 Satz 2 LBO. Von Bedeutung ist dabei vor allem § 64 Abs. 1 Satz 2 Nr. 3 LBO: Für die Einstellung von Arbeiten ist hinreichend, dass bei der Ausführung eines Vorhabens von der erteilten Baugenehmigung oder, im Falle des Kenntnisgabeverfahrens, von den eingereichten Bauvorlagen abgewichen wird. Dabei kommt es nicht darauf an, ob die Abweichung genehmigungsfähig wäre. Durch die Formulierung in § 64 Abs. 1 Satz 2 LBO hat sich der Gesetzgeber bewusst dafür entschieden, keinen nachgewiesenen Verstoß gegen materiell-baurechtliche Vorschriften zu verlangen. Vielmehr reicht für den Erlass einer Verfügung zur Einstellung von Arbeiten der durch Tatsachen belegte Anfangsverdacht eines formellen oder materiellen Rechtsverstoßes der betreffenden Anlage aus.[86]

131 Die Strenge der Ermächtigungsgrundlage des § 64 Abs. 1 Satz 1 LBO wird darüber hinaus daran deutlich, dass gemäß § 64 Abs. 1 Satz 3 LBO Widerspruch und Anfechtungsklage gegen die Anordnung der Einstellung von Arbeiten keine aufschiebende Wirkung haben. Es handelt sich dabei um eine Regelung im Sinne von § 80 Abs. 2 Nr. 3 VwGO, so dass als effektives Rechtsmittel gegen die Einstellung von Arbeiten im vorläufigen Rechtsschutz der Antrag nach § 80 Abs. 5 Satz 1 VwGO (Antrag auf Anordnung der aufschiebenden Wirkung des Widerspruchs) gegeben ist.

7. Die bauordnungsrechtliche Generalklausel (§ 47 Abs. 1 LBO)

132 Als Auffangnorm für den Erlass von Verwaltungsakten, die nicht bereits auf die genannten Ermächtigungsgrundlagen gestützt werden können, kennt die LBO die Generalklausel des § 47 Abs. 1 LBO. Nach § 47 Abs. 1 Satz 1 LBO haben die Baurechtsbehörden darauf zu achten, dass die baurechtlichen Vorschriften sowie die anderen öffentlich-rechtlichen Vorschriften über die Errichtung und den Abbruch von Anlagen

---

84 VGH Mannheim 3 S 1467/07, Rn. 34.
85 Mit dieser letztlich am BVerfG orientierten Auffassung stellt sich der VGH Mannheim gegen die Rechtsprechung des BVerwG, wonach mit dem Ablauf von bestimmten Zeitabschnitten (ein bis zwei Jahre) der Bestandsschutz schwächer wird und der Bauherr besondere Gründe darlegen muss, BVerwG 4 B 20.07, Rn. 3. Neuerdings stellt indessen auch das BVerwG fest, dass das „Zeitmodell" flexibel angewandt und berücksichtigt werden muss, ob die Verkehrsauffassung mit der Wiederaufnahme einer unterbrochenen Nutzung rechnet, BVerwG 4 BN 35.20, Rn. 8.
86 VGH Mannheim 8 S 2834/04, Rn. 4, mwN.

und Einrichtungen im Sinne des § 1 eingehalten und die aufgrund dieser Vorschriften erlassenen Anordnungen befolgt werden. Nach § 47 Abs. 1 Satz 2 LBO haben die Behörden zur Wahrnehmung dieser Aufgaben diejenigen Maßnahmen zu treffen, die nach pflichtgemäßem Ermessen erforderlich sind.

Die eigentliche Ermächtigungsgrundlage stellt damit § 47 Abs. 1 Satz 2 LBO dar. Voraussetzung ist zunächst, dass im Hinblick auf eine Anlage oder Einrichtung (selten, vgl. § 2 Abs. 12 LBO) ein Verstoß gegen eine öffentlich-rechtliche Vorschrift im Sinne von § 47 Abs. 1 Satz 1 LBO vorliegt. Ist dieser Verstoß gegeben, so trifft die Behörde eine Ermessensentscheidung. Damit ist die bauordnungsrechtliche Generalklausel nur bei **atypischen Maßnahmen** anwendbar. 133

Beispiel: 134
Die Behörde ordnet die Absperrung eines Baugrundstücks an; die Behörde verlangt die Entfernung eines Bauschuttcontainers vom Grundstück.

Nach Auffassung des VGH Mannheim[87] findet die bauordnungsrechtliche Generalklausel auch dann Anwendung, wenn die Aufnahme einer bisher noch nicht ausgeübten Nutzung untersagt wird. Hier ist der Rückgriff auf die subsidiäre Generalklausel möglich, weil die Nutzungsuntersagung (§ 65 Abs. 1 Satz 2 LBO) voraussetzt, dass eine Nutzung bereits besteht. 135

Um eine Nutzungsaufnahmeuntersagung zu erlassen, genügt die formelle Baurechtswidrigkeit.[88] Dies ist hinreichend, da der Tatbestand der bauordnungsrechtlichen Generalklausel nicht zwischen formeller und materieller Baurechtswidrigkeit unterscheidet. Ob eine Generalklausel-Maßnahme rechtmäßig ist, wird sich, sofern ein Verstoß gegen baurechtliche Vorschriften im Sinne von § 47 Abs. 1 Satz 1 LBO vorliegt, zumeist bei der materiellen Rechtmäßigkeitsprüfung und dort bei der Prüfung des rechtsstaatlichen Verhältnismäßigkeitsprinzips entscheiden. 136

Beispiel: 137
Im hinteren Teil eines frei zugänglichen Ackergrundstücks steht eine baufällige Hütte. Die Baurechtsbehörde ordnet die Absperrung des gesamten Grundstücks an. Es liegt in diesem Fall zwar ein Verstoß gegen § 13 LBO vor, der behördliche Einschreiten rechtfertigt. Gleichwohl ist die Anordnung rechtswidrig, weil unverhältnismäßig (nicht erforderlich). Die Anordnung der Absperrung des Bereiches um die Hütte herum hätte als mildere Maßnahme genügt.

Ein Anwendungsfall der bauordnungsrechtlichen Generalklausel ist auch die Untersagung des Baubeginns im Kenntnisgabeverfahren, vgl. § 55 Abs. 3 Satz 4 LBO sowie § 59 Abs. 4 aE LBO. Die Untersagung des Baubeginns nach der bauordnungsrechtlichen Generalklausel ist für die Behörde das Eingriffsmittel, wenn das dem Kenntnisgabeverfahren unterworfene Vorhaben gegen von der Baurechtsbehörde zu prüfende öffentlich-rechtliche Vorschriften verstößt und mit dem Bau noch nicht begonnen wurde. 138

---

87 VGH Mannheim 8 S 708/10, Rn. 5 ff.
88 VGH Mannheim aaO Rn. 6.

8. Weitere bauordnungsrechtliche Ermächtigungsgrundlagen

139 Zwei weitere Ermächtigungsgrundlagen, die einen eher seltenen Anwendungsbereich haben, befassen sich mit Situationen nach Erteilung der Baugenehmigung:

140 Nach § 58 Abs. 6 Satz 1 LBO können auch nach Erteilung der Baugenehmigung Anforderungen gestellt werden, um Gefahren für Leben oder Gesundheit oder bei der Genehmigung nicht voraussehbare Gefahren oder erhebliche Nacheile oder Belästigungen von der Allgemeinheit oder den Benutzern der baulichen Anlagen abzuwenden. Nach § 76 Abs. 1 LBO kann verlangt werden, dass rechtmäßig bestehende oder nach genehmigten Bauvorlagen begonnene Anlagen neuen bauordnungsrechtlichen Vorschriften mit anderen Anforderungen als nach bisherigem Recht angepasst werden, wenn Leben oder Gesundheit bedroht sind. Die beiden Normen gehen der bauordnungsrechtlichen Generalklausel vor.[89] Relevant werden die Vorschriften insbesondere bei nachträglichen Brandschutzanordnungen.

9. Die bauordnungsrechtliche und die bauplanungsrechtliche Befreiung

a) Allgemeines

141 Sowohl das BauGB als auch die LBO kennen das Instrument der Befreiung: Eine Befreiung ist stets eine Ermessensentscheidung; sie bewirkt, dass der Bauherr baurechtliche Vorschriften nicht einzuhalten braucht. Im Bauplanungsrecht kann von den „Festsetzungen eines Bebauungsplans" befreit werden. Im Bauordnungsrecht kann „von den Vorschriften in den §§ 4 bis 39 dieses Gesetzes oder aufgrund dieses Gesetzes" Befreiung erteilt werden. Die entsprechenden Vorschriften sind § 31 Abs. 2 BauGB und § 56 Abs. 5 LBO. Die Tatbestandsvoraussetzungen sind ähnlich.

142 Die Ermessensentscheidung bleibt erhalten, auch wenn die Entscheidung über die Baugenehmigung („ist zu erteilen, wenn") eine gebundene Entscheidung darstellt und eine Befreiung im Regelfall zusammen mit der Baugenehmigung erteilt wird. Dies erklärt sich nicht nur aus dem Wortlaut der jeweiligen Vorschrift, sondern auch aus dem Umstand, dass ein Anspruch auf eine Baugenehmigung nur dann besteht, wenn die von der Baurechtsbehörde zu prüfenden öffentlich-rechtlichen Vorschriften eingehalten sind. Im Falle der Erteilung einer Befreiung wird gerade gegen öffentlich-rechtliche Vorschriften verstoßen. Doch der Gesetzgeber hat eine Möglichkeit eingeräumt, diesen Gesetzesverstoß hinzunehmen und gerade deshalb die Ermessensentscheidung eröffnet.

143 Wenn eine Befreiung, wie meistens, zusammen mit der Baugenehmigung erteilt wird, muss in der Begründung der Baugenehmigung die Ermessensausübung hinsichtlich der Befreiung klar erkennbar sein, will sich nicht die Behörde dem Vorwurf aussetzen, wegen Ermessensunterschreitung rechtswidrig zu handeln. Bei verfahrensfreien oder kenntnisgabepflichtigen Vorhaben, bei denen keine Baugenehmigung ergeht, und die trotz des Verstoßes gegen einen Bebauungsplan oder eine materiellrechtliche Norm der LBO zulässig sein sollen, muss die Befreiung als separater Verwaltungsakt erteilt

---

[89] VGH Mannheim 8 S 2910/10, Rn. 23.

werden. Sowohl über die Befreiung nach § 31 Abs. 2 BauGB als auch über die Befreiung nach § 56 Abs. 5 LBO entscheidet die zuständige Baurechtsbehörde.[90]

In § 31 Abs. 3 BauGB wurde 2021 ein erleichterter Befreiungstatbestand für Gebiete mit einem angespannten Wohnungsmarkt ins Gesetz aufgenommen.[91] Für den Fall dieser Spezialregelung müssen die Voraussetzungen des Absatzes 2 Nr. 1 bis 3 nicht eingehalten werden, wohl aber die nachbarlichen Belange wie in Absatz 2 gewürdigt werden. Voraussetzung ist, dass die Landesregierung für den Standort per Rechtsverordnung ein „Gebiet mit einem angespannten Wohnungsmarkt" bestimmt hat, was in Baden-Württemberg auch geschehen ist.[92] Die Regelung ist bis zum 31. Dezember 2026 begrenzt.

b) Die Befreiung gemäß § 31 Abs. 2 BauGB

Die Erteilung einer Befreiung gemäß § 31 Abs. 2 BauGB führt zur bauplanungsrechtlichen Zulässigkeit eines Vorhabens, obwohl es gegen die Festsetzungen des Bebauungsplans verstößt. 144

Beispiel: 145
Ein Investor beantragt eine bauplanungsrechtliche Befreiung zur Errichtung einer Tankstelle in einem reinen Wohngebiet. Gemäß § 3 BauNVO ist eine Tankstelle im reinen Wohngebiet nicht zulässig, ihre Zulässigkeit kann somit nur über eine Befreiung nach § 31 Abs. 2 BauGB hergestellt werden.

Erste Voraussetzung der bauplanungsrechtlichen Befreiung ist, dass die **Grundzüge der Planung** nicht berührt werden dürfen. Dies ist zB dann der Fall, wenn sich durch die Befreiung die Gundkonzeption des Bebauungsplans verändern würde.[93] Im genannten Beispiel der Tankstelle im reinen Wohngebiet erscheint dies jedenfalls dann vorstellbar, wenn das Wohngebiet entsprechend klein und die Tankstelle entsprechend groß dimensioniert ist. 146

Als weitere Voraussetzung muss die Befreiung auch unter **Würdigung nachbarlicher Interessen**[94] mit den **öffentlichen Belangen** vereinbar sein. Hier nimmt das Gesetz auf § 1 Abs. 6 BauGB Bezug. Es handelt sich dabei ausschließlich um bauplanungsrechtliche Aspekte. Eine Unvereinbarkeit mit öffentlichen Belangen ist jedenfalls dann anzunehmen, wenn die Planungskonzeption des Bebauungsplans derart verändert würde, dass die Wirkung, die von der Befreiung ausgeht, grundsätzlich nur durch eine Umplanung möglich wäre.[95] 147

Soweit die Befreiung nicht in die Grundzüge der Planung eingreift und mit den öffentlichen Belangen vereinbar ist, gibt es alternativ drei Voraussetzungen, bei deren Vorliegen die Ermessensentscheidung über die Befreiung eröffnet ist: Gründe des Wohls 148

---

90 Vgl. VGH Mannheim 5 S 2130/17, Rn. 7.
91 Krit. *Breuer,* NVwZ 2022, 587.
92 Verordnung der Landesregierung zur Bestimmung der Gebiete mit einem angespannten Wohnungsmarkt nach § 201a des Baugesetzbuchs, GBl. 2022, 376.
93 Vgl. BVerwG 4 B 35.04, Rn. 3.
94 Zum Nachbarschutz (Gebot der Rücksichtnahme) ausführlich unten Rn. 373 ff., 388.
95 *Ernst/Zinkahn/Bielenberg/Krautzberger/Söfker,* BauGB, § 31 Rn. 73.

der Allgemeinheit (Nr. 1), städtebauliche Vertretbarkeit (Nr. 2) oder eine nicht beabsichtigte Härte (Nr. 3).

149 Der Begriff des Wohls der Allgemeinheit umfasst alles, was als öffentliches Interesse oder Belang bezeichnet werden kann und ist nicht spezifisch bodenrechtlicher Natur.[96] Dem Wohl der Allgemeinheit dienen insbesondere öffentliche Einrichtungen der Gemeinde wie Sportanlagen, Kindertagesstätten, Alten- und Pflegeheime. Bei Vorhaben, die ausschließlich im privaten Interesse liegen, greift die Alternative des § 31 Abs. 2 Nr. 1 BauGB nicht ein.

150 Die Voraussetzung der städtebaulichen Vertretbarkeit wird bejaht, wenn die Abweichung insbesondere unter bodenrechtlichen Gesichtspunkten als hinnehmbar erscheint.

151 **Beispiel:**
Städtebaulich vertretbar kann beispielsweise die geringfügige Überschreitung einer im Bebauungsplan festgesetzten Baugrenze durch die Errichtung eines Gartenhauses im hinteren Teil eines Einfamilienhausgrundstückes sein.

152 Als dritte Variante kennt § 31 Abs. 2 BauGB die Voraussetzung, dass die Durchführung des Bebauungsplans zu einer offenbar **nicht beabsichtigten Härte** führen würde. Eine derartige Härte liegt vor, wenn der Einzelfall in bodenrechtlicher Hinsicht Besonderheiten aufweist, die zur Folge haben, dass das Grundstück bei Einhaltung des Bebauungsplans aufgrund seiner Lage, Größe oder seines Zuschnitts nicht oder nur höchst begrenzt baulich genutzt werden könnte.[97] Die Härte ist dann nicht beabsichtigt, wenn das betroffene Grundstück Besonderheiten aufweist, die der Plangeber bei der Aufstellung des Bebauungsplans nicht berücksichtigt hat und die Nutzungsmöglichkeiten des Grundstücks in einer Art begrenzt werden, die weder städtebaulich noch mit Rücksicht auf den planerischen Interessenausgleich erforderlich sind.[98]

153 Sind die genannten Tatbestandsvoraussetzungen erfüllt, so hat die Behörde eine **Ermessensentscheidung** zu treffen. Eine Ermessensreduzierung auf Null, die zu einem Anspruch führen könnte, dürfte dabei nur in den seltensten Fällen in Betracht kommen, etwa dann, wenn die Behörde zuvor eine schriftliche Zusicherung gegeben hat, die Befreiung zu erteilen. Eine Ermessensreduzierung aufgrund von Grundrechten, insbesondere Art. 14 GG, erscheint dagegen im Regelfall ausgeschlossen. Die Eigentumsfreiheit reicht nicht soweit, nach Belieben bauen zu dürfen. Vielmehr sind, wie bereits ausgeführt,[99] die Normen des öffentlichen Baurechts als Inhalts- und Schrankenbestimmungen im Sinne von Art. 14 Abs. 1 Satz 2 GG anzusehen, so dass gerade der Umstand, die Befreiung einer Ermessensentscheidung zu unterwerfen, eine verfassungskonforme Beschränkung des Eigentums darstellt.

154 Die bauplanungsrechtliche Befreiung unterliegt vor ihrer Erteilung der **Zustimmungspflicht** durch die Gemeinde, § 36 Abs. 1 Satz 1 BauGB, die aus bauplanungsrechtli-

---

96 *Finkelnburg/Ortloff/Kment*, Öffentliches Baurecht Bd. I, § 24 Rn. 12.
97 BVerwG 4 C 49.89, Rn. 30.
98 *Finkelnburg/Ortloff/Kment*, Öffentliches Baurecht Bd. I, § 24 Rn. 19.
99 Vgl. oben Rn. 39.

chen Gründen (§ 36 Abs. 2 BauGB) ihre Zustimmung versagen kann.[100] Dies gilt jedoch nicht, wenn Baurechtsbehörde und Gemeinde identisch sind, denn dann ist nach der Rechtsprechung des BVerwG § 36 BauGB unanwendbar.[101]

c) Die bauordnungsrechtliche Befreiung nach § 56 Abs. 5 LBO

Die Normstruktur des § 56 Abs. 5 LBO ist mit der des § 31 Abs. 2 BauGB vergleichbar. Mithilfe der bauordnungsrechtlichen Befreiung kann von den materiellen Vorschriften der §§ 4 bis 39 LBO befreit werden. 155

Anders als § 31 Abs. 2 BauGB hat § 56 Abs. 5 Satz 2 LBO den Begriff der „Deckung dringenden Wohnbedarfs" beispielhaft als Grund des allgemeinen Wohls in den Tatbestand aufgenommen. Dringender Wohnbedarf in diesem Sinne liegt vor, wenn in der Gemeinde kein ausreichender Wohnraum vorhanden ist, weil die Nachfrage das Angebot längerfristig übersteigt.[102] Hinsichtlich der Würdigung nachbarlicher Interessen betont der VGH Mannheim die Parallele zum bauplanungsrechtlichen Rücksichtnahmegebot.[103] Es sind die tatsächliche und rechtliche Vorbelastung der Grundstücke, die tatsächliche und rechtliche Schutzwürdigkeit und Schutzbedürftigkeit des Bauherrn und des Nachbarn sowie die Art und Intensität aller in Betracht kommenden bauordnungsrechtlich relevanten Nachteile zu beurteilen.[104] 156

V. Die bauplanungsrechtliche Zulässigkeit von Vorhaben

1. Die bauplanungsrechtliche Zulässigkeit eines Vorhabens und die Verknüpfung mit den Ermächtigungsgrundlagen der LBO

Die Frage, ob ein Vorhaben den Vorschriften des BauGB und/oder der BauNVO entspricht, gehört zu den zentralen Problemstellungen zahlreicher baurechtlicher Prüfungsaufgaben. Die dargestellten bauordnungsrechtlichen Ermächtigungsgrundlagen gestatten von ihrem Wortlaut her stets die Prüfung dieser bauplanungsrechtlichen Regelungen. 157

Dies wird an den Formulierungen in den jeweiligen Ermächtigungsgrundlagen deutlich, beispielsweise in § 58 Abs. 1 Satz 1 LBO, wenn von den „von der Baurechtsbehörde zu prüfenden öffentlich-rechtlichen Vorschriften" gesprochen wird. Ebenso stellt § 65 Abs. 1 LBO darauf ab, ob eine Anlage im Widerspruch zu öffentlich-rechtlichen Vorschriften errichtet bzw. genutzt wird. Die bauordnungsrechtliche Generalklausel in § 47 Abs. 1 Satz 1 LBO spricht davon, dass es Aufgabe der Baurechtsbehörden ist, darauf zu achten, „dass die baurechtlichen Vorschriften sowie die anderen öffentlich-rechtlichen Vorschriften für die Errichtung und den Abbruch von Anlagen und Einrichtungen ... eingehalten ... werden". 158

Gleichwohl sind, wie schon ausgeführt,[105] die §§ 30 ff. BauGB nur dann zu prüfen, wenn iSv von § 29 Abs. 1 BauGB „die §§ 30 bis 37" Geltung beanspruchen können. 159

---

100 Zu § 36 BauGB vgl. unten Rn. 235 ff.
101 BVerwG 8 B 50.12 Rn. 6.
102 VGH Mannheim 5 S 2130/17, Rn. 12.
103 Dazu unten ausführlich Rn. 373 ff.
104 VGH Mannheim aaO Rn. 16.
105 Vgl. oben Rn. 63 ff.

Somit ist in jeder Klausur, die sich mit der Prüfung von bauplanungsrechtlichen Vorschriften des BauGB befasst, vor der Zuordnung eines Vorhabens in ein konkretes Gebiet anhand von § 29 BauGB die **Anwendbarkeit der** genannten **bauplanungsrechtlichen Vorschriften** zu prüfen und festzustellen.

160 Sodann ist aufgrund der Angaben des Sachverhalts zu ermitteln, ob das Vorhaben im Geltungsbereich eines Bebauungsplans liegt (§ 30 BauGB), innerhalb eines Bebauungszusammenhangs (**§ 34 Abs. 1 BauGB**), sofern kein qualifizierter Bebauungsplan existiert, oder im Außenbereich (§ 35 BauGB). Diese Zuordnung ist **abschließend**. Eine weitere Kategorie von Gebieten existiert im Bauplanungsrecht nicht.

161 In bestimmten Fallkonstellationen kann es vorkommen, dass der Sachverhalt einer Klausur einen Bebauungsplan schildert, sich im Laufe der Falllösung jedoch der Bebauungsplan als rechtswidrig und damit für den vorliegenden Fall als nichtig und unanwendbar erweist. In diesem Fall treten, da der Bebauungsplan als nicht existent betrachtet werden muss, hinter dem nichtigen Bebauungsplan entweder § 34 BauGB oder § 35 BauGB hervor. Auch in diesem Fall gibt es also keine weitere Gebietskategorie als die genannten.

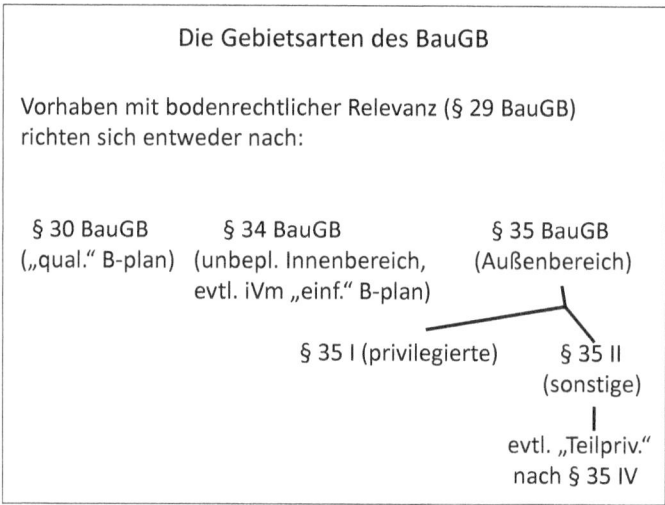

2. Die Prüfung der Anwendbarkeit der §§ 30 ff. BauGB (§ 29 BauGB)

162 Die §§ 30 ff. BauGB gelten entsprechend § 29 Abs. 1 BauGB für „Vorhaben, die die Errichtung, Änderung oder Nutzungsänderung von baulichen Anlagen zum Inhalt haben" sowie für Aufschüttungen und Abgrabungen größeren Umfangs. Entscheidend ist somit der Begriff der „baulichen Anlagen".

163 Es wäre jedoch, wie bereits erwähnt, ein fataler systematischer Fehler, zur Bestimmung des Begriffs der baulichen Anlage auf die Legaldefinition des § 2 Abs. 1 LBO

abzustellen. Wie bereits oben[106] ausführlich dargestellt wurde, haben LBO und BauGB unterschiedliche Zielrichtungen. Der Begriff der baulichen Anlage iSd § 29 Abs. 1 BauGB ist somit nicht bauordnungsrechtlich, sondern bodenrechtlich zu definieren. Danach liegt eine bauliche Anlage vor, wenn – erstens – die Anlage in einer auf Dauer gedachten Weise künstlich mit dem Erdboden verbunden ist.[107] Darüber hinaus bedarf die Anlage – zweitens – einer „**bodenrechtlichen Relevanz**". Diese ist gegeben, wenn das Vorhaben die in § 1 Abs. 5 und 6 BauGB genannten Belange in einer Weise berührt oder jedenfalls berühren kann, die geeignet ist, das Bedürfnis nach einer ihrer Zulässigkeit regelnden verbindlichen Bauleitplanung hervorzurufen.[108] Erst dann ist der Anwendungsbereich der §§ 30 ff. BauGB eröffnet.

Beispiele: 164
Bauliche Anlagen idS sind gemauerte Gebäude aller Art, nicht jedoch auf- und abbaubare Weihnachtsmarkthäuschen oder Festzelte, die zwar den bauordnungsrechtlichen Anlagenbegriff erfüllen, sich jedoch auf die Planungshoheit der Gemeinde nicht auswirken, weil die Gemeinde durch diese Anlagen in ihrer Planungshoheit nicht beeinträchtigt wird; sie kann für das betroffene Grundstück jederzeit eine andere Nutzung vorsehen.

§ 29 Abs. 1 BauGB erfasst nicht nur die Errichtung baulicher Anlagen, sondern auch 165 die Nutzungsänderung. Auch hier ist der Bezug zu den bodenrechtlichen Belangen des § 1 Abs. 5 und Abs. 6 BauGB zu verlangen.[109] Im Mittelpunkt stehen dabei Nutzungsänderungen, die gegenüber der vorangegangenen Nutzung neue „bodenrechtliche Spannungen" auslösen können.

Beispiel: 166
Die Änderung einer Wohnnutzung zu einer gewerblichen Nutzung mit der Folge, dass neuer Zu- und Abfahrtsverkehr entsteht; die Nutzungsänderung eines Lehrlingswohnheims in eine Asylbewerberunterkunft, weil darin eine andere städtebauliche Qualität liegt.[110]

In einer Klausur ist regelmäßig erkennbar, ob die Voraussetzungen des § 29 Abs. 1 167 BauGB zu bejahen sind oder nicht. Befinden sich in den Sachverhaltsangaben ausführliche Hinweise zur bauplanungsrechtlichen Situation (Hinweis auf einen Bebauungsplan, Beschreibung der Umgebungsbebauung), so ist davon auszugehen, dass die bodenrechtliche Relevanz bejaht werden muss (was jedoch nicht eine Begründung hierfür erspart), da ansonsten die Hinweise auf das bauplanungsrechtliche Umfeld der Anlage obsolet wären.

3. Vorhaben im Geltungsbereich eines Bebauungsplanes (§ 30 BauGB)
a) Qualifizierter und einfacher Bebauungsplan

Ohne dass die Begriffe im Wortlaut der Vorschrift vorkommen würden, wird bei § 30 168 BauGB zwischen einem „qualifizierten" Bebauungsplan und einem sogenannten „einfachen" Bebauungsplan unterschieden. Von einem **qualifizierten** Bebauungsplan wird dann gesprochen, wenn er iSv § 30 Abs. 1 BauGB Festsetzungen über die Art und das

---
106 Rn. 7 ff.
107 *Battis/Krautzberger/Löhr/Reidt*, BauGB, § 29 Rn. 10.
108 BVerwG 6 C 18.00, Rn. 18.
109 *Battis/Krautzberger/Löhr/Reidt*, BauGB, § 29 Rn. 20.
110 VGH Mannheim 8 S 1528/13, Rn. 10.

Maß der baulichen Nutzung, die überbaubaren Grundstücksflächen und die örtlichen Verkehrsflächen enthält. Die Norm korrespondiert mit den §§ 1 ff. BauNVO (Art der baulichen Nutzung), §§ 16 ff. BauNVO (Maß der baulichen Nutzung) und § 23 f. BauNVO (Bauweise). Wenn ein Bebauungsplan derartige Festsetzungen zu Art und Maß enthält, richtet sich die bauplanungsrechtliche Zulässigkeit ausschließlich nach § 30 BauGB in Verbindung mit den Festsetzungen.

169 Von einem **einfachen** Bebauungsplan ist auszugehen, wenn die Gemeinde als Plangeber die Möglichkeiten der BauNVO nicht komplett ausgenutzt hat, also etwa nur die Art der baulichen Nutzung festgesetzt hat. Dann richtet sich die Zulässigkeit des Vorhabens im Übrigen nach § 34 oder § 35 BauGB.

170 **Beispiel:**
Wenn ein Bebauungsplan lediglich „Gewerbegebiet" festsetzt, ist für einen Bauherrn nach dem Bebauungsplan nicht klar, wie hoch sein gewerbliches Gebäude sein darf. Dies ist dann, sofern sich das Vorhaben in einem Bebauungszusammenhang gemäß § 34 BauGB befindet, danach zu entscheiden, ob es sich der Höhe nach „einfügt".[111]

171 Damit zeigt sich, dass es die Gemeinde kraft ihrer Planungshoheit selbst in der Hand hat, im Rahmen der Gesetze die städtebauliche Entwicklung auszugestalten. Macht sie von ihrer Planungshoheit nicht oder nicht vollständig Gebrauch, greifen die §§ 34, 35 BauGB ein, die die Funktion haben, eine geordnete städtebauliche Entwicklung auch dort zu gewährleisten, wo die Gemeinden ihre Planungshoheit nicht oder noch nicht durch Bebauungsplan ausgeübt haben. In diesem Sinne dienen all diese Vorschriften der „städtebaulichen Konfliktbewältigung",[112] also dem Ziel, ein möglichst konfliktfreies Nebeneinander unterschiedlicher Nutzungen zu ermöglichen und das Aufeinandertreffen unverträglicher Nutzungen auszuschließen.

b) Die bauplanungsrechtliche Zulässigkeit im Geltungsbereich eines Bebauungsplans
aa) Die Funktion der BauNVO

172 Das BauGB enthält zwar in § 9 ausführliche Hinweise, was im Bebauungsplan aus städtebaulichen Gründen festgesetzt werden kann. Dies bedarf jedoch einer Konkretisierung, insbesondere hinsichtlich der Art und des Maßes der baulichen Nutzung (§ 9 Abs. 1 Nr. 1 BauGB). Zu diesem Zweck wurde gemäß § 9a BauGB die BauNVO erlassen. Diese Verordnung ist als ministerielle Verordnung auf der Grundlage des BauGB materielles Recht und damit zwingend.

173 **Beispiel:**
Da die BauNVO in § 8 und § 9 definiert hat, was unter Gewerbe- und Industriegebieten zu verstehen ist, kann die Gemeinde, da ihr die kommunale Planungshoheit (nur) im Rahmen der Gesetze zugewiesen ist (vgl. § 28 Abs. 2 GG),[113] nicht ein „Gewerbe-Industriegebiet" festsetzen, da sie sich dann von den gesetzlichen Vorgaben entfernen würde.

174 Die BauNVO hat hinsichtlich der Gebietsarten Nutzungen zusammengefasst, die aus der Sicht des Normgebers zueinander städtebaulich verträglich sind. Die Vorschriften

---

111 Vgl. zu § 34 BauGB unten Rn. 194 ff.
112 Vgl. BVerwG 4 C 8.12, Rn. 17.
113 Dazu ausführlich im Kapitel Kommunalrecht, Rn. 18.

der §§ 2 bis 14 BauNVO werden gemäß § 1 Abs. 3 Satz 2 BauNVO regelmäßig Bestandteil des Bebauungsplans, sofern keine Ausnahme gemäß § 1 Abs. 4 bis 10 BauNVO vorliegt, und müssen dann zur Frage, ob ein Vorhaben der Art nach dem Bebauungsplan entspricht, direkt subsumiert werden.

bb) Art und Maß der baulichen Nutzung gemäß BauNVO (§§ 1 bis 23 BauNVO)

Die **Art** der baulichen Nutzung betrifft den Gebietscharakter. Die Gebiete, die in einem Bebauungsplan festgesetzt werden können (vgl. § 1 Abs. 3 Satz 1 BauNVO), sind in § 1 Abs. 2 BauNVO enumerativ genannt. Die Gemeinde hat dabei nach § 1 Abs. 4 bis 10 BauNVO gewisse Gestaltungsmöglichkeiten, kann aber die Gebietsart nicht verändern. Die §§ 2 ff. BauNVO sind derart aufgebaut, dass im jeweiligen ersten Absatz der Vorschrift die Funktion des Gebietes dargestellt ist, im jeweiligen zweiten Absatz die baulichen Anlagen, die die BauNVO in diesen Gebieten grundsätzlich für zulässig hält, und im jeweiligen dritten Absatz diejenigen baulichen Anlagen, die ausnahmsweise zugelassen werden können.[114]

175

Die Zuordnung einer baulichen Anlage zu einem der jeweiligen Begriffe der BauNVO kann im Einzelfall durchaus Schwierigkeiten bereiten. So ist beispielsweise umstritten, ob Bordelle und Sexklubs als „sonstige Gewerbebetriebe" (§ 6 Abs. 2 Nr. 4 BauNVO) oder Vergnügungsstätten (§ 7 Abs. 2 Nr. 2 BauNVO) anzusehen sind; auch ist fraglich, ob ein Bowling-Center mit Bewirtung eine „Schank- und Speisewirtschaft" ist (§ 4 Abs. 2 Nr. 2 BauNVO) oder eine Anlage für sportliche Zwecke (§ 4 Abs. 2 Nr. 3 BauNVO). Erweist sich die Einordnung als schwierig, so sollte man sich von bodenrechtlichen Kriterien leiten lassen. Dies sind etwa Öffnungszeiten, Besucherfrequenz, Lärm, Zu- und Abfahrtsverkehr, äußeres Erscheinungsbild, Immissionen. Wirken sich beispielsweise ein Sexkino und ein kulturell anspruchsvolles Programmkino hinsichtlich Immissionen, Zu- und Abfahrtsverkehr und Besucherfrequenz auf die Grundstücksnutzung in der Nachbarschaft in exakt gleicher Weise aus, so wäre es unzulässig, wegen des Inhalts der präsentierten Filme das Sexkino als „Vergnügungsstätte" und das Programmkino als „Anlage für kulturelle Zwecke" (§ 4 Abs. 2 Nr. 3 BauNVO) einzuordnen. Andere als städtebauliche Kriterien können für die Einordnung nicht herangezogen werden.[115]

176

Anders als die Art der baulichen Nutzung lässt sich das festgesetzte **Maß** der baulichen Nutzung (§ 16 ff. BauNVO) nicht direkt aus dem Wortlaut der BauNVO ermitteln. Das Maß der baulichen Nutzung wird im Wesentlichen bestimmt durch die Festsetzung der Grundflächenzahl, der Geschossflächenzahl, der Zahl der Vollgeschosse und der Höhe baulicher Anlagen (§ 16 Abs. 2 BauNVO). Welche Zahlen hinsichtlich des Maßes der baulichen Nutzung im Einzelnen maßgebend sind, ist der Begründung des Bebauungsplans zu entnehmen.

177

Ein Vorhaben entspricht somit dann den Vorgaben des Bebauungsplanes, wenn es nicht gegen dessen Festsetzungen verstößt, und ist dabei an den Vorschriften der BauNVO zu messen.

178

---

114 Dazu sogleich unten Rn. 179 ff.
115 Vgl. hierzu *Rausch* DÖV 2009, 667 (673).

cc) Ausnahmen und Befreiungen (§ 31 BauGB)

179 Ausnahmen (§ 31 Abs. 1 BauGB) und Befreiungen (§ 31 Abs. 2 BauGB) sind streng voneinander zu unterscheiden. Während eine Ausnahme iSv § 31 Abs. 1 BauGB ausdrücklich Bestandteil des Bebauungsplans sein muss,[116] bedeutet eine Befreiung (§ 31 Abs. 2 BauGB), dass der Bauherr eine Festsetzung des Bebauungsplanes nicht einhalten muss.[117]

180 Bei einer **Ausnahme** macht der Plangeber, also die Gemeinde, von der Möglichkeit Gebrauch, in bestimmten Gebieten „ausnahmsweise" bestimmte Nutzungen zuzulassen. Die bereits im Gesetz normierte Ausnahme wird dann Bestandteil des Bebauungsplanes. Der Plangeber muss dabei darauf achten, dass die von ihm ausnahmsweise zugelassenen Nutzungen nicht zum Regelfall werden.

181 **Beispiel:**
In einem reinen Wohngebiet sind gemäß § 3 Abs. 3 BauNVO Läden nur ausnahmsweise zulässig. Es wäre in einem Bebauungsplan für ein reines Wohngebiet nicht möglich, mehrere Ladenzeilen derart festzusetzen, dass das Wohnen nur noch untergeordnete Bedeutung hätte. Die allgemeine Zweckbestimmung des Gebietes darf sich durch die Ausnahme nicht verändern. Insofern müssen die Ausnahmen „gebietsverträglich" sein.[118]

182 Ein Vorhaben, dessen bauplanungsrechtliche Zulässigkeit sich auf eine Ausnahme stützen will, muss demnach daran gemessen werden, ob die jeweilige Ausnahme, wie sie die Vorschriften der BauNVO für die einzelnen Gebiete zulässt, auch in den Bebauungsplan aufgenommen wurde und ob diese Festsetzung gebietsverträglich und damit rechtmäßig erfolgte.[119] Ist die Ausnahme wirksam festgesetzt, dann entspricht ein Vorhaben, das sich auf diese Ausnahme stützen kann, dem Bebauungsplan.

183 **Beispiel:**
Hat ein Bebauungsplan für ein Allgemeines Wohngebiet von der Ausnahme des § 4 Abs. 3 Nr. 5 BauNVO Gebrauch gemacht und einen Standort für eine Tankstelle festgesetzt, dann entspricht die Tankstelle, wenn sie genehmigt wird, den Festsetzungen des Bebauungsplanes.

184 Eine **Befreiung** dagegen ermöglicht dem Bauherrn, die planungsrechtliche Zulässigkeit für sein Vorhaben zu erlangen, obwohl es dem Bebauungsplan widerspricht. Wie bereits oben[120] ausgeführt wurde, hat eine Befreiung gemäß § 31 Abs. 2 BauGB strenge Voraussetzungen. Sie kann nur aufgrund einer Ermessensentscheidung ergehen und verlangt die Abwägung nachbarlicher Interessen („Gebot der Rücksichtnahme")[121] und öffentlicher Belange.

dd) Die Besonderheit des § 15 BauNVO

185 § 15 Abs. 1 BauNVO stellt eine besondere, durchaus häufig anwendbare Vorschrift dar, die zu dem überraschenden Ergebnis führt, dass eine Anlage bauplanungsrechtlich unzulässig sein kann, **obwohl** sie dem Bebauungsplan entspricht. Die Existenz

---
116 *Battis/Krautzberger/Löhr/Reidt*, BauGB, § 31 Rn. 11.
117 Dazu bereits oben ausführlich Rn. 144 ff.
118 BVerwG 4 C 1.02, Rn. 12.
119 Siehe hierzu unten Rn. 284.
120 Rn. 144 ff.
121 Dazu unten Rn. 388.

einer solchen Norm mag zunächst überraschen, erklärt sich aber daraus, dass auch hier das Ziel verfolgt wird, städtebauliche Konflikte bzw. bodenrechtliche Spannungen, die auch innerhalb ein und desselben Gebietes auftreten können, nicht entstehen zu lassen.

Beispiel: 186
In einem Mischgebiet (§ 6 BauNVO) sind Wohngebäude, Anlagen für sportliche Zwecke und Tankstellen zulässig (§ 6 Abs. 2 Nr. 1, 5 und 7 BauNVO). Treffen ein Wohngebäude, ein Sportplatz und eine Tankstelle auf nur wenige Meter voneinander entfernten Flächen an einem Standort zusammen, ergeben sich Konflikte, die nach § 15 Abs. 1 BauNVO gelöst werden müssen.

Nach **§ 15 Abs. 1 Satz 1 BauNVO** sind die in den Gebietsarten aufgeführten Anlagen im Einzelfall unzulässig, wenn sie nach Anzahl, Lage, Umfang oder Zweckbestimmung der Eigenart des Baugebiets widersprechen. Sobald die typische Prägung eines Gebiets verloren geht, greift diese Vorschrift ein.[122] Relevant wird die Regelung insbesondere in Mischgebieten, Dorfgebieten und Kerngebieten, wo nach der BauNVO besonders unterschiedliche Nutzungen zulässig sind. 187

Demgegenüber stellt **§ 15 Abs. 1 Satz 2 BauNVO** auf die Wirkung der einzelnen Anlagen ab: Sie sind, auch wenn sie nach den Festsetzungen des Bebauungsplanes in dem Gebiet erlaubt sind, gleichwohl unzulässig, wenn von ihnen Belästigungen oder Störungen ausgehen können, die nach der Eigenart des Baugebiets im Baugebiet selbst oder in dessen Umgebung unzumutbar sind, oder wenn sie solchen Belästigungen oder Störungen ausgesetzt werden. 188

Im obigen Beispiel des Mischgebietes kommt es zunächst darauf an, was an genehmigten Nutzungen bereits vorhanden ist: Ist sowohl ein Sportplatz als auch eine Wohnnutzung genehmigt, wird man eine Tankstelle kaum zulassen können: von ihr dürften iSv § 15 Abs. 1 Satz 2 BauNVO Störungen und Belästigungen ausgehen (Zu- und Abfahrtverkehr, Lärm, Geruch), die man als direkter Angrenzer nicht hinnehmen muss. 189

Sowohl § 15 Abs. 1 Satz 1 BauNVO[123] als auch § 15 Abs. 1 Satz 2 BauNVO[124] sind **drittschützend**, auch wenn man dies zunächst nur aus dem Wortlaut von § 15 Abs. 1 Satz 2 BauNVO ableiten kann, da diese Regelung von unzumutbaren Belästigungen und Störungen spricht. 190

§ 15 Abs. 1 Satz 2 BauNVO kennt danach zwei Varianten: Ein Vorhaben ist unzulässig, weil es selbst belästigt oder stört, aber auch dann, wenn es Belästigungen oder Störungen ausgesetzt wird. 191

Beispiel: 192
In einem Mischgebiet ist eine Tankstelle neben einem Wohngebäude unzulässig, weil sie die Wohnnutzung stört (Geruchsimmissionen, Zu- und Abfahrtverkehr). In einem Mischgebiet ist aber auch die Errichtung eines Wohngebäudes direkt neben einer bereits genehmigten Tankstelle unzulässig, weil die geplante Wohnnutzung den Belästigungen oder Störungen, die von der Tankstelle ausgehen, ausgesetzt wird.

---

122 BVerwG 4 B 86.01, Rn. 7.
123 BVerwG 4 B 86.01, Rn. 7.
124 BVerwG 4 C 96.79, Rn. 26.

193 Wann die Schwelle der Störung oder Belästigung überschritten ist, bestimmt sich nach den Kriterien des baurechtlichen Rücksichtnahmegebots,[125] dessen Verletzung einzelfallabhängig erst bei Unzumutbarkeit für die Nachbarn angenommen werden kann.

4. Die Zulässigkeit von Vorhaben im unbeplanten Innenbereich (§ 34 BauGB)

194 Die bauplanungsrechtliche Zulässigkeit eines Vorhabens richtet sich nach § 34 BauGB, wenn es „innerhalb der im Zusammenhang bebauten Ortsteile" liegt. Dies setzt voraus, dass für diesen Standort kein Bebauungsplan existiert, der Art und Maß der baulichen Nutzung festsetzt, da ansonsten § 30 Abs. 1 BauGB einschlägig wäre. Sofern ein einfacher Bebauungsplan vorliegt (§ 30 Abs. 3 BauGB), sind zunächst die Festsetzungen dieses Bebauungsplanes maßgebend. Ergänzend kommt dort, wo der einfache Bebauungsplan iSv § 30 Abs. 3 BauGB keine Festsetzungen getroffen hat, insbesondere hinsichtlich des „Einfügens", § 34 BauGB zum Zuge.

195 Der typische Anwendungsfall der Norm bleibt jedoch der sogenannte „unbeplante Innenbereich", also ein **Bebauungszusammenhang, der sich im Laufe der Zeit entwickelt hat**, ohne dass die Gemeinde von ihrer Planungshoheit Gebrauch gemacht und entsprechende Festsetzungen getroffen hätte. Um die Anwendbarkeit des § 34 BauGB herbeizuführen, kann die Gemeinde aber auch von der Satzungsermächtigung des § 34 Abs. 4 BauGB Gebrauch machen und die Grenzen für den Bebauungszusammenhang festlegen bzw. sogar bebaute Bereiche im Außenbereich in den Bebauungszusammenhang und damit in den Anwendungsbereich des § 34 BauGB aufnehmen. Der Regelfall bleibt jedoch der Bebauungszusammenhang, ohne dass ein Bebauungsplan existiert.

196 Ein Bebauungszusammenhang iSv § 34 Abs. 1 Satz 1 BauGB liegt vor, wenn die aufeinanderfolgende Bebauung **trotz etwa vorhandener Baulücken** nach der Verkehrsauffassung **den Eindruck der Geschlossenheit und Zusammengehörigkeit vermittelt** und die zur Bebauung vorgesehene Fläche noch diesem Zusammenhang angehört.[126] Während die Feststellung des Bebauungszusammenhanges in einem Verwaltungsprozess meistens zu einem Ortstermin führt, sind die tatsächlichen Feststellungen in einer Klausur anhand der Sachverhaltsangaben vorzunehmen. Je intensiver vorhandene bauliche Nutzungen in einem Klausursachverhalt geschildert werden, desto naheliegender ist es, von der Anwendbarkeit des § 34 BauGB auszugehen, gegebenenfalls in der Variante des § 34 Abs. 2 BauGB (dazu sogleich unten). Im unbeplanten Innenbereich ist ein Vorhaben zulässig, wenn es sich nach Art und Maß der baulichen Nutzung, der Bauweise und der Grundstücksfläche, die überbaut werden soll, in die Eigenart der näheren Umgebung **einfügt** und die Erschließung gesichert ist.

a) Die Voraussetzungen des Einfügens in § 34 Abs. 1 BauGB

197 Mit den Begriffen „Art und Maß der baulichen Nutzung", „Bauweise" und „überbaubare Grundstücksfläche" nimmt § 34 Abs. 1 BauGB auf Begriffe der BauNVO (§§ 12 ff., 16 ff., 22 f. BauNVO) Bezug. Das Vorhaben muss sich hinsichtlich dieser

---
125 BVerwG 4 C 96.79, Rn. 26.
126 BVerwG 4 B 28.15, Rn. 5 mwN.

Faktoren in die Eigenart der näheren Umgebung einfügen. Dabei gehören zur näheren Umgebung nicht nur die direkt angrenzenden Grundstücke, sondern die Umgebung soweit, wie sie den bodenrechtlichen Charakter des Baugrundstücks prägt oder zumindest beeinflusst.[127]

Außenbereichsgrundstücke gehören nicht dazu. Ebenso bleiben „Fremdkörper" außer Betracht. Maßgeblich ist, was tatsächlich vorhanden und nach außen wahrnehmbar in Erscheinung tritt.[128]

198

b) § 34 Abs. 2 BauGB und der Verweis auf die BauNVO

Von besonderer Bedeutung ist § 34 Abs. 2 BauGB, der auf die BauNVO verweist. Entspricht die Eigenart der näheren Umgebung einem Gebiet, welches in der BauNVO beschrieben ist, dann beurteilt sich die Zulässigkeit des Vorhabens **nach seiner Art** nach den Vorschriften der BauNVO. Damit kommen nicht nur die Normen über die Gebietsarten, sondern auch § 15 BauNVO zur Anwendung. Ebenso ist es möglich, durch die entsprechende Anwendung von § 31 Abs. 2 BauGB Befreiungen zu erteilen. Auch bei § 34 Abs. 2 BauGB handelt es sich um eine Vorschrift, die dem Gebot der planerischen Konfliktbewältigung dient: Wenn ein unbeplanter Bereich den Charakter eines in der BauNVO beschriebenen Gebietes aufweist, geht das Gesetz davon aus, dass die in der BauNVO beschriebenen Nutzungen auch dann zueinander verträglich sind, wenn sie nicht ausdrücklich in einem Bebauungsplan festgesetzt wurden.

199

Bezüglich des **Maßes der baulichen Nutzung** beurteilt sich die Zulässigkeit des Vorhabens jedoch nach wie vor anhand von § 34 Abs. 1 BauGB, dh das Vorhaben muss sich insoweit einfügen.

200

Beispiel:

201

In einem unbeplanten Bereich, der den Charakter eines allgemeinen Wohngebietes aufweist (§ 4 BauNVO), ist ein der Versorgung des Gebiets dienender Laden zulässig (§ 4 Abs. 2 Nr. 2 BauNVO). Wie viele Stockwerke das zu genehmigende Ladengeschäft jedoch haben darf, ist anhand des „Einfügens" (§ 34 Abs. 1 BauGB) zu entscheiden.

c) Abweichungen nach § 34 Abs. 3a BauGB und Satzungsermächtigung nach § 34 Abs. 4 BauGB

Nach § 34 Abs. 3a BauGB kann vom Erfordernis des Einfügens in die Eigenart der näheren Umgebung unter bestimmten Voraussetzungen abgewichen werden. Die Vorschrift ähnelt in ihrer Struktur § 31 Abs. 1 BauGB. Die Voraussetzungen der Nrn. 1, 2 und 3 müssen kumulativ gegeben sein. Der Wortlaut von § 34 Abs. 3a BauGB („kann im Einzelfall") macht deutlich, dass es sich um eine Ermessensentscheidung handelt.[129]

202

§ 34 Abs. 4 BauGB gibt der Gemeinde die Möglichkeit, durch Erlass einer Satzung die Abgrenzung zwischen Innen- und Außenbereich näher zu bestimmen. Davon kann insbesondere dann Gebrauch gemacht werden, wenn es geboten ist, einen Bebauungs-

203

---

127 *Finkelnburg/Ortloff/Kment*, Öffentliches Baurecht Bd. I, § 26 IV 1 mwN.
128 BVerwG 4 B 51.17, Rn. 6.
129 *Finkelnburg/Ortloff/Kment*, Öffentliches Baurecht Bd. I, § 26 IV 3 e.

zusammenhang festzulegen, ohne dass der Bedarf für einen umfassenden Bebauungsplan besteht.

5. Die Zulässigkeit von Vorhaben im Außenbereich (§ 35 BauGB)
a) Der Außenbereich als freizuhaltende Fläche und die Systematik der Norm

204 Der Außenbereich soll grundsätzlich von Bebauung freigehalten werden. Das BVerwG umschreibt dies, indem es vom „Gebot größtmöglicher Schonung des Außenbereichs als Leitgedanke des gesamten § 35 BauGB" spricht.[130] Wie zu zeigen sein wird, lässt nämlich § 35 BauGB eine Bebauung nur unter sehr engen Voraussetzungen zu.

205 Die Vorschrift unterscheidet begrifflich zwischen „privilegierten" Vorhaben (§ 35 Abs. 1 BauGB), deren Errichtung im Außenbereich grundsätzlich möglich sein soll, und „sonstigen Vorhaben" (§ 35 Abs. 2 BauGB), die im Außenbereich grundsätzlich unzulässig sind. Dabei ist der Außenbereich negativ definiert und erfasst alle Flächen, die nicht im Geltungsbereich eines qualifizierten Bebauungsplans (§ 30 Abs. 1, Abs. 2 BauGB) liegen und auch nicht in einem Bebauungszusammenhang gemäß § 34 BauGB. Außenbereichsflächen befinden sich deshalb aber keineswegs nur an der Peripherie von Gemeinden, sondern können auch innerhalb zentraler Bereiche auftreten, wenn der Bebauungszusammenhang unterbrochen ist.

206 Die Unterscheidung zwischen privilegierten und nicht privilegierten Vorhaben spiegelt sich im Wortlaut des § 35 Abs. 1 und Abs. 2 BauGB wider: Gemäß § 35 Abs. 1 BauGB sind privilegierte Vorhaben zulässig, wenn öffentliche Belange „nicht entgegenstehen". Sonstige Vorhaben (§ 35 Abs. 2 BauGB), also alle, die nicht in § 35 Abs. 1 BauGB aufgeführt sind, können dagegen zugelassen werden, „wenn ihre Ausführung oder Benutzung öffentliche Belange nicht beeinträchtigt …". Ohne jetzt schon absehen zu können, was der Begriff der „öffentliche Belange" bedeutet, ergibt sich aus dem Vergleich der beiden Absätze eine wesentliche Unterscheidung: Schon jede (geringfügige) Beeinträchtigung öffentlicher Belange führt zur planungsrechtlichen Unzulässigkeit eines sonstigen Vorhabens (§ 35 Abs. 2 BauGB). Demgegenüber darf ein privilegiertes Vorhaben öffentliche Belange durchaus „beeinträchtigen". Es wird erst dann unzulässig, wenn die öffentlichen Belange derart massiv „beeinträchtigt" sind, dass sie „entgegenstehen".

207 **Beispiel:**
Ein Wohnhaus im Außenbereich lässt iSv § 35 Abs. 3 Nr. 7 BauGB die Entstehung einer Splittersiedlung befürchten. Dies folgt allein aus seiner Errichtung. Damit beeinträchtigt es öffentliche Belange und ist unzulässig. Ein Bauernhaus im selben Bauvolumen dient einem land- oder forstwirtschaftlichen Betrieb und beeinträchtigt diesen Belang ebenfalls. Da aber § 35 Abs. 1 Nr. 1 BauGB die landwirtschaftliche Nutzung privilegiert und somit hinnimmt, dass diese Belange beeinträchtigt werden dürfen, und diese Belange auch nicht so stark sind, dass sie entgegenstehen, ist das Bauernhaus im Außenbereich zulässig.

208 Die grundsätzlich im Außenbereich unzulässigen sonstigen Vorhaben iSd § 35 Abs. 2 BauGB können jedoch unter den Voraussetzungen des § 35 Abs. 4 BauGB eine Erleichterung erfahren: Bestimmte öffentliche Belange können den dort genannten Vor-

---

130 BVerwG 4 C 2.12, Rn. 14, mwN.

haben nicht entgegengehalten werden, hierzu gehört auch der Belang der Entstehung, Verfestigung oder Erweiterung einer Splittersiedlung (§ 35 Abs. 3 Nr. 7 BauGB). Man spricht insofern von einer **Teilprivilegierung.** § 35 Abs. 4 BauGB stellt zudem eine Bestandsschutzregelung dar (dazu sogleich unten).[131]

b) Privilegierte Vorhaben (§ 35 Abs. 1 BauGB)

Erste Voraussetzung der Privilegierung ist, dass das Vorhaben unter die Nrn. 1 bis 8 des § 35 Abs. 1 BauGB fällt.[132] Hinsichtlich des Begriffes der **Landwirtschaft** ist auf die Legaldefinition in § 201 BauGB zurückzugreifen.[133] Unter Forstwirtschaft iSd § 35 Abs. 1 Nr. 1 BauGB wird die planmäßige Bewirtschaftung von Wald zum Zwecke der Holzgewinnung verstanden.[134] Problematisch bei § 35 Abs. 1 Nr. 1 BauGB ist häufig die Frage, ob ein Vorhaben einem land- oder forstwirtschaftlichen Betrieb „dient".

209

Beispiel:
Ein Landwirt will auf seinem Gelände ein Schwimmbad mit einem 25-Meter-Becken und einem Whirlpool errichten. Er ist der Auffassung, er benötige diese Anlage, um sich nach den Strapazen der landwirtschaftlichen Arbeit zu regenerieren.

210

Bezüglich des „Dienens" ist darauf abzustellen, ob ein vernünftiger Landwirt **unter Berücksichtigung des Gebotes größtmöglicher Schonung des Außenbereichs** dieses Vorhaben mit dem gleichen Verwendungszweck für einen entsprechenden Betrieb errichten würde.[135] Dabei liegt die Zweckbestimmung des Erfordernisses des Dienens darin, „Missbrauchsversuchen" zu begegnen.[136] Somit bleibt auch bei der Interpretation des Begriffes des „Dienens" der Grundsatz präsent, dass der Außenbereich – mit Ausnahme der privilegierten Vorhaben – von Bebauung freigehalten werden soll.

211

Im genannten Beispiel ist die Lösung durchaus problematisch: Ein Freizeitvorhaben ist nicht generell unzulässig.[137] Es ist aber sicherlich dann unzulässig, wenn das Gebot der größtmöglichen Schonung des Außenbereichs nicht mehr eingehalten wird. Unter dieser Voraussetzung erscheint ein 25-Meter-Schwimmbecken überdimensioniert. Eine ähnliche Anlage in geringerem Umfang dürfte zulässig sein.

212

Der Betrieb der gartenbaulichen Erzeugung ist in § 35 Abs. 1 Nr. 2 BauGB ausdrücklich aufgenommen worden, obwohl er bereits einen Unterfall der Landwirtschaft iSv § 201 BauGB darstellt. § 35 Abs. 1 Nr. 2 BauGB stellt insofern eine Spezialregelung gegenüber § 35 Abs. 1 Nr. 1 BauGB dar.

213

In § 35 Abs. 1 Nr. 3 BauGB ist insbesondere der Begriff des „**ortsgebundenen gewerblichen Betriebs**" von Interesse. Hierzu gehören Vorhaben, die an einen konkreten Standort gebunden sind. Dies sind insbesondere Steinbrüche und Kiesgruben, weil die-

214

---

131 Vgl. unten Rn. 230 ff.
132 Die einzelnen Alternativen des § 35 Abs. 1 BauGB werden nur insoweit dargestellt, als sie sich nicht aus ihrem Wortlaut heraus erklären und als prüfungsrelevant anzusehen sind.
133 Dass hiernach auch die Binnenfischerei, die gewiss nicht an Land stattfindet, zur Landwirtschaft gehört, ist eine interessante Erkenntnis, die einem Nichtjuristen sicherlich schwer vermittelbar ist.
134 BVerwG 4 B 64.06, Rn. 3.
135 BVerwG 4 B 56.12, Rn. 4 mwN.
136 BVerwG aaO.
137 Battis/Krautzberger/Löhr/Mitschang/Reidt, BauGB, § 35 Rn. 19.

se Vorhaben so nur an der fraglichen Stelle betrieben werden können.[138] Unter gewerblichem Betrieb versteht man auch die Urproduktion, also auch die Gewinnung von Bodenschätzen im Tagebau. Der Begriff des Gewerbes nach BauGB ist nicht mit dem der Gewerbeordnung identisch.[139]

215 Nach § 35 Abs. 1 Nr. 4 BauGB sind Vorhaben privilegiert, die wegen ihrer besonderen Anforderungen an die Umgebung, wegen ihrer nachteiligen Wirkung auf die Umgebung oder wegen ihrer besonderen Zweckbestimmung nur im Außenbereich ausgeführt werden sollen.

216 **Beispiel:**
Ein Steinbruch, in dem gesprengt wird, ist somit sowohl nach § 35 Abs. 1 Nr. 3 BauGB als auch nach Nr. 4 BauGB privilegiert, da es sich nicht nur um einen ortsgebundenen gewerblichen Betrieb handelt, sondern weil die Sprengungen auch nachteilige Wirkungen auf die Umgebung entfalten.

217 Weitere Beispiele sind Aussichtstürme (besondere Zweckbestimmung), Schießplätze (nachteilige Wirkung auf die Umgebung) und Wetterstationen (besondere Zweckbestimmung).[140]

218 Diese Vorhaben sind zulässig, wenn **öffentliche Belange** nicht entgegenstehen. Dabei ist ein öffentlicher „Belang" nicht erst dann betroffen, wenn eine Gesetzesverletzung vorliegt. § 35 Abs. 3 BauGB nennt mehrere öffentliche Belange beispielhaft („insbesondere"): Bei den Darstellungen eines **Flächennutzungsplans** (§ 35 Abs. 3 Nr. 1 BauGB) und eines Landschaftsplans (Nr. 2) handelt es sich um Pläne, die die Gemeinde erlässt und in denen sie eine bestimmte von ihr gewollte Bodennutzung beschreibt. Mit dem Begriff der schädlichen Umwelteinwirkungen (Nr. 3) greift das BauGB einen unbestimmten Rechtsbegriff des Immissionsschutzrechts auf, vgl. die Legaldefinition in § 3 Abs. 1 BImSchG. § 35 Abs. 3 Nr. 4 BauGB befasst sich mit unwirtschaftlichen Aufwendungen für Straßen und andere Verkehrseinrichtungen sowie für Versorgungseinrichtungen, während Nr. 5 Belange des Naturschutzes, des Bodenschutzes und des Denkmalschutzes aufgreift, aber auch „die **natürliche Eigenart der Landschaft** und ihren Erholungswert" sowie die Verunstaltung des Orts- und **Landschaftsbildes**. Zusammen mit der Nr. 7 (**Splittersiedlung**) gehört Nr. 5 zu denjenigen Belangen, die Außenbereichsvorhaben sehr oft entgegengehalten werden können.

219 **Beispiel:**
Ein Wohngebäude widerspricht der natürlichen Eigenart der Landschaft, weil es der naturgegebenen, gewöhnlich durch Land- oder Forstwirtschaft gekennzeichneten Bodennutzung der Außenbereichslandschaft funktionell widerspricht und sich danach als Fremdkörper darstellt.[141]

220 Das Landschaftsbild wird verunstaltet, wenn mit der Errichtung eines Vorhabens der städtebauliche und landschaftliche Gesamteindruck erheblich gestört würde. Das Ortsbild kann durch den Standort, die Art und die Größe des Vorhabens oder durch

---

138 *Battis/Krautzberger/Löhr/Mischang/Reidt*, BauGB, § 35 Rn. 30 mwN.
139 BeckOK BauGB *Spannowsky/Uechtritz*, § 35 Rn. 24.
140 Zusammenfassung bei *Battis/Krautzberger/Löhr/Mischang/Reidt*, BauGB, § 35 Rn. 67.
141 VGH Mannheim 5 S 52/97, Rn. 17.

die Veränderung der Ortssilhouette verunstaltet werden. Entscheidend ist der städtebauliche Gesamteindruck.[142]

Eine Splittersiedlung ist eine Ansammlung von baulichen Anlagen, die zum Aufenthalt von Menschen bestimmt sind. Sie stellt eine bloße Anhäufung von Gebäuden dar. Splittersiedlungen fehlt mangels einer angemessenen Baukonzentration das für die Annahme eines Ortsteils notwendige Gewicht; sie sind Ausdruck einer unorganischen Siedlungsstruktur.[143] Das Entstehen einer Splittersiedlung ist dann gegeben, wenn der Vorgang der **Zersiedelung** eingeleitet wird. Bereits die erste Errichtung eines Wohngebäudes im Außenbereich kann diese Befürchtung begründen.[144] 221

Darüber hinaus dürfen gemäß § 35 Abs. 3 Satz 2 BauGB raumbedeutsame Vorhaben den Zielen der Raumordnung nicht widersprechen. Ziele der Raumordnung werden in Baden-Württemberg in den Regionalplänen festgelegt (§ 11 LplG). Diese werden von den Regionalverbänden (§ 31 LplG) aufgestellt und sind Satzungen (§ 12 Abs. 10 LplG). 222

Wie das Wort „insbesondere" in § 35 Abs. 3 BauGB zeigt, ist die Aufzählung der öffentlichen Belange in dieser Norm nicht abschließend. Das nachbarliche „**Gebot der Rücksichtnahme**"[145] ist **ein ungeschriebener öffentlicher Belang**, soweit es nicht um schädliche Immissionen geht, sondern um sonstige nachteilige Wirkungen eines Außenbereichsvorhabens.[146] Für jene hat das Gebot der Rücksichtnahme in Bezug auf schädliche Umwelteinwirkungen (§ 35 Abs. 3 Nr. 3 BauGB) eine ausdrückliche Regelung erfahren.[147] Einen weiteren ungeschriebenen öffentlichen Belang stellt nach der Rechtsprechung des BVerwG das sich aus dem Umfang eines Vorhabens ergebende **Planungsbedürfnis** dar. Dieser Belang tritt auf, wenn die in § 35 BauGB enthaltenen, ausdrücklich normierten Belange nicht ausreichen, um eine Entscheidung über die Zulässigkeit des beabsichtigten Vorhabens herbeizuführen, weil die entstehenden Konflikte nur durch eine förmliche Planung durch Bebauungsplan bewältigt werden können.[148] Der öffentliche Belang des Planungsbedürfnisses kommt nur in Ausnahmefällen in Betracht. 223

Beispiel:
Eine Häufung von privilegierten Windenergieanlagen[149] oder ein Fabrikverkaufszentrum.[150] Im Beispiel des Fabrikverkaufszentrums war die Baugenehmigung auf der Basis von § 33 BauGB erteilt worden. Ein Bebauungsplan lag nicht vor. 224

c) „Entgegenstehen" und „Beeinträchtigen"

Wie bereits ausgeführt, ergibt sich die Privilegierung der in § 35 Abs. 1 BauGB genannten Vorhaben dadurch, dass sie öffentliche Belange durchaus beeinträchtigen dür- 225

---

142 *Battis/Krautzberger/Löhr/Mischang/Reidt*, BauGB, § 35 Rn. 88 f.
143 BVerwG 4 B 45.14, Rn. 6.
144 BVerwG 4 B 45.14, Rn. 8.
145 Dazu noch unten Rn. 393.
146 BVerwG 4 C 3.16, Rn. 11.
147 BVerwG aaO sowie BVerwG 4 B 38.99, Rn. 6.
148 BVerwG 4 B 55.04, Rn. 4.
149 BVerwG aaO.
150 BVerwG 4 C 5.01, Rn. 20 ff.

fen. Erst wenn die Belange so stark beeinträchtigt werden, dass sie entgegenstehen, ist das privilegierte Vorhaben unzulässig, während für ein sonstiges Vorhaben die – wenn auch nur geringfügige – Beeinträchtigung eines einzelnen öffentlichen Belanges genügt.

226 Wie lässt sich in einer Klausur ermitteln, ob öffentliche Belange entgegenstehen? Das BVerwG spricht von einer „nachvollziehenden Abwägung."[151] Es handelt sich hierbei um einen gerichtlich uneingeschränkt überprüfbaren Vorgang der Rechtsanwendung, wobei dem gesteigerten Durchsetzungsvermögen privilegierter Außenbereichsvorhaben gebührend Rechnung zu tragen ist. Für eine Klausurlösung bedeutet dies, dass die Frage des Entgegenstehens vom Bearbeiter bzw. der Bearbeiterin selbst zu beantworten ist (wie in der Praxis auch vom Gericht). Diese nachvollziehende Abwägung bezieht sich auf die öffentlichen Belange, jedoch nicht auf Ziele der Raumordnung iSv § 35 Abs. 3 Satz 2 BauGB, die als zwingendes, dem Vorhaben entgegenstehendes Recht anzusehen sind.[152]

227 Ein privilegiertes Vorhaben kann aufgrund der gesetzgeberischen Wertung, wonach die in § 35 Abs. 1 BauGB genannten Vorhaben grundsätzlich im Außenbereich angesiedelt werden sollen, nur bei einer ganz massiven Beeinträchtigung öffentlicher Belange (in Form des Entgegenstehens) und auch nur im Einzelfall unzulässig sein.

228 **Beispiel:**
Ein privilegierter Schweinemastbetrieb kann unzulässig sein, wenn die von ihm ausgehenden Immissionen in dessen Nachbarschaft zu erheblichen Belästigungen führen. Der VGH München[153] hat einen 80 x 20 Meter großen Putenmaststall in einer „sehr reizvollen" und nur vereinzelt bebauten Landschaft wegen Entgegenstehens der Belange des Naturschutzes und der Landschaftspflege als unzulässig angesehen.

229 Demgegenüber reicht bei sonstigen Vorhaben eine einfache Beeinträchtigung eines öffentlichen Belanges aus. Insbesondere werden, wie erwähnt, die öffentlichen Belange des § 35 Abs. 3 Nr. 5 und/oder Nr. 7 BauGB regelmäßig beeinträchtigt sein. Man kann somit davon sprechen, dass sonstige Vorhaben im Außenbereich nahezu einem **Bauverbot** unterliegen.[154] Sollte ein sonstiges Vorhaben ausnahmsweise öffentliche Belange nicht beeinträchtigen, so ist es zuzulassen. Die Formulierung „können" in § 35 Abs. 2 BauGB bezeichnet **keine** Ermessensentscheidung.[155]

d) Die „teilprivilegierten" Vorhaben in § 35 Abs. 4 BauGB

230 § 35 Abs. 4 BauGB nennt in sechs verschiedenen Varianten sonstige Vorhaben, die eigentlich unzulässig wären, wenn sie nicht in § 35 Abs. 4 BauGB eine besondere Behandlung erführen. Es handelt sich hier um Errichtungen, Nutzungsänderungen und Erweiterungen, die der Gesetzgeber im Außenbereich hinnehmen will. Diesen Vorhaben dürfen weder Darstellungen des Flächennutzungsplans oder eines Landschaftsplans noch die Beeinträchtigung der natürlichen Eigenart der Landschaft und auch

---

151 BVerwG 4 C 4.00, Rn. 18 ff.
152 BVerwG 4 C 6.14, Rn. 11 f.
153 VGH München 20 B 90.1374, Rn. 36 ff.
154 *Finkelnburg/Ortloff/Kment*, Öffentliches Baurecht Bd. I § 27 V 3.
155 *Finkelnburg/Ortloff/Kment* aaO mwN.

nicht die Entstehung, Verfestigung oder Erweiterung einer Splittersiedlung entgegengehalten werden, soweit sie ansonsten außenbereichsverträglich sind.

Beispiel: 231
Im Außenbereich befindet sich ein Wohngebäude, das vor Inkrafttreten des BauGB genehmigt wurde. Aus klausurtaktischen Gründen fällt es einer Brandstiftung zum Opfer.

Unter Anwendung des § 35 Abs. 2 BauGB wäre die Neuerrichtung eines Wohnhauses 232 an gleicher Stelle unzulässig, weil – zumindest – der Belang der Entstehung einer Splittersiedlung (§ 35 Abs. 3 Nr. 7 BauGB) beeinträchtigt würde. Dank der Vorschrift des § 35 Abs. 4 Nr. 3 BauGB wird dieses Vorhaben jedoch im Außenbereich zulässig, da der Belang der Splittersiedlung ihm nicht entgegengehalten werden darf.

Im genannten Beispiel wäre es allerdings nicht möglich, anstelle eines Wohnhauses auf 233 demselben Grundriss eine Gaststätte zu errichten. Gleichartigkeit verlangt, dass die Nutzung des Ersatzbaus mit der des zerstörten Bauwerks identisch ist.[156]

Die Regelung des § 35 Abs. 4 BauGB gibt dem Bauherrn einen Bestandsschutz, der 234 über sein bereits genehmigtes Vorhaben hinausragen kann. Dies gilt zwar nicht für die soeben erwähnte Neuerrichtung eines zerstörten Gebäudes, die nur auf demselben Grundriss zulässig ist (§ 35 Abs. 4 Nr. 3 BauGB), aber im Hinblick auf die in § 35 Abs. 4 Nr. 1, Nr. 4, Nr. 5 und Nr. 6 BauGB angesprochenen Nutzungsänderungen und Erweiterungen. Der Bauherr muss für diese Erweiterungen eine Baugenehmigung beantragen, da geplante Erweiterungen von der ursprünglichen, möglicherweise Jahrzehnte alten Baugenehmigung nicht gedeckt sind. Innerhalb der Anwendung der von der Baurechtsbehörde zu prüfenden öffentlich-rechtlichen Vorschriften (§ 58 Abs. 1 LBO) stellt demnach § 35 Abs. 4 BauGB für die darin genannten Vorhaben eine Spezialregelung dar, die ihre Zulässigkeit wesentlich erleichtert. Allerdings müssen diese Vorhaben mit den anderen, nicht durch § 35 Abs. 4 BauGB verdrängten öffentlichen Belangen vereinbar sein.

6. Das kommunale Einvernehmen nach § 36 BauGB
a) Funktion und Anwendbarkeit der Norm

In den Fällen der §§ 31, 33 bis 35 BauGB bedarf es im Genehmigungsverfahren des 235 Einvernehmens der Gemeinde, also deren positiver Zustimmung.[157] Die Norm ist nach der Rechtsprechung des BVerwG unanwendbar, wenn Baurechtsbehörde und Gemeinde identisch sind.[158] In Baden-Württemberg ist dies dann der Fall, wenn die Baugenehmigung von der Großen Kreisstadt oder dem Stadtkreis (§ 15 Abs. 1 Nr. 1 bzw. Nr. 2 LVG) als untere Baurechtsbehörde erteilt wird.

Das Erfordernis der Einvernehmenserteilung dient dem **Schutz der kommunalen Pla-** 236 **nungshoheit.** Deshalb greift es überall dort ein, wo die Planungshoheit gefährdet ist, weil ein Vorhaben genehmigt werden soll, das entweder in Konflikt mit einem bestehenden Bebauungsplan gerät (§ 31 BauGB) oder auf Flächen, für die (noch) kein Be-

---

156 BVerwG 4 C 10.97, Rn. 18.
157 BVerwG 4 C 43.83, Rn. 11.
158 BVerwG 4 C 16.03, Rn. 12.

bauungsplan existiert (§§ 33 bis 35 BauGB), die Gemeinde ihre Planungshoheit also noch ausüben kann.

237 Lediglich dort, wo ein Vorhaben im Geltungsbereich eines **qualifizierten Bebauungsplans** (§ 30 Abs. 1 BauGB) genehmigt werden soll, bedarf es des Einvernehmens **nicht**. In diesen Fällen hat die Gemeinde ihre Planungshoheit vollständig ausgeübt, indem sie den Bebauungsplan erlassen hat, so dass ihre Planungsvorstellungen nicht gefährdet sind, sofern das Vorhaben dem Bebauungsplan entspricht. In den Fällen einer Befreiung (§ 31 Abs. 2 BauGB), des § 34 BauGB oder des § 35 BauGB können jedoch bereits durch eine einzige Genehmigung Planungsüberlegungen der Gemeinde für alle Zukunft unmöglich gemacht werden.

238 **Beispiel:**
Auf dem Territorium einer kleinen Gemeinde soll eine Baugenehmigung für einen Steinbruch erteilt werden (§ 35 BauGB); im unbeplanten Innenbereich soll ein großes Kaufhaus mit umfassendem Zu- und Abfahrtsverkehr entstehen (§ 34 BauGB).

239 Aus diesem Grund soll die Gemeinde die Problematik frühzeitig erkennen können. Sie kann ihr Einvernehmen allerdings nur aus rechtlichen Gründen verweigern, nämlich dann, wenn das Vorhaben gegen die §§ 31, 33, 34 oder 35 BauGB verstößt (§ 36 Abs. 2 Satz 1 BauGB).

240 Aufgrund ihrer Beteiligung nach § 36 BauGB hat die Gemeinde die Möglichkeit, vor Erteilung der Baugenehmigung von planerischen Instrumenten Gebrauch zu machen, um ihre eigenen Planungsvorstellungen, die denen des Vorhabenträgers widersprechen, realisieren zu können. Insbesondere kann sie einen Bebauungsplan-Aufstellungsbeschluss erlassen und eine **Veränderungssperre** beschließen (§ 14 BauGB) mit der Folge, dass Vorhaben während des zeitlichen Geltungsbereichs der Veränderungssperre weder durchgeführt noch beseitigt werden dürfen (§ 14 Abs. 1 Nr. 1 BauGB). Ebenso hat sie die Möglichkeit, einen Bebauungsplan-Aufstellungsbeschluss zu erlassen und gemäß § 15 Abs. 1 BauGB die **Aussetzung der Baugenehmigung** zu beantragen. Sie hat dann die entsprechende Zeit, um während der in § 15 Abs. 1 BauGB geregelten Zwölfmonatsfrist einen Bebauungsplan auf den Weg zu bringen. Ist dieser wirksam, so verhindert er die Genehmigung des ursprünglich beantragten Vorhabens. § 36 BauGB schützt die kommunale Planungshoheit also nur dann, wenn die Gemeinde bereit ist, diese auch auszuüben. Die Verweigerung des Einvernehmens aus Gründen, die nicht in §§ 31, 33, 34 oder 35 BauGB angelegt sind, ist rechtswidrig.

241 Hieraus erklärt sich auch die vom BVerwG angenommene Unanwendbarkeit des § 36 BauGB bei Identität von Baugenehmigungsbehörde und Gemeinde: In diesen Fällen befinden sich untere Baurechtsbehörde und Gemeinderat unter einem (Rathaus-)Dach. Hier kann die Gemeinde selbst sicherstellen, dass in einem Baugenehmigungsverfahren ihre Planungsbelange berücksichtigt werden. Die Entscheidung darüber, wie dies geschehen soll, liegt, da es sich um eine originäre kommunale Selbstverwaltungsaufgabe handelt,[159] beim Gemeinderat (§ 24 Abs. 1 Satz 2 GemO), der

---

159 Dazu unten Kapitel Kommunalrecht, Rn. 26 ff.

diese Aufgabe auf einen Ausschuss delegieren kann (§ 39 GemO). Es handelt sich dabei nicht um eine Angelegenheit der laufenden Verwaltung, die der Bürgermeister allein wahrnehmen könnte (§ 44 Abs. 2 Satz 1 GemO), da es sich angesichts der Unterschiedlichkeit der Bauvorhaben und der Planungssituation nicht um regelmäßig wiederkehrende Aufgaben handelt.

b) Folgen der Verweigerung des Einvernehmens

Soweit § 36 BauGB anwendbar ist – also in der Konstellation, dass das Landratsamt als untere Baurechtsbehörde (§ 46 Abs. 1 Nr. 3, § 48 Abs. 1 LBO, § 15 Abs. 1 Nr. 1 LVG) die Baugenehmigung erteilt – greift dann, wenn die Gemeinde untätig bleibt, nach zwei Monaten die Einvernehmensfiktion des § 36 Abs. 2 Satz 2 BauGB ein. Hat die Gemeinde zwei Monate geschwiegen, dann gilt ihr Einvernehmen als erteilt. 242

Aufschlussreich ist die Vorschrift des § 36 Abs. 2 Satz 3 BauGB, wonach die nach Landesrecht zuständige Behörde ein rechtswidrig verweigertes Einvernehmen der Gemeinde ersetzt. 243

Beispiel: 244
Die Gemeinde verweigert ihr Einvernehmen zu einem geplanten Bauvorhaben mit der Begründung, der Bauherr habe sein Geld für den Neubau aus dubiosen Finanzgeschäften erlangt. Das Vorhaben ist allerdings gemäß § 34 BauGB zulässig. Was kann das Landratsamt tun?

Die Antwort steht in § 54 Abs. 4 LBO: Die zuständige Genehmigungsbehörde hat gemäß § 54 Abs. 4 Satz 1 LBO **das fehlende Einvernehmen zu ersetzen**. § 54 Abs. 4 LBO konkretisiert damit die in § 36 Abs. 2 Satz 3 BauGB eröffnete Ersetzungsmöglichkeit eines rechtswidrig versagten Einvernehmens.[160] 245

Allerdings kann die **Ersetzung auf keinen Fall „konkludent"** geschehen. Eine einfach „an der Gemeinde vorbei" erteilte Baugenehmigung kann nicht als Ersetzung gewertet werden. Denn um die Planungshoheit der Gemeinde zu sichern, ist auch das Landratsamt als untere Baurechtsbehörde an das Prozedere des § 54 Abs. 4 LBO gebunden. Wird dieses nicht eingehalten, so hat die Gemeinde hiergegen eine Klagemöglichkeit. Auch setzt sich die untere Baurechtsbehörde Amtshaftungsansprüchen aus, wenn sie eine gebotene Ersetzung des Einvernehmens unterlässt.[161] 246

Bevor die untere Baurechtsbehörde von der Ersetzung Gebrauch macht, hat sie gemäß § 54 Abs. 4 Satz 6 LBO die Gemeinde anzuhören. Dabei muss ihr Gelegenheit gegeben werden, innerhalb angemessener Frist erneut über das gemeindliche Einvernehmen zu entscheiden (§ 54 Abs. 4 Satz 7 LBO). Erst dann, wenn die Gemeinde bei ihrer Verweigerung bleibt, hat die Genehmigungsbehörde von der Ersetzungsmöglichkeit Gebrauch zu machen. Die Vorschrift ist zwingend; die Genehmigungsbehörde hat hier **kein Ermessen**. Sie muss allerdings die Ersetzung begründen (§ 54 Abs. 4 Satz 4 LBO). Dies rechtfertigt sich schon aus dem möglichen Eingriff in die kommunale Planungshoheit, die eine wehrfähige Rechtsposition der Gemeinde darstellt. Die Genehmigung hat die Wirkung einer aufsichtlichen Ersatzvornahme (§ 54 Abs. 4 Satz 3 LBO).[162] 247

---

160 Vertiefend *Bohnert* VBlBW 2015, 369.
161 Vgl. BGH III ZR 29/12, Rn. 22.
162 Zur Kommunalaufsicht vgl. Kapitel Kommunalrecht, Rn. 269.

248 Gemäß § 54 Abs. 4 Satz 5 LBO haben Widerspruch und Anfechtungsklage (der Gemeinde) **keine aufschiebende Wirkung.** Dies rechtfertigt sich aus der Erkenntnis, dass die Ersetzung mit der Erteilung der Baugenehmigung zusammenfällt und gegen die Baugenehmigung aufgrund von § 212 a BauGB ebenfalls keine aufschiebende Wirkung eintritt. § 54 Abs. 4 Satz 5 LBO ist damit eine Regelung iSv § 80 Abs. 2 Nr. 3 VwGO. Der vorläufige Rechtsschutz, den die Gemeinde anstreben kann, ist der Antrag auf Anordnung der aufschiebenden Wirkung ihres Widerspruchs § 80 Abs. 5 Satz 1 VwGO. Dieser ist dann erfolgreich, wenn die Gemeinde offensichtlich in ihrer Planungshoheit oder den diese Planungshoheit schützenden Verfahrensregelungen verletzt ist. Dies ist dann der Fall, wenn beispielsweise die Baugenehmigung unter Verletzung von § 36 BauGB erteilt wurde (etwa wenn die Baurechtsbehörde das Einvernehmen überhaupt nicht versucht hat herbeizuführen) oder wenn die Baurechtsbehörde die Verfahrensvorschriften des § 54 Abs. 4 LBO nicht eingehalten hat. Erfolg ist der kommunalen Klage auch dann beschieden, wenn die Baugenehmigungsbehörde fälschlicherweise von einer bauplanungsrechtlichen Zulässigkeit ausgegangen ist und dabei Planungsvorstellungen der Gemeinde ignoriert hat.

VI. Die Überprüfung der Rechtmäßigkeit von Bebauungsplänen
1. Vorüberlegungen

249 Bebauungspläne sind Rechtsnormen. Sie werden von der Gemeinde als Satzung beschlossen (§ 10 Abs. 1 BauGB). Sie werden, sofern ein Flächennutzungsplan existiert, der in der Regel für das gesamte Gemeindeterritorium erstellt wird, aus dem Flächennutzungsplan entwickelt (§ 8 Abs. 2 Satz 1 BauGB). Flächennutzungsplan und Bebauungsplan (zusammenfassender Begriff: „Bauleitplan", § 1 Abs. 2 BauGB) sollen eine **nachhaltige städtebauliche Entwicklung** gewährleisten (§ 1 Abs. 5 BauGB). Demnach können sich Bebauungspläne auf eine überschaubare Anzahl von Grundstücken erstrecken oder sogar, als vorhabenbezogener Bebauungsplan (§ 12 BauGB), sich auf nur ein einzelnes Grundstück beziehen. Die Bauleitpläne stellen, zusammen mit den weiteren Satzungsermächtigungen im BauGB, für die Gemeinde das wirksamste Instrumentarium dar, um im Gemeindegebiet die Bodennutzung zu regeln und zu entwickeln.

250 **Bebauungspläne sind fehleranfällig.** Sie unterliegen einem komplizierten Aufstellungsverfahren, welches die Beteiligung des Gemeinderates, der Öffentlichkeit und der Träger öffentlicher Belange beinhaltet. Darüber hinaus gibt es inhaltliche Bindungen an gesetzliche Vorgaben, wie beispielsweise das Anpassungsgebot an die Ziele der Raumordnung (§ 1 Abs. 4 BauGB) oder das Entwicklungsgebot aus dem Flächennutzungsplan (§ 8 Abs. 2 Satz 1 BauGB). Welche Nutzungen dann in einem Bebauungsplan festgesetzt werden, ist das Ergebnis einer **Abwägung:** Nach **§ 1 Abs. 7 BauGB** sind bei der Aufstellung der Bauleitpläne die öffentlichen und privaten Belange gegeneinander und untereinander gerecht abzuwägen. Der auf der Basis der Abwägung zustande gekommene Bebauungsplan kann dann Gegenstand einer Normenkontrolle oder bei der Frage nach der planungsrechtlichen Zulässigkeit eines Vorhabens einer Inzidentprüfung sein. Gerade die Prüfung eines Bebauungsplans auf Abwägungsfehler kann sich

als besonders schwierig herausstellen, denn die Abwägung ist nicht nur ein komplizierter Vorgang, sondern gerichtlich auch **nur eingeschränkt überprüfbar**. Dies ist darauf zurückzuführen, dass aufgrund der durch Art. 28 Abs. 2 GG der Gemeinde eingeräumten kommunalen Planungshoheit ein Gericht nicht in deren Kernbereich eingreifen darf.

Beispiel: 251
Ein Gericht darf beispielsweise nicht äußern, ein Bebauungsplan sei rechtswidrig, weil anstelle des vorgesehenen Gewerbegebietes ein allgemeines Wohngebiet sinnvoller wäre.

Demnach kann die Abwägung nur daraufhin überprüft werden, ob die rechtsstaatlichen Grenzen überschritten sind. 252

Sehr häufig findet sich in Lehrbüchern und Aufbauschemata die Trennung der Überprüfung von Bebauungsplänen in „formelle Rechtmäßigkeit" und „materielle Rechtmäßigkeit" eines Bebauungsplans.[163] Die Trennung zwischen „formellen" und „materiellen" Rechtswidrigkeitsgründen ist man aus der Prüfung von Verwaltungsakten gewohnt. Dort nimmt man eine Unterscheidung zwischen formeller und materieller Rechtmäßigkeit des Verwaltungsaktes deshalb vor, weil formelle Fehler (Verfahrensfehler) ein anderes Schicksal erfahren als materielle Fehler (vgl. §§ 45 f. LVwVfG). Da aber Bebauungspläne keine Verwaltungsakte sind, erfüllt die Trennung zwischen formeller und materieller Rechtmäßigkeit in einer Falllösung die ursprünglich ihr zugedachte Funktion nicht. Sie wird deswegen im Folgenden auch nicht so bezeichnet. 253

Gleichwohl kann man zwischen formeller und materieller Rechtmäßigkeit differenzieren, um mit dem ersteren Begriff das Aufstellungsverfahren bis zum Satzungsbeschluss zu bezeichnen und unter „materieller Rechtmäßigkeit" dann den Inhalt des Bebauungsplans auf seine Rechtmäßigkeit zu überprüfen. Diese Trennung dient dann ausschließlich der besseren Lesbarkeit einer Falllösung. 254

Unabhängig davon sollte man sich bei der Überprüfung eines Bebauungsplans in besonderer Weise die **Informationen des Sachverhalts** zunutze machen: Potentielle Fehler in einem Bebauungsplan bedürfen nämlich einer ausdrücklichen Schilderung. Deshalb wird folgende Vorgehensweise zur Überprüfung von Bebauungsplänen empfohlen: 255

a) Bezeichnung der potenziellen Fehlerquellen in chronologischer Reihenfolge
b) Zuordnung der festgestellten Rechtsverstöße zu Normen (insbesondere BauGB und GemO)
c) Prüfung der Beachtlichkeit der Fehler anhand der Heilungsvorschriften (insbesondere in BauGB und GemO)

Aus BauGB und GemO resultieren die häufigsten Gesetzesverstöße bei Bebauungsplänen. Selbstverständlich ist es vorstellbar, dass ein Bebauungsplan auch gegen Normen außerhalb von BauGB, BauNVO und GemO verstoßen kann, zB gegen § 50 BImSchG.[164] 256

---

163 Nur vertiefend *Martini/Finkenzeller* JuS 2012, 126.
164 Vgl. BVerwG 4 CN 3.11, Rn. 28 f. Derartige Gesetzesverstöße erscheinen in Klausuren jedoch eher selten vorstellbar, so dass sie vorliegend vernachlässigt werden können.

2. Die Überprüfung von Gesetzesverstößen im Einzelnen

257 Bei Verstößen gegen Normen des Kommunal- oder Baurechts ist in der Klausur nicht nur die Norm exakt zu bezeichnen, gegen die verstoßen wird und dafür eine entsprechende Begründung zu liefern, sondern es ist auch darauf zu achten, dass **Gesetzesstöße unbeachtlich sein können**, unabhängig davon, ob man sie als verfahrens- oder materielle Fehler qualifizieren will. Entscheidend ist die Frage, ob der jeweilige Gesetzesverstoß von einer Heilungsnorm erfasst wird. Hierbei gilt der Grundsatz, dass **Verstöße gegen das BauGB nur durch Vorschriften des BauGB geheilt** werden können und Verstöße gegen die GemO nur durch Vorschriften der GemO. Aus der GemO sind die §§ 4 Abs. 4 GemO und 18 GemO von besonderer Bedeutung (dazu sogleich unten). Verstöße gegen das BauGB sind an den §§ 214 ff. BauGB zu messen. Damit sind die Heilungsvorschriften des Kommunal- und Bauplanungsrechts abschließend genannt.

258 Die §§ 214 ff. BauGB erscheinen zunächst verwirrend. Verständlicher werden die Normen, wenn man sich deren Systematik klar macht. Die §§ 214 ff. BauGB beziehen sich nur auf Verstöße gegen das BauGB. Dabei geht das Gesetz davon aus, dass die Verletzung von „Verfahrens- und Formvorschriften", die allerdings begrifflich nichts mit dem Verwaltungsverfahrensrecht gemeinsam haben, da sie auch inhaltliche Fehler des Bebauungsplans betreffen (insbesondere § 214 Abs. 1 Nr. 1 und § 214 Abs. 3 Satz 2 2. Halbs. BauGB), grundsätzlich unbeachtlich sind (!). Das Gesetz traut den Gemeinden also zutreffenderweise nicht zu, gänzlich fehlerfreie Bebauungspläne zu erlassen. Nur diejenigen Fehler, die **in § 214 BauGB als beachtlich** aufgeführt sind, führen auch wirklich zur Unwirksamkeit eines Bebauungsplans.

259 Selbst diese Gesetzesverstöße werden in häufigen Fällen wieder **gemäß § 215 BauGB unbeachtlich**, wenn sie nicht **innerhalb eines Jahres** nach Bekanntmachung des Bebauungsplanes schriftlich gegenüber der Gemeinde unter Darlegung des Sachverhalts geltend gemacht worden sind. In einer Klausur ist somit, wenn ein Verstoß gegen das BauGB festgestellt wurde, zunächst danach zu suchen, ob dieser Fehler in § 214 BauGB als beachtlich aufgeführt ist. Ist dies nicht der Fall, dann ist der Verstoß hinzunehmen und beeinträchtigt die Wirksamkeit des Bebauungsplanes nicht.

260 Wird der Fehler in § 214 BauGB aufgeführt, so ist zu fragen, ob er innerhalb eines Jahres gerügt wurde. Ist dies nicht der Fall, so führen auch die grundsätzlich nach § 214 BauGB beachtlichen Fehler nicht zur Unwirksamkeit des Bebauungsplanes. Die Jahresfrist des § 215 Abs. 1 BauGB ist unabhängig von den prozessualen Fristen der Normenkontrolle (§ 47 VwGO, § 4 AGVwGO) und anderen verwaltungsgerichtlichen Rechtsbehelfen.[165]

261 Im Folgenden wird zunächst das Aufstellungsverfahren in der chronologischen Reihenfolge seines üblichen Ablaufs dargestellt; danach werden die inhaltlichen Fehler von Bebauungsplänen erörtert.

---

165 Vgl. BVerwG 4 BN 29.06, Rn. 3.

VI. Die Überprüfung der Rechtmäßigkeit von Bebauungsplänen

Vereinfachter Überblick über den Ablauf eines Bebauungsplan-Aufstellungsverfahrens 262
1. Planaufstellungsbeschluss (entbehrlich)
2. Öffentlichkeitsbeteiligung, § 3 Abs. 1 BauGB
3. Beteiligung der Träger öffentlicher Belange (§ 4 BauGB)
4. Billigungs- und Auslegungsbeschluss (nicht ausdrücklich im Gesetz geregelt)
5. Auslegung des Planentwurfs (§ 3 Abs. 2 BauGB)
6. Satzungsbeschluss (§ 10 Abs. 1 BauGB)
7. Inkrafttreten mit Bekanntmachung (§ 10 Abs. 3 BauGB)

a) Planaufstellungsbeschluss

Nach § 2 Abs. 1 Satz 2 BauGB ist der Beschluss, einen Bauleitplan aufzustellen, ortsüblich bekannt zu machen. Die ortsübliche Bekanntmachung erfolgt in Baden-Württemberg nach den Vorschriften der DVO GemO. Ein Aufstellungsbeschluss und seine ortsübliche Bekanntmachung sind nach der Rechtsprechung des BVerwG keine zwingende Voraussetzung für das rechtmäßige Zustandekommen eines Bebauungsplans.[166] Entsprechend ist in § 214 Abs. 1 BauGB ein Verstoß gegen § 2 Abs. 1 BauGB auch nicht als beachtlich aufgeführt. Somit ist das Fehlen eines Aufstellungsbeschlusses für die Wirksamkeit eines beschlossenen Bebauungsplans nicht von Bedeutung.[167] 263

b) Öffentlichkeitsbeteiligung, § 3 Abs. 1 BauGB

Nach § 3 Abs. 1 BauGB soll die Öffentlichkeit möglichst frühzeitig über die allgemeinen Ziele und Zwecke der Planung unterrichtet werden, wobei ihr Gelegenheit zur Äußerung oder Erörterung zu geben ist. Dies geschieht im Wesentlichen durch öffentliche Anhörungen und Bürgerversammlungen, aber auch dadurch, im Internet zu Bebauungsplanentwürfen Stellung nehmen zu können. Der Gemeinde wird dadurch die Möglichkeit eröffnet, die öffentlichen und privaten Belange, die sie beim Beschluss des Bebauungsplans in die Abwägung einstellen muss (§ 1 Abs. 7 BauGB), zu ermitteln. Ein Verstoß gegen § 3 Abs. 1 BauGB ist allerdings in § 214 Abs. 1 BauGB nicht als beachtlicher Fehler aufgeführt. Wenn also die frühe Öffentlichkeitsbeteiligung gemäß § 3 Abs. 1 BauGB unterbleibt, ist dies unschädlich. In § 214 Abs. 1 Nr. 2 BauGB ist lediglich die förmliche Öffentlichkeitsbeteiligung, die sich an die Auslegung anschließt (§ 3 Abs. 2 BauGB), aufgenommen. 264

c) Beteiligung der Träger öffentlicher Belange (§ 4 BauGB)

Nach § 4 BauGB müssen Behörden und Träger öffentlicher Belange, deren Aufgabenbereich durch die Planung berührt werden kann, zwingend beteiligt werden. Hierzu zählen etwa die Denkmalbehörde, die Naturschutzbehörde und die Wasserbehörde, aber auch die Regionalverbände und die Industrie- und Handelskammern. Ebenso ist hierzu die Nachbargemeinde zu rechnen.[168] Ziel der Beteiligung ist es auch hier, einen Überblick über die nach § 1 Abs. 7 BauGB in die Abwägung einzustellenden Belange zu gewinnen. Ein Verstoß gegen die zwingende Einholung von Stellungnahmen gemäß § 4 Abs. 2 BauGB ist gemäß § 214 Abs. 1 Nr. 2 BauGB beachtlich. Darüber hinaus 265

---

166 BVerwG 4 N 4.87, Leitsatz 2.
167 BeckOK BauGB/*Uechtritz*, § 2 Rn. 10 mwN.
168 *Battis/Krautzberger/Löhr/Battis*, BauGB, § 4 Rn. 3.

kann eine unterbliebene Behördenbeteiligung auch zu inhaltlichen Fehlern im Bebauungsplan führen, die nach § 214 Abs. 1 Nr. 1 BauGB ebenfalls beachtlich sein können.

d) Billigungs- und Auslegungsbeschluss

266 Unter dem Billigungs- und Auslegungsbeschluss versteht man den Gemeinderatsbeschluss, der der Auslegung des Planentwurfs vorausgeht. In diesem Zeitpunkt hat die Gemeinde ihren planerischen Willen umfassend manifestiert; sie bringt zum Ausdruck, dass nach ihren Vorstellungen der Bebauungsplan so, wie sie ihn zur Auslegung vorgesehen hat, auch später beschlossen werden soll. Der Billigungs- und Auslegungsbeschluss ist nicht ausdrücklich im BauGB geregelt.[169] Allerdings verlangt § 2 Abs. 1 Satz 2 BauGB, dass der Beschluss, einen Bebauungsplan aufzustellen, ortsüblich bekannt zu machen ist (DVO GemO). Daraus wird man schließen müssen, dass ein Bebauungsplan vor dem endgültigen Satzungsbeschluss zumindest einmal Gegenstand eines Gemeinderatsbeschlusses sein muss. Der VGH Mannheim wendet auf den Billigungs- und Auslegungsbeschluss § 2 Abs. 1 BauGB an.[170]

267 Nach der Rechtsprechung des BVerwG ist das Vorliegen eines ordnungsgemäßen Planaufstellungsbeschlusses nach Bundesrecht keine Wirksamkeitsvoraussetzung für den späteren Bebauungsplan,[171] weil es genügt, dass der Gemeinderat im abschließenden Satzungsbeschluss seinen Willen endgültig zum Ausdruck bringt. Demnach sind die Formvoraussetzungen nur für den Satzungsbeschluss zwingend einzuhalten. Aus Bundesrecht ergeben sich keine weitergehenden Anforderungen.[172]

e) Auslegung des Planentwurfs (§ 3 Abs. 2 BauGB)

268 Nach § 3 Abs. 2 BauGB muss der Entwurf eines Bebauungsplans für die Dauer eines Monats, mindestens jedoch für die Dauer von 30 Tagen öffentlich ausgelegt werden. Ein Verstoß gegen diese Vorschrift ist nach § 214 Abs. 1 Nr. 2 BauGB beachtlich.

269 Die Gemeinde bestimmt Ort, Art und Weise der Auslegung. Am Auslegungsort müssen die auszulegenden Unterlagen vollständig, sichtbar, griffbereit und als zusammengehörig erkennbar der Öffentlichkeit zugänglich sein. Jeder Interessierte muss in die Unterlagen Einblick nehmen können.[173] Hinsichtlich der Einsichtszeit kann die Dienstzeit der Gemeindeverwaltung als Anhaltspunkt dienen. Entscheidend ist, dass die interessierten Personen ausreichend Gelegenheit zur Einsichtnahme haben. Dies hängt auch von der Komplexität der Unterlagen ab, da es den Bürgern möglich sein muss, das ausgelegte Material auch zu verstehen.[174]

f) Satzungsbeschluss (§ 10 Abs. 1 BauGB)

270 Gemäß § 10 Abs. 1 BauGB hat die Gemeinde den Bebauungsplan als Satzung zu beschließen. Somit gelten die Regelungen des Kommunalrechts über das rechtmäßige

---

169 *Kröninger/Aschke/Jeromin*, BauGB, § 3 Rn. 8.
170 VGH Mannheim 3 S 2016/01, Rn. 26.
171 BVerwG 4 BN 1.13, Rn. 7; sowie BVerwG 4 N 4.87, Leitsatz 2.
172 Vgl. BVerwG 4 N 4.87, Rn. 28 ff.
173 Diesen Anforderungen ist nicht genügt, wenn die Unterlagen auf einem Aktenschränkchen in einem Dienstzimmer bereit gehalten werden, das für Dritte nicht frei zugänglich ist, VGH Mannheim 8 S 1174/98, Rn. 19.
174 BeckOK BauGB/*Schinck*, § 3 Rn. 79.

Zustandekommen von Satzungen. Maßgeblich sind hier die §§ 4, 18 GemO. Satzungen, die unter Verstoß gegen kommunalrechtliche Vorschriften zustande kommen, sind grundsätzlich nichtig.

Dies betrifft zunächst „**Verfahrens- oder Formvorschriften**" der GemO (§ 4 Abs. 4 GemO). Wird ein Verfahrens- oder Formfehler des Kommunalrechts nicht innerhalb eines Jahres gerügt, so gilt die Satzung als von Anfang an gültig zustande gekommen (§ 4 Abs. 4 Satz 1 GemO). Unter Verfahrens- oder Formvorschriften sind insbesondere Fehler bei der Einberufung der Sitzung (§ 34 GemO), eine ungenügende Tagesordnung sowie Fehler bei der Beschlussfassung, insbesondere die Beschlussfassung durch einen nicht beschlussfähigen Gemeinderat (§ 37 Abs. 2 GemO), zu verstehen.[175] 271

Die **Befangenheit** von Gemeinderäten ist in § 18 GemO speziell geregelt. Die Norm kennt zwei relevante Varianten, die auf die Wirksamkeit einer Satzung durchschlagen (§ 18 Abs. 6 Satz 1 GemO): Entweder hat bei der Beschlussfassung ein befangenes Gemeinderatsmitglied mitgewirkt, das nicht mitwirken durfte, oder ein nicht befangenes Ratsmitglied wurde zu Unrecht ausgeschlossen. Darauf, ob sich dies auf das Stimmenverhältnis bei der Abstimmung ausgewirkt hat, kommt es nicht an; solche Überlegungen sind dem baden-württembergischen Kommunalrecht fremd.[176] 272

Der Begriff der Befangenheit kommt in § 18 GemO nicht wörtlich vor. Es wird vielmehr davon gesprochen, ob die Entscheidung in der Angelegenheit den genannten Personen „einen unmittelbaren Vor- oder Nachteil bringen kann". Dies ist der Fall, wenn das Gemeinderatsmitglied oder die bezeichneten Bezugspersonen aufgrund persönlicher Beziehungen zu dem Gegenstand der Beratung oder Beschlussfassung ein **individuelles Sonderinteresse** haben, das zu einer Interessenkollision führen kann und die Besorgnis rechtfertigt, dass der Betreffende nicht mehr uneigennützig und nur zum Wohl der Gemeinde handelt.[177] Es soll bereits **der böse Schein** einer Interessenkollision vermieden werden.[178] 273

Beispiel: 274

Befangenheit liegt vor, wenn das Gemeinderatsmitglied Eigentümer eines Grundstücks im Plangebiet ist. Keine Befangenheit liegt vor, wenn in einem Bebauungsplan eine Straßeneinmündung festgesetzt wird, an der das Gemeinderatsmitglied, wie viele Verkehrsteilnehmer auch, regelmäßig vorbeikommt.

Ähnlich wie bei § 4 Abs. 4 GemO tritt die Gültigkeitsfiktion des Satzungsbeschlusses ein Jahr nach der Beschlussfassung, im konkreten Fall des Bebauungsplanes ein Jahr nach dessen öffentlicher Bekanntmachung (§ 18 Abs. 6 Satz 2 GemO), sofern nicht der Bürgermeister dem Beschluss widersprochen hat, die Rechtsaufsichtsbehörde den Beschluss nicht vor Fristablauf beanstandet hat und nicht ein Betroffener einen förmlichen Rechtsbehelf gegen die Satzung eingelegt hat. 275

---

[175] Zum Ablauf von Gemeinderatssitzungen vgl. Kapitel Kommunalrecht, Rn. 158 ff.
[176] Anders jedoch Art. 49 Abs. 4 bayGemO, wonach die Mitwirkung befangener Ratsmitglieder im Regelfall unbeachtlich ist (!).
[177] VGH Mannheim 3 S 1259/05, Rn. 19.
[178] VGH Mannheim aaO sowie 5 S 1493/14, Rn. 10.

g) Inkrafttreten mit Bekanntmachung (§ 10 Abs. 3 BauGB)

276 Nach § 10 Abs. 3 Satz 4 BauGB tritt der Bebauungsplan mit der ortsüblichen Bekanntmachung in Kraft. Bekannt zu machen ist in der Regel der Satzungsbeschluss. Ist der Bebauungsplan ausnahmsweise durch die höhere Verwaltungsbehörde genehmigungspflichtig (§ 10 Abs. 2 BauGB),[179] insbesondere weil in der Gemeinde kein Flächennutzungsplan existiert, dann ist die Genehmigung ortsüblich bekannt zu machen. Nach § 1 Abs. 1 DVO GemO kann die Gemeinde den Bebauungsplan insbesondere durch Einrücken in das eigene Amtsblatt der Gemeinde (§ 1 Abs. 1 Satz 1 Nr. 1 DVO GemO), durch Bekanntgabe in einer bestimmten, regelmäßig erscheinenden Zeitung (§ 1 Abs. 1 Satz 1 Nr. 2 GemO) oder durch Bereitstellung im Internet (§ 1 Abs. 1 Satz 1 Nr. 3 DVO GemO) öffentlich bekanntmachen.

277 Die Gemeinde ist verpflichtet, die Form der öffentlichen Bekanntmachung durch Satzung zu bestimmen (§ 1 Abs. 1 Satz 2 DVO GemO).

h) Inhaltliche Fehler im Bebauungsplan

278 Wie bereits ausgeführt, ist der Bebauungsplan das Ergebnis einer Abwägungsentscheidung. Diese Abwägungsentscheidung ist, da die Rechtsprechung nicht in die originäre Planungshoheit der Gemeinde eingreifen darf, einer gerichtlichen Prüfung nur eingeschränkt zugänglich. Gleichwohl sind viele Normen, an die sich ein Bebauungsplan halten muss, zwingendes Recht und damit nicht abwägungsüberwindlich. Es empfiehlt sich daher, bei der Inhaltskontrolle von Bebauungsplänen zwischen der Bindung an zwingendes Recht und der Abwägungskontrolle zu differenzieren. So wird im Folgenden vorgegangen, wobei hinsichtlich der Bindung an zwingendes Recht die wichtigsten baurechtlichen Vorschriften erläutert werden, die Darstellung jedoch nicht abschließend ist.

---

179 In der Literatur wird erwogen, de lege ferenda Bebauungspläne wieder generell einer Genehmigungspflicht zu unterwerfen. Hintergrund ist die Überlegung, dass sich Gemeinden, nicht zuletzt mit Hilfe vorhabenbezogener Bebauungspläne (§ 12 BauGB), immer stärker in die Abhängigkeit von privaten Investoren begeben. Zu Recht kritisiert *Breuer*, NVwZ 2022, 593, „die krisenhafte Neigung der Gemeinden zu planerischer Passivität" und sieht die Bauleitplanung, das wohl wichtigste Gestaltungsinstrument der kommunalen Selbstverwaltung, „im Sog privater Investoreninteressen".

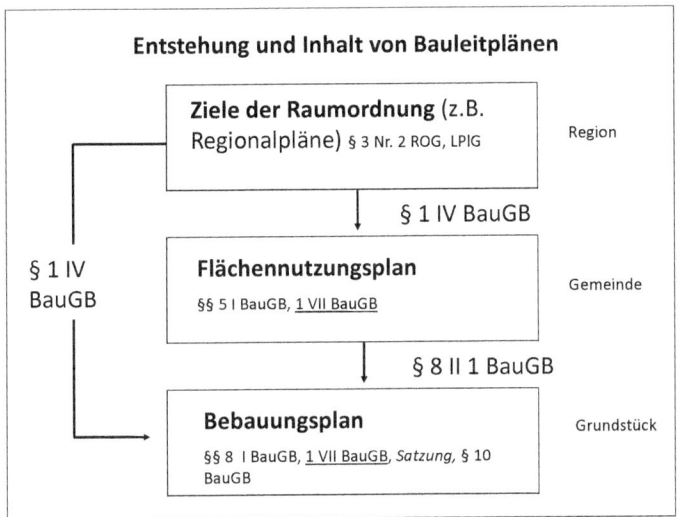

aa) Zwingendes Recht

Die im Folgenden genannten Vorschriften sind **nicht von** § 214 Abs. 1 BauGB erfasst, da es sich um keine Verfahrens- und Formvorschriften iSd BauGB handelt.[180]

Gemäß **§ 1 Abs. 3 BauGB** haben die Gemeinden Bauleitpläne aufzustellen, sobald und soweit es für die städtebauliche Entwicklung und Ordnung „erforderlich ist". Dies bedeutet, dass dem Bebauungsplan eine Konzeption zugrunde liegen muss. Eine reine Negativplanung mit dem Ziel, Vorhaben lediglich zu verhindern, ist unzulässig.[181] Negative Festsetzungen können nur zulässig sein, wenn beispielsweise landschaftspflegerische Zwecke verfolgt werden.[182] Nicht erforderlich iSv § 1 Abs. 3 BauGB sind Pläne, die nicht dem wahren Willen der Gemeinde entsprechen (etwa weil sie inhaltlich von einem Bauträger diktiert wurden), sowie Pläne, deren Vollzugsfähigkeit objektiv unmöglich ist.[183] Bei der Beurteilung eines Verstoßes gegen § 1 Abs. 3 BauGB ist auf die Begründung des Planes abzustellen. Lässt die Planbegründung eine städtebauliche Konzeption erkennen und setzt sie sich mit den widerstreitenden Belangen auseinander, kann ein Verstoß gegen § 1 Abs. 3 BauGB nicht angenommen werden, denn nach Auffassung des BVerwG sollen durch § 1 Abs. 3 BauGB lediglich grobe und einigermaßen offensichtliche Missgriffe ausgeschlossen werden.[184]

Für Bebauungspläne zwingend ist auch, dass Bauleitpläne den Zielen der Raumordnung angepasst werden müssen (**§ 1 Abs. 4 BauGB**). Diese Ziele befinden sich in den

---

180 BeckOK BauGB/*Uechtritz*, § 214 Rn. 6.
181 BVerwG 4 NB 8.90, Rn. 16.
182 BVerwG aaO, Rn. 17.
183 Vgl. BVerwG 4 CN 4.14, Rn. 10.
184 BVerwG aaO, Rn. 10 mwN.

Regionalplänen der jeweiligen Planungsregionen (§ 31 LplG)[185] und müssen im Regionalplan durch den Buchstaben „Z" gekennzeichnet sein (§ 11 Abs. 1 Satz 2 LplG).

282 **Beispiel:**
Ist auf einer Fläche im Regionalplan gemäß § 11 Abs. 3 Nr. 7 LplG ein regionaler Grünzug vorgesehen, kann durch Bebauungsplan einer Gemeinde an derselben Stelle kein allgemeines Wohngebiet festgesetzt werden. Um den Konflikt zu lösen, muss entweder der Regionalplan geändert werden oder, in weniger extremen Fällen, ein Zielabweichungsverfahren gemäß § 24 LplG durchgeführt werden. Ohne die Herstellung der Anpassung verstößt der Bebauungsplan gegen § 1 Abs. 4 BauGB.

283 Eine ähnliche Konstellation ergibt sich aus **§ 8 Abs. 2 Satz 1 BauGB**, wonach Bebauungspläne aus dem Flächennutzungsplan entwickelt werden müssen. Ein Flächennutzungsplan ist das Planungsinstrument nach dem BauGB, welches das gesamte Gemeindegebiet erfasst. Er steht seinerseits ebenfalls unter dem Gebot der Erforderlichkeit gemäß § 1 Abs. 3 Satz 1 BauGB. Seine Aufgabe besteht darin, die unterschiedlichen Raumnutzungsansprüche auf Gemeindeebene einer Konfliktlösung zuzuführen. Er stellt die zur Bebauung vorgesehenen und von ihr freizuhaltenden Flächen für das ganze Gemeindegebiet dar (vgl. § 5 BauGB). Der Bebauungsplan muss dann für eine kleinere Fläche die Vorgaben des Flächennutzungsplans umsetzen. Allerdings besteht nicht in jeder Gemeinde ein Flächennutzungsplan. Dies erklärt, weshalb Bebauungspläne, die nicht aus einem Flächennutzungsplan entwickelt werden, durch die höhere Verwaltungsbehörde genehmigt werden müssen (§ 10 Abs. 2 Satz 1 BauGB).

284 Ebenso ist der Bebauungsplan an die zwingenden Vorgaben des **§ 9 BauGB** und der BauNVO gebunden. Von Bedeutung ist dabei in erster Linie § 9 Abs. 1 Nr. 1 BauGB, wonach der Bebauungsplan Art und Maß der baulichen Nutzung festsetzt. Die möglichen Festsetzungen werden durch die BauNVO konkretisiert, die aufgrund von § 9a BauGB ergangen ist und damit zwingendes Recht darstellt.

285 Auch ein Verstoß gegen **§ 2 Abs. 2 Satz 1 BauGB**, wonach die Bauleitpläne benachbarter Gemeinden aufeinander abzustimmen sind, kann einen Verstoß gegen zwingendes Recht darstellen.[186] Ein Bebauungsplan, der die vorhandenen Bauleitpläne der Nachbargemeinde nicht in seinen Blick nimmt, dürfte jedoch nicht nur gegen § 2 Abs. 2 BauGB verstoßen, sondern darüber hinaus auch einen Abwägungsfehler aufweisen (vgl. dazu sogleich unten).

286 Weiterhin existieren Vorschriften, die sich nur schwer subsumieren lassen, weil sie einen schwer greifbaren Inhalt aufweisen. Dazu gehört zB § 1a Abs. 2 Satz 1 BauGB, wonach mit Grund und Boden „sparsam und schonend umgegangen werden" soll. Ein Verstoß gegen solche Normen, die dogmatisch als „Optimierungsgebote" bezeichnet wurden,[187] lässt sich bei einem Bebauungsplan nur schwer feststellen.

---

185 Die Planungsregionen sind in Baden-Württemberg größer als die Landkreise und kleiner als die Regierungsbezirke.
186 Teilweise wird die Auffassung vertreten, dass hier die §§ 214 ff. BauGB anwendbar seien, vgl. vertiefend *Stelkens* UPR 2005, 81 (86), BeckOK BauGB/*Uechtritz*, § 2 Rn. 50.
187 Im Gegensatz hierzu werden die klar subsumierbaren zwingenden Vorgaben als „Planungsleitsätze" bezeichnet, vgl. zur Problematik bei § 50 BImSchG BVerwG 4 A 1073.04, Rn. 164. In der neueren Rechtsprechung des BVerwG hat diese Terminologie ersichtlich an Bedeutung verloren.

bb) Abwägungskontrolle

Nach § 1 Abs. 7 BauGB sind bei der Aufstellung eines Bebauungsplanes die öffentlichen und privaten Belange gegeneinander und untereinander gerecht abzuwägen. Was auf den ersten Blick als selbstverständlich erscheint, gestaltet sich in der gerichtlichen Kontrolle der Abwägung schwierig: Denn es bedarf der Berücksichtigung, dass hier keine „volle" gerichtliche Kontrolle stattfinden darf, weil es sich bei der Bauleitplanung um eine kommunale Selbstverwaltungsaufgabe handelt, die gemäß Art. 28 Abs. 2 GG den Gemeinden zur Regelung in eigener Verantwortung im Rahmen der Gesetze zugewiesen ist. Die gesetzliche Zuweisung besteht darin, dass die Gemeinden eine Abwägungsentscheidung zu treffen haben (§ 1 Abs. 7 BauGB), so dass ihnen planerische Gestaltungsfreiheit zukommt. Würde ein Gericht diese Abwägung „voll" kontrollieren und eine eigene Abwägung vornehmen, dann würde es sich unzulässigerweise an die Stelle der planenden Gemeinde setzen und letztlich gegen den Verfassungsgrundsatz der Gewaltenteilung verstoßen.

287

Beispiel:
Ein Gericht darf nicht das in einem Bebauungsplan festgesetzte Mischgebiet als unzulässig ansehen und stattdessen ein Gewerbegebiet festsetzen.

288

Hinzu kommt, dass eine Abwägungsentscheidung nicht mit dem gleichzusetzen ist, was gemeinhin bei der Subsumtion von Rechtsnormen geschieht: Es gibt **keine Wenn-Dann-Relation**. Bei einer Baugenehmigung beispielsweise weiß man genau, dass die Baugenehmigung dann zu erteilen ist, wenn keine von der Baurechtsbehörde zu prüfenden öffentlich-rechtlichen Vorschriften entgegenstehen (§ 58 Abs. 1 LBO). Bei einem Bebauungsplan jedoch kennt man die genaue Rechtsfolge aufgrund der Gesetzeslektüre noch nicht. Er ist erst dann satzungsreif, wenn der Abwägungsvorgang abgeschlossen ist. Man spricht deshalb bei einem Bebauungsplan von einem sogenannten „**Finalprogramm**" im Gegensatz zur Wenn-Dann-Relation bei der Subsumtion einer einfachen Ermächtigungsgrundlage (Konditionalprogramm).[188]

289

Diese Erkenntnisse führen dazu, dass die Abwägung gerichtlich nur eingeschränkt kontrolliert werden kann:

290

Das Abwägungsgebot (§ 2 Abs. 3, § 1 Abs. 7 BauGB) ist verletzt, **wenn eine Abwägung überhaupt nicht stattfindet, wenn in die Abwägung an Belangen nicht eingestellt wird, was nach Lage der Dinge in sie eingestellt werden muss, oder wenn der Ausgleich zwischen den von der Planung berührten Belangen in einer Weise vorgenommen wird, der zu objektiven Gewichtigkeit einzelner Belange außer Verhältnis steht.**[189]

291

Diese Abwägungsdogmatik geht auf das grundlegende Flachglas-Urteil des BVerwG zurück.[190] Demnach ist das Abwägungsgebot nicht verletzt, wenn sich die zur Planung berufene Gemeinde in der Kollision zwischen verschiedenen Belangen für die Bevorzugung des einen und damit notwendig für die Zurücksetzung eines anderen

292

---
188 *Stüer*, Bau- und Fachplanungsrecht, Rn. 1445.
189 BVerwG 4 CN 2.16, Rn. 12; BVerwG 4 CN 4.14, Rn. 14.
190 BVerwG 4 C 50.72, Rn. 45.

entscheidet.[191] Öffentliche und private Belange sind somit abwägungsüberwindlich. Allerdings muss der Bebauungsplan die von ihm aufgeworfenen Konflikte lösen („Gebot der planerischen Konfliktbewältigung"). Löst er die von ihm aufgeworfenen Konflikte nicht, ohne dass eine Lösung eventuell im Baugenehmigungsverfahren absehbar ist, führt dies zur Fehlerhaftigkeit der Abwägungsentscheidung.[192] Die genannten Abwägungsfehler werden als **Abwägungsausfall, Abwägungsdefizit, Abwägungsfehleinschätzung und Abwägungsdisproportionalität** bezeichnet.[193]

293 Abwägungsausfall ist anzunehmen, wenn eine (sachgerechte) Abwägung überhaupt nicht stattgefunden hat. Abwägungsdefizit liegt vor, wenn in die Abwägung an Belangen nicht eingestellt wurde, was nach Lage der Dinge in sie hätte eingestellt werden müssen. Von Abwägungsfehleinschätzung wird gesprochen, wenn die planende Gemeinde die Bedeutung der betroffenen öffentlichen und privaten Belange verkannt hat. Schließlich liegt Abwägungsdisproportionalität vor, wenn der Ausgleich zwischen den von der Planung berührten Belangen in einer Weise vorgenommen wird, der zur objektiven Gewichtigkeit einzelner Belange außer Verhältnis steht.

294 Die Abwägungsfehlerlehre hat Eingang in § 214 Abs. 1 Nr. 1 BauGB und § 214 Abs. 3 Satz 2 2. Halbs. BauGB gefunden. Dies hat bis heute zur Verwirrung darüber geführt, welche Abwägungsfehler welcher Vorschrift zuzuordnen sind.[194] Gemeinsam ist beiden Vorschriften, dass der beschriebene Mangel „offensichtlich und auf das Ergebnis des Verfahrens von Einfluss gewesen" sein muss. In einer Klausur wird man einen **Abwägungsfehler** in der Regel **in § 214 Abs. 1 Nr. 1 BauGB** verorten können, zumal § 214 Abs. 3 Satz 2 BauGB als Auffangregel kaum einen Anwendungsbereich zu haben scheint.[195]

295 In einer Falllösung sollte man sich nicht mit den ungeklärten dogmatischen Fragen aufhalten, sondern zielgerichtet darauf zusteuern, einen Abwägungsfehler und seine Erheblichkeit zu erkennen. Dazu wird folgende **Vorgehensweise** empfohlen:
(1) Darstellung der Abwägungsfehlerlehre nach der Rechtsprechung des BVerwG: „Gemäß § 2 Abs. 3, 1 Abs. 7 BauGB sind bei der Aufstellung von Bebauungsplänen die öffentlichen und privaten Belange gegeneinander und untereinander gerecht abzuwägen. ... Das Abwägungsgebot ist verletzt, wenn ..."
(2) „Diese Abwägungsfehlerlehre hat der Gesetzgeber in §§ 214 Abs. 1 Nr. 1, 214 Abs. 3 BauGB aufgenommen."
(3) Sodann erfolgt die Nennung des konkreten potenziellen Fehlers, seine Zuordnung zu den Abwägungsfehlern und die Prüfung, ob es sich um einen Fehler handelt,

---

191 BVerwG aaO Rn. 60.
192 BVerwG 4 CN 4.14, Rn. 15 mwN.
193 Zusammenfassend *Voßkuhle/Kaiser* JuS 2014, 1074 (1076).
194 Vgl. *Voßkuhle/Kaiser* JuS 2014, 1074 (1076), nur vertiefter *Martini/Finkenzeller* JuS 2012, 126 (128 f.). Verortet man, wie das BVerwG, das Abwägungsgebot im Rechtsstaatsprinzip, dann können die Regelungen des BauGB keine Modifikation enthalten, um sich nicht dem Vorwurf der Verfassungswidrigkeit auszusetzen, vgl. *Steinberg/Wickel/Müller*, Fachplanung, § 3 Rn. 108.
195 *Finkelnburg/Ortloff/Kment*, Öffentliches Baurecht Bd. I, § 12 V; vertiefend BeckOK BauGB/*Uechtritz*, § 214 Rn. 21 bis 22.1, 116 ff.

der sich auf das Ergebnis des Verfahrens (den als Satzung beschlossenen Bebauungsplan) ausgewirkt hat.

Beispiel:
Die Gemeinde setzt ein Industriegebiet neben einem allgemeinen Wohngebiet fest.

Hier liegt ein relevanter Abwägungsfehler vor: Das im Abwägungsgebot verankerte Gebot der planerischen Konfliktbewältigung verlangt, dass jeder Bebauungsplan grundsätzlich die von ihm selbst geschaffenen oder ihm zurechenbaren Konflikte zu lösen hat, indem die von der Planung berührten Belange zu einem gerechten Ausgleich gebracht werden. Die Planung darf nicht dazu führen, dass Konflikte, die durch die Planung hervorgerufen werden, zulasten Betroffener letztlich ungelöst bleiben.[196] Im Beispiel wurden die Belange des § 1 Abs. 6 Nr. 1 BauGB (allgemeine Anforderungen an gesunde Wohn- und Arbeitsverhältnisse) sowie des § 1 Abs. 6 Nr. 7 c BauGB (umweltbezogene Auswirkungen auf den Menschen und seine Gesundheit) nicht hinreichend in die Abwägung eingestellt.

Beispiel:
Die Gemeinde verpflichtet sich in einem Vertrag mit einem Investor dazu, den Bebauungsplan genau nach dessen Vorgaben aufzustellen. So geschieht es auch.

Hier verstößt bereits der Vertrag gegen § 1 Abs. 3 Satz 2 2. Halbs. BauGB, wonach ein Anspruch auf Aufstellung eines Bebauungsplanes nicht durch Vertrag begründet werden darf. Eine solche vertragliche Bindung würde die verfassungsrechtlich durch Art. 28 Abs. 2 GG den Gemeinden garantierte planerische Gestaltungsfreiheit ad absurdum führen. Es liegt deshalb beim Bebauungsplan ein Verstoß gegen §§ 2 Abs. 3, 1 Abs. 7 BauGB vor (Abwägungsausfall), weil die Gemeinde sich an den öffentlich-rechtlichen Vertrag, der in Wirklichkeit nichtig ist,[197] gebunden fühlt.

Beispiel:
Die Gemeinde erlässt einen Bebauungsplan, in dem ein Gewerbegebiet festgesetzt wird. Sie vergisst, die Stellungnahme der Wasserbehörde zur Veränderung des Grundwasserspiegels einzuholen.

Hier liegt nicht nur ein relevanter formeller Fehler gemäß § 4 Abs. 2, § 214 Abs. 1 Nr. 2 BauGB vor, sondern auch ein Abwägungsfehler (Abwägungsdefizit): Die Gemeinde hat die Belange des Umweltschutzes (§ 1 Abs. 6 Nr. 7a BauGB) nicht ermittelt. Dieser Fehler ist auch auf das Ergebnis des Verfahrens (den Bebauungsplan) „von Einfluss" (§ 214 Abs. 1 Nr. 1 BauGB). Dabei ist es nach der Rechtsprechung hinreichend, wenn nach den Umständen des Falles die konkrete Möglichkeit besteht, dass ohne den Abwägungsmangel eine andere Entscheidung getroffen worden wäre.[198] Davon ist vorliegend auszugehen, da die Gemeinde insbesondere die Bebauungsdichte in einem

---

196 BVerwG 4 C 8.12, Rn. 17. Das BVerwG macht die Abwägungsfehler nicht am exakten Wortlaut von § 214 Abs. 1 Nr. 1 BauGB fest.
197 § 59 Abs. 1 LVwVfG, § 134 BGB, § 1 Abs. 3 2. Hs. BauGB.
198 Vgl. zur gleichlautenden Norm im Fernstraßenrecht BVerfG 1 BvR 685/12, Rn. 21 ff. sowie BVerwG 9 B 29.14, Rn. 7.

festgesetzten Gebiet mit gewerblicher Nutzung auch von den Auswirkungen auf das Grundwasser abhängig machen muss.

302 **Beispiel:**
Die Gemeinde setzt ein allgemeines Wohngebiet fest und holt im Aufstellungsverfahren die Stellungnahme der Denkmalbehörde ein. In dem festzusetzenden Gebiet befinden sich nach deren Auskunft keine denkmalgeschützten Gebäude. In der Begründung des Bebauungsplanes finden sich keine Ausführungen zum Denkmalschutz.

303 Hier liegt offensichtlich ein Bewertungsfehler vor (Abwägungsdefizit), weil die Belange des Denkmalschutzes ausweislich der Planbegründung nicht in die Abwägung eingestellt wurden. Allerdings ist der Mangel auf das Ergebnis des Verfahrens nicht von Einfluss, da sich die Stellungnahme der Denkmalschutzbehörde nicht auf die Festsetzungen auswirkt. Anders wäre es, wenn sich im Plangebiet denkmalrechtlich relevante Gebäude befänden. Dann wäre der Gemeinde der Bewertungsfehler vorzuwerfen, auch wenn nicht konkret feststehen kann, ob sie in Kenntnis der Stellungnahme der Denkmalschutzbehörde andere Festsetzungen getroffen hätte.

VII. Weitere planungsrechtliche Instrumente

304 Im Folgenden werden zusammengefasst die wichtigsten weiteren planungsrechtlichen Instrumente dargestellt, die der Gemeinde zur Durchsetzung ihrer planerischen Gestaltungsfreiheit zur Verfügung stehen. Sie sind im Hinblick auf ihre Klausurrelevanz eher nicht als Problemschwerpunkte zu erwarten. Gleichwohl empfiehlt es sich, sich mit den Regelungen im Überblick vertraut zu machen.

1. Der Flächennutzungsplan

305 Der Flächennutzungsplan ist, wie bereits an anderer Stelle ausgeführt, ein vorbereitender Bauleitplan für das gesamte Gemeindegebiet (§ 1 Abs. 2, § 5 BauGB). Im Gegensatz zum Bebauungsplan ist der Flächennutzungsplan keine Satzung. Auch der Flächennutzungsplan ist an die Vorgaben der BauNVO gebunden (insbesondere § 1 Abs. 1 BauNVO). Seine wichtigste Funktion besteht darin, entsprechend den Vorgaben des Abwägungsgebots, das gemäß § 1 Abs. 7 BauGB auch für den Flächennutzungsplan gilt, auf der gesamten Gemeindeebene die Zuordnung von Flächen derart darzustellen, dass dem Gebot der planerischen Konfliktbewältigung entsprochen wird. Der Flächennutzungsplan unterliegt der Bindung „nach oben"; er ist an die Ziele der Raumordnung anzupassen (§ 1 Abs. 4 BauGB).

306 Gemäß § 8 Abs. 2 Satz 1 BauGB müssen Bebauungspläne aus dem Flächennutzungsplan entwickelt werden. Damit darf ein Bebauungsplan nicht gegen den Flächennutzungsplan verstoßen, sofern in der Gemeinde einer vorhanden ist. Eine wichtige Funktion erfüllt der Flächennutzungsplan auch im Zusammenhang mit § 35 BauGB: Ein öffentlicher Belang ist beeinträchtigt, wenn ein Vorhaben den Darstellungen des Flächennutzungsplans widerspricht (§ 35 Abs. 3 Satz 1 Nr. 1 BauGB). Damit wird erreicht, dass die Planungsvorstellungen, die die Gemeinde in einem Flächennutzungsplan schon grob niedergelegt hat, auch dort Berücksichtigung finden, wo diese Planung noch nicht zu einem Bebauungsplan konkretisiert wurde.

2. Veränderungssperre und Rückstellung

Eine **Veränderungssperre** (§ 14 BauGB) ist eine Satzung, nach der „Vorhaben iSd § 29 nicht durchgeführt oder bauliche Anlagen nicht beseitigt werden dürfen" (§ 14 Abs. 1 Nr. 1 BauGB). Voraussetzung für die Veränderungssperre ist ein wirksamer Bebauungsplan-Aufstellungsbeschluss. Rechtsfolge ist, dass während der zeitlichen Geltungsdauer der Veränderungssperre in dem Plangebiet keinerlei Baugenehmigungen erteilt werden können. Die Veränderungssperre tritt nach zwei Jahren automatisch außer Kraft (§ 17 Abs. 1 Satz 1 BauGB) und kann bei besonderen Umständen ein weiteres Jahr verlängert werden (§ 17 Abs. 2 BauGB). Der Gesetzgeber geht somit davon aus, dass im Regelfall zwei Jahre nach dem Aufstellungsbeschluss über einen Bebauungsplan auch dessen Satzungsreife erreicht ist. Jede Gemeindeverwaltung sollte diese zeitlichen Vorgaben kennen und entsprechend in der Lage sein, innerhalb von zwei Jahren die Planungsvorstellungen umzusetzen, gegebenenfalls auch mit externer Hilfe. Ansonsten läuft sie Gefahr, sich selbst ihrer eigenen verfassungsrechtlich legitimierten Planungsbefugnisse zu begeben. Den jeweiligen Gemeinderäten kommt die Funktion zugute, diese Aufgaben kommunalpolitisch pflichtbewusst wahrzunehmen. 307

Eine Veränderungssperre darf jedoch nicht ausschließlich zur Verhinderung von Vorhaben erlassen werden. Die Planung, die sie sichern soll, also der Bebauungsplan-Aufstellungsbeschluss, muss ein Mindestmaß dessen erkennen lassen, was Inhalt des zu erwartenden Bebauungsplans sein soll. 308

Beispiel: 309
Die Gemeinde will den Neubau einer Moschee verhindern und erlässt zu diesem Zweck eine Veränderungssperre.

In diesem Fall reicht es nicht aus, den geplanten Neubau nur verhindern zu wollen. Eine Negativplanung, die sich darin erschöpft, einzelne Vorhaben auszuschließen, ist nicht hinreichend.[199] Eine reine Negativplanung ist demnach unzulässig. Will die Gemeinde aber beispielsweise im Geltungsbereich eines künftigen Bebauungsplans rein gewerbliche Nutzung zulassen und dabei von der Ausnahme des § 8 Abs. 3 Nr. 2 BauNVO für kirchliche Anlagen keinen Gebrauch machen, wäre die Veränderungssperre zulässig. Derartige konkrete Planungsvorstellungen müssen im Bebauungsplan-Aufstellungsbeschluss erkennbar sein. Eine Veränderungssperre, die eine von vornherein rechtswidrige Bauleitplanung sichern soll, ist unwirksam.[200] 310

Als bloßes Mittel der Sicherung der Bauleitplanung, das im Gegensatz zu einem Bebauungsplan nicht dazu dient, bauliche und sonstige Nutzungen der Grundstücke vorzubereiten, unterliegt die Veränderungssperre nicht dem Abwägungsgebot des § 1 Abs. 7 BauGB.[201] 311

Als milderes Mittel gegenüber einer Veränderungssperre kann gemäß § 15 Abs. 1 BauGB die **Zurückstellung einzelner Baugesuche** für den Zeitraum von bis zu zwölf Monaten beantragt werden. Voraussetzung ist, dass die Durchführung der Planung 312

---
199 BVerwG 4 BN 22.16, Rn. 5, st. Rspr.
200 BVerwG aaO Rn. 5.
201 BVerwG aaO Rn. 5 mwN.

durch das Vorhaben unmöglich gemacht oder wesentlich erschwert werden würde. Zutreffend ist dabei die Auffassung, dass zur Ermittlung der planerischen Vorstellungen der Gemeinde nicht nur auf den Bebauungsplan-Aufstellungsbeschluss, sondern auch auf die Niederschriften über die Gemeinderatssitzung und andere erkennbare Unterlagen und Umstände zurückgegriffen werden darf.[202]

3. Abrundungssatzungen

313   Gemäß § 34 Abs. 4 BauGB kann die Gemeinde von mehreren Satzungsermächtigungen Gebrauch machen: Die sogenannte Klarstellungssatzung[203] (§ 34 Abs. 4 Nr. 1 BauGB), die Entwicklungssatzung (§ 34 Abs. 4 Nr. 2 BauGB) und die Ergänzungssatzung (§ 34 Abs. 4 Nr. 3 BauGB). Hiernach kann die Gemeinde die Grenzen für die im Zusammenhang bebauten Ortsteile festlegen oder Außenbereichsflächen dem Innenbereich zuordnen. Bei diesen Satzungen ist das Abwägungsgebot anwendbar.[204]

4. Erhaltungssatzung

314   Gemäß § 172 BauGB kann die Gemeinde durch Bebauungsplan oder durch eine sonstige Satzung Gebiete bezeichnen, in denen die Errichtung, der Rückbau, die Änderung oder die Nutzungsänderung baulicher Anlagen einer zusätzlichen Genehmigung bedürfen. Derartige Satzungen finden ihre Rechtfertigung im Zweck der Erhaltung der städtebaulichen Eigenart des Gebiets aufgrund seiner städtebaulichen Gestalt, in der Erhaltung der Zusammensetzung der Wohnbevölkerung oder bei städtebaulichen Umstrukturierungen. Die Versagungsgründe der besonderen Genehmigung sind in § 172 Abs. 3 bis 5 BauGB abschließend normiert.

315   Diese Satzungen verfolgen die Ziele der Erhaltung der städtebaulichen Gestalt, der Wahrung des Milieuschutzes und des sozialverträglichen Ablaufs städtebaulicher Umstrukturierungsmaßnahmen.[205]

5. Örtliche Bauvorschriften

316   Die Satzungen, die die Gemeinde gemäß § 74 LBO erlassen kann, tragen ebenso wie die Satzungen nach BauGB planerische Inhalte in sich. Dies wird nicht zuletzt daran deutlich, dass gemäß § 74 Abs. 6 BauGB Vorschriften des Bauplanungsrechts für entsprechend anwendbar erklärt werden und das Verfahren gemäß § 74 Abs. 7 LBO nach dem BauGB abläuft. Für Satzungen nach § 74 Abs. 1 LBO gilt nach der Rechtsprechung des VGH Mannheim das Abwägungsgebot,[206] nicht aber das Gebot der Planerforderlichkeit gemäß § 1 Abs. 3 Satz 1 BauGB, da in § 74 Abs. 6 LBO auf diese Vorschrift nicht verwiesen wird.[207]

---

202   BVerwG 4 BN 34.09, Rn. 8.
203   Zu diesen und den folgenden Begriffen BeckOK BauGB/*Spannowsky*, § 34 Rn. 80.
204   BVerwG 4 BN 28.01, Rn. 9.
205   BeckOK BauGB/*Oehmen*, § 172 Rn. 2.
206   VGH Mannheim 3 S 920/17, Rn. 28.
207   VGH Mannheim aaO Rn. 22.

VIII. Ausgewählte Regelungen des materiellen Bauordnungsrechts

Im Folgenden werden die vielleicht wichtigsten Vorschriften des materiellen Bauordnungsrechts dargestellt. In einer Klausur sollte, soweit darin überhaupt ein Schwerpunkt erwartet werden kann, das materielle Bauordnungsrecht keine Schwierigkeiten bereiten. Es kommt letztlich darauf an, den Wortlaut der teilweise sehr ausführlichen Vorschriften exakt zu erfassen und entsprechend zu subsumieren. Hierbei geht es in den seltensten Fällen um Definitionen, zumal diese weitgehend in § 2 LBO enthalten sind, als vielmehr um die exakte Auseinandersetzung mit der Norm und damit ihre konkrete Anwendung im Einzelfall. Ob aus den jeweiligen Normen ein Drittschutz abgeleitet werden kann, mit der Folge, dass ein Drittbetroffener hieraus eine Klagebefugnis begründen und auch in seinen Rechten verletzt sein kann, wird bei den jeweiligen Vorschriften erörtert. 317

1. Abstandsvorschriften (§ 5 ff. LBO)

Die Abstandsflächen in der LBO dienen der Gefahrenabwehr, insbesondere der Gesundheit und dem Brandschutz. Damit ist das landesrechtliche Abstandsflächenrecht drittschützend.[208] Nach § 5 Abs. 1 LBO müssen vor den Außenwänden von baulichen Anlagen Abstandsflächen liegen. Diese müssen auf dem zu bebauenden Grundstück selbst vorhanden sein (§ 5 Abs. 2 Satz 1 LBO). Dies ist nur dann nicht erforderlich, wenn nach planungsrechtlichen Vorschriften an die Grenze gebaut werden muss oder darf (§ 5 Abs. 1 Satz 2 Nr. 1 und Nr. 2 LBO). Die Tiefe der Abstandsfläche bemisst sich nach der Wandhöhe; sie wird senkrecht zur jeweiligen Wand gemessen (§ 5 Abs. 4 Satz 1 LBO). Die Tiefe der Abstandsflächen beträgt allgemein 0,4 der Wandhöhe (§ 5 Abs. 7 Nr. 1 LBO); sie darf 2,5 Meter, bei Wänden bis 5 Meter Breite 2 Meter nicht unterschreiten (§ 5 Abs. 7 Satz 2 LBO). 318

Wird die Mindesttiefe der Abstandsfläche zulasten des betroffenen Angrenzers unterschritten, so ist der Angrenzer grundsätzlich in seinen Rechten verletzt.[209] Im Einzelfall kann es jedoch auch auf einen konkreten Vergleich zwischen vorhandenen und künftigen Beeinträchtigungen der nachbarlichen Belange ankommen.[210] Insofern ist es möglich, dass es Besonderheiten gibt, die das Interesse des Nachbarn als deutlich gemindert oder als weniger schutzwürdig erscheinen lassen.[211] Nach der Rechtsprechung ist demnach eine Rechtsverletzung des Nachbarn bei einem Verstoß gegen die Abstandsflächenregelung zu seinen Lasten grundsätzlich naheliegend, aber kein Automatismus. 319

2. Brandschutz (§ 15 LBO)

Nach § 15 Abs. 1 LBO sind bauliche Anlagen so anzuordnen und zu errichten, dass der Entstehung eines Brandes und der Ausbreitung von Feuer und Rauch (Brandausbreitung) vorgebeugt wird und bei einem Brand die Rettung von Menschen und Tieren sowie wirksame Löscharbeiten möglich sind. Der VGH Mannheim ist der Auffas- 320

---

208 BVerwG 4 C 17.90, Rn. 24.
209 VGH Mannheim 8 S 2470/14, Rn. 12.
210 VGH Mannheim 8 S 1813/13, Rn. 20.
211 VGH Mannheim 8 S 2470/14, Rn. 13.

sung, dass der Brandschutz ausschließlich aus § 15 LBO und nicht aus den Regelungen über die Abstandsflächen zu entnehmen ist.[212]

321 Die Anforderungen des Brandschutzes werden durch Rechtsverordnungen auf der Grundlage von § 73 Abs. 1 LBO näher konkretisiert. Diese Rechtsverordnungen, wie beispielsweise die Versammlungsstättenverordnung[213] oder die LBO AVO, in deren § 7 Regelungen für Brandwände getroffen werden,[214] sind zwingendes Recht.

322 Problematisch kann der Brandschutz bei Nutzungsänderungen werden. Nach der Rechtsprechung des VGH Mannheim sind Nutzungsänderungen brandschutzrechtlich nur dann beachtlich, wenn sie zu einer Erhöhung der Brandgefahr führen können.[215]

3. Stellplätze (§ 37 LBO)

323 Nach § 37 Abs. 1 Satz 1 LBO ist bei der Errichtung von Gebäuden und Wohnungen für jede Wohnung ein geeigneter Stellplatz für Kraftfahrzeuge herzustellen. Dieser Stellplatz ist auf dem Baugrundstück selbst, auf einem anderen Grundstück in zumutbarer Entfernung oder mit Zustimmung der Gemeinde auf einem anderen Grundstück in der Gemeinde herzustellen (§ 37 Abs. 5 Satz 1 Nr. 1 bis 3 LBO). Anstelle von Stellplätzen ist auch die Herstellung von Garagen möglich (§ 37 Abs. 1 Satz 3 LBO). Ist die Herstellung der Stellplätze oder Garagen nicht oder nur unter großen Schwierigkeiten möglich, kann die Baurechtsbehörde mit Zustimmung der Gemeinde zulassen, dass der Bauherr einen Geldbetrag an die Gemeinde zahlt (§ 37 Abs. 6 Satz 1 LBO), der zweckgebunden ist und dessen Höhe von der Gemeinde festgelegt wird. Das BVerfG hat diese Ausgleichspflicht als verfassungsmäßig gebilligt[216] und sie auch kompetenzrechtlich nicht beanstandet.[217]

324 § 37 Abs. 8 Satz 2 LBO ist drittschützend.[218] Nach dieser Vorschrift darf die Nutzung der Kfz-Stellplätze und Garagen die Gesundheit nicht schädigen; sie darf auch das Spielen auf Kinderspielplätzen, das Wohnen und Arbeiten, die Ruhe und die Erholung in der Umgebung durch Lärm, Abgase oder Gerüche nicht erheblich stören. Erhebliche Störungen liegen nach der Rechtsprechung dann vor, wenn das Maß des für die Umgebung billigerweise Zumutbaren überschritten wird.[219] Ob eine Störung den Grad der Erheblichkeit erreicht, hängt von den Umständen des Einzelfalls und der Berücksichtigung der konkreten Situation ab. Entscheidend ist auch, ob die Anzahl der Fahrbewegungen die maßgeblichen Lärmgrenzwerte überschreitet.[220] Der Begriff der erheblichen Störung ist mit dem Begriff der erheblichen Belästigung für die Nachbarschaft iSv § 3 Abs. 1 BImSchG und damit mit dem Begriff der schädlichen Umwelteinwirkungen vergleichbar.[221] Nach Auffassung der Rechtsprechung ist grundsätzlich da-

---

212 VGH Mannheim 8 S 2628/13, Rn. 5.
213 Landesrecht-bw.de.
214 Dürig Nr. 85 a.
215 VGH Mannheim 3 S 1933/17, Rn. 13.
216 BVerfG 2 BvR 1824/05, Rn. 29.
217 BVerfG aaO Rn. 15 ff., 18 ff.
218 VGH Mannheim 3 S 2016/07, Rn. 7 sowie 5 S 395/22, Rn. 22.
219 VGH Mannheim aaO.
220 VGH Mannheim aaO Rn. 7 f.
221 VGH Mannheim 3 S 1964/13, Rn. 12 mwN.

von auszugehen, dass notwendige Stellplätze iSv § 37 Abs. 1 Satz 1 LBO auch in einem von Wohnbebauung geprägten Bereich keine unzumutbaren Störungen hervorrufen.[222] Sofern die Baugenehmigung weitere, nicht notwendige Stellplätze umfasst, ist die Frage der Zumutbarkeit unter Berücksichtigung der Immissionswerte der TA Lärm und insbesondere des nächtlichen Spitzenpegels zu beurteilen.[223]

4. Verunstaltungsverbote (§ 11 LBO)

Es gibt sowohl ein **bauplanungsrechtliches** als auch ein **bauordnungsrechtliches** Verunstaltungsverbot. Im Bauplanungsrecht findet sich das Verunstaltungsverbot in § 34 Abs. 1 Satz 2 BauGB, wonach das Ortsbild nicht beeinträchtigt werden darf. Nach § 35 Abs. 3 Nr. 5 BauGB liegt im Außenbereich eine Beeinträchtigung öffentlicher Belange vor, wenn „das Orts- und Landschaftsbild verunstaltet" wird. 325

Im Bauordnungsrecht ist der Begriff „Verunstalten" sowohl in § 11 Abs. 1 LBO als auch in § 11 Abs. 2 LBO erwähnt. Das BVerwG räumt ein, dass die Zuordnung zu den jeweiligen Verunstaltungsbegriffen im Einzelfall schwierig sein kann.[224] Ein Verstoß gegen das bauplanungsrechtliche Verunstaltungsverbot muss städtebauliche Qualität aufweisen. Durch das bauplanungsrechtliche Verunstaltungsverbot soll nicht nur vermieden werden, dass das Bauwerk selbst als verunstaltend erscheint, sondern auch, dass es sich negativ auf seine Umgebung auswirkt. Zudem spricht Vieles dafür, dass die in Betracht zu ziehende Umgebung im Bauordnungsrecht weniger weitreichend ist als die des Bauplanungsrechts. Dies wird daraus abgeleitet, dass in § 11 Abs. 1 LBO – anders als insbesondere in § 35 Abs. 3 Nr. 5 BauGB – auch das Straßenbild als Bezugsfaktor der Verunstaltung erwähnt ist.[225] 326

Nach der Rechtsprechung des VGH Mannheim liegt eine Verunstaltung iSv § 11 Abs. 1 Satz 1 LBO vor, „wenn ein **hässlicher, das ästhetische Empfinden** des Beschauers nicht nur beeinträchtigender, sondern **verletzender Zustand** geschaffen würde".[226] Die bauliche Anlage muss zu einem Zustand führen, der als grob unangemessen empfunden wird, das Gefühl des Missfallens weckt sowie Kritik und den Wunsch nach Abhilfe herausfordert. Maßgebend ist dabei das Empfinden des gebildeten Durchschnittsbetrachters, also eines für ästhetische Eindrücke offenen, jedoch nicht besonders empfindsamen und geschulten Betrachters. 327

Unter Zugrundelegung dieser Definition ist im Einzelfall zu entscheiden, ob eine verunstaltende Wirkung vorliegt. Es handelt sich hier um einen gerichtlich voll kontrollierbaren unbestimmten Rechtsbegriff. Soweit ein Rest von Unsicherheit bleibt, ist dies eine unvermeidliche Folge jeder Verwendung unbestimmter Rechtsbegriffe.[227] 328

---

222 VGH Mannheim 3 S 149/17, Rn. 30.
223 VGH Mannheim aaO. Die TA Lärm ist eine normkonkretisierende Verwaltungsvorschrift, die den Begriff der „schädlichen Umwelteinwirkungen" mit in gerichtlichen Verfahren zu beachtender Bindungswirkung konkretisiert, vgl. BVerwG 4 C 2.07, Rn. 12 mwN sowie BVerwG 4 A 13.18, Rn. 46 mwN, st. Rspr.
224 BVerwG 4 C 14.98, Rn. 17.
225 BVerwG aaO Rn. 17.
226 VGH Mannheim 3 S 1992/16, Rn. 10 mwN.
227 BVerwG 4 B 75.99, Rn. 7.

329 **Beispiel:**
Verunstaltend wirken können im Einzelfall eine großflächige Werbeanlage, eine groß dimensionierte Photovoltaikanlage oder auch eine Lärmschutzwand.

IX. Baurechtlicher Bestandsschutz

330 Hinsichtlich des baurechtlichen Bestandsschutzes, der auch bereits oben[228] angesprochen wurde, erscheinen die Begrifflichkeit und die dogmatische Einordnung gelegentlich verwirrend. So wird von „aktivem" und „passivem" Bestandsschutz gesprochen,[229] ohne dass diese Begriffe im Gesetzeswortlaut vorkämen. In der Literatur wird die Frage aufgeworfen, ob der baurechtliche Bestandsschutz noch Bestandsschutz genieße[230] und das „Unwesen des verfassungsunmittelbaren Bestandsschutzes"[231] kritisiert. Für die Klausurbearbeitung tut man gut daran, den Bestandsschutz nicht als übergesetzliches Konstrukt zu begreifen, sondern sich an den einschlägigen Normen zu orientieren.

331 Die Bestandsschutzproblematik kann im Wesentlichen in zwei Konstellationen auftreten: Ein Bauherr wehrt sich unter Berufung auf Bestandsschutz gegen eine Abbruchanordnung. Dies ist eine Anfechtungsklagenkonstellation. Die zweite Möglichkeit ist, dass sich ein Bauherr bei der Wieder- oder Neuerrichtung einer baulichen Anlage auf seinen Bestandsschutz beruft. In diesem Fall erhebt er eine Verpflichtungsklage auf Baugenehmigung. Diese beiden Erscheinungsformen werden im Folgenden näher erläutert.

1. Schutz vorhandener baulicher Anlagen

332 In diesem Falle ist ein Vorhaben bereits errichtet. Ein solches Vorhaben kann baurechtlich genehmigt sein oder irgendwann einmal ohne Baugenehmigung errichtet worden sein.

a) Wirkung und mögliche Erledigung einer Baugenehmigung

333 Eine Baugenehmigung ist ein Verwaltungsakt wie jeder andere und wird damit bestandskräftig, auch wenn sie rechtswidrig ist. Die Legalisierungswirkung einer Baugenehmigung erstreckt sich damit auf ihren Inhalt.[232] Sofern ein Bauherr also seine genehmigte Nutzung ausübt, kann er diese Genehmigung einer Abbruchanordnung entgegenhalten.

334 Dies bedeutet jedoch nicht, dass er gegen nachträgliche Anordnungen gänzlich gefeit ist. Insbesondere kann die Baurechtsbehörde gemäß § 58 Abs. 6 LBO nachträgliche Anordnungen erlassen. Bereits aus dem Wortlaut von § 58 Abs. 6 LBO („nach Erteilung der Baugenehmigung") ergibt sich aber, dass dabei die Baugenehmigung selbst nicht beeinträchtigt werden darf. Diese kann allenfalls unter den strengen Voraussetzungen der §§ 48 ff. LVwVfG aufgehoben werden.

---

228 Oben Rn. 112, 234.
229 Vgl. *Finkelnburg/Ortloff/Kment*, Öffentliches Baurecht Bd. I, § 4 II 1 B.
230 *Gehrke/Brehsan* NVwZ 1999, 932.
231 *Mampel* ZfBR 2002, 327.
232 *Finkelnburg/Ortloff/Kment*, Öffentliches Baurecht Bd. I, § 4 II 1 B.

Gelegentlich wird die Frage aufgeworfen, ob sich eine Baugenehmigung gemäß § 43 Abs. 2 LVwVfG „auf andere Weise erledigen" kann. Konsequenz wäre dann, dass man von ihr keinen Gebrauch mehr machen kann. 335

Beispiel: 336
Es wird eine Baugenehmigung zur Errichtung einer Diskothek erteilt. Der Betrieb wird aufgenommen. Nach wenigen Jahren wird der Betrieb eingestellt. Danach steht das Gebäude mehrere Jahre leer. Hat sich die Baugenehmigung iSv § 43 Abs. 2 LVwVfG „auf andere Weise erledigt"?

Dies ist mit der Rechtsprechung des VGH Mannheim zu verneinen.[233] Als Beispiele für eine Erledigung „auf andere Weise" sieht der VGH Mannheim zu Recht nur den Wegfall des Regelungsobjekts[234] oder den ausdrücklichen Verzicht an. Die bloße Nichtnutzung kann in aller Regel nicht als konkludente Erklärung eines Verzichts auf die Baugenehmigung angesehen werden.[235] Dass mit den Begriffen der Erledigung „auf andere Weise" bzw. dem Verzicht äußerst zurückhaltend umzugehen ist, ergibt sich in erster Linie aus der Erkenntnis, dass der Bauherr bei der Ausnutzung einer Baugenehmigung im Rahmen der Gesetze von seinem Eigentumsgrundrecht Gebrauch macht. Nicht ohne Grund bedarf eine Baugenehmigung gemäß § 58 Abs. 1 Satz 3 LBO der Schriftform. Der Rechtssicherheit und dem Grundrechtsschutz wäre es abträglich, würde man einen konkludenten Verzicht auf eine Baugenehmigung konstruieren können. 337

Der Bauherr kann damit seine wirksame Baugenehmigung sowohl einer Nutzungsuntersagung als auch einer Abbruchanordnung entgegenhalten. Im Sinne der Abbruchanordnung ist sein Vorhaben „materiell legal",[236] eine Abbruchanordnung scheitert somit schon daran, dass deren tatbestandliche Voraussetzungen nicht gegeben sind. 338

b) Unverhältnismäßigkeit von Abbruchanordnungen

Die zweite denkbare Konstellation befasst sich mit Vorhaben, die formell und materiell illegal sind, also über keine Baugenehmigung verfügen, auf die der Bauherr zurückgreifen könnte. In diesem Fall stellt sich die Frage, ob eine Abbruchanordnung, deren tatbestandliche Voraussetzungen gegeben sind, sich im Einzelfall als unverhältnismäßig erweisen kann.[237] 339

Beispiel:[238] 340
X hat im Außenbereich ein ungenehmigtes und nicht genehmigungsfähiges Wochenendhaus errichtet. Im Jahre 1967 schreibt das Regierungspräsidium an das zuständige Landratsamt, die Beseitigung bestehender Wochenendhäuser werde aus Gründen des allgemeinen Wohls nicht für geboten gehalten und das Regierungspräsidium werde die stillschweigende Duldung dieser Bauten nicht beanstanden. Der Y erwirbt das Haus im Jahre 1983 und bekommt nun eine Abbruchanordnung.

---

233 VGH Mannheim 8 S 1071/13, Rn. 23 ff.
234 Was zur spannenden Erkenntnis führt, dass ein Trümmerhaufen keinen Bestandsschutz genießt, vgl. *Dürr/Leven/Speckmaier*, Rn. 158.
235 VGH Mannheim 8 S 1071/13, Rn. 28.
236 Vgl. oben Rn. 100 ff.
237 Dazu oben Rn. 108 ff.
238 Nach BVerfG 1 BvR 1860/02, Rn. 10 ff.

341 Das BVerfG[239] hält in diesem Fall die Abbruchanordnung für unverhältnismäßig. Zwar sei sie geeignet und erforderlich, weil sie der Herbeiführung eines baurechtmäßigen Zustands diene, sie sei aber unangemessen. Durch die grundsätzliche Duldung habe die Behörde zum Ausdruck gebracht, dass in diesem Gebiet kein die Eigentümerposition überwiegendes öffentliches Interesse an der Beseitigung eines Gebäudes bestehe.

342 Dieser Gedanke lässt sich auf alle Fälle übertragen, in denen eine ausdrückliche Duldung ausgesprochen wurde. Ebenso wird man dies annehmen müssen, wenn ein Hoheitsträger auf andere Weise einen öffentlichen Vertrauenstatbestand gesetzt hat, beispielsweise durch den Erlass eines Bebauungsplanes, auch wenn dieser mittlerweile wieder aufgehoben wurde.[240]

2. Wiedererrichtung, Neuerrichtung und Erweiterung von baulichen Anlagen
a) Grundsätzliches

343 Wie ausgeführt, handelt es sich hier um Verpflichtungsklagekonstellationen:

344 **Beispiel:**
X hat ein Wohnhaus im Außenbereich, das vor Inkrafttreten des BauGB genehmigt wurde. Es brennt nun ab. Kann X danach eine Baugenehmigung erhalten?

345 Die bisherige Baugenehmigung kann X nicht mehr ausnutzen, da das Objekt nicht mehr existiert. Grundsätzlich wäre sein Vorhaben gemäß § 35 Abs. 2 BauGB als sonstiges Vorhaben unzulässig, da zumindest die Belange des § 35 Abs. 3 Nr. 5 und Nr. 7 BauGB beeinträchtigt würden. Über § 35 Abs. 4 Nr. 3 BauGB (dazu sogleich ausführlich unten) wird die Neuerrichtung bauplanungsrechtlich jedoch gleichwohl zulässig.

346 Das BVerwG hat schon vor längerer Zeit deutlich ausgesprochen, dass es einen Anspruch auf Genehmigung „wegen Bestandsschutz" nur innerhalb der gesetzlichen Regelungen geben kann.[241] Damit hat das BVerwG die Diskussion, ob ein Bestandsschutz möglicherweise direkt aus Art. 14 Abs. 1 GG abgeleitet werden könnte, beendet. Die einfachgesetzlichen Regelungen des Baurechts stellen Inhalts- und Schrankenbestimmungen iSv Art. 14 Abs. 1 Satz 2 GG dar. Da sie verfassungsmäßig sind, ist es nicht zulässig, außerhalb des einfachen Rechts direkt aus der Verfassung Ansprüche zu gewähren.[242]

347 Für eine Klausurlösung bedeutet dies, dass im Falle der Konstellation „Anspruch auf Baugenehmigung aus Bestandsschutz" die Voraussetzungen einer Baugenehmigung nach der bewährten Vorgehensweise zu prüfen sind. Dabei kann der Bestandsschutz die Anwendung spezieller Bestandsschutzregelungen im BauGB auslösen. Es sind dies die §§ 34 Abs. 3a und 35 Abs. 4 BauGB.

---

239 AaO Rn. 12 f.
240 Weiterführend *Finkelnburg/Ortloff/Otto*, Öffentliches Baurecht Bd. II, § 13 IV 3 und VII 3.
241 BVerwG 4 C 10.97, Leitsatz 2.
242 BVerwG aaO, Rn. 26.

b) Bestandsschutz nach § 34 Abs. 3a und § 35 Abs. 4 BauGB

Die Wiedererrichtung oder Erweiterung eines Vorhabens ist insbesondere im unbeplanten Innenbereich (§ 34 BauGB) und im Außenbereich (§ 35 BauGB) problematisch, weil das Vorhaben sich entweder – im Innenbereich – nicht einfügt oder weil es – im Außenbereich – öffentliche Belange beeinträchtigt, insbesondere diejenigen, die in § 35 Abs. 3 Nr. 5 und Nr. 7 BauGB genannt sind. 348

Dieser Problematik tragen die § 34 Abs. 3a BauGB und § 35 Abs. 4 BauGB Rechnung. 349

Gemäß § 34 Abs. 3a BauGB kann vom Erfordernis des Einfügens in die Eigenart der näheren Umgebung im Einzelfall abgewichen werden, wenn die Voraussetzungen der § 34 Abs. 3a Nr. 1 bis 3 BauGB kumulativ gegeben sind. § 34 Abs. 3a BauGB weist strukturelle Gemeinsamkeiten mit dem Befreiungstatbestand des § 31 Abs. 2 BauGB auf. Dies gilt insbesondere hinsichtlich der städtebaulichen Vertretbarkeit (§ 34 Abs. 3a Nr. 2 BauGB) und der Würdigung nachbarlicher Interessen (§ 34 Abs. 3a Nr. 3 BauGB). Ob die Abweichung gewährt wird, ist eine **Ermessensentscheidung** („kann"). Folglich besteht nur ein Anspruch auf ermessensfehlerfreie Entscheidung;[243] eine Ermessensreduzierung auf Null erscheint eher unwahrscheinlich und kann jedenfalls nicht generell aus Bestandsschutzgründen angenommen werden, da der Bestandsschutz, wie ausgeführt, sich gerade nicht aus Art. 14 Abs. 1 GG herleiten lässt.[244] Eine Ermessensreduzierung auf Null ließe sich allenfalls dann annehmen, wenn das Eigentum, insbesondere das Recht am eingerichteten und ausgeübten Gewerbebetrieb, ohne die geplante Erweiterung nicht mehr ausgenutzt werden könnte, auch nicht in eingeschränkter Form (Substanzbeeinträchtigung). 350

Für den Außenbereich enthält **§ 35 Abs. 4 BauGB** eine ausführliche Bestandsschutzregelung. Während § 34 Abs. 3a BauGB eine Ermessensentscheidung enthält, erklärt § 35 Abs. 4 BauGB bezüglich der Vorhaben, die in § 35 Abs. 4 Nr. 1 bis 6 BauGB explizit aufgezählt sind, konkret genannte öffentliche Belange, die ein Außenbereichsvorhaben typisch beeinträchtigt, für unanwendbar. Dies sind die Belange der Darstellungen eines Flächennutzungsplans oder Landschaftsplans (§ 35 Abs. 3 Nr. 1 und 2 BauGB), die Beeinträchtigung der natürlichen Eigenart der Landschaft (§ 35 Abs. 3 Nr. 5 BauGB) sowie die Entstehung, Verfestigung oder Erweiterung einer Splittersiedlung (§ 35 Abs. 3 Nr. 7 BauGB). Insbesondere mit der Bezugnahme auf § 35 Abs. 3 Nr. 5 und Nr. 7 BauGB räumt § 35 Abs. 4 BauGB den in der Vorschrift genannten Vorhaben die größten Hindernisse aus dem Weg, denn gerade die Beeinträchtigung der natürlichen Eigenart der Landschaft oder das Entstehen einer Splittersiedlung sind Belange, die sich den allermeisten Außenbereichsvorhaben entgegenhalten lassen. 351

Beispiel: 352
Ein Wohnhaus im Außenbereich beeinträchtigt sowohl die natürliche Eigenart der Landschaft, weil es im freien unbebauten Gelände errichtet wird, als auch lässt es die Entstehung einer Splittersiedlung befürchten, weil hier erstmals eine Wohnnutzung in einem bisher unbebauten Bereich stattfindet.

---

243 BVerwG 4 C 23.86, Rn. 34.
244 BVerwG 4 C 10.97, Leitsatz 2.

353 § 35 Abs. 4 BauGB erfasst Nutzungsänderungen (Nr. 1 und Nr. 4), Neuerrichtungen (Nr. 2 und Nr. 3) sowie Erweiterungen (Nr. 5 und Nr. 6).

354 In § 35 Abs. 4 Nr. 3 und Nr. 6 BauGB bedürfen die in den Normen verwendeten unbestimmten Rechtsbegriffe einer näheren Erläuterung: Von einer „alsbaldigen" Neuerrichtung eines Gebäudes spricht das BVerwG jedenfalls dann, wenn der Bauantrag **innerhalb von zwei Jahren** gestellt wird. Nach Ablauf von zwei Jahren hat der Bauherr besondere Gründe dafür darzulegen, dass die Zerstörung des Gebäudes noch keinen als endgültig erscheinenden Zustand herbeigeführt hat. Dabei dürfen sich weder Verhandlungen mit der Behörde noch ein gerichtliches Verfahren zum Nachteil des bauwilligen Bauherrn auswirken.[245] Von einem „gleichartigen" Gebäude spricht man dann, wenn **Größe, Nutzung und Funktion des Vorhabens** mit dem zerstörten Gebäude gleichartig sind.[246]

355 **Beispiel:**
Unzulässig wäre auch bei gleichem Bauvolumen ein Wohnhaus anstelle eines Jagdhauses.[247]

356 Nach § 35 Abs. 4 Nr. 6 BauGB kann die bauliche Erweiterung eines zulässigerweise errichteten gewerblichen Betriebs erfolgen, wenn die Erweiterung im Verhältnis zum vorhandenen Gebäude und Betrieb „angemessen" ist. Auch dieser unbestimmte Rechtsbegriff bedarf der Konkretisierung: Das BVerwG verlangt einen **funktionalen Zusammenhang** zwischen dem vorhandenen Betrieb und dem beabsichtigten neuen Bauvorhaben. Darüber hinaus wird ein konkreter Standortbezug verlangt, da nach Auffassung des BVerwG die Schaffung „gewerblicher Inseln" im Außenbereich von der Vorschrift nicht gedeckt ist. Außerdem gilt der Grundsatz der größtmöglichen Schonung des Außenbereichs, so dass die Erweiterung nicht nur funktional dem gewerblichen Betrieb entsprechen muss, sondern auch einen engen räumlichen Bezug zum vorhandenen Baubestand aufweisen muss.[248]

X. Baurechtlicher Nachbarschutz

1. Allgemeines

357 Nachbarschutz wird idealerweise bereits im Baugenehmigungsverfahren praktiziert,[249] da die Baurechtsbehörde gemäß § 58 Abs. 1 Satz 1 LBO über die von ihr zu prüfenden Vorschriften zu entscheiden hat. Zu diesem Entscheidungsprogramm gehören auch die nachbarschützenden Vorschriften. Die Realität zeigt jedoch sehr häufig eine bei Behörden, Bauherrn und Drittbetroffenen gleichermaßen anzutreffende Intoleranz mit der Folge, dass die Konflikte vor den Gerichten ausgetragen werden. Dies geschieht in der klassischen Weise einer **Anfechtungsklage** des Drittbetroffenen gegen die dem Bauherrn erteilte Baugenehmigung, zumeist verknüpft mit einem der Anfechtungsklage vorangehenden Antrag auf **vorläufigen Rechtsschutz** gemäß §§ 80a Abs. 3 Satz 2, 80

---

245 BVerwG 4 B 82.88, Rn. 3.
246 BVerwG 4 C 85.77, Leitsatz.
247 BVerwG 4 C 23.77, Rn. 25.
248 BVerwG 4 C 9.10, Rn. 21.
249 Zum Grundrechtsschutz durch Verfahren grundlegend BVerwG 1 BvR 385/77, Rn. 66 f. mwN (Mülheim-Kärlich).

Abs. 5 VwGO. In derselben Konstellation kann auch ein Vorbescheid Gegenstand einer gerichtlichen Überprüfung sein.

Eher seltener ist die Durchsetzung eines „Anspruchs auf Einschreiten": Der Drittbetroffene begehrt eine Nutzungsuntersagung, eine Baueinstellung oder eine Abbruchanordnung im Wege der Verpflichtungsklage (oder im vorläufigen Rechtsschutz mithilfe eines Antrags auf einstweilige Anordnung gemäß § 123 VwGO). In diesen Fällen ist der jeweils begehrte Verwaltungsakt eine Ermessensentscheidung, so dass das Begehren des Drittbetroffenen nur Erfolg hat, wenn das Ermessen auf Null reduziert ist, ihn also der Nichterlass des Verwaltungsaktes in seinen Rechten verletzt. Jedenfalls besitzt der Dritte einen Anspruch auf fehlerfreie Ermessensentscheidung.[250]

358

Vorstellbar ist darüber hinaus, dass sich eine Gemeinde gegen eine Baugenehmigung wehrt. Sofern die Baugenehmigung vom Landratsamt erteilt wurde, hat die Gemeinde im Wege ihrer Beteiligung und aufgrund von § 36 BauGB bereits im Verfahren hinreichende Einwirkungsmöglichkeiten. Sie muss aber klagen können, wenn das Landratsamt als Baurechtsbehörde ihr verweigertes Einvernehmen rechtswidrig übergeht, etwa indem es die Voraussetzungen des § 54 Abs. 4 LBO zur Ersetzung des Einvernehmens nicht einhält. Die Verfahrensvorschriften des § 54 Abs. 4 LBO dienen in gleicher Weise wie § 36 BauGB der Planungshoheit der Gemeinde.

359

Der Drittbetroffene kann nur dann mit seiner Nachbarklage durchdringen, wenn er sich auf **drittschützende Vorschriften** berufen kann. Der Dritte ist nicht Adressat der Baugenehmigung, so dass seine Klagebefugnis bei einer Nachbarklage weder auf Art. 2 Abs. 1 GG gestützt werden kann noch sonst wie Ähnlichkeiten zur „Adressatentheorie" des Verwaltungsprozessrechts aufweist. Bei der Prüfung einer Nachbarklage in einer Klausur ergibt sich daher zwangsläufig bei der Frage der Klagebefugnis und, im Falle der Anfechtungsklage, bei der Darstellung der Rechtsverletzung des Dritten ein Argumentationsschwerpunkt. Hier entfaltet auch der Wortlaut des § 113 Abs. 1 Satz 1 VwGO seine besondere Wirkung: Eine Anfechtungsklage ist nur begründet, wenn der Verwaltungsakt rechtswidrig und der Kläger dadurch in seinen Rechten verletzt ist. Rügt der Adressat eines Verwaltungsaktes dessen Rechtswidrigkeit, so führt bereits die objektive Rechtswidrigkeit des Verwaltungsaktes zum Erfolg der Klage, da der Adressat des Verwaltungsaktes durch jeden beachtlichen Rechtsfehler in einem Verwaltungsakt in seinem Grundrecht aus Art. 2 Abs. 1 GG (allgemeine Handlungsfreiheit) verletzt ist. Beim Drittbetroffenen ist dies anders.

360

Beispiel:
Ein Drittbetroffener rügt die Verletzung von Abstandsvorschriften. Bei der Begründetheitsprüfung der Klage stellt sich heraus, dass die Abstandsvorschriften eingehalten wurden, die Baugenehmigung jedoch gegen § 36 BauGB verstößt, weil das Landratsamt als Baurechtsbehörde die Stellungnahme der Gemeinde nicht eingeholt hatte.

361

---

250 *Finkelnburg/Ortloff/Otto*, § 17 V 1 d; VGH Mannheim 3 S 3878/21, Rn. 76 zu § 47 Abs. 1 LBO (dort allerdings sehr missverständlich den im Gesetz nicht vorhandenen Begriff des „Gefahrenverdachts" subsumierend, vgl. Kapitel Polizeirecht).

362 In diesem Fall ist der Verwaltungsakt eindeutig rechtswidrig, weil das Einvernehmen gemäß § 36 BauGB weder eingeholt noch ersetzt wurde. Dennoch ist der Drittbetroffene nicht in seinen Rechten verletzt. Der Verwaltungsakt verstößt nicht gegen Rechtsnormen, die seinem Schutz dienen. Die **Schutznormtheorie** verlangt also, dass der Kläger sich in der Klagebefugnis auf solche Normen stützen muss, die seinem Schutz dienen. Nur dann, wenn die Begründetheitsprüfung ergibt, dass der Verwaltungsakt gegen drittschützende Vorschriften verstößt **und** ihn dadurch in seinen Rechten verletzt, hat die Klage Erfolg.

363 **Beispiel:**
Eine Baugenehmigung verstößt gegen die Abstandsvorschriften, in dem sie erlaubt, bis an die Grundstücksgrenze zum Nachbar N 1 zu bauen. Zum Nachbar N 2 hin werden die Abstandsvorschriften eingehalten. N 2 klagt dennoch.

364 Die Klage des N 2 ist unbegründet. Der Verwaltungsakt ist zwar rechtswidrig, er verstößt sogar gegen drittschützende Vorschriften des Bauordnungsrechts. Der Nachbar N 2 ist aber „durch" die Baugenehmigung nicht in seinen Rechten verletzt (§ 113 Abs. 1 Satz 1 VwGO), da sich seine Situation im Hinblick auf die Abstandsvorschriften nicht verändert hat.

365 Drittschützende Vorschriften sind aus dem Entscheidungsprogramm der Baugenehmigung zu entnehmen, also aus den „von der Baurechtsbehörde zu prüfenden öffentlich-rechtlichen Vorschriften" (§ 58 Abs. 1 LBO). Drittschützend ist eine Norm, wenn sich „aus individualisierenden Tatbestandsmerkmalen der Norm ein **Personenkreis** entnehmen lässt, **der sich von der Allgemeinheit unterscheidet.**"[251] Derartige Normen finden sich insbesondere im Bauplanungsrecht (dazu sogleich unten). Die Klagebefugnis wird man einem Dritten in den seltensten Fällen versagen können. Die Verletzung seiner Rechte muss aufgrund des Sachverhalts als möglich erscheinen. Diese Möglichkeit ist nur dann auszuschließen, „wenn offensichtlich und nach keiner Betrachtungsweise subjektive Rechte des Klägers verletzt sein können."[252]

366 Weiter ist zu berücksichtigen, dass der Nachbarschutz aus den baurechtlichen Normen **eigentümerbezogen** ist. Obligatorisch Nutzungsberechtigte (Mieter oder Pächter) sind im baurechtlichen Nachbarstreit nach § 42 Abs. 2 VwGO aus baurechtlichen Normen nicht klagebefugt.[253]

367 In Klausuren mit komplizierten Sachverhalten kann die Zuordnung der jeweiligen drittschützenden Vorschriften Schwierigkeiten bereiten.

368 **Beispiel:**
Ein Vorhaben liegt im unbeplanten Innenbereich (§ 34 BauGB). Gegen die Baugenehmigung klagen der Nachbar N 1, dessen Grundstück im Geltungsbereich eines qualifizierten Bebauungsplans liegt (§ 30 BauGB) und der Nachbar N 2, dessen Grundstück im Außenbereich liegt (§ 35 BauGB). Auf welche drittschützende Norm des Bauplanungsrechts können sich N 1 und N 2 stützen?

---

251 BVerwG 4 C 8.84, Rn. 12.
252 BVerwG 3 C 18.16, Rn. 9, mwN, st. Rspr.
253 VGH Mannheim 8 S 997/06, Rn. 2, BVerwG 4 B 22.98, Rn. 7.

Die Betroffenheit von N 1 und N 2 ist unterschiedlich. Allein die dem Bauherrn erteilte Baugenehmigung vermag jedoch dafür zu sorgen, dass deren Rechte auch nicht verletzt werden. Deshalb ist auch zur Gewährung des Drittschutzes danach zu fragen, ob bei der Baugenehmigung „die von der Baurechtsbehörde zu prüfenden öffentlich-rechtlichen Vorschriften" eingehalten wurden. Bauplanungsrechtlich kann damit der Drittschutz von N 1 und N 2 nur innerhalb des § 34 BauGB geprüft werden (dazu gleich unten). Maßgeblich ist somit immer diejenige bauplanungsrechtliche Norm, die für den **Standort des genehmigten Vorhabens** einschlägig ist.

369

Auch wenn das Entscheidungsprogramm der Baugenehmigung oder (in der Verpflichtungsklagesituation) die entsprechenden Ermächtigungsgrundlagen zum Einschreiten der Baurechtsbehörde zunächst als kaum übersichtlich erscheinen, so sind die drittschützenden Normen, die ein Nachbar für sich reklamieren kann, relativ überschaubar. In Klausuren des Examenspflichtstoffs wird sich dies auf Normen des Bauordnungs- und Bauplanungsrechts beschränken.[254]

370

2. Drittschützende Vorschriften des Bauordnungsrechts

Zur Frage, welche Normen der LBO drittschützend sind und welche nicht, existiert eine umfassende Judikatur.[255] Danach sind drittschützend die Abstandsvorschriften der §§ 5, 6 LBO.[256] Die allgemeine Klausel des § 3 Abs. 1 LBO entfaltet nach der Rechtsprechung des VGH Mannheim nur dann Drittschutz, wenn der Nachbar in seinen elementaren durch die Grundrechte geschützten Rechtspositionen wie Leben, Gesundheit und Eigentum gefährdet ist und diese Gefahr nur durch ein behördliches Einschreiten beseitigt werden kann.[257] Als drittschützend ist zudem § 14 Abs. 1 und Abs. 2 LBO einzustufen, der erhebliche Nachteile oder Belästigungen durch Geräusche, Erschütterungen, Schwingungen oder den Gebrauch von baulichen Anlagen untersagt. Die Brandschutzregelung des § 15 LBO muss insoweit als nachbarschützend angesehen werden, als ein Übergreifen eines Brandes auf das Nachbargrundstück verhindert werden soll. Ein solches gesetzgeberisches Ziel kann man in erster Linie § 15 Abs. 1 und Abs. 2 LBO entnehmen. Darüber hinaus ist der Brandschutz auch bei den Tiefen der Abstandsflächen zu berücksichtigen, vgl. § 6 Abs. 3 Nr. 2 LBO, wonach geringere Tiefen der Abstandsflächen nur dann zuzulassen sind, wenn Gründe des Brandschutzes nicht entgegenstehen und nachbarliche Belange nicht erheblich beeinträchtigt werden.

371

3. Drittschützende Vorschriften des Bauplanungsrechts

Ein den Nachbarn möglicherweise in seinen Rechten verletzendes Vorhaben kann im Geltungsbereich eines qualifizierten Bebauungsplanes liegen (§ 30 BauGB), im unbeplanten Innenbereich (§ 34 BauGB) oder im Außenbereich (§ 35 BauGB). Eine vierte

372

---

254 Drittschutz kann insbesondere auch aus immissionsschutzrechtlichen und anderen umweltrechtlichen Normen hergeleitet werden, die vorliegend jedoch nicht erörtert werden sollen, in Klausuren des zweiten Staatsexamens jedoch vorkommen können.
255 Vgl. die Zusammenfassung bei *Dürr/Leven/Speckmaier*, Baurecht Baden-Württemberg, Rn. 309 ff. sowie oben Rn. 317 ff.
256 VGH Mannheim 8 S 1938/12, Rn. 50 ff.
257 VGH Mannheim 3 S 2332/95, Rn. 27.

Zuordnung ist rechtlich nicht möglich. Für alle drei Bereiche existieren drittschützende bauplanungsrechtliche Normen. Allerdings ist deren drittschützender Charakter dem Wortlaut der jeweiligen Regelung nur schwer bis gar nicht zu entnehmen.

a) „Bodenrechtliche Schicksalsgemeinschaft" und Gebot der Rücksichtnahme

373 Das BVerwG verwendet bis heute den Begriff der „(boden)rechtlichen Schicksalsgemeinschaft".[258] Damit ist gemeint, dass die Eigentümer, deren Grundstücke sich innerhalb eines Bebauungsplans im selben Gebiet (also beispielsweise alle in einem reinen Wohngebiet oder alle in einem Mischgebiet) befinden, „im Hinblick auf die Nutzung ihrer Grundstücke zu einer rechtlichen Schicksalsgemeinschaft verbunden" werden.[259] Dies gilt sowohl hinsichtlich der Festsetzungen über die Art der baulichen Nutzung[260] als auch hinsichtlich des Maßes der baulichen Nutzung, soweit der Plangeber damit die Planbetroffenen „in ein wechselseitiges nachbarliches Austauschverhältnis einbinden"[261] wollte. In dieser rechtlichen Schicksalsgemeinschaft ist der Nachbarschutz stärker ausgeprägt als außerhalb. Innerhalb desselben Gebietes kann jeder Grundstückseigentümer eine gebietsfremde Nutzung abwehren,[262] ohne dass es auf eine Belästigung ankommt. Seine Rechtsverletzung besteht darin, dass er die „schleichende Umwandlung des Baugebiets" **unabhängig von einer konkreten Beeinträchtigung** verhindern kann.[263]

374 **Beispiel:**
N ist Grundstückseigentümer in einem allgemeinen Wohngebiet (§ 4 BauNVO). Im selben allgemeinen Wohngebiet soll ein kleines Bürogebäude errichtet werden. Ein solches ist gemäß § 4 BauNVO in einem allgemeinen Wohngebiet nicht zulässig. Auch wenn von diesem Bürogebäude keinerlei Belästigungen oder unzumutbare Beeinträchtigungen ausgehen, kann N die Genehmigung des Bürogebäudes mit einer Nachbarklage erfolgreich abwenden.

375 In den Fällen der rechtlichen Schicksalsgemeinschaft ist somit eine Nachbarklage unter deutlich leichteren Voraussetzungen erfolgreich als in allen anderen Fällen.

376 In diesen gilt das sogenannte „**Gebot der Rücksichtnahme**". Ebenso wie der Begriff der rechtlichen Schicksalsgemeinschaft taucht auch der Begriff des Gebots der Rücksichtnahme in keinem Gesetz auf. Dies sollte jedoch nicht weiter stören, denn das BVerwG gibt selbst zu: „Baurechtlicher Nachbarschutz ist das Ergebnis einer richterrechtlichen Rechtsfortbildung, welche hierbei von einer Auslegung der dafür offenen Vorschriften ausgeht."[264]

377 Gemeint ist mit dem Gebot der Rücksichtnahme, dass der Nachbar, der sich auf eine drittschützende Norm beruft, mit seiner Klage erst Erfolg haben kann, wenn er auch **unzumutbar beeinträchtigt** ist. In der rechtlichen Schicksalsgemeinschaft bedarf es einer solchen Beeinträchtigung nicht. Das Gebot der Rücksichtnahme wird in den §§ 15 BauNVO, 31, 34 und 35 BauGB verortet (dazu sogleich unten). Es ist dann in

---

258 BVerwG 4 C 7.17, Rn. 15; BVerwG 4 B 55.07, Rn. 5.
259 BVerwG 4 B 55.07, Rn. 5.
260 BVerwG aaO.
261 BVerwG 4 C 7.17, Rn. 15.
262 BVerwG 4 B 55.07, Rn. 5 f.
263 BVerwG aaO.
264 BVerwG 4 C 7.17, Rn. 16.

einer als verletzt gerügten Norm enthalten, wenn bei ihrer Anwendung auf das Baugrundstück die Verhältnisse in der Umgebung mit einbezogen werden müssen.[265] Damit verschaffen die genannten Normen dem Nachbarn die Klagebefugnis. Begründet ist die Nachbarklage aber erst dann, wenn der Dritte in seiner Rechtsposition wirklich unzumutbar beeinträchtigt ist. Je empfindlicher und schutzwürdiger die Stellung derer ist, denen die Rücksichtnahme im gegebenen Zusammenhang zugute kommt, umso mehr kann an Rücksichtnahme verlangt werden. Derjenige, der ein Vorhaben abwehren will, muss eine schutzwürdige Position gegenüber dem Vorhaben besitzen.[266]

Beispiel: 378
Im Außenbereich wird ein emittierender Schweinemastbetrieb genehmigt. In der Umgebung befinden sich ein Bauernhof, eine Wanderhütte mit Außenbewirtschaftung sowie eine ungenehmigt errichtete Jagdhütte. Die Schutzwürdigkeit der drei Drittbetroffenen ist unterschiedlich: Der Eigentümer des Bauernhofs betreibt selbst eine außenbereichstypische Nutzung, die durchaus auch Immissionen auslösen kann. Ihm ist daher mehr zuzumuten. Dem Eigentümer der genehmigten Gaststätte muss es möglich sein, von seiner eigenen Baugenehmigung Gebrauch machen zu können, also auch die Außengastronomie nutzen zu können. Der Eigentümer der Jagdhütte ist schließlich in keiner Weise schutzwürdig, da sein Vorhaben nicht genehmigt ist.

Bei der Frage, ob das Gebot der Rücksichtnahme verletzt ist, sind somit die Schutzwürdigkeit des Betroffenen, die Intensität der Beeinträchtigung, die Interessen des Bauherrn und das, was beiden Seiten billigerweise zumutbar oder unzumutbar ist, gegeneinander abzuwägen.[267] Feste Regeln lassen sich dabei nicht aufstellen. Erforderlich ist eine Gesamtschau der von dem Vorhaben ausgehenden Beeinträchtigungen.[268] 379

Egal, in welcher Rechtsnorm das Gebot der Rücksichtnahme festgemacht wird: Es ist stets die Frage zu beantworten, ob der Dritte in seiner zulässigen Nutzung unzumutbar beeinträchtigt wird. In einer Klausur lässt sich dies am einfachsten dadurch ermitteln, dass man einen Vorher-Nachher-Vergleich durchführt und danach ermittelt, welchen Einschränkungen der Drittbetroffene in seiner rechtlich geschützten Position unterliegt. Ob diese Einschränkungen unzumutbar sind, ist nur auf den Einzelfall bezogen mit eigenen Argumenten zu ermitteln. 380

Im genannten Beispiel kommt am ehesten eine Rechtsverletzung des Eigentümers der Wanderhütte in Betracht, wenn die Außengastronomie die Nutzung prägt und dann nicht mehr betrieben werden kann. Es bedarf dazu stets konkreter Tatsachenangaben in einem Sachverhalt. 381

b) Die Vorschriften des Gebots der Rücksichtnahme im Einzelnen
aa) Vorhaben im Geltungsbereich eines qualifizierten Bebauungsplanes

Jenseits der Besonderheit der bodenrechtlichen Schicksalsgemeinschaft bestimmt sich der Nachbarschutz eines außerhalb der Grenzen des Plangebiets gelegenen Grundstückseigentümers bundesrechtlich nur nach dem in § 15 Abs. 1 Satz 2 BauNVO ent- 382

---

265 *Finkelnburg/Ortloff/Otto*, Öffentliches Baurecht Bd. II, § 17 VI 3 a mwN.
266 BVerwG 4 B 152.93, Rn. 18.
267 Grundlegend BVerwG 4 C 96.79, Rn. 26.
268 BVerwG aaO sowie BVerwG 4 B 48.12, Rn. 7.

haltenen Gebot der Rücksichtnahme. Dabei erscheint es unbedeutend, ob das Vorhaben selbst gegen den Bebauungsplan verstößt.

383 Nach § 15 Abs. 1 Satz 2 BauNVO sind Vorhaben unzulässig, wenn von ihnen Belästigungen oder Störungen ausgehen können, die nach der Eigenart des Baugebiets im Baugebiet selbst oder in dessen Umgebung unzumutbar sind, oder wenn sie solchen Belästigungen oder Störungen ausgesetzt werden.

384 Das Gebot der Rücksichtnahme hat hier zwei Zielrichtungen: Die erste Variante betrifft ein Vorhaben, welches selbst stört.

385 **Beispiel:**
In einem reinen oder allgemeinen Wohngebiet wird neben einem Wohngebäude eine Tankstelle errichtet. Die Tankstelle stört aufgrund des Zu- und Abfahrtsverkehrs und der Immissionen die Wohnnutzung. Dabei ist es unerheblich, ob die Tankstelle bereits deshalb unzulässig ist, weil sie in einem reinen Wohngebiet nicht errichtet werden darf (§ 3 BauNVO) oder ob der Bebauungsplan ihre Zulässigkeit ausnahmsweise eröffnet hat (§ 4 Abs. 3 Nr. 5 BauNVO im allgemeinen Wohngebiet). Entscheidend ist, dass das Gebot der Rücksichtnahme verletzt wird. Dies kann dazu führen, dass ein Vorhaben unzulässig ist, auch wenn es von der Art der baulichen Nutzung her dem Bebauungsplan entspricht.

386 In der zweiten Variante des § 15 Abs. 1 Satz 2 BauNVO ist der störende Betrieb schon da.

387 **Beispiel:**
In einem allgemeinen Wohngebiet ist eine Tankstelle als zulässige Ausnahme in den Bebauungsplan aufgenommen (§ 4 Abs. 3 Nr. 5 BauNVO), bestandskräftig genehmigt und errichtet worden. Direkt daneben wird ein Bauantrag für ein Wohngebäude gestellt. Das Wohngebäude ist unzulässig, weil es den Immissionen und dem Zu- und Abfahrtsverkehr der Tankstelle in unzumutbarer Weise ausgesetzt ist.

bb) Nachbarschutz bei bauplanungsrechtlicher Befreiung

388 Wird im Rahmen einer Baugenehmigung eine bauplanungsrechtliche Befreiung erteilt (§ 31 Abs. 2 BauGB), dann ist das Gebot der Rücksichtnahme in der Formulierung „Würdigung nachbarlicher Interessen" des § 31 Abs. 2 BauGB enthalten. Hier hat das BVerwG danach differenziert, ob von einer nachbarschützenden Festsetzung (zumeist: Art der baulichen Nutzung) oder einer nicht nachbarschützenden Festsetzung eines Bebauungsplans befreit wird.[269] Bei der Befreiung von nachbarschützenden Festsetzungen führt jeder Fehler bei der Anwendung des § 31 Abs. 2 BauGB zur Aufhebung der Baugenehmigung; dies gilt auch für eine unzutreffende Beurteilung der „städtebaulichen Vertretbarkeit" der Abweichung im Sinne von § 31 Abs. 2 Nr. 2 BauGB. Bei der Befreiung von einer nicht nachbarschützenden Festsetzung (zumeist: Maß der baulichen Nutzung, sofern sich nicht aus der Planbegründung anderes ergibt) kann eine fehlerhafte Befreiung dann dem Nachbarn einen Abwehranspruch vermitteln, wenn die Behörde bei ihrer Ermessensentscheidung über die Befreiung nicht die gebotene Rücksicht auf die Interessen des Nachbarn genommen hat.[270]

---

[269] Zusammenfassend BVerwG 4 B 64.98, Rn. 5.
[270] BVerwG aaO.

cc) Gebot der Rücksichtnahme im unbeplanten Innenbereich

Nach der ständigen Rechtsprechung des BVerwG ist im unbeplanten Innenbereich das Gebot der Rücksichtnahme im Begriff des „Einfügens" des § 34 Abs. 1 BauGB enthalten.[271] Ein Verstoß kann demnach vorliegen, wenn ein Vorhaben sich nicht einfügt, weil es auf die sonstige, vor allem auf die in seiner unmittelbarer Nähe vorhandene Bebauung nicht hinreichend Rücksicht nimmt, oder auch dann, wenn es sich nach dem Maß der baulichen Nutzung, seiner Bauweise oder seiner überbauten Grundstücksfläche nicht in die Eigenart der näheren Umgebung einfügt.[272]

389

Beispiel:

390

Ein Verstoß gegen das Gebot der Rücksichtnahme wurde bejaht bezüglich der Errichtung von drei Silos mit knapp zwölf Metern Höhe und einer Breite von rund 13 Metern der Gesamtanlage in nur drei Metern Abstand von der Grundstücksgrenze eines zweigeschossigen Wohnhauses. Es kam zu einer erheblichen Einschränkung der Belichtung und Besonnung des Hauses und des Gartens.[273]

Liegt das genehmigte Vorhaben in einer Bebauung, die einem der in der BauNVO aufgeführten Baugebiete entspricht (§ 34 Abs. 2 BauGB), so beurteilt sich der Nachbarschutz in gleicher Weise, wie wenn das Vorhaben im Geltungsbereich eines qualifizierten Bebauungsplans liegen würde. Dies ist erklärlich: In den Gebietsarten der BauNVO sind die baulichen Anlagen zusammengefasst, die der Normgeber in einem Gebiet für grundsätzlich zueinander verträglich hält. Dieser durchaus ausgeklügelte Maßstab sollte hinsichtlich der Zulässigkeit von Vorhaben zu gerechten Ergebnissen führen, wenn der Bebauungszusammenhang, wenn auch zufällig, einem der in der BauNVO genannten Gebiete entspricht.

391

Das BVerwG hat die Kriterien der „bodenrechtlichen Schicksalsgemeinschaft" ausdrücklich auf die Fälle des § 34 Abs. 2 BauGB („faktisches Baugebiet") übertragen.[274] Ansonsten gelten die oben bereits dargestellten Kriterien des § 15 Abs. 1 Satz 2 BauNVO.

392

dd) Gebot der Rücksichtnahme im Außenbereich (§ 35 BauGB)

Im Außenbereich ist das Gebot der Rücksichtnahme als öffentlicher Belang in § 35 Abs. 3 BauGB verankert. Damit ist der Drittbetroffene vor den unzumutbaren Einwirkungen eines Außenbereichsvorhabens geschützt, auch wenn dieses dort privilegiert ist (§ 35 Abs. 1 BauGB). Nur einen Aspekt des Gebots der Rücksichtnahme schildert § 35 Abs. 3 Nr. 3 BauGB im Begriff der „schädlichen Umwelteinwirkungen".[275] Allerdings gilt das Gebot der Rücksichtnahme – als ungeschriebener öffentlicher Belang – noch bei sonstigen nachteiligen Wirkungen.[276]

393

---

271 BVerwG 4 C 5.12, Rn. 21.
272 BVerwG aaO mwN.
273 BVerwG 4 C 34.85, Rn. 15 ff.
274 BVerwG 4 B 32.11, Rn. 5.
275 BVerwG 4 C 3.16, Rn. 11 f.
276 BVerwG 4 B 72.06, Rn. 4 mwN.

394 **Beispiel:**

So kann eine Windenergieanlage im Außenbereich, obwohl von ihr keine Immissionen ausgehen, das Gebot der Rücksichtnahme verletzen, insbesondere wenn sie erhebliche Ausmaße erreicht und einen geringen Abstand zum betroffenen Nachbargrundstück aufweist.[277]

4. Rechtsschutz von Nachbargemeinden

395 Eine Gemeinde kann sowohl gegen Bebauungspläne als auch gegen auf dem Territorium der Nachbargemeinde erteilte Baugenehmigungen vorgehen, wenn sie geltend machen kann, dass sie durch die Planung bzw. Genehmigung in ihrer Planungshoheit verletzt werden kann.

396 Für eine Normenkontrollklage gegen einen Bebauungsplan konkretisiert § 2 Abs. 2 BauGB, wonach Bauleitpläne benachbarter Gemeinden aufeinander abzustimmen sind, als gesetzliche Ausformung die in Art. 28 Abs. 2 GG gewährleistete kommunale Planungshoheit.[278] Die Nachbargemeinde kann sich unabhängig davon, welche planerischen Absichten sie für ihr Gebiet verfolgt oder bereits umgesetzt hat, gegen unmittelbare Auswirkungen gewichtiger Art auf dem benachbarten Gemeindegebiet zur Wehr setzen.[279] Hieraus erwächst ihr die Antragsbefugnis für ein Normenkontrollverfahren, aber unter Umständen auch der Erfolg einer Klage gegen eine Baugenehmigung: Ruft ein Außenbereichsvorhaben eine Konfliktlage mit hoher Intensität für die berührten öffentlichen und privaten Belange hervor, so kann es, weil eine Abstimmung mit der klagenden Gemeinde erforderlich ist, gegen den ungeschriebenen öffentlichen Belang des „Erfordernisses einer förmlichen Planung" verstoßen.[280] Die klagende Gemeinde kann sich somit gerade deshalb gegen ein Vorhaben auf der Gemarkung der Nachbargemeinde wehren, weil dieses nicht verwirklicht werden darf, ohne dass die Planungen beider Gemeinden miteinander abgestimmt sind.

397 Auch Klagen von Gemeinden gegen Baugenehmigungen, die auf ihrer eigenen Gemarkung erteilt werden (durch das Landratsamt),[281] sind möglich, wenn die Gemeinde einen Verstoß gegen ihre Planungshoheit geltend machen kann.

398 **Beispiel:**

Die Gemeinde wehrt sich gegen eine Baugenehmigung des Landratsamts, in der dem Bauherrn gestattet wird, in sein Altstadtgebäude Dachfenster einzubauen, was nach einer örtlichen Bauvorschrift der Gemeinde nach § 74 Abs. 1 LBO ausgeschlossen ist.[282]

399 Die örtlichen Bauvorschriften gemäß § 74 Abs. 1 LBO gehören zu den kommunalen Selbstverwaltungsaufgaben.[283] Somit ist die kommunale Planungshoheit, in diesem Fall umgesetzt durch § 74 Abs. 1 LBO, auch gegen Vorhaben auf dem eigenen Territorium einer Gemeinde wehrfähig.

---

277 BVerwG aaO Rn. 4.
278 BVerwG 4 C 5.01, Rn. 21.
279 BVerwG aaO Rn. 21 mwN.
280 BVerwG 4 C 5.01, Rn. 18 (Fabrikverkaufszentrum Zweibrücken).
281 Bei Identität zwischen Baurechtsbehörde und Gemeinde besteht diese Klagemöglichkeit nicht, weil die Gemeinde die Problematik intern klären kann und muss.
282 VGH Mannheim 5 S 2427/15, Rn. 4 ff.
283 VGH Mannheim aaO Rn. 15, vgl. oben Rn. 10.

XI. Prozessuales

In diesem Abschnitt werden beispielhaft, aber keinesfalls abschließend typische prozessuale Probleme erwähnt, die in einer Baurechtsklausur besondere Aufmerksamkeit beanspruchen. Keinesfalls ersetzt die Lektüre dieses Abschnitts eine ausführliche Befassung mit dem Verwaltungsprozessrecht durch das Lernen an klausurtypischen Fällen.

1. Anfechtungs- und Verpflichtungsklagen

Auch im Baurecht kann sich der Adressat eines belastenden Verwaltungsakts bei der Anfechtungsklage hinsichtlich seiner Klagebefugnis auf die „**Adressatentheorie**" stützen, wonach der Adressat eines belastenden Verwaltungsakts seine Klagebefugnis aus dem Grundrecht des Art. 2 Abs. 1 GG herleiten kann, welches einen umfassenden Schutz seiner Freiheitsphäre begründet.[284] Für den Drittbetroffenen gilt die Adressatentheorie selbstredend nicht, da er nicht Adressat des Verwaltungsaktes ist. Er muss sich auf eine **drittschützende Norm** stützen. In einer Klausur ist darauf zu achten, dass in der Klagebefugnis sämtliche in Betracht kommenden drittschützenden Normen erwähnt werden. Denn nur dann, wenn der Kläger auch in einer ihn schützenden Rechtsposition verletzt ist, kann die Anfechtungsklage Erfolg haben.

Auch Verpflichtungsklagen können in Adressaten- und Drittbetroffenenkonstellationen vorkommen. Eine Klage auf die Erteilung einer Baugenehmigung kann hinsichtlich der Klagebefugnis aber nicht auf die Adressatentheorie gestützt werden, da diese nur für die Anfechtungsklage gilt.[285] Der Kläger muss in der Verpflichtungsklage seinen möglichen Anspruch auf den begehrten Verwaltungsakt also aus einer Anspruchsnorm herleiten. Hinsichtlich des Bauherrn kommt dabei insbesondere der mögliche Anspruch auf Baugenehmigung (§ 58 Abs. 1 LBO) oder auf Erteilung eines Vorbescheides (§ 57 LBO) in Betracht.

Der Drittbetroffene kann grundsätzlich eine Verpflichtungsklage auf bauordnungsrechtliches Einschreiten erheben, wobei er dann aus den §§ 65 Abs. 1 Satz 1 und 2, 64 sowie § 47 Abs. 1 LBO einen möglichen Anspruch herleiten kann, zumindest einen Anspruch auf ermessensfehlerfreie Entscheidung.

2. Vorläufiger Rechtsschutz im Baurecht

Will der Drittbetroffene eine Baugenehmigung abwehren, so gelingt ihm dies nicht durch die schlichte Einlegung des Widerspruchs. Denn der Widerspruch hat gemäß § 80 Abs. 2 Nr. 3 VwGO, § 212a BauGB keine aufschiebende Wirkung. Der Bauherr kann somit, wenn auch auf eigenes Risiko, falls eine spätere Anfechtungsklage die Baugenehmigung beseitigt, zunächst mit dem Bau beginnen. Der Drittbetroffene muss, um schnell zu seinem Ziel zu kommen, gemäß § 80a Abs. 3 Satz 2 VwGO, § 80 Abs. 5 Satz 1 VwGO einen **Antrag auf Anordnung der aufschiebenden Wirkung des Widerspruchs** stellen. Ist dieser Antrag erfolgreich, so ist der Bau gestoppt, bis entweder das

---
284 *Kopp/Schenke*, VwGO, § 42 Rn. 69.
285 *Kopp/Schenke* aaO.

Gericht den Beschluss ändert (§ 80 Abs. 7 VwGO) oder eine rechtskräftige Entscheidung über die Anfechtungsklage des Nachbarn getroffen ist.

405 In einer Verpflichtungssituation kommt grundsätzlich die **einstweilige Anordnung** gemäß § 123 VwGO in Betracht. Diese setzt voraus, dass ein materieller Anspruch im Hinblick auf das Antragsbegehren (Anordnungsanspruch) sowie ein Anordnungsgrund (Eilbedürftigkeit) besteht und keine Vorwegnahme der Hauptsache eintritt. Die Eilbedürftigkeit lässt sich insbesondere dann vertreten, wenn die Baurechtsbehörde die Bescheidung eines Bauantrags verzögert. Allerdings ist die Rechtsprechung der Auffassung, dass die Erteilung einer Baugenehmigung durch einstweilige Anordnung eine unzulässige Vorwegnahme der Hauptsache darstelle.[286] Dies ließe sich dadurch umgehen, dass im Wege des § 123 VwGO die Baugenehmigung nur befristet bis zur Entscheidung in der Hauptsache erteilt wird. Auch *Finkelnburg/Ortloff/Otto*[287] zeigen einen Weg auf, wonach eine einstweilige Anordnung zugunsten des Bauherrn begründet sein kann, nämlich dann, wenn sich mit hinreichender Sicherheit feststellen lässt, dass der Bauherr in der Hauptsache (der Verpflichtungsklage auf Baugenehmigung) Erfolg haben wird und ansonsten irreparable Nachteile entstehen würden. Gleichwohl ist die gegenteilige Auffassung der Rechtsprechung, wonach eine einstweilige Anordnung zugunsten des Bauherrn nicht ergehen kann, erdrückend.[288]

3. Normenkontrollverfahren

406 Mithilfe des Normenkontrollverfahrens nach § 47 VwGO, § 4 AGVwGO kann bewirkt werden, dass ein Bebauungsplan für unwirksam erklärt wird.

407 Die Antragsbefugnis für einen privaten Antragsteller ergibt sich **ausschließlich** aus seinem **subjektiven Recht auf gerechte Abwägung der eigenen Belange** aus § 1 Abs. 7 BauGB.[289] Relevant sind dabei die privaten Belange, die in der konkreten Planungssituation einen städtebaulich relevanten Bezug haben und schutzwürdig sind. In der Begründetheit der Normenkontrolle ist eine Rechtsverletzung des Antragstellers nicht zu prüfen, sondern nur, ob die Norm unwirksam ist, § 47 Abs. 5 Satz 2 VwGO. Damit unterscheidet sich die Normenkontrolle in erheblicher Weise von der Anfechtungsklage, vgl. § 113 Abs. 1 Satz 1 VwGO.

408 Auch das Normenkontrollverfahren gemäß §§ 47 VwGO, 4 AGVwGO kennt einen vorläufigen Rechtsschutz: § 47 Abs. 6 VwGO. Die Prüfung der Begründetheit dieses Antrags auf einstweilige Anordnung erfolgt anders als bei einer einstweiligen Anordnung nach § 123 VwGO. Hier sind nach der Rechtsprechung des BVerwG drei verschiedene Varianten zu unterscheiden:[290] Zunächst ist zu prüfen, ob sich die Erfolgsaussichten des in der Sache anhängigen Normenkontrollantrages bereits absehen lassen. Ergibt diese Prüfung, dass der Normenkontrollantrag voraussichtlich erfolglos sein wird, scheidet eine einstweilige Anordnung aus. Ergibt die Prüfung, dass der An-

---

286 *Finkelnburg/Ortloff/Otto*, Öffentliches Baurecht Bd. II, § 21 II 1.
287 AaO.
288 Vgl. *Finkelnburg/Ortloff/Otto*, Öffentliches Baurecht Bd. II, § 21, Fn. 28.
289 Grundlegend BVerwG 4 CN 2.98, Rn. 20 f., BVerwG 4 BN 12.17, Rn. 7 und 4 BN 50/19, Rn. 6 (st. Rspr.).
290 BVerwG 4 VR 5.14 ua, Rn. 12.

trag voraussichtlich zulässig und begründet sein wird, ist dies ein wesentliches Indiz dafür, die einstweilige Anordnung zu erlassen. Lassen sich die Erfolgsaussichten des Normenkontrollverfahrens nicht abschätzen, ist eine Folgenabwägung durchzuführen: Gegenüberzustellen sind die Folgen, die eintreten würden, wenn eine einstweilige Anordnung nicht erginge, der Normenkontrollantrag aber Erfolg hätte und die Nachteile, die entstünden, wenn die begehrte einstweilige Anordnung erlassen würde, der Antrag in der Hauptsache aber erfolglos bliebe.[291] Auf der dritten Stufe ist die Abwägung somit mit der Folgenabwägung vergleichbar, die das BVerfG bei einstweiligen Anordnungen gemäß § 32 BVerfGG durchführt.[292]

XII. Fragen zur Lernkontrolle

Mit der Beantwortung der anschließenden Fragen können Sie ermitteln, ob Sie den Stoff verstanden haben. Machen Sie sich zu den Antworten eigene Notizen, bevor Sie sie unter den jeweiligen Randnummern nachschlagen, oder fragen Sie sich in einer Arbeitsgruppe gegenseitig ab. Nur durch eigenes Denken und Formulieren erzielen Sie Lernerfolge, nicht durch reines Lesen. Denken Sie daran, dass Sie auch dann, wenn Sie die Fragen beantworten können, noch keinerlei Erfahrung in der Bearbeitung prüfungstypischer Fälle besitzen.

1. Wie unterscheiden sich nach dem Baurechtsgutachten des BVerfG Bodenrecht und Bauordnungsrecht? Welche Gesetze repräsentieren das jeweilige Rechtsgebiet? (Rn. 7 ff.)
2. Welches sind die wesentlichen Inhalte der LBO? (Rn. 12)
3. Wie finden die Regelungen des BauGB Eingang in die bauordnungsrechtlichen Ermächtigungsgrundlagen? (Rn. 15 ff.)
4. Wie wird die Rechtmäßigkeit eines Verwaltungsaktes überprüft (Aufbau)? (Rn. 22)
5. Welches sind die Zuständigkeitsnormen in der LBO? Wer ist konkret zuständig? (Rn. 26 ff.)
6. Wo finden sich Regeln über Weisungen und ein Selbsteintrittsrecht der Fachaufsichtsbehörde? Welche Wirkung hat das Selbsteintrittsrecht? (Rn. 32 ff.)
7. Welche Rechtsnormen kann die Gemeinde nach der LBO erlassen? (Rn. 38)
8. Wie wirkt sich der Verstoß gegen Verfahrensvorschriften auf die Rechtmäßigkeit eines baurechtlichen Verwaltungsaktes aus? (Rn. 42 f.)
9. Wie wird ermittelt, ob ein Vorhaben genehmigungspflichtig ist? (Rn. 47 ff.)
10. Wie werden die Nutzungsänderung und der Abbruch baulicher Anlagen verfahrensrechtlich behandelt? (Rn. 54 ff.)
11. Was versteht man unter den „von der Baurechtsbehörde zu prüfenden öffentlich-rechtlichen Vorschriften" iSd § 58 Abs. 1 LBO? (Rn. 59 ff.)
12. Wie unterscheidet sich der bauordnungsrechtliche Anlagenbegriff vom Anlagenbegriff des § 29 BauGB? (Rn. 64 f.)
13. Warum wird die Baugenehmigung als „Kontrollerlaubnis" bezeichnet? (Rn. 69)
14. Welchem Ziel müssen Nebenbestimmungen zur Baugenehmigung dienen? (Rn. 70 ff.)
15. Welches sind die wesentlichen Merkmale des Kenntnisgabe- und des vereinfachten Genehmigungsverfahrens? (Rn. 78 ff.)
16. Welche tatbestandliche Struktur und welchen Regelungsumfang hat der Bauvorbescheid? (Rn. 85 ff.)
17. Was wird mit einer Teilbaugenehmigung genehmigt? (Rn. 95 ff.)
18. Unter welchen Voraussetzungen kann eine Abbruchanordnung ergehen und wie werden die Voraussetzungen hergeleitet? (Rn. 98 ff.)

---

[291] BVerwG aaO, Rn. 12.
[292] BVerfG 2 BvR 2588/18, Rn. 16, st. Rspr.

19. Wie ist bei der Abbruchanordnung mit der Problematik umzugehen, dass ein Vorhaben zu einem früheren Zeitpunkt legal war? (Rn. 112 ff.)
20. Welche Bedeutung hat die bei der Abbruchanordnung eröffnete Ermessensentscheidung? (Rn. 108 ff.)
21. Unter welchen Voraussetzungen kann eine Nutzungsuntersagung, unter welchen Voraussetzungen die Einstellung von Arbeiten angeordnet werden? (Rn. 117 ff.)
22. Welchen Anwendungsbereich hat die bauordnungsrechtliche Generalklausel? (Rn. 132 ff.)
23. Welche Rechtsfolgen bewirken die bauordnungsrechtliche und die bauplanungsrechtliche Befreiung? (Rn. 141 ff.)
24. Kommen Befreiungen auch bei genehmigungsfreien Vorhaben in Betracht? (Rn. 143)
25. Warum kann es grundsätzlich keinen Anspruch auf Befreiung geben? (Rn. 153)
26. Warum beginnt die Prüfung bauplanungsrechtlicher Vorschriften bei der Subsumtion einer Ermächtigungsgrundlage des Bauordnungsrechts stets mit § 29 BauGB? (Rn. 159)
27. Was bedeutet „bodenrechtliche Relevanz"? (Rn. 163)
28. Was ist der Unterschied zwischen einem einfachen und einem qualifizierten Bebauungsplan? (Rn. 168 ff.)
29. Mithilfe welcher Verknüpfungsnorm ist es gestattet, die Vorschriften der BauNVO bei der Prüfung anzuwenden, ob ein Vorhaben einem Bebauungsplan entspricht? (Rn. 174)
30. Was versteht man unter „Art und Maß der baulichen Nutzung"? (Rn. 175 ff.)
31. Was ist der Unterschied zwischen Ausnahme und Befreiung? (Rn. 179 ff.)
32. Wie ist es möglich, dass ein Vorhaben unzulässig sein kann, obwohl es dem Bebauungsplan entspricht? (Rn. 185 ff.)
33. Unter welchen Voraussetzungen wird nach der Rechtsprechung ein Bebauungszusammenhang iSv § 34 BauGB angenommen? (Rn. 196)
34. Auf welche Umgebung wird hinsichtlich des „Einfügens" iSv § 34 BauGB abgestellt? (Rn. 197)
35. Wie kann im Falle des § 34 BauGB die BauNVO zur Anwendung kommen? (Rn. 199)
36. Was wird als Leitgedanke des § 35 BauGB bezeichnet? (Rn. 204)
37. Wo am Wortlaut der Norm des § 35 BauGB im Zusammenhang mit den genannten öffentlichen Belangen wird die Unterscheidung zwischen privilegierten und nicht privilegierten Vorhaben deutlich? (Rn. 206)
38. Wann „dient" ein Vorhaben der Landwirtschaft? (Rn. 209 ff.)
39. Welches sind diejenigen öffentlichen Belange, die am ehesten geeignet sind, einem Bauvorhaben im Außenbereich entgegengehalten zu werden? (Rn. 218 ff.)
40. Welche ungeschriebenen öffentlichen Belange iSv § 35 Abs. 3 BauGB gibt es? (Rn. 223)
41. Was ist in § 35 BauGB der Unterschied zwischen „Entgegenstehen" und „Beeinträchtigen"? (Rn. 225 ff.)
42. Warum werden die in § 35 Abs. 4 genannten Vorhaben als „teilprivilegiert" bezeichnet? (Rn. 230 ff.)
43. Welche Funktion hat das kommunale Einvernehmen nach § 36 BauGB und in welchen Fällen ist es anwendbar? (Rn. 235 ff.)
44. Was geschieht, wenn die Gemeinde ihr Einvernehmen verweigert? (Rn. 242 ff.)
45. Wie ist in einer Klausur bei der Prüfung der Rechtmäßigkeit eines Bebauungsplans vorzugehen? (Rn. 253 ff.)
46. Aus welchen Gesetzen können sich bei der Überprüfung eines Bebauungsplans in erster Linie Verstöße ergeben? Welches sind die jeweiligen Heilungsvorschriften? (Rn. 257 ff.)
47. Welche Verfahrensstufen sind bei der Aufstellung eines Bebauungsplanes zu durchlaufen? Wo sind sie gesetzlich geregelt? (Rn. 262 ff.)
48. Wann kann bei einem Satzungsbeschluss für einen Bebauungsplan die Befangenheit eines Gemeinderatsmitglieds angenommen werden und wie kann die Befangenheit beschrieben werden? (Rn. 272 ff.)
49. Nach welchen Vorschriften wird ein Bebauungsplan öffentlich bekanntgemacht? (Rn. 276 f.)
50. In welche zwei Fallgruppen lassen sich inhaltliche Fehler eines Bebauungsplans aufteilen? (Rn. 278 ff.)
51. Wie erfolgt die (eingeschränkte) gerichtliche Kontrolle der planerischen Abwägung und wo hat dies seinen gesetzlichen Niederschlag gefunden? (Rn. 287 ff.)

52. Welche weiteren bauplanungsrechtlichen Instrumente kennt das BauGB? (Rn. 304 ff.)
53. Wie unterscheidet sich das bauplanungsrechtliche vom bauordnungsrechtlichen Verunstaltungsverbot? (Rn. 325 ff.)
54. Woraus wird der baurechtliche Bestandsschutz abgeleitet? (Rn. 330 ff.)
55. Wie wirkt sich der Bestandsschutz bei Abbruchanordnungen oder Genehmigungen zur Wieder- oder Neuerrichtung aus? (Rn. 339 ff.)
56. Wann vermittelt eine Rechtsnorm im Baurecht Drittschutz? (Rn. 365 ff.)
57. Woran liegt es, dass eine Drittbetroffenenklage im Regelfall nicht an der Klagebefugnis scheitert? (Rn. 365 f.)
58. Warum können sich Mieter und Pächter nicht auf drittschützende Normen des Baurechts berufen? (Rn. 366)
59. In welchen Normen des Bauplanungsrechts ist der Drittschutz enthalten? (Rn. 372 ff.)
60. Was versteht man unter der „bodenrechtlichen Schicksalsgemeinschaft"? (Rn. 373 f.)
61. In welchen Vorschriften ist das „Gebot der Rücksichtnahme" enthalten und was bedeutet es? (Rn. 376 ff.)
62. Wo sind bei der Prüfung einer Nachbarklage Schwerpunkte zu setzen? (Rn. 401 ff.)
63. Welches ist der richtige Rechtsbehelf eines Drittbetroffenen gegen die dem Bauherrn erteilte Baugenehmigung und worauf ist er gerichtet? (Rn. 401, 404)
64. Welche alleinige Rechtsposition gibt dem Antragsteller bei einem Normenkontrollverfahren gegen einen Bebauungsplan die Antragsbefugnis? (Rn. 407)

XIII. Fälle

Die folgenden kleinen Fälle, die nur beispielhaft Probleme des Baurechts herausgreifen, sollen und bei weitem nicht sämtliche Themen ansprechen, die zum Baurecht gehören, sollen Ihnen zeigen, wie Falllösungen aufgebaut und formuliert werden müssen. Die Fälle sind sowohl für eine universitäre Fortgeschrittenenprüfung als auch erst recht für eine Examensklausur zu kurz und zu einfach, zumal verwaltungsprozessuale Konstellationen bewusst außen vor gelassen wurden. Sie zeigen aber, wie bei einer Falllösung vorzugehen ist. Lösen Sie, um einen Lerneffekt zu erzielen, die Fälle zuerst selbst, zumindest in Form einer Gliederung, bevor Sie die Lösung lesen. Bewusst sind deshalb zunächst alle Sachverhalte und erst danach die Lösungen abgedruckt. 410

Fall 1 411

X ist Eigentümer eines Hausgrundstücks innerhalb eines im Zusammenhang bebauten Ortsteiles der kreisangehörigen Gemeinde G, der durch Wohnnutzung geprägt wird; dabei sind dort auch einige wenige Ladengeschäfte und wenige Kneipen angesiedelt. Er möchte auf seinem Grundstück einen 60 Quadratmeter großen Stellplatz anlegen und asphaltieren. Die immissionsschutzrechtlichen Grenzwerte werden eingehalten.

Hat X einen Anspruch auf Baugenehmigung?

Fall 2 412

Der des Kabelfernsehens überdrüssige A errichtet im Vorgarten seines Hauses in der Großen Kreisstadt K eine Satellitenantenne mit 1,50 m Durchmesser. Die zuständige Baurechtsbehörde erlässt eine Abbruchanordnung, weil es eine örtliche Bauvorschrift gibt, wonach zum Schutz des historischen Ortsteils auf unbebauten Flächen keine Antennenanlagen errichtet werden dürfen.

Ist die Abbruchanordnung rechtmäßig?

Fall 3 413

Die X-GmbH baut in der Innenstadt von Karlsruhe ein Geschäftshaus. Als die Baurechtsbehörde bemerkt, dass die genehmigte Geschossflächenzahl überschritten wird und Abstandsvorschriften verletzt werden, ordnet sie die sofortige Einstellung der Bauarbeiten an.

Die GmbH legt unter Hinweis auf die daraus resultierenden finanziellen Verluste Widerspruch ein und fordert die Aufhebung der Einstellungsverfügung. Die Verfügung sei unverhältnismäßig, sie führe die GmbH an den Rand des geschäftlichen Ruins.

Ist die nach erfolglosem Widerspruch erhobene Anfechtungsklage begründet?

414 **Lösung Fall 1**

1. **Rechtsgrundlage der Baugenehmigung**
Rechtsgrundlage der Baugenehmigung ist § 58 Abs. 1 Satz 1 LBO.

2. **Formelle Voraussetzungen**
Zuständige Baurechtsbehörde ist das Landratsamt gem. §§ 46 Abs. 1 Nr. 3, 48 Abs. 1 LBO, § 15 Abs. 1 Nr. 1 LVG.

3. **Materielle Voraussetzungen**
Gem. § 58 Abs. 1 Satz 1 LBO ist dem X die Genehmigung zu erteilen, wenn dem genehmigungspflichtigen Vorhaben keine von der Baurechtsbehörde zu prüfenden öffentlich-rechtlichen Vorschriften entgegenstehen.

   a) Dies setzt zunächst voraus, dass das Vorhaben genehmigungspflichtig, also nicht verfahrensfrei (§ 50 LBO iVm Anhang LBO) ist. Voraussetzung ist hierfür das Vorliegen einer baulichen Anlage, §§ 49, 2 Abs. 1 LBO. Der Stellplatz wird aus Bauprodukten hergestellt und ortsfest benutzt, § 2 Abs. 1 Satz 1 und 2 LBO; jedenfalls gilt er gem. § 2 Abs. 1 Satz 3 Nr. 6 LBO als bauliche Anlage. Verfahrensfreiheit gem. § 50 Abs. 1 LBO iVm dem Anhang zur LBO kommt nicht in Betracht. Nach Nr. 11 b) des Anhangs sind nur Stellplätze bis zu 50 Quadratmeter Nutzfläche verfahrensfrei; sein Vorhaben ist größer und demnach genehmigungspflichtig.

   b) Als entgegenstehende öffentlich-rechtliche Vorschriften iSv § 58 Abs. 1 LBO kommen diejenigen in Betracht, die keinem eigenen Genehmigungsverfahren unterliegen (§ 58 Abs. 1 Satz 2 LBO). Dazu gehören die §§ 30 ff. BauGB, wenn der Stellplatz ist eine bauliche Anlage iSd § 29 BauGB ist. Dies ist der Fall, da er aufgrund seiner Dauerhaftigkeit die Planungsvorstellungen der Gemeinde tangiert (insbesondere die Belange des § 1 Abs. 6 Nr. 1 und 7 c BauGB) und somit bodenrechtliche Relevanz aufweist.
   Da das Grundstück des X laut Sachverhalt nicht im Geltungsbereich eines qualifizierten Bebauungsplanes (§ 30 BauGB) liegt, richtet sich die Zulässigkeit des Vorhabens nach § 34 BauGB. Danach ist ein Vorhaben innerhalb des im Zusammenhang bebauten Ortsteile dann zulässig, wenn es sich nach Art und Maß der baulichen Nutzung in die Eigenart der näheren Umgebung einfügt. Gem. § 34 Abs. 2 BauGB ist aber auch im unbeplanten Innenbereich auf die BauNVO zurückzugreifen, wenn die Eigenart der näheren Umgebung einem Gebiet der BauNVO entspricht. Hier ist laut Sachverhalt von einem „allgemeinen Wohngebiet" auszugehen, § 4 BauNVO, da auch Läden und Kneipen vorhanden sind. Gem. § 4 Abs. 2 Nr. 1 BauNVO sind Wohngebäude im allgemeinen Wohngebiet zulässig. Mangels anderer Angaben im Sachverhalt ist davon auszugehen, dass der Stellplatz der im Haus des X vorhandenen Wohnnutzung dient. Anhaltspunkte dafür, dass der Platz trotz seiner grundsätzlichen Zulässigkeit aufgrund von § 15 Abs. 1 BauNVO ausnahmsweise unzulässig sein könnte, gibt es nicht, zumal die immissionsschutzrechtlichen Vorgaben eingehalten werden. Das Vorhaben ist planungsrechtlich zulässig.
   Verstöße gegen weitere öffentlich-rechtliche Vorschriften sind nicht ersichtlich. Die Genehmigung ist zu erteilen.

415 **Lösung Fall 2**

1. **Ermächtigungsgrundlage**
Rechtsgrundlage für die Abbruchanordnung ist § 65 Abs. 1 Satz 1 LBO.

2. **Formelle Rechtmäßigkeit der Abbruchanordnung**
Die Zuständigkeit der Baurechtsbehörde ergibt sich aus §§ 46 Abs. 1 Nr. 3, 48 Abs. 1 LBO, 15 Abs. 1 Nr. 1 LVG. Aus dem Sachverhalt ergibt sich nicht, dass das Verfahren zum Erlass der Abbruchanordnung formelle Fehler aufweist.

3. **Materielle Rechtmäßigkeit der Abbruchanordnung**
Materiell beurteilt sich die Rechtmäßigkeit einer Abbruchanordnung nach den Voraussetzungen der Ermächtigungsgrundlage.
a) Es muss sich bei der Satellitenantenne um eine Anlage iSv § 65 Abs. 1 Satz 1 LBO handeln. Sie ist iSv § 2 Abs. 1 LBO unmittelbar mit dem Erdboden verbunden, da sie in ihm verankert ist, nach dem Verwendungszweck ortsfest genutzt wird und aus Bauprodukten iSv § 2 Abs. 10 LBO hergestellt.
b) Sie muss im Widerspruch zu öffentlich-rechtlichen Vorschriften errichtet worden sein und es dürfen nicht auf andere Weise rechtmäßige Zustände hergestellt werden können.
Bei genehmigungspflichtigen Vorhaben bedeutet dies, dass sie formell und materiell rechtswidrig sein müssen. Nur bei dieser doppelten Rechtswidrigkeit ist eine Abbruchanordnung gerechtfertigt, da ansonsten auf andere Weise iSv § 65 Abs. 1 Satz 1 LBO rechtmäßige Zustände hergestellt werden können, insbesondere durch die Nachholung eines Genehmigungsverfahrens mit Erteilung einer Baugenehmigung.
Die formelle Rechtswidrigkeit erfordert, dass die Anlage trotz Genehmigungspflicht nicht genehmigt wurde. Im vorliegenden Fall ist aber keine Genehmigung erforderlich: Die Errichtung eine Satellitenantennenanlage ist verfahrensfrei, Anhang Nr. 5 c LBO.
In diesen Fällen genügt die materielle Rechtswidrigkeit, also dass das Vorhaben gegen die von der Baurechtsbehörde zu prüfenden öffentlich-rechtlichen Vorschriften verstößt. Hier könnte ein Verstoß gegen Bauordnungsrecht vorliegen, nämlich gegen eine örtliche Bauvorschrift, soweit eine solche Regelung zulässig ist. § 74 Abs. 1 LBO ermächtigt die Gemeinden, örtliche Bauvorschriften zu erlassen. Nach § 74 Abs. 1 Nr. 3 bzw. Nr. 4 LBO ist der Ausschluss von Außenantennen möglich. Bedenken gegen die Gültigkeit der örtlichen Bauvorschrift bestehen somit nicht. Die Anlage verstößt gegen die Festsetzung der Bauvorschrift und ist materiell rechtswidrig. Es können nicht auf andere Weise rechtmäßige Zustände hergestellt werden. Ermessensfehler sind ebenfalls nicht ersichtlich. Die Abbruchanordnung ist rechtmäßig.

Lösung Fall 3 416

Die Anfechtungsklage ist begründet, wenn die angeordnete Einstellung von Arbeiten rechtswidrig ist und die GmbH in ihren Rechten verletzt, § 113 Abs. 1 Satz 1 VwGO.
1. **Ermächtigungsgrundlage**
Ermächtigungsgrundlage für die Einstellung von Arbeiten ist § 64 Abs. 1 LBO.
2. **formelle Rechtmäßigkeit der Anordnung**
Die untere Baurechtsbehörde (untere Verwaltungsbehörde) ist gem. §§ 46 Abs. 1 Nr. 3, 48 Abs. 1 LBO zuständig. Die Stadt Karlsruhe ist als Stadtkreis (§ 12 Abs. 2 LVG) gem. § 15 Abs. 1 Nr. 2 LVG untere Verwaltungsbehörde.
Verfahrensfehler sind nicht ersichtlich.
3. **Materielle Rechtmäßigkeit der Anordnung**
Die materielle Rechtmäßigkeit der Baueinstellung beurteilt sich nach § 64 Abs. 1 LBO, wonach die Baurechtsbehörde Bauarbeiten an illegalen Bauvorhaben einstellen kann, um frühzeitig die Errichtung oder Veränderung eines Bauwerkes zu verhindern, die ohne das erforderliche Baugenehmigungsverfahren durchgeführt werden. § 64 Abs. 1 Satz 2 LBO nennt (nicht abschließend) Beispiele, in denen eine Einstellung von Arbeiten erfolgen kann. Vorliegend kommt § 64 Abs. 1 Satz 2 Nr. 3a LBO in Betracht.
Im vorliegenden Fall war das Geschäftshaus als solches zwar genehmigt, aber die Vorgaben der Baugenehmigung wurden beim Bau nicht eingehalten. Es liegt eine Abweichung von der erteilten Baugenehmigung vor. § 64 Abs. 1 Satz 2 Nr. 3a LBO ist erfüllt.
Damit sind die Voraussetzungen vom Tatbestand des § 64 Abs. 1 LBO her gegeben. Die Vorschrift eröffnet jedoch eine Ermessensentscheidung („kann"). Im Rahmen der Ermessenskontrolle (vgl. § 114 VwGO) ist auch die Verhältnismäßigkeit eines belastenden Verwaltungsaktes zu prüfen.
Möglicherweise ist die Maßnahme unverhältnismäßig. Der Verhältnismäßigkeitsgrundsatz ist zwar in der LBO nicht geregelt, folgt jedoch aus dem subsidiär heranziehbaren § 5 PolG

und im Übrigen aus dem verfassungsrechtlichen Rechtsstaatsprinzip. Danach darf durch eine Eingriffsmaßnahme kein Nachteil herbeigeführt werden, der außer Verhältnis zu dem beabsichtigten Erfolg steht. Fraglich ist, ob bei der Verhältnismäßigkeitsprüfung die wirtschaftlichen Interessen der GmbH berücksichtigt werden dürfen. Dies ist allenfalls der Fall, wenn diese schutzwürdig sind. Soweit es hier um die Berufsfreiheit der GmbH geht, ist diese aufgrund Art. 12 Abs. 1 GG nur insoweit geschützt, als nicht verfassungsmäßige Gesetze diese Tätigkeit von vornherein beschränken. Die LBO ist ein solches Gesetz, dh die GmbH muss stets davon ausgehen, dass sie ihre Tätigkeit nicht entgegen den Regelungen der LBO ausüben darf. Die LBO selbst und auch nicht der subsidiäre § 5 PolG erlauben, anders etwa als die Regelungen im BImSchG, keine Abwägung wirtschaftlicher Interessen bei der Baueinstellungsverfügung. Bei der Verhältnismäßigkeitsprüfung kommt es somit lediglich darauf an, ob der angestrebte Erfolg auch mit einem milderen Mittel hätte erreicht werden können. Ein solches ist aber nicht in Sicht. Somit war die Einstellungsverfügung rechtmäßig. Die Klage der X-GmbH ist unbegründet.

§ 2 Kommunalrecht

Literatur:

Engel/Heilshorn, Kommunalrecht Baden-Württemberg, 12. Aufl., 2021; *Donhauser,* Neue Akzentuierungen bei der Vergabe von Standplätzen auf gemeindlichen Volksfesten und Märkten, NVwZ 2010, 931; *Dusch,* Beschlussfassung kommunaler Gremien in Krisenzeiten, VBlBW 2020, 353; *Ehlers,* Urteilsanmerkung, DVBl. 2009, 1456; *Enzensperger,* Sitzungen kommunaler Vertretungsorgane durch Übertragung von Bild und Ton – zum neuen § 27 a GemO, VBlBW 2020, 362; *Fehling/Kastner/Störmer,* Verwaltungsrecht, 5. Aufl., 2021; *Haug,* Verfassung des Landes Baden-Württemberg, 2018; *Kunze/Bronner/Katz,* Gemeindeordnung für Baden-Württemberg, Stand: 2022; *Katz,* Verantwortlichkeiten und Grenzen bei „Privatisierung" kommunaler Aufgaben, NVwZ 2010, 405; *Kniesel,* Veranstaltung traditioneller Märkte durch Kommunen, GewArch 2013, 270; *Knemeyer,* Die duale Rat-Bürgermeister-Verfassung als Leitverfassung nach den Kommunalverfassungsreformen, JuS 1998, 193; *Maurer/Waldhoff,* Allgemeines Verwaltungsrecht, 20. Aufl., 2020; *Ogorek,* Der Kommunalverfassungsstreit im Verwaltungsprozess, JuS 2009, 511; *Posser/Wolf,* BeckOK VwGO, Stand: 1. April 2023; *Rothe,* Die Rechte und Pflichten des Vorsitzenden des Gemeinderates, NVwZ 1992, 529; *Schoch,* Das gemeindliche Selbstverwaltungsrecht gemäß Art. 28 Abs. 2 Satz 1 GG als Privatisierungsverbot?, DVBl. 2009, 1533; *Schoch,* Zugang zu kommunalen öffentlichen Einrichtungen, NVwZ 2016, 257; *Stelkens/Bonk/Sachs,* Verwaltungsverfahrensgesetz, 10. Aufl., 2023.

I. Einführung 1	3. Fraktionen 116
II. Inhalt und Reichweite der kommunalen Selbstverwaltungsgarantie 7	4. Ausschüsse 122
	5. Verfahren im Gemeinderat 130
1. Der Inhalt der kommunalen Selbstverwaltungsgarantie im Einzelnen 10	a) Einberufung 137
	b) Öffentlichkeit der Sitzung 146
a) „Angelegenheiten der örtlichen Gemeinschaft" 10	c) Ablauf der Gemeinderatssitzung 158
b) Die „Hoheiten" der Gemeinde 26	aa) Geschäftsordnung ... 158
	bb) Beratung 162
2. Selbstverwaltungs- und übertragene Aufgaben in der kommunalen Verwaltung 41	cc) Beschlussfassung 185
	dd) Nach der Gemeinderatssitzung 197
a) Selbstverwaltungsaufgaben 42	ee) Speziell: Ermächtigungen zur Bekanntmachung von Satzungen und Rechtsverordnungen 201
aa) Pflichtaufgaben 43	
bb) Freiwillige Aufgaben 44	
cc) Rechtsfolgen bei Vorliegen kommunaler Selbstverwaltungsaufgaben 49	6. Kommunalverfassungsrechtliche Konfliktpotentiale 204
	a) Problemstellung 204
b) Aufgaben des übertragenen Wirkungskreises 54	b) Beispiele 211
	IV. Kommunalaufsicht 220
aa) Aufgaben des übertragenen Wirkungskreises im Einzelnen 58	1. Rechtsaufsicht und Fachaufsicht 220
bb) Rechtsfolgen 62	2. Zuständigkeiten bei der Rechtsaufsicht 242
3. Gemeinden, Große Kreisstädte, Stadtkreise, Landkreise, Regierungsbezirke 66	3. Instrumente der Rechtsaufsicht 251
III. Organe der Gemeinde und ihr Handeln 86	4. Sonderfall Ersetzung des Einvernehmens nach § 36 BauGB 269
1. Der Gemeinderat 90	5. Fachaufsicht 272
2. Der Bürgermeister 102	V. Öffentliche Einrichtungen 277
	1. Begriff 280
	2. Widmung und Rechtsform einer öffentlichen Einrichtung 281

- 3. Der Anspruch auf Benutzung einer öffentlichen Einrichtung ... 301
- 4. Die Zulassung zur öffentlichen Einrichtung als Ermessensentscheidung 313
- VI. Weitere Fragestellungen des materiellen Kommunalrechts 318
  - 1. Wirtschaftliche Tätigkeit der Gemeinden 319
  - 2. Grundsatz der Haushaltssparsamkeit 326
  - 3. Kommunales Amtsblatt 330
  - 4. Bürgerbegehren und Bürgerentscheid 332
  - 5. Ortschaftsräte und Bezirksbeiräte 335
- VII. Besonderheiten bei den Landkreisen 339
  - 1. Veränderte Vorgaben des Art. 28 Abs. 2 GG für die Landkreise 340
- 2. Organe und organisationsrechtliche Regelungen 344
- 3. Übertragung von Angelegenheiten der örtlichen Gemeinschaft auf die Landkreise? 350
- VIII. Prozessuales 352
  - 1. Klage auf Zulassung zu öffentlichen Einrichtungen 353
  - 2. Kommunalverfassungsstreitigkeiten 360
  - 3. Rechtsschutz gegen Aufsichtsmaßnahmen 373
  - 4. Kommunalverfassungsbeschwerde 378
- IX. Fragen zur Lernkontrolle 382
- X. Fälle 383

I. Einführung

1 Das gesamte Kommunalrecht (mit Ausnahme des Kommunalwahl- und Kommunalabgabenrechts) gehört zum Pflichtstoff der beiden juristischen Staatsexamina. Es sollte daher wie alle Rechtsgebiete des Pflichtstoffs solide beherrscht werden. Häufig ist unter Studierenden zu hören, das Kommunalrecht sei schwerer zugänglich als andere Materien, beispielsweise als das Polizeirecht. Trotzdem sollte man davon ausgehen, dass man als Studierender häufiger mit Sachverhalten des Kommunalrechts konfrontiert ist als mit polizeilichen Maßnahmen. Nur den Wenigsten ist bewusst, wie tief das Kommunalrecht Eingang in unser tägliches Leben gefunden hat: Wer zuhause den Wasserhahn aufdreht, wer ins Schwimmbad geht, wer in die Straßenbahn steigt, nutzt zumeist eine kommunale öffentliche Einrichtung. Wer den Radweg benutzt, kann sich darüber freuen, dass die Gemeinde einen solchen kraft ihrer Planungshoheit geschaffen hat. Und wer sich nur ansatzweise dafür interessiert, was in seiner lokalen Umgebung geschieht, wird in Veröffentlichungen der Presse, des lokalen Fernsehsenders oder im Internet auf zahlreiche Themen stoßen, die ihm auch in Klausuren beggnen können: Berichte über Gemeinderatssitzungen, Finanzprobleme der Gemeinde, Kompetenzstreitigkeiten zwischen Gemeinderat und Bürgermeister, Privatisierung öffentlicher Einrichtungen, kommunale Wohnbaugesellschaften und vieles mehr. Es ist für die Annäherung an die examensrelevanten Materien des Kommunalrechts sehr hilfreich, wenn man hierfür ein gewisses Interesse mitbringt. Kommunalrecht hat stets mit Kommunalpolitik zu tun. Und diese betrifft uns alle täglich.

2 Kommunalrecht kann in Examensklausuren sowohl in einer reinen Kommunalrechtsklausur auftauchen als auch in Verwaltungsrechtsklausuren eine Rolle spielen, die ihren Schwerpunkt in anderen Rechtsgebieten haben: So können zB die Frage der Zustimmungspflicht des Gemeinderats bei Polizeiverordnungen (§ 23 PolG) oder auch Problematiken der Beschlussfähigkeit des Gemeinderats oder der Befangenheit bei der

Verabschiedung von Satzungen (insbesondere Bebauungsplänen) kommunalrechtliche Elemente in Polizeirechts- bzw. Baurechtsklausuren einführen.

Anders als das Bau- oder Polizeirecht ist das Kommunalrecht weitgehend nicht durch das klassische Über-/Unterordnungsverhältnis zwischen Staat und Bürger geprägt. Ein Über-/Unterordnungsverhältnis ist im Kommunalrecht im Wesentlichen nur bei Gebührenbescheiden vorstellbar, wenn ein Bürger als Zuhörer von der Gemeinderatssitzung ausgeschlossen wird oder ihm der Zugang zu einer öffentlichen Einrichtung verweigert wird, sowie jenseits des Staat-Bürger-Verhältnisses, wenn sich eine Gemeinde gegen staatliche Aufsichtsakte wehrt. Ansonsten ist das Kommunalrecht vor allem dadurch geprägt, dass der Gemeinde ein rechtliches Instrumentarium an die Hand gegeben wird, um vor Ort die Daseinsvorsorge für ihre Einwohner und Bürger zu sichern sowie die Verwaltungsaufgaben durchzuführen, die ihr das Land Baden-Württemberg übertragen hat.

Da das Kommunalrecht aus vielen organisationsrechtlichen Normen besteht, lässt es sich sehr häufig gut mit dem Wortlaut der Vorschriften der Gemeindeordnung arbeiten, was allerdings auch voraussetzt, dass man diesen Wortlaut ausführlich und gründlich liest.

Typische Klausurthemen sind:
a) Inhalt und Umfang der kommunalen Selbstverwaltungsgarantie
b) Rechtsprobleme im Binnenbereich des Gemeinderates (Kompetenzstreitigkeiten, Ablauf der Gemeinderatssitzungen, Ausschüsse, Fraktionen etc)
c) Kommunalaufsicht (also die Kontrolle des kommunalen Handelns durch den Staat) sowie
d) Streitigkeiten im Zusammenhang mit dem Anspruch auf Benutzung öffentlicher Einrichtungen.

Diese Materien werden sogleich einzeln ausführlich erörtert. Darüber hinaus gibt es weitere nicht unbedeutende Themen des materiellen Kommunalrechts, wie insbesondere die Rechtsstellung der Landkreise, die wirtschaftliche Tätigkeit der Gemeinde und Formen der Bürgerbeteiligung. Auch wenn diese eine eher untergeordnete Examensrelevanz aufweisen dürften, werden sie vorliegend behandelt und sollten bei der Examensvorbereitung nicht weggelassen werden.

II. Inhalt und Reichweite der kommunalen Selbstverwaltungsgarantie

Nach Artikel 28 Abs. 2 Satz 1 GG muss den Gemeinden das Recht gewährleistet sein, alle **Angelegenheiten der örtlichen Gemeinschaft** im Rahmen der Gesetze in eigener Verantwortung zu regeln. Nichts anderes ergibt sich aus Art. 71 Abs. 1 Satz 1 und 2 LV, wonach das Land den Gemeinden das Recht zur Selbstverwaltung unter eigener Verantwortung gewährleistet. Diese Garantie wird in Art. 71 Abs. 2 Satz 1 LV konkretisiert, in dem die eigenständige Verwaltungsträgerschaft der Gemeinden beschrieben wird.

8   Die Garantien in Art. 28 Abs. 2 GG und Art. 71 Abs. 1, Abs. 2 LV sind deckungsgleich.[1] Dies ist letztlich darauf zurückzuführen, dass die Verfassung des Landes Baden-Württemberg nachkonstitutionell ist, also erst nach Inkrafttreten des Grundgesetzes errichtet wurde und dabei die Staatsprinzipien des Grundgesetzes übernommen hat (insbesondere Art. 2 Abs. 1, Art. 23 und Art. 25 LV).[2] Dadurch, dass das Grundgesetz den Gemeinden ihre Selbstverwaltung „garantiert",[3] ergibt sich für die Gemeinde im Selbstverwaltungsbereich eine starke Position, die sie auch staatlichen Maßnahmen entgegenhalten kann, insbesondere Aufsichtsmaßnahmen oder Gesetzen, die ihre Selbstverwaltungsgarantie einschränken.

9   **Nicht alle Aufgaben**, die unter dem Dach eines Rathauses erledigt werden, **sind** jedoch **Selbstverwaltungsaufgaben**. Bei sehr vielen Tätigkeiten (insbesondere Ortspolizeibehörde, § 107 Abs. 4 PolG und untere Baurechtsbehörde, § 46 Abs. 1 Nr. 3 LBO iVm § 15 Abs. 1 Nr. 1 oder 2 LVG) bedient sich das Land Baden-Württemberg der Gemeinden als „verlängertem Arm", dh es weist den Gemeinden die Aufgabe zu, durch ihr Personal Aufgaben zu erledigen, die originär keine Selbstverwaltungsaufgaben darstellen, sondern solche des Landes Baden-Württemberg sind („**Weisungsaufgaben**"). Sofern die Gemeinde der Auffassung ist, sie müsse in diesem Bereich Weisungen des Landes, die von den übergeordneten Behörden, insbesondere den Regierungspräsidien und dem zuständigen Ministerium kommen können (vgl. § 21 Abs. 2 und 3 LVG), nicht befolgen, kann sie sich in einem solchen Konflikt nicht auf Art. 28 Abs. 2 GG berufen, weil es sich um keine Angelegenheiten der örtlichen Gemeinschaft iSd Grundgesetzes handelt, sondern eben um solche des Landes Baden-Württemberg. Diese Unterscheidung ist von grundlegender Bedeutung; sie wird weiter unten anhand konkreter Beispiele mehrfach wieder aufgegriffen.

1. Der Inhalt der kommunalen Selbstverwaltungsgarantie im Einzelnen
a) „Angelegenheiten der örtlichen Gemeinschaft"

10   Das BVerfG hat die kommunale Selbstverwaltungsgarantie im berühmten „Rastede-Beschluss" wie folgt beschrieben:[4] „Zum Wesensgehalt der gemeindlichen Selbstverwaltung gehört kein gegenständlich bestimmter oder nach feststehenden Merkmalen bestimmbarer Aufgabenkatalog, wohl aber die Befugnis, sich **aller Angelegenheiten der örtlichen Gemeinschaft, die nicht durch Gesetz bereits anderen Trägern öffentlicher Verwaltung übertragen sind, ohne besonderen Kompetenztitel anzunehmen.**"

11   Dabei sind „Angelegenheiten der örtlichen Gemeinschaft" „… diejenigen Bedürfnisse und Interessen, die **in der örtlichen Gemeinschaft wurzeln oder auf sie einen spezifischen Bezug haben**, die also den Gemeindeeinwohnern gerade als solchen gemeinsam

---

1   *Haug/Pautsch*, Verfassung des Landes Baden-Württemberg, Art. 71 Rn. 6. Die beiden Garantien ebenfalls gleichsetzend VGH Mannheim 1 S 2261/02, Rn. 30.
2   Das Land Baden-Württemberg wurde erst im Jahre 1952, also drei Jahre nach Gründung der Bundesrepublik Deutschland gegründet, vgl. BVerfG 2 BvP 1/56, Rn. 28 ff. sowie zu den Gründungsumständen ausführlich Kapitel Landesverfassungsrecht.
3   Ausführlich hierzu BVerfG 2 BvR 2177/16, Rn. 69 ff.
4   BVerfG 2 BvR 1619/83, Leitsatz 2.

sind, indem sie das Zusammenleben und -wohnen der Menschen in der Gemeinde betreffen; auf die Verwaltungskraft der Gemeinde kommt es hierfür nicht an".[5]

Was zunächst sehr wissenschaftlich klingt, ist in Wirklichkeit eine praktikable und verständliche Definition: Das **Gegenteil** zu einer Aufgabe der „örtlichen Gemeinschaft" ist eine **überörtliche** Aufgabe.

Beispiel:
In der maßgeblichen Entscheidung des BVerfG war die Frage aufgeworfen worden, ob die Abfallbeseitigung in einer Gemeinde zur kommunalen Selbstverwaltung gehört. Das BVerfG hat dies für die kreisangehörigen Gemeinden verneint.[6] Dabei wurde ua argumentiert, dass Abfallbeseitigungsanlagen regelmäßig einen Einzugsbereich von über 20.000 Einwohnern haben.

Dies rechtfertigt die auch in Baden-Württemberg vorhandene Regelung, wonach den Stadt- und Landkreisen die Entsorgung als Selbstverwaltungsaufgabe übertragen wurde (§ 6 LKreiWiG), nicht jedoch den kleinen kreisangehörigen Gemeinden, für welche diese Aufgabe überörtlichen Charakter hat.

Um von Art. 28 Abs. 2 Satz 1 GG geschützt zu sein, müssen die Aufgaben also in der örtlichen Gemeinschaft „wurzeln oder auf sie einen spezifischen Bezug haben". So könnte man etwa auf die Idee kommen, dass Aufstellen von Verkehrsschildern in einer Gemeinde als eine derartige Angelegenheit der örtlichen Gemeinschaft zu begreifen. Letztlich kann dies bezüglich der Verkehrsregelung aber dahinstehen. Denn es handelt sich um eine Aufgabe, die bereits **durch Gesetz einem anderen Träger der öffentlichen Verwaltung übertragen** ist:

Nach § 44 Abs. 1 StVO sind für die Ausführung der StVO die Straßenverkehrsbehörden zuständig. Das Land Baden-Württemberg hat die Regierungspräsidien und die unteren Verwaltungsbehörden zu Straßenverkehrsbehörden erklärt (§ 1 StVOZuVO).[7] Selbst wenn man also die Verkehrsregelung in einer Gemeinde als Aufgabe einer örtlichen Gemeinschaft ansehen könnte, wäre diese in (unterstellt) verfassungsmäßiger Weise einem anderen Träger der öffentlichen Verwaltung übertragen, nämlich den Regierungspräsidien und den unteren Verwaltungsbehörden. Dies ist eine Konsequenz aus der Tatsache, dass bereits Art. 28 Abs. 2 Satz 1 GG selbst die kommunale Selbstverwaltung lediglich „**im Rahmen der Gesetze**" gewährleistet.

Ist allerdings eine Gemeinde der Auffassung, dass ein solches Gesetz sie unverhältnismäßig und damit verfassungswidrig in ihrem Selbstverwaltungsrecht trifft, hat sie die Möglichkeit, gemäß Art. 93 Abs. 1 Ziff. 4b GG eine **Verfassungsbeschwerde** zum BVerfG anzustrengen oder auch gemäß Art. 76 LV, § 54 VerfGHG vor dem Verfassungsgerichtshof des Landes Baden-Württemberg eine kommunalrechtliche Normenkontrolle durchzuführen.

Dass die kommunale Selbstverwaltungsgarantie „nur" im Rahmen der Gesetze gewährleistet ist, hat für eine Gemeinde positive und negative Folgen: Da sie selbst keine Gesetze erlassen kann (der Erlass kommunaler Satzungen bedarf, soweit es sich

---
5 BVerfG 2 BvR 1619/83, Leitsatz 4.
6 BVerfG aaO Rn. 39 ff., Rn. 72 ff.
7 Landesrecht-bw.de.

um Eingriffsverwaltung handelt, wegen des rechtsstaatlichen Vorbehaltes des Gesetzes seinerseits einer gesetzlichen Ermächtigungsgrundlage), ist sie darauf angewiesen, dass ihr der Gesetzgeber zur Ausübung ihrer Selbstverwaltungshoheit entsprechende Gesetze zur Verfügung stellt.

19 **Beispiel:**

Das BauGB stellt der Gemeinde als Planungsinstrumentarien ua die Möglichkeit zum Erlass von Flächennutzungsplänen, Bebauungsplänen, Veränderungssperren und städtebaulichen Erhaltungssatzungen zur Verfügung. Erst dadurch ist die Gemeinde in der Lage, ihre Planungshoheit auszuüben. Andererseits ist sie bezüglich der Inhalte der Bebauungspläne an die gesetzlichen Vorgaben der BauNVO gebunden. Sie kann also, selbst wenn sie es für wünschenswert hält, kein „allgemeines reines Wohn-Gewerbegebiet" erfinden.

20 Aus der Definition der Selbstverwaltungsgarantie[8] folgt darüber hinaus zugunsten der Gemeinde, dass Angelegenheiten der örtlichen Gemeinschaft, deren Wahrnehmung keiner einfachgesetzlichen Grundlage bedürfen, weil sie keine Grundrechtseingriffe darstellen, selbstverständlich von der kommunalen Selbstverwaltungsgarantie des Art. 28 Abs. 2 Satz 1 GG umfasst sind.

21 **Beispiel:**

Hierzu gehören etwa kommunale Städtepartnerschaften, die Schaffung von öffentlichen Einrichtungen, die Darstellung der Gemeinde im Internet.

22 Die Beschränkung des Art. 28 Abs. 2 Satz 1 GG auf die Angelegenheiten der örtlichen Gemeinschaft wirkt auch in die Tätigkeit der kommunalen Gremien hinein. So entscheidet der Gemeinderat als Vertretung der Bürger und als Hauptorgan der Gemeinde „über alle Angelegenheiten der Gemeinde" (§ 24 Abs. 1 Satz 1 GemO). Man spricht insoweit von der „**Befassungskompetenz**" des Gemeinderats.[9]

23 **Beispiel:**

Der VGH Mannheim hat die Befassungskompetenz eines Gemeinderats zur Thematik der Fusion von Sparkassen verneint. Das Gesetz gehe von einer weitgehenden Trennung von Sparkassenrecht und Kommunalrecht aus.[10]

24 In gleicher Weise ist es nicht möglich, einen Verhandlungsgegenstand auf die Tagesordnung einer Gemeinderatssitzung setzen zu lassen, der nicht zum Aufgabengebiet des Gemeinderats gehört. § 34 Abs. 1 Satz 4 GemO gibt den Fraktionen bzw. einer qualifizierten Minderheit des Gemeinderats zwar das Recht, die Behandlung eines Tagesordnungspunkts zu verlangen, allerdings normiert § 34 Abs. 1 Satz 5 GemO eindeutig: „Die Verhandlungsgegenstände müssen zum Aufgabengebiet des Gemeinderats gehören."

25 Überschneidungen lassen sich in der Praxis kaum vermeiden. Gerade über die kommunale „Verkehrspolitik" wird in den Gemeinderäten häufig intensiv und vor allem lange diskutiert. Hier gibt es aber auch Berührungspunkte zur kommunalen Planung (Verkehrsberuhigung, Wohngebiete, Infrastrukturentwicklung). Insoweit sind

---

8 Rn. 10.
9 Vgl. BVerwG 7 C 40.89, Rn. 7; VGH Mannheim 1 S 2029/10, Rn. 4 ff.
10 VGH Mannheim 1 S 2029/10, Rn. 8.

solche Gemeinderatsdebatten selbstverständlich rechtlich zulässig. Allerdings darf der Gemeinderat keine Beschlüsse fassen, Halteverbotsschilder aufzustellen oder eine Tempo-30-Zone anzuordnen. Dies ist (vgl. oben)[11] ausschließlich Sache der Straßenverkehrsbehörde.

b) Die „Hoheiten" der Gemeinde

Von Art. 28 Abs. 2 Satz 1 GG erfasst sind, nicht zuletzt im Hinblick auf die historische Entwicklung der Gemeinden, bestimmte Hoheitsrechte, die der Staat den Gemeinden im Interesse einer funktionsgerechten Aufgabenwahrnehmung garantiert.[12] Dies sind die **Gebiets-, die Finanz-, die Organisations-, die Satzungs-, die Planungs- und die Personalhoheit**. Inhaltlich überschneiden sich diese Hoheiten; teilweise wird auch eine andere Systematik zugrunde gelegt.[13] Diese Hoheitsrechte darf der Gesetzgeber zwar aus Gründen des öffentlichen Interesses und unter Berücksichtigung des Grundsatzes der Verhältnismäßigkeit einschränken, er darf diese Hoheitsrechte jedoch den Gemeinden nicht entziehen. Sie müssen den Gemeinden im Kern erhalten bleiben.[14]

26

Die **Gebietshoheit** garantiert den Gemeinden eine im Hinblick auf ihr Gemeindegebiet bestehende wehrfähige Rechtsposition. Sie kann sich damit insbesondere gegen Gebietsänderungen und Eingemeindungen wehren.[15] Allerdings reicht der Schutzbereich der Gebietshoheit nicht so weit, dass die Gemeinde gegen jeglichen Eingriff Erfolg haben könnte. Eine Auswirkung der Gebietshoheit besteht aber beispielsweise darin, dass selbst eine durch eine Eingemeindung untergegangene Gemeinde, die Rechte aus dem Eingemeindungsvertrag geltend macht, als fortbestehend und damit als beteiligtenfähig iSv § 61 Nr. 1 VwGO anzusehen ist.[16] Der Zeitpunkt der Eingemeindung muss dabei nicht unter Geltung des Grundgesetzes erfolgt sein.[17]

27

Beispiel:
So wäre nach der Rechtsprechung des VGH Mannheim die im Jahre 1938 nach Karlsruhe eingemeindete ehemals selbstständige Stadt Durlach beteiligtenfähig, wenn sie die Errichtung des ihr in § 15 des (unterstellt: gültigen) Eingemeindungsvertrages zugesagten Krankenhausneubaues durch eine verwaltungsgerichtliche Leistungsklage herbeiführen wollte.

28

Die **Finanzhoheit** beinhaltet, vereinfacht formuliert, das Recht, Geld einnehmen zu dürfen. Ohne das Instrument der Finanzhoheit könnte die Gemeinde keinen Haushaltsplan aufstellen, da dieser stets mit erheblichen Ausgaben verbunden ist. Als eines der wichtigsten Gesetze in diesem Zusammenhang erscheint das KAG. Es gilt für Steuern, Gebühren und Beiträge, die von den Gemeinden und Landkreisen erhoben werden (§ 1 KAG). Es erlaubt der Gemeinde den Erlass von Abgabensatzungen, die Erhebung von Gemeindesteuern nach Maßgabe der Gesetze (hierzu gehören insbesondere die Grundsteuer, die Gewerbesteuer und die Hundesteuer), die Erhebung von Benutzungsgebühren sowie von Anschlussbeiträgen und Erschließungsbeiträgen.

29

---

11 Rn. 16.
12 BVerfG 2 BvR 2185/04, Rn. 93.
13 *Engel/Heilshorn*, Kommunalrecht Baden-Württemberg, § 5 Rn. 73.
14 BVerfG 2 BvR 2185/04, Rn. 93 mwN.
15 Vertiefend BVerfG 2 BvR 165/75, Rn. 1.
16 VGH Mannheim 1 S 1218/15, Leitsatz.
17 VGH Mannheim aaO Rn. 14.

30 Das Kommunalabgabenrecht gehört nicht zum Pflichtstoff der beiden Staatsexamina. Gleichwohl bedarf es zum besseren Verständnis der Finanzhoheit einer kurzen Einordnung der unterschiedlichen Begriffe. Der Begriff der „Abgabe" erscheint als Oberbegriff. Steuern werden als Geldleistungen verstanden, die keine Gegenleistung für eine besondere Leistung darstellen und direkt in den Haushalt fließen (Grundsteuer, Gewerbesteuer, Hundesteuer).[18] Gebühren sind Entgelte für die Inanspruchnahme der öffentlichen Verwaltung in einem bestimmten Einzelfall. Sie werden für individuell zurechenbare öffentliche Leistungen festgesetzt (§ 4 Abs. 1 LGebG). Hierzu erlassen die Gemeinden Gebührensatzungen (§ 4 Abs. 3 LGebG). Beispiele sind Gebühren für Verwaltungsakte wie etwa Baugenehmigungen oder straßenrechtliche Sondernutzungserlaubnisse. Die Gebühr soll die Verwaltungskosten decken (§ 7 Abs. 1 LGebG). Ein Beitrag ist ein Kostenbeitrag für die mögliche Inanspruchnahme einer öffentlichen Einrichtung. Klassischer Anwendungsfall hierfür sind die Erschließungsbeiträge (§ 127 BauGB). Auch hier ist die Deckung des Aufwands der gesetzlich vorgegebene Maßstab.

31 Die ebenfalls gem. Art. 28 Abs. 2 Satz 1 GG im Rahmen der Gesetze garantierte **Organisationshoheit** gewährleistet den Gemeinden das Recht, sich selbst zu organisieren. Diesem Zweck dient insbesondere der Erlass einer **Hauptsatzung** (§ 4 Abs. 2 GemO). Die Hauptsatzung kann ua bestimmen, ob bestimmten Wohnbezirken eine konkrete Anzahl von Gemeinderäten garantiert werden soll (unechte Teilortswahl, § 27 Abs. 2 GemO), ob es einen Ältestenrat gibt (§ 33a Abs. 1 GemO), welche beschließenden Ausschüsse es gibt, die an die Stelle des Gemeinderates treten können (§ 39 Abs. 1 GemO), ob es in kleinen Gemeinden einen hauptamtlichen Bürgermeister gibt (§ 42 Abs. 2 GemO), welche Aufgaben zur dauernden Erledigung auf den Bürgermeister übertragen werden (§ 44 Abs. 2 Satz 2 GemO), wie viele Beigeordnete es geben soll (§ 49 Abs. 1 Satz 2 GemO), ob es Bezirksbeiräte oder Ortschaftsräte gibt (§ 64 Abs. 1, § 68 Abs. 1 GemO) und welche Entscheidungsrechte einem Ortschaftsrat übertragen werden (§ 70 Abs. 2 GemO). Weitere Elemente der Organisationshoheit sind, ohne dass dies zwingend durch die Hauptsatzung geregelt werden müsste, die Einrichtung von beratenden Ausschüssen (§ 41 GemO) sowie die fakultative Einrichtung eines Jugendgemeinderats (§ 41 Abs. 1 Satz 3 GemO). Ebenso bleibt es der Gemeinde überlassen, wie sie die innere Organisation der Verwaltung regelt. Sie ist dabei insbesondere an die Vorgaben des Beamtenrechts gebunden, entscheidet aber selbst, ob sie etwa Ordnungsrecht und Baurecht in einem Amt zusammenfasst oder beiden jeweils eine getrennte Struktur gibt.

32 Zur Organisationshoheit gehört weiterhin, dass sich der Gemeinderat eine **Geschäftsordnung** gibt (§ 36 Abs. 2 GemO). Sie regelt insbesondere den Ablauf der Gemeinderatssitzungen. Gegenstand der Geschäftsordnung ist ua der Umgang mit schriftlichen, elektronischen oder mündlichen Anfragen (§ 24 Abs. 4 Satz 2 GemO), die Regelung über die Bildung von Fraktionen sowie deren Rechte und Pflichten (§ 32a Abs. 1 Satz 2 GemO), die Anhörung von Bürgern in der Gemeinderatssitzung (§ 33 Abs. 4

---

18 Vgl. zur Definition § 3 Abs. 1 AO.

Satz 3 GemO) und die Aufgabenfestlegung bezüglich der Tätigkeit des Ältestenrats (§ 33a Abs. 2 GemO).

Die Geschäftsordnung des Gemeinderates ist keine Satzung. Sie wird jedoch als „andere im Rang unter dem Landesgesetz stehende Rechtsvorschrift" iSv § 47 Abs. 2 Nr. 2 VwGO iVm § 4 AGVwGO verstanden, so dass sie in einem verwaltungsgerichtlichen Normenkontrollverfahren überprüft werden kann.[19] Bei Rechtsstreitigkeiten um die Geschäftsordnung ist im Einzelfall zu entscheiden, ob der Kläger die Geschäftsordnung als Norm oder eine auf der Geschäftsordnung beruhende Einzelmaßnahme angreift. Im letzteren Fall ist eine Normenkontrolle nicht möglich.[20]

Zur Organisations-, aber auch zur Gebietshoheit gehört es, dass Gemeinden beantragen können, durch Gesetz zu Stadtkreisen erklärt zu werden (§ 3 Abs. 1 GemO) oder auch sich von der Landesregierung zu Großen Kreisstädten erklären zu lassen (§ 3 Abs. 2 GemO). Insbesondere im Fall des § 3 Abs. 1 GemO hätte der Landkreis dann in der Stadt keinerlei Einfluss mehr und auch keine Verwaltungszuständigkeiten. Zuletzt hat die Stadt Reutlingen beantragt, durch Gesetz zum Stadtkreis erklärt zu werden. Dem folgte der Landtag nicht.[21]

Mit der **Satzungshoheit** hat die Gemeinde die Möglichkeit, für ihr Territorium materielle Rechtsvorschriften zu erlassen. Soweit es sich hierbei um Eingriffsverwaltung handelt, ist die Gemeinde darauf angewiesen, dass der Gesetzgeber ihr eine Ermächtigungsgrundlage zur Verfügung stellt. Wegen des rechtsstaatlichen Vorbehalts des Gesetzes (Art. 20 Abs. 3 GG) können Eingriffe in Grundrechte nur auf gesetzlicher Grundlage erfolgen. Diese gesetzlichen Grundlagen muss der Landesgesetzgeber zur Verfügung stellen, da dies – jedenfalls für Neuaufgaben – dem Bundesgesetzgeber aufgrund der im Zuge der Föderalismusreform I ins Grundgesetz eingefügten Regelung des Art. 84 Abs. 1 Satz 7 GG verwehrt ist.[22]

Satzungsermächtigungen sind über verschiedene Gesetze verteilt. Aus der Gemeindeordnung erwähnenswert sind insbesondere **§ 4 GemO und § 11 GemO**.

§ 4 Abs. 1 Satz 1 GemO enthält eine allgemeine Ermächtigung, Satzungen zu erlassen. Die Vorschrift beschreibt insofern die allgemeine Satzungsautonomie der Gemeinde. § 4 Abs. 1 Satz 1 GemO kann somit nicht herangezogen werden, um Grundrechtseingriffe zu rechtfertigen.[23] Ihren Hauptanwendungsfall behält die Norm deshalb als Rechtsgrundlage für die Widmung und Benutzung öffentlicher Einrichtungen. Hierbei handelt es sich um grundsätzlich begünstigende Regelungen, also um keine Grundrechtseingriffe.

§ 11 GemO dagegen enthält eine Satzungsermächtigung für den Anschluss- und Benutzungszwang hinsichtlich des Anschlusses an Wasserleitung, Abwasserbeseitigung,

---
19 VGH Mannheim 1 S 896/00, Rn. 17 f.
20 Hierzu VGH Mannheim 1 S 1824/18, Rn. 51 ff. sowie 1 S 2705/17, Rn. 38 ff.
21 Zur Problematik vgl. LT-Drs. 16/3321. Gegen die Entscheidung des Landtags ist die Stadt Reutlingen mit einer Kommunalverfassungsbeschwerde vorgegangen, die vom VerfGH als unzulässig zurückgewiesen wurde, 1 VB 11/19.
22 Vertiefend BVerwG 10 CN 1.15, Rn. 28.
23 Vgl. VGH Mannheim 10 S 305/92, Rn. 21.

Straßenreinigung, Fernwärme sowie Bestattungseinrichtungen. Diese Spezialregelung gestattet Grundrechtseingriffe ebenso wie die aus dem Baurecht bekannten Satzungen Bebauungsplan (§ 10 Abs. 1 BauGB), Veränderungssperre (§ 16 Abs. 1 BauGB), Erhaltungssatzung (§ 172 Abs. 1 BauGB) sowie die örtlichen Bauvorschriften nach § 74 Abs. 1 LBO und die Gebührensatzungen nach KAG und LGebG.

39 Eng mit der Satzungshoheit verbunden ist die an anderer Stelle bereits ausführlich beschriebene kommunale **Planungshoheit**. Sie stellt das vielleicht wichtigste Element der kommunalen Selbstverwaltung dar, um die Gemeinde in ihrer Struktur zukunftsfähig zu machen.[24]

40 Schließlich gewährt die **Personalhoheit** den Gemeinden das Recht, im Rahmen der Gesetze ohne staatliche Einwirkung ihr Personal auszuwählen und zu beschäftigen.[25]

2. Selbstverwaltungs- und übertragene Aufgaben in der kommunalen Verwaltung

41 Wie bereits mehrfach erwähnt, wird zwischen Selbstverwaltungsaufgaben, die von Art. 28 Abs. 2 Satz 1 GG legitimiert sind, und übertragenen Aufgaben unterschieden, bei denen das Land Baden-Württemberg sich der Gemeinden bedient, um von ihnen Verwaltungsaufgaben des Landes durchführen zu lassen. Selbstverwaltungsaufgaben und übertragene Aufgaben lösen für die Gemeinde unterschiedliche Rechtsfolgen aus. Die verschiedenen Aufgaben werden im Folgenden im Überblick und unter Berücksichtigung der Examensrelevanz dargestellt.

a) Selbstverwaltungsaufgaben

42 Selbstverwaltungsaufgaben lassen sich wiederum differenzieren in „Pflichtaufgaben" und „freiwillige Aufgaben". Pflichtaufgaben sind solche, zu deren Wahrnehmung die Gemeinde verpflichtet ist, weil es hierfür eine gesetzliche Grundlage gibt. Freiwillige Aufgaben sind solche, die die Gemeinde im Rahmen ihrer Selbstverwaltungsgarantie übernehmen kann, aber nicht muss. Gerade bei den freiwilligen Aufgaben fehlt es zumeist an gesetzlichen Grundlagen. Hier ist dann auf die allgemeine, bereits oben ausführlich geschilderte Definition zurückzugreifen, wonach es sich um Angelegenheiten der örtlichen Gemeinschaft handeln muss, also solche, die in der örtlichen Gemeinde wurzeln oder auf sie einen spezifischen Bezug haben.

aa) Pflichtaufgaben

43 Zu den Pflichtaufgaben gehören insbesondere die Wahrnehmung der Instrumente des **BauGB**, der Bau und die Unterhaltung von **Gemeindestraßen** (§ 44 StrG) und anderen Straßen (§ 43 Abs. 3 und 4 StrG), die Entsorgungsträgerschaft für Abfall (nur Stadt- und Landkreise, § 6 Abs. 1 iVm § 10 LKreiWiG), der Erlass von Satzungen über geschützte Landschaftsbestandteile (§ 23 Abs. 6 LNatSchG), der Erlass von örtlichen Bauvorschriften durch Satzung (§ 74 LBO), die **Schulträgerschaft** (§ 48 Abs. 1 SchulG), die Betreuung und Förderung von Kindern in Kindergärten, anderen Tageseinrichtungen und der Kindertagespflege (§ 3 KitaG), die Abwasserbeseitigung (§ 46 Abs. 1 WG), die **Erhebung von Kommunalabgaben** einschließlich der Gemeindesteu-

---

24 Vgl. dazu Kapitel Baurecht, Rn. 249 ff., 304 ff.
25 Vertiefend BVerfG 2 BvR 2433/04, Rn. 198 ff.

ern und der Gebühren für öffentliche Leistungen (§§ 2 ff., 9 ff., 11 ff. KAG) sowie die Wahrnehmung der öffentlichen Wasserversorgung (§ 44 Abs. 1 WG).

bb) Freiwillige Aufgaben

Wie bereits ausgeführt, sind freiwillige Aufgaben solche, derer sich die Gemeinde annehmen kann, es jedoch nicht muss. Nur teilweise sind die freiwilligen Aufgaben gesetzlich geregelt. Dies gilt etwa für den **Anschluss- und Benutzungszwang** (§ 11 GemO), wonach die Gemeinde bei öffentlichem Bedürfnis durch Satzung den Anschluss der Grundstücke ihres Gebiets an Ver- oder Entsorgungsleitungen vorschreiben kann. Die Gemeinde entscheidet kraft ihrer Selbstverwaltungshoheit, ob sie davon Gebrauch macht. In dicht besiedelten Gebieten ist der Anschluss- und Benutzungszwang der Regelfall; die Satzung muss sich an den Vorgaben des § 11 GemO orientieren. Ebenso freiwillig ist die Herausgabe eines **Amtsblattes** (§ 20 Abs. 3 GemO). Entscheidet sich die Gemeinde für die Herausgabe eines solchen Amtsblattes, ist sie an die Voraussetzungen des § 20 Abs. 3 GemO gebunden.

Zu den freiwilligen Aufgaben der Gemeinde gehört weiterhin die Schaffung derjenigen **öffentlichen Einrichtungen**, zu deren Errichtung die Gemeinde nicht gesetzlich verpflichtet ist. Die gesetzlichen Bindungen ergeben sich aus § 10 Abs. 2 ff. GemO. Dabei wird eine öffentliche Einrichtung definiert als Sachgesamtheit, die die Gemeinde geschaffen und zur Benutzung durch (mindestens) die Gemeindeeinwohner gewidmet hat.[26]

Beispiele:
Festhallen, Sportanlagen, Bürgerhäuser, Grünanlagen, Schwimmbäder, der öffentliche Personennahverkehr, soweit er kommunal betrieben wird, eine von der Gemeinde geschaffene Obdachlosenunterkunft.[27]

Jenseits der öffentlichen Einrichtungen gibt es weitere freiwillige Aufgaben, die in der örtlichen Gemeinschaft zu verorten sind.

Beispiele:
Städtepartnerschaften, kommunale Wohnungsbauförderung, Zuschüsse für Vereine, Brauchtumspflege, Durchführung kommunaler Veranstaltungen.

cc) Rechtsfolgen bei Vorliegen kommunaler Selbstverwaltungsaufgaben

Da die kommunalen Selbstverwaltungsaufgaben über Art. 28 Abs. 2 Satz 1 GG verfassungsrechtlich abgesichert sind, hat die Gemeinde hier, anders als bei den Tätigkeiten, die sie im Auftrag des Landes wahrnimmt,[28] eine starke, wehrfähige Rechtsposition. Inhaltlich darf das Land Baden-Württemberg auf diese Aufgaben keinen Einfluss nehmen. Dies wird besonders daran deutlich, dass die Gemeinden in diesen Verwaltungsangelegenheiten „lediglich" der Rechtsaufsicht unterliegen (§ 118 Abs. 1 GemO), wonach das Land Baden-Württemberg durch die zuständige Rechtsaufsichtsbehörde nur dann gegen die Gemeinde einschreiten kann, wenn diese das Gesetz verletzt. Dies ist

---

26 Zum Ganzen *Schoch* NVwZ 2016, 257 (260).
27 Zur Frage der Gebührenerhebung bei kommunalen Obdachlosenunterkünften vertiefend VGH Mannheim 1 S 1975/17, Rn. 6.
28 Dazu sogleich unten.

auch sachgerecht, da die Gemeinden wie alle Hoheitsträger dem Grundsatz der Gesetzmäßigkeit der Verwaltung (Art. 20 Abs. 3 GG) verpflichtet sind. Fühlt sich die Gemeinde durch Rechtsaufsichtsmaßnahmen in ihren eigenen Rechten verletzt, so hat sie hiergegen eine Klagemöglichkeit.[29]

50 Eine weitere Folge aus der starken Stellung der Gemeinde ist, dass diese das Recht hat, in Selbstverwaltungsangelegenheiten ihre Widerspruchsbescheide selbst zu erlassen (§ 73 Abs. 1 Satz 2 Nr. 3 VwGO).

51 **Beispiel (vertiefend):**
Dies führt zu der seltsamen Konsequenz, dass etwa in einem Stadtkreis (§ 3 Abs. 1 GemO) der Widerspruchsbescheid gegen eine baurechtliche Nutzungsuntersagung gemäß § 73 Abs. 1 Nr. 1 VwGO, § 46 Abs. 1 Nr. 2 LBO vom Regierungspräsidium erlassen wird, der Widerspruchsbescheid gegen die in derselben Nutzungsuntersagung mit enthaltene Gebührenentscheidung jedoch von der Gemeinde selbst (§ 73 Abs. 1 Satz 2 Nr. 3 VwGO).

52 Nach Auffassung des VGH Mannheim ist diese „verfahrensrechtlich unbefriedigende" Situation der unterschiedlichen Widerspruchszuständigkeit „als Folge der materiellen Rechtslage hinzunehmen".[30] Dass der Widerspruchsbescheid hinsichtlich der Gebührenfestsetzung von der Gemeinde erlassen wird, ist die Konsequenz daraus, dass sie infolge der ihr zukommenden kommunalen Finanzhoheit eine entsprechende Gebührensatzung erlassen hat, auf deren Grundlage die Gebührenfestsetzung erging.

53 Die Regelung des § 73 Abs. 1 Satz 2 Nr. 3 VwGO, wonach in Selbstverwaltungsangelegenheiten die Gemeinde ihren Widerspruchsbescheid selbst erlässt, gilt in Baden-Württemberg allerdings nur für die Großen Kreisstädte und Stadtkreise (§ 17 Abs. 1 AGVwGO iVm § 119 Abs. 1 GemO). Bei den kleineren Gemeinden erlässt in Selbstverwaltungsangelegenheiten somit das Landratsamt den Widerspruchsbescheid.

b) Aufgaben des übertragenen Wirkungskreises

54 Wie dargestellt, sind Aufgaben des übertragenen Wirkungskreises solche, in denen die Gemeinde allgemeine behördliche **Tätigkeiten für das Land Baden-Württemberg** wahrnimmt. Diese Aufgaben sind grundsätzlich dem Gemeinderat entzogen und werden gemäß § 44 Abs. 3 Satz 1 GemO vom Bürgermeister wahrgenommen. Das Gesetz spricht begrifflich von „Weisungsaufgaben"; damit ist gemeint, dass in diesem Bereich die Gemeinde den Weisungen der übergeordneten Behörden, insbesondere der jeweils höheren Fachbehörde unterliegt.

55 **Beispiel:**
Soweit die Gemeinde untere Baurechtsbehörde ist (§ 46 Abs. 1 Nr. 3 LBO), unterliegt sie den Weisungen des Regierungspräsidiums als höhere Baurechtsbehörde (§ 46 Abs. 1 Nr. 2, § 47 Abs. 5 Satz 1 LBO).

56 Der Gemeinderat darf in Angelegenheiten des übertragenen Wirkungskreises nur mitwirken, sofern dies gesetzlich bestimmt ist.

---

29 Dazu unten ausführlich Rn. 373 ff.
30 VGH Mannheim 5 S 2421/03, Rn. 38.

II. Inhalt und Reichweite der kommunalen Selbstverwaltungsgarantie

Beispiel: 57
Polizeirecht ist eine Aufgabe des übertragenen Wirkungskreises, vgl. § 107 Abs. 4 Satz 2 PolG, wonach die Gemeinden im Polizeirecht weisungsabhängig sind. Will eine Ortspolizeibehörde eine Polizeiverordnung erlassen, die länger als einen Monat gelten soll, ist die Zustimmung des Gemeinderates erforderlich (§ 23 Abs. 2 PolG). Die Zuständigkeit des Gemeinderats zur Zustimmung ist nur deshalb gegeben, weil das PolG eine entsprechende Regelung getroffen hat.

aa) Aufgaben des übertragenen Wirkungskreises im Einzelnen

Aus den examensrelevanten Rechtsgebieten sind hier in erster Linie das **Bauordnungsrecht** (ohne die Satzungsermächtigungen des § 74 LBO) und das **Polizeirecht** zu nennen. Entscheidend ist der Begriff der „unteren Verwaltungsbehörde". Mit diesem Begriff beschreibt der Gesetzgeber Verwaltungsaufgaben des Landes Baden-Württemberg. Der Begriff der unteren Verwaltungsbehörde taucht demnach sowohl in der LBO (§ 46 Abs. 1 Nr. 3 LBO) als auch im Polizeirecht auf (§ 107 Abs. 3 PolG). 58

Die Zweiteilung findet sich im Übrigen auch auf der Ebene des Landratsamtes, indem der Landkreis (dann auch als Klagegegner) Selbstverwaltungsaufgaben des Landkreises wahrnimmt, wie etwa die Abfallentsorgung (§ 6 Abs. 1 LKreiWiG), aber, hinsichtlich anderer Aufgaben, das Landratsamt auch als untere Verwaltungsbehörde tätig wird (§ 46 Abs. 1 Nr. 3 LBO, § 15 Abs. 1 Nr. 1 LVG), was sich in der Formulierung des § 1 Abs. 3 LKrO zeigt, wonach das Landratsamt sowohl Behörde des Landkreises als auch untere Verwaltungsbehörde ist. 59

Mit dem Begriff der „unteren Verwaltungsbehörde" kann man sich auch in vermeintlich unbekannten Rechtsgebieten orientieren, ob es sich um Selbstverwaltungsaufgaben handelt. 60

Beispiel: 61
Soweit keine Satzungen betroffen sind, gehört das Naturschutzrecht (§ 57 Abs. 1 Nr. 3 LNatSchG), das Abfallrecht (§ 23 Abs. 2 Nr. 3 LKreiWiG) und das Forstrecht (§ 62 Nr. 3 LWaldG) zu den Aufgaben des übertragenen Wirkungskreises. In allen Normen erscheint der Begriff der „unteren Verwaltungsbehörde".

bb) Rechtsfolgen

In den Rechtsgebieten des übertragenen Wirkungskreises ist die Gemeinde (oder das Landratsamt, falls, wie häufig im Bauordnungsrecht, dessen Zuständigkeit vorliegt) weisungsabhängig. Dies ergibt sich zunächst aus den Fachgesetzen, aber auch aus § 20 Abs. 2 LVG, für die Landratsämter sowie für die Großen Kreisstädte und Stadtkreise sowie die (selten) Verwaltungsgemeinschaften aus § 21 Abs. 1 und Abs. 3 LVG. Diesen Weisungen können die Gemeinden **keine eigene Rechtsposition** entgegensetzen. Da die Weisungen im Regelfall auch nicht in das kommunale Selbstverwaltungsrecht eingreifen, hat die Gemeinde auch keine Klagemöglichkeit. Grundsätzlich würde ihr zwar eine Leistungsklage zur Verfügung stehen, es fehlt aber, soweit lediglich Rechtsmaterien des übertragenen Wirkungskreises betroffen sind, an einem eigenen Recht der Gemeinde, das ihr zur Klagebefugnis gem. § 42 Abs. 2 VwGO verhelfen könnte. 62

63 Anders ist es nur dann, wenn die Gemeinde Adressat einer Weisung ist, die nicht nur die Rechtsmaterie des übertragenen Wirkungskreises, sondern **auch** die kommunale Selbstverwaltungshoheit betrifft.

64 **Beispiel:**
Das Regierungspräsidium erteilt einem Stadtkreis die Weisung, in öffentlichen Gebäuden Brandmeldeanlagen zu installieren und verlangt zudem, den Bauamtschef, der dieser Weisung nicht nachkommen will, in den einstweiligen Ruhestand zu versetzen. Hier liegt insoweit ein Übergriff in die von Art. 28 Abs. 2 Satz 1 GG geschützte Personalhoheit der Gemeinde vor, so dass hinsichtlich des Ruhestandsbegehrens ein Verwaltungsakt anzunehmen wäre, gegen den die Gemeinde sich mit der Anfechtungsklage zur Wehr setzen kann.

65 Die Unterscheidung zwischen Selbstverwaltungs- und übertragenen Aufgaben ist essentiell für das Verständnis des Kommunalrechts. Insbesondere das Verhältnis zwischen Bürgermeister und Gemeinderat (vgl. § 24 Abs. 1 Satz 2 GemO einerseits und § 44 Abs. 3 GemO andererseits) und die aufsichtsrechtlichen Instrumente (§ 118 Abs. 1 GemO einerseits und § 118 Abs. 2 GemO andererseits) bauen auf dieser Unterscheidung auf.

II. Inhalt und Reichweite der kommunalen Selbstverwaltungsgarantie

Stadt- und Landkreise in Baden-Württemberg

Stadtkreise
1 Baden-Baden
2 Freiburg im Breisgau
3 Heidelberg
4 Heilbronn
5 Karlsruhe
6 Mannheim
7 Pforzheim
8 Stuttgart
9 Ulm

Regierungsbezirke, Stadtkreise und Landkreise in Baden-Württemberg: Sie sind in §§ 11, 12 LVG abschließend genannt. Die Verwaltungsgerichtsbezirke entsprechen den Regierungsbezirken, § 1 Abs. 2 AGVwGO.
Quelle: wikimedia commons
https://commons.wikimedia.org/wiki/File:Landkreise_Baden-Wuerttemberg.svg
Creative Commons Attribution-Share Alike 3.0 Unported

3. Gemeinden, Große Kreisstädte, Stadtkreise, Landkreise, Regierungsbezirke

66 Die Begrifflichkeit der kommunalrechtlich relevanten Verwaltungseinheiten kann Schwierigkeiten bereiten. Sie wird deshalb hier zusammenhängend erörtert.

67 Die **Gemeinde** ist Gebietskörperschaft (§ 1 Abs. 4 GemO). Vereinfacht gesagt: Alles, was einen Bürgermeister (§ 42 Abs. 1 GemO) oder einen Oberbürgermeister (§ 42 Abs. 4 GemO) hat, ist eine Gemeinde. Die Gemeinde kann, sofern sie der richtige Klagegegner ist, gemäß § 78 Abs. 1 Nr. 1 VwGO verklagt werden.

68 Unter den Gemeinden gibt es zwei besondere Gruppen: Die Stadtkreise und die Großen Kreisstädte. Die **Stadtkreise** (anderer, außerhalb Baden-Württembergs gängiger Begriff: „kreisfreie Städte")[31] werden so genannt, weil sie keinem Landkreis angehören. Daraus folgt, dass das Landratsamt, selbst wenn das Gebäude desselben in der kreisfreien Stadt (dem Stadtkreis) steht, in dieser Gemeinde keinerlei Befugnisse hat. Alle Stadtkreise des Landes Baden-Württemberg sind in § 12 LVG für die jeweiligen Regierungsbezirke abschließend aufgezählt. An die Eigenschaft als Stadtkreis knüpfen sich mehrere Rechtsfolgen an. Die Stadtkreise unterliegen der Aufsicht des Regierungspräsidiums (§ 119 Satz 1 GemO); sie sind untere Verwaltungsbehörde (§ 15 Abs. 1 Nr. 1 LVG) und der Bürgermeister führt die Amtsbezeichnung Oberbürgermeister (§ 42 Abs. 4 GemO).

69 Dies alles trifft auch auf die **Großen Kreisstädte** zu. Die Unterscheidung besteht aber darin, dass die Großen Kreisstädte, wie der Begriff schon sagt, zwar groß sind, aber weiterhin einem Landkreis angehören. Dies bedeutet, dass das Landratsamt in der Großen Kreisstadt nach wie vor eigene Zuständigkeiten hat. Diese sind in § 19 Abs. 1 LVG aufgeführt. So verbleiben beispielsweise die Zuständigkeiten für die Abfallentsorgung, das Wasser- und das Immissionsschutzrecht gemäß § 19 Abs. 1 Nr. 5 LVG ebenso beim Landratsamt wie die Aufgaben des Staatsangehörigkeitswesens (§ 19 Abs. 1 Nr. 1a LVG). Die in § 19 Abs. 1 LVG aufgeführten Zuständigkeiten, die in der Großen Kreisstadt beim Landratsamt verbleiben, sind nicht von bedeutender Examensrelevanz. Allenfalls die umweltrechtlichen Zuständigkeiten können im Zweiten juristischen Staatsexamen eine Rolle spielen.

70 Anders als bei den Stadtkreisen ist aus dem Gesetz nicht ersichtlich, ob eine Gemeinde, die in einem Klausursachverhalt erwähnt ist, „Große Kreisstadt" ist. Dies muss deswegen im Sachverhalt mitgeteilt sein.

71 Außer den Stadtkreisen und Großen Kreisstädten gibt es lediglich noch „einfache" Gemeinden, die man auch als **„schlicht kreisangehörige Gemeinde"** bezeichnen kann. Dabei ist kommunalrechtlich nicht von Bedeutung, dass sich eine Gemeinde, zumeist aus historischen Gründen, als „Stadt" bezeichnet.

72 **Beispiel:**
So sind zum Beispiel die Städte Walldorf und Östringen im Regierungsbezirk Karlsruhe rechtlich in gleicher Weise kreisangehörige Gemeinden wie die „Gemeinde" Pfinztal.

---

31 Vgl. § 7 GemO RLP, § 18 KommVG NDS.

II. Inhalt und Reichweite der kommunalen Selbstverwaltungsgarantie

In den schlicht kreisangehörigen Gemeinden gibt es keinerlei Zuständigkeit der Gemeinde als untere Verwaltungsbehörde. Diese wird ausschließlich vom Landratsamt wahrgenommen (§ 15 Abs. 1 Nr. 1 LVG). 73

Beispiel: 74
In der schlicht kreisangehörigen Gemeinde Pfinztal wird also die Baugenehmigung vom Landratsamt erteilt (§ 46 Abs. 1 Nr. 3 LBO, § 15 Abs. 1 Nr. 1 LVG), in der Großen Kreisstadt Ettlingen von der Gemeinde (§ 46 Abs. 1 Nr. 3 LBO, § 15 Abs. 1 Nr. 1 2. Alt. LVG) und im Stadtkreis Karlsruhe von der Gemeinde (§ 46 Abs. 1 Nr. 3 LBO, § 15 Abs. 1 Nr. 2 LVG, § 12 Abs. 2 LVG).

Die schlicht kreisangehörigen Gemeinden unterliegen der Rechtsaufsicht des Landratsamts (§ 119 Satz 1 GemO) und sie dürfen ihre Widerspruchsbescheide in Selbstverwaltungsangelegenheiten nicht selbst erlassen. Auch dies erledigt das Landratsamt (§ 17 Abs. 1 Satz 1 AGVwGO). Allerdings ist die schlicht kreisangehörige Gemeinde – wie auch die Große Kreisstadt und der Stadtkreis – Ortspolizeibehörde (§ 107 Abs. 4 Satz 1 PolG). Das Polizeirecht knüpft hier bewusst unabhängig von der Größe an die Gemeinde an, um eine effektive Gefahrenabwehr vor Ort gewährleisten zu können. 75

Daneben gibt es in Baden-Württemberg noch **Verwaltungsgemeinschaften** (§§ 59 ff. GemO), die auf Antrag zur unteren Verwaltungsbehörden erklärt werden können (§ 17 LVG). Ob eine Verwaltungsgemeinschaft vorliegt, die dadurch gekennzeichnet ist, dass sich benachbarte Gemeinden desselben Landkreises zu einem Gemeindeverwaltungsverband zusammenschließen, muss in einem Sachverhalt mitgeteilt sein. Es ergeben sich aber keine Besonderheiten. 76

Auch die Zahl der **Landkreise** und ihre Bezeichnung ist in § 12 LVG abschließend aufgeführt. Danach gibt es in Baden-Württemberg auf die vier Regierungsbezirke verteilt insgesamt 35 Landkreise. Die Aufgaben des Landkreises konzentrieren sich unter dem Dach des Landratsamts. Gemäß § 1 Abs. 3 LKrO ist das Landratsamt die Behörde des Landkreises. Es ist zugleich untere Verwaltungsbehörde (§ 1 Abs. 3 Satz 1 2. Halbsatz LKrO). Je nachdem, ob eine Selbstverwaltungsaufgabe des Landkreises oder die Tätigkeit der unteren Verwaltungsbehörde berührt ist, ist bei Handeln des Landratsamts entweder der Landkreis oder das Land Baden-Württemberg zu verklagen (§ 78 Abs. 1 Nr. 1 VwGO). 77

Beispiel: 78
Wer in einer schlicht kreisangehörigen Gemeinde eine Baugenehmigung begehrt (untere Verwaltungsbehörde, Landratsamt), muss das Land Baden-Württemberg verklagen; es ist als Klagegegner ausdrücklich in § 78 Abs. 1 Nr. 1 VwGO erwähnt. Wer den Zugang in eine öffentliche Einrichtung des Landkreises einklagen möchte (beispielsweise den Platz in einer Kreismusikschule, Selbstverwaltungsaufgabe des Landkreises), muss den Landkreis verklagen. Der Landkreis ist eine Körperschaft des öffentlichen Rechts (§ 1 Abs. 2 LKrO) und deshalb als Körperschaft iSd § 78 Abs. 1 Nr. 1 VwGO passivlegitimiert.

Die Doppelfunktion des Landratsamts macht sich also in einer unterschiedlichen Passivlegitimation bemerkbar. Bei der Großen Kreisstadt und dem Stadtkreis gibt es, sofern sie tätig sind, diese Unterscheidung nicht, da die Großen Kreisstädte und die Stadtkreise, anders als das Landratsamt (**§ 1 Abs. 3 Satz 2 LKrO**), keine Behörden des Landes Baden-Württemberg sind. 79

80 Das Land Baden-Württemberg ist in vier Regierungsbezirke eingeteilt, die Regierungsbezirke Karlsruhe, Freiburg, Stuttgart und Tübingen (§ 11 LVG). Zu welchem Regierungsbezirk die Stadtkreise und Landkreise gehören, ist abschließend § 12 LVG zu entnehmen.

81 Die Regierungsbezirke sind gleichzeitig Verwaltungsgerichtsbezirke (§ 1 Abs. 2 AGVwGO).

82 **Beispiel:**
Vor welchem Verwaltungsgericht muss ein Bürger klagen, der in der Großen Kreisstadt Friedrichshafen (Bodenseekreis) eine Baugenehmigung beantragt?

83 Die örtliche Zuständigkeit des Verwaltungsgerichts richtet sich zunächst nach § 52 Nr. 1 VwGO, weil sich die Streitigkeit auf unbewegliches Vermögen bezieht (Grundstück). Danach ist das Verwaltungsgericht örtlich zuständig, in dessen Bezirk der Ort liegt. Die Große Kreisstadt Friedrichshafen liegt im Bodenseekreis. Es ist demnach das für den Bodenseekreis zuständige Verwaltungsgericht zu ermitteln. Dies richtet sich nach dem jeweiligen Regierungsbezirk. Der Bodenseekreis gehört gemäß § 12 Abs. 4 LVG zum Regierungsbezirk Tübingen. Gemäß § 1 Abs. 2 AGVwGO ist für den Regierungsbezirk Tübingen das Verwaltungsgericht Sigmaringen mit Sitz in Sigmaringen örtlich zuständig.

84 Derartige Angaben über die örtliche Zuständigkeit des Verwaltungsgerichts werden regelmäßig in Klausuren verlangt, wobei, wie gezeigt, die einfache Nennung eines Landkreises oder eines Stadtkreises genügt, um die weiteren rechtlichen Voraussetzungen der Zuständigkeit aus den Normen zu erschließen.

85 Die Regierungspräsidien übernehmen in ihrem jeweiligen Bezirk im Wesentlichen die Aufgaben der höheren Verwaltungsbehörde (vgl. § 13 LVG). Über ihnen stehen als oberste Landesbehörden die Landesregierung, der Ministerpräsident, die Ministerien und der Rechnungshof (§ 7 LVG). Als höhere Verwaltungsbehörde übernimmt das Regierungspräsidium insbesondere die Rechtsaufsicht über die Großen Kreisstädte und Stadtkreise (§ 119 Satz 1 GemO) sowie über die Landkreise (§ 51 Abs. 1 LKrO). Es ist auch regelmäßig Widerspruchsbehörde gemäß § 73 Abs. 1 Satz 2 Nr. 1 VwGO, wenn die Gemeinde oder das Landratsamt als untere Verwaltungsbehörde handelt. Dies regelt sich nach den jeweiligen Fachvorschriften (wichtig: § 46 Abs. 1 Nr. 2 LBO). Gegen Erstverwaltungsakte des Regierungspräsidiums – also insbesondere Akte der Rechtsaufsicht – ist gemäß § 15 Abs. 1 AGVwGO kein Vorverfahren eröffnet, sondern die direkte Klage vor dem Verwaltungsgericht möglich.

III. Organe der Gemeinde und ihr Handeln

86 Die wichtigsten entscheidungsberechtigten Organe in der Gemeinde sind **der Gemeinderat und der Bürgermeister**. Dabei ist jedoch von vornherein zu berücksichtigen, dass gemäß § 44 Abs. 3 Satz 1 GemO der Bürgermeister Weisungsaufgaben in eigener Zuständigkeit erledigt. Dies sind insbesondere solche der unteren Verwaltungsbehörde, sofern die Gemeinde hier eine Zuständigkeit hat (vgl. § 15 Abs. 1 Nr. 1 und 2 LVG) sowie der Ortspolizeibehörde (§ 107 Abs. 4 PolG).

Beispiel:

Der Gemeinderat kann also nicht beschließen, dass ein Bauherr eine Baugenehmigung bekommen soll (untere Verwaltungsbehörde, § 46 Abs. 1 Nr. 3 LBO) oder dass eine Versammlung verboten werden soll (§ 1 Abs. 1 VersGZuVO iVm § 107 Abs. 3 PolG und § 15 Abs. 1 LVG).

Nur in Einzelfällen gibt es für den Gemeinderat im übertragenen Wirkungskreis Mitentscheidungsmöglichkeiten, vgl. insbesondere die Zustimmungspflicht bei Polizeiverordnungen (§ 23 PolG) oder die Einrichtung von verkehrsberuhigten Bereichen (§ 45 Abs. 1b Satz 2 StVO).

Bei den folgenden Ausführungen ist also stets davon auszugehen, dass die jeweiligen Organe im Rahmen ihrer Zuständigkeit handeln, insbesondere der Gemeinderat sich nur mit Selbstverwaltungsaufgaben befasst. Da es immer wieder zu Konflikten um die Zuständigkeit von Gemeinderat oder Bürgermeister oder auch um die Zulässigkeit von Gemeinderatsbeschlüssen kommt, ist es zunächst wichtig, herauszuarbeiten, wie die einzelnen kommunalen Organe strukturiert sind und welche Aufgaben ihnen gesetzlich zugewiesen sind.

1. Der Gemeinderat

Gemäß § 24 Abs. 1 GemO ist der Gemeinderat die Vertretung der Bürger und das Hauptorgan der Gemeinde. Er legt gemäß § 24 Abs. 1 Satz 2 GemO die Grundsätze für die Verwaltung der Gemeinde fest und entscheidet über alle Angelegenheiten der Gemeinde, soweit nicht der Bürgermeister kraft Gesetzes zuständig ist oder ihm der Gemeinderat bestimmte Angelegenheiten überträgt.

§ 24 Abs. 1 Satz 2 GemO macht damit eine klare Vorgabe: Der Gemeinderat entscheidet über „alle Angelegenheiten der Gemeinde". Damit sind selbstverständlich alle Angelegenheiten der örtlichen Gemeinschaft gemeint, wie sie sich aus der Auslegung des Art. 28 Abs. 2 Satz 1 GG ergeben.[32] Um dieser sogenannten **„Allzuständigkeit"**[33] des Gemeinderates aus § 24 Abs. 1 Satz 2 GemO entgegentreten zu können, muss der Bürgermeister sich auf eine Rechtsnorm berufen können, die ihm die Wahrnehmung einer Selbstverwaltungsaufgabe zuweist. Eine solche ist beispielsweise § 44 Abs. 2 GemO.[34]

Der Gemeinderat besteht aus dem Bürgermeister als Vorsitzendem und den Gemeinderäten (§ 25 Abs. 1 GemO). Die Zahl der Gemeinderäte ist in § 25 Abs. 2 GemO festgelegt und von der Größe der Gemeinde abhängig. Die Amtszeit der Gemeinderäte beträgt fünf Jahre (§ 30 Abs. 1 GemO).

Die Gemeinderäte sind ehrenamtlich tätig (§ 32 Abs. 1 Satz 1 GemO). Dieser Begriff ist in Abgrenzung zur beruflichen Tätigkeit zu sehen und darf keinesfalls als freiwillige Freizeitbeschäftigung verstanden werden. Dies wird nicht zuletzt daran deutlich, dass gemäß § 34 Abs. 3 GemO die Gemeinderäte verpflichtet sind, an den Sitzungen teilzunehmen. Entsprechend kann ein Gemeinderat auch nur unter strengen Voraussetzungen vor Ablauf der Wahlperiode von fünf Jahren aus dem Gemeinderat **aus-**

---

[32] Dazu oben Rn. 10 ff.
[33] Vgl. dazu BVerfG 2 BvL 2/13, Rn. 49 ff., *Haug/Pautsch*, Verfassung des Landes Baden-Württemberg, Art. 71 Rn. 29 ff.
[34] Weitere Beispiele sogleich unten.

scheiden (§ 31 Abs. 1 GemO), nämlich dann, wenn er die Wählbarkeit verliert (§ 28 GemO) oder ein Hinderungsgrund entsteht, weil der Gemeinderat in leitender Funktion Beamter der Gemeinde geworden ist.[35]

94 Da die Gemeinderäte gemäß § 32 Abs. 1 Satz 1 GemO ehrenamtlich tätig sind, gilt für ihr Ausscheiden aus dem Gremium darüber hinaus § 16 Abs. 1 GemO, wonach ein ehrenamtlich tätiger Bürger[36] seine ehrenamtliche Tätigkeit aus wichtigen Gründen ablehnen kann. In § 16 Abs. 1 Satz 2 GemO sind wichtige Gründe beispielhaft, aber nicht abschließend aufgeführt. So stellt beispielsweise die lang andauernde berufliche Abwesenheit von der Gemeinde einen wichtigen Grund dar, nicht jedoch das Fernbleiben eines Gemeinderatsmitglieds von der Gemeinderatssitzung aufgrund politischer Meinungsverschiedenheiten.[37]

95 Nach § 16 Abs. 2 GemO entscheidet der Gemeinderat, ob ein wichtiger Grund vorliegt. Diese Vorschrift darf nicht dahin gehend verstanden werden, dass dem Gemeinderat hierzu die Definitionsmacht überantwortet wäre. Diese verbleibt im Gesetz. Vielmehr verlangt die Vorschrift nach dem Erlass eines förmlichen Gemeinderatsbeschlusses, der feststellt, dass das einzelne Gemeinderatsmitglied wegen des von ihm geltend gemachten Grundes aus dem Gemeinderat ausscheiden darf.

96 Als ehrenamtlich tätiger Bürger unterliegen die Gemeinderäte den Pflichten des § 17 GemO. Bedeutend ist dabei insbesondere die **Verschwiegenheitsverpflichtung** gemäß § 17 Abs. 2 GemO, die durch § 35 Abs. 2 GemO konkretisiert wird.

97 **Beispiel:**
Der Gemeinderat fasst in einer nichtöffentlichen Sitzung einen Beschluss. Gemeinderatsmitglied X hält diesen Beschluss für rechtswidrig. Er geht mit dem Inhalt des Beschlusses sofort in die Öffentlichkeit, weil er meint, dass auf andere Weise sonst niemand auf den rechtswidrigen Gemeinderatsbeschluss aufmerksam wird. Ist sein Verhalten rechtmäßig?

98 Tatsächlich kann es im Einzelfall durchaus geboten sein, durch den Weg an die Öffentlichkeit der Gefahr einer geheimen Demokratie entgegenzuwirken. § 35 Abs. 2 GemO setzt dazu jedoch zunächst voraus, dass der Bürgermeister das Gemeinderatsmitglied von der Schweigepflicht entbindet. Tut er dies zu Unrecht nicht, steht dem Gemeinderatsmitglied hierzu der Rechtsweg offen, gegebenenfalls auch mithilfe vorläufigen Rechtsschutzes. Sollte dieser nicht rechtzeitig zu erlangen sein, weil der Gemeinderatsbeschluss vorher umgesetzt ist, erscheint es im Einzelfall geboten, aus dem Blickwinkel des verfassungsrechtlichen Demokratieprinzips dem Gemeinderatsmitglied als „ultima ratio" die Preisgabe von Informationen an die Öffentlichkeit zuzugestehen.[38]

99 Die Gemeinderäte haben **ein freies Mandat.** § 32 Abs. 3 GemO stellt damit die wichtigste Vorschrift zur Ausübung ihrer Tätigkeit dar, während § 32 Abs. 2 GemO, der

---

35 Dabei ist nach der Rechtsprechung des BVerwG ein kommunaler Beamter oder Arbeitnehmer nur dann wählbar, wenn er durch seine berufliche Tätigkeit inhaltlich Einfluss auf die Verwaltungsführung nehmen kann, BVerwG 10 C 2.16, Rn. 27 ff.
36 Das Gesetz unterscheidet zwischen Einwohnern (§ 10 Abs. 1 GemO) und Bürgern (§ 12 GemO).
37 VGH Mannheim 1 S 1823/94, Leitsatz.
38 Hierzu VG Sigmaringen 2 K 2364/08, Rn. 26 sowie OVG Koblenz 7 A 12186/94, Rn. 36.

davon spricht, dass niemand daran gehindert werden darf, das Amt eines Gemeinderats zu übernehmen und auszuüben, aufgrund seiner Systematik in erster Linie arbeitsrechtlich orientiert ist und das Recht der Gemeinderäte normiert, bei Bestehen eines Dienst- oder Arbeitsverhältnisses für die Tätigkeit als Gemeinderat die entsprechende freie Zeit zu erhalten (§ 32 Abs. 2 Satz 3 GemO).

Im Zusammenhang mit der Reichweite des § 32 Abs. 3 GemO wird auch die Frage aufgeworfen, ob die Gemeinderäte sich auf **Grundrechte** berufen können. Da der Gemeinderat ein Verwaltungsorgan ist,[39] sind die Gemeinderäte Teile der Exekutive, so dass eine direkte Grundrechtsgeltung iS eines Abwehrrechts gegen den Staat ausscheidet. Gleichwohl gibt das einzelne Gemeinderatsmitglied seine Grundrechte nicht ab, wenn es durch die Rathaustür tritt oder auf andere Weise seine Funktion wahrnimmt. Der VGH Mannheim hat, ohne zu der Problematik etwas auszuführen, das Recht eines Gemeinderatsmitglieds bejaht, in Angelegenheiten der Gemeinde seine Meinung frei und uneingeschränkt zu äußern. Dabei übe es das „ihm verbürgte Grundrecht auf Meinungsäußerung (Art. 5 Abs. 1 Satz 1 GG) aus."[40] Es sei nicht an ausdrückliche oder stillschweigende Vorgaben oder „gemeindeverträgliche" Vorstellungen des Gemeinderates gebunden.

100

Zutreffenderweise wird man die Grundrechtsgeltung der Meinungsfreiheit als Bestandteil des § 32 Abs. 3 GemO ansehen müssen. Dies gilt auch für andere Grundrechte wie beispielsweise das Recht auf körperliche Unversehrtheit (Art. 2 Abs. 2 GG) etwa im Zusammenhang mit einem Rauchverbot[41] oder das allgemeine Persönlichkeitsrecht, insbesondere das Recht am eigenen Wort und eigenen Bild, welches Einschränkungen durch Rundfunk- und Fernsehaufnahmen im Sitzungssaal solange hinnehmen muss, als das freie Mandat gemäß § 32 Abs. 3 GemO noch aufrecht erhalten wird.[42]

101

2. Der Bürgermeister

Der Bürgermeister – oder auch: Die Bürgermeisterin, das Gesetz kennt nur die männliche Form – hat im baden-württembergischen Kommunalrecht eine **starke Stellung**. In Stadtkreisen und Großen Kreisstädten führt der Bürgermeister die Amtsbezeichnung Oberbürgermeister (§ 42 Abs. 4 GemO). Seine Bedeutung ergibt sich zum einen aus der direkten Legitimation durch das Volk: Der Bürgermeister wird für die Dauer von acht Jahren (§ 42 Abs. 3 Satz 1 GemO) von den Bürgern der Gemeinde (§ 12, § 14 GemO) direkt gewählt (vgl. § 1 KomWG). Darüber hinaus gibt es zahlreiche Vorschriften, die ihm besondere Kompetenzen zuweisen. Jenseits der Selbstverwaltungsgarantie des Art. 28 Abs. 2 Satz 1 GG gehört hierzu insbesondere, dass der Bürgermeister **Weisungsaufgaben in eigener Zuständigkeit** erledigt (§ 44 Abs. 3 Satz 1 GemO).

102

---

39 Vertiefend *Rothe* NVwZ 1992, 529.
40 VGH Mannheim 1 S 542/17, Rn. 37.
41 OVG Münster 15 A 709/88, Rn. 24.
42 Vgl. VG Saarlouis 3 K 501/10, Rn. 24 ff., 46.

103 Im Bereich der kommunalen Selbstverwaltung gibt es zahlreiche Normen, die dem Bürgermeister Kompetenzen zuweisen und damit die Allzuständigkeit des Gemeinderates (§ 24 Abs. 1 Satz 2 GemO) begrenzen. Aus diesem Grund wird das Verwaltungsmodell, das dem baden-württembergischen Kommunalrecht zugrunde liegt, auch „Bürgermeisterverfassung" oder „Rat-Bürgermeister-Verfassung" genannt.[43]

104 Der Bürgermeister ist Leiter der Gemeindeverwaltung. Dies wird in der Gemeindeordnung gleich an zwei Stellen erwähnt (§ 42 Abs. 1 Satz 1 GemO, § 44 Abs. 1 Satz 1 GemO). In dieser Funktion erledigt der Bürgermeister in eigener Zuständigkeit die **Geschäfte der laufenden Verwaltung**. Hierunter sind regelmäßig wiederkehrende Aufgaben zu verstehen, die in der Gemeinde häufig anfallen und für die Gemeinde nicht von grundsätzlicher Bedeutung sind.[44]

105 **Beispiel:**
Zu den Geschäften der laufenden Verwaltung gehört ua die Anschaffung von Verbrauchsmaterial, die Erhebung von Vorausleistungen auf Erschließungsbeiträge[45] sowie die regelmäßige Erteilung von Gebühren- und Sondernutzungserlaubnisbescheiden. Nicht jedoch zu den Geschäften der laufenden Verwaltung gehören der Erlass von Verwaltungsvorschriften hinsichtlich des Zugangs zu einem Volksfest[46] sowie der Erlass von Richtlinien zur Erlaubnis von Werbeanlagen im öffentlichen Straßenraum.[47]

106 Aufgaben, die keine Geschäfte der laufenden Verwaltung darstellen, fallen grundsätzlich in die Entscheidungszuständigkeit des Gemeinderats gemäß § 24 Abs. 1 Satz 2 GemO.

107 Gemäß § 42 Abs. 1 Satz 2 GemO **vertritt** der Bürgermeister **die Gemeinde nach außen.**

108 Dabei wird die Gemeinde grundsätzlich auch dann verpflichtet, wenn es an einem erforderlichen Beschluss des Gemeinderates fehlt.[48]

109 **Beispiel:**
Der Bürgermeister schließt einen Vertrag mit einem Energieanbieter, die gesamte Straßenbeleuchtung in der Stadt zu betreiben. Einen Gemeinderatsbeschluss hierzu gibt es nicht. Ist der Vertrag wirksam?

110 Der BGH[49] hat die für einzelne Bundesländer durchaus streitige[50] Frage dahin gehend entschieden, dass die Vertretungsmacht des Bürgermeisters gemäß § 42 Abs. 1 GemO[51] allumfassend und unbeschränkt ist. Wortlaut und Systematik der Regelung ergäben keine Beschränkung. Im genannten Beispiel ist der Vertrag also wirksam.

111 Der Vertrag verstößt zwar gegen § 24 Abs. 1 Satz 2 GemO, weil es sich bei der Vergabe der Beleuchtung nicht um ein Geschäft der laufenden Verwaltung iSv § 44 Abs. 2

---

43 Vertiefend *Knemeyer* JuS 1998, 193.
44 *Engel/Heilshorn*, Kommunalrecht Baden-Württemberg, § 15 Rn. 15.
45 VGH Mannheim 2 S 971/95, Leitsatz.
46 VGH Mannheim 6 S 99/09, Rn. 20.
47 VGH Mannheim 8 S 716/01, Leitsatz.
48 BGH V ZR 266/14, Rn. 7.
49 AaO.
50 Nicht jedoch in der Rechtsprechung für Baden-Württemberg, vgl. BAG 7 AZR 133/83, Rn. 27 (zur Mitwirkung des Landrats bei der Kündigung von Arbeitnehmern); BGH V ZR 50/65, Rn. 13 f.
51 Im entschiedenen Fall zur insoweit parallelen Vorschrift des bayerischen Landesrechts.

Satz 1 GemO handelt. Für den abgeschlossenen öffentlich-rechtlichen Vertrag zeigt diese Rechtswidrigkeit jedoch insoweit keine Auswirkungen, als eine Nichtigkeit des Vertrages nicht angenommen werden kann: Da von einer Kollusion der Vertragsparteien iSv § 59 Abs. 2 Nr. 2 LVwVfG nicht ausgegangen werden kann und im konkreten Fall auch kein verwaltungsaktersetzender Vertrag iSd § 54 Satz 2 LVwVfG vorliegt, käme als Nichtigkeitsgrund nur § 59 Abs. 1 LVwVfG iVm § 134 BGB in Betracht. Der Verstoß gegen die Allzuständigkeit des Gemeinderats gemäß § 24 Abs. 1 Satz 2 GemO bewirkt jedoch kein gesetzliches Verbot dahin gehend, dass die Verbotsnorm den rechtlichen Erfolg des Vertrages missbilligt.[52]

Erlässt der Bürgermeister unter Verstoß gegen ein ausdrückliches Entscheidungsrecht des Gemeinderates einen Verwaltungsakt, so ist dieser rechtswidrig. 112

Beispiel: 113
Das per Verwaltungsakt ausgeübte Vorkaufsrecht einer Gemeinde gemäß § 25 LWaldG.[53]

Weitere umfassende Kompetenzen des Bürgermeisters ergeben sich im Zusammenhang mit seiner Funktion als **Vorsitzender des Gemeinderates** (§ 42 Abs. 1 Satz 1 GemO), die weiter unten erläutert werden.[54] In dringenden Angelegenheiten des Gemeinderats, welche nicht bis zur einer ohne Frist und formlos einberufenen Gemeinderatssitzung aufgeschoben werden können, entscheidet der Bürgermeister anstelle des Gemeinderats (§ 43 Abs. 4 GemO). 114

Beispiel: 115
Der Bürgermeister muss über ein sehr kurz befristetes Kaufangebot hinsichtlich eines von der Gemeinde dringend benötigten Grundstücks entscheiden.[55]

3. Fraktionen

In § 32a GemO ist geregelt, dass sich die Gemeinderäte zu Fraktionen zusammenschließen können. Die Fraktionen sind selbst keine Organe, sondern **Teile des Organs Gemeinderat**.[56] Somit ist die Fraktion eine öffentlich-rechtliche Organisationseinheit, der die Gemeindeordnung bestimmte Rechte zuweist. Bereits der Wortlaut der Vorschrift des § 32a Abs. 1 Satz 1 GemO ergibt, dass eine Fraktion aus mehreren Gemeinderäten bestehen muss. Somit ist es folgerichtig, dass sich der VGH Mannheim der Auffassung, auch eine Einzelperson könne eine Fraktion darstellen, nicht angeschlossen hat.[57] 116

Da gemäß § 32a Abs. 1 GemO die Geschäftsordnung des Gemeinderats die Mindestzahl der Fraktionsmitglieder festlegen darf mit der Folge, dass eine Mehrheitsentscheidung des Gemeinderats über die Geschäftsordnung kleinen Gruppen die Fraktionsrechte entziehen kann, ist zu fragen, welche Anforderungen hinsichtlich der Mindestzahl der Fraktionsmitglieder zu stellen sind. Der VGH Mannheim hat eine **Fraktions-** 117

---

52 Vgl. *Stelkens/Bonk/Sachs/Bonk/Neumann/Siegel*, VwVfG, § 59 Rn. 13.
53 VGH Mannheim 5 S 2498/95, Rn. 23 ff.
54 Vgl. sogleich unten Rn. 137 ff., 162 ff.
55 Vgl. VGH Mannheim 1 S 506/92, Rn. 3.
56 LT-Drs. 15/7265, S. 39 (Amtliche Begründung zur Einfügung des § 32a GemO).
57 VGH Mannheim 1 S 617/17, Rn. 7.

mindeststärke von drei Ratsmitgliedern als zulässig erachtet[58] und dies damit begründet, dass bei einer Zahl von 33 Gemeinderatsmitgliedern ein Bedürfnis nach Straffung und Konzentration der Arbeit im Plenum bestehe. Auch das BVerwG hat eine solche Regelung als nicht willkürlich angesehen.[59]

118 Ob sich diese Auffassungen angesichts der Neuregelung des § 32a GemO halten lassen, erscheint fraglich. Mit der Einfügung des § 32a GemO wurden gleichzeitig mehrere Rechte in das Gesetz aufgenommen, die ausschließlich den Fraktionen zustehen, beispielsweise das Recht zur Darstellung ihrer Auffassungen im kommunalen Amtsblatt (§ 20 Abs. 3 GemO) oder das Recht auf Unterrichtung durch den Bürgermeister (§ 24 Abs. 3 Satz 1 GemO). Eine wichtige Regelung stellt auch die Zurverfügungstellung von Finanzmitteln der Gemeinde dar (§ 32a Abs. 3 GemO). Soweit die Geschäftsordnung die Mindestzahl einer Fraktion festlegt (§ 32a Abs. 1 Satz 2 GemO), nimmt sie der Gruppe von Gemeinderäten, die sich aufgrund ihrer geringen Anzahl nicht zu einer Fraktion zusammenschließen können, diese gesetzlichen Rechte und erschwert ihnen damit die Ausübung ihres Gemeinderatsmandats. Andererseits ist nicht zu erkennen, weshalb eine „gestraffte und konzentrierte Arbeit im Gemeinderatsplenum"[60] bei einer Fraktionsmindeststärke von zwei Gemeinderäten gefährdet sein könnte. Es gibt somit keinen Grund, aus zwei Personen bestehende Fraktionen nicht anzuerkennen. Allerdings ist einzuräumen, dass § 32a Abs. 1 Satz 2 GemO der Geschäftsordnung die Entscheidung über die Mindestzahl der Fraktionsmitglieder zuweist. Gleichwohl sollte man bei Erlass einer Geschäftsordnung zu einer Lösung gelangen, die auch kleinen Gruppen die Möglichkeit der Wahrnehmung demokratischer Rechte nicht unnötig erschwert. Deswegen sollte man in kleinen Gemeinderäten Personengruppen, die aus zwei Personen bestehen, den Fraktionsstatus nicht versagen.

119 Über die gesamte Gemeindeordnung verteilt werden den Fraktionen **verschiedene Rechte** zugewiesen: Wie bereits erwähnt, haben die Fraktionen in einem von der Gemeinde herausgegebenen Amtsblatt gemäß § 20 Abs. 3 GemO die Möglichkeit, ihre Auffassungen zu Angelegenheiten der Gemeinde darzulegen. Gemäß § 24 Abs. 3 Satz 1 GemO hat eine Fraktion in allen Angelegenheiten der Gemeinde das Recht, dass der Bürgermeister den Gemeinderat unterrichtet.

120 Ein sehr wichtiges Recht der Fraktion ist in § 34 Abs. 1 Satz 4 GemO geregelt: Auf Antrag einer Fraktion ist ein **Verhandlungsgegenstand auf die Tagesordnung** spätestens der übernächsten Sitzung des Gemeinderats zu setzen. Auch diese Regelung besteht erst seit der Kommunalrechtsnovelle von 2015. Dabei ist von besonderer Bedeutung, dass dem Bürgermeister eine klare Frist gesetzt wird: Die übernächste Sitzung. Da der Gemeinderat gemäß § 34 Abs. 1 Satz 2 GemO mindestens einmal im Monat einberufen werden soll, ist damit sichergestellt, dass der Antrag einer Fraktion auch rechtzeitig behandelt wird. Der Inhalt des Antrags muss zur Befassungskompetenz des Gemeinderats gehören (§ 34 Abs. 1 Satz 5 GemO). Ein weiteres Fraktionsrecht enthält § 39 Abs. 4 Satz 2 GemO (Verfahren in beschließenden Ausschüssen).

---

58 VGH Mannheim 1 S 896/00, Rn. 28.
59 BVerwG 7 B 77.78, Rn. 5.
60 VGH Mannheim 1 S 896/00, Rn. 28.

Da die Fraktionen als **öffentlich-rechtliche Organisationseinheiten** zu verstehen sind, sind Rechtsstreitigkeiten um den **Ausschluss aus einer Fraktion** öffentlich-rechtliche Streitigkeiten nichtverfassungsrechtlicher Art. Soweit die Geschäftsordnung des Gemeinderates keine näheren Regelungen enthält, ist hinsichtlich des Verfahrens bei einem Fraktionsausschluss und zu dessen Begründung auf die allgemeinen rechtsstaatlichen Grundsätze zurückzugreifen. Dazu gehört, dass zu einer Beratung über den Ausschluss eines Fraktionsmitglieds eine Fraktion von ihrem Vorsitzenden schriftlich unter Nennung des Tagesordnungspunktes einberufen wird, dass das auszuschließende Fraktionsmitglied angehört wird und dass der Beschluss über den Ausschluss des Fraktionsmitglieds unter Nennung von Gründen schriftlich mitgeteilt werden muss. Materiell ist der Fraktionsausschluss als **ultima ratio** zu betrachten. Demnach kommt der Ausschluss eines Fraktionsmitgliedes nur dann in Betracht, wenn die weitere Mitgliedschaft in der Fraktion die Arbeit der Fraktion **unzumutbar** beeinträchtigen würde, also etwa dann, wenn das betroffene Fraktionsmitglied regelmäßig Fraktionsbeschlüsse in Frage stellt und sich in den Gemeinderatssitzungen regelmäßig bewusst gegen seine Fraktion wendet oder die Arbeit der Fraktion durch sein persönliches Verhalten in den Fraktions- und Gemeinderatssitzungen torpediert.[61]

121

4. Ausschüsse

Vor allem in den großen Gemeinden können nicht alle Selbstverwaltungsaufgaben durch den Gemeinderat erledigt werden, auch wenn sie ihm kraft seiner Allzuständigkeit zugewiesen sind. Zu diesem Zweck sieht § 39 GemO vor, dass der Gemeinderat durch die Hauptsatzung beschließende Ausschüsse bilden und ihnen bestimmte Aufgabengebiete zur dauernden Erledigung übertragen kann. Darüber hinaus gibt es die Möglichkeit, beratende Ausschüsse zu bilden (§ 41 GemO).

122

Bei der Entscheidung, **beschließende oder beratende Ausschüsse** zu bilden, handelt der Gemeinderat, der die beschließenden Ausschüsse durch die Hauptsatzung festlegen muss (§ 39 Abs. 1 Satz 1 GemO), im Rahmen seiner Organisationshoheit. Er ist dabei hinsichtlich der beschließenden Ausschüsse allerdings durch § 39 Abs. 2 GemO eingeschränkt. Bestimmte Aufgaben dürfen nicht auf die beschließenden Ausschüsse übertragen werden. Dazu gehören vor allem der Erlass von Satzungen und Rechtsverordnungen (§ 39 Abs. 2 Nr. 2 GemO), die Verfügung über Gemeindevermögen bei erheblicher wirtschaftlicher Bedeutung (§ 39 Abs. 2 Nr. 10 GemO) sowie der Erlass der Haushaltssatzung (§ 39 Abs. 2 Nr. 14 GemO).

123

Beispiel:
So lässt sich etwa auf einen Planungsausschuss die Ausübung des kommunalen Einvernehmens nach § 36 BauGB übertragen oder ein Finanzausschuss bilden, der über die Bewilligung von Geldern entscheidet, sofern dies nicht durch § 39 Abs. 2 GemO ausgeschlossen ist.

124

Da die beschließenden Ausschüsse an die Stelle des Gemeinderats treten, muss ihre Zusammensetzung dem **Grundsatz der Spiegelbildlichkeit** entsprechen. Dieser Grundsatz wird vom BVerwG aus Art. 28 Abs. 1 Satz 2 iVm Artikel 20 Abs. 1 und 2 GG ab-

125

---

61 Ausführlicher zum Verfahren und Ablauf eines Fraktionsausschlusses *Engel/Heilshorn*, Kommunalrecht Baden-Württemberg, § 14 Rn. 122 ff.

geleitet.⁶² Damit ist gemeint, dass sich die prozentuale Zusammensetzung des Gemeinderates in gleicher Weise „spiegelbildlich" auch in den Ausschüssen wiederfinden muss. Nach Auffassung des BVerwG muss sich die aus unmittelbaren, freien, gleichen und geheimen Wahlen hervorgegangene Zusammensetzung des Gemeinderats auch auf der Ausschussebene wiederfinden. Insofern habe jedes Mitglied des Gemeinderates und jeder Fraktion einen Anspruch auf gleichberechtigte Mitwirkung. Dies wirkt sich insbesondere dann aus, wenn ein Gemeinderatsmitglied aus dem Gemeinderat ausscheidet und damit auch einen Ausschuss verlässt.

126 **Beispiel:**
Gemeinderat X scheidet aus dem Gemeinderat aus, weil er die Altersgrenze erreicht hat. Er gehörte dem Finanzausschuss an. Seine Fraktion findet keinen Nachfolger für ihn, der die Aufgabe in diesem Ausschuss übernehmen möchte. Sie erklärt daher den Verzicht auf dieses Ausschussmandat. Ist dies möglich?

127 Der Grundsatz der Spiegelbildlichkeit ist ein Verfassungsgrundsatz. Er steht, wie grundsätzlich das gesamte öffentliche Recht, nicht zur Disposition der am Verfassungsleben Beteiligten. Es ist somit nicht möglich, auf einen Ausschusssitz zu verzichten. Dies wird auch daran deutlich, dass nach § 40 Abs. 1 Satz 3 GemO die beschließenden Ausschüsse nach jeder Wahl neu zu bilden sind. Da die Gemeinderäte gemäß § 39 Abs. 5 Satz 1 iVm § 34 Abs. 3 GemO zur Teilnahme an den Sitzungen verpflichtet sind, muss die Fraktion Mitglieder des Ausschusses zwingend benennen.

128 Sowohl bei beschließenden als auch bei beratenden Ausschüssen (§ 41 GemO) ist es möglich, sachkundige Einwohner als beratende Mitglieder hinzuzuziehen (§ 40 Abs. 1 Satz 4 sowie § 41 Abs. 1 Satz 3 GemO).

129 **Beispiel:**
So sind beispielsweise in den Jugendhilfeausschüssen der Gemeinden Vertreter der Kirchen, des Schulwesens und freie Träger vertreten. Hier gibt es allerdings eine gesetzliche Vorgabe durch § 71 SGB VIII und die Vorschriften des baden-württembergischen Kinder- und Jugendhilfegesetzes (LKJHG).

5. Verfahren im Gemeinderat

130 Wie § 24 Abs. 1 Satz 1 GemO deutlich macht, ist der Gemeinderat die Vertretung der Bürger und das **Hauptorgan der Gemeinde**, soweit nicht der Bürgermeister kraft Gesetzes zuständig ist. Die Allzuständigkeit der Gemeinden für alle Angelegenheiten der örtlichen Gemeinschaft ist demnach grundsätzlich beim Gemeinderat angesiedelt. So entscheidet der Gemeinderat über den Erlass von Satzungen, den Erwerb von Grundstücken, die Errichtung von öffentlichen Einrichtungen, den Bau von Straßen, über Verwaltungsvorschriften zur Sport- und Kulturförderung.

131 Den wesentlichen Gegensatz zur Entscheidungsbefugnis des Gemeinderates bildet § 44 Abs. 2 Satz 1 GemO, wonach der Bürgermeister in eigener Zuständigkeit die Geschäfte der **laufenden Verwaltung** erledigt, also die regelmäßig wiederkehrenden Aufgaben, sowie § 44 Abs. 3 GemO, in dem die Erledigung der Weisungsaufgaben, also derjeni-

---
62 BVerwG 8 C 17.08, Rn. 18 ff.

gen, die der Gemeinde vom Land Baden-Württemberg übertragen worden sind, der Zuständigkeit des Bürgermeisters überantwortet wird. In Weisungsaufgaben kann es für den Gemeinderat bestimmte Entscheidungs- und Mitwirkungsrechte geben.

Beispiel: 132
Nach § 23 Abs. 1 und Abs. 2 PolG bedürfen bestimmte Polizeiverordnungen der Zustimmung des Gemeinderats. Hier handelt es sich um eine Weisungsaufgabe, bei der das Gesetz den Gemeinderäten ein Mitentscheidungsrecht einräumt.

Dies erscheint sachgerecht, da bei Polizeiverordnungen häufig neben der eigentlichen Gefahrenabwehr auch Aufgaben der kommunalen Selbstverwaltung betroffen sind (etwa Straßenrecht oder Planungsrecht), so dass diesen Berührungspunkten Rechnung getragen werden muss. Ähnlich verhält es sich mit der Anordnung von Fußgängerbereichen und verkehrsberuhigten Bereichen nach § 45 Abs. 1b Nr. 3 StVO: Hierfür sind gemäß § 45 Abs. 1b Satz 2 StVO zwar die Straßenverkehrsbehörden zuständig; zur Anordnung der Maßnahmen ist allerdings das Einvernehmen der Gemeinde erforderlich (§ 45 Abs. 1b Satz 2 StVO aE). Damit wird der Planungshoheit der Gemeinde Rechnung getragen. 133

Der Gemeinderat kann also nur in Angelegenheiten der kommunalen Selbstverwaltung Beschlüsse fassen. Diesem Umstand ist im gesamten Verfahrensablauf im Gemeinderat – von der Einberufung bis zur Umsetzung der Beschlüsse – Rechnung zu tragen. Dies zeigt sich an § 34 Abs. 1 Satz 5 GemO. Die Vorschrift bestimmt ausdrücklich, dass die Verhandlungsgegenstände, deren Beratung eine Fraktion beantragt, zum Aufgabengebiet des Gemeinderats gehören müssen. Man spricht demnach, wie bereits erwähnt, von der **Befassungskompetenz** des Gemeinderats.[63] Ein Tagesordnungspunkt muss damit sowohl in die Zuständigkeit der Gemeinde fallen (Verbandszuständigkeit) als auch in den Zuständigkeitsbereich des Gemeinderats (Organzuständigkeit). Mit anderen Worten: Er muss einen Bezug zu Art. 28 Abs. 2 GG haben und darf innerhalb der GemO nicht der Eigenverantwortung durch den Bürgermeister zugewiesen sein.[64] 134

Beispiel: 135
Aufstellungsbeschluss für einen Bebauungsplan, Bericht über den Zustand des Stadtwaldes. Nicht: Erteilung einer straßenrechtlichen Sondernutzungserlaubnis für einen Marktbeschicker (Angelegenheit der laufenden Verwaltung).

Im Folgenden wird die Vorbereitung und Durchführung einer Gemeinderatssitzung in chronologischer Reihenfolge dargestellt. 136

a) Einberufung

Die Einberufung der Gemeinderatssitzungen ist in § 34 GemO geregelt. Nach § 34 Abs. 1 Satz 1 GemO beruft der Bürgermeister den Gemeinderat schriftlich oder elektronisch mit angemessener Frist ein und teilt rechtzeitig die Verhandlungsgegenstände mit; dabei sind die für die Verhandlung erforderlichen Unterlagen grundsätzlich beizu- 137

---

63 Dazu schon oben Rn. 22.
64 VGH Mannheim 1 S 2029/10, Rn. 4, 7.

fügen. Die Vorschrift dient dem Schutz der einzelnen Gemeinderäte zu deren angemessener Unterrichtung und damit zur wirksamen Ausübung ihrer Rechte.[65] Zeit, Ort und Tagesordnung der öffentlichen Sitzung sind rechtzeitig ortsüblich bekanntzugeben (§ 34 Abs. 1 Satz 7 GemO).

138 Ein Verstoß gegen § 34 Abs. 1 Satz 1 GemO macht einen Gemeinderatsbeschluss rechtswidrig und damit nichtig. Im Fall eines Satzungsbeschlusses kann gemäß § 4 Abs. 4 GemO nach einem Jahr Heilung eintreten.

139 Da § 34 Abs. 1 Satz 1 GemO die Einberufung in elektronischer Form gestattet, ist eine Einberufung durch eine einfache E-Mail möglich, wobei entsprechend als Dateien die erforderlichen Sitzungsunterlagen beizufügen sind. Die in der Norm genannte angemessene Frist ist im Zusammenhang mit der Sieben-Tage-Frist hinsichtlich der Mitteilung der Verhandlungsgegenstände zu sehen. Somit ergibt sich, dass die Einberufung mindestens sieben Tage vor dem Sitzungstag erfolgen muss. Die Sieben-Tage-Frist stellt den Regelfall dar. Ausnahmesituationen sind nur dann anzunehmen, wenn ansonsten rechtzeitig kein Gemeinderatsbeschluss mehr gefasst werden könnte[66], vgl. § 34 Abs. 2 GemO.

140 **Beispiel:**
Der Bürgermeister der kreisangehörigen Gemeinde G erfährt viel zu spät vom Landratsamt, dass ein Bauantrag in den nächsten vier Tagen beschieden werden soll. Er beruft kurzfristig den Gemeinderat ein, um das kommunale Einvernehmen gemäß § 36 BauGB zu verweigern und eine Rückstellung des Baugesuchs nach § 15 BauGB zu beantragen.

141 Zur ordnungsgemäßen Einberufung der Gemeinderatssitzung gehört, dass alle Gemeinderatsmitglieder rechtzeitig eingeladen werden. Dies folgt allein schon daraus, dass die Gemeinderäte gemäß § 34 Abs. 3 GemO zur Teilnahme an den Sitzungen verpflichtet sind und deswegen zwingend von deren Einberufung erfahren müssen. Wird nur ein Gemeinderatsmitglied nicht geladen, ist ein trotz dieses Ladungsfehlers herbeigeführter Gemeinderatsbeschluss rechtswidrig, selbst dann, wenn das betroffene Gemeinderatsmitglied spontan zur Sitzung erschienen ist: Die rechtzeitige Einberufung der Gemeinderatssitzung und die Pflicht, die für die Verhandlung erforderlichen Unterlagen beizufügen, verfolgen den eindeutigen Zweck, dass sich die Gemeinderatsmitglieder rechtzeitig mit der Sache befassen und ihre eigene freie, nur durch das öffentliche Wohl bestimmte Überzeugung (§ 32 Abs. 3 Satz 1 GemO) bilden können. Wer die zur Sitzung erforderlichen Unterlagen nicht erhält, ist objektiv daran gehindert, iSd § 32 Abs. 3 GemO frei zu entscheiden, und zwar auch dann, wenn das einzelne Gemeinderatsmitglied einen „Verzicht" auf die Übersendung der Unterlagen erklären sollte. Das zwingende Kommunalrecht, das gemäß § 34 Abs. 1 Satz 1 GemO die Einberufung des **gesamten** Gemeinderats verlangt und gemäß § 32 Abs. 3 GemO eine freie Entscheidung der Gemeinderäte fordert, steht nicht zur Disposition des einzelnen Gemeinderatsmitglieds. Erst recht wäre es rechtswidrig, ein Gemeinderatsmitglied deswegen nicht zur Sitzung einzuladen oder seine fehlende Ladung als unbeachtlich

---

65 VGH Mannheim 1 S 2990/20, Rn. 6.
66 VGH Mannheim 1 S 2990/20, Rn. 9.

anzusehen, weil man meinen könnte, bei der Beschlussfassung komme es auf seine Stimme nicht an und es ändere am beabsichtigten Abstimmungsergebnis ohnehin nichts.

Hält ein Gemeinderatsmitglied die übersandten **Sitzungsunterlagen** nicht für hinreichend, so hat es die Möglichkeit, dies in der Gemeinderatssitzung zu rügen. Unterlässt das Gemeinderatsmitglied die Rüge, bringt es damit nach der Rechtsprechung des VGH Mannheim konkludent zum Ausdruck, dass es die vorliegenden Informationen für ausreichend hält.[67] 142

Gemäß § 34 Abs. 1 Satz 7 GemO sind Zeit, Ort und Tagesordnung der öffentlichen Sitzungen rechtzeitig ortsüblich bekanntzugeben. Diese Pflicht dient der Unterrichtung der Bürgerschaft über anstehende öffentliche Sitzungen, damit sie die Möglichkeit hat, an den Sitzungen teilzunehmen und die gewählten Vertreter zu kontrollieren.[68] Die ortsübliche Bekanntgabe erfolgt entsprechend § 1 Abs. 1 DVO GemO insbesondere durch die Bereitstellung im Internet oder durch Einrücken in das eigene Amtsblatt der Gemeinde. Dabei ist wichtig, dass den Einwohnern eine zumutbare Möglichkeit der Kenntnisnahme eröffnet wird.[69] Hinsichtlich der Rechtzeitigkeit der ortsüblichen Bekanntmachung ist der VGH Mannheim der Auffassung, dass eine Bekanntgabe drei Tage vor der Sitzung hinreichend sei.[70] 143

Wie § 34 Abs. 1 Satz 1 GemO deutlich macht, ist die Einberufung der Gemeinderatssitzung ausschließlich Sache des Bürgermeisters. Er bestimmt **Inhalt und Umfang der Tagesordnung**. Mindestens einmal im Monat soll der Gemeinderat gemäß § 34 Abs. 1 Satz 2 GemO einberufen werden. Der Bürgermeister ist nicht daran gehindert, auch mehrere Sitzungen innerhalb eines Monats einzuberufen, wenn es die Geschäftslage erfordert, vgl. § 34 Abs. 1 Satz 2 GemO. 144

Das Recht des Bürgermeisters, die Tagesordnung festzulegen und damit nach eigener Überzeugung kommunalpolitische Schwerpunkte zu setzen, kann unter Umständen den Interessen von Gemeinderatsmitgliedern zuwiderlaufen, insbesondere, wenn sie die Kommunalpolitik anders ausgerichtet sehen wollen. Diesem Umstand trägt § 34 Abs. 1 Satz 4 GemO Rechnung, wonach auf **Antrag einer Fraktion** oder eines **Sechstels der Gemeinderäte** ein Verhandlungsgegenstand auf die Tagesordnung spätestens der übernächsten Sitzung des Gemeinderats gesetzt werden muss. Diese im Zusammenhang mit der Einführung des § 32a GemO präzisierte Vorschrift stärkt das Recht der Fraktionen oder qualifizierter Minderheiten, die damit ihre eigenen thematischen Schwerpunkte der Beschlussfassung des Gemeinderats zuführen können. Darüber hinaus ist sichergestellt, dass diese Anträge nicht auf dem Schreibtisch des Bürgermeisters liegen bleiben, sondern zwingend in der übernächsten Sitzung des Gemeinderats, also innerhalb des Regelzeitraums von zwei Monaten, behandelt werden müssen. Hierbei handelt es sich um ein subjektives öffentliches Recht der Fraktion bzw. der 145

---

67 VGH Mannheim 5 S 884/09, Rn. 21.
68 VGH Mannheim 1 S 2146/17, Rn. 2 mwN.
69 VGH Mannheim 1 S 2146/17, Rn. 4.
70 VGH Mannheim 1 S 2146/17, Rn. 6 mwN.

qualifizierten Minderheit eines Sechstels der Gemeinderäte, das gegebenenfalls in einem Kommunalverfassungsstreit gerichtlich geltend gemacht werden kann.

b) Öffentlichkeit der Sitzung

146 Mit der Einberufung der Sitzung trifft der Bürgermeister auch die Entscheidung, welche Tagesordnungspunkte **öffentlich und** welche **nichtöffentlich** verhandelt werden, denn nur die Tagesordnung der öffentlichen Sitzung ist öffentlich bekanntzugeben (§ 34 Abs. 1 Satz 7 GemO).[71] Nach § 35 Abs. 1 Satz 2 GemO darf nichtöffentlich nur dann verhandelt werden, wenn es das öffentliche Wohl oder berechtigte Interessen Einzelner erfordern. Bei der Auslegung dieser unbestimmten Rechtsbegriffe steht dem Bürgermeister kein Beurteilungsspielraum zu. Die Prüfung der Voraussetzungen unterliegt der vollen gerichtlichen Kontrolle.[72] Der Öffentlichkeitsgrundsatz bleibt auch aufrecht erhalten, falls der Bürgermeister vom 2020 ins Gesetz eingefügten § 37a GemO Gebrauch macht und die Sitzung per **Videokonferenz** abhält. § 37a GemO dispensiert vom Öffentlichkeitsgrundsatz des § 35 Abs. 1 Satz 1 GemO gerade nicht, so dass die Videokonferenz für die kommunale Öffentlichkeit in zugänglicher Weise übertragen werden muss. Unabhängig davon schließt der im Zuge der „Corona-Gesetzgebung" entstandene, von nicht nur unbestimmten, sondern auch unklaren Gesetzesbegriffen durchsetzte und als Ausnahmeregelung konzipierte § 37a GemO Videokonferenzen im Regelfall aus.[73]

147 Das öffentliche Wohl erfordert den Ausschluss der Öffentlichkeit, wenn Interessen des Bundes, des Landes, der Gemeinde, anderer öffentlich-rechtlicher Körperschaften oder der örtlichen Gemeinschaft durch eine öffentliche Sitzung mit Wahrscheinlichkeit wesentlich verletzt werden könnten.[74]

148 **Beispiel:**
Die Polizei informiert in der Gemeinderatssitzung über ihre Taktik bezüglich einer in wenigen Tagen in der Gemeinde stattfindenden Großdemonstration, bei der mit Ausschreitungen zu rechnen ist.

149 **Berechtigte Interessen Einzelner** iSv § 35 Abs. 1 Satz 2 GemO können rechtlich geschützte oder sonstige schutzwürdige Interessen sein. Sie erfordern den Ausschluss der Öffentlichkeit in der Gemeinderatssitzung, wenn im Verlauf der Sitzung persönliche oder wirtschaftliche Verhältnisse zur Sprache kommen können, an deren Kenntnisnahme schlechthin kein berechtigtes Interesse der Allgemeinheit bestehen kann und deren Bekanntgabe dem Einzelnen nachteilig sein könnte.[75]

150 **Beispiel:**
Der Gemeinderat berät über die Bonität von Unternehmen, die in der Gemeinde eine Investition tätigen wollen; der Gemeinderat diskutiert die Bewerbung von Personen auf von der Gemeinde ausgeschriebene Beamtenstellen.

---

71 Zu Verstößen gegen die Herstellung der Sitzungsöffentlichkeit BVerwG 8 C 31.20, Rn. 24.
72 VGH Mannheim 3 S 1465/18, Leitsatz sowie Rn. 24.
73 Vgl. *Dusch* VBlBW 2020, 358 f.; *Enzensperger* VBlBW 2020, 362.
74 VGH Mannheim aaO Rn. 17 mwN.
75 VGH Mannheim aaO Rn. 18 mwN.

Die Gemeinderatsmitglieder haben gemäß § 35 Abs. 1 Satz 3 GemO die Möglichkeit, darüber beraten zu lassen, ob ein Verhandlungsgegenstand entgegen der Tagesordnung öffentlich oder nichtöffentlich behandelt werden soll. Dies geschieht in nichtöffentlicher Sitzung. 151

Nichtöffentlich gefasste Beschlüsse sind gemäß § 35 Abs. 1 Satz 4 GemO grundsätzlich spätestens in der nächsten öffentlichen Sitzung im Wortlaut bekanntzugeben, soweit nicht das öffentliche Wohl oder berechtigte Interesse Einzelner entgegenstehen. 152

Nach der Rechtsprechung des VGH Mannheim[76] hat ein einzelnes Gemeinderatsmitglied **keinen Anspruch** darauf, dass öffentlich verhandelt wird. Nach Auffassung des VGH schützt der Öffentlichkeitsgrundsatz ausschließlich das Interesse der Allgemeinheit und vermittelt dem einzelnen Gemeinderatsmitglied keine subjektive Rechtsposition. Im Mittelpunkt des Öffentlichkeitsgrundsatzes stehe die Funktion, dem Gemeindebürger Einblick in die Tätigkeit der Vertretungskörperschaft und ihrer einzelnen Mitglieder zu ermöglichen und dadurch eine auf eigener Kenntnis und Beurteilung beruhende Grundlage für eine sachgerechte Kritik sowie für die Willensbildung bei künftigen Wahlen zu schaffen.[77] Die Gegenauffassung[78] bejaht ein subjektives Organrecht auf Herstellung der Sitzungsöffentlichkeit, weil die in § 35 Abs. 1 Satz 3 GemO eingeräumte Befugnis, die Herstellung der Öffentlichkeit bzw. den Ausschluss der Öffentlichkeit zu beantragen, ohne ein dahinterstehendes Organrecht keinen Sinn ergebe. 153

In dieser kleinen Kontroverse ist der Auffassung des VGH Mannheim den Vorzug zu geben. Alleine aus dem Recht der Gemeinderäte, einen Antrag auf Herstellung der Öffentlichkeit gemäß § 35 Abs. 1 Satz 3 GemO zu stellen, leitet sich noch kein subjektives Recht der Gemeinderäte auf die Herstellung der generellen Öffentlichkeit ab. Das Antragsrecht gemäß § 35 Abs. 1 Satz 3 GemO dient lediglich der Überprüfung der Frage, ob der Bürgermeister einen Verhandlungsgegenstand zu Recht oder zu Unrecht als öffentlich bzw. nichtöffentlich angesetzt hat, ob also die Voraussetzungen des § 35 Abs. 1 Satz 2 GemO gegeben sind. § 35 Abs. 1 Satz 2 GemO beschäftigt sich jedoch nicht mit den Interessen der einzelnen Gemeinderatsmitglieder. Unabhängig davon dient der Öffentlichkeitsgrundsatz des § 35 Abs. 1 Satz 1 GemO der Transparenz und damit der Kontrolle der Gesetzmäßigkeit der Verwaltung durch die Öffentlichkeit. Er schützt damit die Öffentlichkeit, die an der Sitzung teilnehmen möchte, und nicht das einzelne Gemeinderatsmitglied. 154

Zur generellen Öffentlichkeit gehört auch die Medienöffentlichkeit. Dies betrifft sowohl Pressevertreter als auch Vertreter des Rundfunks. Ein genereller Ausschluss von Rundfunkanstalten von Gemeinderatssitzungen ist damit nicht möglich. Aus dem Grundrecht der Rundfunkfreiheit folgt ein grundsätzlicher Anspruch auf Videoaufzeichnung von Gemeinderatssitzungen zu Sendezwecken.[79] Mitarbeiterinnen und Mitarbeiter von **Fernseh- und Rundfunksendern** kann allenfalls dann der Aufenthalt im 155

---

76 VGH Mannheim 1 S 2242/91, Leitsatz und Rn. 15.
77 VGH Mannheim aaO Rn. 15.
78 *Engel/Heilshorn*, Kommunalrecht Baden-Württemberg, § 14 Rn. 151.
79 VG Saarlouis 3 K 501/10, Leitsatz sowie Rn. 24.

Sitzungssaal verboten oder beschränkt werden, wenn ansonsten kein ordnungsgemäßer Ablauf der Sitzung (§ 36 Abs. 1, § 37 Abs. 1 GemO) möglich wäre.

156 **Beispiel:**

In die Sitzung eines Gemeinderats, der nur aus 13 Personen besteht, kommt ein sechsköpfiges Fernsehteam mit mehreren Kameras, Mikrofonen und Scheinwerfern. Hier entsteht für die einzelnen Gemeinderatsmitgliedern eine angespannte Situation, der sie sich nicht aussetzen müssen und der der Bürgermeister im Rahmen seiner Ordnungsgewalt begegnen kann.

157 Die Übertragung von Gemeinderatssitzungen im Livestream, die bei vielen Gemeinden allmählich verbreitet ist, kann die Öffentlichkeit der Sitzung, wonach es möglich sein muss, persönlich im Sitzungssaal den Verhandlungen zu folgen, nicht ersetzen. Ebenso ist es Bestandteil des Öffentlichkeitsgrundsatzes, dass im Sitzungssaal hinreichend Plätze für die Öffentlichkeit vorgehalten werden müssen.

c) Ablauf der Gemeinderatssitzung
aa) Geschäftsordnung

158 Der generelle Ablauf der Gemeinderatssitzung wird, soweit die Regelungen nicht bereits in der GemO enthalten sind, durch die Geschäftsordnung gemäß § 36 Abs. 2 GemO geregelt. Wie bereits der Wortlaut der Norm deutlich macht, muss die Geschäftsordnung sich im Rahmen der gesetzlichen Vorschriften halten. **Gegenstand der Geschäftsordnung** können beispielsweise sein: Die Redeordnung, die Redezeit, Geschäftsordnungsanträge auf Schluss der Beratung oder Schluss der Rednerliste, Verweisungsanträge (beispielsweise in einen Ausschuss oder Vertagung), Regelungen über die Form der Abstimmung (offen, geheim, elektronisch), Behandlung von Anfragen und Anträgen, persönliche Erklärungen.

159 Die Geschäftsordnung des Gemeinderates ist keine Satzung (es sei denn, sie wird förmlich als solche beschlossen), stellt aber eine „Rechtsvorschrift" iSv § 47 Abs. 1 Nr. 2 VwGO, § 4 AGVwGO dar, so dass die Geschäftsordnung in einer Normenkontrolle gemäß § 47 Abs. 1 Nr. 2 VwGO, § 4 AGVwGO überprüft werden kann.[80] Voraussetzung der Normenkontrolle ist, dass die Geschäftsordnung auch bekannt gemacht und damit der Gültigkeit fähig ist. In Ermangelung spezieller Regelungen geht der VGH Mannheim dann von einer Bekanntmachung aus, wenn die Geschäftsordnung den Mitgliedern des Gemeinderates in einer Weise kundgegeben wird, die ihnen die Möglichkeit der Kenntnisnahme verschafft, also wenn die beschlossene Geschäftsordnung den Mitgliedern des Gemeinderats übergeben oder der Beschluss über das interne Ratsinformationssystem zur Verfügung gestellt wird.[81] Hierdurch wird die Klagefrist des § 47 Abs. 2 Satz 1 VwGO in Gang gesetzt.

160 Die Geschäftsordnung kann auch die Mindeststärke einer Fraktion festlegen.[82] Der VGH Mannheim hat die Festlegung einer Fraktionsmindeststärke von drei Personen

---

80 VGH Mannheim 1 S 896/00, Leitsatz 1 sowie Rn. 18.
81 VGH Mannheim 1 S 1023/18, Rn. 29.
82 VGH Mannheim 1 S 3834/88, Rn. 8.

bei einem aus 31 Mitgliedern bestehenden Gemeinderat als rechtlich zulässig angesehen.[83]

Die Geschäftsordnung kann jederzeit in der Wahlperiode erlassen werden und Bindungswirkung auch für die folgende Wahlperiode beanspruchen. Eine gesetzliche Pflicht, zu Beginn einer Wahlperiode eine Geschäftsordnung stets wieder neu zu erlassen, existiert nicht.[84] Geschäftsordnungen dürfen eine Redezeitbegrenzung enthalten, aber das gesetzlich, insbesondere durch § 32 Abs. 1 GemO gewährte Recht, zu den Tagesordnungspunkten in der Gemeinderatssitzung zu sprechen, nicht ausschließen. Eine Geschäftsordnung, die ein Rederecht von Einzelgemeinderäten oder solchen Gemeinderatsmitgliedern, die keiner Fraktion angehören ausschließt, wäre daher mit den gesetzlichen Vorgaben nicht vereinbar.[85] 161

bb) Beratung

Gemäß § 36 Abs. 1 Satz 1 GemO eröffnet, leitet und schließt die Verhandlungen des Gemeinderats der Vorsitzende. Dies ist gemäß § 42 Abs. 1 Satz 1 GemO der Bürgermeister. Er kann gemäß § 33 Abs. 2 GemO Gemeindebedienstete zum Vortrag in den Gemeinderatssitzungen heranziehen. Unabhängig davon kann der Gemeinderat auch die Hinzuziehung eines solchen Bediensteten verlangen (§ 33 Abs. 2 2. Halbsatz GemO). Weiterhin ist es möglich, sachkundige Einwohner und Sachverständige zu den Beratungen einzelner Angelegenheiten hinzuzuziehen (§ 33 Abs. 3 GemO). 162

Beispiel: 163
Zum Entwurf eines Bebauungsplans hört der Gemeinderat den Vortrag eines Städteplaners.

Im Ablauf der Gemeinderatssitzungen ist es grundsätzlich vorstellbar, dass es zu **Störungen** kommt. Hier kann der Bürgermeister gemäß § 36 Abs. 1 Satz 2 GemO einschreiten. Nach dieser Vorschrift handhabt er die Ordnung und übt das Hausrecht aus. 164

Diese beiden sehr unbestimmten Rechtsbegriffe bedürfen der Konkretisierung. Von ihrer systematischen Stellung her beziehen sich die Ordnungsgewalt und das Hausrecht gemäß § 36 Abs. 1 Satz 2 GemO nur auf die Gemeinderatssitzung. 165

Für den Verweis von Personen, die das Rathausgebäude außerhalb einer Gemeinderatssitzung betreten, ist die Norm somit nicht anwendbar. Für diese Fälle existiert keine ausdrückliche Ermächtigungsgrundlage. 166

Beispiel: 167
Der Bürgermeister verweist eine Person, die im Rathaus übernachten möchte, des Gebäudes.

Hier ergibt sich die Befugnis aus der allgemeinen, kraft öffentlichen Rechts bestehenden Kompetenz einer Behörde, für einen störungsfreien Dienstbetrieb innerhalb ihres räumlichen Verwaltungsbereiches zu sorgen. Dieses allgemeine Hausrecht ist öffentlich-rechtlicher Natur. Es folgt aus der Zuweisung staatlicher Aufgaben an die Behör- 168

---

83 VGH Mannheim aaO Rn. 9.
84 VGH Mannheim aaO Rn. 13.
85 Ähnlich VGH Mannheim 1 S 1824/18, Rn. 52.

den und damit auch an die im Rathaus tätigen Verwaltungsbeamten und Angestellten.[86] Die Gegenauffassung, das in öffentlichen Einrichtungen ausgeübte Hausrecht sei jedenfalls unter bestimmten Voraussetzungen privatrechtlich, ist abzulehnen. Bei der Wahrnehmung des Hausrechts in einem öffentlich-rechtlich betriebenen Gebäude, in dem behördliche Tätigkeiten ausgeübt werden, insbesondere einem Rathaus, steht dessen öffentlich-rechtliche Zweckbestimmung im Vordergrund.[87]

169 In § 36 Abs. 1 Satz 2 GemO ist zwischen der **Handhabung der Ordnung** und dem **Hausrecht** zu differenzieren. Dabei richtet sich die Handhabung der Ordnung gegen Gemeinderäte, die Ausübung des Hausrechts dagegen gegen Dritte, insbesondere gegen Zuhörer. Dies folgt aus dem Zusammenhang zwischen § 36 Abs. 1 Satz 2 GemO und § 36 Abs. 3 GemO. § 36 Abs. 3 GemO erlaubt, ein Gemeinderatsmitglied bei wiederholten Verstößen gegen „die Ordnung" aus dem Beratungsraum zu verweisen. Die Vorschrift verwendet somit denselben Begriff, wie er auch in § 36 Abs. 1 Satz 2 GemO vorkommt.

170 Da die Wahrnehmung der Ermächtigungsgrundlage des § 36 Abs. 1 Satz 2 GemO erhebliche Eingriffe in demokratische Rechte ermöglicht, sei es gegen Gemeinderatsmitglieder oder gegen Zuhörer, muss zur Interpretation der beiden unbestimmten Rechtsbegriffe auf objektive Kriterien Bezug genommen werden. Handhabung der Ordnung bedeutet, dafür zu sorgen, dass die Gesetze eingehalten werden. Dazu gehört auch der Gang der Beratungen, wie er in der GemO vorgeschrieben ist (§ 37 Abs. 1 Satz 1 GemO). Wird diese Beratung durch Gesetzesverstöße gestört, ist die Ordnung nicht mehr gewährleistet.

171 **Beispiel:**
Ein Gemeinderatsmitglied beleidigt andere Personen in strafrechtlich relevanter Weise; ein Gemeinderatsmitglied zeigt an seiner Kleidung verbotene nationalsozialistische Symbole; ein Gemeinderat weicht in seinen Redebeiträgen massiv von der Tagesordnung ab; ein Gemeinderatsmitglied behindert das Rederecht anderer Gemeinderatsmitglieder durch mehrfache Zwischenrufe.

172 In diesen Fällen liegt ein Verstoß gegen die Ordnung vor mit der Konsequenz, dass der Vorsitzende die Ordnung wiederherstellen muss, etwa indem er das Gemeinderatsmitglied „zur Ordnung" ruft. Erst bei „grober Ungebühr" oder „wiederholten Verstößen gegen die Ordnung" ist für den Vorsitzenden ein Ermessen dahin gehend eröffnet, das Gemeinderatsmitglied aus dem Beratungsraum zu verweisen. Unter grober Ungebühr wird ein Verhalten verstanden, das den Gang der Verhandlungen in besonders hohem Maß stört.[88] Zutreffend weist der VGH Mannheim in der genannten Entscheidung darauf hin, dass mit dem Verweis aus dem Sitzungsraum eine Änderung der Mehrheitsverhältnisse im Gemeinderat verbunden ist. Deshalb ist der Verweis aus dem Raum nur dann gerechtfertigt, wenn die Grenzen des Tragbaren erheblich überschritten sind,[89] jedenfalls bei einer Formalbeleidigung oder Schmähung.[90]

---

86 *Fehling/Kastner/Störmer/Schwarz*, Verwaltungsrecht, VwVfG § 35 Rn. 88.
87 Zum Streitstand vgl. *Maurer/Waldhoff*, Allgemeines Verwaltungsrecht, § 3 IV 2.
88 VGH Mannheim 1 S 2349/92, Leitsatz.
89 VGH Mannheim aaO Rn. 15 mwN.
90 VGH Mannheim 1 S 2686/21, Rn. 48.

Beispiel:

Das Gemeinderatsmitglied beschimpft den Bürgermeister oder einzelne Gemeinderäte in persönlich herabwürdigender Weise.

Während grobe Ungebühr ein einmaliges Verhalten darstellt, rechtfertigt auch der wiederholte Verstoß gegen die Ordnung den Verweis aus dem Sitzungssaal. Dabei kommt es darauf an, ob ein Ordnungsverstoß den gesetzmäßigen Ablauf der Gemeinderatssitzung stört; dabei müssen die Ordnungsverstöße nicht identisch sein.

Beispiel:

Ein Gemeinderatsmitglied weicht bei Tagesordnungspunkt 1 von der Tagesordnung ab, fällt bei Tagesordnungspunkt 2 seinen Kollegen regelmäßig ins Wort und hält sich bei Tagesordnungspunkt 3 nicht an die Rednerliste.

Im Rahmen der Sitzungsleitung hat der Vorsitzende darauf zu achten, dass die Gesetzmäßigkeit der Beratungen stets gewährleistet ist.

Beispiel:

Das Gemeinderatsmitglied A weicht von der Tagesordnung ab und erhebt persönliche Vorwürfe gegen Gemeinderatsmitglied B. Gemeinderatsmitglied B antwortet ihm mit einem derben Schimpfwort.

Hier wäre es nicht zulässig, Gemeinderatsmitglied B wegen grober Ungebühr aus dem Saal zu verweisen, da bereits Gemeinderatsmitglied A gegen die Ordnung verstoßen hat. In diesem Moment hatte der Vorsitzende die Pflicht, gegen den Ordnungsverstoß von Gemeinderatsmitglied A einzuschreiten. Die Reaktion des Gemeinderatsmitglieds B ist – lediglich – durch eine Provokation ausgelöst und kann damit B nicht angelastet werden.

§ 36 Abs. 1 Satz 2 2. Alt. GemO (Hausrecht) richtet sich gegen die Zuhörer. Es ist von dem bereits erwähnten allgemeinen Hausrecht des Bürgermeisters im Rathaus zu unterscheiden und bezieht sich ausschließlich auf die Gemeinderatssitzung. Die Wahrnehmung des Hausrechts in der Gemeinderatssitzung ist ebenfalls nur dann eröffnet, wenn Gesetzesverstöße vorliegen, die von den im Rahmen des Öffentlichkeitsgrundsatzes anwesenden Zuschauern begangen werden.

Beispiel:

Sprechchöre durch Zuschauer, provokative Zwischenrufe von der Zuschauertribüne.

Im Rahmen dieses Hausrechts kann der Bürgermeister einen Zuhörer des Saales verweisen. Zu beachten ist auch hier, dass der Saalverweis die ultima ratio darstellt.

Beispiel:

Ein Zuhörer nimmt eine Gemeinderatssitzung heimlich auf einen Tonträger auf.

In der heimlichen Tonbandaufnahme wird die Verletzung des über § 32 Abs. 3 GemO auch in der Gemeinderatssitzung geltenden allgemeinen Persönlichkeitsrechts der Gemeinderäte in Form des Rechts am eigenen Wort gesehen;[91] damit stellt die heimliche Aufnahme einer Gemeinderatssitzung einen Gesetzesverstoß dar, welcher den Bürger-

---

91 Vgl. BVerwG 7 C 14.90, Rn. 14.

meister zum Einschreiten ermächtigt. In diesem Fall wäre es jedoch unverhältnismäßig, den Zuhörer, der die heimliche Tonträgeraufnahme tätigt, des Saales zu verweisen. Vielmehr ist es im Rahmen der Verhältnismäßigkeit hinreichend, dafür zu sorgen, dass der Mitschnitt unterbleibt.

184 Anders verhält es sich mit der Durchführung von Fernsehaufnahmen. Hier ist eine Abwägung zu treffen zwischen dem allgemeinen Persönlichkeitsrecht der Gemeinderatsmitglieder und dem letztlich der kommunalen Selbstverwaltung (Art. 28 Abs. 2 GG) dienenden gesetzmäßigen Sitzungsablauf einerseits sowie der Rundfunkfreiheit andererseits. Man wird daher eine Fernseh- oder Rundfunkübertragung zulassen müssen, soweit dadurch der Sitzungsablauf nicht beeinträchtigt wird.[92]

cc) Beschlussfassung

185 Voraussetzung jeder gültigen Beschlussfassung im Gemeinderat ist, dass die Gemeinderatssitzung ordnungsgemäß einberufen und geleitet wird (§ 37 Abs. 1 Satz 1 GemO). Die ordnungsmäßige Einberufung ist in dem bereits erwähnten § 34 GemO geregelt. Die Sitzungsleitung obliegt gemäß § 36 Abs. 1 Satz 1 GemO dem Vorsitzenden des Gemeinderats; dies ist der Bürgermeister gemäß § 42 Abs. 1 Satz 1 GemO.

186 Gemäß § 37 Abs. 2 Satz 1 GemO muss der Gemeinderat beschlussfähig sein; dies ist der Fall, wenn mindestens die Hälfte aller Mitglieder anwesend und stimmberechtigt ist. Wenn ein Gemeinderatsmitglied **befangen** ist (§ 18 GemO), darf es bei der Beschlussfassung weder beratend noch entscheidend mitwirken. Wie bereits oben im Kapitel Baurecht[93] ausgeführt, kommt der Begriff der Befangenheit in der Gemeindeordnung nicht vor. Es wird vielmehr darauf abgestellt, ob die Entscheidung in der Angelegenheit den in § 18 GemO genannten Personen „einen unmittelbaren Vor- oder Nachteil bringen kann". Dies ist der Fall, wenn das Gemeinderatsmitglied oder die genannten Personen aufgrund persönlicher Beziehungen zu dem Gegenstand der Beratung oder Beschlussfassung ein individuelles Sonderinteresse haben, das zu einer Interessenkollision führen kann und die Besorgnis rechtfertigt, dass der Betreffende nicht mehr uneigennützig und nur zum Wohle der Gemeinde handelt.[94] Es soll bereits der **böse** Schein einer Interessenkollision vermieden werden.[95]

187 Für die Befangenheit ist also nicht entscheidend, ob der in § 18 Abs. 1 GemO genannte unmittelbare Vorteil oder Nachteil tatsächlich existiert, sondern nur, ob er möglich erscheint („kann").

188 **Beispiel:**
Der Gemeinderat beschließt über die Vergabe von Straßenbauarbeiten und ein Gemeinderatsmitglied ist Inhaber eines Unternehmens, welches sich beworben hat. Der Gemeinderat beschließt die Schaffung einer Fußgängerzone und ein Gemeinderatsmitglied wohnt in der betroffenen Straße.

---

92 OVG Saarlouis 3 B 203/10, Leitsätze sowie Rn. 17 ff., VG Saarlouis 3 K 501/10, Leitsatz.
93 Vgl. Kapitel Baurecht, Rn. 272 f.
94 VGH Mannheim 3 S 1259/05, Rn. 19.
95 VGH Mannheim aaO sowie 5 S 1493/14, Rn. 10.

Gemäß § 18 Abs. 6 GemO ist ein Gemeinderatsbeschluss rechtswidrig, wenn bei der Beratung oder Beschlussfassung entweder ein befangenes Ratsmitglied teilgenommen hat oder ein nicht befangenes Ratsmitglied zu Unrecht ausgeschlossen wurde. Den Beschluss über den Ausschluss wegen Befangenheit trifft nach § 18 Abs. 4 Satz 2 GemO der Gemeinderat. Die Formulierung ist jedoch nicht dahin gehend zu verstehen, dass dem Gemeinderat die Definitionsmacht obliegen könnte, ob ein Ausschließungsgrund vorliegt. Vielmehr ist auch er an die gesetzlichen Vorgaben gebunden. Insofern ist § 18 Abs. 4 Satz 2 GemO eine reine Verfahrensvorschrift. Wer an der Beratung und Entscheidung nicht mitwirken darf, muss gemäß § 18 Abs. 5 GemO die Sitzung verlassen. Dies bedeutet jedoch nicht, dass er den Raum verlassen muss. Da die Sitzung öffentlich ist, hat der Befangene nun das gleiche Recht wie jeder Zuhörer einer Gemeinderatssitzung und darf sich auf der Zuschauertribüne niederlassen. 189

Der VGH Mannheim hatte sich schon zweimal mit der Frage zu befassen, wann von einem „**Verlassen der Sitzung**" iSv § 18 Abs. 5 GemO gesprochen werden kann. Im ersten Fall[96] hat er es nicht als Verlassen der Sitzung angesehen, wenn ein befangener Gemeinderat lediglich um Stuhlesbreite vom Sitzungstisch des Gremiums abrückt und sich nicht in den vorhandenen Zuhörerbereich des Sitzungsraumes begibt. Im zweiten Fall[97] wurde ein Verlassen der Sitzung verneint, wenn ein Gemeinderatsmitglied mit dem eigenen Stuhl ein Stück nach hinten vom Sitzungstisch des Gremiums abrückt, sich dabei aber immer noch vor der ersten Sitzreihe der Zuschauer befindet. Diese beiden Entscheidungen, denen nur zugestimmt werden kann, mögen zwar deutlich machen, dass manches Gemeinderatsmitglied gerne an seinem Sessel klebt, erklären aber auch, welche Funktion der Ausschluss wegen Befangenheit hat: Es soll dafür gesorgt werden, dass die Gemeinderatsmitglieder ohne Druck und Beeinflussung von außen ihre Entscheidungen treffen können, so wie es § 32 Abs. 3 GemO ihnen vorgibt. Dabei ist es nur nützlich, wenn mögliche Beeinflussungen durch Befangene auch räumlich ausgeschlossen werden. 190

Gemäß § 18 Abs. 6 Satz 2 GemO wird der unter Verletzung der Befangenheitsvorschriften gefasste Gemeinderatsbeschluss nachträglich als gültig fingiert, wenn seine Rechtswidrigkeit **ein Jahr lang nicht gerügt** wird. Ähnliches gilt, wenn Satzungen unter Verletzung von Verfahrens- oder Formvorschriften der GemO zustande gekommen sind: Gemäß § 4 Abs. 4 Satz 1 GemO gelten die Satzungen grundsätzlich ein Jahr nach der Bekanntmachung als von Anfang an gültig zustande gekommen. Bei der Verletzung von Vorschriften über die Öffentlichkeit der Sitzung, die Genehmigung oder die Bekanntmachung der Satzung gilt diese Regel nicht (§ 4 Abs. 4 Satz 2 GemO). 191

Die Fiktionen in § 4 Abs. 4 GemO und § 18 Abs. 6 Satz 2 GemO nehmen die Erkenntnis auf, dass **rechtswidrige Gemeinderatsbeschlüsse grundsätzlich nichtig** sind. Dies folgt bereits aus dem Umstand, dass Gemeinderatsbeschlüsse grundsätzlich keine Verwaltungsakte darstellen und deshalb die aus §§ 43, 44 LVwVfG zu ziehende Folgerung, dass rechtswidrige Verwaltungsakte wirksam und bestandskräftig werden kön- 192

---

[96] VGH Mannheim 5 S 3124/93, Rn. 18.
[97] VGH Mannheim 8 S 2442/14, Rn. 46.

nen, auf Gemeinderatsbeschlüsse nicht anwendbar ist. Nur in den seltensten Fällen bewirkt ein Gemeinderatsbeschluss direkte Rechtsfolgen.

193 Es ist Aufgabe des Bürgermeisters, gemäß § 43 Abs. 1 zweiter Halbsatz GemO die Beschlüsse des Gemeinderates zu vollziehen. Aus einem rechtswidrigen (nichtigen) Gemeinderatsbeschluss können sich daher unterschiedliche Rechtsfolgen ergeben: Ein Verstoß gegen den Öffentlichkeitsgrundsatz (§ 35 Abs. 1 Satz 1 GemO) bei einem Satzungsbeschluss führt zu dessen Unwirksamkeit, selbst dann, wenn der Fehler ein Jahr lang nicht gerügt wird (§ 4 Abs. 4 Satz 2 Nr. 1 GemO). Ein Verstoß gegen den Öffentlichkeitsgrundsatz beim Beschluss der Subvention eines Wirtschaftsunternehmens macht den Subventionsbescheid rechtswidrig. Dies folgt daraus, dass ein von der Gemeinde erlassener Bescheid, der den Vollzug des Beschlusses des Gemeinderats darstellt, ebenfalls rechtswidrig ist, weil der Bürgermeister nur gesetzmäßig gefasste Beschlüsse vollziehen darf,[98] und ergibt sich damit nicht zuletzt aus der Bindung des Bürgermeisters an den Verfassungsgrundsatz der Gesetzmäßigkeit der Verwaltung, Art. 20 Abs. 3 GG. Allerdings kann der auf der Basis des rechtswidrigen Gemeinderatsbeschlusses ergangene Subventionsbescheid bestandskräftig werden bzw. der Verstoß gegen den Öffentlichkeitsgrundsatz bezüglich des Verwaltungsakts einen unbeachtlichen Verfahrensfehler gemäß § 46 LVwVfG darstellen.[99]

194 In sehr seltenen Fällen ist ein Gemeinderatsbeschluss ein **Verwaltungsakt**.

195 **Beispiel:**
Die Benennung einer Straße,[100] die Feststellung von Hinderungsgründen bei der Wahl zum Gemeinderat.[101]

196 Diese Gemeinderatsbeschlüsse sind deshalb Verwaltungsakte, weil sie aus sich heraus wirken und **keiner Vollziehung durch den Bürgermeister** gemäß § 43 Abs. 1 zweiter Halbsatz GemO bedürfen. Sie entfalten gegenüber dem Adressatenkreis mit ihrer Bekanntgabe unmittelbare Rechtswirkung. Für sie gelten die Regeln, die allen Verwaltungsakten gemein sind. Sie werden bestandskräftig, sofern sie nicht innerhalb der Widerspruchsfrist angefochten werden.

dd) Nach der Gemeinderatssitzung

197 Wie bereits ausgeführt, folgt aus § 43 Abs. 1 zweiter Halbsatz GemO, dass der Bürgermeister die Beschlüsse des Gemeinderates vollziehen muss. Er hat jedoch ein gesetzliches Widerspruchsrecht (§ 43 Abs. 2 GemO). Dieses Widerspruchsrecht besteht in zwei Ausprägungen: Er muss Beschlüssen des Gemeinderats widersprechen, wenn er der Auffassung ist, dass sie gesetzwidrig sind; er kann widersprechen, wenn er der Auffassung ist, dass sie für die Gemeinde nachteilig sind.

198 Diese Regelung darf keineswegs dahin gehend verstanden werden, dass die persönliche Meinung des Bürgermeisters die Allzuständigkeit des Gemeinderats (§ 24 Abs. 1 Satz 2 GemO) beeinflussen könnte. Sie ist vielmehr in ihrem ersten Teil Ausfluss der

---

98 VGH Mannheim 1 S 2155/12, Rn. 9.
99 VGH Mannheim aaO.
100 VGH Mannheim 1 S 1258/90, Rn. 21.
101 VGH Mannheim 3 S 1505/13, Rn. 60.

Gesetzesbindung des Bürgermeisters (Art. 20 Abs. 3 GG) und in ihrem zweiten Teil Ausdruck der starken Stellung des Bürgermeisters, dem das Recht zukommt, auf gravierende Nachteile einer Beschlussfassung hinzuweisen.

Schon aus Gründen der Rechtsstaatlichkeit ist zu fordern, dass das **Widerspruchsrecht** des Bürgermeisters willkürfrei ausgeübt wird. Dies bedeutet, dass er seine Auffassung in einem entsprechenden Widerspruch begründen muss. Nichts anderes verlangt § 43 Abs. 2 Satz 4 GemO, wonach unter Angabe der Widerspruchsgründe eine neue Gemeinderatssitzung einzuberufen ist, in der erneut über die Angelegenheit zu beschließen ist. Gemäß § 43 Abs. 2 Satz 3 GemO hat der Widerspruch des Bürgermeisters aufschiebende Wirkung. Darunter ist keine aufschiebende Wirkung iSd § 80 Abs. 1 VwGO zu verstehen, da Gemeinderatsbeschlüsse grundsätzlich keine Verwaltungsakte sind. Die aufschiebende Wirkung führt aber dazu, dass bis zu einer endgültigen Entscheidung der **Gemeinderatsbeschluss nicht umgesetzt** wird. In der gemäß § 43 Abs. 2 Satz 4 GemO einzuberufenden neuen Sitzung ist darüber zu entscheiden, ob der Gemeinderat bei seinem ursprünglichen Beschluss bleibt oder ob er ihn auf die Intervention des Bürgermeisters abändern will. Bleibt der Gemeinderat bei seiner Entscheidung, so hat der Bürgermeister, wenn er den Beschluss lediglich für nachteilig hält, keine Einwirkungsmöglichkeit mehr. Er muss jedoch einem Beschluss, den er für rechtswidrig hält, erneut widersprechen (§ 43 Abs. 2 Satz 5 GemO) und unverzüglich die Entscheidung die Entscheidung der Rechtsaufsichtsbehörde herbeiführen. Die Rechtsaufsichtsbehörde (§ 119 GemO)[102] überwacht die Rechtmäßigkeit des kommunalen Handelns und kann den Gemeinderatsbeschluss beanstanden. Hiergegen hat die Gemeinde eine Rechtsschutzmöglichkeit (vgl. § 125 GemO). Der Gemeinderat kann demnach beschließen, gegen eine aufsichtsrechtliche Beanstandung ein Rechtsmittel einzulegen und der Bürgermeister muss diesen Beschluss vollziehen.

199

Im Rahmen der Vollziehung von Gemeinderatsbeschlüssen, aber auch bei Geschäften der laufenden Verwaltung (§ 44 Abs. 2 GemO), stellt sich regelmäßig die Frage nach der **Wirksamkeit der Außenvertretung** durch den Bürgermeister. Gemäß § 42 Abs. 1 Satz 2 GemO vertritt der Bürgermeister die Gemeinde. Aus dieser Norm folgt nach der ständigen Rechtsprechung des BGH, dass die organschaftliche Vertretungsmacht des Bürgermeisters im Außenverhältnis allumfassend und unbeschränkt ist. Die Gemeinde wird durch seine Erklärungen grundsätzlich auch dann verpflichtet, wenn es an einem erforderlichen Beschluss des Gemeinderats fehlt.[103] Schließt also der Bürgermeister ohne die erforderliche Zustimmung des Gemeinderates einen öffentlich-rechtlichen oder privatrechtlichen Vertrag, so scheitert die Wirksamkeit dieses Vertrages nicht daran, dass die Vertretungsmacht fehlen könnte (§ 42 Abs. 1 Satz 2 GemO). Unter Umständen können insbesondere öffentlich-rechtliche Verträge aber gegen gesetzliche Verbote verstoßen (§ 59 Abs. 1 LVwVfG iVm § 134 BGB), da die Gemeinde der Gesetzmäßigkeit der Verwaltung verpflichtet ist und keine Verträge contra legem abschließen kann. Solche Verträge müssen jedoch an der Verbotsnorm gemessen werden. An der fehlenden Vertretungsmacht scheitern diese Verträge nicht, da sich die Wirk-

200

---

102 Dazu unten ausführlich Rn. 242 ff.
103 BGH V ZR 266/14, Rn. 7 mwN.

samkeit der Vertretungsmacht im Außenverhältnis unabhängig von der internen Willensbildung an der Vertretung juristischer Personen des Zivilrechts durch ihre Organe orientiert.[104]

ee) Speziell: Ermächtigungen zur Bekanntmachung von Satzungen und Rechtsverordnungen

201 Der Bürgermeister vertritt nicht nur die Gemeinde nach außen, sondern er vollzieht die Beschlüsse (§ 43 Abs. 1 zweiter Hs. GemO) auch dann, wenn diese nicht im Abschluss von Rechtsgeschäften bestehen. Dazu gehört insbesondere die Veröffentlichung von Satzungen (§ 4 Abs. 3 GemO). Satzungen sind, soweit es keine Spezialregelungen gibt, gemäß **§ 1 DVO GemO** bekannt zu machen. Gemäß § 1 Abs. 1 DVO GemO geschieht dies durch Einrücken in das eigene Amtsblatt der Gemeinde, durch Einrücken in eine bestimmte, regelmäßig erscheinende Zeitung, durch Bereitstellung im Internet oder (bei kleinen Gemeinden) durch Anschlag an der Verkündungstafel des Rathauses.

202 Die Gemeinde ist verpflichtet, die Form der öffentlichen Bekanntmachung durch Satzung zu bestimmen. Satzungen, die unter Verletzung der **Bekanntmachungsvorschriften** bekanntgegeben wurden, sind nichtig. Gemäß § 4 Abs. 4 Satz 2 Nr. 1 GemO ist dieser **Fehler nicht heilbar**. Dies zeigt, dass die Bekanntmachungsvorschriften der Transparenz dienen und nicht lediglich als unbedeutende Verfahrensvorschriften gesehen werden dürfen. Mit den Satzungen setzt die Gemeinde materielles Recht, das in Grundrechte der Einwohnerinnen und Einwohner eingreift. Deshalb ist es sachgerecht, wenn der Gesetzgeber den Bekanntmachungsvorschriften besonderes Gewicht zukommen zu lässt.

203 Die Bekanntmachungsvorschriften gelten auch, wenn der Bürgermeister im Bereich seiner Zuständigkeit für Weisungsaufgaben (§ 44 Abs. 3 GemO) Polizeiverordnungen auszufertigen hat. Gemäß **§ 5 VerkG** werden Rechtsverordnungen der Gemeinden in der für die öffentliche Bekanntmachung von Satzungen bestimmten Form verkündet. Beim Erlass einer Polizeiverordnung (§ 17 f. PolG) gilt somit hinsichtlich der Bekanntmachung ebenfalls § 1 DVO GemO.

6. Kommunalverfassungsrechtliche Konfliktpotentiale
a) Problemstellung

204 Es ist einleuchtend, dass bei der großen Zahl von kommunalen Organen und Organteilen wie Gemeinderat, Bürgermeister, Fraktionen und Ausschüsse, Probleme hinsichtlich der Reichweite der jeweiligen gesetzlichen Kompetenzen auftauchen können. Derartige Streitigkeiten um organschaftliche Rechte werden als „Kommunalverfassungsstreitigkeit" bezeichnet.[105] Dass derartige Streitigkeiten überhaupt entstehen können, liegt daran, dass das Kommunalrecht nicht für jeden Konflikt eine klare Antwort bietet.

---

104 Vgl. BGH aaO sowie (für die Vertretungsbefugnis von Landräten) BAG 7 AZR 133/83, Leitsatz 2 sowie Rn. 27.
105 Dazu ausführlich Rn. 360 ff.

III. Organe der Gemeinde und ihr Handeln

Beispiel: 205

So bestimmt beispielsweise § 18 Abs. 5 GemO, dass derjenige, der an der Beratung und Entscheidung nicht mitwirken darf, die Sitzung verlassen muss. Nicht jedoch regelt die Vorschrift, wann von einem „Verlassen" der Sitzung gesprochen werden kann. Dies führte zu der bereits oben erwähnten Rechtsprechung des VGH Mannheim, dass sich das befangene Gemeinderatsmitglied mit seinem Stuhl unter die Zuschauer zurückziehen muss und eine Durchgangsbreite zwischen sich und dem Gemeinderatsgremium schaffen muss.[106]

Beispiel: 206

Ist die Ausübung eines gemeindlichen Vorkaufsrechts an einem Waldgrundstück eine Angelegenheit der laufenden Verwaltung gemäß § 44 Abs. 2 Satz 1 GemO oder bedarf es dazu eines Gemeinderatsbeschlusses? Der VGH Mannheim[107] hat den Rechtsstreit im letzteren Sinne entschieden.

Solche Entscheidungen kann und muss man nicht im Detail kennen, um in einer Klausur sachorientiert arbeiten zu können. Wenn man die Argumentation des VGH kennt, ist dies hilfreich, ersetzt aber nicht die eigene Auseinandersetzung mit der Problematik. Entscheidend ist, dass man in der Lage ist, unbestimmte Rechtsbegriffe zu definieren, also beispielsweise den Begriff der „laufenden Verwaltung" als die regelmäßig und ständig wiederkehrenden Aufgaben zu erläutern, und dann im Anschluss eine eigene Argumentation anzubringen, warum die Voraussetzungen der Norm gegeben sind oder nicht. So könnte man bei der Ausübung des gemeindlichen Vorkaufsrechts im oben genannten Beispiel durchaus auch die Auffassung vertreten, es handele sich um eine Aufgabe der laufenden Verwaltung, wenn in der Gemeinde regelmäßig Vorkaufsrechte ausgeübt werden, weil sie über sehr viele Waldgrundstücke verfügt. 207

Insgesamt beherbergt das Kommunalrecht zahlreiche derartige Konfliktpotentiale, die sämtlich unter Zuhilfenahme der einschlägigen Norm und mit einer eigenen fundierten Argumentation, die bei einem entsprechenden kommunalpolitischen Interesse problemlos gelingen sollte, einer gut vertretbaren Lösung zugeführt werden können, auch ohne das Ergebnis einer VGH-Entscheidung zu kennen. Ausgangspunkt ist dabei stets der Wortlaut einer konkreten Norm. 208

In Kommunalverfassungsstreitigkeiten ist vor allem die grundlegende **Trennung zwischen den Aufgaben des Bürgermeisters und des Gemeinderats** zu beachten. Ausgangspunkt ist dabei immer § 24 Abs. 1 Satz 2 GemO, die Allzuständigkeit des Gemeinderates, wonach der Gemeinderat über alle Angelegenheiten in der Gemeinde entscheidet, soweit nicht der Bürgermeister kraft Gesetzes zuständig ist. Dem kann der Bürgermeister insbesondere seine Kompetenzen gemäß § 44 GemO entgegensetzen, wonach er die Gemeindeverwaltung leitet (§ 44 Abs. 1 Satz 1 GemO) und die Geschäfte der laufenden Verwaltung (§ 44 Abs. 2 Satz 1 GemO) sowie die Weisungsaufgaben in eigener Zuständigkeit erledigt (§ 44 Abs. 3 Satz 1 GemO). 209

Die **Fraktionen** wiederum können sich auf ihr grundsätzliches Recht zum Zusammenschluss aus § 32a Abs. 1 Satz 1 GemO berufen sowie auf die Rechte, die ihnen in der 210

---

106 VGH Mannheim 3 S 2574/99, Leitsatz mwN.
107 VGH Mannheim 5 S 2498/95, Rn. 25.

Gemeindeordnung ausdrücklich zugewiesen sind, wie etwa die Darlegung ihrer Auffassungen im Amtsblatt (§ 20 Abs. 3 Satz 1 GemO), das Recht, unterrichtet zu werden (§ 24 Abs. 3 Satz 1 GemO), oder das Antragsrecht bezüglich eines Tagesordnungspunkts der Gemeinderatssitzung (§ 34 Abs. 1 Satz 4 GemO).[108]

b) Beispiele

211 Die folgenden Beispiele aus der Rechtsprechung können ein wenig verdeutlichen, wie mit Gesetzeswortlaut, Funktion der jeweiligen Organe und Sinn und Zweck der Normen gearbeitet werden kann:

212 **Beispiel:**
Der Bürgermeister ist der Auffassung, da er die Sitzung leite, habe er einen gerichtlich nicht überprüfbaren Beurteilungsspielraum, ob ein Tagesordnungspunkt öffentlich oder nichtöffentlich anzusetzen sei. Trifft dies zu?

213 Beurteilungsspielräume, also nur eingeschränkt gerichtlich überprüfbare Entscheidungen bei der Subsumtion unbestimmter Rechtsbegriffe, gibt es im Verwaltungsrecht nur ausnahmsweise.[109] Insofern sind zwar die Begriffe „öffentliches Wohl" oder „berechtigte Interessen einzelner" in § 35 Abs. 1 Satz 1 GemO unbestimmte Rechtsbegriffe, für einen Beurteilungsspielraum ist dennoch nichts ersichtlich. Der VGH Mannheim hat darauf abgestellt, dass es im Falle des § 35 Abs. 1 Satz 2 GemO zur Annahme eines Beurteilungsspielraums nicht hinreichend sei, dass der Bürgermeister eine Prognose abgeben müsse.[110] Vielmehr handele es sich um einen unbestimmten Rechtsbegriff, der voll der gerichtlichen Kontrolle unterliege, so dass die Frage, ob die Öffentlichkeit zu Recht ausgeschlossen wurde, gerichtlich überprüft werden könne.

214 Dies hat zur Folge, dass beispielsweise eine Satzung, die unter Verletzung der Öffentlichkeitsvorschriften zustande gekommen ist, gemäß § 4 Abs. 4 Satz 2 Nr. 2 GemO nichtig ist. Hier hat der VGH Mannheim damit argumentiert, dass es im demokratischen Rechtsstaat darauf ankomme, das Interesse der Bürgerschaft an der Selbstverwaltung zu wecken und zu erhalten. Diesem Ziel und auch der allgemeinen Kontrolle der Gemeinde durch die Öffentlichkeit diene die Vorschrift des § 35 GemO.[111]

215 **Beispiel:**
Kann ein einzelner Gemeinderat eine Fraktion sein?[112]

216 Auch über diese Frage musste der VGH Mannheim entscheiden.[113] Hier hätte der Antragsteller schon merken dürfen, dass der Wortlaut des Gesetzes die Grenze der Auslegung darstellt: § 32a Abs. 1 Satz 1 GemO formuliert, dass „Gemeinderäte" sich zu Fraktionen zusammenschließen können. Dies schließt schon begrifflich aus, dass sich

---

108 Strukturbedingt jedoch keine Rechte des gesamten Gemeinderats oder einzelner Ratsmitglieder, VGH Mannheim 1 S 424/20, Leitsätze 2 und 3.
109 Im Wesentlichen bei Prüfungsentscheidungen, prüfungsähnlichen Entscheidungen und Prognoseentscheidungen sowie Risikobewertungen im Umwelt- und Wirtschaftsrecht, vgl. *Maurer/Waldhoff*, Allgemeines Verwaltungsrecht, § 7 III 3.
110 VGH Mannheim 3 S 1465/18, Rn. 24.
111 VGH Mannheim aaO, Rn. 30.
112 Vgl. oben Rn. 116.
113 VGH Mannheim 1 S 617/17, Rn. 7.

ein einzelner Gemeinderat mit sich selbst (!) zu einer Fraktion zusammenschließen kann. Der VGH Mannheim hat darüber hinaus auch noch ein Argument aus der Entstehungsgeschichte der Norm eingebracht, welches der Bearbeiter einer Klausur selbstverständlich nicht kennen kann: Der Gesetzgeber hat bewusst von seiner ursprünglichen Intention, Rechte von einzelnen fraktionslosen Gemeinderäten zu regeln, Abstand genommen.[114]

Beispiel: 217
Kann ein einzelnes Gemeinderatsmitglied im Rahmen seines Fragerechts gemäß § 24 Abs. 4 Satz 1 GemO in Erfahrung bringen, welche genehmigungs- und anzeigepflichtige Nebentätigkeit der Bürgermeister ausübt?

Auch hier hilft zunächst der Wortlaut der Vorschrift. Da § 24 Abs. 4 Satz 1 GemO auf 218 § 24 Abs. 3 Satz 1 GemO verweist, muss es sich bei der Frage, die der einzelne Gemeinderat stellt, um eine Angelegenheit der Gemeinde handeln. Der Wortlaut der Vorschrift war auch Ausgangspunkt für die Argumentation des VGH Mannheim.[115] Hiernach gehören zu den Angelegenheiten der Gemeinde und ihrer Verwaltung iSv § 24 Abs. 3 Satz 1 GemO solche, für die der Gemeinderat und seine Ausschüsse zuständig sind, sowie solche, die in die Zuständigkeit des Bürgermeisters fallen. Der VGH Mannheim hat daher den Auskunftsanspruch verneint, weil die Verpflichtung des Beklagten zur Abgabe einer Nebentätigkeitserklärung gegenüber dem Regierungspräsidium als Dienstaufsichtsbehörde keine kommunalrechtliche, sondern eine dienstrechtliche (beamtenrechtliche) Angelegenheit darstelle.[116]

Allen drei Entscheidungen ist gemeinsam, dass sie ihren Ausgangspunkt im Wortlaut 219 der jeweiligen Vorschrift nehmen. Diese Vorgehensweise ist zwingend. Ohne die Bezugnahme auf eine Rechtsnorm lassen sich kommunalverfassungsrechtliche Ansprüche nicht realisieren und demnach auch keine Klausur lösen. Es ist unvermeidbar, dass in einer Klausur gerade in diesem Bereich Fragestellungen auftreten können, zu denen es noch keine gefestigte Rechtsprechung gibt. In diesen Fällen ist es geboten, ausgehend vom Gesetzeswortlaut eine kreative Argumentation zu finden, die sehr häufig mit der Funktion der Norm, mit den Aufgaben der Organe, mit dem Wesen der kommunalen Selbstverwaltung und schließlich auch mit den Grundsätzen des Demokratieprinzips begründet werden kann.

IV. Kommunalaufsicht

1. Rechtsaufsicht und Fachaufsicht

Gemeinden und Landkreise sind der Gesetzmäßigkeit der Verwaltung verpflichtet 220 (Art. 20 Abs. 3 GG). Die rechtsstaatliche Selbstverständlichkeit, dass Träger öffentlicher Gewalt rechtmäßig handeln müssen, ist im Einzelfall unter Umständen durchaus schwierig zu gewährleisten. Fehlende Erfahrung bei der Gesetzesanwendung, restriktives Behördendenken, aber auch viele gesetzliche Neuerungen und zuvor noch nicht gekannte Sachverhalte machen das kommunale wie auch das behördliche Handeln all-

---

114 VGH Mannheim aaO unter Berufung auf LT-Drs. 15/7265, S. 25.
115 VGH Mannheim 1 S 786/00, Rn. 20.
116 VGH Mannheim aaO Rn. 23.

gemein fehleranfällig. Unabhängig von der Frage individueller Rechtsverletzungen bedarf es daher verfassungsrechtlich implementierter Kontrollmechanismen, um den rechtsstaatlich so wertvollen Grundsatz der Gesetzmäßigkeit der Verwaltung objektiv sicherzustellen.

221 Auf Verfassungsebene funktioniert diese Kontrolle relativ unbeachtet von der Öffentlichkeit im Wesentlichen über Art. 84 Abs. 1 GG: Die Bundesregierung übt die Aufsicht darüber aus, dass die Länder die Bundesgesetze dem geltenden Recht gemäß ausführen (Rechtsaufsicht). In gleicher Weise kontrolliert das Land Baden-Württemberg die Gemeinden.

222 Gemäß § 118 Abs. 1 GemO hat die Aufsicht die Gesetzmäßigkeit der Verwaltung sicherzustellen. Insofern handelt es sich um eine konsequente Fortführung der Schutzmechanismen zur Durchsetzung dieses rechtsstaatlichen Verfassungsgrundsatzes. § 118 Abs. 1 GemO enthält jedoch eine weitere wichtige Information: Die Aufsicht in weisungsfreien Angelegenheiten beschränkt sich darauf, die Gesetzmäßigkeit der Verwaltung sicherzustellen. Mit der Bezugnahme auf die „weisungsfreie Angelegenheiten" nimmt der Gesetzgeber alle Angelegenheiten in den Blick, die durch Art. 28 Abs. 2 GG gewährleistet werden, etwa die Bauleitplanung, das Straßenrecht, den Zugang zu öffentlichen Einrichtungen und den Ablauf von Gemeinderatssitzungen. In diesen Fällen „beschränkt" sich die Kontrolle durch den Staat auf die **Gesetzmäßigkeit des kommunalen Handelns**. Eine **Kontrolle der Zweckmäßigkeit**, also der Frage, ob eine Entscheidung kommunalpolitisch sinnvoll ist, darf in weisungsfreien Angelegenheiten **nicht stattfinden**.

223 **Beispiel:**
Die Rechtsaufsichtsbehörde beanstandet einen Bebauungsplan, weil beim Satzungsbeschluss ein befangenes Gemeinderatsmitglied mitgewirkt hat und außerdem, weil die Rechtsaufsichtsbehörde an dieser Stelle ein Gewerbegebiet für wichtiger hält als das von der Gemeinde beschlossene allgemeine Wohngebiet.

224 Hinsichtlich des ersten Teiles des Satzungsbeschlusses darf die Aufsichtsbehörde eingreifen: Bei der Mitwirkung eines befangenen Gemeinderatsmitglieds handelt es sich um einen Verstoß gegen § 18 Abs. 1 GemO mit der Folge, dass der Gemeinderatsbeschluss rechtswidrig ist (§ 18 Abs. 6 Satz 1 GemO). Die Gemeinde hat also einen rechtswidrigen Bebauungsplan beschlossen, was das Vorgehen der Rechtsaufsichtsbehörde rechtfertigt. Im zweiten Teil ist dies jedoch nicht der Fall: Hier nimmt die Rechtsaufsichtsbehörde in einer „weisungsfreien Angelegenheit" iSv § 118 Abs. 1 GemO, nämlich der von Art. 28 Abs. 2 GG gewährleisteten Planungshoheit, einen Eingriff in die Zweckmäßigkeit des kommunalen Handelns vor. Dies ist unzulässig. Es erscheint dann auch als selbstverständlich, dass die Gemeinde gegen rechtswidrige Aufsichtsmaßnahmen eine Klagemöglichkeit hat (vgl. § 125 GemO), da sie der Aufsichtsmaßnahme ihre wehrfähige Rechtsposition aus Art. 28 Abs. 2 GG entgegensetzen kann.

225 Anders verhält es sich im Bereich der **Fachaufsicht**. § 118 Abs. 2 GemO regelt, dass sich die Aufsicht über die Erfüllung von Weisungsaufgaben nach den hierüber erlasse-

nen Gesetzen bestimmt (Fachaufsicht). Diese Norm erklärt sich einmal mehr aus dem Umstand, dass die Gemeinde (wie auch das Landratsamt) nicht nur kommunale Selbstverwaltungsaufgaben wahrnimmt, sondern auch solche des übertragenen Wirkungskreises. Diese Aufgaben, insbesondere solche der „unteren Verwaltungsbehörde", vgl. § 15 Abs. 2 LVG, sind keine Selbstverwaltungsaufgaben, sondern solche, die originär vom Land Baden-Württemberg wahrgenommen werden. In den Stadtkreisen und Großen Kreisstädten (§ 15 Abs. 2 LVG) werden die Aufgaben der unteren Verwaltungsbehörde von der Gemeinde wahrgenommen.

Das Land Baden-Württemberg hat ein Interesse daran, dass diese Aufgaben in einer Weise wahrgenommen werden, wie sich dies das Land Baden-Württemberg sowohl hinsichtlich der Rechtmäßigkeit als auch hinsichtlich der Zweckmäßigkeit vorstellt. Deshalb ist in diesen Bereichen die Kontrolle des kommunalen Handelns strenger: sie erstreckt sich auf die **Rechtmäßigkeit und Zweckmäßigkeit des behördlichen Handelns**. Wie § 118 Abs. 2 GemO erklärt, ist hierzu ein Blick in die jeweiligen Fachgesetze erforderlich. Gleichsam gemeinsam für alle Fachgesetze beschreibt § 21 LVG, was unter Fachaufsicht zu verstehen ist. In § 21 Abs. 3 LVG heißt es: „Die Fachaufsichtsbehörden haben ein unbeschränktes Weisungsrecht". Für das Bauordnungsrecht wird dies in § 47 Abs. 5 Satz 1 LBO präzisiert, wonach die für die Fachaufsicht zuständigen Behörden den nachgeordneten Baurechtsbehörden unbeschränkt Weisungen erteilen können. Gemäß § 46 Abs. 1 Nr. 2 und 3 LBO sind die unteren Verwaltungsbehörden den Regierungspräsidien nachgeordnet. Beide wiederum sind dem jeweils zuständigen Ministerium (§ 46 Abs. 1 Nr. 1 LBO) nachgeordnet. Somit funktioniert die **Weisungserteilung von oben nach unten.** 226

Beispiel: 227
Das zuständige Ministerium erteilt den vier Regierungspräsidien in Baden-Württemberg die Weisung, dafür zu sorgen, dass an allen Schulen Baden-Württembergs, die eine bestimmte Bauart aufweisen, Außentreppen aus nicht brennbarem Material errichtet werden sollen. Das jeweilige Regierungspräsidium weist in entsprechender Weise die unteren Verwaltungsbehörden in seinem Zuständigkeitsbezirk an. Die unteren Verwaltungsbehörden (= untere Baurechtsbehörden, § 46 Abs. 1 Nr. 3 LBO) erlassen gegen die Schulträger (Gemeinden) entsprechende baurechtliche Anordnungen aufgrund von § 47 Abs. 1 LBO zur Durchsetzung des § 15 LBO (Brandschutz).

Weisungen hinsichtlich der Zweckmäßigkeit kommunalen Handelns sind auch im Polizeirecht möglich. 228

Beispiel: 229
Das Regierungspräsidium kann die Ortspolizeibehörde einer Großen Kreisstadt anweisen, an Plätzen in der Stadt, auf denen viel Alkohol getrunken wird, verstärkt Identitätsfeststellungen durchzuführen.

Diese Befugnis ergibt sich aus einer dem Baurecht vergleichbaren Konstellation: Gemäß § 109 Nr. 3a PolG führen die Regierungspräsidien die Fachaufsicht über die Ortspolizeibehörden in den Großen Kreisstädten. Gemäß § 110 Abs. 1 PolG können die Fachaufsichtsbehörden im Rahmen ihrer Zuständigkeit unbeschränkt Weisungen erteilen, denen die allgemeinen Polizeibehörden zu folgen haben (§ 110 Abs. 1 Satz 2 PolG). Ähnlich wie im Bauordnungsrecht (dort § 47 Abs. 5 Satz 2 LBO) regelt § 110 230

Abs. 2 PolG eine Art Selbstantrittsrecht der Fachaufsichtsbehörde, falls der Weisung keine Folge geleistet wird.

231 Bedeutet demnach Rechtsaufsicht Rechtmäßigkeitskontrolle und Fachaufsicht (auch) Zweckmäßigkeitskontrolle, ist es in einer Klausur oftmals nicht sofort klar, welcher dieser Aufsichtsarten **eine aufsichtsbehördliche Maßnahme zuzuordnen** ist. Dies liegt zum einen darin begründet, dass Rechts- und Fachaufsichtsbehörde in sehr vielen Fällen identisch sind (Regierungspräsidium!), zum anderen auch darin, dass Begriffe wie „Beanstandung", oder „Anordnung" nicht die Zuordnung zu einer Aufsichtsart charakterisieren.

232 Beanstandungen und Anordnungen (§§ 121, 122 GemO) können sowohl in einer Materie ergehen, die allein der Rechtsaufsicht unterliegt, als auch in einer Materie, die der Fachaufsicht zugewiesen ist (vgl. § 129 Abs. 2 Satz 2 GemO).

233 **Beispiel:**
Das Regierungspräsidium beanstandet einen Gemeinderatsbeschluss (Rechtsaufsicht). Dasselbe Regierungspräsidium beanstandet die Erteilung einer Baugenehmigung (Fachaufsicht).

234 In Klausuren sollte man die Unterscheidung zwischen Rechts- und Fachaufsicht erst dort ansprechen, wo es wirklich erforderlich ist, nämlich bei der Subsumtion der Ermächtigungsgrundlage.

235 Häufig kann eine Konstellation darin bestehen, dass die Gemeinde oder ein Dritter **gegen einen Aufsichtsakt vorgehen** will. Hier stellt sich als erstes die Frage nach der Klageart. Um gegen einen Aufsichtsakt mit der Anfechtungsklage vorgehen zu können, muss dieser ein Verwaltungsakt sein. Problematisch ist dabei die Frage der Außenwirkung iSv § 35 LVwVfG.

236 **Beispiel:**
Die Stadt S erhält in ihrer Eigenschaft als untere Verwaltungsbehörde (Straßenverkehrsbehörde) die Weisung, bestimmte namentlich benannte Straßen aus der Anordnung zur Einrichtung geschwindigkeitsbeschränkter Zonen herauszunehmen. Die Stadt hatte die geschwindigkeitsbeschränkten Zonen eingerichtet, um den Verkehr in Wohngebieten zu beruhigen.

237 Die Frage, ob es sich hier um einen Akt der Rechtsaufsicht oder der Fachaufsicht handelt, ist für die Klageart sekundär. Entscheidend ist das Merkmal der Außenwirkung. Im entschiedenen Fall[117] hat das BVerwG einen Verwaltungsakt angenommen, weil die Rechtswirkung der Weisung unter Berücksichtigung des zugrundeliegenden materiellen Rechts nicht im staatlichen Innenbereich verbleibt, sondern auf den rechtlich geschützten Bereich der Gemeinde in Selbstverwaltungsangelegenheiten übergreift und damit Außenwirkung erzeugt.

238 Konkret bedeutet dies, dass immer dann, wenn sich eine Aufsichtsmaßnahme, egal wie sie sich nennt, **in eine von Art. 28 Abs. 2 GG geschützte Materie eingreift**, ein Verwaltungsakt angenommen werden muss. Dann ist auch die Anfechtungsklage die richtige Klageart. Ob der Eingriff gerechtfertigt ist, ist dann eine Frage der Begründetheit.

---

117 BVerwG 11 C 4.94, Leitsatz 2 sowie Rn. 11.

Beispiel: 239

Das Regierungspräsidium als höhere Baurechtsbehörde weist die Große Kreisstadt an, gegen einen Bauherrn eine bauordnungsrechtliche Verfügung zu erlassen und gleichzeitig den Sachbearbeiter in der unteren Baurechtsbehörde zu versetzen.

Diese Aufsichtsmaßnahme stellt in ihrem zweiten Teil einen Verwaltungsakt dar, weil 240 sie in die von Art. 28 Abs. 2 GG geschützte Personalhoheit der Gemeinde eingreift. Im ersten Teil (baurechtliche Anordnung) ist die Außenwirkung dagegen zu verneinen: Die Weisung hat zwar, wie jede Weisung, eine Regelungswirkung, sie greift jedoch nicht in eine von Art. 28 Abs. 2 GG geschützte Rechtsposition ein, da das Bauordnungsrecht keine kommunale Selbstverwaltungsaufgabe darstellt, sondern zum übertragenen Wirkungskreis gehört.

Soweit ein Aufsichtsakt in eine von Art. 28 Abs. 2 GG geschützte Rechtsposition eingreift, hat die Gemeinde gegen den Aufsichtsakt auch eine Klagebefugnis, da gerade der Eingriff in eine von der Selbstverwaltungsgarantie geschützte Rechtsposition die mögliche Rechtsverletzung indiziert. Dritte dagegen können von Aufsichtsmaßnahmen in der Regel nicht betroffen sein.

2. Zuständigkeiten bei der Rechtsaufsicht

Für die Rechtsaufsicht ist für die schlicht kreisangehörigen Gemeinden das **Landrats-** 242 **amt** als untere Verwaltungsbehörde zuständig. Für Stadtkreise und Große Kreisstädte ist Rechtsaufsichtsbehörde das **Regierungspräsidium** (§ 119 Abs. 1 Satz 1 GemO). Ob eine Stadt Stadtkreis ist, ist abschließend in § 12 LVG geregelt, wo die Regierungsbezirke beschrieben werden. In den jeweiligen Absätzen sind die Stadtkreise explizit genannt. Ob eine Stadt Große Kreisstadt ist und damit wie die Stadtkreise der Rechtsaufsicht des Regierungspräsidiums unterliegt, muss in einem Klausursachverhalt mitgeteilt sein. Die Liste der Großen Kreisstädte ist den in den Examina zugelassenen Gesetzessammlungen nicht zu entnehmen.[118]

Die Unterscheidung, ob das Landratsamt oder das Regierungspräsidium Rechtsauf- 243 sichtsbehörde ist, hat nicht nur Auswirkungen auf die Zuständigkeit, sondern im Falle der Klage einer Gemeinde gegen eine Aufsichtsmaßnahme auch auf die Durchführung eines Vorverfahrens: Gemäß **§ 15 Abs. 1 Satz 1 AGVwGO** bedarf es **keines Vorverfahrens**, wenn das Regierungspräsidium einen Verwaltungsakt erlassen oder abgelehnt hat. Damit ist § 15 AGVwGO eine gesetzliche Regelung iSv § 68 Abs. 1 Satz 2 1 Alt. VwGO, wonach das Vorverfahren gesetzlich ausgeschlossen werden kann.

Beispiel: 244

Das Landratsamt beanstandet einen Gemeinderatsbeschluss der kreisangehörigen Gemeinde Elterichsdorf. Da die Beanstandung ein Verwaltungsakt ist, muss die Gemeinde, bevor sie klagen kann, ein Widerspruchsverfahren durchführen. – Das Regierungspräsidium beanstandet einen Gemeinderatsbeschluss der Großen Kreisstadt Bretten. Hier ist die Klage direkt eröffnet, da gemäß § 15 Abs. 1 Satz 1 AGVwGO ein Vorverfahren nicht stattfindet.

---

118 Eine Liste der Großen Kreisstädte Baden-Württemberg findet sich unter www.landeskunde-baden-wuerttemberg.de/die-gemeinde#c83440.

245 § 12 LVG, in dem die Stadtkreise und Landkreise genannt werden, hat darüber hinaus auch Bedeutung für die Bestimmung des örtlich zuständigen Verwaltungsgerichts. In einer Klausur ist jederzeit mit Sachverhalten zu rechnen, in denen der Stadt- oder Landkreis konkret genannt wird.

246 **Beispiel:**
Ein Bauherr in der Gemeinde Gütenbach (Schwarzwald-Baar-Kreis) klagt wegen einer Abbruchanordnung. Welches Verwaltungsgericht ist zuständig?

247 Gemäß § 52 Nr. 1 VwGO ist bei einer Streitigkeit, die sich auf unbewegliches Vermögen oder ortsgebundenes Recht bezieht (hier: Grundstück), nur das Verwaltungsgericht örtlich zuständig, in dessen Bezirk das Vermögen oder der Ort liegt. Es muss demnach bestimmt werden, in welchem Verwaltungsgerichtsbezirk die Gemeinde Gütenbach liegt. Gemäß § 1 Abs. 2 AGVwGO sind die Verwaltungsgerichtsbezirke mit den Regierungsbezirken identisch. Demnach ist zu ermitteln, zu welchem Regierungsbezirk die Gemeinde Gütenbach gehört. Sie gehört dem Schwarzwald-Baar-Kreis an, der gemäß § 12 Abs. 3 LVG zum Regierungsbezirk Freiburg gehört. Damit ist gemäß § 1 Abs. 2 AGVwGO das Verwaltungsgericht Freiburg örtlich zuständig.

248 Eine **versteckte Zuständigkeit** für Rechtsaufsichtsmaßnahmen der §§ 121 bis 124 GemO findet sich in § 129 Abs. 2 Satz 2 GemO. Sollten Beanstandungen oder Anordnungen erforderlich werden, weil eine Gemeinde bei Wahrnehmung einer Weisungsaufgabe gegen das Gesetz verstoßen hat, so ist auch hierfür die Rechtsaufsichtsbehörde zuständig.

249 **Beispiel:**
Das Regierungspräsidium erlässt eine förmliche Beanstandung gegen die Große Kreisstadt G, weil diese eine rechtswidrige Baugenehmigung erteilt hat.

250 Hier greift die Zuständigkeit des Regierungspräsidiums als Rechtsaufsichtsbehörde gemäß § 129 Abs. 2 Satz 2 GemO ein. Wäre dagegen ein Gemeinderatsbeschluss beanstandet worden (Selbstverwaltungs- und keine Weisungsaufgabe), lässt sich die Zuständigkeit der Rechtsaufsichtsbehörde auf § 119 Satz 1 GemO stützen. Freilich ist zu fragen, ob derartige förmliche Beanstandungen bei Weisungsaufgaben überhaupt vorkommen. Üblicherweise wird – gerade im Bauordnungsrecht – das Regierungspräsidium in seiner Funktion als höhere Baurechtsbehörde die Problematik mithilfe einer Weisung lösen (§ 47 Abs. 5 Satz 1 LBO) und im Extremfall, wenn die Große Kreisstadt als untere Baurechtsbehörde der Weisung keine Folge leistet, vom Selbsteintrittsrecht des § 47 Abs. 5 Satz 2 LBO Gebrauch machen.[119]

3. Instrumente der Rechtsaufsicht

251 Die Instrumente der Rechtsaufsicht finden sich in §§ 120 bis 124 GemO.

252 Nach § 120 GemO kann sich die Rechtsaufsichtsbehörde über einzelne Angelegenheiten der Gemeinde in geeigneter Weise unterrichten. Es ist nicht ersichtlich, dass dieses

---

[119] Nach Auffassung des VGH Mannheim soll jedoch das Gebrauchmachen von diesem Selbsteintrittsrecht nicht zu einer Veränderung der Zuständigkeit hinsichtlich des baurechtlichen Verwaltungsakts im Außenverhältnis zum Adressaten führen. VGH Mannheim 3 S 2145/14, Rn. 2 f.

Informationsrecht zu urteilsrelevanten Rechtsstreitigkeiten geführt hätte. Der Wortlaut der Vorschrift erklärt sich von selbst. Soweit die Rechtsaufsichtsbehörde Informationen von der Gemeinde anfordert, müssen sich diese Informationen auf die Rechtmäßigkeitskontrolle in weisungsfreien Angelegenheiten beziehen (§ 118 Abs. 1 GemO).

Dagegen ist die **Beanstandung** gemäß § 121 Abs. 1 Satz 1 (ggf. iVm Satz 2) GemO ein Verwaltungsakt, da sie die „generelle Eignung" besitzt, in das Selbstverwaltungsrecht der Gemeinde einzugreifen.[120] Rechtmäßigkeitsvoraussetzung einer Beanstandung ist, dass die Beschlüsse und Anordnungen der Gemeinde, die beanstandet werden, das Gesetz verletzen, also rechtswidrig sind. Die Außenwirkung der Beanstandung als Verwaltungsakt ergibt sich daraus, dass die Gemeinde durch die Beanstandung als Selbstverwaltungskörperschaft betroffen ist.[121] Nach dem Wortlaut von § 121 Abs. 1 Satz 1 GemO kann die Rechtsaufsichtsbehörde die Beschlüsse und Anordnungen der Gemeinde nicht nur beanstanden, sondern darüber hinaus auch verlangen, dass sie von der Gemeinde binnen einer angemessenen Frist aufgehoben werden. Dies ist jedoch bei Gemeinderatsbeschlüssen nicht erforderlich, da sie, wenn sie rechtswidrig sind, nichtig sind und deshalb nicht ausdrücklich aufgehoben werden müssen.

253

Beispiel:
Die Rechtsaufsichtsbehörde beanstandet einen Gemeinderatsbeschluss, bei dem ein befangenes Gemeinderatsmitglied mitgewirkt hat.

254

Die ausdrückliche Aufhebung dieses Gemeinderatsbeschlusses ist nicht erforderlich; er ist eo ipso rechtswidrig und damit nichtig, sofern nicht im konkreten Fall die Gültigkeitsfiktion des § 18 Abs. 6 Satz 2 GemO greift. Wichtig ist in diesem Zusammenhang § 121 Abs. 1 Satz 3 GemO: Die Beanstandung **hat aufschiebende Wirkung**. Dies hat trotz der Wortgleichheit nichts mit § 80 Abs. 1 VwGO zu tun, sondern bedeutet, dass die beanstandeten Maßnahmen der Gemeinde nicht vollzogen werden dürfen.

255

Beispiel:
Der Gemeinderat beschließt eine Satzung über Anschluss- und Benutzungszwang. Die Rechtsaufsichtsbehörde beanstandet den Gemeinderatsbeschluss, weil sie die Befreiungsregelung für nicht hinreichend hält. Die aufschiebende Wirkung des § 121 Abs. 1 Satz 3 GemO bewirkt, dass die Satzung nicht öffentlich bekannt gemacht werden darf.

256

Die Beanstandung betrifft nicht nur Gemeinderatsbeschlüsse, sondern auch Anordnungen der Gemeinde. Dieser Begriff ist unter der Berücksichtigung des Gesetzestextes, wonach die Aufsicht die Gesetzmäßigkeit der Verwaltung sicherzustellen hat (§ 118 Abs. 1 GemO), weit zu fassen und bezieht sich auf sämtliche Tätigkeiten in weisungsfreien Angelegenheiten.

257

Beispiel:
Die Rechtsaufsichtsbehörde kann gemäß § 121 Abs. 1 Satz 2 GemO verlangen, dass ein zivilrechtlicher Vertrag, den der Bürgermeister in Ausführung eines rechtswidrigen Gemeinderatsbeschlusses geschlossen hat, rückabgewickelt wird.

258

---

120 VGH Mannheim 1 S 183/15, Rn. 38.
121 VGH Mannheim aaO.

259 § 121 Abs. 2 GemO enthält einen weiteren Mechanismus zur Rechtsmäßigkeitskontrolle der Gemeinden in weisungsfreien Angelegenheiten. Ein Beschluss der Gemeinde, der nach Gesetz nicht genehmigungs-, aber vorlagepflichtig ist, darf erst vollzogen werden, wenn die Rechtsaufsichtsbehörde die Gesetzmäßigkeit bestätigt oder den Beschluss nicht innerhalb eines Monats beanstandet hat. Dies betrifft in erster Linie Satzungen gemäß § 4 GemO, vgl. § 4 Abs. 3 Satz 3 GemO.

260 Die **Anordnung** gemäß § 122 GemO kommt in Betracht, wenn die Gemeinde die ihr gesetzlich obliegenden Pflichten nicht erfüllt. Dies ist jedoch auch bei der Beanstandung so, so dass sich die Abgrenzung der beiden Aufsichtsmaßnahmen nicht ohne Weiteres erschließt. Um die beiden Instrumente unterscheiden zu können, ist nach den Folgen zu differenzieren: Während die Beanstandung gemäß § 121 Abs. 1 GemO darauf gerichtet ist, dass gegebenenfalls Beschlüsse und Anordnungen aufgehoben werden, sowie Maßnahmen rückgängig gemacht werden, verpflichtet die Anordnung dazu, dass die Gemeinde innerhalb einer angemessenen Frist notwendige neue Maßnahmen durchführt.

261 **Beispiel:**
Die Rechtsaufsichtsbehörde verpflichtet die Gemeinde, Erschließungsbeiträge zu erheben.[122]

262 Somit ermächtigt § 122 GemO die Rechtsaufsichtsbehörde, von der Gemeinde ein positives Handeln zu verlangen, wenn sie untätig geblieben ist, obwohl sie zum Handeln verpflichtet ist.[123]

263 Gemäß § 123 GemO kann die Rechtsaufsichtsbehörde eine Anordnung „nach §§ 120 bis 122" anstelle und auf Kosten der Gemeinde selbst durchführen oder die Durchführung einem Dritten übertragen.

264 **Beispiel:**
Die Gemeinde hat zu Unrecht eine Straße als Fußgängerzone gewidmet (vgl. § 5 Abs. 3 StrG). Die Rechtsaufsichtsbehörde beanstandet die fehlerhafte Widmung (§ 121 GemO) und verlangt, dass die Fußgängerzonenschilder abgebaut werden.

265 Auch wenn § 123 GemO den Begriff der „Anordnung" verwendet, ist die Vorschrift, wie der Verweis auf §§ 120 bis 122 zeigt, auch auf Beanstandungen anzuwenden. Im Wege der **Ersatzvornahme** kann die Rechtsaufsichtsbehörde im Ergebnis selbst die Fußgängerzonen-Verkehrsschilder abbauen lassen.

266 § 123 GemO ist eine Spezialregelung zu den Vorschriften des Landesverwaltungsvollstreckungsgesetzes und verdrängt insofern § 25 LVwVG.[124] Die Beanstandung (§ 121 GemO) und die Anordnung (§ 122 GemO) sind, wie ausgeführt, Verwaltungsakte. Mit Ausnahme des § 25 LVwVG sind deshalb die Vorschriften des Landesverwaltungsvollstreckungsgesetzes auf die kommunalrechtliche Ersatzvornahme anwendbar, vgl. § 1 Abs. 1 LVwVG. Beanstandungen oder Anordnungen der Rechtsaufsicht können deshalb nur **vollstreckt werden**, wenn die Voraussetzungen des § 2 LVwVG gege-

---

122 Vgl. VGH Mannheim 1 S 2302/92, Rn. 17.
123 VGH Mannheim aaO.
124 Hierzu ausführlich Kapitel Verwaltungsvollstreckungsrecht.

ben sind, wenn sie also entweder unanfechtbar (§ 2 Nr. 1 LVwVG) oder sofort vollziehbar sind (§ 2 Nr. 2 LVwVG). Wenn die Rechtsaufsichtsbehörde also eine Anordnung vollstrecken will, bei der absehbar ist, dass die Gemeinde dagegen Rechtsmittel einlegt, muss sie die sofortige Vollziehung der Anordnung gemäß § 80 Abs. 2 Nr. 4 VwGO anordnen. Darüber hinaus ist die Ersatzvornahme gemäß § 20 Abs. 1 Satz 2 LVwVG vor ihrer Anwendung schriftlich anzudrohen. Von der Androhung kann nur bei Gefahr in Verzug gemäß § 21 LVwVG abgesehen werden.[125]

Das Gesetz sieht gegenüber den Gemeinden noch schärfere Aufsichtsmittel vor, wie etwa die Bestellung eines Beauftragten gemäß § 124 GemO oder gar die vorzeitige Beendigung der Amtszeit des Bürgermeisters (§ 128 GemO). Diese Aufsichtsmöglichkeiten erscheinen jedoch nicht als häufig gebräuchlich.

267

Die Frage der Rechtsschutzmöglichkeit gegen kommunale Aufsichtsmaßnahmen wird weiter unten erörtert.[126]

268

4. Sonderfall Ersetzung des Einvernehmens nach § 36 BauGB

Als besondere Ausprägung der kommunalrechtlichen Ersatzvornahme stellt sich die Ersetzung des fehlenden kommunalen Einvernehmens des § 36 BauGB dar.[127] Gemäß § 36 Abs. 2 Satz 3 BauGB kann die nach Landesrecht zuständige Behörde ein rechtswidrig versagtes Einvernehmen der Gemeinde ersetzen. Dies ist inhaltlich ein Akt der Rechtsaufsicht, da die Gemeinde bei der Erteilung oder Verweigerung ihres Einvernehmens in den Fällen §§ 31, 33 bis 35 BauGB von ihrer kommunalen Planungshoheit Gebrauch macht. Die Aufgabe der Ersetzung des Einvernehmens wurde vom Gesetz jedoch nicht der Rechtsaufsichtsbehörde, sondern der zuständigen Baugenehmigungsbehörde zugewiesen, § 54 Abs. 4 Satz 1 LBO. Die Ersetzung des verweigerten Einvernehmens erfolgt mit der Erteilung der Baugenehmigung, ist aber gemäß § 54 Abs. 4 Satz 4 LBO ausdrücklich zu begründen. § 54 Abs. 4 Satz 3 LBO, wonach die (Bau-)Genehmigung zugleich als Ersatzvornahme gilt, weist darauf hin, dass es sich hier um das Gebrauchmachen von einem Instrument der Rechtsaufsicht handelt. Die Spezialregelung des § 54 Abs. 4 LBO verdrängt dabei § 123 GemO. Ebenso muss keine kommunalrechtliche Beanstandung vorausgehen (§ 54 Abs. 4 Satz 2 GemO). Das Verfahren in § 54 Abs. 4 LBO ist speziell geregelt, so dass auch die Regelungen des Verwaltungsvollstreckungsrechts nicht zur Anwendung kommen. § 54 LBO Abs. 4 stellt insoweit eine **abschließende Regelung** dar.

269

Beispiel:
Die Baugenehmigungsbehörde beabsichtigt, mit der Erteilung der Baugenehmigung das von der Gemeinde verweigerte Einvernehmen zu ersetzen. Sie hört die Gemeinde gemäß § 54 Abs. 4 Satz 6 LBO an. Muss die Baugenehmigungsbehörde jetzt auch noch die Ersatzvornahme androhen (§ 20 LVwVG)?

270

Die Androhung unterbleibt, da § 54 Abs. 4 LBO mit § 123 GemO auch die dort anwendbaren Regelungen des Verwaltungsvollstreckungsrechts verdrängt. Gemäß § 54

271

---
125 Dazu Kapitel Verwaltungsvollstreckungsrecht, Rn. 34 ff.
126 Vgl. unten Rn. 373 ff.
127 Lesen Sie hierzu zunächst ausführlich die Erörterung dieser Thematik im Kapitel Baurecht, Rn. 235 ff.

Abs. 4 Satz 3 LBO „gilt" die Genehmigung als Ersatzvornahme. Sie stellt aber keine Ersatzvornahme gemäß § 123 GemO dar.

5. Fachaufsicht

272 Wie oben dargestellt, spricht man bei der Aufsicht über die Erfüllung von Weisungsaufgaben (also beispielsweise LBO, PolG) von Fachaufsicht. § 118 Abs. 2 GemO enthält eine entsprechende Legaldefinition. Allerdings ergibt sich aus § 118 Abs. 2 GemO nicht, wie die Fachaufsicht im Einzelnen ausgestaltet ist. Dies regeln die jeweiligen **Fachgesetze**, beispielsweise § 47 Abs. 5 LBO.[128] Zur Unterscheidung zwischen Rechts- und Fachaufsicht ist es erforderlich, sich wieder klar zu machen, dass die Gemeinde im Falle der Erfüllung von Weisungsaufgaben letztlich nicht anderes ist als ein verlängerter Arm des Landes Baden-Württemberg, welches sich der Gemeinden bedient, um mithilfe der dortigen Verwaltungsstrukturen Landesaufgaben erfüllen zu lassen. Aus diesem Grund kann es zwischen Rechts- und Fachaufsicht grundsätzlich zu keinen Überschneidungen kommen. Die Fachaufsicht erstreckt sich auf die Rechts- und Zweckmäßigkeit des kommunalen Handelns, denn im Falle der Weisungsaufgaben darf das Land den Gemeinden nicht nur rechtliche, sondern auch inhaltliche Vorgaben machen.

273 In seltenen Fällen kann es zu Abgrenzungsproblemen kommen.

274 **Beispiel:**
Das Regierungspräsidium erlässt gegen die Große Kreisstadt eine „Beanstandung gemäß § 121 GemO". Sie beanstandet die Rechtswidrigkeit einer erteilten Baugenehmigung und verlangt, dass diese Baugenehmigung von der Gemeinde binnen einer konkret genannten Frist aufgehoben wird.

275 Hier findet sich der seltene Fall, dass in einer Materie, die eine Weisungsaufgabe darstellt – hier die LBO – von einem Instrument der Kommunalaufsicht Gebrauch gemacht wird. Dies mag zwar nicht üblich sein, ist jedoch nach dem Wortlaut des Gesetzes zulässig.

276 Gemäß **§ 129 Abs. 2 Satz 2 GemO** darf die Rechtmäßigkeit der Weisungsaufgaben mithilfe der Instrumente der §§ 121 bis 124 GemO durchgesetzt werden. Allerdings findet hier eine **Zuständigkeitsverlagerung auf die Rechtsaufsichtsbehörde** statt. Im vorliegenden Beispiel ergibt sich die Zuständigkeit des Regierungspräsidiums für die Beanstandung der rechtswidrigen Baugenehmigung aus § 129 Abs. 2 Satz 2 GemO iVm § 119 Satz 1 GemO. Hätte das Regierungspräsidium anstelle der Beanstandung der Gemeinde eine Weisung erteilt, so wäre dies nach § 47 Abs. 5 Abs. 1 LBO ebenfalls möglich gewesen. In diesem Fall hätte das Regierungspräsidium als höhere Baurechtsbehörde gemäß § 46 Abs. 1 Nr. 2 LBO gehandelt.

V. Öffentliche Einrichtungen

277 Gemäß § 10 Abs. 2 Satz 1 GemO schafft die Gemeinde in den Grenzen ihrer Leistungsfähigkeit die für das wirtschaftliche, soziale und kulturelle Wohl ihrer Einwoh-

---

128 Siehe Kapitel Baurecht, Rn. 33 ff.

ner erforderlichen Einrichtungen. Öffentliche Einrichtungen sind das wesentliche Element der kommunalen Daseinsvorsorge.

Beispiel:
Festhallen, Sporthallen, Schwimmbäder, Stadttheater, Festplätze, Weihnachtsmärkte.[129]

Kommunalpolitisch stellen die öffentlichen Einrichtungen einen wesentlichen Faktor dar, der die Wohnqualität und Lebensqualität in einer Gemeinde bestimmt. Da die Einwohner gemäß § 10 Abs. 2 Satz 2 GemO einen Anspruch auf die Benutzung öffentlicher Einrichtungen haben, ist die Grundrechtsausübung in einer Gemeinde, und sei es auch nur die der allgemeinen Handlungsfreiheit gemäß Art. 2 Abs. 1 GG, wesentlich davon abhängig, ob und in welchem Umfang die Gemeinde öffentliche Einrichtungen zur Verfügung stellt. Ein Großteil der öffentlichen Einrichtungen wie etwa Sporthallen, Theater und Schwimmbäder sind den freiwilligen kommunalen Aufgaben zuzuordnen und damit von der wirtschaftlichen Leistungsfähigkeit der Gemeinde abhängig. Je leistungsfähiger sie ist, desto eher ist sie in der Lage, öffentliche Einrichtungen zu schaffen.

1. Begriff

Der im Gesetz nicht definierte Begriff der öffentlichen Einrichtung gehört zum Standardwissen des öffentlichen Kommunalrechts und versteht eine **Sachgesamtheit, die von der Gemeinde geschaffen und der Allgemeinheit nach allgemeinen gleichen Regeln zugänglich und nutzbar gemacht wurde**.[130] Dabei ist es weder erforderlich noch Definitionsvoraussetzung, dass die öffentliche Einrichtung lediglich den Gemeindeangehörigen und ortsansässigen Vereinigungen zugänglich gemacht wird.[131] Dies zeigt nicht zuletzt der Umstand, dass der VGH Mannheim eine Obdachlosenunterkunft als öffentliche Einrichtung einer Gemeinde angesehen hat.[132] Obdachlose sind nicht generell Einwohner der Gemeinde. Es ist nicht erforderlich, den Begriff der öffentlichen Einrichtung restriktiv zu definieren. Die Unterscheidung zwischen Einwohner und Nicht-Einwohnern liegt darin, dass nur erstere einen Benutzungsanspruch haben (§ 10 Abs. 2 Satz 2 GemO). Dieser Anspruch gilt auch für ortsansässige juristische Personen und nicht rechtsfähige Personenvereinigungen (§ 10 Abs. 4 GemO).

2. Widmung und Rechtsform einer öffentlichen Einrichtung

Unter der Widmung einer öffentlichen Einrichtung versteht man die Zurverfügungstellung für die Allgemeinheit und die damit verbundene Festlegung der **Zweckbestimmung** der Einrichtung und ihres Benutzerkreises. Sofern keine gesetzlichen Vorgaben bestehen, kann die Widmung durch Satzung erfolgen (§ 4 Abs. 1 Satz 1 GemO), durch Allgemeinverfügung (§ 35 Satz 2 LVwVfG) oder durch faktische Indienststellung (Beispiel: Der Bürgermeister schließt die Tür einer „öffentlichen Bedürfnisanstalt" auf).

Die Widmung wirft einige Probleme formeller und materiellrechtlicher Art auf.

---

129 Weitere Beispiele bei *Engel/Heilshorn*, Kommunalrecht Baden-Württemberg, § 21 Rn. 5.
130 VGH Mannheim 1 S 1449/01, Rn. 24.
131 Vgl. *Engel/Heilshorn*, Kommunalrecht Baden-Württemberg, § 21 Rn. 2.
132 VGH Mannheim 1 S 1975/17, Rn. 6.

283 **Beispiel:**

In einer Friedhofssatzung (§ 15 Abs. 1 BestattG) wird bestimmt, dass auf dem Friedhof nur Grabmale verwendet werden dürfen, die nicht aus ausbeuterischer Kinderarbeit herrühren.[133]

284 Hier stellt sich die Frage, ob im Wege der Widmung einer öffentlichen Einrichtung (hier: Friedhof) der Satzungsgeber berechtigt ist, **in Grundrechte einzugreifen** (hier: Berufsfreiheit der Steinmetze). Das BVerwG hat dies verneint. Es handele sich um einen Eingriff in den Schutzbereich der Berufsfreiheit, der nur auf der Grundlage einer gesetzlichen Regelung, die Umfang und Grenzen des Eingriffs deutlich erkennen lasse, erfolgen könne. Dabei müsse der Gesetzgeber selbst alle wesentlichen Entscheidungen treffen, soweit sie gesetzlichen Regelungen zugänglich seien. Weder die Gewährleistung der gemeindlichen Satzungsautonomie aus Art. 28 Abs. 2 Satz 1 GG noch die in der Gemeindeordnung eingeräumte allgemeine Befugnis zum Erlass von Satzungen (hier: § 4 Abs. 1 Satz 1 GemO) erlaube derartige Grundrechtseingriffe.[134]

285 Damit steht für die allgemeine Satzungsermächtigung des § 4 Abs. 1 Satz 1 GemO fest, dass diese nicht zu Grundrechtseingriffen ermächtigt. Allerdings kann die Benutzungsregelung einer öffentlichen Einrichtung durchaus auf diese Norm gestützt werden, solange damit der Anspruch der Einwohner, die öffentlichen Einrichtungen der Gemeinde nach gleichen Grundsätzen zu benutzen, lediglich ausgestaltet wird (vgl. § 10 Abs. 2 Satz 2 GemO). Dann handelt es sich hinsichtlich der Schaffung einer öffentlichen Einrichtung, die vorher noch nicht bestand, insgesamt um eine begünstigende, nicht um eine grundrechtseingreifende Regelung.

286 Bei einer mit der Widmung einhergehenden Benutzungsregelung, sei es durch Satzung, Allgemeinverfügung oder Verwaltungsvorschrift, muss die Gemeinde darüber hinaus zwingendes Recht beachten, insbesondere solches, das sich aus § 10 GemO selbst ergibt.

287 **Beispiel:**

Die Gemeinde widmet eine Stadthalle und gibt dabei ihren eigenen Reservierungen den Vorzug, auch wenn diese später eingehen als Reservierungsanträge von Einwohnern.[135]

288 Diese Praxis verstößt bereits gegen die Vorgabe des § 10 Abs. 2 Satz 2 GemO, wonach die Einwohner die öffentliche Einrichtung „nach gleichen Grundsätzen" benutzen dürfen. Der VGH Mannheim hat in der Entscheidung darüber hinaus die Vergabepraxis als ein dem **Willkürverbot** (Art. 3 GG) nicht standhaltendes Differenzierungskriterium bezeichnet. Verallgemeinernd lässt sich festhalten, dass die Gemeinde bei der Widmung von öffentlichen Einrichtungen an zwingendes Recht gebunden ist, sei es an einfaches Recht oder an Verfassungsrecht. Dazu gehört auch, dass die von der Gemeinde geschaffenen öffentlichen Einrichtungen durch Art. 28 Abs. 2 GG legitimiert sein müssen.

---

133 Beispiel nach BVerwG 8 CN 1/12, Rn. 23 ff.
134 BVerwG aaO Rn. 25 ff; so auch für die Beschränkung der Meinungsfreiheit BVerwG 8 C 35.20, Rn. 17 ff.
135 Beispiel nach VGH Mannheim 1 S 2333/93, Rn. 7.

V. Öffentliche Einrichtungen

Beispiel: 289
Die Gemeinde kann kein Hörsaalgebäude errichten, um die Raumnot einer staatlichen Hochschule zu bekämpfen. Dies ist Sache des Landes Baden-Württemberg.

Eine öffentliche Einrichtung kann sowohl in öffentlich-rechtlicher als auch in privatrechtlicher **Rechtsform** betrieben werden, sofern es keine gesetzlichen Vorgaben gibt. Bei freiwilligen Aufgaben der Gemeinde (Schwimmbäder, Bibliotheken, Theater, Stadthallen) existieren die Vorgaben hinsichtlich der Rechtsform nicht. Entscheidend hinsichtlich der Zulässigkeit einer privaten Rechtsform ist, dass dabei der Charakter der öffentlichen Einrichtung nicht verloren geht und der gemäß § 10 Abs. 2 Satz 2 GemO bestehende Anspruch nicht ausgehöhlt wird. 290

Beispiel: 291
Die Gemeinde kann ihre Sporthallen sowohl öffentlich-rechtlich als auch als Hallen-GmbH betreiben.

Von der einfachen Führung einer öffentlichen Einrichtung in privater Rechtsform, häufig eine Verwaltungs-GmbH mit 100 %-igen Anteilen bei der Gemeinde, ist die sogenannte „materielle Privatisierung" zu unterscheiden.[136] Hierunter wird unter Bezugnahme auf eine wegweisende Entscheidung des BVerwG[137] eine Situation verstanden, in der eine öffentliche Einrichtung vollprivatisiert wird, ohne dass die Gemeinde darauf noch Einfluss hätte. 292

Beispiel: 293
Die Gemeinde verpachtet eine städtische Festhalle an einen Pächter, der allein entscheiden darf, wer die Festhalle benutzen darf und ob sie überhaupt für Veranstaltungen genutzt wird.

In dem vom BVerwG entschiedenen Fall hatte die Gemeinde die Durchführung eines Weihnachtsmarktes einem privaten Betreiber in eigener Verantwortung, für eigene Rechnung und unabhängig von Einzelfallanweisungen der Gemeinde übertragen.[138] Das BVerwG hat diese Art der **Vollprivatisierung** als **unzulässig** angesehen. Es stehe nicht im freien Ermessen der Gemeinde, sich ohne Weiteres der Angelegenheiten der örtlichen Gemeinschaft zu entledigen. Andernfalls hätten es die Gemeinden selbst in der Hand, den Inhalt der kommunalen Selbstverwaltung durch Abstoßen oder Nichtwahrnehmung ihrer ureigenen Aufgaben auszuhebeln.[139] Um ein Unterlaufen des ihr anvertrauten Aufgabenbereichs zu verhindern, müsse sich die Gemeinde grundsätzlich **Einwirkungs- und Steuerungsmöglichkeiten** vorbehalten, wenn sie Angelegenheiten des örtlichen Wirkungskreises anderen übertragen wolle.[140] Der Gemeinde sei es verwehrt, gewissermaßen den Inhalt der Selbstverwaltungsaufgaben selbst zu beschneiden oder an Dritte abzugeben. Eine vollständige Übertragung von Aufgaben bestimmter sozialer, kultureller und traditioneller Prägung wie bei einem Weihnachtsmarkt sei an Dritte nicht zulässig.[141] Die Entledigung von Aufgaben, die zu den Angelegenhei- 294

---

136 *Stelkens/Bonk/Sachs/Schmitz*, VwVfG § 1 Rn. 129 ff.
137 BVerwG 8 C 10.08, Leitsatz und Rn. 29 ff.
138 BVerwG aaO Rn. 6.
139 BVerwG aaO Rn. 29.
140 BVerwG aaO.
141 BVerwG aaO Rn. 31.

ten des örtlichen Wirkungskreises gehörten, führe inhaltlich zu einer unzulässigen Selbstbeschränkung der kommunalen Selbstverwaltung.[142] Aus Art. 28 Abs. 2 Satz 1 GG folge eine **Pflicht der Gemeinde zur grundsätzlichen Sicherung und Wahrung des Aufgabenbestandes**, der zu den Angelegenheiten des örtlichen Wirkungskreises gehöre.[143]

295 Das Urteil des BVerwG hat zahlreiche Reaktionen ausgelöst.[144] Dabei ist zunächst festzuhalten, dass die Argumentation des BVerwG für die Lösung von Klausuren durchaus griffig und verständlich ist: Die Privatisierung einer öffentlichen Einrichtung, die dazu führen würde, dass die Einwohner ihren gesetzlichen Anspruch aus § 10 Abs. 2 Satz 2 GemO nicht mehr realisieren können, ist unzulässig.

296 **Beispiel:**
Ein öffentlich-rechtlicher Vertrag, wonach nur eine Hallen-GmbH, die sich nicht in der Hand der Gemeinde befindet, über den Zugang zu einer Stadthalle entscheidet, wäre gemäß § 59 Abs. 1 LVwVfG iVm § 10 Abs. 2 Satz 2 GemO, Art. 28 Abs. 2 Satz 1 GG nichtig, weil er zum einen den Anspruch der Einwohner gegen die Gemeinde, zu einer öffentlichen Einrichtung zugelassen zu werden, infrage stellt und zum anderen eine öffentliche Einrichtung voll privatisiert, was angesichts des Urteils des BVerwG gemäß Art. 28 Abs. 2 Satz 1 GG nicht zulässig ist.

297 Demnach sind also nur solche Privatisierungen zulässig, bei denen die Gemeinde sich Einwirkungs- und Steuerungsmöglichkeiten vorbehält.

298 **Beispiel:**
Die Gemeinde gründet eine Hallen-GmbH, bei der der Gemeinderat das letzte Entscheidungsrecht hat. Oder: Die Gemeinde delegiert den Betrieb ihrer kommunalen Jugendhäuser auf einen eingetragenen Verein, bestimmt aber selbst kraft ihrer Haushaltspolitik die finanzielle Ausgestaltung und die Erweiterung der Jugendhäuser (indem sie dem Verein durchaus ein Budget zu dessen eigener sachgerechter Verwendung zur Verfügung stellen kann).

299 Das Urteil des BVerwG hat seinen Hintergrund darin, dass viele Gemeinden mit einer Vollprivatisierung öffentlicher Einrichtungen versucht haben, ihre Finanzschwierigkeiten zu beheben. Allerdings wurden dabei die Probleme nur verlagert, da private Anbieter gewohnt sind, rentabel zu arbeiten. Die Abgabe von öffentlichen Einrichtungen in komplett private Hand (darunter etwa auch Krankenhäuser und der öffentliche Personennahverkehr) birgt die Gefahr in sich, dass diese Einrichtungen vom privaten Betreiber letztlich geschlossen werden. Je weniger öffentliche Einrichtungen jedoch in einer Gemeinde zur Verfügung stehen, desto unattraktiver wird eine Gemeinde für ihre Einwohner.

300 Es geht also in Wirklichkeit nicht um die Frage, ob Privatisierung „gut oder schlecht" ist, sondern darum, wie auf dem Territorium einer Gemeinde die Daseinsvorsorge hergestellt wird. Ohne öffentliche Einrichtungen, und seien es nur Parks, Veranstaltungshallen, Bibliotheken oder der öffentliche Nahverkehr, wird den Einwohnern einer Gemeinde die Grundrechtsausübung erschwert. Insofern ist es zutreffend, wenn

---

142 BVerwG aaO Rn. 37.
143 BVerwG aaO, Rn. 38.
144 Vgl. etwa *Ehlers* DVBl. 2009, 1456, *Schoch* DVBl. 2009, 1533, *Katz* NVwZ 2010, 405, *Donhauser* NVwZ 2010, 931, *Kniesel* GewArch 2013, 270.

154

V. Öffentliche Einrichtungen

das BVerwG auf die sozialen Gesichtspunkte verweist, die Gegenstand der Daseinsvorsorge sind.[145] Einer Gemeinde ist nicht geholfen, wenn zwar die Gemeindefinanzen schwarze Zahlen schreiben, die Einwohner sich in der Gemeinde aber nicht wohl fühlen, weil es an Möglichkeiten der sozialen Kommunikation fehlt, weil private Betreiber die öffentlichen Einrichtungen mangels Rentabilität schließen. Dass das BVerwG diese Grundsatzentscheidung am Beispiel eines Weihnachtsmarktes getroffen hat, der auf den ersten Blick als nicht überragend grundrechtsrelevant angesehen werden kann, ist dabei nicht entscheidend. Womöglich hätte die grundsätzlich zu begrüßende Entscheidung des BVerwG weniger Kritik erfahren, wenn es um den öffentlichen Nahverkehr, die Stromversorgung oder um Jugendhäuser gegangen wäre.

3. Der Anspruch auf Benutzung einer öffentlichen Einrichtung

§ 10 Abs. 2 Satz 1 GemO und § 10 Abs. 2 Satz 2 GemO sind inhaltlich voneinander zu trennen. Satz 1 betrifft nicht den Benutzungsanspruch. Vielmehr wird darin lediglich darauf hingewiesen, dass die Gemeinde in den Grenzen ihrer Leistungsfähigkeit öffentliche Einrichtungen **schafft**. Die Grenzen der Leistungsfähigkeit werden durch den Kommunalhaushalt bestimmt und sind abhängig von der Gemeindegröße unterschiedlich. In Klausurfällen sind solche Einrichtungen zumeist bereits vorhanden, so dass sich aus § 10 Abs. 2 Satz 1 GemO keine Besonderheiten ergeben. Allenfalls ist darauf hinzuweisen, dass Einwohner grundsätzlich keinen Anspruch auf Schaffung einer öffentlichen Einrichtung haben. 301

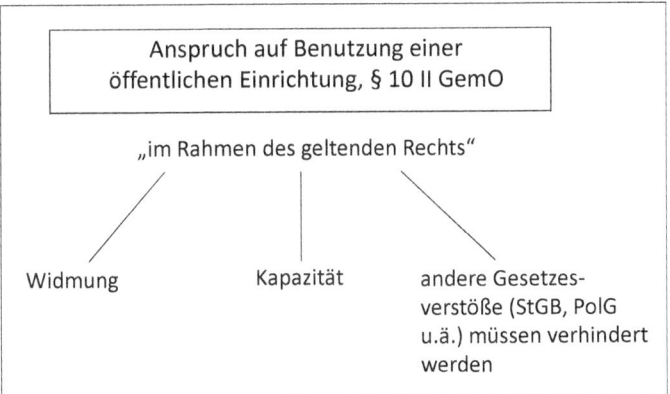

Der eigentliche Anspruch ergibt sich aus **§ 10 Abs. 2 Satz 2 GemO**, wonach die Einwohner im Rahmen des geltenden Rechts berechtigt sind, die öffentlichen Einrichtungen der Gemeinde nach gleichen Grundsätzen zu benutzen. Gemäß § 10 Abs. 4 GemO gilt dies auch für juristische Personen und nicht rechtsfähige Personenvereinigungen. 302

Der Begriff des **Einwohners** ist in § 10 Abs. 1 GemO legaldefiniert. Danach ist Einwohner der Gemeinde, wer in der Gemeinde wohnt. Schwierig kann dies bei einem 303

---

[145] BVerwG 8 C 10.08, Rn. 36.

Zweitwohnsitz sein. Bereits nach dem Wortlaut von § 10 Abs. 1 GemO ist entscheidend, ob die Person in der Gemeinde „wohnt"; dies setzt eine Dauerhaftigkeit und Regelmäßigkeit voraus.[146] Aus der ratio des Gesetzes ist zu folgern, dass auch ein Zweitwohnsitz in der Gemeinde genügt, wenn sich die Person so dauerhaft in der Gemeinde aufhält, dass für sie die Inanspruchnahme einer öffentlichen Einrichtung in Betracht kommt. Hinsichtlich der ebenfalls zugangsberechtigten juristischen Personen und nicht rechtsfähigen **Personenvereinigungen** kann der Begriff des „Wohnens" nicht verwendet werden. Hier ist nach Sinn und Zweck der Regelung darauf abzustellen, ob die Personenvereinigungen ihren Sitz in der Gemeinde haben und darüber hinaus der räumliche Schwerpunkt ihrer Tätigkeit ebenfalls in der Gemeinde liegt.[147] Die in § 10 Abs. 4 GemO erwähnten nicht rechtsfähigen Personenvereinigungen können alle Vereinigungen sein, die keine eigene Rechtspersönlichkeit haben. Dazu gehören insbesondere Bürgerinitiativen, Jugendgruppen und nicht rechtsfähige Vereine. Auch die Ortsverbände von Parteien sind üblicherweise als nicht rechtsfähige Vereine organisiert. Sie können sich ebenfalls auf den Anspruch aus § 10 Abs. 2 Satz 2 iVm Abs. 4 GemO berufen. Für die überörtlichen Verbände der Parteien gilt § 10 Abs. 2 GemO nicht; stattdessen ist **§ 5 PartG** einschlägig.

304 Der Anspruch auf Zulassung zur öffentlichen Einrichtung besteht § 10 Abs. 2 Satz 2 GemO „**im Rahmen des geltenden Rechts**".

305 Der Rahmen des geltenden Rechts kann grundsätzlich auf drei verschiedene Arten überschritten werden: Aufgrund der **Widmung**, aufgrund der **Kapazität** oder durch **sonstige Gesetzesverstöße**.

306 Wer die öffentliche Einrichtung außerhalb ihres Widmungszwecks nutzen will, hat keinen Anspruch. Die Widmung gibt einen Rechtsrahmen vor, den die Gemeinde bestimmt hat. Begehrt jemand außerhalb der Widmung den Zugang zu einer öffentlichen Einrichtung, wird ein rechtswidriger Zustand deshalb geschaffen, weil gegen die idealerweise durch Satzung oder Allgemeinverfügung vorbestimmten Nutzungsvorgaben der Gemeinde verstoßen wird.

307 **Beispiel:**
In einer kommunalen Sporthalle soll die Prunksitzung eines Karnevalsvereins stattfinden.

308 Eine solche Nutzung wäre nicht zulässig. Etwas anderes gilt, wenn die Halle als Mehrzweckhalle für Sport- und gesellige Veranstaltungen gewidmet ist.

309 Eine weitere Zulassungsgrenze ist die Kapazität. Wenn zu einem konkreten Termin eine Halle bereits an einen Interessenten vergeben ist, kann nicht für denselben Termin und dieselbe Uhrzeit noch ein weiterer Interessent zugelassen werden. Ebenso ist die Kapazität überschritten, wenn für einen Veranstaltungsraum, der 100 Personen fasst, die Zulassung von 200 Personen begehrt wird.

310 Darüber hinaus müssen Gesetzesverstöße aller Art vermieden werden.

---

146 *Engel/Heilshorn*, Kommunalrecht Baden-Württemberg, § 13 Rn. 10.
147 VGH Mannheim 1 S 355/87, Leitsatz.

V. Öffentliche Einrichtungen

Beispiel: 311
Eine ortsansässige rechtsextreme, aber nicht verbotene Personenvereinigung begehrt die Zulassung für eine Stadthalle für eine politische Veranstaltung. Dabei beabsichtigt sie, Fahnen und Abzeichen verfassungswidriger Organisationen zu zeigen (§ 86a StGB). Hat die Organisation einen Anspruch auf Zulassung?

Anspruchsgrundlage ist § 10 Abs. 2 Satz 2 iVm Abs. 4 GemO. Als ortsansässige Personenvereinigung hat die Organisation das Recht, die öffentliche Einrichtung zu benutzen, wenn der Rahmen des geltenden Rechts eingehalten wird. Durch das Zeigen der verbotenen Symbole wird der Rahmen des geltenden Rechts überschritten. Dies bedeutet jedoch nicht, dass die Veranstaltung insgesamt verboten werden darf, denn nicht die Veranstaltung an sich, sondern lediglich das Verwenden von Kennzeichen verfassungswidriger Organisationen steht gemäß § 86a StGB unter Strafe. Aus § 10 Abs. 2 Satz 2 GemO und dem rechtsstaatlichen Verhältnismäßigkeitsprinzip folgt, dass der Anspruch dann besteht, wenn der Rahmen des geltenden Rechts eingehalten ist. Dies ist vorliegend dann der Fall, wenn die verfassungswidrigen Kennzeichen nicht gezeigt werden. Der Zugang zur öffentlichen Einrichtung ist somit unter der **Auflage** zu gewähren, die verbotenen Kennzeichen nicht zu verwenden. Rechtsgrundlage für die Auflage ist § 36 Abs. 1 LVwVfG. Sie wird einem Verwaltungsakt beigefügt, auf den ein Anspruch besteht, nämlich dem Zulassungsbescheid zur Nutzung der öffentlichen Einrichtung. 312

4. Die Zulassung zur öffentlichen Einrichtung als Ermessensentscheidung

Aus dem Wortlaut von § 10 Abs. 2 Satz 2 GemO ergibt sich, dass die Zulassungsentscheidung hinsichtlich einer öffentlichen Einrichtung eine gebundene Entscheidung darstellt (Kontrollerlaubnis).[148] 313

Gebietsfremde Personen, für die § 10 Abs. 2 Satz 2 GemO nicht gilt, können dennoch zur öffentlichen Einrichtung zugelassen werden, jedoch auch diese nur im Rahmen des geltenden Rechts und über eine Ermessensentscheidung. Dabei hat der externe Bewerber einen Anspruch auf ermessensfehlerfreie Entscheidung, die den Grundsätzen der Gleichbehandlung der Zulassungsbewerber (Art. 3 Abs. 1 GG) genügen muss.[149] Mithilfe von Verwaltungsvorschriften oder regelmäßiger Praxis kann sich wie bei jeder Ermessensentscheidung eine Ermessensentscheidung auf Null ergeben.[150] 314

Eine Ermessensentscheidung ergibt sich aber auch zwangsweise, wenn sich **mehrere Bewerber auf ein und denselben Termin** bzw. ein und denselben Platz bewerben und die Behörde darüber noch nicht entschieden hat. Trotz des gebundenen Charakters von § 10 Abs. 2 Satz 2 GemO ist hier eine Ermessensentscheidung unausweichlich, da sich die Gemeinde zwingend für einen von mehreren Bewerbern entscheiden muss. Hier stellt sich die Frage, welche Auswahlkriterien hinreichend sind, um die Bevorzugung des einen und damit zwingend den Ausschluss des anderen Bewerbers zu rechtfertigen. Der unterlegene Konkurrent hat grundsätzlich die Möglichkeit, im Wege der 315

---

148 Präventives Verbot mit Erlaubnisvorbehalt, vgl. *Maurer/Waldhoff*, Allgemeines Verwaltungsrecht, § 9 V 3.
149 VGH Mannheim 1 S 2007/03, Rn. 4.
150 *Maurer/Waldhoff*, Allgemeines Verwaltungsrecht, § 7 II 6.

einstweiligen Anordnung seine Zulassung herbeizuführen; gegebenenfalls muss dann die Gemeinde die Zulassung des Konkurrenten nach § 48 Abs. 1 LVwVfG aufheben. In einer Klausur wäre dann zunächst zu prüfen, ob die bereits ausgesprochene Zulassung rechtswidrig war.

316 **Beispiel:**
Zwei Bürgermeisterkandidaten wollen an ein und demselben Tag um dieselbe Uhrzeit eine öffentliche Vorstellung in der kommunalen Stadthalle durchführen. Kandidat A bekommt von der Gemeinde den Vorzug, weil er Mitglied einer politischen Partei ist. Ist die Zulassung rechtmäßig?

317 Da sich zwei Personen auf den ein und denselben Termin beworben haben, wandelt sich die gemäß § 10 Abs. 2 Satz GemO grundsätzlich als gebunden eröffnete Entscheidung über die Zulassung zur öffentlichen Einrichtung in eine Ermessensentscheidung um. Ermessensentscheidungen können nur eingeschränkt gerichtlich überprüft werden (vgl. § 114 VwGO), nämlich auf die Ermessensfehler Ermessensüberschreitung, Ermessensunterschreitung, Ermessensfehlgebrauch sowie den Verstoß gegen Grundrechte und allgemeine Verwaltungsgrundsätze.[151] Als zulässiger allgemeiner Verwaltungsgrundsatz gilt das **Prioritätsprinzip**.[152] Ebenso zulässig ist das Kriterium „**Bekannt und bewährt**", wobei allerdings darauf geachtet werden muss, dass Neubewerbern gleichwohl eine realistische Zugangschance geboten werden muss. Ansonsten würde der Anspruch aus § 10 Abs. 2 Satz 1 GemO ausgehöhlt. „Bekannt und bewährt" kann daher nicht für alle Bewerber gelten, sondern nur für einen bestimmten Prozentsatz.[153] Insgesamt ist eine Ermessensentscheidung fehlerhaft, wenn **sachwidrige Erwägungen** zugrunde gelegt werden. Dazu gehört im obigen Beispiel die Mitgliedschaft in einer Partei. Die Zugehörigkeit zu einer Partei ist keinerlei Qualifikationskriterium für die Wahl von Bürgermeistern, vgl. § 10 KomWG. Der Zulassungsbescheid im Beispiel ist somit ermessensfehlerhaft.

VI. Weitere Fragestellungen des materiellen Kommunalrechts

318 Die folgenden Problemkreise erscheinen nicht vorrangig als examensrelevant. Dennoch haben sie eine besondere praktische Bedeutung und werden durchaus, wenn auch nicht als Schwerpunkt, in Klausuren angesprochen. Von daher ist es nützlich, sich über diese Themen einen Überblick zu verschaffen.

1. Wirtschaftliche Tätigkeit der Gemeinden

319 Den Gemeinden ist es nicht verwehrt, wirtschaftliche Unternehmen zu errichten.

320 **Beispiele:**
Stadtwerke, Verkehrsbetriebe, kommunale Wohnbauunternehmen.

321 Materiellrechtlich ist die Gemeinde dabei insbesondere an die Vorgaben des § 102 Abs. 1 GemO gebunden. Danach darf eine Gemeinde wirtschaftliche Unternehmen nur errichten, übernehmen, wesentlich erweitern oder sich daran beteiligen, wenn der

---

151 *Maurer/Waldhoff*, Allgemeines Verwaltungsrecht, § 7 II 5.
152 VGH Mannheim 1 S 1855/14, Rn. 18 mwN.
153 VGH Mannheim 6 S 1508/04, Rn. 26 ff.

VI. Weitere Fragestellungen des materiellen Kommunalrechts

öffentliche Zweck des Unternehmens rechtfertigt, dass das Unternehmen nach Art und Umfang in einem angemessenen Verhältnis zur Gemeinde und zum voraussichtlichen Bedarf steht und bei einem Tätigwerden außerhalb der kommunalen Daseinsvorsorge der Zweck nicht ebenso gut und wirtschaftlich durch einen privaten Anbieter erfüllt wird oder erfüllt werden kann.

Diese drei Voraussetzungen sind erläuterungsbedürftig. Ein **öffentlicher Zweck** iSv § 102 Abs. 1 Nr. 1 GemO kann nur vorliegen, wenn sich die wirtschaftliche Tätigkeit der Gemeinde aus der kommunalen Selbstverwaltungsgarantie des Art. 28 Abs. 2 Satz 1 GG ableiten lässt. Dies ist beispielsweise bei kommunalen Stadtwerken der Fall oder bei einem örtlichen Tourismusverein, der die Gemeinde bei potenziellen Touristen bekannt machen soll. Damit ist jegliche Tätigkeit, mit der sich die Gemeinde der Angelegenheiten der örtlichen Gemeinschaft annimmt, vom öffentlichen Zweck gedeckt. Kein öffentlicher Zweck liegt vor, wenn die Gemeinde Unternehmen errichtet, die nur außerhalb der Gemeindegrenzen tätig werden. Eher unproblematisch erscheint die Voraussetzung des § 102 Abs. 1 Nr. 2 GemO, wonach das Unternehmen in einem angemessenen Verhältnis zur Leistungsfähigkeit der Gemeinde stehen muss. Eine Gemeinde wird ein Unternehmen, dessen Tätigkeit die eigenen Kapazitäten überschreitet, üblicherweise nicht errichten. 322

Von großer Bedeutung ist dagegen die **Subsidiaritätsklausel des** § 102 Abs. 1 Nr. 3 GemO: Wird die Gemeinde außerhalb der kommunalen Daseinsvorsorge tätig und der Zweck kann durch einen privaten Anbieter ebenso gut erfüllt werden, ist die wirtschaftliche Tätigkeit der Gemeinde unzulässig. Auf den ersten Blick erscheint die Formulierung des Gesetzes widersprüchlich, weil es zunächst nicht verständlich erscheint, dass eine Gemeinde außerhalb der kommunalen **Daseinsvorsorge** tätig wird. Der VGH Mannheim[154] hatte sich mit der Auslegung dieser Klausel zu befassen. Nach seiner Auffassung ist der Begriff der Daseinsvorsorge weit gefasst und nicht auf Maßnahmen beschränkt, die für das Leben und Zusammenleben der Bürger in einer kommunalen Gemeinschaft existenziell notwendig sind. Anderseits sollen die Gemeinden der Privatwirtschaft nicht ohne Not schrankenlos Konkurrenz machen. Ob eine wirtschaftliche Betätigung unter den Begriff der Daseinsvorsorge fällt, muss, ausgehend von der gesetzgeberischen Zielsetzung für die Regelung und der historisch gewachsenen Kommunalwirtschaft, auf der Grundlage einer interessenabwägenden, die Belange der Privat- und Kommunalwirtschaft gleichermaßen berücksichtigenden Betrachtungsweise bewertet und entschieden werden. 323

Anknüpfend hieran hat der VGH Mannheim die Tätigkeit eines kommunalen Wohnbauunternehmens, Grundstücke zu erwerben, auf diesen Grundstücken Gebäude zu errichten und sie nach dem WEG aufzuteilen und zu verkaufen, als erwerbswirtschaftliche Betätigung angesehen, die sich in nichts von der eines beliebigen privaten Bauträgers unterscheide und deswegen nicht mehr den Begriff der Daseinsvorsorge zugeordnet werden könne.[155] 324

---

154 VGH Mannheim 1 S 2333/13, Rn. 67.
155 VGH Mannheim aaO Rn. 69.

325 Etwas anderes wäre es gewesen, wenn die Wohnbaugesellschaft Sozialwohnungen oder Wohnraum für Personengruppen mit besonderem Wohnbedarf errichtet hätte, die auf dem freien Wohnungsmarkt besondere Schwierigkeiten haben. Da aber lediglich der Bau von Wohnungen für den gehobenen Wohnbedarf vorgesehen war, konnte eine Tätigkeit im Rahmen der kommunalen Daseinsvorsorge nicht angenommen werden. Der VGH Mannheim hat daher dem privaten Konkurrenten, der den Verstoß gegen § 102 Abs. 1 Nr. 3 GemO gerügt hatte, einen Unterlassungsanspruch zugebilligt, der auf die Beendigung der Betätigung des kommunalen Wohnbauunternehmens gerichtet war.[156]

2. Grundsatz der Haushaltssparsamkeit

326 Nach § 77 Abs. 2 GemO ist die Haushaltswirtschaft sparsam und wirtschaftlich zu führen. Diese schwäbisch anmutende Formulierung des Gesetzestextes fordert Konflikte nahezu heraus: Darf danach die Gemeinde beispielsweise überhaupt große Investitionsvorhaben (Stadion, Theater, Stadtbahntunnel, Erschließung großer Grundstücksflächen zum Bau von Wohnraum) errichten oder muss sie nicht vielmehr ihr Geld sparsam verwalten und anlegen, um ihren Haushalt positiv zu gestalten? Darf womöglich die Rechtsaufsichtsbehörde Investitionsprojekte der Gemeinde untersagen, weil sie von einem Verstoß gegen § 77 Abs. 2 GemO ausgehen kann?

327 Nach Auffassung der Kommentarliteratur[157] bezieht sich § 77 Abs. 2 GemO grundsätzlich nicht auf das „ob", also nicht darauf, welche kommunalpolitischen Ziele man sich setzt, sondern auf das „wie", nämlich darauf, dass die Erreichung dieser Ziele sparsam und wirtschaftlich herbeigeführt werden soll.

328 Das VG Sigmaringen[158] verweist darauf, dass es sich bei den Begriffen „wirtschaftlich" und „sparsam" um unbestimmte Rechtsbegriffe handele, deren Beachtung von der Aufsichtsbehörde und den Gerichten überprüft werden könne. Allerdings sei dabei der Gemeinde ein **Einschätzungs- und Beurteilungsspielraum** zuzubilligen. Deshalb sei die Rechtsaufsichtsbehörde auf die Prüfung beschränkt, ob zum Zeitpunkt der Planung oder Entscheidung durch die Gemeinde alle wichtigen Fakten mit der nötigen Sorgfalt in die Kalkulation, Wirtschaftlichkeitsberechnung usw einbezogen werden seien, ob also die Entscheidung nachvollziehbar und vertretbar sei. Deshalb verstoße es noch nicht gegen haushaltsrechtliche Grundsätze, wenn eine Maßnahme auch wirtschaftlicher durchgeführt werden könnte, sondern erst dann, wenn das gemeindliche Handeln mit den Grundsätzen vernünftigen Wirtschaftens **schlechthin unvereinbar** sei.[159]

329 Somit ist es der Rechtsaufsichtsbehörde verwehrt, Investitionsvorhaben alleine deswegen zu kritisieren, weil man auf sie auch verzichten könnte. Dies würde auf eine Inhaltskontrolle kommunalen Handelns hinauslaufen und wäre mit ihrer Funktion als Rechtsaufsichtsbehörde, die ausschließlich die Rechtmäßigkeit kommunalen Han-

---

156 VGH Mannheim aaO, Rn. 90.
157 *Kunze/Bronner/Katz* GemO, § 77 Rn. 45.
158 VG Sigmaringen 2 K 521/12, Rn. 30.
159 VG Sigmaringen aaO Rn. 30 mwN.

delns zu überprüfen hat, nicht vereinbar. Die Rechtsaufsichtsbehörde hat lediglich dann Eingriffsmöglichkeiten, wenn das kommunale Handeln mit den Grundsätzen vernünftigen Wirtschaftens schlechthin unvereinbar ist, also in Extremfällen, in denen keine oder nur eine rudimentäre Prüfung finanzieller Auswirkungen von Vorhaben stattgefunden hat.

3. Kommunales Amtsblatt

Dass die Gemeinde ein eigenes Amtsblatt herausgeben kann, wird ua von § 20 Abs. 3 GemO vorausgesetzt. Insbesondere bei einer kostenlosen Verteilung des kommunalen Amtsblatts kann dabei eine Konkurrenzsituation zu örtlich tätigen Presseunternehmen entstehen, die sich in ihrer Pressefreiheit (Art. 5 Abs. 1 Satz 2 GG) beeinträchtigt fühlen können. 330

Der BGH hat einem Presseunternehmen einen **wettbewerbsrechtlichen Unterlassungsanspruch** zugebilligt, weil das kommunale Amtsblatt die Grenzen des zur Unterrichtung der Einwohner gemäß § 20 GemO Zulässigen überschritten hatte.[160] Ein zulässiges Informationshandeln berühre die Garantie des Instituts der freien Presse des Konkurrenten nicht. Die Gemeinde dürfe die Bevölkerung über Politik und Recht im jeweiligen Aufgabenkreis informieren und staatliche Tätigkeit transparent gestalten, auch in presseähnlicher Form. Dies geschehe durch die Veröffentlichung amtlicher Mitteilungen, durch Berichte über die kommunale Wirtschaftsförderung sowie die Unterrichtung der kommunalen Öffentlichkeit über die aktuelle Tätigkeit und künftige Vorhaben der Kommunalverwaltung und des Gemeinderats.[161] Dagegen seien **allgemeine Beiträge** über ortsansässige Unternehmen, die Bewertung privater Initiativen oder die allgemeine Beratung der Leserinnen und Leser genauso wie Ereignisse aus den Bereichen Sport, Kunst und Musik in der Regel **keine Aufgabe der öffentlichen Verwaltung** und deshalb auch kein zulässiger Grund kommunaler Öffentlichkeitsarbeit. Die pressemäßige Berichterstattung über das gesellschaftliche Leben in einer Gemeinde sei originäre Aufgabe der lokalen Presse und nicht des Staates.[162] 331

4. Bürgerbegehren und Bürgerentscheid

Eine Angelegenheit gemäß Art. 28 Abs. 2 Satz 1 GG, die durch den Gemeinderat zu beschließen wäre, kann stattdessen einem Bürgerentscheid unterstellt werden (§ 21 Abs. 1 GemO). Um diesen Bürgerentscheid herbeizuführen, gibt es zwei Wege: Entweder der Gemeinderat unterstellt selbst seinen Beschluss den Bürgerentscheid. Dazu ist ein Gemeinderatsbeschluss mit einer Mehrheit von zwei Dritteln der Stimmen aller Mitglieder erforderlich (§ 21 Abs. 1 GemO). Ebenso kann, falls der Gemeinderat einen solchen Beschluss nicht fasst, gemäß § 21 Abs. 3 GemO die Bürgerschaft über ein Bürgerbegehren einen Bürgerentscheid beantragen. Die Voraussetzungen des Bürgerbegehrens sind in § 21 Abs. 3 GemO geregelt. Es bedarf insbesondere einer Entscheidungszuständigkeit des Gemeinderats; darüber hinaus muss das Bürgerbegehren gemäß § 21 Abs. 3 Satz 4 GemO die zur Entscheidung zu bringende Frage, eine Be- 332

---

160 BGH I ZR 112/17, Rn. 37 ff.
161 BGH aaO Rn. 37.
162 BGH aaO Rn. 38.

gründung und eine nach den gesetzlichen Bestimmungen durchführbaren Vorschlag für die Deckung der Kostenmaßnahmen enthalten. Das Bürgerbegehren muss gemäß § 21 Abs. 3 Satz 6 GemO von mindestens sieben Prozent der Bürger unterzeichnet sein; höchstens jedoch von 20.000 Bürgern. Die Vorschrift knüpft an das Bürgerrecht des § 12 GemO an, der sich vom Einwohnerbegriff gemäß § 10 Abs. 1 GemO unterscheidet. Die im Bürgerentscheid zur Entscheidung gestellte Frage muss sich mit Ja oder Nein beantworten lassen und eindeutig formuliert, also hinreichend bestimmt sein.[163]

333 **Beispiel:**
Das VG Sigmaringen hat ein Bürgerbegehren, das den „Erhalt einer Baumallee" zum Gegenstand hatte, als unbestimmt angesehen, da aus seiner Sicht unklar war, ob es auf den Erhalt von Straßenkörper und Bäumen als Ensemble oder lediglich auf den Erhalt des Baumbestandes abgezielt habe.[164]

334 Die zur Entscheidung gestellte Frage muss sich nicht auf eine textliche Darstellung begrenzen, sondern darf auch durch Beifügung eines Lageplanes oder einer Karte präzisiert werden.[165]

5. Ortschaftsräte und Bezirksbeiräte

335 In Gemeinden mit räumlich getrennten Ortsteilen können Bezirksbeiräte (§§ 64 ff. GemO) oder Ortschaftsräte (§§ 67 ff. GemO) eingerichtet werden. In Baden-Württemberg gibt es Bezirksbeiräte ua in Heidelberg, Mannheim und Stuttgart, Ortschaftsräte in Karlsruhe und Freiburg. Es handelt sich hier um Gremien, welche auf Bezirks- bzw. Ortschaftsebene die zentralen kommunalpolitischen Aufgaben wahrnehmen sollen.

336 Gemäß § 65 Abs. 1 und 2 GemO werden die **Bezirksbeiräte** vom Gemeinderat aus dem Kreis der im Gemeindebezirk wohnenden wählbaren Bürger bestellt. Sie haben also keine direkte Legitimation durch die Bevölkerung, da sie von ihr nicht direkt gewählt werden. Bezirksbeiräte haben ein Anhörungs- und Beratungsrecht. Im Gegensatz hierzu verfügt ein **Ortschaftsrat** über die hinreichende demokratische Legitimation, weil die Ortschaftsräte gemäß § 69 Abs. 1 Satz 1 GemO nach den für die Wahl der Gemeinderäte geltenden Vorschriften gewählt werden, also direkt von der Bevölkerung. Ob Ortschafts- oder Bezirksbeiräte eingerichtet werden, entscheidet im Rahmen der gesetzlichen Vorgaben die Hauptsatzung der Gemeinde.

337 Anders als die Bezirksbeiräte haben die Ortschaftsräte gemäß § 70 Abs. 1 Satz und 3 GemO ein Anhörungs- und Vorschlagsrecht. Darüber hinaus kann die Hauptsatzung gemäß § 70 Abs. 2 GemO dem Ortschaftsrat bestimmte Angelegenheiten, die die Ortschaft betreffen, **zur eigenen Entscheidung übertragen**. Es ist daher möglich, dem Ortschaftsrat ein eigenes Budget zur Verfügung zu stellen, im Rahmen dessen er wie eine selbstständige Gemeinde entscheiden kann. Während bei den Bezirksbeiräten gemäß § 65 Abs. 3 Satz 1 GemO der Bürgermeister oder ein von ihm Beauftragter den Vorsitz führt, werden bei den Ortschaftsräten die Ortsvorsteher auf Vorschlag des Ortschafts-

---

163 VG Sigmaringen 9 K 2491/18, Rn. 41.
164 VG Sigmaringen 2 K 178/17, Leitsatz sowie Rn. 34.
165 VGH Mannheim 1 S 1132/18, Leitsatz 2 sowie Rn. 19.

rats vom Gemeinderat gewählt. Für die Tätigkeit der Ortschaftsräte finden gemäß § 72 GemO die für den Gemeinderat geltenden Vorschriften entsprechende Anwendung, mit dem wesentlichen Unterschied, dass gemäß § 72 Nr. 2 GemO der Ortsvorsteher bei Abstimmungen im Ortschaftsrat nicht stimmberechtigt ist.

Vergleicht man die beiden Instrumente der Dezentralisierung der kommunalen Selbstverwaltung, so ist ein Ortschaftsrat einem Bezirksbeirat als Institution eindeutig vorzuziehen: Aufgrund der **direkten Legitimation durch die Bevölkerung**, mit der durch die Gemeindeordnung ermöglichten Transparenz kommunalen Handelns und mit der notwendigen Ausstattung von Entscheidungsrechten kann ein Ortschaftsrat weit effektiver agieren als ein Bezirksbeirat, der darauf angewiesen ist, dass er vom Bürgermeister einberufen wird, welcher unter Umständen nicht immer ein besonderes Interesse an der Durchführung solcher Sitzungen verspüren könnte.[166] Für die Ortschaftsräte gilt Derartiges nicht, da § 72 GemO auf die für den Gemeinderat geltenden Vorschriften verweist. So sollen auch die Ortschaftsräte gemäß § 34 Abs. 1 Satz 2 GemO mindestens einmal im Monat einberufen werden und Fraktionen oder qualifizierte Minderheiten können Anträge zur Tagesordnung stellen (§ 34 Abs. 1 Satz 4 GemO). Als öffentlich tagendes Gremium hat ein Ortschaftsrat auch jenseits der anwendbaren Vorschriften ein nicht zu unterschätzendes kommunalpolitisches Gewicht.[167]

338

VII. Besonderheiten bei den Landkreisen

Gemäß Art. 28 Abs. 2 Satz 2 GG haben auch die Landkreise das Recht der Selbstverwaltung. Alle Landkreise Baden-Württembergs sind in § 12 LVG genannt. Landkreise gehören jeweils einem der vier Regierungsbezirke an. Gemäß § 51 Abs. 1 LKrO ist demnach auch das Regierungspräsidium die Rechtsaufsichtsbehörde für den Landkreis.

339

1. Veränderte Vorgaben des Art. 28 Abs. 2 GG für die Landkreise

Wie ein Blick in den Wortlaut des Art. 28 Abs. 2 GG und der Vergleich der Sätze 1 und 2 des Absatzes zeigt, haben die Gemeindeverbände (damit sind die Landkreise gemeint) das Recht der Selbstverwaltung nur „im Rahmen ihres gesetzlichen Aufgabenbereiches nach Maßgabe der Gesetze". Es gibt auf der Landkreisebene folglich **keine Allzuständigkeit** dahin gehend, dass sich der Landkreis – wie die Gemeinde – aller Angelegenheiten des Landkreises auch ohne gesetzlichen Kompetenztitel annehmen könnte. Vielmehr ist der Landkreis darauf angewiesen, dass der Gesetzgeber ihm Selbstverwaltungsaufgaben zuweist.

340

Dazu gehört beispielsweise die Verwaltung aller die Leistungsfähigkeit der kreisangehörigen Gemeinden übersteigenden öffentlichen Aufgaben (§ 2 Abs. 1 LKrO). Ebenso gehört hierzu die Straßenbaulast bei den Kreisstraßen (§ 43 Abs. 2 StrG) sowie die

341

---

166 Auch wenn Bezirksbeiräte mittlerweile gem. § 65 Abs. 4 GemO wie Gemeinderäte gewählt werden können (nicht müssen), ändert sich dadurch die demokratiedefizitäre Struktur der fehlenden Entscheidungsmöglichkeiten eines Bezirksbeirats nicht.
167 Der größte Ortschaftsrat Baden-Württembergs in der ehemals selbstständigen Stadt Durlach (ca. 31.000 Einwohner; zur Zeit des Nationalsozialismus im Jahre 1938 nach Karlsruhe eingemeindet) verfügt über 22 Ortschaftsräte und ist damit größer als viele Gemeinderäte Baden-Württembergs.

Aufgabe der Abfallentsorgung (§ 6 Abs. 1 LKreiWiG). Die Landkreise sind darüber hinaus auch Aufgabenträger einer ausreichenden Bedienung der Bevölkerung mit Verkehrsleistungen im öffentlichen Personennahverkehr (freiwillige Aufgabe, § 5 f. ÖPNVG).

342 Dadurch, dass eine Selbstverwaltungsaufgabe dem Landkreis ausdrücklich zugewiesen sein muss, ergibt sich naturgemäß, dass die Selbstverwaltungsaufgaben auf Landkreisebene weniger umfangreich sind als auf Gemeindeebene. Darüber hinaus ist nicht zu verkennen, dass die dem Landkreis angehörenden Gemeinden auch ihrerseits Träger der Selbstverwaltung sind und sich der Angelegenheiten ihrer örtlichen, ausschließlich auf die Gemeinde bezogenen Angelegenheiten annehmen können. Selbstverwaltungsaufgaben des Landkreises haben damit naturgemäß überörtlichen Charakter, auch wenn sie auf das Territorium des Landkreises bezogen sind.

343 **Beispiel:**

Kreiskrankenhäuser, Kreisstraßen und der ÖPNV sind stets auf das gesamte Einzugsgebiet des Landkreises bezogen, während Gemeindestraßen, Seniorenheime oder eine kommunale Buslinie ausschließlich örtlichen Bezug haben.

2. Organe und organisationsrechtliche Regelungen

344 Aufgaben aus dem Selbstverwaltungsbereich eines Landkreises sollten in Klausuren keine zusätzlichen Schwierigkeiten bereiten, da die Landkreisordnung strukturell der Gemeindeordnung nachgebildet ist. Wie bei den Großen Kreisstädten und Stadtkreisen findet sich auch unter dem Dach des Landratsamts das Zusammentreffen von Selbstverwaltungsaufgaben, die, wie ausgeführt, gesetzlich zugewiesen sein und als solche erkennbar sein müssen, sowie Aufgaben des übertragenen Wirkungskreises, bei denen das Landratsamt als untere Verwaltungsbehörde handelt.

345 Dies macht § 1 LKrO deutlich: Nach § 1 Abs. 3 Satz 1 LKrO ist das Landratsamt sowohl Behörde des Landkreises (in Selbstverwaltungsangelegenheiten, so dass hier der Landkreis auch **Klagegegner** ist), und es ist darüber hinaus untere Verwaltungsbehörde (in den Angelegenheiten, die dem Landratsamt vom Land Baden-Württemberg übertragen wurden, in diesem Bereich ist das Land Baden-Württemberg auch Klagegegner). Letzteres wird auch anhand von § 1 Abs. 3 Satz 2 LKrO deutlich, der bestimmt, dass das Landratsamt als untere Verwaltungsbehörde „staatliche Behörde" ist, also Behörde des Landes Baden-Württemberg.

346 Daraus ergibt sich folgende wichtige Konsequenz: **Immer dann, wenn das Landratsamt als untere Verwaltungsbehörde gehandelt hat oder handeln soll, ist das Land Baden-Württemberg zu verklagen.** Diese Erkenntnis ergibt sich aus § 78 Abs. 1 Nr. 1 VwGO, wonach „das Land" Klagegegner sein kann. Da im Falle des Landratsamts als untere Verwaltungsbehörde eine „staatliche Behörde" des Landes gehandelt hat, ist die Konsequenz zwingend. Der Landkreis als Körperschaft des öffentlichen Rechts (§ 1 Abs. 2 LKrO) ist nur dann Klagegegner, wenn es sich um Selbstverwaltungsaufgaben des Landkreises handelt.

VIII. Prozessuales

Beispiel:
Wehrt sich ein Bürger gegen die Anordnung des Landratsamtes, einen Abfallcontainer aufzustellen, muss der Landkreis verklagt werden. Gemäß § 6 Abs. 1 LKreiWiG handelt sich um eine Selbstverwaltungsaufgabe des Landkreises.

Klagt der Bürger jedoch eine Baugenehmigung beim Landratsamt ein, muss er das Land Baden-Württemberg verklagen, weil das Landratsamt gemäß §§ 46 Abs. 1 Nr. 3, 48 Abs. 1 LBO als untere Verwaltungsbehörde handelt und damit als staatliche Behörde isv § 1 Abs. 2 Satz 2 LKrO.

Die **Organe** des Landkreises (§ 18 LKrO) sind der Kreistag und der Landrat. Dabei ist der Kreistag (§ 19 LKrO) mit dem Gemeinderat, die Rechtsstellung des Landrates (§ 37 LKrO) strukturell mit der des Bürgermeisters vergleichbar. Entsprechend sind die Vorschriften, die die Tätigkeit dieser Organe regeln, den Regelungen der Gemeindeordnung nachgebildet. Zudem wird in der Landkreisordnung subsidiär auf die Gemeindeordnung verwiesen (vgl. §§ 32 Abs. 4 Satz 2, 50 Abs. 2 und 51 Abs. 2 LKrO).

3. Übertragung von Angelegenheiten der örtlichen Gemeinschaft auf die Landkreise?

Das BVerfG hat es für zulässig erachtet, die Aufgabe zur Förderung und Betreuung von Kindern in Tageseinrichtungen im Land Sachsen-Anhalt auf die Landkreise zu übertragen.[168] Der Gesetzgeber dürfe **den Gemeinden örtliche Aufgaben aus Gründen des Gemeinwohls entziehen.** Das bloße Ziel der Verwaltungsvereinfachung oder der Zuständigkeitskonzentration scheide aber als Rechtfertigung eines Aufgabenentzugs aus. Gründe der Wirtschaftlichkeit und Sparsamkeit der öffentlichen Verwaltung rechtfertigten eine Hochzonung erst, wenn ein Belassen der Aufgabe bei den Gemeinden zu einem unverhältnismäßigen Kostenanstieg führen würde.[169]

Damit stellt die Hochzonung einer kommunalen Selbstverwaltungsaufgabe einen Eingriff in die Selbstverwaltungsgarantie der Gemeinden gemäß Art. 28 Abs. 2 Satz 1 GG dar, ist aber aus übergeordneten verfassungsrechtlichen Gründen gerechtfertigt. Am grundlegenden Prinzip, dass ein Landkreis nur dann eine Aufgabe wahrnehmen kann, wenn sie ihm gesetzlich zugewiesen ist, ändert dies nichts.

VIII. Prozessuales

Die folgende Erwähnung prozessualer Konstellationen im Kommunalrecht ersetzt keinesfalls eine ausführliche Befassung mit dem Verwaltungsprozessrecht und das fallbezogene Lernen. Es ist lediglich als Hinweis darauf gedacht, mit welchen zusätzlichen Problemen aus dem Verwaltungsprozessrecht man bei einer Klausurbearbeitung im Kommunalrecht rechnen muss.

1. Klage auf Zulassung zu öffentlichen Einrichtungen

Eine Klage auf Zulassung zu öffentlichen Einrichtungen wird üblicherweise als Verpflichtungsklage geführt.[170] Probleme ergeben sich, wenn die öffentliche Einrichtung

---

168 BVerfG 2 BvR 2177/16.
169 BVerfG aaO Leitsatz 4 und Rn. 84.
170 Zum Verwaltungsrechtsweg bei einem generellen Ausschluss von der Nutzung einer öffentlichen Einrichtung VGH Mannheim 1 S 435/22, Rn. 20 ff.

in privater Rechtsform geführt wird. Dann kann die Gemeinde dem Kläger den sich aus § 10 Abs. 2 Satz 2 GemO ergebenden Anspruch auf Zulassung zur öffentlichen Einrichtung nicht direkt gewähren, weil dies grundsätzlich nur die private Einrichtung (GmbH, eV) selbst kann. Hier hilft man sich mit der Konstruktion des **Einwirkungs- oder Verschaffungsanspruchs**. Die Klage ist dann darauf gerichtet, dass die Gemeinde auf den privaten Rechtsträger einwirken muss, um ihm den Zugang zur öffentlichen Einrichtung zu verschaffen.[171] Je nachdem, ob die Einwirkung auf den privaten Rechtsträger einen Verwaltungsakt oder einen Realakt darstellt, handelt es sich bei der Klage um eine Verpflichtungs- oder um eine Leistungsklage.

354 **Beispiel:**
Der VGH Mannheim hat zu Recht die Anweisung einer Gemeinde an eine aus der Gemeinde als alleinige Gesellschafterin bestehende „Fremdenverkehrsbetriebe GmbH" als Realakt und nicht als Verwaltungsakt angesehen.[172]

355 Dagegen wäre die Klage eine Verpflichtungsklage, wenn die Gemeinde gegen einen privaten Festhallenbetreiber einen förmlichen Verwaltungsakt erlassen müsste, um eine ortsansässige Personenvereinigung zuzulassen.

356 Die Klagebefugnis ergibt sich auch bei der Geltendmachung eines Einwirkungs- oder Verschaffungsanspruchs aus § 10 Abs. 2 Satz 2 GemO, also aus der Möglichkeit des Zulassungsanspruchs. Die Kritik an der Konstruktion des Einwirkungs- oder Verschaffungsanspruchs[173] hat sich bisher in der Rechtsprechung noch nicht durchgesetzt.

357 Ein weiteres Problem bei der Klage auf Zulassung zu öffentlichen Einrichtungen besteht dann, wenn mehr Bewerber die Zulassung zur öffentlichen Einrichtung begehren, als Kapazität zur Verfügung ist. Wie ausgeführt,[174] wandelt sich dann an sich gebundene Entscheidung des § 10 Abs. 2 Satz 1 GemO zu einer Ermessensentscheidung um. Dies bedeutet, dass es dann zu einem Bescheidungsurteil kommen kann (§ 113 Abs. 5 Satz 2 VwGO), worauf sowohl bei der Klagebefugnis (Anspruch auf ermessensfehlerfreie Entscheidung) als in der Begründetheitsprüfung (ggf. Prüfung des Anspruchs auf ermessensfehlerfreie Entscheidung und damit von Ermessensfehlern in der ursprünglichen Ablehnung) hinzuweisen ist.

358 **Beispiel:**
X und Y bewerben sich auf den letzten freien Stand eines kommunalen Weihnachtsmarktes. X will Bratwüste verkaufen, Y möchte einen Informationsstand betreiben. X wird abgelehnt mit der Begründung, Weihnachtsmärkte sollen nicht dem Essen, sondern der Wissensvermittlung dienen.

359 X muss eine Verpflichtungsklage auf seine Zulassung erheben. Da diese eine Ermessensentscheidung ist, ist der Anspruch bei mehreren Bewerbern nur gegeben, wenn das Ermessen zu seinen Gunsten auf Null reduziert ist. Dies ist nicht ersichtlich, da eine irreparable Beeinträchtigung seines Grundrechts auf Berufsfreiheit gemäß Art. 12

---

171 VGH Mannheim 1 S 1449/01, Rn. 25.
172 VGH Mannheim aaO.
173 *Schoch* NVwZ 2016, 263.
174 Vgl. oben Rn. 313 ff.

Abs. 1 GG nicht zu erwarten ist. Er wird jedoch ein Bescheidungsurteil (§ 113 Abs. 5 Satz 2 VwGO) erstreiten können dahin gehend, dass die Gemeinde auf der Grundlage des verwaltungsgerichtlichen Urteils noch einmal neu entscheiden muss. Die Überlegung, dass ein Weihnachtsmarkt der Wissensvermittlung diene, ist, bei allem Respekt vor der Wissensvermittlung, eine sachwidrige Überlegung, die die Ablehnung des X ermessensfehlerhaft macht (vgl. § 114 VwGO).

2. Kommunalverfassungsstreitigkeiten

Unter Kommunalverfassungsstreitigkeiten versteht man Rechtsstreitigkeiten um organschaftliche Rechte im Binnenbereich des Gemeinderates.

Beispiel:
Ein Gemeinderatsmitglied klagt gegen Bürgermeister wegen des Entzugs des Wortrechts, eine Fraktion klagt auf die Zurverfügungstellung von Geldmitteln; ein Gemeinderatsmitglied will festgestellt haben, dass sein Ausschluss wegen Befangenheit rechtswidrig war.

Kommunalverfassungsstreitigkeiten nötigen in der Zulässigkeitsprüfung an fast allen Prüfungspunkten zu besonderen Ausführungen.[175]

Bezüglich der **Klageart** wird leider immer noch der Gedanke einer Klage eigener Art (Klage sui generis) ins Spiel gebracht,[176] obwohl das OVG Münster, auf welches dieser Gedanke zurückgeht, diese Auffassung schon spätestens im Jahr 1982 aufgegeben hat.[177] In einer Klausur genügt daher allenfalls der Hinweis, dass es früher diese Auffassung gegeben hat. Als Korrektor sollte man allerdings selbst dies nicht erwarten. Schon gar nicht sollte man als Bearbeiter der Klausur dahin gehend formulieren: „Es wird die Ansicht vertreten, dass die Kommunalverfassungsstreitigkeit eine Klage sui generis ist". Denn erstens wird diese Ansicht schon lange nicht mehr vertreten und zweitens sollte man sich darüber bewusst werden, was diese Ansicht für eine Konsequenz hätte: Als Konsequenz müsste man der VwGO attestieren, dass sie für bestimmte Fälle von Rechtsverletzungen keinen Rechtsbehelf zur Verfügung stellt. Unter diesen Voraussetzungen wäre die VwGO nur schwerlich mit der effektiven Rechtsschutzgarantie des Art. 19 Abs. 4 GG vereinbar. Vielmehr sollte man sich in der Falllösung vordringlich mit denjenigen Klagearten beschäftigen, die die VwGO bereitstellt. Dabei scheiden die Anfechtungs-, Verpflichtungs- und Fortsetzungsfeststellungsklage typischerweise aus, da die Handlungen im Binnenbereich der Gemeinde im Regelfall keine Verwaltungsakte darstellen. Es bleibt für die Kommunalverfassungsstreitigkeit folglich die allgemeine Leistungsklage und die Feststellungsklage übrig. Beide Klagen sind in der Kommunalverfassungsstreitigkeit möglich, es hängt allerdings von der Einzelfallkonstellation ab.

Beispiel:
Eine Fraktion klagt auf die Auszahlung von Zuschüssen (allgemeine Leistungsklage); ein Gemeinderatsmitglied klagt auf die Feststellung der Rechtswidrigkeit des Beschlusses, ihn wegen Befangenheit auszuschließen (Feststellungsklage).

---
175 Vertiefend *Ogorek* JuS 2009, 511.
176 *Engel/Heilshorn*, Kommunalrecht Baden-Württemberg, § 17 Rn. 8.
177 OVG Münster 15 A 1223/80, NVwZ 1983, 485 (486).

365 Dabei ist darauf zu achten, dass die Feststellungsklage gemäß § 43 Abs. 2 Satz 1 VwGO subsidiär ist, was für die Klausur bedeutet, dass die Prüfung der Statthaftigkeit der Feststellungsklage erst erfolgen kann, wenn man dem Korrektor mitgeteilt hat, warum die Leistungsklage nicht einschlägig ist. Dies ist stets dann der Fall, wenn keine Leistung, also kein Tun, Dulden oder Unterlassen begehrt wird. Bei der Einschlägigkeit der Feststellungsklage ist darüber hinaus festzustellen, zwischen welchen Subjekten das Rechtsverhältnis besteht und ob auf Bestehen oder Nichtbestehen eines Rechtsverhältnisses geklagt wird (§ 43 Abs. 1 VwGO).

366 Während sich bei der **Leistungsklage** die Klagebefugnis aus dem möglichen Anspruch ergibt, gibt es bei der **Feststellungsklage** eine Divergenz zwischen Literatur und Rechtsprechung, ob die Klagebefugnis überhaupt erforderlich ist.[178] In einer Klausur sollte man den Streitstand kurz andeuten, aber nicht entscheiden, da er sich nicht auswirkt, wenn – wie in den allermeisten Fällen – die Klagebefugnis gegeben ist.

367 Das **Feststellungsinteresse** wird klassisch als jedes hinreichend gewichtige Interesse rechtlicher, wirtschaftlicher oder ideeller Art bezeichnet.[179] Das berechtigte Interesse ist gegenüber der möglichen Rechtsverletzung, die bei der Klagebefugnis gefordert wird, ein Minus. Ist also die Klagebefugnis gegeben, so wird man in einer Klausur das Feststellungsinteresse nicht verneinen können, auch wenn es besonders begründet werden muss.

368 Auch über die **Beteiligtenfähigkeit** wird immer wieder diskutiert. Allerdings ist das Ergebnis zumeist gleich. „In körperschaftsinternen Organstreit sind stets diejenigen Organe bzw. Organteile am verwaltungsgerichtlichen Verfahren beteiligt, zwischen denen der Streit besteht. Richtiger Beklagter ist folglich das Organ, dem die behauptete Kompetenz- oder Rechtsverletzung anzulasten wäre."[180]

369 **Beispiel:**
Damit sind ua folgende Konstellationen vorstellbar: Gemeinderat gegen Bürgermeister, Gemeinderatsmitglied gegen Bürgermeister, Fraktion gegen Gemeinderat, Ausschüsse gegen Bürgermeister uä.

370 Klagt dagegen ein Bürger, etwa wegen eines Saalverweises, handelt sich um keine Kommunalverfassungsstreitigkeit; vielmehr ist dann im Regelfall eine Anfechtungs- oder Fortsetzungsfeststellungsklage einschlägig, weil der Bürgermeister, der den Saalverweis ausgesprochen hat, dem Bürger im Über-/Unterordnungs- und damit im Außenverhältnis gegenüber tritt.

371 Hinsichtlich der Herleitung der Beteiligtenfähigkeit gibt es unterschiedliche Auffassungen, die sich teilweise auf § 61 Nr. 1 VwGO, auf § 61 Nr. 2 VwGO oder auch auf eine analoge Anwendung der jeweiligen Vorschrift stützen.[181] Richtigerweise kommen § 61 Nr. 1 VwGO (bei natürlichen und juristischen Personen) und § 61 Nr. 2 VwGO (bei Organteilen wie Fraktionen und Ausschüssen) zur Anwendung. Die anderen Auf-

---

178 Zum Streitstand BeckOK VwGO/*Müstl* § 43 Rn. 20.
179 BeckOK VwGO/*Müstl* § 43 Rn. 19.
180 VGH Mannheim 1 S 3326/11, Rn. 48; 1 S 2990/20, Rn. 7.
181 Vgl. *Ogorek* JuS 2009, 516; *Engel/Heilshorn* Kommunalrecht Baden-Württemberg, § 17 Rn. 7.

fassungen verkennen, dass es bei der Beteiligtenfähigkeit nicht darauf ankommt, in welcher Funktion (etwa als kommunaler Funktionsträger) eine Person am Rechtsstreit beteiligt ist. Dies macht nicht zuletzt § 63 Nr. 4 VwGO deutlich. Der Vertreter des öffentlichen Interesses ist kraft Gesetzes beteiligtenfähig. Es kommt weder auf seine Funktion an, noch darauf, ob er eine mögliche Rechtsverletzung rügt. Die Beteiligtenfähigkeit des § 61 VwGO knüpft nicht an eine Funktion eines Prozessbeteiligten an. Dies gibt bereits der Wortlaut der Vorschrift nicht her. Ein Bürgermeister ist eine natürliche Person. Die Gemeinde ist eine juristische Person. Beide sind gemäß § 61 Nr. 1 VwGO beteiligtenfähig. Fraktionen sind unter § 61 Nr. 2 VwGO zu fassen, da „ihnen ein Recht zustehen kann". Dies ist auch der Grund, warum es dringend empfehlenswert ist, die Beteiligtenfähigkeit nicht am Anfang, sondern am Ende der Zulässigkeitsprüfung einer verwaltungsgerichtlichen Klage zu prüfen. Einer Vereinigung, die keine juristische Person sein muss, kann man die Beteiligtenfähigkeit nicht absprechen, soweit ihr ein Recht zustehen kann, das sie vorher mithilfe der Klagebefugnis (§ 42 Abs. 2 VwGO) nachgewiesen hat.

Der (beteiligtenfähige) Klagegegner richtet sich nach dem Rechtsträgerprinzip. § 78 VwGO ist als Spezialregelung für Anfechtungs- und Verpflichtungsklagen nicht anwendbar.[182]

3. Rechtsschutz gegen Aufsichtsmaßnahmen

Hinsichtlich des Rechtsschutzes der Gemeinde gegen Aufsichtsmaßnahmen konstituiert nicht § 125 GemO, der der Gemeinde mitteilt, sie könne gegen „Verfügungen auf dem Gebiet der Rechtsaufsicht" Anfechtungs- oder Verpflichtungsklage erheben, sondern die VwGO selbst die Rechtsschutzmöglichkeit. Stellt der Aufsichtsakt einen Verwaltungsakt dar, der die Gemeinde möglicherweise in eigenen Rechten verletzt, so kann sie Anfechtungsklage erheben.

Die für die Verwaltungsakt-Qualität erforderliche Außenwirkung entsteht stets dann, wenn ein Aufsichtsakt, egal wie er bezeichnet ist, in die kommunale Selbstverwaltungsgarantie eingreift. Nach der Rechtsprechung des BVerwG kann auch eine fachaufsichtliche Weisung ihrem objektiven Sinngehalt nach auf Außenwirkung gerichtet und damit Verwaltungsakt sein, wenn ihre Rechtswirkung unter Berücksichtigung des zugrunde liegenden materiellen Rechts auf den rechtlich geschützten Bereich der Gemeinde **in Selbstverwaltungsangelegenheiten übergreift** und damit Außenwirkung erzeugt.[183] In diesem Fall ist ein Verwaltungsakt anzunehmen und die Klagebefugnis der Gemeinde folgt aus ihrer möglichen Verletzung in ihrem kommunalen Selbstverwaltungsrecht.

Beispiel:
Das Regierungspräsidium weist die Gemeinde in seiner Funktion als höhere Straßenverkehrsbehörde an, bestimmte Straßen aus der Anordnung zur Einrichtung geschwindigkeitsbeschränkter Zonen herauszunehmen.[184] Hier greift der Aufsichtsakt in die kommunale Selbstverwaltung

---

182 BeckOK VwGO/*Kintz* § 78 Rn. 6.
183 BVerwG 11 C 4/94, Rn. 11.
184 Fall nach BVerwG aaO, vgl. oben Rn. 274 ff.

(Planungshoheit) über und wird dadurch zum Verwaltungsakt. Die Klagebefugnis der Gemeinde ergibt sich aus der möglichen Verletzung ihrer Planungshoheit.

376 Für rein fachaufsichtliche Weisungen, die nicht in Rechtspositionen der Gemeinde eingreifen, steht zwar als Klageart prinzipiell die Leistungs- oder Feststellungsklage zur Verfügung. Eine mögliche Verletzung in eigenen Rechten dürfte dabei allerdings ausscheiden, da die Gemeinde jenseits von Art. 28 Abs. 2 Satz 1 GG keine wehrfähige Rechtsposition hat.

377 § 125 GemO ist also hinsichtlich des eröffneten Rechtsschutzes nur deklaratorisch. Allerdings ist der Hinweis in der Norm auf den 8. Abschnitt der VwGO von Bedeutung. In diesem ist das Widerspruchsverfahren geregelt. Die Gemeinde muss also, bevor sie Rechtsschutz gegen Aufsichtsakte erlangt, grundsätzlich ein Widerspruchsverfahren durchführen. Diese Regelung wird aber wiederum durch § 15 Abs. 1 Satz 1 AGVwGO durchbrochen, wonach es eines Vorverfahrens nicht bedarf, wenn das Regierungspräsidium einen Verwaltungsakt erlassen oder abgelehnt hat. Die Gemeinden, die der Rechtsaufsicht des Regierungspräsidiums unterliegen (dies sind gemäß § 119 Satz 1 GemO die Stadtkreise und Großen Kreisstädte) müssen also kein Vorverfahren anstrengen; für sie ist die direkte Klage zum Verwaltungsgericht eröffnet.

4. Kommunalverfassungsbeschwerde

378 Sowohl Art. 93 Abs. 1 Nr. 4 b GG als auch Art. 76 LV ermöglichen den Gemeinden eine Verfassungsbeschwerde, falls die Gemeinde behaupten kann, dass ein Gesetz das kommunale Selbstverwaltungsrecht nach Art. 28 Abs. 2 GG (so Art. 93 Abs. 1 Nr. 4b GG) bzw. Art. 71 LV verletzt (so Art. 76 LV).

379 In beiden Fällen muss die Gemeinde also gegen ein Gesetz vorgehen, von dem sie der Auffassung ist, es verstoße gegen die kommunale Selbstverwaltungsgarantie. Dabei ist das Verhältnis der bundes- zur landesverfassungsrechtlichen Kommunalverfassungsbeschwerde zunächst durch Art. 93 Abs. 1 Nr. 4b GG vorgegeben: Bei Landesgesetzen kann das BVerfG nur angerufen werden, soweit nicht Beschwerde beim Verfassungsgerichtshof erhoben werden kann. Art. 76 LV iVm § 54 VerfGHG ermöglicht die Kommunalverfassungsbeschwerde bezüglich Landesgesetzen. Rechtsverordnungen des Landes Baden-Württemberg sind demnach kein Prüfungsgegenstand.[185] Die Gemeinden müssen eine individuelle Beschwer darlegen, also dass möglicherweise konkrete eigene Rechte aus den Art. 71 bis 75 LV verletzt sein können.[186]

380 Bezüglich der Verletzung von Bundesgesetzen gibt es keine Entscheidungszuständigkeit des baden-württembergischen Verfassungsgerichtshofs. Die Subsidiaritätsklausel des Art. 93 Abs. 4b GG greift damit nicht ein.

381 Bei der bundesrechtlichen Kommunalverfassungsbeschwerde sind die §§ 91 ff. BVerfGG zu beachten. Dabei regelt § 92 BVerfGG die Antragsbefugnis. Wie bei der Individualverfassungsbeschwerde ist auch die Kommunalverfassungsbeschwerde nach

---

185 *Haug/Pautsch*, Verfassung des Landes Baden-Württemberg, Art. 76, Rn. 9.
186 *Haug/Pautsch* aaO mwN.

der Rechtsprechung des BVerfG nur zulässig, wenn die beschwerdeführende Gebietskörperschaft selbst, gegenwärtig und unmittelbar betroffen ist.[187]

IX. Fragen zur Lernkontrolle

Mit der Beantwortung der anschließenden Fragen können Sie ermitteln, ob Sie den Stoff verstanden haben. Machen Sie sich zu den Antworten eigene Notizen, bevor Sie sie unter den jeweiligen Randnummern nachschlagen, oder fragen Sie sich in einer Arbeitsgruppe gegenseitig ab. Wenn Sie die Fragen beantworten können, haben Sie ein solides Wissen, das um die Fähigkeit, dieses Wissen in Klausuren abzubilden, ergänzt werden muss.

1. Welche Befugnis gehört nach dem Rastede-Beschluss des BVerfG zum Wesensgehalt der gemeindlichen Selbstverwaltung? (Rn. 10 ff.)
2. Was sind nach den Vorgaben des BVerfG „Angelegenheiten der örtlichen Gemeinschaft"? (Rn. 11)
3. Welche Bedeutung hat es, dass die kommunale Selbstverwaltung „im Rahmen der Gesetze" gewährleistet wird? (Rn. 16 ff.)
4. Welches sind die „Hoheiten" der Gemeinde? (Rn. 26 ff.)
5. Von welchen Regelungsinstrumenten kann die Gemeinde im Rahmen ihrer Organisationshoheit Gebrauch machen? (Rn. 31 f.)
6. Wie unterscheiden sich die Satzungsermächtigungen von § 4 und § 11 GemO? (Rn. 36 ff.)
7. In welche Teilbereiche lassen sich die kommunalen Selbstverwaltungsaufgaben aufteilen und was ist der Unterschied? (Rn. 42 ff.)
8. Welches sind die wichtigsten Aufgaben des übertragenen Wirkungskreises? (Rn. 58 ff.)
9. Welcher Behördenbegriff wird verwendet, um eine Rechtsmaterie als Aufgabe des übertragenen Wirkungskreises zu kennzeichnen? (Rn. 58)
10. Wie unterscheiden sich Selbstverwaltungsaufgaben des übertragenen Wirkungskreises hinsichtlich der Einwirkungsmöglichkeiten des Land Baden-Württemberg? (Rn. 62 ff.)
11. Wo sind die Stadtkreise und Landkreise Baden-Württembergs gesetzlich erwähnt? (Rn. 68, 77)
12. Welche Verwaltungsunterschiede gibt es zwischen der Großen Kreisstadt und dem Stadtkreis einerseits und den „schlicht" kreisangehörigen Gemeinden andererseits? (Rn. 69 ff.)
13. Wer erteilt bei den schlicht kreisangehörigen Gemeinden, in der Großen Kreisstadt und im Stadtkreis die Baugenehmigung? Nennen Sie die entsprechenden Normen! (Rn. 74)
14. Wer ist Klagegegner, wenn das Landratsamt eine Baugenehmigung erteilen soll, und wie wird dies begründet? (Rn. 77 f.)
15. Welches sind die wichtigsten Organe der Gemeinde und welche Normen weisen ihnen ihre Aufgaben zu? (Rn. 86 ff.)
16. Was versteht man unter der „Allzuständigkeit" des Gemeinderates? (Rn. 91)
17. Wie weit reicht die Grundrechtsgeltung in der Gemeinderatssitzung? (Rn. 100 f.)
18. Aus welchen Rechtsnormen ergibt sich die starke Stellung des Bürgermeisters? (Rn. 102 ff.)
19. Wie sind die Fraktionen des Gemeinderats rechtlich zu qualifizieren, wo sind sie geregelt und welche Rechte haben sie? (Rn. 116 ff.)
20. Wie hat der Ausschluss aus einer Fraktion verfahrensrechtlich abzulaufen? (Rn. 121)
21. Welche Arten von Ausschüssen gibt es und wie hat ihre Zusammensetzung zu erfolgen? (Rn. 122 f.)
22. Was versteht man unter Angelegenheiten der laufenden Verwaltung? (Rn. 131)
23. Wann kann von einer ordnungsgemäßen Einberufung einer Gemeinderatssitzung gesprochen werden? (Rn. 137 ff.)
24. Hat ein einzelnes Gemeinderatsmitglied einen Anspruch darauf, dass ein Tagesordnungspunkt öffentlich verhandelt wird? (Rn. 153 f.)

---

[187] BVerfG 2 BvR 1641/11, Rn. 62 ff., 2 BvR 2177/16, Rn. 36.

25. Kann die Geschäftsordnung eines Gemeinderates mit der Normenkontrolle überprüft werden? (Rn. 159)
26. Worauf kann der Bürgermeister sein Recht stützen, eine Person des Rathausgebäudes zu verweisen? (Rn. 168)
27. Worin unterscheiden sich die Begriffe „Handhabung der Ordnung" und „Hausrecht" in § 36 Abs. 1 Satz 2 GemO? (Rn. 169)
28. Unter welchen Voraussetzungen kann ein Gemeinderatsmitglied wegen Befangenheit ausgeschlossen werden? (Rn. 186 ff.)
29. Warum sind rechtswidrige Gemeinderatsbeschlüsse grundsätzlich nichtig und welche Ausnahmen gibt es? (Rn. 192 ff.)
30. Welches sind die Voraussetzungen des Widerspruchsrechts des Bürgermeisters und wie wirkt es sich aus, wenn der Bürgermeister von diesem Widerspruchsrecht Gebrauch macht? (Rn. 199)
31. Nach welchen Vorschriften werden kommunale Satzungen und Rechtsverordnungen bekanntgegeben? (Rn. 201 ff.)
32. Welche Kompetenzen des Bürgermeisters schränken die Allzuständigkeit des Gemeinderates ein? (Rn. 209)
33. Welches sind die wichtigsten Fraktionsrechte? (Rn. 210)
34. Worin unterscheiden sich Rechtsaufsicht und Fachaufsicht? (Rn. 220 ff.)
35. Wann ist bei einer Aufsichtsmaßnahme ein Verwaltungsakt anzunehmen? (Rn. 235 ff.)
36. Welche Funktion hat § 15 AGVwGO bei Aufsichtsmaßnahmen? (Rn. 243)
37. Welche Bedeutung hat § 129 Abs. 2 Satz 2 GemO? (Rn. 248)
38. Was meint der Begriff der „aufschiebenden Wirkung" in § 121 GemO? (Rn. 255)
39. Wie unterscheiden sich die aufsichtsrechtlichen Instrumente der Beanstandung und Anordnung? (Rn. 260)
40. Inwiefern ist die Ersetzung des Einvernehmens des § 36 BauGB als Aufsichtsmaßnahme zu begreifen? (Rn. 269 ff.)
41. Wie ist der Begriff „öffentlichen Einrichtung" zu definieren? (Rn. 280)
42. Inwieweit darf eine Satzung über die Widmung einer öffentlichen Einrichtung in Grundrechte eingreifen? (Rn. 284 ff.)
43. Was ist zu berücksichtigen, wenn eine Gemeinde eine öffentliche Einrichtung in privater Rechtsform ausgestalten will? (Rn. 290 ff.)
44. Welches sind die rechtlichen Grenzen des Zulassungsanspruchs zu einer öffentlichen Einrichtung? (Rn. 304 ff.)
45. Unter welchen Voraussetzungen ist die Entscheidung über die Zulassung zu einer öffentlichen Einrichtung eine Ermessensentscheidung? (Rn. 315 ff.)
46. Welche Bedeutung hat die Subsidiaritätsklausel des § 102 Abs. 1 Nr. 3 GemO? (Rn. 323 ff.)
47. Inwieweit ist gerichtlich überprüfbar, ob die Gemeinde den Grundsatz der Haushaltssparsamkeit (§ 77 Abs. 2 GemO) eingehalten hat? (Rn. 326 ff.)
48. Welche Art von Berichterstattung ist in einem kommunalen Amtsblatt zulässig? (Rn. 330 f.)
49. Worin unterscheidet sich das Selbstverwaltungsrecht der Landkreise von dem der Gemeinden? (Rn. 340 ff.)
50. Wer ist der Klagegegner, wenn das Landratsamt als untere Verwaltungsbehörde handeln soll und warum? (Rn. 345 f.)
51. Was versteht man unter dem Einwirkungs- oder Verschaffungsanspruch bei öffentlichen Einrichtungen? (Rn. 353 ff.)
52. Welche Klagearten kommen bei einer Kommunalverfassungsstreitigkeit in Betracht? (Rn. 363 ff.)
53. Welche Funktionen haben § 125 GemO und § 15 Abs. 1 Satz 1 AGVwGO? (Rn. 373 ff.)
54. Welche Arten von Kommunalverfassungsbeschwerden gibt es und wie verhalten sie sich zueinander? (Rn. 378 ff.)

X. Fälle

383 Die folgenden kleinen Fälle aus den prüfungsrelevanten Themen des Kommunalrechts sollen Ihnen zeigen, wie Falllösungen aufgebaut und formuliert werden müssen. Die

X. Fälle

Fälle sind sowohl für eine universitäre Fortgeschrittenenprüfung als auch erst recht für eine Examensklausur zu kurz und zu einfach, zumal verwaltungsprozessuale Konstellationen nur in untergeordneter Weise angesprochen werden. Sie zeigen aber, wie bei einer Falllösung vorzugehen ist. Lösen Sie, um einen Lerneffekt zu erzielen, die Fälle zuerst selbst, zumindest in Form einer Gliederung, bevor Sie die Lösung lesen. Bewusst sind deshalb zunächst alle Sachverhalte und erst danach die Lösungen abgedruckt.

Fall 1

In der Gemeinde G gibt es eine gemeindeeigene Sporthalle, in der die örtlichen Vereine regelmäßig Sportveranstaltungen durchführen. In den vergangenen Jahren hat es die Gemeinde auch erlaubt, dass die ortsansässigen Vereine, auch Nicht-Sportvereine, in der Halle ihre Weihnachtsfeiern und in der Fastnachtszeit ihre Prunksitzungen durchführen. Sonstige Veranstaltungen gibt es in der Halle nicht.

Am 3.1. stellt der Ortsverband G der Grünen den Antrag, die Halle am 15.9. für eine Veranstaltung „Autos 'raus aus G – Bürgerentscheid für eine gemeindeweite Fußgängerzone" zur Verfügung zu stellen. Die Gemeinde lehnt ab, das Widerspruchsverfahren wird durchgeführt. Am 16.6. ergeht der Widerspruchsbescheid, am 15.7. erhebt der Ortsverband Klage.

Wie wird das VG entscheiden?

Abwandlung:

Wie wäre es, wenn der Bundesverband der Grünen die Halle für den Bundesparteitag mieten wollte?

Fall 2

Im Gemeinderat der Stadt B (Landkreis Karlsruhe) findet eine Diskussion um die Finanzierung der dort gegründeten Privatuniversität statt. Im Verlauf der Diskussion teilt Oberbürgermeister X mit, er habe vom Ministerium für Wissenschaft und Kunst erfahren, dass die Genehmigung des Landes für die Universität nur dann verlängert werde, wenn sich die Stadt B bereiterkläre, die Folgekosten zu tragen. Daraufhin kommt es zu mehreren emotionalen Wortmeldungen, in denen Gemeinderäte unterschiedlicher Fraktionen den Plan des Landes mit „Unverschämtheit", „Auszehrung Badens" und „hochschulpolitische Blödheit" kommentieren. Schließlich meldet sich auch Gemeinderat G zu Wort und meint, ein solches Verhalten sei typisch für eine Regierung „mit einem senilen Simpel auf dem Präsidentensessel".

Der Oberbürgermeister schickt G ohne weitere Vorwarnung auf die Zuschauertribüne. G will dies nicht hinnehmen und ist der Meinung, dass das Verhalten des OB rechtswidrig gewesen sei. In einem Gemeindeparlament müssten deutliche Ausdrücke zur Klarstellung einer politischen Meinung möglich sein. Schließlich sei die Sache ja noch nicht ausgestanden, der Gemeinderat werde in den nächsten sechs Monaten erneut über die Sache beraten müssen. G will vor dem Verwaltungsgericht klagen.

Ist die Klage zulässig und begründet?

Fall 3

Die Gemeinde G hat einen Beschluss zur Aufstellung eines Bebauungsplanes gefasst. Weil sich das Verfahren gem. §§ 3 und 4 BauGB hinzieht, will sie, damit in der Zwischenzeit im Plangebiet keine vollendeten Tatsachen entstehen, eine Veränderungssperre gem. § 14 BauGB beschließen.

Als der Satzungsbeschluss im ordnungsgemäß einberufenen Gemeinderat zur Beschlussfassung ansteht, kommt es zu kontroversen Diskussionen. Im Verlauf der Debatte wird das Gemeinderatsmitglied B mit der Begründung als befangen ausgeschlossen, dass er seinerzeit im Gemeinderat schon gegen den Bebauungsplan-Aufstellungsbeschluss gestimmt habe. Daraufhin beschließt der Gemeinderat mehrheitlich eine Veränderungssperre mit dem Inhalt des § 14 I Nr. 1 BauGB.

Der Investor I will im Plangebiet ein Wellness-Center errichten und hatte schon einen Bauantrag nach § 33 BauGB eingereicht, als die Veränderungssperre beschlossen wurde. Er erhebt vor dem VGH Mannheim eine Normenkontrollklage gegen die Veränderungssperre, weil B zu Unrecht ausgeschlossen worden sei.

Hat die Klage Aussicht auf Erfolg?

Abwandlung:

Während B mit der Sache fortan nichts mehr zu tun haben will, fordert sein Gemeinderatskollege L Gerechtigkeit für B.

Wäre eine Normenkontrollklage des L zulässig?

Lösung Fall 1

I. Zulässigkeit der Klage

1. **Rechtsweg zum Verwaltungsgericht**
   Gem. § 40 Abs. 1 Satz 1 VwGO ist der Rechtsweg zum Verwaltungsgericht in allen öffentlich-rechtlichen Streitigkeiten nichtverfassungsrechtlicher Art gegeben, soweit keine anderweitige Zuweisung ersichtlich ist. Im vorliegenden Fall geht es um den Zugang zu einer gemeindeeigenen Sporthalle, einer kommunalen Einrichtung, die von der Gemeinde öffentlich-rechtlich geführt wird. Die streitentscheidenden Normen sind dem Kommunalrecht zu entnehmen. Anderweitige Zuweisungen sind nicht ersichtlich. Der Rechtsweg zum Verwaltungsgericht ist gegeben.

2. **Klageart**
   Es könnte eine Verpflichtungsklage in Betracht kommen. § 42 Abs. 1 VwGO. Dann müsste der Ortsverband der Grünen einen Verwaltungsakt begehren. Der Ortsverband begehrt die Zulassung zur gemeindeeigenen Sporthalle. Die Entscheidung der Gemeinde darüber, dass der Ortsverband zugelassen wird, ist eine Regelung mit Außenwirkung und stellt damit einen Verwaltungsakt im Sinne von § 35 Abs. 1 LVwVfG dar. Die Verpflichtungsklage ist die richtige Klageart.

3. **Klagebefugnis, § 42 II VwGO**
   Gemäß § 42 Abs. 2 VwGO muss der Ortsverband geltend machen, durch die Ablehnung des Verwaltungsaktes – hier der Zulassung zur Sporthalle – in seinen eigenen Rechten verletzt zu sein. Bei der Verpflichtungsklage bedeutet dies, dass der Kläger geltend machen muss, möglicherweise einen Anspruch auf den begehrten Verwaltungsakt zu haben.
   Ein solcher Anspruch könnte sich aus § 10 Abs. 2 S 2 iVm Abs. 4 GemO ergeben. Wenn es sich bei der Sporthalle um eine öffentliche Einrichtung der Gemeinde handelt, hat der Ortsverband der Grünen möglicherweise einen Benutzungsanspruch.
   Der Ortsverband ist klagebefugt.

4. **Vorverfahren**
   Gemäß §§ 68 ff. VwGO ist ein ordnungsgemäß durchgeführtes Vorverfahren Voraussetzung für die Zulässigkeit der Klage. Vorliegend wurde das Vorverfahren ordnungsgemäß durchgeführt und mit dem Widerspruchsbescheid am 16.6. abgeschlossen.

5. **Klagefrist**
   Gemäß § 74 Abs. 2 iVm 1 VwGO muss die Verpflichtungsklage innerhalb eines Monats nach Zustellung des Widerspruchsbescheides erhoben werden. Diese Monatsfrist ist zum Zeitpunkt der Klageerhebung am 15.7. noch nicht verstrichen. Die Klage ist fristgerecht erhoben.

6. **Beteiligtenfähigkeit**
   Auf der Beklagtenseite ist gemäß § 61 Nr. 1 VwGO die Gemeinde als juristische Person des öffentlichen Rechts beteiligtenfähig. Da der Ortsverband der Grünen selbst keine juristische Person ist – Parteien sind gewöhnlich als nichtrechtsfähige Vereine organisiert – ergibt sich seine Beteiligtenfähigkeit aus § 61 Nr. 2 VwGO. Er ist eine Vereinigung, der „ein Recht zustehen kann", da die Klagebefugnis gegeben ist.

Die Klage ist zulässig.

II. Begründetheit der Klage

Die gemäß § 78 Abs. 1 Nr. 1 VwGO gegen die Gemeinde G zu richtende Klage ist dann begründet, wenn die Ablehnung der Zulassung zur Sporthalle rechtswidrig war und der Ortsverband dadurch in seinen Rechten verletzt ist, § 113 Abs. 5 Satz 1 VwGO. Dies ist dann der Fall, wenn der Ortsverband einen Anspruch auf Zulassung hat.

Der Anspruch des Ortsverbandes könnte sich aus § 10 Abs. 2 iVm Abs. 4 GemO ergeben.

Dann müsste es sich bei der Sporthalle um eine öffentliche Einrichtung iSv § 10 Abs. 2 Satz 1 GemO handeln. Öffentliche Einrichtungen sind solche Einrichtungen, die die Gemeinde im Rahmen der Daseinsvorsorge im öffentlichen Interesse geschaffen hat und per ausdrücklicher oder konkludenter Widmung zumindest ihren Einwohnern zur Verfügung gestellt hat. Diese Voraussetzungen sind bei der gemeindeeigenen Sporthalle gegeben.

Um in den Genuss der Zulassung zu kommen, muss der Ortsverband der Grünen „Einwohner" im Sinne von § 10 Abs. 2 Satz 2 GemO sein. Da gemäß § 10 Abs. 4 GemO die Absätze 2 und 3 für nichtrechtsfähige Personenvereinigungen entsprechend gelten und der Ortsverband eine solche Personenvereinigung ist, wird er den Einwohnern gleichgestellt und hat grundsätzlich einen Zulassungsanspruch.

Der Zulassungsanspruch besteht jedoch nur „im Rahmen des geltenden Rechts". Dies bedeutet zunächst, dass bei der Benutzung nicht gegen Gesetze verstoßen werden darf, also insbesondere keine Straftaten begangen werden dürfen. Dies bedeutet jedoch auch, dass der „Widmungszweck" nicht umgangen werden darf.

Im vorliegenden Fall ist die Halle für Sportveranstaltungen gewidmet. Sie ist darüber hinaus – faktisch – auch für gesellige Vereinsveranstaltungen gewidmet worden, indem die Gemeinde auch Weihnachtsfeiern und Fastnachtsveranstaltungen zugelassen hat. Zu keiner Zeit jedoch haben in der Sporthalle politische Veranstaltungen stattgefunden. Sie ist für solche Veranstaltungen nicht gewidmet. Ein Zulassung auszusprechen, würde bedeuten, die Grenzen der Widmung zu überschreiten. Die vom Ortsverband der Grünen begehrte Nutzung liegt außerhalb der Widmung und daher außerhalb des Rahmens des geltenden Rechts im Sinne vom § 10 Abs. 2 Satz 2 GemO. Der Zulassungsanspruch besteht nicht.

Die Klage ist unbegründet.

Abwandlung

Wenn der Bundesverband die Halle für den Bundesparteitag mieten wollte, dann wäre zunächst § 10 Abs. 2 GemO nicht anwendbar, da der Bundesverband keine ortsansässige rechtsfähige Personenvereinigung ist. Aus den Vorschriften der Gemeindeordnung ließe sich ein Zulassungsanspruch nicht herleiten. Wenn die Gemeinde ihre öffentliche Einrichtung Ortsfremden zur Verfügung stellt, dann handelt es sich um eine Ermessensentscheidung. Ob ein Anspruch besteht, hängt dann davon ab, ob das Ermessen auf Null reduziert ist. Eine Ermessensreduzierung könnte sich vorliegend allenfalls aus § 5 PartG ergeben. Dies setzt allerdings voraus, daß die Halle generell Parteien zur Verfügung steht. Dies ist vorliegend nicht der Fall. Auch aus Art. 21 GG lässt sich kein Anspruch herleiten, da § 5 PartG das verfassungsrechtliche Recht der Parteien, an der Willensbildung des Volkes mitzuwirken, konkretisiert.

Lösung Fall 2

I. Zulässigkeit der Klage

1. **Rechtsweg zum Verwaltungsgericht**

Gemäß § 40 Abs. 1 Satz 1 VwGO ist der Rechtsweg zum Verwaltungsgericht in allen öffentlich-rechtlichen Streitigkeiten nichtverfassungsrechtlicher Art gegeben, für die keine anderweitige Zuweisung ersichtlich ist. Vorliegend geht es um Kompetenzen des Oberbürgermeisters aus der Gemeindeordnung, also um öffentliches Recht. Die Streitigkeit ist auch nichtverfassungsrechtlicher Art, da keine Verfassungsorgane beteiligt sind, die um Verfassungsrecht streiten. Eine anderweitige Zuweisung ist nicht ersichtlich.

2. Klageart

Gemäß § 88 VwGO ist das Begehren des G, das nicht eindeutig formuliert ist, auszulegen. Da sich das Handeln des Oberbürgermeisters mit Ende der Gemeinderatssitzung erledigt hat, geht es G nicht mehr um ein positives Tun, sondern um die Feststellung, dass das Verhalten des Oberbürgermeisters rechtswidrig war.

Es handelt sich um eine Kommunalverfassungsstreitigkeit um die Reichweite der organschaftlichen Kompetenzen im Binnenbereich des Gemeinderates. Da die VwGO hierfür die entsprechenden Klagearten zur Verfügung stellt, ist auf den früher vertretenen Gedanken einer Klage sui generis nicht zurückzugreifen. Zunächst ist, nachdem sich die Maßnahme des Oberbürgermeisters erledigt hat, zu überlegen, ob eine Fortsetzungsfeststellungsklage (§ 113 Abs. 1 Satz 4 VwGO) in Betracht kommt. Dies ist aber zu verneinen, da die an den G gerichtete Maßnahme sich an ein Gemeinderatsmitglied richtete, welches selbst Teil der Exekutive ist, so dass mangels Außenwirkung kein Verwaltungsakt vorliegt, wie er für diese Klage erforderlich wäre. Regelmäßig einschlägig ist daher bei Kommunalverfassungsstreitigkeiten die allgemeine Leistungsklage oder – subsidiär – die Feststellungsklage. Vorliegend wird kein Tun, Dulden oder Unterlassen begehrt, da der Oberbürgermeister die Maßnahme, die sich erledigt hat, nicht mehr rückgängig machen kann.

Somit ist vorliegend die allgemeine Feststellungsklage einschlägig (§ 43 VwGO). Sie ist gerichtet auf die Feststellung des Bestehens oder Nichtbestehens eines Rechtsverhältnisses. Ein Rechtsverhältnis ist die aufgrund einer öffentlich-rechtlichen Rechtsnorm bestehende Beziehung zwischen zwei Rechtssubjekten. Hier ist die Klage auf das Nichtbestehen eines Rechtsverhältnisses gerichtet, nämlich darauf, dass es keine Rechtsgrundlage gibt, nach der der Oberbürgermeister G auf die Tribüne schicken durfte.

3. Klagebefugnis

Es ist streitig, ob bei der Feststellungsklage eine Klagebefugnis iSd § 42 Abs. 2 VwGO erforderlich ist. Der Streit kann jedoch dahinstehen, wenn jedenfalls die Klagebefugnis vorliegend gegeben ist, § 42 Abs. 2 VwGO analog.

G könnte möglicherweise in eigenen Rechten verletzt sein. In Betracht kommt das subjektive Recht der Gemeinderäte aus § 32 Abs. 3 GemO. Möglicherweise wurde G durch den Verweis auf die Tribüne daran gehindert, das Amt des Gemeinderats nach seiner freien, nur durch das öffentliche Wohl bestimmten Überzeugung auszuüben. Diese Rechtsverletzung erscheint jedenfalls nicht von vornherein als ausgeschlossen.

4. Feststellungsinteresse

Als berechtigtes Interesse iSd § 43 Abs. 1 VwGO ist jedes nach vernünftigen Erwägungen anzuerkennende schutzwürdige Interesse rechtlicher, wirtschaftlicher, ideeller oder auch nur rein persönlicher Art zu begreifen.

Ein rechtliches Interesse liegt hier allein schon deshalb vor, weil G möglicherweise in seinem Recht aus § 32 Abs. 3 GemO verletzt ist, woraus sich auch die Klagebefugnis ergibt. Darüber hinaus wird laut Sachverhalt der Gemeinderat in den nächsten sechs Monaten erneut über die Sache beraten müssen, so dass eine konkrete Wiederholungsgefahr gegeben ist, die das Feststellungsinteresse ebenfalls rechtfertigt.

5. Beteiligtenfähigkeit

Der Oberbürgermeister und G sind gemäß § 61 Nr. 1 VwGO beteiligtenfähig.

6. Zuständiges Verwaltungsgericht

Gemäß §§ 45, 52 Nr. 5 VwGO, 1 Abs. 2 AGVwGO, 12 Abs. 2 LVG ist das Verwaltungsgericht Karlsruhe örtlich und sachlich zuständig.

II. Begründetheit der Klage

Die gegen den Oberbürgermeister zu richtende Klage ist begründet, wenn das streitige Rechtsverhältnis nicht besteht, mit anderen Worten, wenn der Oberbürgermeister sich für sein Verhalten auf keine Rechtsgrundlage stützen kann.

Einzig in Betracht kommende Rechtsgrundlage für das Handeln des Oberbürgermeisters ist § 36 Abs. 3 GemO.

Der Oberbürgermeister ist gem. § 42 Abs. 1 Satz 1 GemO Vorsitzender des Gemeinderates. Er hat den G, indem er ihn auf die Tribüne schickte, aus dem Beratungsraum verwiesen. Dieses Verhalten ist jedoch nur zulässig, wenn das Verhalten des G als „grobe Ungebühr" gewertet werden kann. Ein „wiederholter Verstoß gegen die Ordnung" kommt indessen nicht in Betracht. Zwar ist es durchaus vorstellbar, dass die im Verlauf der Debatte gefallenen Worte solche Verstöße darstellen. Da sie aber nicht von G geäußert wurden, kann man jedenfalls ihm einen wiederholten Verstoß gegen die Ordnung nicht vorwerfen.

Es kommt somit darauf an, ob die Äußerung des G so massiv war, daß sie als „grobe Ungebühr" gewertet werden kann.

Unter „grober Ungebühr" ist ein Verhalten zu verstehen, das eine vorsätzliche grobe Störung der Ordnung darstellt oder bei Äußerungen, die formale Beleidigungen darstellen. Erforderlich ist ein einmaliges Fehlverhalten, bei dem die Grenzen des Tragbaren erheblich überschritten sein müssen Demnach ist der Verweis wegen „grober Ungebühr" nur bei einem Verhalten zulässig, das den Gang der Verhandlungen in besonders hohem Maße stört.

Geht man davon aus, dass es Aufgabe des Vorsitzenden ist, eine Atmosphäre der Ruhe und Sachlichkeit zu schaffen, überschreitet die Äußerung des G – mag sie auch tatsächliche Anknüpfungspunkte haben – das in einer Gemeinderatssitzung Tragbare in deutlichem Maße. Sie fordert weitere emotionale Reaktionen heraus und ist damit einem konstruktiven, den gesetzlichen Verfahrensvorgaben folgenden Ablauf der Gemeinderatssitzung nicht förderlich. Um die von der Gemeindeordnung verlangte Atmosphäre der Sachlichkeit wiederherzustellen, durfte der Oberbürgermeister G aus dem Sitzungssaal verweisen (aA vertretbar!).

Der Oberbürgermeister war somit gem. § 36 Abs. 3 Satz 1 GemO zu seinem Handeln legitimiert. Die auf Feststellung des Nichtbestehens des Rechtsverhältnisses gerichtete Klage ist unbegründet.

Lösung Fall 3
I. Zulässigkeit der Klage des I
1. **Rechtsweg zum VGH**
Gen. § 47 Abs. 1 VwGO entscheidet das Oberverwaltungsgericht – dies ist gem.§§ 184 VwGO, 1 Abs. 1 AGVwGO der Verwaltungsgerichtshof mit Sitz in Mannheim – „im Rahmen seiner Gerichtsbarkeit" über die Gültigkeit von Normen.
2. **Statthaftigkeit der Normenkontrolle**
Der Rahmen der Gerichtsbarkeit wird von §§ 4 AGVwGO, 47 Abs. 1 VwGO vorgegeben. Auf jeden Fall kontrollfähig sind Satzungen nach Vorschriften des Baugesetzbuchs, § 47 Abs. 1 Nr. 1 VwGO. Die Veränderungssperre wird gem. § 16 Abs. 1 BauGB als Satzung erlassen. Das Normenkontrollverfahren ist einschlägig.
3. **Beteiligtenfähigkeit**
Gem. § 47 Abs. 2 Satz 1 VwGO ist hierfür nur Voraussetzung, dass der Antragsteller eine natürliche oder juristische Person ist. I ist eine natürliche Person. Antragsgegner ist gem. § 47 Abs. 2 Satz 2 VwGO die Körperschaft, die die Rechtsvorschrift erlassen hat, also die Gemeinde G.
4. **Antragsbefugnis**
Gem. § 47 Abs. 2 Satz 1 VwGO ist antragsbefugt nur derjenige, der geltend machen kann, durch die Rechtsvorschrift oder deren Anwendung in seinen Rechten verletzt zu sein oder in absehbarer Zeit verletzt zu werden. Damit gelten die gleichen Anforderungen wie bei der Klagebefugnis nach § 42 Abs. 2 VwGO.
I hatte eine Baugenehmigung nach § 33 BauGB eingereicht. Dies bedeutet, dass sein Vorhaben dem zukünftigen Bebauungsplan nicht entgegensteht (§ 33 Abs. 1 Nr. 2 BauGB). Sein Vorhaben hätte also genehmigt werden müssen, wenn nicht die Veränderungssperre, die gem. § 14 Abs. 1 Nr. 1 BauGB jegliches Bauen verbietet, beschlossen worden wäre. Ist die Veränderungssperre rechtswidrig, so wird sein Anspruch auf Baugenehmigung aus § 58 Abs. 1 LBO, der gegeben ist, wenn § 33 BauGB die bauplanungsrechtliche Zulässigkeit feststellt, beeinträchtigt.
Wegen der möglichen Verletzung dieses subjektiven Rechts aus § 58 Abs. 1 LBO ist I antragsbefugt.

5. Rechtsschutzbedürfnis
Anhaltspunkte für ein fehlendes Rechtsschutzbedürfnis (etwa, weil die Norm zB durch zeitlichen Ablauf der Veränderungssperre keine Wirkung mehr entfalten könnte) bestehen nicht.

II. Begründetheit des Normenkontrollantrages
Der Antrag ist gem. § 47 Abs. 1 VwGO begründet, wenn die Norm ungültig ist. Die Normenkontrolle stellt ein „objektives Beanstandungsverfahren" dar, so dass es auf eine Rechtsverletzung des Antragstellers nicht ankommt.

Die Satzung über die Veränderungssperre könnte ungültig sein, weil der Satzungsbeschluss (§ 16 Abs. 1 BauGB) unter Verstoß gegen Vorschriften des Kommunalrechts beschlossen und somit nichtig sein könnte. Es kommt ein Verstoß gegen die Befangenheitsvorschriften der GemO in Betracht, da möglicherweise B zu Unrecht wegen Befangenheit ausgeschlossen wurde.

Maßstab hierfür ist § 18 Abs. 1 GemO, der für die gem. § 32 Abs. 1 GemO ehrenamtlich tätigen Gemeinderäte gilt. Nach § 18 Abs. 1 GemO ist derjenige befangen, dem die Entscheidung – hier also der Satzungsbeschluss – einen unmittelbaren Vorteil oder Nachteil bringen „kann". Es soll dabei bereits der böse Schein eines Vor- oder Nachteils vermieden werden. Andere Befangenheitsgründe existieren nicht.

Dass der Beschluss über die Veränderungssperre hier dem B einen unmittelbaren Vor- oder Nachteil bringen könnte, ist in keiner Weise ersichtlich, insbesondere auch nicht dafür, dass B Eigentümer eines Grundstücks im Gebiet der Veränderungssperre wäre, was eine Befangenheit begründen könnte. Dass er gegen den Bebauungsplan-Aufstellungsbeschluss gestimmt hat, stellte die Ausübung seines freien Mandats gem. § 32 Abs. 3 GemO dar und hat keinerlei Bezug zu den Befangenheitsvorschriften.

Der Satzungsbeschluss über die Veränderungssperre verstieß somit gegen § 18 Abs. 1 GemO. Die Auswirkung auf die Gültigkeit der Satzung regelt § 18 Abs. 6 GemO. Danach ist der Beschluss rechtswidrig, wenn ein ehrenamtlich tätiger Bürger ohne einen Ausschlussgrund ausgeschlossen wurde, § 18 Abs. 6 Satz 1 1 GemO. Erst nach einem Jahr wird die Gültigkeit des Beschlusses fingiert, § 18 Abs. 6 Satz 2 GO. Vorliegend ist davon auszugehen, dass die Normenkontrollklage vor Ablauf eines Jahres erhoben wurde.

Somit bleibt es bei der Rechtswidrigkeit des Beschlusses und damit der Satzung. Diese ist damit auch ungültig. Dies folgt zum einen aus § 18 Abs. 6 Satz 2 GO sowie aus der Tatsache, dass Gemeinderatsbeschlüsse grundsätzlich keine Verwaltungsakte sind und demnach keine Heilungsvorschriften des LVwVfG angewandt werden können. Die Veränderungssperre ist ungültig.

Die Klage ist begründet.

Abwandlung:

Fraglich ist allein die Antragsbefugnis des L.

L müsste geltend machen können, durch die Satzung in seinen eigenen Rechten verletzt zu sein. In Betracht kommt allein § 32 Abs. 3 GemO, das freie Mandat eines Gemeinderatsmitglieds. Der Ausschluss des B wegen Befangenheit hinderte L jedoch nicht daran, selbst im Gemeinderat an der Debatte teilzunehmen und abzustimmen. Eine Verletzung von § 32 Abs. 3 GemO kommt nicht in Betracht. Andere subjektive Rechte des L sind nicht ersichtlich. Ein Geltendmachung fremder Rechte (etwa des B) im eigenen Namen scheidet ebenfalls aus, da § 47 Abs. 2 VwGO die Geltendmachung einer eigenen Rechtsverletzung verlangt.

Die Klage ist unzulässig.

§ 3 Polizeirecht

Literatur:

Barthe/Gericke, Karlsruher Kommentar zur Strafprozessordnung, 9. Aufl., 2023; *Beaucamp/Seifert*, Soll der Zweckveranlasser weiterleben?, JA 2007, 577; *Belz/Mußmann/Kahlert/Sander*, Polizeigesetz für Baden-Württemberg, 9. Aufl., 2022; *Braun*, Hohe Hürden für zeitlich und örtlich begrenzte Alkoholkonsumverbote, BWGZ 2018, 76; *Buchholz/Kersig*, Aus der Praxis: Erkennungsdienstliche Behandlungen – Strafprozessrecht im Verwaltungsprozess, JuS 2019, 351; *Bünnigmann*, Polizeifestigkeit im Versammlungsrecht, JuS 2016, 695; *Degenhart*, Öffentlichrechtliche Fragen der Hausbesetzungen, JuS 1982, 330; *Epping/Hillgruber*, BeckOK GG, Stand: 15. Mai 2023; *Froese*, Das Zusammenspiel von Versammlungsfreiheit und Versammlungsgesetz, JA 2015, 679; *Gassner*, Der kommunale Ordnungsdienst in Baden-Württemberg, VBlBW 2013, 281; *Graf*, BeckOK GVG, Stand: 15. Mai 2023; *Jarass*, Bundesimmissionsschutzgesetz, 14. Aufl., 2022; ; *Kipker/Gärtner*, Verfassungsrechtliche Anforderungen an den Einsatz polizeilicher „Body-Cams", NJW 2015, 296; *Klinger*, Neue Wege effektiver Vollstreckung verwaltungsgerichtlicher Urteile, NVwZ 2019, 1332; *Knodel*, „Schwarzer Donnerstag" in Stuttgart, JA 2016, 917; *Konzak*, Analogie im Verwaltungsrecht, NVwZ 1997, 872; *Lenk*, Läutet der BGH das Ende der Schwerpunkttheorie ein?, NVwZ 2018, 38; *Lege,* System des deutschen Staatshaftungsrechts, JA 2016, 81; *Maurer/Waldhoff*, Allgemeines Verwaltungsrecht, 20. Aufl., 2020; *Nachbaur*, Das neue baden-württembergische Polizeigesetz - in Teilen verfassungswidrig, VBlBW 2021, 55; *Nachbaur*, Gemeindliche Vollzugsbedienstete – Agieren auf rechtsunsicherer und weithin gesetzesfreier Grundlage, VBlBW 2022, 485; *Nachbaur*, Reformbedürftigkeit des baden-württembergischen Polizeigesetzes, VBlBW 2018, 45 und 97; *Münchener Kommentar* zum Bürgerlichen Gesetzbuch, Band 6, 9. Aufl., 2023; *Nolte/Niestedt*, Grundfälle zur Rechtsnachfolge im Öffentlichen Recht, JuS 2000, 1071 und 1172; *Pöltl*, Alkoholkonsumverbote im öffentlichen Raum, VBlBW 2018, 221; *Pöltl*, Das Polizeigesetz 2020 – Überblick und erste Bewertung der Neufassung des PolG BW, VBlBW 2021, 45; *Poscher*, Der Gefahrenverdacht – Das ungelöste Problem der Polizeirechtsdogmatik, NVwZ 2001, 141; *Pschorr*, Die Verwertbarkeit in Wohnungen aufgezeichneten Bodycam-Aufnahmen im Strafverfahren, JuS 2021, 937; *Ruder*, Die polizei- und ordnungsrechtliche Unterbringung von Obdachlosen, NVwZ 2012, 1283; *Ruder/Pöltl*, Polizeirecht Baden-Württemberg, 9. Aufl., 2021; *Schäfer*, Der „kleine Spähangriff", NVwZ 2022, 360; *Schenke*, Polizeiliches Handeln bei Anscheinsgefahr und Gefahrverdacht, JuS 2018, 505; *Schlick*, Die Rechtsprechung des BGH zu den öffentlich-rechtlichen Ersatzleistungen, NJW 2017, 2509; *Schoch*, Der Schutz privater Rechte im Polizei- und Ordnungsrecht, Jura 2013, 468; *Schoch/Schneide*, Verwaltungsgerichtsordnung, Stand: August 2022; *Simitis*, Die informationelle Selbstbestimmung, Grundbedingung einer verfassungskonformen Informationsordnung, NJW 1984, 398; *Stelkens/Bonk/Sachs*, Verwaltungsverfahrensgesetz, 10. Aufl., 2023; *Stückemann*, Die Rechtsnachfolge in die gefahrenabwehrrechtliche Verhaltens- und Zustandsverantwortlichkeit, JA 2015, 569; *Trurnit*, Platzverweis, Aufenthaltsverbot und Wohnungsverweis gem. § 27a PolG, VBlBW 2009, 205; *Wobst/Ackermann*, Der Zweckveranlasser wird 100 – Ein Grund zum Feiern?, JA 2013, 916.

I. Einführung	1
II. Präventive und repressive Tätigkeit der Polizei	10
III. Die polizeirechtlichen Ermächtigungsgrundlagen	16
1. Die gemeinsame Struktur aller Ermächtigungsgrundlagen	25
a) „Gefahr" als Voraussetzung polizeilichen Einschreitens	27
aa) Konkrete Gefahr	27
bb) Anscheins- und Putativ(Schein-)gefahr	33
cc) „Gefahrenverdacht"	45
b) Die Polizeipflichtigen bei Einzelmaßnahmen (§§ 6, 7, 9 PolG)	50
c) Ermessensentscheidung....	71
d) Verhältnismäßigkeit	78
2. Die Suche nach der richtigen Ermächtigungsgrundlage im Polizeirecht	85
a) Erster Schritt: Wer hat gehandelt? (Wer soll handeln)?	89

- b) Zweiter Schritt: Vorrangige Spezialgesetze 95
- c) Dritter Schritt: Polizeiliche Standardmaßnahmen 102
- d) Die Anwendbarkeit der polizeilichen Generalklausel 107
- IV. Zuständigkeiten im Polizeirecht ... 109
  1. Zuständigkeit der Polizeibehörde 110
  2. Zuständigkeiten des Polizeivollzugsdienstes 113
  3. § 2 Abs. 2 PolG als zusätzliche Zuständigkeitsnorm 125
  4. Zuständigkeits-Besonderheiten in der Verwaltungsvollstreckung 132
  5. Kommunale Vollzugsbedienstete, Amtshilfe und Vollzugshilfe 135
     - a) Gemeindliche Vollzugsbedienstete 136
     - b) Amtshilfe und Vollzugshilfe 139
- V. Die wichtigsten polizeilichen Standardmaßnahmen 151
  1. Identitätsfeststellung (§ 27 PolG) 158
  2. Die Ermächtigungsgrundlagen des § 30 PolG 168
  3. Gewahrsam (§ 33 PolG) 180
  4. Durchsuchung von Personen und Sachen 195
  5. Betreten und Durchsuchung von Wohnungen 205
  6. Sicherstellung und Beschlagnahme 216
  7. Erkennungsdienstliche Maßnahmen 224
  8. Überblick über die polizeiliche Datenerhebung 232
     - a) Grundrechtsrelevanz 233
     - b) Allgemeine Regeln der Datenerhebung 240
- VI. Die polizeiliche Generalklausel 244
- VII. Der Anspruch auf polizeiliches Einschreiten 252
- VIII. Polizeiliche Realakte 261
  1. Unmittelbare Ausführung versus Verwaltungsvollstreckung 265
     - a) Abgrenzung zwischen unmittelbarer Ausführung und Verwaltungsvollstreckung 266
     - b) Die Voraussetzungen der unmittelbaren Ausführung insgesamt 275
  - c) Der Tatbestand des § 8 Abs. 1 PolG 282
  2. Speziell: Abschleppfälle als unmittelbare Ausführung 294
- IX. Die Polizeiverordnung 307
  1. Rechtmäßigkeitsvoraussetzungen einer Polizeiverordnung .. 309
  2. Örtliche Alkoholkonsumverbote gemäß § 18 PolG 328
- X. Ausgewählte Probleme des materiellen Polizeirechts 334
  1. Unterbringung von Obdachlosen 335
  2. Gefährderansprache und -anschreiben, Gefährdetenansprache 338
  3. Der Einsatz von Bodycams 341
  4. Die Polizeipflicht von Hoheitsträgern 348
  5. Die Rechtsnachfolge im Polizeirecht 352
- XI. Polizeikosten 362
  1. Kostenersatz bei der unmittelbaren Ausführung (§ 8 Abs. 2 PolG) 363
  2. Kostenbescheide bei der Ersatzvornahme (§§ 25, 31 LVwVG) und beim unmittelbaren Zwang durch Verwaltungsbehörde und Polizei (§§ 26, 31 LVwVG sowie § 66 Abs. 4 PolG iVm § 31 LVwVG) 371
  3. Gebührenbescheide gemäß §§ 3, 4 LGebG 379
- XII. Entschädigung und Schadensersatz bei polizeilichen Maßnahmen 383
  1. Entschädigungsansprüche aus § 100 PolG 386
  2. Amtshaftung (§ 839 BGB/Art. 34 GG) 389
  3. Anspruch aus enteignungsgleichem Eingriff 398
- XIII. Exkurs: Versammlungsrecht 403
  1. Das Versammlungsgrundrecht (Art. 8 Abs. 1 GG) 404
  2. Die Anwendbarkeit der Ermächtigungsgrundlagen des VersG und PolG auf versammlungsrechtlich relevante Sachverhalte 408
  3. Der Begriff der öffentlichen Ordnung im Versammlungsrecht 418
- XIV. Prozessuales 424
  1. Rechtsschutz bei erledigten polizeilichen Maßnahmen 425

2. Anspruch auf polizeiliches Einschreiten 451
3. Inhaltskontrolle von Polizeiverordnungen 458
XV. Fragen zur Lernkontrolle 461
XVI. Fälle 462

I. Einführung

Das Polizeirecht gehört ebenso wie das Baurecht und das Kommunalrecht zu den Rechtsgebieten des öffentlichen Rechts, die in beiden Staatsexamina am häufigsten geprüft werden. Beliebt sind dabei oft Klausurkonstellationen mit „turbulenten" Sachverhalten, also solchen, bei denen ähnlich wie im Strafrecht ein umfassender Handlungsablauf geschildert wird und die Bearbeiterinnen und Bearbeiter hinterher die jeweiligen Eingriffsakte erkennen und bestimmten Ermächtigungsgrundlagen zuordnen müssen. Deshalb ist es durchaus typisch, dass in einer Polizeirechtsklausur mehrere Ermächtigungsgrundlagen ausführlich geprüft werden müssen.

Ebenso häufig erscheint die Kombination des Polizeirechts mit dem Verwaltungsvollstreckungsrecht bis hin zu Kostenbescheiden, denn polizeirechtliche Verwaltungsakte werden häufig nicht sofort befolgt. Nicht selten muss die Polizei den Erfolg ihrer Maßnahmen mit Gewalt herbeiführen, beispielsweise mit unmittelbarem Zwang. Immer dort, wo ein Verwaltungsakt gegen den Willen des Pflichtigen durchgesetzt werden muss, tritt das Verwaltungsvollstreckungsrecht auf den Plan.[1] Wird also ein auf der Straße sitzender Demonstrant weggetragen oder an einem Halteverbotsschild ein Kraftfahrzeug abgeschleppt, werden verwaltungsvollstreckungsrechtliche Fragen automatisch Bestandteil einer Klausur.

Typische Klausurkonstellationen sind insgesamt:

a) Die Anfechtung polizeilicher Verfügungen
b) Die Prüfung der Rechtmäßigkeit erledigter polizeilicher Maßnahmen (Verwaltungsakte oder Realakte)
c) Der Anspruch auf polizeiliches Einschreiten
d) Die Inhaltskontrolle von Polizeiverordnungen

Um sich das Polizeirecht zugänglich zu machen, sollte man von Anfang an auf die Gemeinsamkeiten achten, die trotz der Vielfältigkeit möglicher Sachverhaltskonstellationen im Polizeirecht stets vorhanden sind: Alle präventiven[2] Ermächtigungsgrundlagen der Polizei verlangen materiellrechtlich das Vorliegen einer **Gefahr für die öffentliche Sicherheit** (oder Ordnung). Dieser Gefahrenbegriff, der in verschiedenen Ermächtigungsgrundlagen des Polizeirechts unterschiedlich ergänzt wird (zB „dringende" Gefahr in § 36 Abs. 1 PolG, „Störung" in § 33 Abs. 1 Nr. 1 PolG) ist Bestandteil jeder Ermächtigungsgrundlage. Darüber hinaus sind polizeiliche Eingriffsmaßnahmen grundsätzlich **Ermessensentscheidungen**. Dies bedeutet, dass man in einer Klausur nicht nur das materielle Polizeirecht, sondern auch die fallbezogene Überprüfung von Ermessensentscheidungen kennen muss, die dem allgemeinen Verwaltungsrecht zuzu-

---

1 Siehe unten Kapitel Verwaltungsvollstreckungsrecht.
2 Zur Unterscheidung zur repressiven polizeilicher Tätigkeit sogleich unten.

ordnen ist (vgl. §§ 114 VwGO, 40 LVwVfG). In der Ermessensprüfung ist auch die Frage zu beantworten, ob der **richtige Polizeipflichtige ausgewählt** wurde.³

5   Schließlich kennt das PolG im Wesentlichen nur zwei Arten von als „Polizei" Handelnden: Die **Polizeibehörde** und den **Polizeivollzugsdienst** (§ 104 Nr. 1 und Nr. 2 PolG). Aus diesem Umstand ergeben sich für die jeweilig handelnde Behörde immer dieselben Zuständigkeitsnormen. Folglich kann davon ausgegangen werden, dass die Überprüfung polizeilicher Maßnahmen, wie sie durchaus in nicht geringer Anzahl in einer Klausur vorkommen können, **immer derselben Struktur** folgt.

6   Dies gilt auch für die Klausurkonstellation des **Anspruchs auf Einschreiten**. Dabei handelt es sich um Drittbetroffenenkonstellationen, soweit eine Person das Einschreiten der Polizei gegen einen Dritten verlangt. Aber auch dieses Einschreiten kann nur mithilfe der zahlreichen im PolG zur Verfügung stehenden Ermächtigungsgrundlagen erfolgen.

7   Die **Überprüfung von Polizeiverordnungen** (§ 17 ff. PolG) als weitere Thematik kann in einer Klausur sowohl als Normenkontrolle erscheinen als auch im Rahmen einer Inzidentprüfung, wenn ein Verbot oder eine andere Form polizeilichen Einschreitens gegen einen Adressaten auf eine Polizeiverordnung gestützt wird.

8   Polizeiliche Maßnahmen erledigen sich häufig sehr schnell, so dass sie nicht mehr mit einem Rechtsbehelf abgewehrt werden können, etwa ein Platzverweis, ein Veranstaltungsverbot oder eine Abschleppmaßnahme. In diesen Fällen kommt bei einem erledigten Verwaltungsakt die **Fortsetzungsfeststellungsklage**, bei einem erledigten Realakt die **Feststellungsklage** als richtiges Rechtsmittel in Betracht. Beide Klagearten benötigen umfassende Ausführungen in der Zulässigkeitsprüfung, so dass Polizeirechtsfälle sehr häufig als besonders umfangreich erscheinen, was jedoch nicht bedeutet, dass sie deshalb einen erhöhten Schwierigkeitsgrad gegenüber anderen Rechtsgebieten aufweisen. Vielmehr ist es dann Aufgabe des Kandidaten, auf unerhebliche Ausführungen zu verzichten und gezielt auf die Probleme des Falles zuzusteuern. Dabei ist es unerlässlich, über das entsprechende **Definitionenwissen** zu verfügen und entsprechende Routine im Aufsuchen von Rechtsnormen (insbesondere Zuständigkeitsnormen) zu besitzen.

9   Wenn das PolG von der „Polizei" spricht, meint es damit sowohl die Polizeibehörden als auch den Polizeivollzugsdienst (§ 104 PolG). Polizeibehörden und Polizeivollzugsdienst sind weitgehend unterschiedlichen Rechtsträgern zuzuordnen (die Polizeibehörde zumeist der Gemeinde, der Polizeivollzugsdienst dem Land Baden-Württemberg). Dieser wichtige Unterschied spielt in einem Polizeirechtsfall bei der Bestimmung der Ermächtigungsgrundlage, der Zuständigkeit und auch des Klagegegners eine sehr bedeutende Rolle.

---

3   *Ruder/Pöltl*, Polizeirecht Baden-Württemberg, § 5 Rn. 38 ff.

II. Präventive und repressive Tätigkeit der Polizei

Ebenso bedeutsam ist die Unterscheidung zwischen **präventiver und repressiver Tätigkeit** der Polizei. Unter präventiver Tätigkeit versteht man das Handeln der Polizei zur Gefahrenabwehr. Repressive Tätigkeit ist demgegenüber das Handeln der Polizei zur Straf- oder Ordnungswidrigkeitenverfolgung. Im letzteren Fall stellt der Polizei die StPO und das Ordnungswidrigkeitenrecht die entsprechenden Ermächtigungsgrundlagen zur Verfügung. Im ersten Fall, bei der präventiven Tätigkeit, ergibt sich die Rechtsgrundlage des polizeilichen Handelns in den klausurtypischen Fällen üblicherweise aus dem PolG, selten auch aus ordnungsrechtlichen Spezialgesetzen.

10

Präventive Tätigkeit heißt damit: Handeln zur Gefahrenabwehr, repressive Tätigkeit heißt: Handeln zur Bekämpfung von Straftaten oder Ordnungswidrigkeiten. Diese Frage ist in einer Klausur in den meisten Fällen schon bei der Prüfung des Rechtsweges in der Zulässigkeit zu klären, spätestens jedoch bei der Bestimmung der Ermächtigungsgrundlage. Der Verwaltungsrechtsweg ist gemäß § 40 Abs. 1 Satz 1 VwGO in allen öffentlich-rechtlichen Streitigkeiten nichtverfassungsrechtlicher Art gegeben, soweit die Streitigkeit nicht durch Bundesgesetz einem anderen Gericht ausdrücklich zugewiesen ist. Eine solche Regelung enthält **§ 23 Abs. 1 Satz 1 EGGVG** (Lesen!). Die Vorschrift verweist öffentlich-rechtliche Streitigkeiten nichtverfassungsrechtlicher Art bezüglich „Anordnungen, Verfügungen oder sonstigen Maßnahmen" auf dem Gebiet „der Strafrechtspflege" an die ordentlichen Gerichte. Der Begriff ist weit auszulegen.[4] Handelt die Polizei also zur Strafverfolgung, wozu alle damit im Zusammenhang stehenden Tätigkeiten gerechnet werden, so ist nicht der Rechtsweg zum Verwaltungsgericht, sondern zur ordentlichen Gerichtsbarkeit eröffnet. Der Hinweis darauf, dass – wie im Regelfall – diese anderweitige Zuweisung nicht eingreift, sollte in Polizeirechtsklausuren mit einer entsprechenden Begründung nicht fehlen.

11

Nicht ganz unproblematisch sind sogenannten „**doppelfunktionalen Maßnahmen**". Dies sind solche Maßnahmen, die sowohl der Gefahrenabwehr als auch der Strafverfolgung zugeordnet werden können.

12

Beispiel:

13

Die Polizei begründet den Besitz an einem Giftfass, das sie im Wald gefunden hat.

Hier könnte man sowohl an die Verfolgung einer Straftat des unerlaubten Umgangs mit Abfällen (§ 326 StGB) denken als auch an eine präventive Tätigkeit der Polizei zur Gefahrenabwehr, nämlich um zu verhindern, dass Menschen mit dem Gift in Kontakt kommen und dabei an der Gesundheit geschädigt werden.

14

Bei doppelfunktionalen Maßnahmen wird herkömmlich danach abgegrenzt, ob sich das **Schwergewicht des polizeilichen Handelns** als präventiv oder repressiv darstellt.[5] Der Schwerpunkt des polizeilichen Handelns lässt sich nur ermitteln, wenn man aus dem Kontext des Sachverhaltes erkennen kann, was die Polizei mit ihrem Handeln beabsichtigt. Im vorliegenden Beispiel reichen die Sachverhaltsangaben hierzu nicht

15

---

4 BeckOK GVG/*Köhnlein*, § 23 EGGVG Rn. 38.
5 VGH Mannheim 1 S 2206/03, Rn. 28 mwN, vgl. BVerwG 6 C 26.03, Rn. 21.

aus. Geht die Polizei im weiteren Gang des Sachverhalts vor wie eine strafrechtliche Ermittlungsbehörde (etwa durch Spurensicherung, Zeugenbefragungen uä), liegt der Schwerpunkt beim repressiven Handeln. Bringt sie dagegen das Fass nur in Sicherheit, um zu verhindern, dass jemand zu Schaden kommt, dann ist von einer präventiven Tätigkeit auszugehen. Diese grundsätzliche Unterscheidung wirkt sich nicht nur auf den Rechtsweg, sondern auch auf die Anwendung der entsprechenden Ermächtigungsgrundlage aus, die nur bei Vorliegen einer präventiven Tätigkeit im PolG zu finden ist. Tendenziell ist davon auszugehen, dass präventive Ermächtigungsgrundlagen deutlich häufiger anzutreffen sind. Man muss sich jedenfalls darüber klar sein, dass sich dann, wenn eine repressive Ermächtigungsgrundlage (beispielsweise aus der StPO) einschlägig ist,[6] die gesamte Klausur materiellrechtlich im Strafprozessrecht und eben nicht im Polizeirecht bewegt.[7]

III. Die polizeirechtlichen Ermächtigungsgrundlagen

16 Polizeirecht ist, zusammen mit dem Verwaltungsvollstreckungsrecht, das intensivste Eingriffsverwaltungsrecht. Mithilfe des Polizeirechts ist es möglich, auf Personen oder Sachen körperlich einzuwirken (§ 64 PolG), im äußersten Fall jemanden zu erschießen (§ 68 Abs. 2 PolG) oder „Explosivmittel" zu gebrauchen (§ 69 PolG). Grundsätzlich greift jede adressatenbezogene polizeiliche Maßnahme in dessen Grundrechte ein. Polizeirecht ist im Gegensatz zum Bau- und Gewerberecht, wo es im Wesentlichen um die Freigabe grundrechtlich geschützter Tätigkeiten geht, nicht darauf ausgerichtet, bestimmte Tätigkeiten zu erlauben. Es muss vielmehr in Grundrechte eingreifen, um gegebenenfalls Grundrechte anderer zu schützen.

17 **Beispiel:**
Wenn die Polizei einen Randalierer in Gewahrsam nimmt, schränkt sie dessen Freiheitsrechte ein, um uU das Eigentum Dritter vor Beschädigung zu schützen. Wird ein Fahrzeug beschlagnahmt, dann wird die Nutzungsmöglichkeit des Eigentümers eingeschränkt, um Unfälle zu verhindern, die Leben, Gesundheit und Eigentum Dritter beinträchtigen können.

18 In diesem Spannungsfeld kommt dem **Vorbehalt des Gesetzes** besondere Bedeutung zu. Nach Art. 20 Abs. 3 2. Halbsatz GG ist die vollziehende Gewalt an Gesetz und Recht gebunden. Hieraus leitet sich der Vorbehalt des Gesetzes ab, wonach die Verwaltung nur tätig werden darf, wenn sie dazu durch Gesetz ermächtigt worden ist.[8] Was für die Verwaltung generell gilt, gilt in der Eingriffsverwaltung, bei der durch Verwaltungshandeln Grundrechte eingeschränkt werden, in besonderem Maße.[9] Polizeiliches Handeln bedarf daher einer gesetzlichen Grundlage. Existiert diese Grundlage nicht, ist also ein polizeiliches Handeln von einer Ermächtigungsgrundlage nicht gedeckt, dann ist das polizeiliche Handeln rechtswidrig. Erst recht **verbietet es sich, Analogien** zulasten des Polizeipflichtigen **vorzunehmen**.

---

6 Zum Sonderfall des § 81 b StPO vgl. unten Rn. 226 ff.
7 Und dort können sich erhebliche Schwierigkeiten ergeben: Der BGH hat nämlich zur Abgrenzung zwischen präventiver und repressiver Tätigkeit neuerdings andere Kriterien entwickelt als die ganz herrschende Auffassung im Verwaltungsrecht und ist dafür zu Recht heftig kritisiert worden, vgl. BGH 2 StR 247/16, Rn. 25 ff. sowie *Lenk* NVwZ 2018, 38 (40 f.).
8 Zum Vorbehalt des Gesetzes ausführlich *Maurer/Waldhoff*, Allgemeines Verwaltungsrecht, § 6 II.
9 *Maurer/Waldhoff*, aaO.

III. Die polizeirechtlichen Ermächtigungsgrundlagen

Beispiel: 19
Kann ein Erbbauberechtigter als Polizeipflichtiger nach § 7 PolG herangezogen werden?

Nein. Nach § 7 PolG hat die Polizei, wenn die öffentliche Sicherheit oder Ordnung 20 durch den Zustand einer Sache bedroht oder gestört wird, ihre Maßnahmen gegenüber dem Eigentümer oder gegenüber demjenigen zu treffen, der die tatsächliche Gewalt über die Sache ausübt. Wenn der Erbbauberechtigte ein Grundstück verpachtet hat, übt er die tatsächliche Gewalt über die Sache nicht aus. Wer Eigentümer einer Sache ist, bestimmt sich nach dem bürgerlichen Recht.[10] Danach ist Eigentümer nur derjenige, der gemäß § 903 Satz 1 BGB mit der Sache nach Belieben verfahren und andere von Einwirkungen ausschließen kann. Das Erbbaurecht wird im Zivilrecht dem Eigentum nicht gleichgestellt. Folglich wäre es auch nicht zulässig, mit dem den Gesetzeswortlaut vernebelnden Argument von „Sinn und Zweck" der Norm oder mithilfe anderer Gedanken die Norm zugunsten der Staatsgewalt analog anzuwenden oder sonst wie zu biegen. Eine Verwaltungsbehörde steht nicht über dem Gesetz und ist nicht befugt, selbst neue Eingriffstatbestände zu schaffen, schon gar nicht im Wege der Analogie.[11] Steht der Behörde keine Ermächtigungsgrundlage zur Verfügung, so ist der Gesetzgeber gefordert. So wurde beispielsweise der Platzverweis erst durch eine Änderung des PolG mit Wirkung zum 22. November 2008 eingeführt.[12]

Der strenge Bedarf nach einer Ermächtigungsgrundlage nötigt in einer Klausur insbesondere bei komplexen Sachverhalten zu der Prüfung, welche polizeilichen Maßnahmen im Einzelnen einer Ermächtigungsgrundlage bedürfen. 21

Beispiel: 22
Ein Polizist entdeckt anlässlich eines Streifenganges einen Pkw, der im Halteverbot abgestellt ist. Er fragt einen daneben angetroffenen Mann, ob ihm das Auto gehöre. Sodann geht er ein einmal um das Auto herum. Schließlich ruft er einen Abschleppunternehmer an. Der Abschleppunternehmer kommt nach zwanzig Minuten und schleppt das Auto, wie vom Polizisten angeordnet, ab. Vier Wochen später erhält der Halter einen Bescheid über die Abschleppkosten. Welche Maßnahmen bedurften einer Ermächtigungsgrundlage?

Ermächtigungsgrundlagen sind dadurch gekennzeichnet, dass sie die Behörde zu 23 einem Eingriff in Grundrechte ermächtigen. Soweit die Polizei nicht in Grundrechte eingreift, wird sie lediglich aufgrund von § 1 Abs. 1 PolG tätig und nimmt ihre allgemeine Aufgabe wahr. Sofern sie aber eine Maßnahme anordnet (beispielsweise § 1 iVm § 3 PolG), kann sie in Grundrechte eingreifen.

Im Beispiel bedarf weder der Streifengang noch das Herangehen an das Auto noch 24 die an den Passanten gestellte Frage einer Ermächtigungsgrundlage. Erst dann, wenn der Polizist gegenüber dem Passanten eine Anordnung mit Rechtsfolge treffen würde, also einen Verwaltungsakt erlassen würde, wäre eine solche Ermächtigungsgrundlage erforderlich. Vorliegend bedarf es sowohl für die Abschleppmaßnahme als auch

---

10 VGH Mannheim 8 S 272/97, Rn. 19.
11 BVerfG 2 BvR 2088/93, Rn. 13, *Konzak* NVwZ 1997, 872 (873).
12 Vgl. LT-Drs. 14/3165, S. 66 sowie VGH Mannheim 1 S 2526/16, Rn. 46. Die Gefährderansprache dagegen hätte zunächst auf die Generalklausel der §§ 1, 3 PolG gestützt werden sollen, vgl. VGH Mannheim aaO, ist aber durch die Novelle des Polizeigesetzes von 2020 (GBl. S. 735) in § 29 PolG erstmals speziell geregelt worden.

für den Kostenbescheid jeweils einer Ermächtigungsgrundlage, da es sich hier um adressatenbezogene Grundrechtseingriffe handelt, die auch jeweils unterschiedlichen Regelungscharakter haben. In einer Klausur besteht eine wichtige Ordnungsaufgabe darin, dem polizeilichen Handeln die jeweils einschlägigen Ermächtigungsgrundlagen zuzuordnen.

1. Die gemeinsame Struktur aller Ermächtigungsgrundlagen

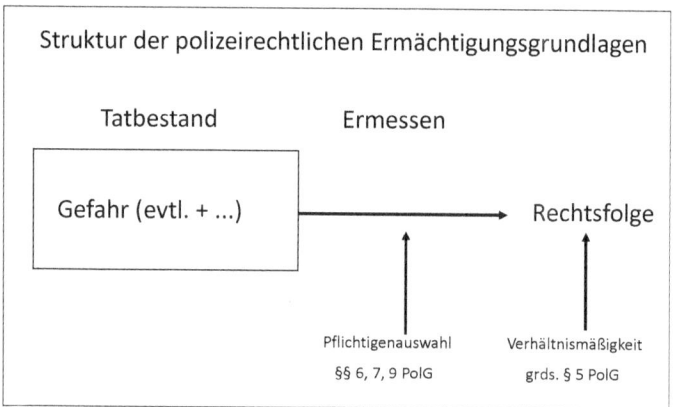

25 Sämtliche Ermächtigungsgrundlagen des PolG sind dadurch gekennzeichnet, dass sie einen Tatbestand enthalten, in dem der Begriff der „Gefahr" enthalten ist. Auch wenn der Begriff bei den polizeilichen Einzelmaßnahmen umschrieben sein kann oder auch zunächst definiert werden muss, um welche Art der Maßnahme (zB Platzverweis, Rückkehrverbot, Aufenthaltsverbot, Gewahrsam, Identitätsfeststellung) es sich gehandelt hat, verbleibt es bei dem Grundsatz, dass die Polizei nur einschreiten kann, wenn eine Gefahr vorliegt. **Erst wenn die tatbestandlichen Voraussetzungen gegeben sind, ist eine Ermessensentscheidung eröffnet.** In der Ermessensentscheidung wird dann bestimmt, **wer als Polizeipflichtiger herangezogen** wird.[13] In Betracht kommen der Handlungsstörer (§ 6 PolG), der Zustandsstörer (§ 7 PolG) oder ein Nichtstörer (§ 9 PolG). Ist die Pflichtigenauswahl insgesamt abgeschlossen, so ist weiterhin zu fragen, ob die angeordnete **Rechtsfolge** iSv § 5 PolG (bei unmittelbarem Zwang: § 66 Abs. 1 Satz 3 und 4 sowie § 66 Abs. 3 PolG) **verhältnismäßig** ist.

26 Den Regeln der Logik folgend kann somit dann, wenn keine Gefahr vorliegt oder die polizeiliche Maßnahme in anderer Weise schon am Tatbestand scheitert, keine Ermessensentscheidung eröffnet sein. Die Frage nach dem richtigen Polizeipflichtigen stellt sich somit erst, wenn der Tatbestand der Ermächtigungsgrundlage bejaht werden kann. Diese Erkenntnis kann man sich für Klausuren zunutze machen: Werden in einem Klausursachverhalt mehrere potenziell Polizeipflichtige erwähnt, so zielt diese Erwähnung auf eine Ermessensprüfung ab. Man kann somit davon ausgehen, dass

---

13 *Ruder/Pöltl*, Polizeirecht Baden-Württemberg, § 5 Rn. 39.

nach den Intentionen des Klausurenerstellers das Vorliegen des Gefahrenbegriffs und des Tatbestandes bejaht werden soll.

a) „Gefahr" als Voraussetzung polizeilichen Einschreitens
aa) Konkrete Gefahr

Voraussetzung für das polizeiliche Einschreiten im Einzelfall ist das Vorliegen einer konkreten Gefahr. 27

Sie besteht dann, wenn in dem zu beurteilenden konkreten Einzelfall **eine Sachlage gegeben ist, die bei ungehindertem Geschehensablauf in absehbarer Zeit mit hinreichender Wahrscheinlichkeit zu einem Schaden an einem polizeilich geschützten Rechtsgut führen wird**.[14] Polizeilich geschützte Rechtsgüter sind die öffentliche Sicherheit (§ 1 Abs. 1 Satz 1 PolG). Diese umfasst die **Unverletzlichkeit des Staates, seiner Einrichtungen und Veranstaltungen, die Individualrechtsgüter Leben, Gesundheit, Ehre, Freiheit, Eigentum und Vermögen der Bürger sowie den Schutz der objektiven Rechtsordnung**.[15] 28

§ 1 PolG kennt als Schutzgut darüber hinaus die **öffentliche Ordnung**. Sie wird definiert als die ungeschriebenen Regeln, deren Befolgung nach den jeweils herrschenden sozialen und ethischen Anschauungen als unerlässliche Voraussetzung des geordneten menschlichen Zusammenlebens innerhalb eines bestimmten Gebiets angesehen wird.[16] Der Begriff der öffentlichen Ordnung hat jedoch keinen wesentlichen Anwendungsbereich im Polizeirecht,[17] so dass er entbehrlich ist. Insbesondere enthalten die §§ 116 ff. OWiG konkret normierte Ordnungswidrigkeitentatbestände, die als Bestandteil der Rechtsordnung bereits zum Rechtsgut der öffentlichen Sicherheit gehören. Dadurch wird das Risiko, mithilfe des äußerst unbestimmten Rechtsbegriffs der öffentlichen Ordnung die Wertungen der einschreitenden Polizei als herrschende soziale und ethische Anschauung zu begreifen, minimiert. 29

Selbst in der Subsumtion des Ordnungswidrigkeitengesetzes ist es schwierig und bewegt sich im Hinblick auf den rechtsstaatlichen Bestimmtheitsgrundsatz an der Grenze der Fragwürdigkeit, wenn es darum geht, unbestimmte Rechtsbegriffe zu definieren, wann etwa man von einer „grob ungehörigen Handlung" iSv § 118 Abs. 1 OWiG sprechen kann. Das VG Karlsruhe hatte zu beurteilen, ob eine Aktion nackter Radfahrer eine Ordnungswidrigkeit darstellt und hat dabei den Begriff der „grob ungehörigen Handlung" wie folgt definiert:[18] 30

„Eine grob ungehörige Handlung liegt dann vor, wenn die Handlung in einem so deutlichen Widerspruch zur Gemeinschaftsordnung steht, dass sie jeder billig denkende Bürger als eine grobe Rücksichtslosigkeit gegenüber jedem Mitbürger ansehen würde, sie sich also gleichsam als eine Missachtung der durch die Gemeinschaftsordnung geschützten Interessen darstellt." 31

---

14 Vgl. VGH Mannheim 1 S 2603/11, Rn. 28, *Ruder/Pöltl*, Polizeirecht Baden-Württemberg, § 4 Rn. 20.
15 *Ruder/Pöltl*, Polizeirecht Baden-Württemberg, § 4 Rn. 48, VGH Mannheim 1 S 2964/99, Rn. 27.
16 BVerfG 1 BvQ 9/01, Rn. 14, *Ruder/Pöltl*, Polizeirecht Baden-Württemberg, § 4 Rn. 66.
17 Zum Versammlungsrecht siehe unten Rn. 403 ff.
18 VG Karlsruhe 6 K 1058/05, Rn. 17.

32 Das VG Karlsruhe hat im entschiedenen Fall die im Rechtsstreit stehende Nacktradelaktion als derartige Ordnungswidrigkeit angesehen. Auch wenn die vom Gericht verwendete Definition sehr hohe Hürden aufstellt und auf alle (!) vernünftig denkenden Bürger abstellt, wird an der Entscheidung dennoch deutlich, dass letztlich nicht alle vernünftig denkenden Bürger, die man ja erst einmal finden müsste, sondern allenfalls die Kammer oder der Senat eines Gerichts der Verwaltungsgerichtsbarkeit über den unbestimmten Rechtsbegriff zu befinden hat. Damit besteht dasselbe Risiko, wie es auch beim polizeilichen Handeln besteht: Nämlich dass ein Gericht seine eigene Wertung als die des Denkens aller Bürger ansieht. Dies ist verständlich, trägt aber nicht gerade in besonderer Weise zur Rechtssicherheit bei. Mit einer strengen Auslegung des § 118 Abs. 1 OWiG, die im Zweifel das Vorliegen einer grob ungehörigen Handlung verneint, lässt sich immerhin polizeirechtlich die Norm als Gegenstand der öffentlichen Sicherheit subsumieren. Darüber hinaus ist für die Annahme einer konkreten Gefahr für die öffentliche Ordnung direkt aus dem PolG kein Platz mehr, da anderenfalls subjektiven Wertvorstellungen Tür und Tor geöffnet wäre.

bb) Anscheins- und Putativ(Schein-)gefahr

33 Es gibt Situationen, in denen die Polizei einschreitet, weil sie eine Gefahr für gegeben hält, bei der sich hinterher aber herausstellt, dass sie nicht vorlag.

34 **Beispiel:**
Bauarbeiter rufen die Polizei an und teilen mit, sie hätten in einer Baugrube eine Bombe aus dem Zweiten Weltkrieg entdeckt. Der Polizeivollzugsdienst lässt die Baustelle weiträumig absperren. Bei der Bergung der vermeintlichen Bombe stellt sich heraus, dass es sich lediglich um das Teil einer alten Versorgungsleitung handelt.

35 **Beispiel:**
In der Nähe eines Bauernhofes ist eine Scheune abgebrannt, in der giftige Chemikalien gelagert waren. Die zuständige Polizeibehörde untersagt das Abernten der umliegenden Gemüsefelder. Nach der Entnahme von Proben stellt sich heraus, dass das Gemüse nicht kontaminiert ist.

36 In beiden Fällen liegt **objektiv keine Gefahr** vor, weil zu keinem Zeitpunkt ein Schaden an polizeilich geschützten Rechtsgütern drohte. Die öffentliche Sicherheit war zu keinem Zeitpunkt beeinträchtigt. Allerdings wusste dies die zuständige Behörde zum Zeitpunkt, als sie über das Einschreiten entscheiden musste, nicht. Da das Risiko, in solchen Fällen nicht einzuschreiten, für die möglicherweise gefährdeten Schutzgüter zu hoch wäre, wurde im Polizeirecht der Begriff der **Anscheinsgefahr** erfunden.

37 Von einer Anscheinsgefahr wird gesprochen, wenn der handelnde Beamte aus der **ex-ante-Sicht** mit Blick auf die ihm tatsächlich zur Verfügung stehenden Informationen **aufgrund hinreichender Anhaltspunkte** vom Vorliegen einer Gefahr ausgehen konnte und diese Prognose dem Urteil eines fähigen, **besonnenen und sachkundigen Amtswalters** entspricht. Dabei muss er das Vorliegen einer Gefahr für sicher halten,[19] mit anderen Worten: Wenn aus der ex-ante-Sicht eines objektiv-verständigen Polizisten die **tatsächlichen** Anhaltspunkte ausreichen, um eine Gefahr anzunehmen, dann liegt

---

19 VGH Mannheim 1 S 625/18, Rn. 53 mwN.

III. Die polizeirechtlichen Ermächtigungsgrundlagen

eine Anscheinsgefahr vor, die der realen Gefahr iSd polizeirechtlichen Ermächtigungsgrundlagen gleichgestellt wird.

In den dargestellten Beispielen ist also eine Gefahr zu bejahen und, da keine sonstigen Rechtswidrigkeitsgründe ersichtlich sind, von der Rechtmäßigkeit der jeweiligen Maßnahme auszugehen. Bei der Annahme einer Anscheinsgefahr muss man sich bewusst sein, dass hier der Polizei gegen den eigentlichen Wortlaut des Gesetzes die Möglichkeit zum Einschreiten eröffnet wird. Dies ist deshalb gerechtfertigt, weil ansonsten die polizeilichen Schutzgüter nicht hinreichend geschützt werden könnten. Man stelle sich etwa im Beispiel der Gemüsefelder vor, man müsse erst auf Gesundheitsschäden warten, um einschreiten zu können. 38

Wichtig bei der Beurteilung aus der ex-ante-Sicht des objektiv-verständigen Polizisten ist, dass dieser nur **Tatsachen** zugrunde legen darf, die zum Zeitpunkt der Entscheidung über das Einschreiten bekannt sind, und dass nur an diesen objektiven Tatsachen die Entscheidung gemessen werden darf, ob von einer Anscheinsgefahr ausgegangen werden kann. 39

Beispiel: 40
Ein Polizist sieht, wie eine Person mit südländischem Aussehen nachts um zwei Uhr Gegenstände aus einer Wohnung trägt. Er stellt die Gegenstände sicher (vgl. § 37 Abs. 1 PolG). Hinterher stellt sich heraus, dass es sich bei der Person um den neuen Wohnungseigentümer handelte.

In diesem Fall kann keine Anscheinsgefahr angenommen werden. Objektive Tatsachen sind zum einen, dass eine Person mit südländischem Aussehen handelt, und zum anderen, dass das Ereignis nachts um zwei Uhr stattfindet. Hieraus zu schließen, dass es sich aufgrund dieser beiden Fakten um einen Straftäter handeln müsse, verbietet sich. Vermutungen, Mutmaßungen oder Unterstellungen sind bei der Frage, ob eine Anscheinsgefahr angenommen werden kann, bedeutungslos. Nur **objektive Kriterien** dürfen zugrunde gelegt werden. Es ist hinzunehmen, dass die Polizei nicht einschreiten darf, wenn die Tatsachen aus der ex-ante-Sicht nicht ausreichen. 41

Wird die Polizei dennoch tätig, wird in solchen Fällen von einer **Putativgefahr (Scheingefahr)** gesprochen. Mit der Putativgefahr wird eine Situation beschrieben, bei der die Polizei ohne hinreichende Anhaltspunkte eine Gefahr annimmt.[20] Maßgeblich ist auch hier die ex-ante-Sicht eines objektiv-verständigen Polizisten. Das Vorliegen einer Putativgefahr rechtfertigt es nicht, den Gefahrenbegriff iS der polizeirechtlichen Ermächtigungsgrundlagen als gegeben anzusehen. Eine polizeiliche Maßnahme scheitert damit schon am Tatbestand und ist rechtswidrig. 42

Beispiel: 43
Ein Briefträger meldet sich bei der Polizei, dass er im Begriff sei, ein Paket zuzustellen, in dem es verdächtig ticke. Der Polizeivollzugsdienst rückt an und nimmt ebenfalls die tickenden Geräusche wahr. Auf dem Paket steht als Absender: „Badische Uhrenfabrik AG". Das Paket ist ordnungsgemäß frankiert und unbeschädigt. Die Polizisten sind der Auffassung, die Tatsachen reichten zum Einschreiten aus, weil Paketbomben üblicherweise in unverdächtiger Form gebaut würden. Sie lassen das gesamte Wohngebiet evakuieren.

---

20 VGH Mannheim 5 S 1842/89, Rn. 30.

44 Auch hier reichen die Tatsachen nicht aus. Ein fähiger, besonnener und sachkundiger Amtswalter darf aufgrund dieser banalen Tatsachen nicht von einer Gefahr ausgehen. In einer Klausur muss sich der jeweilige Bearbeiter selbst in die Situation des handelnden Polizisten versetzen. Er hat dabei die objektiven Tatsachen zu würdigen. Es kommt in keiner Weise darauf an, was sich der im Sachverhalt handelnde Polizist gedacht hat. Es ist nur dann zulässig, bei einer tatsächlich nicht existierenden Gefahr ex-ante den Gefahrenbegriff zu bejahen, wenn die objektiven Tatsachen hierfür ausreichen. Bei einem tickenden Paket wäre dies eventuell dann möglich, wenn der Absender unklar ist, wenn der Adressat eine möglicherweise gefährdete Person des öffentlichen Lebens ist oder wenn es am Äußeren des Pakets besondere Auffälligkeiten gibt. Jenseits der objektiven Tatsachen gibt es keinerlei Anknüpfungsmöglichkeiten, um eine Anscheinsgefahr anzunehmen. Es verbleibt dann bei der Putativgefahr, so dass das polizeiliche Handeln rechtswidrig ist.

cc) „Gefahrenverdacht"

45 Zu den obskursten und diffusesten Begriffen des Polizeirechts gehört der des Gefahrenverdachts.[21] Der Begriff geistert durch die polizeiliche Literatur und ist vor allem dadurch gekennzeichnet, dass er im Gesetz nicht vorkommt und dass unterschiedliche Autoren Unterschiedliches darunter verstehen.[22] So wird etwa die Auffassung vertreten, bei einem Gefahrenverdacht könne man von polizeirechtlichen Ermächtigungsgrundlagen Gebrauch machen, etwa in Form eines Gefahrerforschungseingriffs, mithilfe dessen man ermitteln solle, ob tatsächlich eine Gefahr vorliege.[23] Die Diskussion ist inhaltslos und überflüssig gleichzeitig, denn sie prallt am Wortlaut der polizeirechtlichen Ermächtigungsgrundlagen ab.

46 Wie bereits oben ausgeführt,[24] setzen alle polizeirechtlichen Ermächtigungsgrundlagen das Vorliegen einer Gefahr voraus. Polizeiliche Einzelmaßnahmen verlangen eine konkrete Gefahr, also eine Situation, in der aufgrund von Tatsachen eine Kausalkette in Gang gesetzt worden ist, die, wenn man sie sich selbst überlässt, mit hinreichender Wahrscheinlichkeit zu einem Schaden an einem polizeilich geschützten Rechtsgut führt. Jenseits dieses konkreten Gefahrenbegriffs ist also ein polizeiliches Einschreiten schon vom Wortlaut der Normen her nicht möglich und eine Analogie verbietet sich vor dem Hintergrund der Grundrechtsrelevanz aus Gründen des Vorbehalts des Gesetzes.[25] Wenn also der Gefahrenverdacht etwas anderes darstellt als eine konkrete Gefahr, dann ist bei seinem Vorliegen kein Einschreiten nach den Vorschriften des PolG möglich. Beschreibt andererseits der Gefahrenverdacht lediglich eine Erscheinungsform der konkreten Gefahr, so ist der Begriff überflüssig.

---

21 Ein weiterer obskurer Begriff ist der des „Zweckveranlassers", vgl. *Wobst/Ackermann* JA 2013, 916 sowie unten Rn. 70 ff.
22 *Schenke* JuS 2018, 505, *Poscher* NVwZ 2001, 141, BVerwG 6 CN 8.01, Leitsatz sowie Rn. 34.
23 Vgl. hierzu die Wiedergabe der unterschiedlichen Auffassungen bei *Schenke* JuS 2018, 505 (510 f.).
24 Oben Rn. 25 ff.
25 Vgl. oben Rn. 18.

III. Die polizeirechtlichen Ermächtigungsgrundlagen

Beispiel: 47
Die zuständige Behörde weiß, dass bei bestimmten Neubauten instabiles Baumaterial verwendet wurde. Sie ordnet per Duldungsverfügung bei anderen Neubauten, die ebenfalls mit diesem Material errichtet wurden, Probebohrungen an.

Es kann dahinstehen, ob man einen Gefahrenverdacht bereits bejahen kann, wenn 48 eine „verdächtige" Situation entsteht. Im genannten Beispiel existiert die objektive Tatsache, dass in Parallelfällen instabiles Baumaterial verwendet wurde und dass das betroffene Gebäude ebenfalls aus diesem Baumaterial hergestellt wurde. Diese objektiven Tatsachen reichen aus, um (zumindest) eine Anscheinsgefahr anzunehmen. Es ist selbstverständlich, dass im Beispielsfall nicht gleich eine Abbruchanordnung angeordnet werden darf. Dies ist letztlich eine Frage der Verhältnismäßigkeit, nicht des „Gefahrenverdachts". Im konkreten Fall müsste die untere Baurechtsbehörde tätig werden (§ 46 Abs. 1 Nr. 3, § 48 Abs. 1 LBO), die eine atypische Anordnung gemäß § 47 Abs. 1 Satz 2 LBO erlassen müsste.

Auf den Begriff des Gefahrenverdachts ist damit bei der Anwendung polizeirechtlicher 49 Ermächtigungsgrundlagen zu verzichten. Mit Recht stellt *Schenke*[26] fest, dass Eingriffsmaßnahmen im Fall eines Gefahrenverdachts einer besonderen gesetzlichen Ermächtigungsgrundlage bedürfen.[27] Der Polizei ist es nicht gestattet, sich aus eigenem Antrieb über die durch den Begriff der konkreten Gefahr markierte rechtsstaatliche Eingriffsschwelle hinwegzusetzen. Der in Klausuren womöglich beliebte Satz im Gutachtenstil: „Es könnte sich um einen Gefahrenverdacht handeln" darf somit in keiner Arbeit, die sich mit dem PolG beschäftigt, erscheinen. Subsumierbar sind nur Begriffe, die im Gesetz stehen.

b) Die Polizeipflichtigen bei Einzelmaßnahmen (§§ 6, 7, 9 PolG)

Polizeiliche Maßnahmen benötigen grundsätzlich einen Adressaten.[28] Nur in selteneren 50 Fällen des PolG wehrt die Polizei die Gefahr selbst ab. Vielmehr ist es der Regelfall, dass eine Person herangezogen wird, die eine Polizeiverfügung befolgen soll.

Beispiel: 51
Die Polizei fordert eine Person auf, ein Fahrzeug aus der Halteverbotszone zu entfernen. Die Polizei ordnet den Gewahrsam (§ 33 PolG) gegen eine Person an: Hier ist der Adressat aufgefordert, sich freiwillig in den Gewahrsam zu begeben. Die Polizei erlässt eine Beschlagnahmeverfügung (§ 38 PolG): Hier ist der Adressat aufgefordert, die Sache der Polizei zu übergeben. Ist er dazu nicht bereit, muss die Polizei Gewalt anwenden. In diesem Fall greift die Verwaltungsvollstreckung ein, die einer eigenen zusätzlichen Ermächtigungsgrundlage bedarf.[29]

Als Adressat polizeilicher Maßnahmen kommen begriffslogisch **nur zwei Arten von** 52 **Polizeipflichtigen** in Betracht: Der Störer (§ 6 und § 7 PolG) sowie der Nichtstörer (§ 9 PolG); darüber hinaus gibt es keine weiteren Personen. Die Heranziehung einer unbeteiligten Person, also eines Nichtstörers, gemäß § 9 Abs. 1 PolG ist nur dann ge-

---

26 *Schenke* JuS 2018, 505 (516).
27 Dies scheint der VGH Mannheim 8 S 3878/21, Rn. 80 nicht erkannt zu haben, der anlässlich der Subsumtion der Norm des § 47 Abs. 1 LBO, in der der Gefahrenbegriff wörtlich nicht einmal vorkommt, zwischen „Gefahr" und „Gefahrenverdacht" abgrenzt und damit sich vom Gesetzeswortlaut entfernt.
28 Was geschieht, wenn ein Adressat nicht erreichbar ist, wird weiter unten erörtert, vgl. Rn. 267 ff.
29 Dazu unten Rn. 265 ff.

stattet, wenn eine Heranziehung der Störer (§ 6 und § 7 PolG) nicht möglich ist. Dies folgt unmittelbar aus dem Wortlaut von § 9 Abs. 1 PolG.

53 Als Handlungsstörer oder (entsprechend dem Wortlaut des Gesetzes präziser: Verhaltensstörer) wird derjenige bezeichnet, der die Bedrohung oder Störung „verursacht" hat, also derjenige, dessen Handeln kausal dafür verantwortlich ist, dass die Gefahr existiert.

54 **Beispiel:**
Eine Person stellt ein Fahrzeug in die Halteverbotszone, ein elektronischer Zündmechanismen unkundiger Terrorist zündet die Zündschnur einer Bombe an.

55 In diesen Fällen ist es unproblematisch, die jeweiligen Personen als Handlungsstörer iSv § 6 Abs. 1 PolG anzusehen, weil sie als einzige Personen in Betracht kommen, die gehandelt haben.

56 **Beispiel:**
Ein Unternehmer weist seinen Mitarbeiter an, Abfälle illegal im Wald abzulagern.

57 Auch in diesem Fall (Geltung des PolG unterstellt) ist die Antwort aus dem Gesetz eindeutig: Sowohl der Mitarbeiter selbst (§ 6 Abs. 1 PolG) als auch sein Arbeitgeber (§ 6 Abs. 3 PolG) sind als Störer anzusehen, der Arbeitgeber deshalb, weil er seinen Mitarbeiter zu einer Verrichtung bestellt hat. In diesem Fall kommt es zu einer Störermehrheit.

58 **Beispiel:**
Brauereidirektor B lässt sich eine neue Werbemaßnahme einfallen. Er beauftragt seinen Mitarbeiter M, dafür zu sorgen, dass vier Wochen lang auf öffentlichen Plätzen kostenlos das neue Privatbier „Fichtenzäpfle" ausgeschenkt wird. M wiederum beauftragt D, sich mit dem Freibierausschank auf den Marktplatz der Stadt S zu stellen. So geschieht es. Zu dem Freibierausschank strömt eine Menschenmenge, so dass der Straßenbahnverkehr zum Erliegen kommt.

59 Die konkrete Gefahr besteht darin, dass die Sicherheit und Leichtigkeit des Verkehrs beeinträchtigt wird und letztlich auch Verstöße gegen Vorschriften des Straßenverkehrsrechts gegeben sind. Doch wer von den verschiedenen Personen kann nun als Handlungsstörer und damit potenzieller Adressat einer Polizeiverfügung qualifiziert werden? Der Wortlaut des § 6 Abs. 1 PolG spricht nur von demjenigen, der die Störung „verursacht" hat. Nimmt man die Verursachung iS einer conditio sine qua non an, wären nicht nur sämtliche Personen einschließlich der Menschenmenge als Handlungsstörer anzusehen, sondern darüber hinaus auch noch der Vater und der Großvater des Brauereidirektors, da sie durch die Zeugung ihrer jeweiligen Söhne die Kausalkette objektiv in Gang gesetzt haben. Es ist somit eindeutig, dass mit dieser Theorie im Polizeirecht nicht gearbeitet werden kann. Auch die Adäquanztheorie ist nicht passend, da sie mit ihrer Anknüpfung an die Lebenserfahrung der Willkür Tür und Tor öffnet.[30]

60 Deshalb gilt bei § 6 Abs. 1 PolG **die Theorie der unmittelbaren Verursachung.** Handlungsstörer ist derjenige, dessen Verhalten die eingetretene Störung unmittelbar verur-

---

30 *Ruder/Pöltl*, Polizeirecht Baden-Württemberg, § 5 Rn. 5.

sacht, also selbst im konkreten Fall die Gefahrengrenze überschreitet. Wann dies der Fall ist, kann nur anhand einer wertenden Betrachtung der Umstände des Einzelfalls bestimmt werden, wobei danach zu fragen ist, welche Handelnden die eigentliche und wesentliche Ursache für den polizeiwidrigen Erfolg gesetzt haben.[31] Im konkreten Fall würde man die Menschenmenge als Handlungsstörer ansehen und sicherlich auch die Person, die das Freibier an der konkreten Stelle ausgeschenkt hat, nicht jedoch diejenigen, die hinsichtlich des Ortes keine konkrete Weisung erteilt haben.

Es ist damit nicht erforderlich, den Verursachungszusammenhang auf die Person zu beschränken, die alleine die letzte Ursache zur Überschreitung der Gefahrenschwelle gesetzt hat. Unabhängig davon, dass dies eine zu statische Betrachtungsweise wäre, muss auch bei einer Mehrheit von Störern stets darauf geachtet werden, dass selbst bei mehreren Handlungsstörern die Auswahl des letztlich in Anspruch genommenen Adressaten nach dem Grundsatz der Effektivität der Gefahrenabwehr vorgenommen wird.[32] Dies wäre nicht möglich, wenn man die Störereigenschaft auf die als Letzte handelnde Person beschränken würde.

Beim **Zustandstörer** (§ 7 PolG) entsteht die Polizeipflicht, ohne dass der nach § 7 PolG Verantwortliche in irgendeiner Weise gefahrauslösend gehandelt hat. Nach § 7 PolG („durch den Zustand einer Sache") besteht die Kausalität nicht zwischen Handlung und Gefahr, sondern zwischen dem Zustand einer Sache und der Gefahr. Der Zustandstörer wird deswegen polizeipflichtig, weil er entweder Eigentümer ist oder die tatsächliche Gewalt über die Sache ausübt.

Beispiel:
Von einem Grundstück drohen Bäume in den öffentlichen Straßenraum zu fallen.

Der Eigentümer des Grundstücks ist gemäß § 7 PolG Zustandstörer, unabhängig davon, ob er die Bäume jemals gepflanzt hat. Zustandstörer wäre darüber hinaus aber auch der – falls vorhanden – Pächter des Grundstücks, da er die tatsächliche Sachherrschaft über das Grundstück hat und demnach auch in der Lage ist, sofern dies rechtlich zulässig ist, die Bäume zurückzuschneiden.

Beispiel:
Dieb D entwendet dem Eigentümer E sein Kraftfahrzeug und parkt es dann auf einem Bahnübergang. Ist E Zustandstörer?

E hat zwar die tatsächliche Sachherrschaft über das Fahrzeug aufgrund des Diebstahls verloren, ist aber nach wie vor Eigentümer und wäre nach dem Wortlaut von § 7 PolG auch Zustandstörer. Wenn aber die Sache **gegen den Willen des Eigentümers** diesem **entzogen** wird, wird beim Zustandstörer hinsichtlich der Störereigenschaft eine Ausnahme vorgenommen. Ausgehend von der hier herangezogenen Theorie der unmittelbaren Verursachung trifft hiernach den Eigentümer keine Polizeipflicht, wenn sein Eigentum ohne sein Zutun als Mittel verwendet wird, aber nicht per se eine Quelle von Gefahren bildet, also wenn der einzige Verursachungsbeitrag der Sache ihre bloße

---

31 VGH Mannheim 1 S 1401/11, Rn. 50 mwN.
32 Dazu sogleich unten bei der Erörterung der Ermessensentscheidung.

Existenz ist.³³ Ansonsten ist auch bezüglich des Zustandsstörers der Wortlaut des Gesetzes eindeutig. Deshalb kann auch der Erbbauberechtigte nicht als Zustandsstörer angesehen werden, da er weder Eigentümer ist, noch – im Falle einer Weiterverpachtung – die tatsächliche Gewalt über die Sache ausübt.³⁴

67 Keine Besonderheiten ergeben sich auch, wenn eine Person gleichzeitig Handlungs- und Zustandsstörer ist.

68 **Beispiel:**
E ist Eigentümer seines Pkw und stellt es im Halteverbot ab. Seine Frau F, die ebenfalls einen Schlüssel für das Fahrzeug besitzt, wird von der Polizei aufgefordert, das Fahrzeug wegzufahren.

69 Dadurch, dass E Handlungs- und Zustandsstörer ist, weil er sowohl Eigentümer (§ 7 PolG) des Fahrzeugs ist als auch durch sein Handeln (§ 6 PolG) die Gefahr verursacht hat, entsteht kein Vorrang seiner Inanspruchnahme. Man bezeichnet dieses Phänomen als „Doppelstörer". Eine vorrangige Pflicht zur Inanspruchnahme des Doppelstörers, insbesondere gegenüber anderen Störern, die in der Lage sind, effektiv die Gefahr abzuwehren, besteht nicht.³⁵ Die Heranziehung der F als Inhaberin der tatsächlichen Gewalt im Rahmen der effektiven Gefahrenabwehr ist somit zulässig.

70 Eine Rechtsfigur, die es im Ergebnis genauso wenig gibt wie den oben bereits kritisierten Gefahrenverdacht, ist in diesem Zusammenhang der „Zweckveranlasser". Seit über 100 Jahren wird darüber diskutiert, inwieweit der Zweckveranlasser als besondere Form des Handlungsstörers anzusehen sei.³⁶ Die Diskussion weist tatsächlich auch Parallelen zu den Kontroversen um den Gefahrenverdacht auf: Mit Hilfe eines diffusen Begriffs (wie kann man eigentlich einen Zweck veranlassen?) versucht man eine Polizeipflicht zu erzeugen, wo sie der eigentliche Wortlaut des Gesetzes nicht mehr hergibt. Und dies ist gerade bei der Störereigenschaft schwer vorstellbar. Sofern eine konkrete Gefahr gegeben ist, kann, wie ausgeführt, sowohl ein Störer als auch ein Nichtstörer herangezogen werden (§§ 6, 7, 9 PolG). Weder von der Logik her noch nach der Begrifflichkeit des PolG kann es noch eine weitere Kategorie geben. Gerade beim Handlungsstörer schafft die Theorie der unmittelbaren Verursachung dahingehend Klarheit, dass sie einerseits eine wertende Betrachtungsmöglichkeit ermöglicht, aber andererseits auch dafür sorgt, dass die Störereigenschaft nicht beliebig ausgedehnt wird. Es ist daher müßig zu untersuchen, was denn eigentlich unter dem Begriff des Zweckveranlassers zu verstehen sein könnte. Der Wortlaut des PolG lässt hierfür keinen Raum. Es kennt den Begriff des Zweckveranlassers nicht. Aus diesem Grund sollte man ihn auch nicht beim Handlungsstörer ansiedeln, womöglich neben der Theorie der unmittelbaren Verursachung, sondern gar nirgends. Zu Recht wird in der Literatur darauf hingewiesen, dass die Begründungsversuche für die Rechtsfigur des Zweckveranlassers argumentativ fadenscheinig sind³⁷ und dass sich die 100-jährige

---

33 VGH Mannheim 1 S 1401/11, Rn. 48, *Ruder/Pöltl*, Polizeirecht Baden-Württemberg, § 5 Rn. 25.
34 VGH Mannheim 8 S 272/97, Leitsatz und Rn. 19 ff.
35 Vgl. VGH Mannheim 5 S 1806/89, Rn. 18.
36 *Wobst/Ackermann* JA 2013, 916.
37 *Beaucamp/Seifert* JA 2007, 577 (580).

III. Die polizeirechtlichen Ermächtigungsgrundlagen

Einordnung des Zweckveranlassers als Verhaltensstörer getrost in den Ruhestand verabschieden dürfe.[38] Dem ist nichts hinzuzufügen.

c) Ermessensentscheidung

Liegt der Tatbestand einer polizeirechtlichen Ermächtigungsgrundlage vor, so ist für die Polizei eine Ermessensentscheidung eröffnet. Folglich ist in einer Klausur im Falle der Überprüfung einer noch fortbestehenden, angefochtenen oder einer bereits erledigten polizeilichen Maßnahme eine Ermessenskontrolle vorzunehmen. Im Falle einer Verpflichtungssituation (Anspruch auf Einschreiten)[39] ist zu prüfen, ob das polizeiliche Ermessen insbesondere aufgrund von Grundrechten auf Null reduziert ist bzw. ob die Ablehnung des polizeilichen Einschreitens ermessensfehlerhaft war. Im letzteren Fall ergeht gemäß § 113 Abs. 5 Satz 2 VwGO ein Bescheidungsurteil. 71

Ermessensentscheidungen sind originär der Exekutive vorbehalten und können deswegen nur eingeschränkt gerichtlich kontrolliert werden (vgl. § 114 VwGO, § 40 LVwVfG). Die klassischen **Ermessensfehler** sind Ermessensüberschreitung, Ermessensunterschreitung, Ermessensfehlgebrauch sowie der Verstoß gegen Grundrechte und allgemeine Verwaltungsgrundsätze.[40] 72

Grundsätzlich sind polizeirechtliche Ermessensentscheidungen in gleichem Maße fehleranfällig wie andere Verwaltungsentscheidungen. Einer besonderen Berücksichtigung bedarf jedoch die Problematik der **fehlerhaften Auswahl des Polizeipflichtigen**. Wie oben ausgeführt, besteht eine Hierarchie der Polizeipflicht nur zwischen den Störern (§§ 6, 7 PolG) einerseits und dem Nichtstörer (§ 9 PolG) andererseits dahin gehend, dass der Nichtstörer erst dann in Anspruch genommen werden kann, wenn eine Inanspruchnahme von Störern gemäß § 6 und § 7 PolG nicht möglich ist. 73

Im Falle der Auswahl unter mehreren Störern ist leitender Gesichtspunkt für die Störerauswahl **die Effektivität der Gefahrenabwehr**. Ein Rangverhältnis zur Heranziehung von Störern gibt es nicht. Vielmehr muss sich die Behörde im Rahmen ihrer Ermessensentscheidung davon leiten lassen, welcher Störer unter dem Gesichtspunkt der effektiven Gefahrenabwehr und unter Berücksichtigung des Verhältnismäßigkeitsgrundsatzes am ehesten in der Lage ist, die Gefahr abzuwehren.[41] 74

Dabei können auch Argumente wie die Gefahrennähe eines der Störer oder der Gesichtspunkt der gerechten Lastenverteilung eine Rolle spielen.[42] Wird also im Rahmen einer Klausurbearbeitung festgestellt, dass der „falsche" Störer ausgewählt wurde, so ist die polizeiliche Maßnahme ermessensfehlerhaft. Sie verstößt gegen den allgemeinen Verwaltungsgrundsatz von der Effektivität der Gefahrenabwehr. 75

Dies schließt nicht aus, dass eine polizeirechtliche Ermessensentscheidung auch an anderen Ermessensfehlern scheitern kann. 76

---

38 *Wobst/Ackermann* JA 2013, 916 (920).
39 Dazu unten Rn. 252 ff.
40 *Maurer/Waldhoff*, Allgemeines Verwaltungsrecht, § 7 II 5.
41 VGH Mannheim 10 S 744/12, Rn. 36 mwN.
42 VGH Mannheim aaO.

77 **Beispiel:**
Wenn die Polizei zwei Personen, die ein politisches Transparent hochhalten, eines Platzes verweist, so handelt sie ermessensfehlerhaft (Verstoß gegen Grundrechte), wenn sie nicht erkennt, dass schon zwei Personen das Grundrecht der Versammlungsfreiheit (Art. 8 Abs. 1 GG) zukommt.[43]

d) Verhältnismäßigkeit

78 Das aus dem Rechtsstaatsprinzip folgende Verhältnismäßigkeitsprinzip ist bezüglich der polizeilichen Einzelmaßnahmen in § 5 PolG normiert. Elemente des Verhältnismäßigkeitsprinzips enthalten darüber hinaus § 3 PolG, der von der Erforderlichkeit einer Ermessensentscheidung spricht, und speziell für den unmittelbaren Zwang die §§ 66 ff. PolG.

79 Zusätzlich zur Ermessensentscheidung ist damit zu prüfen, ob eine polizeiliche Maßnahme geeignet, erforderlich und angemessen ist.[44] Geeignet ist eine Maßnahme dann, wenn der polizeiliche Zweck erreicht werden kann. Erforderlich ist sie, wenn es keine milderen Mittel gibt, die denselben Erfolg versprechen, und angemessen ist eine polizeiliche Maßnahme, wenn die Maßnahme nicht völlig außer Verhältnis zu dem beabsichtigten Erfolg steht.

80 In Klausuren steht sehr häufig die Frage der Erforderlichkeit im Mittelpunkt.

81 **Beispiel:**
Ein Handlungsstörer, der sein Fahrzeug in eine Halteverbotszone gestellt hat, ärgert sich, dass das Fahrzeug schon nach zwanzig Minuten abgeschleppt wurde, und ist der Auffassung, ein Bußgeldbescheid hätte es auch getan.

82 Unabhängig davon, dass die Frage, wie lange ein Fahrzeug im Halteverbot stehen muss, bevor es abgeschleppt werden darf, durch die Rechtsprechung geprägt wurde und nicht unproblematisch ist,[45] stellt sich hier die Frage der Erforderlichkeit nur theoretisch. Erforderlich ist eine Maßnahme dann nicht, wenn es ein milderes Vorgehen gibt, das denselben Erfolg verspricht, aber den Adressaten weniger belastet. Im vorliegenden Beispiel ist zwar offenkundig, dass ein Bußgeldbescheid den Adressaten weniger belastet als die Kosten der Abschleppmaßnahme, aber die Argumente des Pflichtigen führen in die falsche Richtung. Der Bußgeldbescheid ist von vornherein nicht **geeignet**, die Gefahr abzuwehren. Die Abwehr der Gefahr besteht darin, dass der Verstoß gegen die StVO (Halteverbotszone) und damit die Rechtsordnung als Bestandteil der öffentlichen Sicherheit wegfallen soll. Im Falle des Stehenlassens des Fahrzeuges im Halteverbot und des Erlasses eines (späteren) Bußgeldbescheides würde dagegen der Verstoß gegen die StVO perpetuiert, die Gefahr also nicht abgewehrt.

83 **Beispiel:**
Der Polizeivollzugsdienst entdeckt auf einem Baugrundstück ein Gerüst, das nicht standsicher ist. Er verfügt den Abbau des Gerüsts.

---

43 Beispiel nach VGH Mannheim 1 S 2828/06, Rn. 22.
44 *Ruder/Pöltl*, Polizeirecht Baden-Württemberg, § 6 Rn. 33.
45 Vgl. unten Rn. 303 ff.

In diesem Fall erscheint die Maßnahme nicht erforderlich. Soweit das Grundstück nicht durch Dritte betreten werden kann, würde es als vorläufige Maßnahme, bis die Baurechtsbehörde einschreiten kann, genügen, die Benutzung des Gerüsts zu untersagen und zu verfügen, dass keine Personen in die Nähe des Gerüsts kommen dürfen. 84

2. Die Suche nach der richtigen Ermächtigungsgrundlage im Polizeirecht

Polizeirechtsklausuren sind, wie erwähnt, häufig dadurch gekennzeichnet, dass nicht nur eine, sondern mehrere polizeiliche Maßnahmen (Verwaltungsakte oder Realakte) auf ihre Rechtmäßigkeit überprüft werden müssen. Anders als etwa im Bauordnungsrecht, wo die Zahl der Ermächtigungsgrundlagen überschaubar ist, existiert im PolG und in Spezialgesetzen eine Fülle von Ermächtigungsgrundlagen, deren Systematik zunächst als unüberschaubar erscheint. Es gilt daher einen sicheren Weg zu wählen, wie man die „richtige" Ermächtigungsgrundlage auffinden kann. Dies gelingt, indem man sich die Informationen des Sachverhaltes zunutze macht und gleichzeitig auf die gesetzliche Systematik achtet. Dabei wird folgende Vorgehensweise empfohlen: 85

a) Wer hat gehandelt/soll handeln (Polizeibehörde oder Polizeivollzugsdienst)?
b) Existiert eine vorrangige Ermächtigungsgrundlage eines Spezialgesetzes?
c) Wenn nicht: Kommen polizeiliche Standardmaßnahmen in Betracht (insbesondere §§ 27 ff. PolG)?
d) Subsidiär bei atypischen Maßnahmen: Polizeiliche Generalklausel (§§ 1, 3 PolG)

Die Vornahme aller der im Folgenden zu erörternden gedanklichen Schritte wird nicht immer erforderlich sein. Häufig, aber eben nicht immer, ist schon auf den ersten Blick erkennbar, welche Ermächtigungsgrundlage in Betracht kommt. Ausführungen sind in einer Klausur unter der Rubrik „Bezeichnung der Ermächtigungsgrundlage" nur dann vonnöten, wenn verschiedene Ermächtigungsgrundlagen gegeneinander abgegrenzt werden müssen. Ansonsten erfolgt die Prüfung einer polizeilichen Maßnahme, egal ob Verwaltungsakt oder Realakt, nach dem gewohnten Aufbau: 86

a) Bezeichnung der Ermächtigungsgrundlage
b) Formelle Rechtmäßigkeit
c) Materielle Rechtmäßigkeit

Das Erfordernis einer Ermächtigungsgrundlage besteht nur dann nicht, wenn die Polizei im Rahmen ihrer Aufgabenzuweisung (§ 1 PolG) Aufgaben erledigt, die nicht grundrechtsrelevant sind, zB Büroorganisation, Aufklärungsaktionen oder Streifengänge.[46] 87

Die genannten Schritte zum Auffinden der Ermächtigungsgrundlage werden im Folgenden einzeln dargestellt. 88

a) Erster Schritt: Wer hat gehandelt? (Wer soll handeln)?

Polizeirechtsklausuren sind bekanntlich im Wesentlichen dadurch gekennzeichnet, dass bereits ergangene polizeiliche Maßnahmen angefochten bzw. auf ihre Rechtmäßigkeit überprüft werden sollen, oder (seltener), dass ein Anspruch auf polizeiliches 89

---

46 Weitere Beispiele bei *Ruder/Pöltl*, Polizeirecht Baden-Württemberg, § 7 Rn. 2, wo allerdings auch grundrechtsrelevante Realakte genannt sind.

Einschreiten geltend gemacht wird. Hierzu enthält ein Sachverhalt stets Informationen. Wenn in einem Sachverhalt vom „Polizist P" gesprochen wird, ist damit der Polizeivollzugsdienst iSv § 104 Nr. 2 PolG gemeint. Da dieser zum Land Baden-Württemberg gehört (§ 115 PolG), ist mit dieser Information auch schon geklärt, dass im verwaltungsgerichtlichen Verfahren das **Land Baden-Württemberg** Klagegegner ist. Dies ist jedoch für die Frage der Ermächtigungsgrundlage nicht von Bedeutung. Wenn von einem **Bediensteten der Gemeinde** die Rede ist, kann (bei Großen Kreisstädten und Stadtkreisen) die Gemeinde als untere Verwaltungsbehörde gemeint sein (vgl. 15 LVG) oder eben auch die Gemeinde als Ortspolizeibehörde iSv § 107Abs. 4 Satz 1 PolG. Auch diese Differenzierung wird zunächst nicht benötigt, wohl aber für die Bestimmung der Zuständigkeit oder der Passivlegitimation. Die Information zum Sachverhalt, wer gehandelt hat, dient an dieser Stelle vielmehr dem Zweck, alle **Ermächtigungsgrundlagen auszuscheiden, die den Handelnden nicht ermächtigen**. Denn nur mithilfe von Ermächtigungsgrundlagen, die dem Handelnden auch wirklich zur Verfügung stehen, ist ein Verwaltungshandeln der Rechtmäßigkeit fähig.

90 **Beispiel:**
Die Ortspolizeibehörde ordnet eine Telefonüberwachung an.

91 Mit der Erkenntnis, dass die Ortspolizeibehörde gehandelt hat, ist gleichzeitig klar, dass § 54 Abs. 1 PolG als Ermächtigungsgrundlage nicht einschlägig sein kann. Von dieser Ermächtigungsgrundlage kann nach dem Wortlaut der Norm nur der Polizeivollzugsdienst Gebrauch machen.

92 **Beispiel:**
Der Polizeivollzugsdienst ordnet die Absperrung einer Baustelle an.

93 Hiernach kommt die bauordnungsrechtliche Generalklausel nach § 47 Abs. 1 Satz 2 LBO nicht in Betracht. Denn diese Vorschrift ermächtigt nur „die Baurechtsbehörden". Dies sind gemäß § 46 Abs. 1 Nr. 3, § 48 Abs. 1 LBO die unteren Verwaltungsbehörden, also die Landratsämter, die Großen Kreisstädte und die Stadtkreise (§ 15 LVG), jedenfalls aber nicht der Polizeivollzugsdienst.

94 Die Frage danach, wer gehandelt hat, dient somit dazu, diejenigen Ermächtigungsgrundlagen auszuscheiden, die den Handelnden kraft ihres Wortlautes von vornherein nicht ermächtigen.

b) Zweiter Schritt: Vorrangige Spezialgesetze

95 Nach dem ersten Schritt kann es vorkommen, dass immer noch mehrere Ermächtigungsgrundlagen übrig bleiben.

96 **Beispiel:**
Auf einer Versammlung rempelt ein Demonstrationsteilnehmer andere Demonstrationsteilnehmer an und bekommt vom Polizeivollzugsdienst einen Platzverweis.[47]

97 Die Frage „Wer hat gehandelt?" lässt damit nach wie vor zwei Ermächtigungsgrundlagen als möglich erscheinen: § 30 Abs. 1 PolG, wonach die „Polizei", also sowohl die

---

47 Beispiel nach *Bünnigmann* JuS 2016, 695 (696).

Polizeibehörden als auch der Polizeivollzugsdienst (§ 59 PolG), handeln kann, sowie § 18 Abs. 3 VersG als Spezialnorm des Versammlungsrechts. Auch von dieser Ermächtigungsgrundlage kann der Polizeivollzugsdienst Gebrauch machen (§ 1 Abs. 1 2. Halbsatz VersGZuVO).

In solchen Kollisionen gibt es **keinen generellen Vorrang des Spezialgesetzes**. Vielmehr ist der **Interpretation des Spezialgesetzes** zu entnehmen, ob das Spezialgesetz vorrangig ist. Für Maßnahmen auf einer Versammlung ist entschieden, dass polizeiliche Maßnahmen gegen die Teilnehmer einer öffentlichen Versammlung nur auf der Grundlage des VersG getroffen werden können.[48] Es handelt sich hier um eine versammlungsspezifische Gefahr. Somit ist als Ermächtigungsgrundlage nur § 18 Abs. 3 VersG einschlägig. Ob die Maßnahme im Einzelnen rechtmäßig war, ist damit noch nicht beantwortet. Diese Problematik muss dann unter dem Prüfungspunkt der materiellen Rechtmäßigkeit der Maßnahme erörtert werden.

98

Beispiel:
Der Eigentümer einer Gaststätte hat diese an einen Gastwirt verpachtet. Die kreisangehörige Gemeinde erlässt gegen den Eigentümer in ihrer Eigenschaft als Ortspolizeibehörde die Verfügung, dass der Ventilator der Küche der Gaststätte beim Betrieb einen bestimmten Lärmgrenzwert nicht überschreiten darf.

99

Hier handelt es sich um die Materie des Immissionsschutzrechts. § 24 BImSchG enthält eine Ermächtigungsgrundlage, wonach die zuständige Behörde im Einzelfall immissionsschutzrechtliche Anordnungen treffen kann. Die kreisangehörige Gemeinde ist jedoch nicht nach § 24 BImSchG zuständig (§ 1 Abs. 2 BImSchGZuVO). Die einzige Ermächtigungsgrundlage, die der Gemeinde verbleibt, ist tatsächlich §§ 1, 3 PolG. Hier erhebt sich nun die Frage, ob das Immissionsschutzrecht eine Sperrwirkung dahin gehend entfaltet, dass es der Ortspolizeibehörde verwehrt sein könnte, von der polizeilichen Generalklausel Gebrauch zu machen.

100

Die **Interpretation des Spezialgesetzes** ergibt, dass der wesentliche Gesetzeszweck des Immissionsschutzrechts darin besteht, Menschen, Tiere und Pflanzen vor schädlichen Umwelteinwirkungen zu schützen (§ 1 Abs. 1 BImSchG). Allerdings ist das Immissionsschutzrecht in erster Linie betreiberbezogen (vgl. §§ 5, 22 BImSchG), so dass Maßnahmen gegen Personen, die eine Anlage nicht betreiben, sondern, wie hier, lediglich Eigentümer sind, nach Immissionsschutzrecht nicht in Betracht kommen. Dem Sinn und Zweck des Immissionsschutzrechts wäre jedoch nicht Rechnung getragen, wenn die Ermächtigungsgrundlagen des BImSchG den Rückgriff auf andere Ermächtigungsgrundlagen generell ausschlössen. In diesem Fall stünde zu befürchten, dass dem Schutz vor schädlichen Umwelteinwirkungen nicht in hinreichendem Maße Rechnung getragen würde. Folglich werden andere Ermächtigungsgrundlagen durch § 24 BImSchG nicht verdrängt.[49] Die Interpretation des Spezialgesetzes ergibt also im vorliegenden Fall, dass die Ortspolizeibehörde von den Normen des Polizeirechts Gebrauch machen darf.

101

---

48 VGH Mannheim 1 S 3280/96, Leitsatz sowie Rn. 39 mwN.
49 *Jarass*, BImSchG, § 24 Rn. 2 mwN.

c) Dritter Schritt: Polizeiliche Standardmaßnahmen

102 Die polizeilichen Standardmaßnahmen werden vom Gesetz (4. Unterabschnitt) als **Einzelmaßnahmen** bezeichnet. Es handelt sich um Handlungsformen der Polizei, die regelmäßig wiederkehren, wie Identitätsfeststellung, Platzverweis, Gewahrsam, Durchsuchung und ähnliches. Gerade wegen ihrer Häufigkeit sind solche Maßnahmen an konkrete gesetzliche Voraussetzungen gebunden, die zumeist über die Anforderungen der allgemeinen polizeilichen Generalklausel (§§ 1, 3 PolG) hinausgehen. So knüpft etwa das Aufenthaltsverbot in § 30 Abs. 2 Satz 1 PolG daran an, dass die Begehung einer Straftat droht. Eine Identitätsfeststellung kann nach § 27 Abs. 1 Nr. 3 PolG an einem Ort vorgenommen werden, an dem sich erfahrungsgemäß Straftäter verbergen. Ein Gewahrsam gemäß § 33 Abs. 1 Nr. 1 PolG setzt eine unmittelbar bevorstehende erhebliche Störung der öffentlichen Sicherheit oder Ordnung voraus.

103 Da die Standardmaßnahmen besonders geregelt sind und konkretere Voraussetzungen aufweisen als die polizeiliche Generalklausel, ist es nicht zulässig, Standardmaßnahmen „im Gewande der Generalklausel" zu realisieren.

104 **Beispiel:**
Gegenüber einer Person, bei der feststeht, dass sie keine Straftat begehen wird, und bei der folglich die Voraussetzungen des § 30 Abs. 2 Satz 1 PolG nicht erfüllt sind, darf die Polizei nicht nach der polizeilichen Generalklausel (§§ 1, 3 PolG) dasselbe Aufenthaltsverbot aussprechen.

105 Damit würden die strengeren Voraussetzungen der Standardmaßnahmen umgangen. Dies wäre schon aus den Gründen des Rechtsstaatsprinzips nicht zulässig. Nicht zu Unrecht hat gerade die hohe Grundrechtsrelevanz von Platzverweisen, die früher auf die polizeiliche Generalklausel gestützt worden waren,[50] zu der konkreten Regelung des ursprünglichen § 27a PolG geführt, heute § 30 PolG.

106 Maßnahmen, die sich von ihrem Erscheinungsbild her als Standardmaßnahme (Sicherstellung, Beschlagnahme, Gewahrsam, Platzverweis uä) darstellen, dürfen somit nicht auf die Generalklausel gestützt werden.

d) Die Anwendbarkeit der polizeilichen Generalklausel

107 Somit bleibt die polizeiliche Generalklausel (§§ 1, 3 PolG) nur noch, aber durchaus von hoher Bedeutung, für alle **atypischen Maßnahmen** anwendbar. Voraussetzung für die Anwendbarkeit der Generalklausel ist das Vorliegen einer Gefahr (§ 1 PolG), welche der Polizei dann ein Handeln nach pflichtgemäßem Ermessen ermöglicht (§ 3 PolG).

108 Dass die polizeiliche Generalklausel atypische Maßnahmen erfasst, insbesondere auch im Hinblick auf Gefahrensituationen, die ansonsten dem Polizeirecht eher fremd erscheinen, darf nicht dazu verleiten, die Tatbestandsvoraussetzungen der Generalklausel aufzuweichen. Auch sie greift nur im Falle des Vorliegens einer konkreten Gefahr ein, sonst nicht. Sie deckt insbesondere keine Grundrechtseingriffe im Rahmen der Gefahrenvorsorge ab. Schadensmöglichkeiten, die sich deshalb nicht ausschließen

---

50 Vgl. VG Stuttgart 5 K 1912/01, VBlBW 2002, 43, VGH Mannheim 1 S 2801/03, Rn. 30 sowie die Amtliche Begründung zur Einführung von § 27a PolG aF, LT-Drs. 14/3165, S. 66 f.

lassen, weil nach dem derzeitigen Wissensstand bestimmte Ursachenzusammenhänge weder bejaht noch verneint werden können, begründen keine Gefahr.[51] Eingriffe der staatlichen Verwaltung in die Freiheitssphäre zum Zweck der Gefahrenvorsorge müssen nach rechtsstaatlichen und demokratischen Grundsätzen in einem besonderen Gesetz vorgesehen sein.[52]

IV. Zuständigkeiten im Polizeirecht

Die Zahl der Zuständigkeitsnormen im Polizeirecht ist überschaubar. Die Ermittlung der Zuständigkeit folgt immer denselben Voraussetzungen. Entscheidend ist zunächst, wer gehandelt hat und somit welche Ermächtigungsgrundlage einschlägig ist. Hiervon ausgehend lässt sich die Zuständigkeit in einer regelmäßig gleichbleibenden Normreihenfolge bestimmen. Ausgangspunkt ist dabei stets die Unterscheidung zwischen Polizeibehörde und Polizeivollzugsdienst, wie sie in § 104 PolG beschrieben wird.

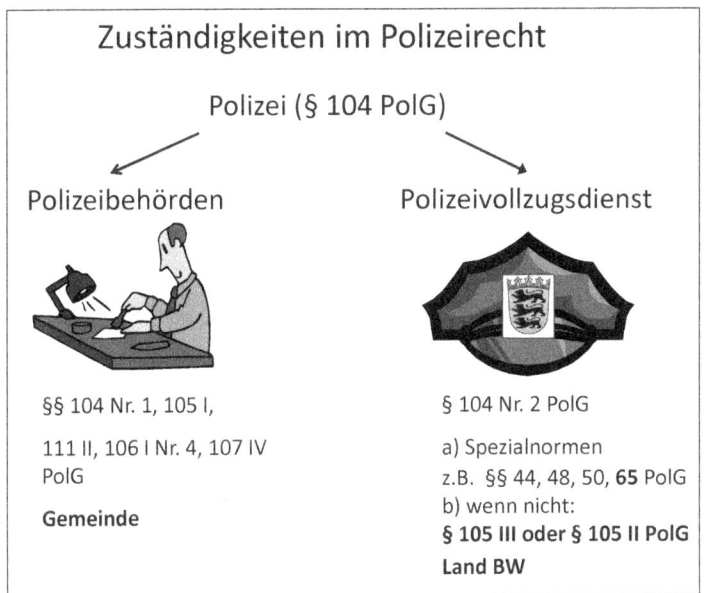

1. Zuständigkeit der Polizeibehörde

§ 105 Abs. 1 PolG bestimmt, dass für die Wahrnehmung der polizeilichen Aufgaben die Polizeibehörden zuständig sind, soweit das PolG nichts anderes bestimmt. Dabei ist der Wortlaut entscheidend: Überantwortet eine Rechtsnorm ausschließlich dem Polizeivollzugsdienst die Zuständigkeit, wie etwa in § 44 PolG bei der Videoaufzeichnung, in dem es heißt: „Der Polizeivollzugsdienst kann ...", so ist eine Zuständigkeit der Polizeibehörde ausgeschlossen.

---

51 VGH Mannheim 1 S 1401/11, Rn. 57.
52 BVerwG 6 CN 8/01, Leitsatz sowie Rn. 30.

111 Viele Ermächtigungsgrundlagen, darunter weitestgehend die §§ 27 ff. PolG, enthalten aber keine eigene Zuständigkeitszuweisung, sondern lediglich den Hinweis: „Die Polizei kann ...", so dass auf die speziellen Zuständigkeitsnormen zurückgegriffen werden muss. Somit ist mit § 105 Abs. 1 PolG zu beginnen, der die grundsätzliche Zuständigkeit der Polizeibehörden normiert. Die Polizeibehörden sind in § 106 Abs. 1 PolG genannt. Von den dort aufgeführten Behörden sind gemäß § 111 Abs. 2 PolG die Ortspolizeibehörden sachlich zuständig. Ortspolizeibehörden sind gemäß § 107 Abs. 4 PolG die Gemeinden. Dabei ist jede Gemeinde Baden-Württembergs Ortspolizeibehörde, unabhängig von ihrer Größe. Folglich haben alle Gemeinden in Baden-Württemberg Polizeigewalt, anders als beispielsweise im Bauordnungsrecht. Die Bestimmung der **Zuständigkeit für die Ortspolizeibehörde** umfasst also die Vorschriften §§ 104 Nr. 1, 105 Abs. 1, 106 Abs. 1 Nr. 4, 111 Abs. 2, 107 Abs. 4 PolG.

112 Diese Normen sind stets einschlägig, wenn, wie im Regelfall, die Ortspolizeibehörde eine polizeiliche Maßnahme trifft. Hinzu tritt die örtliche Zuständigkeit gemäß § 113 PolG. In seltenen Fällen können gemäß § 112 PolG die übergeordneten Behörden tätig werden.

2. Zuständigkeiten des Polizeivollzugsdienstes

113 Die Zuständigkeit des Polizeivollzugsdienstes kann sich aus **Spezialnormen** sowie aus den Vorschriften des § 105 Abs. 2 PolG oder § 105 Abs. 3 PolG ergeben.

114 **Spezialnormen** sind ua solche, bei denen die Zuständigkeit bereits in der Ermächtigungsgrundlage enthalten ist. In diesen Fällen formuliert die jeweilige Ermächtigungsgrundlage: „Der Polizeivollzugsdienst kann ..." Solche Regelungen finden sich beispielsweise in § 44 Abs. 1 bis 5 sowie § 44 Abs. 9 PolG, § 51 Abs. 1 PolG, § 50 Abs. 1 und § 53 Abs. 1 PolG. In diesen Fällen ergibt sich die Zuständigkeit direkt aus der Ermächtigungsgrundlage. Formuliert die Ermächtigungsgrundlage dagegen: „Die Polizei kann ...", so ist nach dieser Ermächtigungsgrundlage (Generalklausel, §§ 1, 3 PolG, sowie die meisten Standardmaßnahmen, §§ 27 ff. PolG) der Polizeivollzugsdienst nur dann zuständig, wenn es eine spezielle Zuständigkeitsnorm gibt, die ihm diese Zuständigkeit auch zuweist. Dies sind die § 105 Abs. 3 PolG und § 105 Abs. 2 PolG sowie beim unmittelbaren Zwang § 65 PolG.[53]

115 § 105 Abs. 3 PolG ist, da er geringere Voraussetzungen aufweist als § 105 Abs. 2 PolG, **vorrangig** zu prüfen. Nach § 105 Abs. 3 PolG ist der Polizeivollzugsdienst neben den Polizeibehörden zuständig. Dies gilt insbesondere für die Standardmaßnahmen nach §§ 27 bis 30 PolG sowie §§ 33 bis 38 PolG. Somit gibt es bei den meisten Standardmaßnahmen eine **parallele Zuständigkeit** zwischen Polizeibehörde und Polizeivollzugsdienst. Dies ist jedoch unschädlich, wie das folgende Beispiel zeigt:

116 **Beispiel:**
Der Polizeivollzugsdienst wird angerufen, auf einer Parkbank im Stadtpark liege ein Aktenkoffer. Als der Polizeivollzugsdienst in den Stadtpark kommt, um die Sache sicherzustellen,[54] entdecken

---

53 Dazu ausführlich im Kapitel Verwaltungsvollstreckungsrecht.
54 Im Wege der unmittelbaren Ausführung, § 8 PolG iVm § 37 Abs. 1 PolG, dazu unten Rn. 265 ff.

die Polizisten gerade noch einen Mitarbeiter der Ortspolizeibehörde, der den Koffer für seine Behörde an sich genommen hat.

Hier kann es keine Streitigkeiten um die Zuständigkeit geben: Trotz der Doppelzuständigkeit von Polizeibehörde einerseits und Polizeivollzugsdienst andererseits löst sich die Problematik materiellrechtlich. Zu dem Zeitpunkt, als der Polizeivollzugsdienst eintrifft, sind die materiellen Voraussetzungen der Gefahr, hier der drohende Verlust der Sache gemäß § 37 Abs. 1 PolG, nicht mehr gegeben. Dies zeigt, dass die Doppelzuständigkeit letztlich zu einer effektiven Gefahrenabwehr führen kann. Derjenige, der als erster vor Ort ist, wehrt die Gefahr ab, für den zweiten gibt es dann keinen Anlass mehr zum Einschreiten. 117

Jenseits des Anwendungsbereichs des § 105 Abs. 3 PolG, insbesondere bei Maßnahmen nach der **Generalklausel**, kommt die Zuständigkeit des Polizeivollzugsdienstes gemäß **§ 105 Abs. 2 PolG** in Betracht, **wenn ein sofortiges Tätigwerden erforderlich erscheint**. 118

Beispiel: 119
Auf einer Streifenfahrt entdeckt ein Polizist, dass auf einer Straße ein Kanaldeckel fehlt. Er sperrt die Gefahrenstelle sofort ab.

Nach § 105 Abs. 2 PolG nimmt der Polizeivollzugsdienst die polizeilichen Aufgaben wahr, „wenn ein sofortiges Tätigwerden erforderlich erscheint". Dies ist dann der Fall, wenn ein Abwarten bis zum Eingreifen der an sich zuständigen Polizeibehörde den Erfolg der notwendigen Maßnahme erschweren oder vereiteln würde.[55] Dabei lässt bereits der Wortlaut der Bestimmung („erforderlich erscheint") erkennen, dass dem Polizeivollzugsdienst hinsichtlich der Annahme der Voraussetzungen diese Eilzuständigkeit ein Einschätzungsspielraum zuzubilligen ist. Folglich kann die Einschätzung nur beanstandet werden, wenn sie offensichtlich von unzutreffenden Voraussetzungen ausgeht, die bereits im Zeitpunkt der Entscheidung erkennbar waren.[56] 120

Demnach ist § 105 Abs. 2 PolG sehr häufig in Kombination mit der polizeilichen Generalklausel (§§ 1, 3 PolG) anzutreffen. 121

Eine weitere bedeutungsvolle Zuständigkeitsnorm für den Polizeivollzugsdienst ist § **65 PolG**. Danach ist der Polizeivollzugsdienst für die Anwendung von **unmittelbarem Zwang** zuständig. Unmittelbarer Zwang ist die Anwendung von körperlicher Gewalt oder von Hilfsmitteln der körperlichen Gewalt im Wege des Verwaltungsvollstreckungsrechts.[57] 122

Beispiel: 123
Abführen einer Person in Handschellen, Wegtragen einer Person von den Eisenbahnschienen aufgrund einer Sitzblockade.

§ 65 PolG normiert eine Zuständigkeit für die Durchsetzung von Verwaltungsakten aufgrund des PolG, bei der unmittelbarer Zwang angezeigt ist. Damit ist es unerheb- 124

---

55 VGH Mannheim 1 S 2025/01, Rn. 28 mwN.
56 VGH Mannheim aaO mwN.
57 Dazu unten ausführlich im Kapitel Verwaltungsvollstreckungsrecht.

lich, ob der Ausgangsverwaltungsakt, den der Polizeivollzugsdienst vollstrecken muss, von der Polizeibehörde oder vom Polizeivollzugsdienst selbst stammt. Im Beispiel des Gewahrsams ist es unschädlich, wenn dieser gemäß § 33 PolG von der Polizeibehörde angeordnet wurde. Die Vollstreckung im Wege des unmittelbaren Zwangs erfolgt durch den Polizeivollzugsdienst auf gleiche Art und Weise, wie wenn der Polizeivollzugsdienst kraft seiner Zuständigkeit gemäß § 105 Abs. 3 PolG den Gewahrsam selbst angeordnet hätte.

3. § 2 Abs. 2 PolG als zusätzliche Zuständigkeitsnorm

125 Geht es um den „Schutz privater Rechte" iSv § 2 Abs. 2 PolG, dann tritt diese Vorschrift zu den bereits einschlägigen Zuständigkeitsnormen des PolG hinzu.

126 **Beispiel:**
Randalierer haben am Haus des E zwei Scheiben eingeschlagen. E hat dies bemerkt und auch entdeckt, dass die Randalierer in einen angrenzenden Park gelaufen sind. Er ruft beim Polizeivollzugsdienst an und will die Identität der Randalierer festgestellt haben. Der Polizeivollzugsdienst findet die Personen und stellt nach § 27 Abs. 1 Nr. 1 PolG deren Identität fest.

127 Das Handeln des Polizeivollzugsdienstes ist präventiv, da es darum geht, die Identität festzustellen, damit E seine Schadensersatzansprüche realisieren kann. Der Polizeivollzugsdienst wird hier zum „Schutz privater Rechte" iSv § 2 Abs. 2 PolG tätig. Private Rechte iSv § 2 Abs. 2 PolG sind solche, die **ausschließlich** im Zivilrecht begründet sind.[58] Nur in diesem Fall sind die Voraussetzungen des § 2 Abs. 2 PolG zu prüfen und nur wenn diese Voraussetzungen auch vorliegen, ist die Zuständigkeit der Polizei gegeben. Da § 2 Abs. 2 PolG von „Polizei" spricht, betrifft die Zuständigkeitsnorm sowohl die Polizeibehörde als auch den Polizeivollzugsdienst.

128 Voraussetzung für die Zuständigkeit nach § 2 Abs. 2 PolG ist zunächst ein **Antrag** des Berechtigten, wie er im obigen Beispiel durch den Anruf bei der Polizei vorliegt. Darüber hinaus darf **gerichtlicher Rechtsschutz nicht rechtzeitig zu erlangen** sein. § 2 Abs. 2 PolG geht zu Recht davon aus, dass zivilrechtliche Ansprüche üblicherweise auch vor den Zivilgerichten durchzusetzen sind. Im vorliegenden Beispiel kommt gerichtlicher Schutz schon deshalb nicht in Betracht, weil E die Täter namentlich nicht kennt. Darüber hinaus muss ohne die polizeiliche Hilfe die Gefahr bestehen, dass die Verwirklichung des Rechts vereitelt oder wesentlich erschwert wird. Das private Recht, das im Beispiel verwirklicht werden soll, ist der Schadensersatzanspruch des E gegen die Randalierer gemäß § 823 Abs. 1 BGB. Ohne die polizeiliche Hilfe besteht die Gefahr, dass E der Täter nicht habhaft wird und folglich keinen Adressaten zur Durchsetzung seines Anspruchs benennen kann. Die Voraussetzungen des § 2 Abs. 2 PolG sind im Beispiel also gegeben.

129 Sehr häufig können der Schutz privater Rechte mit Gefahren iSd klassischen Gefahrenbegriffs zusammentreffen.

---

58 Vertiefend *Schoch* Jura 2013, 468 (470) mwN.

Beispiel: 130

X stellt sein Fahrzeug vor der Grundstückseinfahrt des E ab, so dass E mit seinem Fahrzeug nicht mehr aus dem Grundstück herausfahren kann.

Neben den zivilrechtlichen Besitzschutzansprüchen an Grundstück und Kraftfahrzeug 131 des E ist hier gleichzeitig eine Rechtsnorm verletzt. Nach § 12 Abs. 1 Nr. 2 LOWiG stellt es eine Ordnungswidrigkeit dar, wenn ein Kraftfahrzeug vor oder in Grundstücksein- und -ausfahrten unbefugt parkt. Da die Rechtsordnung zu den Schutzgütern der öffentlichen Sicherheit gehört, braucht in diesem Fall nicht auf § 2 Abs. 2 PolG zurückgegriffen werden. Ähnliches gilt im Falle von Hausbesetzungen, wenn der Tatbestand des § 123 StGB vorliegt.[59] Ob § 2 Abs. 2 PolG in einer Klausur zu erörtern ist, ergibt sich in Zweifel durch Hinweise im Sachverhalt auf private Rechte. Die Wahrscheinlichkeit, dass tatsächlich ausschließlich private Rechte iSv § 2 Abs. 2 PolG betroffen sind, ist jedoch angesichts des häufigen Zusammentreffens mit der Verletzung von Normen der objektiven Rechtsordnung eher gering. In diesem Falle sollte man in einer Klausur § 2 Abs. 2 PolG kurz darstellen und darauf hinweisen, dass es auf das Vorliegen der Voraussetzungen nicht ankommt.

4. Zuständigkeits-Besonderheiten in der Verwaltungsvollstreckung

Wie bereits erwähnt, wird von Verwaltungsvollstreckung gesprochen, wenn ein Verwaltungsakt gegen den Willen des Pflichtigen durchgesetzt werden muss. Zwangsmittel sind gemäß § 19 Abs. 1 LVwVG Zwangsgeld mit Zwangshaft, Ersatzvornahme sowie der bereits bezeichnete unmittelbare Zwang. Es handelt sich dabei um Maßnahmen, die sich an den ursprünglichen polizeilichen Verwaltungsakt anschließen. 132

Beispiel: 133

Die Polizeibehörde ordnet die Entfernung eines nicht genehmigten (straßenrechtliche Sondernutzungserlaubnis) Plakatständers im öffentlichen Straßenraum an. Als der Pflichtige nicht reagiert, droht sie die Ersatzvornahme an und baut schließlich den Plakatständer selbst ab.

Sowohl für die Androhung (§ 20 LVwVG) als auch für die reale Durchführung des 134 Abbaus des Plakatständers (§ 25 LVwVG, Ersatzvornahme) benötigt die Polizeibehörde eine Zuständigkeitsnorm. Während der unmittelbare Zwang im Polizeirecht ausschließlich dem Polizeivollzugsdienst obliegt, verbleibt es bezüglich der anderen Zwangsmittel gemäß § 63 Abs. 1 PolG bei den ursprünglichen Zuständigkeiten des LVwVG. Hiernach ist diejenige Behörde Vollstreckungsbehörde, die den ursprünglichen Verwaltungsakt erlassen hat, **§ 4 Abs. 1 LVwVG**. Die ursprüngliche Anordnung der Polizeibehörde, der Adressat möge den Plakatständer abbauen, kann also nur von der Polizeibehörde vollstreckt werden. Sowohl für die der Ersatzvornahme vorausgehende Androhung als auch für die Ersatzvornahme selbst ergibt sich ihre Zuständigkeit aus § 4 Abs. 1 LVwVG.[60] Daran wird auch gleichzeitig erkennbar, dass der Grundverwaltungsakt, die Androhung und die tatsächliche Durchführung der Ersatzvornahme unterschiedlichen Charakter haben und jeweils eigenständig eine Ermächtigungsgrundlage benötigen.

---

59 Vertiefend BGH I ZB 103/16, Rn. 19; *Degenhart* JuS 1982, 330 (331).
60 Zur Verwaltungsvollstreckung ausführlich unten Kapitel Verwaltungsvollstreckungsrecht.

5. Kommunale Vollzugsbedienstete, Amtshilfe und Vollzugshilfe

135 Es gibt noch weitere Erscheinungsformen polizeilichen Handelns, die im Hinblick auf die Bestimmung der Zuständigkeit Probleme bereiten können.

a) Gemeindliche Vollzugsbedienstete

136 Liest man § 125 PolG, dann wirkt die Formulierung zunächst verwirrend. Zum einen ordnet § 125 Abs. 1 PolG an, dass sich die Ortspolizeibehörden gemeindlicher Vollzugsbediensteter bedienen können. Zum anderen bestimmt § 125 Abs. 2 PolG, dass diese Vollzugsbediensteten die Stellung von Polizeibeamten iSd Gesetzes haben. Dies wirft die Frage auf, ob die gemeindlichen Vollzugsbediensteten der Ortspolizeibehörde oder dem Polizeivollzugsdienst zuzuordnen sind, wobei in einer Klausur von einem gemeindlichen Vollzugsbediensteten nur dann ausgegangen werden darf, wenn der Begriff als solcher auch in einem Sachverhalt beschrieben wird.

137 Zunächst macht § 125 Abs. 1 PolG deutlich, dass die **gemeindlichen Vollzugsbediensteten den Ortspolizeibehörden zuzuordnen** sind. Im Falle eines Rechtsmittels gegen das Handeln eines gemeindlichen Vollzugsbediensteten ist also diejenige Gemeinde Klagegegner, welcher der gemeindliche Vollzugsbedienstete zuzuordnen ist. § 125 Abs. 2 PolG legt zwar nahe, dass die gemeindlichen Vollzugsbediensteten dem Polizeivollzugsdienst gleichzusetzen seien. Dies wirkt sich jedoch nicht auf den Klagegegner aus und ist auch nicht generell der Fall, sondern nur dort, wo ihnen entsprechende Vollzugsaufgaben übertragen wurden. Dies regelt **§ 31 DVO PolG**. Die dort genannten Aufgaben sind auch repressiver Art. Nur bei der Wahrnehmung der gemäß § 31 DVO PolG den gemeindlichen Vollzugsbediensteten übertragenen Aufgaben haben die gemeindlichen Vollzugsbediensteten die Stellung von Polizeibeamten iSv § 125 Abs. 2 PolG.

138 Andere Aufgaben, die der Polizeivollzugsdienst grundsätzlich durchführen kann, insbesondere das Gebrauchmachen von Ermächtigungsgrundlagen in Gefahrensituationen, die nicht von der Aufgabenübertragung des § 31 DVO PolG erfasst sind, dürfen die gemeindlichen Vollzugsbediensteten nicht übernehmen.[61] Allerdings lässt insbesondere § 31 Abs. 2 DVO PolG Raum, den gemeindlichen Vollzugsbediensteten („Kommunaler Ordnungsdienst"; „Stadtsheriffs") eine Fülle weiterer Aufgaben zu übertragen, so dass eine kommunale Nebenpolizei entstehen kann, die die grundsätzliche gesetzliche Wertung, wonach der Polizeivollzugsdienst Aufgabe des Landes ist (§§ 115 ff. PolG), unterläuft. Bei allem Respekt für den Bedarf präventiver und repressiver Tätigkeit ist hier ein Regelungsdefizit offenkundig: Gemeindliche Vollzugsbedienstete haben häufig gerade keine Polizeiausbildung durchlaufen, unterliegen nicht dem Beamtenrecht, tragen aber durchaus Schusswaffen und andere Waffen, die nicht einmal der Polizeivollzugsdienst einsetzen darf. Es gibt hierzu keine gesetzlichen Vorgaben. Die Delegation der Aufgaben auf die gemeindlichen Vollzugsdienst fällt von Gemeinde zu Gemeinde unterschiedlich aus und führt zu Unsicherheiten hinsichtlich der Zuständigkeiten. Durch die Konstruktion, in § 130 Abs. 1 Nr. 7 PolG die Ausge-

---

61 Vertiefend *Gassner* VBlBW 2013, 281.

staltung des kommunalen Vollzugsdienstes ausschließlich dem Innenministerium zu überlassen, welches diese Aufgabe nach § 31 Abs. 2 DVO PolG schließlich auch noch an die Ortspolizeibehörden und die Regierungspräsidien weitergibt, hat der Gesetzgeber es versäumt, seiner verfassungsrechtlichen Aufgabe nachzukommen, im grundrechtsrelevanten Bereich Regelungen durch ein Parlamentsgesetz zu treffen.[62] Eine parlamentarische Korrektur der verfassungsrechtlich sehr bedenklichen Subdelegation ist daher angebracht.[63]

b) Amtshilfe und Vollzugshilfe

Sowohl § 119 PolG als auch § 105 Abs. 5 PolG beschreiben Situationen des Zusammenwirkens von Polizeibehörde und Polizeivollzugsdienst. Dies ist insofern von Bedeutung, als es hier zu Unklarheiten hinsichtlich der Zuständigkeit und, damit verbunden, auch hinsichtlich des richtigen Klagegegners kommen kann.

Entscheidend hinsichtlich des Klagegegners ist, wer gegenüber dem Adressaten nach außen hin in Erscheinung tritt. Ein Verwaltungsakt, der die erlassende Behörde nicht erkennen lässt, ist gemäß § 44 Abs. 2 Nr. 1 LVwVfG nichtig.

Beispiel:
Das VG Sigmaringen[64] hat eine Praxis zur Erteilung von Platzverweisen beanstandet, bei denen die Ortspolizeibehörde den gesamten Text des Platzverweises vorbereitet hatte und den Polizeivollzugsdienst beauftragt hatte, den Namen des jeweiligen Adressaten einzusetzen.

Der rechtsstaatliche Bestimmtheitsgrundsatz, der in § 37 LVwVfG seinen Niederschlag gefunden hat, regelt in § 37 Abs. 3 LVwVfG ausdrücklich, dass ein schriftlicher oder elektronischer Verwaltungsakt die erlassende Behörde erkennen lassen und die Unterschrift oder die Namenswiedergabe des Behördenleiters, seines Vertreters oder seines Beauftragten enthalten sein muss. Da es im Polizeirecht keine gemeinsame Zuständigkeit von Polizeibehörde und Polizeivollzugsdienst gibt und auch die Vorschriften des § 119 PolG und des § 105 Abs. 5 PolG keine derart gemeinsame Zuständigkeit normieren, ist hinsichtlich des Klagegegners maßgeblich, wer gegenüber dem Adressaten in Erscheinung getreten ist. Ob dieser dann möglicherweise unzuständig war, ist eine Frage der Prüfung der formellen Rechtmäßigkeit des Verwaltungsakts. Für mündliche Verwaltungsakte wird aus § 37 Abs. 1 LVwVfG abgeleitet, dass der Beamte die Behörde, für die er tätig ist, zu erkennen geben muss. Dies kann auch konkludent geschehen, zB durch Uniform oder Dienstausweis.[65]

Soweit gemäß § 119 Abs. 1 PolG die Ortspolizeibehörde den Polizeidienststellen Weisungen erteilen kann und die Polizeidienststellen den Weisungen Folge leisten, treten sie als Polizeivollzugsdienst, dh als Behörde des Landes Baden-Württemberg (vgl. § 115 Abs. 1 PolG) nach außen in Erscheinung. Ihre Zuständigkeit ergibt sich dann nicht aus § 119 Abs. 1 PolG, sondern kann nur auf die bereits oben genannten Zu-

---
62 „Wesentlichkeitstheorie", vgl. z.B. BVerfG 2 BvE 3/19, Rn. 182 ff. (183): „Sind Grundrechte betroffen, besteht regelmäßig die Notwendigkeit eines Parlamentsgesetzes."
63 „Um so den auf dem Gebiet der gemeindlichen Vollzugsbediensteten entstandenen ‚Wildwuchs' zu beenden", *Nachbaur*, VBlBW 2022, 485 (490).
64 VG Sigmaringen 9 K 1533/94, NVwZ-RR 1995, 327.
65 *Stelkens/Bonk/Sachs*, VwVfG, § 37 Rn. 9 mwN.

ständigkeitsnormen gestützt werden, insbesondere auf § 105 Abs. 2 oder 105 Abs. 3 PolG.

144 Eine besondere Ausprägung der Amtshilfe stellt die **Vollzugshilfe gemäß § 105 Abs. 5 PolG** dar. Wie der Wortlaut des § 105 Abs. 5 PolG deutlich macht, ist die Norm nur bei „Vollzugshandlungen" einschlägig, also beim Vollzug von Rechtsvorschriften, insbesondere aber bei der Durchsetzung von behördlichen Anordnungen. Konkret geht es zumeist darum, dass der Polizeivollzugsdienst bei der Durchsetzung von Verwaltungsakten „hilft".

145 **Beispiel:**

Die Ortspolizeibehörde ordnet die vorübergehende Sperrung einer Straße an. Sie ersucht den Polizeivollzugsdienst um Vollzugshilfe durch seine Fahrzeuge, um die Straßeneinmündungen abzusperren.

146 Hier wird der bereits von der Ortspolizeibehörde erlassene Verwaltungsakt mithilfe des Polizeivollzugsdienstes vollzogen. Eine eigene Zuständigkeit des Polizeivollzugsdienstes wird dadurch nicht begründet.

147 Die Vollzugshilfe kann auch bei der Vollstreckung eines Verwaltungsaktes vonnöten sein.

148 **Beispiel:**

Die Ortspolizeibehörde hat gegenüber einem Grundstückseigentümer angeordnet, eine Fahne mit unzulässigen nationalsozialistischen Symbolen von seinem Fahnenmast zu entfernen. Die Verfügung wird bestandskräftig, aber der Pflichtige kommt ihr nicht nach. Die Ortspolizeibehörde ordnet nach vorangegangener Androhung die Ersatzvornahme an. Als sie am Grundstück ankommt, um die Ersatzvornahme durchzuführen, merkt sie, dass sie mit ihren Hilfsmitteln nicht an die Fahne gelangen kann und ersucht den Polizeivollzugsdienst um Hilfe, der mithilfe eines im Fahrzeugpool vorhandenen Hubwagens schließlich die Fahne entfernen kann.

149 Für die Ersatzvornahme (§ 25 LVwVG) ist in der Verwaltungsvollstreckung gemäß § 4 LVwVG die Behörde zuständig, die den Grundverwaltungsakt erlassen hat; dies ist die Ortspolizeibehörde. Ihr ist es aber nicht verwehrt, gemäß § 105 Abs. 5 PolG den Polizeivollzugsdienst um Vollzugshilfe zu ersuchen. An der Zuständigkeit der Ortspolizeibehörde ändert sich hierdurch nichts. Das Handeln ist der Ortspolizeibehörde zuzurechnen, da nur sie die Art und Weise der Vollstreckung bestimmt. Soweit sich der Grundstückseigentümer gegen die Vollstreckungshandlung wendet, ist Klagegegner der Rechtsträger der Ortspolizeibehörde, also die Gemeinde.

150 Weder durch § 119 Abs. 1 PolG noch durch § 105 Abs. 5 PolG werden somit eigene Zuständigkeiten des Polizeivollzugsdienstes begründet. Dies gilt auch, sofern der Polizeivollzugsdienst in einem Verwaltungsverfahren gemäß der ergänzend und gem. §§ 4 ff. LVwVfG subsidiär anwendbaren Amtshilfepflicht tätig wird.

V. Die wichtigsten polizeilichen Standardmaßnahmen

151 Wie bereits ausgeführt, beschreiben die Standardmaßnahmen regelmäßig wiederkehrende Situationen, die im Polizeialltag üblich sind. Darüber hinaus erfassen sie in ihrem Wortlaut häufig **spezielle konkrete Gefahrensituationen**. So ist beispielsweise

die „erhebliche Störung" (§ 33 Abs. 1 Nr. 1 PolG) nichts anderes als die Beschreibung einer besonderen Gefahrensituation.[66] Dies gilt für jede Ermächtigungsgrundlage.

Sofern § 37 Abs. 1 PolG die Sicherstellung ermöglicht, wenn dies erforderlich ist, „um den Eigentümer oder den rechtmäßigen Inhaber der tatsächlichen Gewalt vor Verlust oder Beschädigung der Sache zu schützen", umschreibt der Gesetzeswortlaut auch hiermit eine konkrete Gefahr, nämlich die Gefahr des dauerhaften Verlustes des Eigentums oder der Sachherrschaft über eine Sache.

152

Gelegentlich ist der Gefahrenbegriff durch verschiedene Adjektive angereichert, die in einer Klausurlösung zu definieren und zu subsumieren sind. So spricht etwa § 30 Abs. 3 PolG von einer „erheblichen" Gefahr, § 33 Abs. 1 Nr. 2 PolG von einer „drohenden Gefahr für Leib oder Leben" und § 36 Abs. 1 PolG von einer „dringenden" Gefahr. Eine Abgrenzung zwischen den einzelnen gesteigerten Gefahrenbegriffen ist nicht erforderlich. Sie können sich überschneiden; das Gesetz folgt hier keiner Systematik. So kann eine dringende Gefahr durchaus auch in einer Gefahr für Leib oder Leben bestehen.[67]

153

Wichtig für das Verständnis der Standardmaßnahmen – wie auch der Generalklausel – ist, dass diese Maßnahmen **sämtlich als Verwaltungsakte konzipiert** sind. Somit ist die Beschlagnahme einer Sache keine Wegnahmehandlung und der Gewahrsam per se auch keine Gewaltanwendung. Vielmehr ist ein Gebrauchmachen von der Ermächtigungsgrundlage darin zu sehen, dass der zuständige Beamte, wenn er eine Sache beschlagnahmen oder einen Gewahrsam anordnen will, dies zunächst als Verwaltungsakt dem Pflichtigen bekanntzugeben hat. Mit dem Satz: „Ich beschlagnahme diese Sache" ist damit das Ansinnen des Handelnden verbunden, der Pflichtige möge die Sache freiwillig herausgeben. Dies ist ebenso der Fall, wenn ein Polizist anordnet: „Ich nehme Sie in Gewahrsam". Auch hiermit ist das Ansinnen verbunden, dass sich der Pflichtige freiwillig in Gewahrsam begibt. Erst **wenn sich der Pflichtige weigert, tritt das Verwaltungsvollstreckungsrecht auf den Plan**, das immer dann einschlägig ist, wenn ein Pflichtiger einen Verwaltungsakt nicht befolgen will. Dann reichen die einfachen Ermächtigungsgrundlagen des PolG nicht mehr aus.[68] Die Polizei muss dann in der Regel Gewalt in Form der Ersatzvornahme oder des unmittelbaren Zwangs anwenden und braucht dafür zusätzliche Ermächtigungsgrundlagen.

154

Vorkommen kann es darüber hinaus, dass die Polizei einen Pflichtigen nicht antrifft.

155

Beispiel:
Die Polizei will in einer Lagerhalle ein Kraftfahrzeug sicherstellen, das dem Eigentümer zuvor gestohlen wurde. Die Lagerhalle ist leer und verschlossen. Die Polizei dringt ein und stellt das Auto sicher.

156

Auch hier reicht die Ermächtigungsgrundlage des § 37 Abs. 1 PolG nicht aus. Sie ermächtigt nur zu einem Verwaltungsakt, der dem Adressaten bekanntgegeben wird. Es ist aber auch kein Fall des Verwaltungsvollstreckungsrechts, da niemandem gegenüber

157

---

66 Siehe sogleich unten Rn. 163 ff.
67 Dazu unten Rn. 211.
68 Vgl. unten ausführlich Kapitel Verwaltungsvollstreckungsrecht.

ein Verwaltungsakt bekanntgegeben werden kann, den man danach vollstrecken könnte. In diesem Fall greift das Rechtsinstitut der **unmittelbaren Ausführung** ein.[69] Vorliegend kann die Maßnahme auf §§ 36 Abs. 1, 37 Abs. 1 iVm § 8 Abs. 1 PolG gestützt werden.[70]

Nachstehend werden die wichtigsten Standardmaßnahmen näher erläutert.

1. Identitätsfeststellung (§ 27 PolG)

158 Die Identitätsfeststellung setzt voraus, dass alternativ eine der Voraussetzungen des § 27 Abs. 1 Nr. 1 bis 7 PolG gegeben ist.

159 Absatz 2 beschreibt die Möglichkeiten, die die Polizei zur Identitätsfeststellung hat. Dazu gehört insbesondere das Anhalten (§ 27 Abs. 2 Satz 2 PolG) sowie das Festhalten, die Durchsuchung der mitgeführten Sachen sowie, unter strengen Voraussetzungen, die Verbringung zur Polizeidienststelle. Das Gebrauchmachen von einer der Handlungsformen des § 27 Abs. 2 PolG setzt zwingend eine Gefahrenlage iSd § 27 Abs. 1 PolG voraus.

160 **§ 27 Abs. 1 Nr. 1 PolG** enthält in seiner ersten Variante den klassischen Gefahrenbegriff, wie er schon oben[71] beschrieben wurde. Darauf ist Bezug zu nehmen. In seiner zweiten Variante „oder eine Störung der öffentlichen Sicherheit oder Ordnung zu beseitigen" nimmt § 27 Abs. 1 Nr. 1 PolG den Begriff der Störung auf, wie er ebenfalls in § 30 Abs. 1 PolG, § 33 Abs. 1 Nr. 1 PolG oder in § 38 Abs. 1 Nr. 1 PolG verwendet wird.

161 Der Begriff der „Beseitigung" einer Störung könnte missverstanden werden; er legt es durchaus nahe, hierunter auch die Beseitigung von Schäden zu verstehen. Es ist jedoch keine polizeiliche Aufgabe, Schäden zu beseitigen.

162 **Beispiel:**
Ein Waldbrand stellt eine Gefahr dar, zu deren Abwehr, insbesondere zum Schutz von Leben, Gesundheit oder Eigentum, die Polizei Straßen absperren darf. Es ist jedoch keine polizeiliche Aufgabe, den abgebrannten Wald hinterher wieder aufzuforsten. Dies stellt keine „Beseitigung einer Störung" dar.

163 Mit dem Begriff der „**Störung**" wird in Wirklichkeit die Ausprägung einer konkreten Gefahrensituation beschrieben, nämlich eine Situation, bei der die Gefahr fortbesteht, aber an einem polizeilichen Schutzgut bereits ein Schaden entstanden ist.[72] Im Beispiel des Waldbrandes bedeutet dies, dass die Polizei einschreiten darf, wenn der Wald begonnen hat zu brennen, aber eben weiterhin die Gefahr besteht, dass weitere Bäume oder auch Grundrechte von Menschen Schaden nehmen können. Wenn kein (weiterer) Schaden mehr an einem polizeilich geschützten Rechtsgut droht, der Wald also vollständig abgebrannt ist, kann die Polizei nicht mehr tätig werden. „Beseitigen" einer Störung meint also, dafür zu sorgen, dass kein weiterer Schaden eintritt.

---

69 Dazu unten ausführlich Rn. 265 ff.
70 Dazu ausführlich unten Rn. 275 ff.
71 Rn. 27 ff.
72 *Ruder/Pöltl*, Polizeirecht Baden-Württemberg, § 4 Rn. 70.

V. Die wichtigsten polizeilichen Standardmaßnahmen

§ 27 Abs. 1 Nr. 2 PolG ermächtigt zur Identitätsfeststellung bei Ansammlungen mit einem besonderen Gefährdungsrisiko, das in anderem Zusammenhang in § 44 Abs. 1 Satz 2 PolG definiert wird und damit eine besondere Art einer konkreten Gefahr beschreibt, die aber nicht von der kontrollierten Person ausgehen muss.[73] Aufgrund der zahlreichen unbestimmten Rechtsbegriffe lässt sich die Norm und sehr schwer subsumieren und gerät daher an die Grenze des rechtsstaatlichen Bestimmtheitsgrundsatzes.[74]

164

§ 27 Abs. 1 Nr. 3 PolG erlaubt die Identitätsfeststellung an einem sogenannten „**gefährlichen Ort**", wo sich also insbesondere Straftäter verbergen oder Straftaten vorbereitet werden. Es muss dabei nachgewiesen sein, dass es sich um einen solchen gefährlichen Ort handelt. Hierzu müssen klare objektive tatsächliche Anhaltspunkte gegeben sein, wonach der fragliche Ort der zuständigen Behörde als gefährlich bekannt ist.[75]

Nach § 27 Abs. 1 Nr. 4 PolG ist die Identitätsfeststellung in einer Verkehrs- oder Versorgungseinrichtung oder an oder in einem besonders **gefährdeten Objekt** möglich. Hierunter fallen ua Flughäfen, Bahnhöfe sowie Gerichts- und Parlamentsgebäude.[76] Derartige Objekte sind allerdings nicht per se gefährlich. Deshalb ist es auch hier erforderlich, dass Tatsachen die Annahme rechtfertigen, dass in oder an dem Objekt Straftaten begangen werden sollen. Fehlen diese Tatsachen, ist die Identitätsfeststellung unzulässig.[77]

165

§ 27 Abs. 1 Nr. 5 und Nr. 6 PolG betreffen Identitätsfeststellungen in Kontrollstellen und Kontrollbereiche, die zur **Verhinderung** von Straftaten eingerichtet wurden. Die bis zur Polizeirechtsnovelle 2020 gültige Regelung der § 26 Abs. 1 Nr. 4 und Nr. 5 PolG aF war vom BVerfG für nichtig erklärt worden.[78] Eine solche Entscheidung war, entsprechendes Verfassungsbewusstsein vorausgesetzt, zu erwarten. Mit großer Deutlichkeit hatte das BVerfG dem Land Baden-Württemberg klar gemacht, dass es bei den Regelungen des § 26 Abs. 1 Nr. 4 und 5 PolG aF um Regelungen zur Strafverfolgung handelte (Bekämpfung von Straftaten), die der konkurrierenden Gesetzgebungskompetenz des Bundes gemäß Art. 74 Abs. 1 Nr. 1 GG (gerichtliches Verfahren) zuzuordnen sind, von der der Bund mit § 111 StPO auch Gebrauch gemacht hat. Die klare Regelung in der StPO entfaltet gemäß Art. 72 Abs. 1 GG eine Sperrwirkung gegenüber dem Landesrecht.

166

Anders als § 26 Abs. 1 Nr. 4 und Nr. 5 PolG aF enthält § **27 Abs. 1 Nr. 7 PolG** mit dem Zweck der „Bekämpfung der grenzüberschreitenden Kriminalität" ein als präventive Regelung interpretierbares Element. Das BVerfG hatte die Norm kompetenzrechtlich für unbedenklich erklärt.[79] Es hat aus Anlass der Überprüfung von Kennzeichenkontrollen aber beanstandet, dass § 26 Abs. 1 Nr. 6 PolG aF der hinreichende Grenzbezug fehle. Nach Auffassung des BVerfG ist es nicht zulässig, dass die Norm

167

---

73 *Pöltl* VBlBW 2021, 48.
74 *Nachbaur* VBlBW 2021, 55.
75 *Ruder/Pöltl*, Polizeirecht Baden-Württemberg, § 11 Rn. 27.
76 *Ruder/Pöltl*, Polizeirecht Baden-Württemberg, § 11 Rn. 29.
77 VG Freiburg 10 K 3092/18, Rn. 49.
78 BVerfG 1 BvR 2795/09 ua Rn. 95.
79 BVerfG aaO Rn. 69.

Kennzeichenkontrollen allgemein auf allen Durchgangsstraßen im ganzen Land eröffnet. Es müsse eine hinreichend klare örtlich grenzbezogene Beschränkung erfolgen.[80] Insofern hat das BVerfG § 26 Abs. 1 Nr. 6 PolG aF nicht für nichtig, sondern (nur) für mit der Verfassung unvereinbar erklärt.[81] Der Landesgesetzgeber musste demnach nachbessern und in § 26 Abs. 1 Nr. 6 PolG aF den konkreten Grenzbezug herstellen – was er allerdings in § 27 Abs. 1 Nr. 7 PolG mitnichten getan hat, sondern stattdessen die alte Regelung wortlautgleich ins neue Gesetz übernommen hat. Somit ist § 27 Abs. 1 Nr. 7 PolG **verfassungswidrig**.[82] Das Ganze ist zudem auch noch unionsrechtlich bedenklich, weil das Gesetz Maßnahmen ermöglicht, die unzulässigen Grenzkontrollen gleichkommen.[83]

2. Die Ermächtigungsgrundlagen des § 30 PolG

168 § 30 PolG enthält, wie die Überschrift der Vorschrift bereits zeigt, insgesamt fünf Ermächtigungsgrundlagen: Platzverweis, Aufenthaltsverbot, Wohnungsverweis, Rückkehrverbot und Annäherungsverbot.

169 Der **Platzverweis** ermöglicht der Polizei, eine Person vorübergehend von einem Ort zu verweisen oder ihr vorübergehend das Betreten eines Ortes zu verbieten. Materiell ist lediglich die Abwehr einer Gefahr bzw. die Beseitigung einer Störung Tatbestandsvoraussetzung. Problematisch ist, was unter dem „vorübergehenden" Platzverweis zu verstehen ist. Die Amtliche Begründung zur Einführung des § 30 PolG aF enthielt hierzu keine Ausführungen.[84] In Abgrenzung zum Aufenthaltsverbot des § 30 Abs. 2 PolG muss der Verweis jedenfalls kürzer als das Aufenthaltsverbot sein und sollte nicht länger als 24 Stunden dauern.[85] Ansonsten würde der Platzverweis in Art. 11 GG (Freizügigkeit) eingreifen, was vom Gesetzgeber jedoch nicht gewollt ist. Der Gesetzgeber räumt lediglich einen Eingriff in die durch Art. 2 Abs. 1 GG geschützte allgemeine Handlungsfreiheit ein.[86] Hinsichtlich des Vorliegens einer Gefahr bzw. einer Störung gelten dieselben Begriffe, wie sie auch in anderen Ermächtigungsgrundlagen verwendet werden.

170 Ein **Aufenthaltsverbot** hat eine größere zeitliche Dimension und setzt eine qualifizierte Gefahr voraus. Hiernach kann die Polizei verbieten, einen bestimmten Ort, ein bestimmtes Gebiet oder sogar ein gesamtes Gemeindegebiet zu betreten oder sich dort aufzuhalten, wenn Tatsachen feststehen, wonach der Adressat dort eine Straftat begehen oder zu ihrer Begehung beitragen wird (§ 30 Abs. 2 Satz 1 PolG).

171 **Beispiel:**
X gehört zu einer Fangruppe der Ultraszene. Der Ultragruppierung wurden innerhalb einer Saison bei Heimspielen des SC Freiburg 175 registrierte Straftaten zugerechnet. Die Ortspolizeibe-

---

80 BVerfG aaO Rn. 75.
81 BVerfG aaO, Rn. 97.
82 *Nachbaur* VBlBW 2021, 55, (56); *Ruder/Pöltl*, Polizeirecht Baden-Württemberg, § 11 Rn. 44.
83 EuGH C-9/16, Rn. 38 (Schengener Grenzkodex).
84 Vgl. LT-Drs. 14/3165, S. 66.
85 *Knodel* JA 2016, 917 (922).
86 LT-Drs. 14/3165, S. 66.

hörde erlässt gegen X für sieben Heimspieltage des SC Freiburg ein Aufenthaltsverbot für näher bezeichnete Bereiche des Stadions und in der Innenstadt.[87]

Der VGH Mannheim hat im entschiedenen Fall es als „Tatsachen" iSv § 30 Abs. 2 PolG hinreichen lassen, dass eine Person zu einer in der Vergangenheit als gewaltbereit aufgefallenen Gruppe gehört („Ultras").[88] Gemäß § 30 Abs. 2 Satz 2 PolG ist das Aufenthaltsverbot zeitlich und örtlich auf den zur Verhütung der Straftat erforderlichen Umfang zu beschränken und darf räumlich nicht den Zugang zur Wohnung der betroffenen Person umfassen. Das Aufenthaltsverbot darf gemäß § 30 Abs. 2 Satz 3 PolG die Dauer von drei Monaten nicht überschreiten. Der Dreimonatszeitraum beginnt frühestens in dem Zeitpunkt, in dem das Aufenthaltsverbot erstmals gilt.[89]

172

Es ist möglich, an ein Aufenthaltsverbot ein weiteres anzuschließen. Dies setzt aber voraus, dass aufgrund aktueller Tatsachengrundlage weiterhin davon ausgegangen werden muss, dass die Person Straftaten begehen wird,[90] vgl. § 30 Abs. 2 Satz 4 PolG. Im Rahmen der Verhältnismäßigkeit eines Aufenthaltsverbots ist sicherzustellen, dass gegebenenfalls Ausnahmen beschrieben werden, wie etwa hinsichtlich der Möglichkeit, einen Arzt aufzusuchen oder zur Teilnahme an Wahlen.[91]

173

Von den in § 30 Abs. 3 PolG geregelten Ermächtigungsgrundlagen sind der **Wohnungsverweis** (§ 30 Abs. 3 Satz 1 PolG) und das **Rückkehrverbot** (§ 30 Abs. 3 Satz 2 PolG) im Hinblick auf Art. 11 Abs. 1 und Art. 13 GG grundrechtsrelevant.[92] Voraussetzung für den Wohnungsverweis ist eine unmittelbar bevorstehende **erhebliche Gefahr**. Unter einer erheblichen Gefahr ist eine Situation zu verstehen, in der ein Schaden für bedeutsame Rechtsgüter droht, insbesondere für Leib, Leben oder Gesundheit.[93] Der Schaden für das Rechtsgut muss sofort oder in allernächster Zeit mit an Sicherheit grenzender Wahrscheinlichkeit zu erwarten sein. Ein Wohnungsverweis stellt in der Regel einen Eingriff in die von Art. 11 Abs. 1 GG geschützte Freizügigkeit dar, weil der Grundrechtsträger für eine gewisse Dauer seinen bisherigen räumlichen Lebenskreis verlassen muss.[94] Diese Voraussetzung ist regelmäßig erfüllt, da Wohnungsverweise gemäß § 30 Abs. 4 Satz 1 PolG auf bis zu zwei Wochen befristet werden können, also so lange, bis Maßnahmen nach dem GewSchG (§ 30 Abs. 5 PolG) ergriffen werden können.[95]

174

Aufgrund des Grundrechtseingriffs treten bei § 30 Abs. 3 PolG **Tatbestandsmerkmale** hinzu, die sich **nicht aus dem Wortlaut** des § 30 Abs. 3 PolG selbst ergeben, aber aus dem Grundgesetz. **Art. 11 Abs. 2 GG** beschreibt mit dem verbindlichen Vorrang des Verfassungsrechts die Gefahrensituationen, die ausschließlich heranzuziehen sind, um einen Eingriff in die Freizügigkeit zu rechtfertigen. Die Voraussetzungen des Art. 11

175

---

87 Beispiel nach VGH Mannheim 1 S 1193/16, Rn. 31 ff.
88 VGH Mannheim aaO, Rn. 46.
89 VGH Mannheim aaO, Rn. 60.
90 VGH Mannheim aaO, Rn. 65 f.
91 LT-Drs. 14/3165, S. 67.
92 LT-Drs. 14/3165, S. 67.
93 *Ruder/Pöltl*, Polizeirecht Baden-Württemberg, § 11 Rn. 98.
94 BeckOK GG/*Ogorek*, Art. 11 Rn. 11 f.
95 Vgl. VGH Mannheim 1 S 2801/03, Rn. 24.

Abs. 2 GG konkretisieren damit den Begriff der unmittelbar bevorstehenden erheblichen Gefahr iSv § 30 Abs. 3 PolG.

176 **Beispiel:**
Ist es zulässig, zur Verhinderung einer Selbsttötung einen Wohnungsverweis auszusprechen?

177 Der VGH Mannheim[96] hat die Zulässigkeit eines Wohnungsverweises zu Recht verneint. Im entschiedenen Fall (nach altem Recht) ging es um den Wohnungsverweis des Lebenspartners des Suizidgefährdeten. Die Problematik ist aber dieselbe geblieben: Nach Art. 11 Abs. 2 GG darf die Freizügigkeit – neben anderen Voraussetzungen – nur eingeschränkt werden, **um strafbaren Handlungen vorzubeugen.** Diese verfassungsrechtliche Vorgabe ist gewissermaßen als Ergänzung des polizeirechtlichen Tatbestandes zu berücksichtigen, da ansonsten die Norm nicht verfassungskonform ausgelegt werden könnte. Der Versuch einer Selbsttötung ist straflos. § 30 Abs. 3 Satz 1 PolG scheidet damit als in Betracht kommende Ermächtigungsgrundlage aus. In Betracht kommt allenfalls, die Person, die die Selbsttötung begehen will, gemäß § 33 Abs. 1 Nr. 2c PolG in Gewahrsam zu nehmen.

178 Während das in § 30 Abs. 3 Satz 1 PolG geregelte Rückkehrverbot vom Tatbestand her klar erscheint, ist begründungsbedürftig, was unter einem „**Annäherungsverbot**" gemäß § 30 Abs. 3 Satz 2 2. Alt. PolG zu verstehen ist. Zur räumlichen Dimension des Annäherungsverbots gibt es jedoch, soweit ersichtlich, noch keine Leitlinien aus der Rechtsprechung.[97]

179 § 30 Abs. 4 PolG schränkt die Möglichkeiten der Befristung ein und ist auf alle Ermächtigungsgrundlagen bezogen, die in § 30 Abs. 3 PolG enthalten sind. Der Polizeivollzugsdienst kann solche Anordnungen nur auf drei Tage, die Polizeibehörde auf höchstens zwei Wochen befristen. Die polizeilichen Maßnahmen sollen nicht unbegrenzt fortgeführt werden, weil das Gewaltschutzgesetz den schutzbedürftigen Personen Hilfe über die Zivilrechtsgerichtsbarkeit bietet. Das zuständige Amtsgericht kann gemäß § 1 GewSchG Anordnungen treffen, die inhaltlich den polizeilichen Maßnahmen entsprechen.[98]

3. Gewahrsam (§ 33 PolG)

180 Als Gewahrsam wird jedes **Festhalten durch die Polizei an einem eng umgrenzten Ort** bezeichnet, wodurch die Freiheit, sich fortzubewegen, nicht nur kurzfristig eingeschränkt wird. Auf den Ort des Festhaltens kommt es nicht an.[99] Die Dauer des Gewahrsams ist insbesondere gegenüber dem kurzfristigen Anhalten und Festhalten bei der Identitätsfeststellung gemäß § 27 PolG abzugrenzen. Als zeitliche Grenze für die Kurzfristigkeit wird höchstens eine Stunde angenommen.[100]

---

96 VGH Mannheim 1 S 2801/03, Rn. 35 ff.
97 Vertiefend *Turnit* VBlBW 2009, 205.
98 Vgl. LT-Drs. 14/3165, S. 68.
99 *Ruder/Pöltl*, Polizeirecht Baden-Württemberg, § 11 Rn. 179.
100 *Belz/Mußmann/Kahlert/Sander*, Polizeigesetz für Baden-Württemberg, § 33 Rn. 4.

Da der Gewahrsam eine Freiheitsentziehung iSv Art. 104 GG bedeutet, ist allein schon von Verfassungs wegen unverzüglich eine richterliche Entscheidung über den Gewahrsam herbeizuführen. Darüber hinaus muss der Gewahrsam den Anforderungen von Art. 5 Abs. 1 EMRK genügen.[101] Dies schließt es aus, dass, wie insbesondere § 33 Abs. 1 Nr. 1 PolG nahelegt, in relativ beliebigen Situationen vom Instrument des Gewahrsams Gebrauch gemacht wird. Art. 5 Abs. 1 EMRK enthält einen abschließenden Katalog, nach dem eine Freiheitsentziehung zulässig ist.

181

Polizeirechtlich relevant unter Art. 5 Abs. 1 a bis f EMRK ist insbesondere Art. 5 Abs. 1 c EMRK, wonach der Gewahrsam zulässig ist, wenn es notwendig ist, eine konkrete Person an der Begehung einer Straftat zu hindern, sowie Art. 5 Abs. 1 b EMRK, wonach die Freiheitsentziehung zur Erzwingung der Erfüllung einer gesetzlichen Verpflichtung zulässig ist. Hierzu führt der EGMR aus, dass in diesem Fall der Pflichtige gezwungen werden könne, eine bestimmte und **konkrete Verpflichtung** zu erfüllen, die ihn bereits trifft und die er bisher nicht erfüllt hat.[102] Die Freiheitsentziehung müsse das Ziel verfolgen oder direkt dazu beitragen, dass die Erfüllung der gesetzlichen Verpflichtung sichergestellt werde.[103]

182

Beispiel:
Die Polizei nimmt einen Stalker in Gewahrsam, gegen den ein Annäherungsverbot erlassen worden war, weil er im Begriff ist, sich der betreffenden bedrohten Person anzunähern.

183

Aus dem rechtsstaatlichen Verhältnismäßigkeitsprinzip folgt darüber hinaus, dass der Gewahrsam erst dann in Betracht kommt, wenn hinsichtlich eines Pflichtigen die gesetzliche Verpflichtung nicht mit einem milderen Mittel durchgesetzt werden kann. Ausgehend von diesen Grundlagen hat der Gewahrsam einen **eingeschränkten Anwendungsbereich**.

184

In § 33 Abs. 1 Nr. 1 PolG greift das Gesetz mit der „unmittelbar bevorstehenden erheblichen Störung" einen Begriff auf, der auch in anderen Rechtsnormen verwendet wird.[104] Störung ist dabei, wie ausgeführt,[105] eine Gefahrensituation, bei der der Schadenseintritt bereits begonnen hat. Die Störung steht unmittelbar bevor, wenn der Schadensbeginn in allernächster Zeit zu erwarten ist. Von einer „erheblichen" Störung wird gesprochen, wenn entweder die Schädigung eines besonders bedeutsamen Rechtsguts angenommen werden kann oder die Störung umfangreich und intensiv ist.[106] Auch beim Gewahrsam nach § 33 Abs. 1 Nr. 1 PolG ist hinsichtlich der Maßnahme nach der Gefahrenlage zu entscheiden, wie sie sich der Polizei bei fehlerfreier ex-ante-Prognose darstellt.[107]

185

Demgegenüber hat § 33 Abs. 1 Nr. 2 PolG in allen drei Varianten die klare Voraussetzung, dass der Gewahrsam zum eigenen Schutz einer Person nur dann möglich ist,

186

---
101 Vgl. hierzu EGMR 35553/12 ua in Abkehr von der früheren Rechtsprechung EGMR 15598/08, www.coe.int.
102 EGMR 35553/12, Leitsatz 3.
103 EGMR aaO.
104 §§ 9 Abs. 1, 27 Abs. 1, 30 Abs. 1 PolG.
105 Siehe oben Rn. 163.
106 *Ruder/Pöltl*, Polizeirecht Baden-Württemberg, § 11 Rn. 181.
107 VGH Mannheim 1 S 2513/10, Rn. 24.

wenn ihr ein Schaden an Leib oder Leben droht. Mit der Aufnahme des Begriffs der Erforderlichkeit in die Vorschrift macht das Gesetz deutlich, dass auch hier der Verhältnismäßigkeit ein ganz besonderes Augenmerk zu gelten hat.

187 Im Falle des § 33 Abs. 1 Nr. 2 b PolG ist ein die freie Willensbestimmung ausschließender Zustand nicht bereits dann gegeben, wenn eine Person betrunken ist. Vielmehr ist nach der Systematik der Norm der die freie Willensbestimmung ausschließende Zustand der Fall einer **hilflosen Lage**.

188 **Beispiel:**[108]
Ein Obdachloser setzt sich auf eine Parkbank und schläft ein. In der Nacht sinkt die Temperatur auf minus 15 Grad. Der Obdachlose ist schutzlos der Kälte ausgeliefert. Die Polizei kann gemäß § 33 Abs. 1 Nr. 2 b PolG einschreiten.

189 Gemäß § 33 Abs. 3 Satz 1 PolG ist der Gewahrsam aufzuheben, sobald sein Zweck erreicht ist. Wenn also die Gefahrensituation, die im Tatbestand beschrieben ist, nicht mehr besteht, muss der Gewahrsam aufgehoben werden.

190 Nach Satz 3 von Abs. 3 der Vorschrift muss eine **richterliche Entscheidung** über den Gewahrsam **unverzüglich herbeigeführt** werden. Der Wortlaut der Vorschrift übernimmt damit die Vorgaben von Art. 104 Abs. 2 Satz 2 GG. Das Merkmal der „Unverzüglichkeit" ist dahin gehend auszulegen, dass die richterliche Entscheidung ohne jede Verzögerung, die sich nicht aus sachlichen Gründen rechtfertigen lässt, nachgeholt werden muss. Ein Verstoß gegen das Gebot der unverzüglichen Herbeiführung einer richterlichen Entscheidung hat die Rechtswidrigkeit der Ingewahrsamnahme zur Folge.[109]

191 Diese richterliche Entscheidung bezieht sich auf den gesamten Gewahrsam, dh auf seine Zulässigkeit und seine Fortdauer. Der Richter soll nicht allein die Rechtmäßigkeit der Entscheidung der Polizei über die Freiheitsentziehung prüfen, sondern selbst diese Entscheidung treffen. Sind die gesetzlichen Voraussetzungen des Gewahrsams nicht erfüllt, so erklärt der Richter in seiner Entscheidung den Gewahrsam für unzulässig.[110]

192 Nach § 33 Abs. 3 Satz 4 PolG bedarf es der Herbeiführung einer **richterlichen Entscheidung nicht**, wenn anzunehmen ist, dass die Entscheidung erst nach Wegfall des Grundes des Gewahrsams ergehen würde. Der Wortlaut der Vorschrift kollidiert mit der verfassungsrechtlichen Vorgabe des Art. 104 Abs. 2 Satz 1 GG, wonach über die Zulässigkeit und Fortdauer einer Freiheitsentziehung nur der Richter zu entscheiden hat. Zur Parallelvorschrift des Bundespolizeigesetzes hat der VGH Mannheim entschieden, dass es sich bei der polizeirechtlichen Vorschrift um einen Ausnahmetatbestand handele, der mit Blick auf die Funktion des Richtervorbehalts eng auszulegen sei.[111] In Wirklichkeit dürfte trotz der Vorschrift des § 33 Abs. 3 Satz 4 PolG jeglicher Verzicht auf die Herbeiführung einer richterlichen Entscheidung **gegen Art. 104 Abs. 2 Satz 1 GG verstoßen**. Der Wortlaut von Art. 104 Abs. 2 Satz 1 GG kennt hinsichtlich

---

108 Nach *Ruder/Pöltl*, Polizeirecht Baden-Württemberg, § 11 Rn. 186.
109 VGH Mannheim 1 S 2513/10, Rn. 31 mwN.
110 VGH Mannheim aaO.
111 VGH Mannheim 1 S 2963/11, Rn. 8.

des Richtervorbehalts keine Ausnahme. Vielmehr macht Art. 104 Abs. 2 Satz 2 GG gerade deutlich, dass bei jeder nicht auf richterlicher Anordnung beruhenden Freiheitsentziehung unverzüglich eine richterliche Entscheidung herbeigeführt werden muss. **Gewahrsam ohne richterliche Entscheidung** ist damit polizeirechtlich von Verfassungs wegen **nicht zulässig.**[112]

Über den Gewahrsam entscheidet das Amtsgericht, in dessen Bezirk die in Gewahrsam genommene Person festgehalten wird (§ 33 Abs. 4 Satz 1 PolG). Gemäß § 33 Abs. 4 Satz 7 PolG kann gegen die Entscheidung des Amtsgerichts mit der Beschwerde vorgegangen werden. Es handelt sich hier um die Verweisung einer öffentlich-rechtlichen Streitigkeit nichtverfassungsrechtlicher Art an die ordentliche Gerichtsbarkeit. Ist eine richterliche Entscheidung ergangen, so ist gemäß § 33 Abs. 4 Satz 8 iVm § 132 Abs. 3 PolG die Anfechtungsklage ausgeschlossen. Wohl aber ist die Fortsetzungsfeststellungsklage möglich, wenn ein Gewahrsam ohne richterliche Entscheidung durchgeführt wurde. 193

Für die Durchführung des Gewahrsams gelten die Modalitäten des **§ 1 DVO PolG.** 194

4. Durchsuchung von Personen und Sachen

Die Durchsuchung von Personen und Sachen ist in § 34 und § 35 PolG geregelt. Die Durchsuchung von Personen umfasst die Suche nach Gegenständen am Körper einer lebenden Person einschließlich der ohne Weiteres zugänglichen Körperöffnungen (Mund, Nase, Ohren) und der von der Person am Körper getragenen Kleidungsstücke. Sie kann manuell oder mit Suchgeräten erfolgen.[113] Die Durchsuchung von Sachen gemäß § 35 PolG ist die Suche nach Personen, Tieren oder Gegenständen in einer Sache.[114] Die **Untersuchung** von Personen und Sachen wird nicht von § 34 und § 35 PolG erfasst. Die Untersuchung von Personen umfasst die Durchsuchung des Körperinneren.[115] Für die körperliche Untersuchung gibt es im PolG keine Ermächtigungsgrundlage. Die Untersuchung einer Sache, mit der ihre äußere Beschaffenheit festgestellt werden soll, ist keine Durchsuchung. Sie kann unter Umständen auf die polizeiliche Generalklausel gestützt werden.[116] 195

Sowohl § 34 PolG als auch § 35 PolG sind eng mit anderen Vorschriften des Polizeirechts verknüpft. Sie beschreiben konkrete Gefahrensituationen, die inzident in den Tatbestandsvoraussetzungen der Durchsuchung geprüft werden müssen. Dabei ist jedoch auf den präventiven Charakter der Vorschrift abzustellen. 196

Beispiel: 197
Kann die Polizei eine Person durchsuchen, für die ein Haftbefehl nach Strafrecht vorliegt?

Man könnte der Auffassung sein, dass es sich um eine Person handelt, die iSv § 34 Abs. 1 Nr. 1 PolG nach anderen Rechtsvorschriften festgehalten oder in Gewahrsam 198

---

112 Ausnahmen erscheinen allenfalls bei sehr kurz andauernden Gewahrsamsmaßnahmen denkbar, insofern durchaus missverständlich BVerfG 2 BvR 309/15 u.a., Rn. 101.
113 *Belz/Mußmann/Kahlert/Sander*, Polizeigesetz für Baden-Württemberg, § 34 Rn. 30.
114 *Belz/Mußmann/Kahlert/Sander*, Polizeigesetz für Baden-Württemberg, § 35 Rn. 2.
115 *Belz/Mußmann/Kahlert/Sander*, Polizeigesetz für Baden-Württemberg, § 34 Rn. 4.
116 *Belz/Mußmann/Kahlert/Sander*, Polizeigesetz für Baden-Württemberg, § 35 Rn. 2.

genommen werden darf. In diesem Falle käme § 34 Abs. 1 Nr. 1 PolG nicht als präventive, sondern als repressive Vorschrift zur Anwendung. Hier hat jedoch § 102 StPO eine abschließende Regelung getroffen. Das Land Baden-Württemberg hat keine Gesetzgebungskompetenz für repressive Vorschriften, weil hier eine Sperrwirkung des Bundesrechts existiert.[117] § 34 Abs. 1 Nr. 1 PolG kann somit nur auf präventive Situationen angewandt werden; etwa zur Feststellung der Identität. Hiernach kann der Betroffene gemäß § 27 Abs. 2 Satz 3 PolG festgehalten werden. Folglich gestattet § 34 Abs. 1 Nr. 1 PolG unter diesen Voraussetzungen auch seine Durchsuchung.

199 § 34 Abs. 1 Nr. 2 PolG ist mit § 37 bzw. § 38 PolG verknüpft.

200 **Beispiel:**
Die Polizei durchsucht den X, weil man ihr mitgeteilt hat, er führe einen Sprengsatz mit sich.

201 Der Sprengsatz unterliegt der Beschlagnahme gemäß § 38 PolG. Es handelt sich hier auch um eine präventive Tätigkeit (Verhinderung eines Anschlags). Die Durchsuchung des X ist damit rechtmäßig.

202 § 34 Abs. 1 Nr. 3 und Nr. 4 PolG stehen in Zusammenhang mit den Voraussetzungen der Identitätsfeststellungen gemäß § 27 Abs. 1 Nr. 2 und Nr. 3 PolG.[118] Wichtig ist auch hier, dass die Durchsuchung nur aufgrund von Tatsachen erfolgen kann. Auch § 35 Abs. 1 Nr. 5 PolG hat präventiven Charakter; hier geht es im Wesentlichen um die Verhinderung terroristischer Straftaten.

203 Bei § 30 PolG ist zu berücksichtigen, dass § 30 Nr. 6 und Nr. 7 PolG nicht zur Anwendung kommen können, weil sie sich auf § 26 Abs. 1 Nr. 4 und 5 PolG beziehen, welche vom BVerfG für nichtig erklärt wurden.[119] Ebenso ist zu berücksichtigen, dass der Verweis in § 30 Nr. 2a PolG, wonach eine Sache durchsucht werden darf, wenn Tatsachen die Annahme rechtfertigen, dass sich in ihr eine Person befindet, die in Gewahrsam genommen werden darf, ebenfalls nur präventiven Charakter hat. Wie bei § 29 Abs. 1 Nr. 1 PolG rechtfertigt die Vorschrift keine Durchsuchung zum Zwecke der Strafverfolgung oder zum Aufsuchen einer als Straftäter per Haftbefehl gesuchten Person.

204 § 30 Nr. 4 PolG nimmt, wie auch schon § 29 Abs. 1 Nr. 3 PolG, die sogenannten „gefährlichen Orte" in Bezug, wie sie in § 26 Abs. 1 Nr. 2 PolG beschrieben sind. Es handelt sich hierbei um Orte, für die tatsächliche Anhaltspunkte bestehen, dass sie von den in der Vorschrift genannten Personen maßgeblich frequentiert werden. Es bedarf eines die konkreten Kontrolle rechtfertigenden Grundes, der auf einer hinreichenden Tatsachenbasis beruht und dem staatlichen Handeln nachprüfbare Grenzen setzt.[120]

---

117 Vgl. dazu oben, Rn. 166 f.
118 Zu den Bedenken hinsichtlich des Bestimmtheitsgrundsatzes oben Rn. 164 sowie *Nachbaur* VBlBW 2021, 55 (59).
119 BVerfG 1 BvR 2795/09 ua, Rn. 95, vgl. oben Rn. 166.
120 BVerfG 1 BvR 142/15, Rn. 91 ff. zum bayerischen Landesrecht; VG Freiburg 10 K 3092/18, Rn. 39.

5. Betreten und Durchsuchung von Wohnungen

§ 36 Abs. 1 PolG ermächtigt die Polizei zum Betreten, § 36 Abs. 2 PolG zur Durchsuchung einer Wohnung. Folglich ist zunächst eine Unterscheidung zwischen den beiden Begriffen vorzunehmen, um polizeiliches Handeln der jeweiligen Ermächtigungsgrundlage zuordnen zu können.

Betreten einer Wohnung meint das Eintreten und vorübergehende Verweilen in einer Wohnung, um dort Feststellungen durch einfaches Nachschauen oder Umschauen zu treffen, ohne Schränke oder Behältnisse zu öffnen und Veränderungen vorzunehmen.[121] Eine **Durchsuchung** ist dagegen das über das bloße Betreten hinausgehende ziel- und zweckgerichtete Suchen nach Personen oder Sachen, also ein Handeln, durch das aufgespürt werden soll, was der Inhaber der Wohnung nicht von sich aus offenlegen oder herausgegeben will.[122]

Der Begriff der **Wohnung** ist im Lichte des Grundrechtsschutzes aus Art. 13 Abs. 1 GG und Art. 8 EMRK weit auszulegen. Wohnung iSv § 36 PolG ist jede tatsächlich **zum privaten oder beruflichen Aufenthalt von Menschen** genutzte Räumlichkeit. Folglich sind auch Arbeits-, Betriebs- und Geschäftsräume vom Wohnungsbegriff umfasst (vgl. insbesondere § 31 Abs. 6 PolG).[123]

Auch bei § 36 PolG ist zu berücksichtigen, dass die Ermächtigungsgrundlage zunächst lediglich eine Anordnung zum Betreten bzw. zur Durchsuchung gestattet. Verschafft sich die Polizei mit Gewalt Zutritt zu einer Wohnung, dann bedarf es entweder eines Handelns im Wege der Verwaltungsvollstreckung oder einer unmittelbaren Ausführung.[124]

Beispiel:
Die Polizei hat Anhaltspunkte, dass in der Wohnung des X Sprengstoffe gelagert werden und will die Wohnung durchsuchen. Sie klingelt an der Tür, der X ist zuhause. Die Polizisten weisen sich aus und fragen: „Dürfen wir hereinkommen?"

In dem Moment, in dem der X die Polizisten freiwillig hereinlässt, liegt noch kein Verwaltungsakt vor, weil die Polizisten mit ihrer Frage keine Regelung iSv § 35 LVwVfG herbeigeführt haben. Steht X an der Tür und sagt: „Ich muss sie ja nicht hereinlassen", dann haben die Polizisten die Möglichkeit, eine Betretungs-, ggf. auch gleich eine Durchsuchungsanordnung zu erlassen. Dies kann mündlich geschehen. In diesem Fall liegt gemäß § 36 Abs. 1 PolG ein Verwaltungsakt vor mit dem Inhalt, der Wohnungsinhaber möge das Betreten durch die Polizisten dulden. Entsprechendes kann zur Duldung einer Durchsuchung geschehen. Lässt der X die Anordnung geschehen und damit die Polizisten ins Haus, ist allein von der Ermächtigungsgrundlage des § 36 Abs. 1 PolG, ggf., bei Durchsuchung, von § 36 Abs. 2 PolG Gebrauch gemacht. Stellt sich X drohend im Türrahmen auf und versucht die Polizisten, nachdem diese die Anordnung ausgesprochen haben, am Betreten zu hindern, dann muss die Polizei mithilfe

---

121 *Belz/Mussmann/Kahlert/Sander*, Polizeigesetz für Baden-Württemberg, § 36 Rn. 7.
122 *Belz/Mussmann/Kahlert/Sander* aaO, Rn. 12 mwN.
123 *Belz/Mussmann/Kahlert/Sander*, § 36 Rn. 4.
124 Dazu unten ausführlich Rn. 265 ff.

des Verwaltungsvollstreckungsrechts, konkret mithilfe unmittelbaren Zwangs (§§ 64, 65, 66 PolG), das Betreten der Wohnung erzwingen. Ist der X dagegen zu dem Zeitpunkt, als die Polizisten anrücken, nicht zu Hause und die Polizisten brechen die Tür auf, geht kein Verwaltungsakt voraus; es handelt sich um einen polizeilichen Realakt der unmittelbaren Ausführung (§ 8 Abs. 1 PolG iVm § 36 Abs. 1 (ggf. § 36 Abs. 2) PolG).[125]

211 Voraussetzung des Betretens ist das Vorliegen von „dringenden" Gefahren. **Dringende Gefahren** sind Gefahren für besonders wichtige Rechtsgüter oder in besonders großem Ausmaß.[126] Im obigen Beispiel ist die Explosionsgefahr der nach den Anhaltspunkten der Polizei in der Wohnung lagernden Sprengstoffe hinreichend, um eine dringende Gefahr anzunehmen.

212 Während der Nachtzeit von 21 bis 6 Uhr (§ 36 Abs. 4 PolG) bedarf es zum Betreten einer Wohnung einer gemeinen Gefahr,[127] der Lebensgefahr oder einer schweren Gesundheitsgefahr.

213 Eine Durchsuchung muss grundsätzlich durch das zuständige Amtsgericht angeordnet werden (§ 36 Abs. 5 PolG). Eine Ausnahme bilden Situationen, in denen „**Gefahr im Verzug**" vorliegt. Der Begriff findet sich auch in anderen Rechtsvorschriften, vgl. § 112 Abs. 1 PolG oder § 28 Abs. 2 Nr. 1 LVwVfG. Gefahr im Verzug ist gegeben, wenn zur Verhinderung eines drohenden Schadens sofort eingeschritten werden muss, weil **ein Abwarten bis zum Eingreifen der an sich zuständigen Behörde den Erfolg der notwendigen Maßnahme erschweren oder vereiteln würde**.[128] Bei der polizeilichen Durchsuchung ist der Begriff „Gefahr im Verzug" eng auszulegen.[129] Nach Auffassung des BVerfG soll die richterliche Durchsuchungsanordnung die Regel und nicht die Ausnahme sein. Darüber hinaus habe der Richtervorbehalt eine grundrechtssichernde Schutzfunktion. Die Annahme von Gefahr im Verzug bewirke eine beträchtliche Minderung des Grundrechtsschutzes.

214 Ausgehend von diesen Überlegungen ist sicherzustellen, dass hinsichtlich einer Durchsuchung die gerichtliche Entscheidung auch eingeholt wird. Die Gerichte müssen zu diesem Zweck einen Bereitschaftsdienst unterhalten. Das BVerfG fordert eine ganzjährige Erreichbarkeit des Gerichts zwischen 6 Uhr und 21 Uhr. Während der Nachtzeit ist nach Auffassung des BVerfG ein Bereitschaftsdienst jedenfalls bei einem Bedarf einzurichten, der über den Ausnahmefall hinausgeht.[130]

215 Gegen die gerichtliche Entscheidung hat der Betroffene gemäß § 36 Abs. 5 Satz 3 PolG eine Beschwerdemöglichkeit. Diese richtet sich jedoch, wie der Wortlaut deutlich macht, nur gegen die Entscheidung des Gerichts, nicht gegen die polizeiliche Maßnahme selbst. Hier bleibt es bei den verwaltungsrechtlichen Rechtsbehelfen.

---

125 Zur unmittelbaren Ausführung unten Rn. 265 ff., zum unmittelbaren Zwang zudem ausführlich Kapitel Verwaltungsvollstreckungsrecht.
126 *Ruder/Pöltl*, Polizeirecht Baden-Württemberg, § 4 Rn. 33.
127 Bei einem drohenden Schaden an einer unbestimmten Anzahl von Personen. *Belz/Mußmann/Kahlert/Sander*, Polizeigesetz für Baden-Württemberg, § 36 Rn. 8.
128 VGH Mannheim 1 S 2362/04, Rn. 37.
129 BVerfG 2 BvR 1444/00, Leitsatz 1 und Rn. 37 ff.
130 BVerfG 2 BvR 675/14, Leitsätze 1 und 2 sowie Rn. 54 ff. (aus Anlass eines Strafverfahrens).

6. Sicherstellung und Beschlagnahme

Die Sicherstellung (§ 37 PolG) und die Beschlagnahme (§ 38 PolG) werden hier gegenüberstellend erörtert, weil die Maßnahmen von der Rechtsfolge her ähnlichen Charakter haben, wenn auch ihre tatbestandlichen Voraussetzungen jeweils gänzlich verschieden sind.

Sowohl bei der Sicherstellung als auch bei der Beschlagnahme begründet die Polizei amtlichen Gewahrsam an einer Sache.[131] In beiden Fällen findet also eine „Inobhutnahme" statt,[132] so dass man alleine am von der Polizei geschaffenen Zustand die Zielrichtung der Maßnahme nicht erkennen kann. In einem Klausursachverhalt ist daher darauf zu achten, zu welchem Zweck die Sache in den Gewahrsam der Polizei gekommen ist.

Die **Sicherstellung** ist nur in einer einzigen, vom Wortlaut des § 37 Abs. 1 PolG abschließend beschriebenen Gefahrenkonstellation möglich: Um den Eigentümer oder den rechtmäßigen Inhaber der tatsächlichen Gewalt vor Verlust oder Beschädigung der Sache zu schützen.

Beispiel:
Der zerstreute Professor X fürchtet, zu spät zu seiner Vorlesung zu kommen. Er stellt sein Fahrzeug am zufällig freien Parkplatz direkt vor dem Hörsaalgebäude ab und vergisst, den Motor abzustellen und den Zündschlüssel abzuziehen.

In diesem Fall kann eine Sicherstellung erfolgen, weil an dieser konkreten Stelle mit einem Diebstahl zu rechnen ist.

Dagegen ist die Möglichkeit, eine Sache zu **beschlagnahmen**, in deutlich häufigeren Fällen möglich. § 38 Abs. 1 Nr. 1 bis 3 PolG beschreiben die Gefahrensituationen, in denen eine Beschlagnahme erfolgen kann. Der häufigste Anwendungsfall ist dabei § 38 Abs. 1 Nr. 1 PolG. Wie schon § 33 PolG nimmt § 38 Abs. 1 Nr. 1 PolG die Begriffe der „unmittelbar bevorstehenden Störung" und der „Beseitigung einer bereits eingetretenen Störung" in den Tatbestand auf. Somit kann auf die Ausführungen hinsichtlich des Störungsbegriffs bei § 33 PolG verwiesen werden.[133]

Beispiel:
Das im obigen Beispiel noch mit laufenden Motor abgestellte Fahrzeug des X wird nun ordnungsgemäß geparkt, der Motor abgestellt und abgeschlossen. Es ist allerdings nicht verkehrssicher, was die Polizei anhand völlig abgefahrener Reifen und einer fehlenden TÜV-Plakette entdeckt. Sind die Voraussetzungen einer Beschlagnahme gegeben?

Eine Störung steht dann unmittelbar bevor, wenn der Eintritt des Schadens im Falle einer konkreten Gefahr nach allgemeiner Erfahrung sofort oder in allernächster Zeit als gewiss anzusehen ist, falls nicht eingeschritten wird.[134] Da ersichtlich ist, dass das Fahrzeug nicht verkehrssicher ist, so dass als konkrete Gefahr der Verstoß gegen

---
[131] *Ruder/Pöltl*, Polizeirecht Baden-Württemberg, § 11 Rn. 273 zur Sicherstellung und Rn. 283 zur Beschlagnahme.
[132] *Belz/Mussmann/Kahlert/Sander*, Polizeigesetz für Baden-Württemberg, § 37 Rn. 1.
[133] Oben Rn. 185; zur Erledigung einer Beschlagnahme vgl. VGH Mannheim 4 S 1967/20, Rn. 7.
[134] VGH Mannheim 1 S 2239/99, Rn. 19.

straßenverkehrszulassungsrechtliche Vorschriften unmittelbar bevorsteht und darüber hinaus durch die abgefahrenen Reifen auch eine konkrete Gefahr für Leben und körperliche Unversehrtheit des Fahrers, von Passanten sowie Schäden an Sachgütern drohen, sind die Voraussetzungen des § 38 Abs. 1 Nr. 1 PolG gegeben. Das Fahrzeug kann beschlagnahmt werden. Dies geschieht auch hier zunächst dadurch, dass versucht wird, dem Adressaten die Beschlagnahmeanordnung bekanntzugeben. Ist der Adressat nicht erreichbar, so kommt eine unmittelbare Ausführung in Betracht.[135]

7. Erkennungsdienstliche Maßnahmen

224 Erkennungsdienstliche Maßnahmen in Strafverfahren kennt man typischerweise aus den Kriminalfilmen. Erkennungsdienstliche Maßnahmen zu **präventiven** Zwecken sind gleichwohl nicht so selten, wie es auf den ersten Blick erscheint.

225 **Beispiel:**
Die Polizei unterzieht einen bereits mehrfach verurteilten Ladendieb einer erkennungsdienstlichen Behandlung, weil sie davon ausgeht, er werde auch in Zukunft Straftaten begehen. – Die Polizei unterzieht eine Gruppe Fußballfans, die sie für gewalttätig hält, auf dem Weg ins Stadion einer erkennungsdienstlichen Behandlung.

226 Die Problematik besteht darin, dass nicht nur § 41 PolG, sondern auch § 81b 2. Alt. StPO eine Ermächtigungsgrundlage für präventive erkennungsdienstliche Maßnahmen bereithält.[136] Im Falle präventiver erkennungsdienstlicher Maßnahmen stellt sich somit stets die Frage, wie beide Vorschriften sich zueinander verhalten. § 81b 2. Alt. StPO steht im Kontext des Strafprozessrechts. Dass die Vorschrift in diesem Zusammenhang auch eine polizeirechtliche Regelung treffen darf, wird gesetzgebungskompetenzrechtlich hingenommen[137] und lässt sich aus einer Annexkompetenz des Bundesgesetzgebers aus Art. 74 Abs. 1 Nr. 1 GG begründen. Die hieraus entstehende Parallelität zwischen bundes- und landesrechtlichen Normen, hier also zwischen § 81b 2. Alt. StPO und § 41 PolG, ist hinzunehmen. Bei Überschneidungen geht das Bundesrecht gemäß Art. 31 GG vor.

227 Die präventiven erkennungsdienstlichen Maßnahmen nach § 81b 2. Alt. StPO, zu deren Vornahme die Polizeibehörden zuständig sind,[138] können nur vorgenommen werden, wenn die betroffene Person „**Beschuldigter**" in einem Strafverfahren ist. Dazu genügt es nach der neueren Rechtsprechung des BVerwG, dass der Betroffene lediglich bei Ergehen der Anordnung und nicht auch noch bei Erlass des Widerspruchsbescheids Beschuldigter in einem Strafverfahren gewesen sein muss.[139] Bei erkennungsdienstlichen Maßnahmen nach § 81b 2. Alt. StPO muss sich die Notwendigkeit der erkennungsdienstlichen Behandlung aus einem konkret gegen den Betroffenen als Be-

---

135 Dazu unten, Rn. 265 ff.
136 § 81b StPO lautet: „Soweit es für die Zwecke der Durchführung des Strafverfahrens oder **für die Zwecke des Erkennungsdienstes** notwendig ist, dürfen Lichtbilder und Fingerabdrücke des Beschuldigten auch gegen seinen Willen aufgenommen und Messungen und ähnliche Maßnahmen an ihn vorgenommen werden."
137 BVerwG 6 C 2.05, Rn. 18.
138 BVerwG 6 C 2.05, Leitsatz.
139 BVerwG 6 C 39.16, Rn. 17; aA noch VGH Mannheim 1 S 275/16, Rn. 6. Vertiefend *Buchholz/Kersig* JuS 2019, 351.

schuldigten geführten Strafverfahren ergeben.[140] Dies richtet sich danach, ob der anlässlich des Strafverfahrens festgestellte Sachverhalt angesichts der Umstände des Einzelfalls, insbesondere nach Art, Schwere und Begehungsweise der dem Betroffenen im Strafverfahren zur Last gelegten Straftaten, seiner Persönlichkeit sowie unter Berücksichtigung des Zeitraums, während dessen er strafrechtlich nicht in Erscheinung getreten ist, Anhaltspunkte für die Annahme bietet, dass er künftig oder anderweitig mit guten Gründen als Verdächtiger in den Kreis potenzieller Beteiligter an einer noch aufzuklärenden strafbaren Handlung einbezogen werden könnte und dass die erkennungsdienstlichen Unterlagen die dann zu führenden Ermittlungen fördern könnten.[141] Ohne derartige Anhaltspunkte kommen Maßnahmen nach § 81b 2. Alt. StPO nicht in Betracht.

Dieser Gedanke lässt sich auch auf § 41 PolG übertragen. Bei den erkennungsdienstlichen Maßnahmen nach § 41 Abs. 1 Nr. 2 PolG kommen ähnliche Erwägungen in Betracht. Auch in dieser Variante geht es um Tatsachen, die die Annahme rechtfertigen, dass die betroffene Person zukünftig eine Straftat begehen wird. Der Unterschied zu § 81b 2. Alt. StPO besteht darin, dass § 41 Abs. 1 Nr. 2 PolG **kein Strafverfahren voraussetzt**.

228

Beispiel:
Ein Strafverfahren gegen X wird wegen geringer Schuld gemäß § 153 Abs. 1 StPO eingestellt. Der Polizeivollzugsdienst hält ihn aber gleichwohl für einen gefährlichen Randalierer, von dem er aufgrund der Aktenlage überzeugt ist, dass er zukünftig eine Straftat begehen wird.

229

In diesem Fall kommen erkennungsdienstliche Maßnahmen nur nach § 41 Abs. 1 Nr. 2 PolG in Betracht. § 81b 2. Alt. StPO scheidet aus, weil X kein „Beschuldigter" mehr ist. Allerdings sind an die Voraussetzungen des § 41 Abs. 1 Nr. 2 PolG strenge Anforderungen zu stellen. Auf Vermutungen darf sich der Polizeivollzugsdienst dabei nicht stützen, sondern nur auf nachprüfbare Tatsachen.

230

Da sowohl § 81b 2. Alt. StPO als auch § 41 PolG präventive Ermächtigungsgrundlagen darstellen, ist gegen die Maßnahmen der Verwaltungsrechtsweg eröffnet.[142]

231

8. Überblick über die polizeiliche Datenerhebung

In den §§ 43 ff. PolG hält das Gesetz ein ganzes Arsenal bereit, um Daten zu erheben und zu speichern. In §§ 11 bis 16 PolG finden sich zudem allgemeine Vorgaben für den Umgang mit Daten. Die nicht sehr übersichtliche Regelung ist dem Umstand geschuldet, dass das Land die EU-Richtlinie 2016/680[143] umzusetzen hatte, die den Schutz personenbezogener Daten im Polizeirecht regelt.[144] Hilfreich sind dabei die Legaldefinitionen in § 12 PolG. Die Datenschutz-Grundverordnung (DSGVO) ist im Polizeirecht **nicht** anwendbar, Art. 2 Abs. 2d DSGVO. Die Ermächtigungsgrundlagen richten sich weitgehend an den Polizeivollzugsdienst, jedoch kann beispielsweise die

232

---
140 BVerwG 6 C 39.16, Rn. 16.
141 BVerwG aaO, Rn. 22.
142 Karlsruher Kommentar StPO/*Hadamitzky*, § 81b Rn. 10 mwN.
143 ABl. L 119/89 vom 4. Mai 2016.
144 Art. 1 Abs. 1 RL 2016/680.

Befragung (§ 43 Abs. 1 PolG) von jeder Polizeibehörde vorgenommen werden. Die Zuständigkeitsregeln für den Polizeivollzugsdienst in den Ermächtigungsgrundlagen zur Datenerhebung gehen den allgemeinen Regelungen des § 105 Abs. 2 und 3 PolG vor. Die Datenerhebungs-Ermächtigungsgrundlagen sind in § 105 Abs. 3 PolG somit nur erwähnt, als es zu Parallelzuständigkeiten kommt.

a) Grundrechtsrelevanz

233 Die Erhebung von Daten geht regelmäßig mit Eingriffen in zwei Grundrechte einher, die vom BVerfG „erfunden" wurden und deren Kenntnis für die Beurteilung der Rechtmäßigkeit von Datenerhebungen unerlässlich ist. Spätestens bei der Ermessenskontrolle ist zu fragen, ob in einer Einzelfallentscheidung das jeweilige Grundrecht einschlägig ist und in die Ermessensentscheidung einbezogen wurde. Darüber hinaus kann ein Gesetz auch per se wegen eines unzulässigen Eingriffs in eines dieser Grundrechte verfassungswidrig sein.[145]

234 Das aus Art. 2 Abs. 1 iVm Art. 1 Abs. 1 GG abgeleitete **Recht auf informationelle Selbstbestimmung** gewährleistet die Befugnis des Einzelnen, grundsätzlich selbst über die Preisgabe und Verwendung seiner persönlichen Daten zu bestimmen.[146] Einschränkungen sind nur im überwiegenden Allgemeininteresse zulässig, also aus Gründen, die sich aus Verfassungsnormen ableiten lassen. Die Einschränkungen bedürfen einer verfassungsgemäßen gesetzlichen Grundlage, die dem rechtsstaatlichen Gebot der Normenklarheit entsprechen muss. Der Gesetzgeber hat organisatorische und verfahrensrechtliche Vorkehrungen zu treffen, welche der Gefahr einer Verletzung des Grundrechts entgegenwirken.[147]

235 **Beispiel:**
Personenbezogene Daten sind alle Informationen, die sich auf eine identifizierte oder identifizierbare Person beziehen, § 12 Nr. 1 PolG. Sie nehmen daher am Schutz des Grundrechts auf informationelle Selbstbestimmung teil.

236 Das weitere Grundrecht, welches das Bundesverfassungsgericht in diesem Zusammenhang erfinden musste, ist das **Grundrecht auf Gewährleistung der Vertraulichkeit und Integrität informationstechnischer Systeme**.[148] Auch dieses Grundrecht wird auf Art. 2 Abs. 1 iVm Art. 1 Abs. 1 GG gestützt. Es schützt vor Eingriffen in informationstechnische Systeme, soweit der Schutz nicht durch andere Grundrechte, wie insbesondere Art. 10 oder Art. 13 GG, sowie durch das Recht auf informationelle Selbstbestimmung gewährleistet ist.[149]

237 **Beispiel:**
Ausspähungen von Computerfestplatten oder die Installation eines „Trojaners".

---

145 Vgl. oben Rn. 166 f. zu den Vorschriften über die Identitätsfeststellungen im Zusammenhang mit dem Einsatz automatischer Kennzeichenlesesysteme.
146 Grundlegend BVerfG 1 BvR 209/83, Leitsatz 1.
147 BVerfG aaO Leitsatz 2; zur Erläuterung des bekannten „Volkszählungsurteils" vgl. *Simitis* NJW 1984, 398.
148 Grundlegend BVerfG 1 BvR 370/07 ua, Leitsatz 1 sowie Rn. 201 ff.
149 BVerfG aaO Rn. 167.

Das BVerfG hat auch ausgeführt, unter welchen Voraussetzungen die heimliche Infiltration eines informationstechnischen Systems zulässig sein kann, nämlich nur dann, wenn tatsächliche Anhaltspunkte einer konkreten Gefahr für ein **überragend wichtiges Rechtsgut** bestehen, also für Leib, Leben und Freiheit der Person oder solche Allgemeingüter, deren Bedrohung die Grundlagen oder den Bestand des Staates oder die Grundlagen der Existenz der Menschen berührt.[150] Der Grundrechtseingriff bedarf grundsätzlich **einer richterlichen Anordnung**. Das Gesetz, das zu einem solchen Eingriff ermächtigt, muss Vorkehrungen enthalten, um den Kernbereich privater Lebensbereiche zu schützen.[151]

238

Die polizeiliche Datenerhebung spielt, soweit ersichtlich, in Polizeirechtsklausuren eine eher untergeordnete Rolle. Muss man sich allerdings mit einem solchen Sachverhalt auseinandersetzen, dann ist die Kenntnis der genannten Grundrechte unerlässlich. Es handelt sich um beispielhafte richterliche Rechtsfortbildungen durch das BVerfG, die den Schutz von Rechtsgütern bezwecken, deren Existenz zum Zeitpunkt des Inkrafttretens des Grundgesetzes im Jahre 1949 noch nicht absehbar war.

239

b) Allgemeine Regeln der Datenerhebung

Die allgemeinen Regeln der Datenerhebung sind in § 14 PolG geregelt. Dabei ist der Begriff der in der Norm mehrfach erwähnten „personenbezogenen Daten" der Legaldefinition des § 12 Nr. 1 PolG zu entnehmen. Es muss sich demnach um Einzelangaben über persönliche oder sachliche Verhältnisse einer bestimmten oder bestimmbaren **natürlichen** Person handeln.. § **12 PolG** enthält noch weitere Legaldefinitionen, auf die bei der Prüfung einer polizeirechtlichen Ermächtigungsgrundlage zur Datenerhebung gut zurückgegriffen werden kann, insbesondere auch den Begriffs der „Verarbeitung", § 12 Nr. 2 PolG.

240

Beispiele:

241

Personenbezogene Daten in diesem Sinne sind zB, wie alt eine Person ist, Angaben über Charakterzüge, darüber, ob sie zukünftig eine Straftat begehen könnte, sowie äußere Merkmale, Personalien, Vorgänge aus der Vergangenheit und Informationen über soziale Beziehungen wie Vereinsmitgliedschaften.

§ 14 Abs. 1 PolG bestimmt, dass personenbezogene Daten **mit Kenntnis des Betroffenen** zu erheben sind. Sie sind darüber hinaus auch **bei dem Betroffenen**, also unmittelbar zu erheben. Ebenso müssen die Daten grundsätzlich **offen** erhoben werden (§ 14 Abs. 2 Satz 1 PolG). An die Rechtfertigung von Ausnahmen (§ 14 Abs. 1 Satz 2 PolG sowie § 14 Abs. 2 Satz 2 PolG) sind hohe Anforderungen zu stellen. Die Grundrechtsrelevanz der Datenerhebung gestattet es nicht, die Ausnahme zum Regelfall zu machen.

242

Von einer Darstellung der einzelnen Maßnahmen der Datenerhebung wird vorliegend abgesehen. Die Problematik der „Bodycams" und der Videoüberwachung öffentlicher Plätze wird weiter unten erörtert.[152]

243

---

150 BVerfG aaO Leitsatz 2.
151 BVerfG 1 BvR 966/09 ua Rn. 103 ff., dazu *Pöltl* VBlBW 2021, 45 (52 f.).
152 Vgl. unten Rn. 341.

VI. Die polizeiliche Generalklausel

244 Oben[153] wurde dargestellt, welche gemeinsame Struktur alle Ermächtigungsgrundlagen des Polizeigesetzes aufweisen.

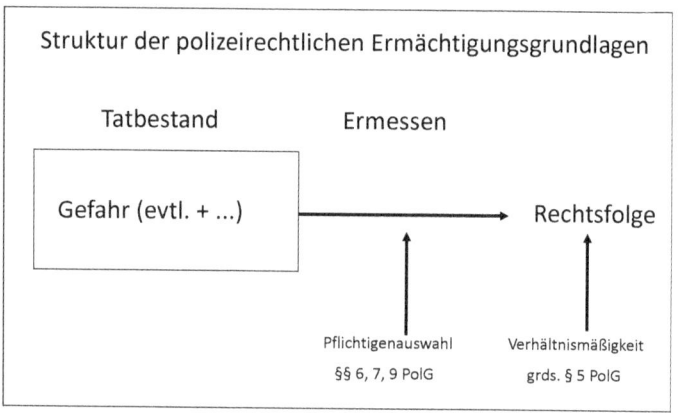

245 Bei der Darstellung der wichtigsten Standardmaßnahmen war festzustellen, dass der „einfache" Gefahrenbegriff alleine nicht Gegenstand der Ermächtigungsgrundlage ist, sondern dass weitere Tatbestandsmerkmale hinzutreten müssen, wie beispielsweise „dringende Gefahr", „Störung" und ähnliches. Darüber hinaus beschreiben die Standardmaßnahmen auch bestimmte typische Handlungsformen der Polizei, die häufiger auftreten, wie Sicherstellung, Beschlagnahme, Gewahrsam, Identitätsfeststellung uä. Da das Polizeigesetz aber nicht alle vorstellbaren Handlungsformen der Polizei regeln kann, muss es ein Instrumentarium vorsehen, wonach zur Gefahrenabwehr auch dann eingeschritten werden kann, wenn **atypische Maßnahmen** in Betracht kommen.

246 **Beispiel:**
Die Polizei ordnet an, dass eine Straße abgesperrt wird. Die Polizei ordnet an, man solle wegen eines Chemieunfalls Türen und Fenster geschlossen halten. Die Polizei ordnet an, einen Baum zu fällen. Die Polizei ordnet an, ein Grundstückseigentümer möge Gegenstände von seinem unbebauten Grundstück entfernen.

247 Auch wenn in diesen Beispielen durchaus auch Spezialgesetze eingreifen könnten (wie etwa Straßenverkehrs-, Abfall- und Naturschutzrecht), handelt es sich um Situationen, in denen eine konkrete Gefahr abgewendet werden muss, sei es ein drohender oder fortbestehender Gesetzesverstoß oder eine Grundrechtsgefährdung. Da derartige atypische Maßnahmen nicht von den Standardmaßnahmen erfasst sind, weil dies angesichts der Fülle der denkbaren Eingriffssituationen schlichtweg unvorstellbar ist, bedarf es zum polizeilichen Einschreiten der **Generalklausel**, die in §§ 1, 3 PolG verortet wird.

---

153 Rn. 25 ff.

Dabei ist klar, dass die Generalklausel dann nicht mehr hinreichend ist, wenn auf sie Maßnahmen gestützt werden sollen, die sich regelmäßig in derselben Weise wiederholen und in besonderer Weise grundrechtsrelevant sind. So ist die Existenz des § 30 PolG (Platzverweis ua) der Erkenntnis zu verdanken, dass die polizeiliche Generalklausel für derartige freiheitsbeschränkenden Maßnahmen keine Plattform bietet.[154] Das **Verhältnis zwischen den Standardmaßnahmen und der Generalklausel** ist weiterhin dadurch bestimmt, dass es nicht zulässig ist, eine Maßnahme, die von der Rechtsfolge her ein standardisiertes Handeln darstellt, gleichsam „im Gewande" der Generalklausel durchzuführen, weil die Generalklausel geringere Anforderungen stellt als die Standardmaßnahme selbst.

248

Beispiel:
Nach § 36 Abs. 1 PolG kann die Polizei eine Wohnung nur zum Schutz gegen eine dringende Gefahr für die öffentliche Sicherheit betreten. Es muss also der baldige Eintritt eines ernsthaften Schadens an einem wichtigen Rechtsgut drohen, falls die Polizei nicht einschreitet.[155] Ein Betreten ist also möglich, wenn die Polizei in einer Wohnung eine Bombe vermutet, hinsichtlich derer sie tatsächliche Anhaltspunkte hat, dass sie demnächst zum Einsatz kommen soll. Hat dagegen der Wohnungsinhaber lediglich geringwertiges Diebesgut in seiner Wohnung gehortet, welches er an Dritte verkaufen will, so liegt keine dringende Gefahr vor. Ein Betreten ist demnach nicht möglich, auch nicht nach der Generalklausel.

249

Da die Standardmaßnahmen gegenüber der Generalklausel eine **Sperrwirkung** entfalten, weil sie höhere Anforderungen an das polizeiliche Handeln stellen, ist die Anwendung der Generalklausel auf die atypischen Maßnahmen beschränkt.

250

Soweit dabei der Polizeivollzugsdienst handelt, kann seine Zuständigkeit nur aus **§ 105 Abs. 2 PolG** hergeleitet werden. Es muss also stets eine Eilzuständigkeit gegeben sein. Die Ortspolizeibehörde kann von der Generalklausel aufgrund ihrer allgemeinen Zuständigkeit gemäß §§ 105 Abs. 1, 106 Abs. 1 Nr. 4, 111 Abs. 2 PolG Gebrauch machen, ohne dass weitere Voraussetzungen hinzutreten müssen. Wenn also von der **Subsidiarität** der Generalklausel gesprochen wird, so ist damit gleichzeitig treffend beschrieben, dass gerade aufgrund dieser Subsidiarität nur atypische Maßnahmen auf sie gestützt werden können. Weitere tatbestandliche Voraussetzungen als das Vorliegen einer Gefahr kennt die Generalklausel nicht.

251

VII. Der Anspruch auf polizeiliches Einschreiten

Neben den häufigen Klausurkonstellationen der Überprüfung erledigter polizeilicher Maßnahmen im Wege der Fortsetzungsfeststellungs- oder Feststellungsklage oder Anfechtungssituationen bei Dauerverwaltungsakten gehört die Thematik des Anspruchs auf polizeiliches Einschreiten zu den geläufigen Klausurthemen. Je nachdem, ob (häufiger) im Wege eines Verwaltungsaktes oder (seltener) im Wege eines Realaktes eingeschritten werden soll, handelt es sich in der Hauptsache um eine Verpflichtungs- oder Leistungsklage. In diesen Fällen liegen grundsätzlich Drittbetroffenenkonstellationen vor, wie man sie auch aus dem Baurecht kennt, da der Kläger in der Regel ein Einschreiten zulasten von Dritten begehrt.

252

---
154 Vgl. *Belz/Mussmann/Kahlert/Sander*, Polizeigesetz für Baden-Württemberg, § 30 Rn. 1.
155 *Belz/Mussmann/Kahlert/Sander*, Polizeirecht für Baden-Württemberg, § 36 Rn. 7.

253 **Beispiel:**
X ruft wegen des seiner Meinung nach zu lauten Lärms in der Nachbarwohnung die Polizei an. – Y beantragt, einen Platzverweis gegen die vor seinem Haus auf dem Gehweg lagernden Obdachlosen auszusprechen.

254 Wie schon aus dem Baurecht bekannt ist,[156] muss sich der Kläger bei einem Anspruch auf Einschreiten auf eine ihn schützende Norm berufen können. Dies erscheint im Polizeirecht deshalb unproblematisch, weil bereits § 1 Abs. 1 Satz 1 PolG die Formulierung verwendet, dass die Polizei auch die Aufgabe hat, „von dem Einzelnen" (und nicht nur von dem Gemeinwesen) Gefahren abzuwehren, durch die die öffentliche Sicherheit bedroht wird. Bekanntlich gehören zu den Schutzgütern der öffentlichen Sicherheit auch die Grundrechte, wie der Schutz des Lebens, der Gesundheit, der Freiheit und des allgemeinen Persönlichkeitsrechts.[157] Da also die Polizei den Einzelnen schützt, der Begriff der öffentlichen Sicherheit die Grundrechte beinhaltet und darüber hinaus jede Ermächtigungsgrundlage eine Ermessensentscheidung eröffnet, in der Grundrechte zu prüfen sind, stellen die einzelnen Ermächtigungsgrundlagen des Polizeigesetzes grundsätzlich **drittschützende Normen** dar. Wie bei jeder Ermessensentscheidung, die dem Schutz des Einzelnen dient,[158] ist eine Ermessensreduzierung auf Null grundsätzlich vorstellbar, sofern eine schwerwiegende Grundrechtsverletzung droht, die nicht mehr rückgängig zu machen ist.

255 **Beispiel:**
Der X sieht aus sicherer Entfernung, wie zwei finstere Gestalten mit Kanistern und Feuerzeug sich auf sein Haus zubewegen und es in Brand setzen wollen. Er ruft beim Polizeivollzugsdienst an, die Polizei möge sofort kommen und die Personen in Gewahrsam nehmen.

256 Die Voraussetzungen des Gewahrsams gemäß § 33 Abs. 1 Nr. 1 PolG liegen vor. Nach dem Opportunitätsprinzip[159] ist die Polizei jedoch bei Vorliegen einer Gefahr nicht stets zum Einschreiten verpflichtet. Dies ist anders, wenn das Ermessen auf Null reduziert ist, weil nur noch eine Entscheidung ermessensfehlerfrei ist und alle anderen Entscheidungen ermessensfehlerhaft wären.[160] Dies ist dann anzunehmen, wenn bei einem Nichteinschreiten der Polizei die Grundrechtsverletzung so erheblich wäre, dass sie nicht mehr wiedergutzumachen wäre. Es ist also ein Vorher-Nachher-Vergleich anzustellen. Im beschriebenen Fall ist das Ermessen auf Null reduziert: Schreitet die Polizei nicht ein, ergeben sich massive Eigentumsverletzungen, die nicht mehr korrigiert werden können.

257 **Beispiel:**
X verlangt, dass der Polizeivollzugsdienst einschreitet, weil die Sägearbeiten in der benachbarten Schreinerei erheblichen Lärm erzeugten. Der Polizeivollzugsdienst lehnt dies ab mit der Begründung, er habe keine Befugnis, in den Geschäftsräumen des Schreiners einzuschreiten.

---

156 Kapitel Baurecht, Rn. 360 ff.
157 *Ruder/Pöltl*, Polizeirecht Baden-Württemberg, § 4 Rn. 62.
158 Ausnahmen im Kommunalaufsichtsrecht, vgl. Kapitel Kommunalrecht, Rn. 241.
159 *Ruder/Pöltl*, Polizeirecht Baden-Württemberg, § 6 Rn. 28.
160 Vgl. *Maurer/Waldhoff*, Allgemeines Verwaltungsrecht, § 7 II 6.

Eine Ermessensreduzierung auf Null kann bei einer kurzzeitigen Lärmbelästigung nicht angenommen werden. Hier hat der Dritte dann aber, da die Ermessensentscheidung, wie ausgeführt, dem Schutz seines Grundrechts dient, einen Anspruch auf ermessensfehlerfreie Entscheidung. Verwaltungsprozessual wird hier die Unterscheidung zwischen § 113 Abs. 5 Satz 1 VwGO und Satz 2 VwGO relevant. Ist das Ermessen nicht auf Null reduziert, aber gleichwohl die Ablehnung des Einschreitens ermessensfehlerhaft, so ergeht ein Bescheidungsurteil (§ 113 Abs. 5 Satz 2 VwGO). Der ablehnende Verwaltungsakt wird dann aufgehoben und der Beklagte verpflichtet, den Kläger unter Berücksichtigung der Rechtsauffassung des Gerichts neu zu bescheiden. Im vorliegenden Fall müsste ein derartiges Bescheidungsurteil ergehen, da die Ablehnung des Polizeivollzugsdienstes ermessensfehlerhaft war (Ermessensfehlgebrauch, sachwidrige Argumente): Die Polizei darf sehr wohl in Geschäftsräumen einschreiten, vgl. etwa § 36 Abs. 6 PolG. 258

Materiellrechtlich ergeben sich bezüglich des Anspruchs auf Einschreiten jenseits der Problematik der Ermessensreduzierung keine Besonderheiten. 259

Bei der Zuständigkeitsprüfung ist daran zu denken, dass der Anspruch auf polizeiliches Einschreiten häufig auch dem Schutz privater Rechte iSv § 2 Abs. 2 PolG dient. Diese Norm ist dann in der Zuständigkeitsprüfung ergänzend heranzuziehen.[161] 260

VIII. Polizeiliche Realakte

Bereits mehrfach wurde darauf hingewiesen, dass die Polizei, um eine Gefahr abzuwehren, nicht immer den klassischen Weg beschreiten kann, der darin besteht, einem Adressaten ein Handlungsgebot aufzuerlegen, dem er dann umgehend nachkommt. Sehr häufig muss die Polizei sofort handeln. 261

Beispiel: 262
Die Polizei entdeckt im öffentlichen Straßenraum einen vergessenen Koffer und stellt ihn sicher. – Die Polizei sieht, dass ein Fahrzeug im Halteverbot abgestellt ist und lässt es abschleppen. – Die Polizei tritt die Tür einer Wohnung ein, um ein Leck an einer Gasleitung abzudichten. – Die Polizei verfolgt einen Randalierer, den sie in Gewahrsam nehmen will und zertrampelt bei der Verfolgung die frisch gesetzten Salatpflanzen eines Kleingärtners.

In all diesen Fällen stellt das Handeln der Polizei keinen Verwaltungsakt dar. Gemäß § 43 Abs. 1 LVwVfG wird ein Verwaltungsakt mit seiner Bekanntgabe wirksam. In den genannten Beispielsfällen ist niemand vorhanden, dem man einen Verwaltungsakt bekanntgeben könnte. Im Falle des herrenlosen Koffers ist keinerlei Adressat in der Nähe. Im Falle des Fahrzeugs, welches im Halteverbot steht, könnte man argumentieren, dass das Halteverbot einen Verwaltungsakt iS eines Wegfahrgebots darstellt.[162] Ein solches Wegfahrgebot stellt jedoch nicht die Ermächtigungsgrundlage für die Abschleppmaßnahme dar. Alleine das Verkehrszeichen ermächtigt die Polizei nicht dazu, mit körperlicher Gewalt gegen das Fahrzeug vorzugehen. Tritt die Polizei die Tür einer Wohnung ein, verhält sich die Sache ähnlich wie im erwähnten Beispiel des Koffers: Es ist kein Adressat anwesend, dem man einen Verwaltungsakt bekanntgeben 263

---
161 Ausführlich zu § 2 Abs. 2 PolG oben Rn. 125 ff. sowie unten Rn. 455 unter Prozessuales.
162 Vgl. VGH Mannheim 1 S 484/09, Rn. 16.

könnte. Im Falle des zertrampelten Salats schließlich ist ebenso kein Adressat erkennbar. Selbst wenn der Kleingärtner im Kleingarten anwesend mit großem Erstaunen das Geschehen beobachten würde, kann man nicht argumentieren, die Polizei habe mit dem Zertrampeln des Salats konkludent einen Verwaltungsakt erlassen. Konkludente Verwaltungsakte können allenfalls, wenn überhaupt, aus gänzlich unmissverständlichem Handeln einer Behörde abgeleitet werden.[163] Dies ist in einer derartigen Konstellation, wo das Handeln nicht auf den Kleingärtner als Adressaten ausgerichtet ist, in keiner Weise anzunehmen.

264 All diese Handlungen sind also **polizeiliche Realakte**, die aufgrund ihres Eingriffscharakters ebenso einer Ermächtigungsgrundlage bedürfen wie Verwaltungsakte.

1. Unmittelbare Ausführung versus Verwaltungsvollstreckung

265 Derartiges polizeiliches Handeln kann entweder als **unmittelbare Ausführung** oder als Handeln im Wege des **Verwaltungsvollstreckungsrechts** gerechtfertigt werden.

a) Abgrenzung zwischen unmittelbarer Ausführung und Verwaltungsvollstreckung

266 Wie schon mehrfach angesprochen, ist das Verwaltungsvollstreckungsrecht dadurch gekennzeichnet, dass ein Verwaltungsakt vorausgeht, der dem Pflichtigen zwar bekanntgegeben wurde, den der Pflichtige jedoch nicht befolgt. Derartige Verwaltungsakte werden dann gegen den Willen des Pflichtigen **vollstreckt**.

267 **Beispiel:**
Die zuständige Behörde stellt ein Halteverbotsschild auf. Ein solches Verkehrszeichen wird als Wegfahrgebot und damit als Allgemeinverfügung angesehen.[164] Wer sein Fahrzeug im Halteverbot abstellt, missachtet dieses Wegfahrgebot. Der Pflichtige widersetzt sich somit dem Verwaltungsakt und muss die Abschleppmaßnahme als Ersatzvornahme gemäß § 25 LVwVG hinnehmen.

268 Anders ist es in dem Fall des vergessenen Koffers. Da weit und breit kein Pflichtiger erkennbar ist, konnte man ihm gegenüber auch keinen Verwaltungsakt erlassen. Gleichwohl wäre es unbillig, wenn die Polizei Gefahrensituationen sich selbst überlassen müsste, nur weil der Erlass eines Verwaltungsaktes nicht möglich ist. In diesen Fällen, in denen die Polizei ohne vorausgehenden Verwaltungsakt eine Gefahr abwehrt, hilft das Institut der unmittelbaren Ausführung (§ 8 PolG). Weitere Rechtsnormen zur Rechtfertigung von Realakten mit Eingriffscharakter sind jenseits der unmittelbaren Ausführung und des Verwaltungsvollstreckungsrechts nicht ersichtlich.

269 Ob eine unmittelbare Ausführung oder eine Handlung nach dem Verwaltungsvollstreckungsrecht vorliegt, ist aus der Maßnahme selbst oft nicht erkennbar.

270 **Beispiel:**
Die Polizei schleppt ein Fahrzeug ab, welches auf einem Bahnübergang geparkt ist. Der Abschleppvorgang unterscheidet sich in Nichts vom Abschleppen vor einem Halteverbotsschild.

---

163 Vgl. *Stelkens/Bonk/Sachs*, VwVfG § 37 Rn. 79.
164 VGH Mannheim 1 S 484/09, Rn. 16.

VIII. Polizeiliche Realakte

Entscheidend ist vielmehr darauf abzustellen, ob ein – bekannt gegebener – Verwaltungsakt vorausgeht. Dies führt zu folgender Faustregel zur Abgrenzung zwischen unmittelbarer Ausführung und Verwaltungsvollstreckung: **Verwaltungsvollstreckung: Der Pflichtige will nicht. Unmittelbare Ausführung: Der Pflichtige kann nicht.** 271

Damit ist gemeint, dass Verwaltungsvollstreckung stets dadurch gekennzeichnet ist, dass ein Verwaltungsakt gegen den Willen des Pflichtigen durchgesetzt werden muss. So lassen sich auch die oben genannten Beispiele auflösen: Im Falle des Koffers liegt eine unmittelbare Ausführung vor, ebenfalls bei der eingetretenen Tür, da auch hier kein Adressat vorhanden ist. Beim Halteverbotsschild handelt es sich um Verwaltungsvollstreckung, weil das Wegfahrgebot nicht beachtet wird. 272

Etwas komplizierter erscheint das Beispiel des zertrampelten Salats. Hier könnte man die Auffassung vertreten, dass dem Kleingärtner kein adressatenbezogener Verwaltungsakt bekanntgegeben wurde und deshalb eine unmittelbare Ausführung vorliege. Dagegen spricht jedoch, dass die Polizei, indem sie die Person verfolgt hat, die sie in Gewahrsam nehmen wollte, gegen diese bereits ein Zwangsmittel angewendet hat, nämlich unmittelbaren Zwang. Es ist davon auszugehen, dass der Person der Gewahrsam als Verwaltungsakt eröffnet wurde und dieser nunmehr gegenüber der Person im Wege des Verwaltungsvollstreckungsrechts durchgesetzt wird. Das Zertrampeln des Salats ist eine Nebenfolge der gegen den Adressaten ergangenen Vollstreckungsmaßnahme. Dabei ist der Kleingärtner Unbeteiligter; er hat gemäß § 100 PolG einen Entschädigungsanspruch.[165] 273

Da die Verwaltungsvollstreckung nicht nur im Polizeirecht, sondern auch in anderen Rechtsgebieten des besonderen Verwaltungsrechts (insbesondere im Baurecht) ihren Platz hat, wird sie in einem eigenständigen Kapitel erörtert. Die unmittelbare Ausführung ist demgegenüber eine ausschließliche Erscheinungsform des Polizeirechts. 274

b) Die Voraussetzungen der unmittelbaren Ausführung insgesamt

§ 8 Abs. 1 PolG spricht von der unmittelbaren Ausführung „einer Maßnahme". Dies macht deutlich, dass § 8 Abs. 1 PolG – § 8 Abs. 2 PolG ist eine reine Kostenersatznorm – alleine keine Ermächtigungsgrundlage für polizeiliches Handeln darstellen kann. § 8 Abs. 1 PolG muss daher stets mit „einer Maßnahme" verbunden werden. Folglich ergibt sich bei der Rechtmäßigkeitsprüfung ein kombinierter Aufbau: 275

1. Voraussetzungen des § 8 Abs. 1 PolG
2. Voraussetzungen der durch die unmittelbare Ausführung ersetzten Verfügung.

Dabei kann die unmittelbare Ausführung sowohl mit einer Standardmaßnahme als auch mit der Generalklausel kombiniert werden. 276

Beispiel: 277

Die Polizei stellt ein verlassenes, nicht abgeschlossenes Kraftfahrzeug sicher. Der Halter ist unauffindbar.

---

165 Dazu unten Rn. 386 ff.

278 Es handelt sich um eine Sicherstellung im Wege der unmittelbaren Ausführung gemäß § 37 Abs. 1 PolG iVm § 8 Abs. 1 PolG.

279 **Beispiel:**

Die Polizei räumt einen Baum weg, der vom Grundstück eines nicht erreichbaren Grundstückseigentümers in den öffentlichen Straßenraum gefallen ist.

280 Hier handelt es sich um die Durchführung einer atypischen Maßnahme nach der Generalklausel gemäß §§ 1, 3 PolG iVm § 8 Abs. 1 PolG.

281 Dass die unmittelbare Ausführung stets mit einer Ermächtigungsgrundlage kombiniert werden muss, erklärt sich auch daraus, dass es, insbesondere vor dem Hintergrund der Grundrechtsrelevanz des Polizeirechts, der Polizei nicht erleichtert werden soll, gegenüber einem nicht anwesenden bzw. nicht erreichbaren Polizeipflichtigen einzuschreiten. Nur weil der potenzielle Adressat einer polizeilichen Maßnahme zufällig nicht erreichbar ist, sollen für das polizeiliche Handeln keine geringeren Anforderungen gelten.

c) Der Tatbestand des § 8 Abs. 1 PolG

282 § 8 Abs. 1 PolG richtet sich an „die Polizei", dh sowohl die Ortspolizeibehörde als auch der Polizeivollzugsdienst können eine unmittelbare Ausführung durchführen. Sie dürfen allerdings nur von solchen Ermächtigungsgrundlagen Gebrauch machen, die sie auch ermächtigen. Dies ist jedoch bei der Generalklausel und bei den allermeisten Standardmaßnahmen unproblematisch.

283 Voraussetzung des § 8 Abs. 1 PolG ist, dass der polizeiliche Zweck, also der Erfolg, den eine an einen Adressaten ergangene Verfügung bewirken würde, durch Maßnahmen gegen die in §§ 6 und 7 PolG bezeichneten Personen, also die Störer, nicht oder nicht rechtzeitig erreicht werden kann. Die Polizei muss sich also überlegen, wer als Störer in Betracht kommt, und sich darüber im Klaren sein, dass Maßnahmen gegen diesen Störer zu spät kämen.

284 **Beispiel:**

Die Polizei findet ein zugelassenes Fahrzeug vor, das auf den Straßenbahnschienen abgestellt ist. Über das Kennzeichen kann sie den Eigentümer des Fahrzeugs ermitteln. Dieser käme auch als Adressat eines Wegfahrgebotes in Betracht. Bis der Eigentümer jedoch vor Ort ist, wird es naturgemäß einige Zeit dauern, so dass die Gefahr nicht abgewehrt würde, weil der Straßenbahnverkehr an dieser Stelle lahmgelegt würde. Die Voraussetzungen des § 8 Abs. 1 PolG sind daher gegeben.

285 Verallgemeinernd lässt sich sagen: Nicht erreicht werden kann der polizeiliche Zweck, wenn eine Polizeiverfügung gegen den Störer und gegebenenfalls ihre Vollstreckung nicht zum Erfolg führen würde.[166] Nicht rechtzeitig kann der polizeiliche Zweck erreicht werden, wenn zwar der Erlass einer Polizeiverfügung gegen den Störer möglich

---

166 Dies kann auch bei einem anwesenden Störer gegeben sein, wenn eine Polizeiverfügung durch ihn aus rechtlichen oder tatsächlichen Gründen nicht ausgeführt werden könnte (ein Betrunkener darf kein Fahrzeug wegfahren), vgl. VGH Mannheim 1 S 2283/20, Rn. 32.

wäre, sich bis dahin aber die Gefahr ganz oder teilweise verwirklicht hätte, so dass ein sofortiges polizeiliches Handeln geboten ist.¹⁶⁷

Eine unmittelbare Ausführung kann, wie der auf die §§ 6, 7 PolG bezugnehmende Wortlaut zeigt, immer nur in Betracht kommen, wenn es überhaupt einen Störer gibt. 286

Beispiel: 287
Die Polizei fängt ein wildes Tier ein.

Hier kommt eine unmittelbare Ausführung nicht in Betracht, da es keinen Störer gibt. Eine unmittelbare Ausführung ersetzt lediglich in einer Eilsituation einen adressatenbezogenen Verwaltungsakt, der, wäre die Sache nicht dringend, gegenüber dem Störer ergehen müsste. Der polizeiliche Zweck besteht stets in der Abwehr einer konkreten Gefahr. 288

Nach § 8 Abs. 1 Satz 2 PolG ist der von der Maßnahme Betroffene unverzüglich zu unterrichten. Dies kann naturgemäß erst nach Ende der Maßnahme geschehen, so dass es sich auf die Rechtmäßigkeit der unmittelbaren Ausführung nicht auswirkt, wenn die Unterrichtung unterbleibt. Unter Umständen können jedoch dem Pflichtigen aus der unterbliebenen Unterrichtung Schäden entstehen, die er dann im Wege eines Amtshaftungsanspruchs geltend machen kann.¹⁶⁸ 289

Zweite Voraussetzung einer rechtmäßigen unmittelbaren Ausführung ist die Rechtmäßigkeit der durch die unmittelbare Ausführung ersetzten „Maßnahme". Es müssen also die Voraussetzungen der von der Polizei neben § 8 Abs. 1 PolG herangezogenen Ermächtigungsgrundlage vorliegen. 290

Beispiel: 291
In einem idyllischen Gelände soll eine alte Eisenbahnstrecke von einem privaten Betreiber wieder in Betrieb genommen werden. Eine Woche vor der geplanten Eröffnung fährt eine Polizeistreife an dem Gelände vorbei und entdeckt auf den Schienen ein rundes Dutzend querliegende Baumstämme, die sie dem Eigentümer des angrenzenden Waldgrundstücks zuordnet. Der Polizeivollzugsdienst räumt die Baumstämme beiseite. Ist die unmittelbare Ausführung rechtmäßig?

Rechtsgrundlage ist § 8 Abs. 1 PolG iVm §§ 1, 3 PolG. Es handelt sich hier um die Durchführung einer atypischen Maßnahme. Die Voraussetzungen des § 8 Abs. 1 Satz 1 PolG scheinen gegeben.¹⁶⁹ Der polizeiliche Zweck der Gefahrenabwehr könnte durch eine adressatenbezogene Maßnahme voraussichtlich nicht rechtzeitig erreicht werden, da man nicht ohne Weiteres davon ausgehen kann, dass der Eigentümer der Baumstämme einen Verwaltungsakt noch vor Inbetriebnahme der Bahnstrecke zugestellt bekommt und ihm Folge leistet. 292

Darüber hinaus müssen auch die Voraussetzungen der polizeilichen Generalklausel erfüllt sein. Hierzu gehört auch die Zuständigkeit. Da es sich um eine atypische Maßnahme handelt, kann die Zuständigkeit des Polizeivollzugsdienstes vorliegend nur auf § 105 Abs. 2 PolG gestützt werden. Hiernach nimmt der Polizeivollzugsdienst die po- 293

---

167 *Belz/Mussmann/Kahlert/Sander*, Polizeigesetz für Baden-Württemberg, § 8 Rn. 7.
168 Vgl. *Belz/Mussmann/Kahlert/Sander*, Polizeigesetz für Baden-Württemberg, § 8 Rn. 14.
169 AA vertretbar.

lizeilichen Aufgaben wahr, wenn ein sofortiges Tätigwerden erforderlich erscheint. Dies ist dann der Fall, wenn ein Abwarten bis zum Eingreifen der an sich zuständigen Polizeibehörde der Erfolg der Maßnahme vereitelt würde.[170] Diese Zuständigkeit muss angesichts des noch bevorstehenden Zeitraums bis zur Inbetriebnahme der Eisenbahn, wodurch sich die konkrete Gefahr realisiert, verneint werden. Die Ortspolizeibehörde, die vorrangig tätig werden muss, hat während ihrer Dienstzeiten eine Woche Zeit, um, gegebenenfalls selbst im Wege der unmittelbaren Ausführung, einzuschreiten. Die Eilzuständigkeit des Polizeivollzugsdienstes gemäß § 105 Abs. 2 PolG greift somit nicht ein. Die unmittelbare Ausführung ist rechtswidrig, weil dem Polizeivollzugsdienst die Zuständigkeit für die den adressatenbezogenen Verwaltungsakt ersetzende Maßnahme fehlt.

2. Speziell: Abschleppfälle als unmittelbare Ausführung

294 Soll ein Abschleppfall als unmittelbare Ausführung erscheinen, muss ausgeschlossen sein, dass es sich um die Vollstreckung eines Verwaltungsaktes handelt. Wird die Abschleppmaßnahme an einem Verkehrszeichen durchgeführt, spricht sehr viel dafür, dass keine unmittelbare Ausführung vorliegt.

295 Soweit ein Verkehrszeichen ein Wegfahrgebot enthält, etwa ein Halteverbotsschild,[171] ist ein Verwaltungsakt grundsätzlich bekanntgegeben. Nach der Rechtsprechung des BVerwG erfolgt die Bekanntgabe eines Verkehrszeichens nach den bundesrechtlichen Vorschriften der StVO als einer besonderen Form der öffentlichen Bekanntgabe. Sind die Verkehrszeichen so aufgestellt oder angebracht, dass sie ein durchschnittlicher Kraftfahrer mit einem raschen und beiläufigen Blick erfassen kann, so äußern sie ihre Rechtswirkung gegenüber jedem von der Regelung betroffenen Verkehrsteilnehmer, gleichgültig, ob er das Verkehrszeichen tatsächlich wahrnimmt oder nicht. Sie entfalten ihre Rechtswirkungen für den Halter sogar auch dann, wenn die Regelung in dem Zeitpunkt noch nicht bestand, in dem das Fahrzeug abgestellt wurde.[172]

296 Darüber hinaus hat das BVerwG auch Verkehrseinrichtungen wie eine Parkuhr als „modifiziertes Halteverbot" angesehen und ebenfalls einen Verwaltungsakt angenommen.[173] Wann bei einem Verkehrszeichen ein Wegfahrgebot angenommen werden kann, ist nicht generell, sondern aus der Regelungswirkung des jeweiligen Verkehrszeichens zu entnehmen. So werden Wegfahrgebote gesehen in einer Halteverbotszone, an einem Sonderparkplatz für Schwerbehinderte, in einer Brandschutzzone und an einem Taxistand.[174] Hinsichtlich der Verkehrszeichen ist zu beachten, dass diese von der Straßenverkehrsbehörde aufgestellt werden.[175] Dies ist die untere Verwaltungsbehörde gemäß § 15 Abs. 1 LVG. Soweit Verwaltungsvollstreckung stattfindet, kann gemäß § 4 LVwVG ein Verkehrszeichen nur von der Behörde vollstreckt werden, die es

---

170 VGH Mannheim 1 S 2025/01, Rn. 28 mwN.
171 BVerwG 3 C 25.16, Rn. 14 mwN.
172 BVerwG 3 C 25.16, Rn. 15 st. Rspr., mwN.
173 BVerwG 7 B 189.87, Rn. 6.
174 Beispiele bei *Ruder/Pöltl*, Polizeirecht Baden-Württemberg, § 8 Rn. 15.
175 Vgl. § 44 Abs. 1 Satz 1 StVO, § 1 StVOZuVO.

auch erlassen hat.[176] Folglich kann der Polizeivollzugsdienst mangels Zuständigkeit kein Verkehrszeichen vollstrecken.[177]

Somit kann es in Ausnahmefällen dazu kommen, dass trotz existierenden Verkehrszeichens eine unmittelbare Ausführung stattfindet.

Beispiel:
Ein Schwerbehinderter stellt sein Fahrzeug am Wochenende auf einem durch ein entsprechendes Verkehrszeichen gekennzeichneten Behindertenparkplatz ab, vergisst jedoch, seinen Parkausweis im Fahrzeug auszulegen. Der Polizeivollzugsdienst lässt nach einer Stunde sein Fahrzeug abschleppen.[178]

Da das Verkehrszeichen von der Straßenverkehrsbehörde aufgestellt wurde, kann es nicht vom Polizeivollzugsdienst vollstreckt werden, da er nicht zuständig ist. Alleine der Rechtmäßigkeit fähig ist die Maßnahme des Polizeivollzugsdienstes, wenn sie als unmittelbare Ausführung angesehen werden kann (§ 8 Abs. 1 PolG). Unterstellt, dass der Störer nicht erreichbar ist, stellt sich die Frage nach der durch die unmittelbare Ausführung ersetzten hypothetischen Verfügung. Dies wäre ein Wegfahrgebot, welches der Polizeivollzugsdienst kraft eigener Zuständigkeit adressatenbezogen aussprechen könnte. Das Verkehrszeichen wäre dann unbeachtlich. Allerdings ist die Zuständigkeit des Polizeivollzugsdienstes fraglich. Da es sich um eine Maßnahme nach der Generalklausel (§§ 1, 3 PolG) handelt, müssten die Voraussetzungen des § 105 Abs. 2 PolG gegeben sein. Dies ist dann der Fall, wenn, wie ausgeführt, beim Abwarten bis zum Handeln der an sich zuständigen Behörde ein Schaden entstehen würde. Dieser Schaden besteht aus der ex-ante-Sicht der einschreitenden Polizei darin, dass die Rechtsgutverletzung des verbotenen Parkens über das Wochenende dauerhaft anhalten würde, bis die zuständige Straßenverkehrsbehörde am folgenden Montag, an dem sie während der Bürozeiten erreichbar ist, einschreiten könnte. Es lässt sich somit über § 105 Abs. 2 PolG für diese unmittelbare Ausführung die Zuständigkeit des Polizeivollzugsdienstes herleiten. Dies ist jedoch keinesfalls der Regelfall und bedarf stets einer besonderen Begründung.

Unproblematisch erscheint die Annahme einer unmittelbaren Ausführung, wenn gesetzliche Verbote die Abschleppmaßnahme rechtfertigen.

Beispiel:
Ein Fahrzeug parkt auf einem Fußgängerüberweg.

Hier liegt ein Verstoß gegen die gesetzliche Pflicht gemäß § 26 Abs. 1 StVO vor, wonach Fahrzeuge den Fußgängern das Überqueren der Fahrbahn zu ermöglichen haben. Ebenso verhält es sich, wenn in Fahrzeug auf einer Sperrfläche parkt; hier ist das Befahren bereits durch § 43 Abs. 3 StVO verboten. Eines besonderen Verwaltungsaktes bedarf es nicht. Folglich kommt in solchen Konstellationen als Abschleppmaßnahme nur die unmittelbare Ausführung in Betracht.

---

176 BVerwG 3 C 15.14, Rn. 17 ff.
177 VGH Mannheim 1 S 2025/01, Rn. 23 ff.
178 Beispiel nach *Ruder/Pöltl*, Polizeirecht Baden-Württemberg, § 8 Rn. 8.

303 Eine besondere Problematik bei allen Abschleppmaßnahmen stellt deren **Verhältnismäßigkeit** dar. Bei der unmittelbaren Ausführung ist die Verhältnismäßigkeitsprüfung Bestandteil der Rechtmäßigkeitsprüfung der durch die unmittelbare Ausführung ersetzten Verfügung, also im Regelfall der Maßnahme nach der polizeilichen Generalklausel gemäß §§ 1, 3 PolG. In diesem Zusammenhang stellt sich insbesondere die Frage nach der Erforderlichkeit und Angemessenheit. Im Einzelfall kann das **Umsetzen eines Fahrzeuges** eine mildere Maßnahme gegenüber dem Abschleppen darstellen. Dazu ist aber erforderlich, dass ein Versetzen des Fahrzeugs um wenige Meter möglich wäre und ausreichen würde, um die Gesetzesverletzung zu beenden.[179] Ansonsten wird in der Rechtsprechung gerade nicht darauf abgestellt, dass, wie häufig angenommen, eine Behinderung anderer Verkehrsteilnehmer vorliegt. Vielmehr ist maßgeblich, ob über längere Zeit hinweg eine Ordnungswidrigkeit begangen wird, ohne dass es auf eine konkrete Behinderung ankommt.[180] Ebenso wird danach gefragt, ob das Verhalten des Betroffenen geeignet ist, zu Beeinträchtigungen der **Sicherheit und Leichtigkeit des Verkehrs** zu führen.[181]

304 Beispiel:
Ein Pkw parkt auf einer Sperrfläche. Der Fahrer des Fahrzeugs hinterlässt hinter der Windschutzscheibe eine Visitenkarte mit Angabe seiner Mobiltelefonnummer. Das Fahrzeug wird 15 Minuten, nachdem es von der zuständigen Behörde entdeckt wurde, abgeschleppt. Der zuständige Beamte ruft die Mobiltelefonnummer nicht an.[182]

305 Nach Auffassung des VGH Mannheim ist die Abschleppmaßnahme verhältnismäßig. Anderes könne nur dann gelten, wenn der Fahrer leicht, kurzfristig und zuverlässig erreichbar sei.[183] Der zuständige Beamte habe allein aufgrund der Visitenkarte nicht auf den Aufenthaltsort des Klägers schließen können. Gleiches gelte für die Mobiltelefonnummer.

306 Nach § 8 Abs. 2 PolG sind die Störer zum Ersatz der durch die unmittelbare Ausführung einer Maßnahme entstehenden **Kosten** „verpflichtet". Diese Norm darf allerdings entgegen dem ersten Eindruck ihres Wortlauts **nicht** dahin gehend verstanden werden, dass eine Kostenersatzpflicht **in jedem Fall** besteht. Vielmehr gibt es hiervon Ausnahmen.[184]

IX. Die Polizeiverordnung

307 Polizeiverordnungen sind Rechtsnormen. Sie können aufgrund von § 17 oder § 18 PolG erlassen werden und unterliegen als im Range unter dem Landesrecht stehende Vorschriften der Normenkontrolle gemäß § 47 VwGO, § 4 AGVwGO.

---

179 *Ruder/Pöltl*, Polizeirecht Baden-Württemberg, § 8 Rn. 25.
180 VGH Mannheim 1 S 631/95, Rn. 24.
181 VGH Mannheim 1 S 1248/02, Rn. 21.
182 Fall nach VGH Mannheim 1 S 1248/02, Rn. 2 ff. (dort allerdings: Ersatzvornahme).
183 VGH Mannheim aaO Rn. 20 mwN.
184 Dazu ausführlich unten Rn. 362 ff.

IX. Die Polizeiverordnung

Beispiele:

Polizeiverordnungen über das Halten gefährlicher Hunde,[185] Taubenfütterungsverbote,[186] Verordnungen über das Verbot des Bettelns im öffentlichen Straßenraum,[187] Verordnungen gegen umweltschädliches Verhalten, die Belästigung der Allgemeinheit und zum Schutz der Grün- und Erholungsanlagen.[188]

1. Rechtmäßigkeitsvoraussetzungen einer Polizeiverordnung

Man könnte der Auffassung sein, Polizeiverordnungen seien überflüssig, weil der Polizei im Einzelfall zahlreiche Ermächtigungsgrundlagen zur Verfügung stehen, um bei Vorliegen einer konkreten Gefahr einzuschreiten. Oftmals ist jedoch eine Rechtsnorm geeignet, konkrete Gefahren gar nicht erst entstehen zu lassen und kann damit eine wirksame Gefahrenabwehr dergestalt herbeiführen, dass Gefahrensituationen im Einzelfall gar nicht entstehen können.

Beispiel:

Eine Verordnung über die Sicherheit von Personenaufzügen verhindert, dass im Einzelfall Schäden an der körperlichen Unversehrtheit beförderter Personen entstehen. Eine Verordnung über Maulkorb- und Leinenzwang für bestimmte Hunde verhindert, dass im Einzelfall Menschen zu Schaden kommen. Ebenso kann eine Verordnung zum Verbot von Glasflaschen bei Straßenfesten konkreten Schäden an der körperlichen Unversehrtheit vorbeugen.

Diesen Beispielen ist gemeinsam, dass sie nicht einen konkreten Einzelfall im Blick haben, sondern eine **Vielzahl von Fällen**, die nach allgemeiner Lebenserfahrung regelmäßig und typischerweise zur konkreten Gefahren für die Schutzgüter der öffentlichen Sicherheit und Ordnung führen können.[189] Hieran knüpft § 17 Abs. 1 PolG an, indem er „für eine unbestimmte Anzahl von Fällen" den Erlass einer Polizeiverordnung ermöglicht. Man spricht in diesen Situationen von einer **abstrakten Gefahr**.

Nach Auffassung des VGH Mannheim ist eine abstrakte Gefahr gegeben, „wenn eine generell-abstrakte Betrachtung für bestimmte Arten von Verhaltensweisen oder Zuständen zu dem Ergebnis führt, dass mit hinreichender Wahrscheinlichkeit ein Schaden im Einzelfall einzutreten pflegt oder ein Anlass besteht, diese Gefahr mit generell-abstrakten Mitteln, also einem Rechtssatz zu bekämpfen."[190] Der Schaden muss regelmäßig und typischerweise, wenn auch nicht ausnahmslos zu erwarten sein.[191]

Dies ist im Fall des Maulkorbzwanges für bestimmte gefährliche Hunde gegeben und auch beim Taubenfütterungsverbot, wo im Einzelfall Krankheiten übertragen werden können, die Reinlichkeit des öffentlichen Raums als Schutzgut der öffentlichen Sicherheit beeinträchtigt werden und Gebäudeschäden eintreten können.[192]

---

185 VGH Mannheim 1 S 2346/00 Rn. 54 ff.
186 VGH Mannheim 1 S 261/05, Rn. 14 ff.
187 VGH Mannheim 1 S 2630/97, Rn. 18 ff.
188 VGH Mannheim 1 S 347/13, Rn. 47 ff.
189 *Belz/Mussmann/Kahlert/Sander*, Polizeigesetz für Baden-Württemberg, § 17 Rn. 12.
190 VGH Mannheim 1 S 2200/08, Rn. 35.
191 VGH Mannheim aaO.
192 So VGH Mannheim 1 S 261/05, Rn. 18 ff.

314 Keine abstrakte Gefahr liegt allerdings vor, wenn das mithilfe der Polizeiverordnung untersagte Verhalten im Einzelfall zu keinem Schaden führen kann.

315 **Beispiel:**
Eine Polizeiverordnung, die jede Form des Bettelns verbietet, ist insoweit rechtswidrig, als das sogenannte „stille" Betteln keinerlei Gefahr für die öffentliche Sicherheit darstellt, da es gegen keine Rechtsnorm verstößt, so dass insoweit auch keine abstrakte Gefahr vorliegt.[193]

316 Ebenso war es unzulässig, im Bereich der Freiburger Innenstadt per Polizeiverordnung ein örtlich und zeitlich begrenztes generelles Alkoholverbot zu verfügen.[194] In der Entscheidung hat der VGH Mannheim in Abrede gestellt, dass Alkoholgenuss generell zur Aggressivität führe. Daher sei es allenfalls geboten, mit Platzverweisen und Aufenthaltsverboten im Einzelfall gegen Störer vorzugehen. Nur der Gesetzgeber sei dazu berufen, gegebenenfalls eine Regelung zur „Gefahrenvorsorge" zu treffen.[195] Diese Erkenntnisse haben zur Einführung des § 18 PolG geführt. Wie sich insgesamt zeigt, sind Polizeiverordnungen bereits deshalb fehleranfällig, weil das Vorliegen einer abstrakten Gefahr nicht ohne Weiteres bejaht werden kann.

317 Probleme können auch hinsichtlich der Verhältnismäßigkeit einer Polizeiverordnung bestehen, weil Polizeiverordnungen leicht über ihr Ziel hinausschießen können.

318 **Beispiel:**
Um die Gefahren abzuwehren, die von Scherben von Flaschen und Gläsern ausgehen, ist es nicht erforderlich, ein Alkoholkonsumverbot zu verhängen; vielmehr ist es hinreichend, das Verwenden von Glasbehältnissen einzuschränken.[196] Unverhältnismäßig wäre es auch, das Mitnehmen von Hunden in einer Fußgängerzone zu untersagen, wenn ein Leinenzwang ausreicht.[197]

319 Auch wenn Verwaltungsakte in Form der Allgemeinverfügung und Polizeiverordnungen inhaltlich sehr nahe beieinander liegen können, sollte die Zuordnung zur jeweiligen Regelungsart in Klausuren keine Schwierigkeiten bereiten. Die Faustregel lautet: „VA oder Norm – grenzt man ab nach der Form!"

320 Diese **Abgrenzung** folgt den Intentionen der jeweiligen erlassenden Behörde: Anders als ein Verwaltungsakt ist eine Rechtsverordnung, insbesondere die Polizeiverordnung, an zahlreiche Formerfordernisse gebunden (§ 20 PolG). Daraus folgt, dass sich die erlassende Behörde darüber klar sein muss, ob sie eine Polizeiverordnung oder eine Allgemeinverfügung erlassen will. Eine Umdeutung ist nicht möglich. Werden also die Formvoraussetzungen für eine Polizeiverordnung eingehalten – dazu gehört regelmäßig gemäß § 20 Abs. 2 Nr. 2 PolG die Bezeichnung als „Polizeiverordnung" – und ist die Norm ordnungsgemäß verkündet, so liegt auch, unabhängig von ihrem Inhalt, eine Polizeiverordnung vor, die der Normenkontrolle nach §§ 47 VwGO, 4 AGVwGO zugänglich ist. Hat die Polizeiverordnung eine Regelung getroffen, die nicht durch Verordnung geregelt werden könnte, weil keine abstrakte Gefahr vorliegt (vgl. das obige Beispiel des generellen Bettelverbots), so ist die Verordnung materiell

---
193 VGH Mannheim 1 S 2630/97, Leitsatz 2.
194 VGH Mannheim 1 S 2200/08, Rn. 32 ff.
195 VGH Mannheim aaO Rn. 53.
196 OVG Magdeburg 3 K 319/09, Rn. 29 ff.
197 VGH Mannheim 1 S 3107/88, Rn. 16 ff.

IX. Die Polizeiverordnung

rechtswidrig. Dies gilt auch in dem eher theoretischen Fall, dass eine Polizeiverordnung für den Fall einer konkreten Gefahr erlassen wird:

Beispiel: 321
Eine Polizeiverordnung verbietet zwei konkret bezeichneten Personen das Füttern von Tauben.

Die Polizeiverordnung ist rechtswidrig, weil sie nicht für eine „Vielzahl von Fällen" 322 ergangen ist. Eine abstrakte Gefahr liegt nicht vor.

Führt eine Polizeiverordnung zu einer polizeirechtlichen Einzelmaßnahme, so entstehen hier keine Besonderheiten. Insbesondere ist nicht die Polizeiverordnung selbst die Rechtsgrundlage der Einzelmaßnahmen, sondern es sind die jeweiligen Ermächtigungsgrundlagen des PolG anzuwenden. 323

Beispiel: 324
Im räumlichen Geltungsbereich einer Polizeiverordnung zu einem Taubenfütterungsverbot beschlagnahmt die Polizei bei einer Passantin eine Schachtel Taubenfutter, als die Passantin gerade im Begriff ist, mit der Taubenfütterung zu beginnen.

Da eine Polizeiverordnung keine eigenen Ermächtigungsgrundlagen schaffen kann, ist hier § 38 Abs. 1 Nr. 1 PolG einschlägig. Die unmittelbar bevorstehende Störung der öffentlichen Sicherheit gemäß § 38 Abs. 1 Nr. 1 PolG stellt der Verstoß gegen die Polizeiverordnung dar. Sie gehört als gültiges geschriebenes Recht zur Rechtsordnung und ist damit **Bestandteil der öffentlichen Sicherheit**. 325

Polizeiverordnungen müssen konkrete Form-, Verfahrens- und Verkündungsvorschriften einhalten, ansonsten sind sie unwirksam.[198] Dazu gehört, dass gemäß § 23 Abs. 1 bzw. Abs. 2 PolG bei Polizeiverordnungen, die länger als einen Monat gelten sollen, der Gemeinderat zustimmen muss. Hier muss die Vorschrift wortgetreu umgesetzt werden; eine konkludente Zustimmung ist nicht möglich. Der Gemeinderat ist nicht das erlassende Organ, sondern nur Zustimmungsorgan.[199] Polizeiverordnungen müssen von der erlassenden Stelle ausgefertigt werden. Dies bedeutet, dass die erlassende Behörde das Original der Polizeiverordnung mit vollem Text mit der Unterschrift des Behördenleiters oder seines ständigen Vertreters und mit Amtsbezeichnung und Datum versieht und bei den Akten aufbewahrt. Der VGH Mannheim verweist hierzu auf Art. 63 Abs. 2 LV.[200] Ohne Ausfertigung ist eine Polizeiverordnung nichtig.[201] 326

Polizeiverordnungen sind nach **§ 5 VerkG** bekannt zu machen. Die Norm verweist auf die Regelungen für die öffentlichen Bekanntmachungen von Satzungen, also auf § 4 Abs. 3 Satz 1 GemO und § 1 DVO GemO. Auch ein Verkündungsmangel führt zur Nichtigkeit einer Polizeiverordnung.[202] 327

---

198 Hierzu umfassend VGH Mannheim 1 S 347/13, Rn. 50 ff.
199 VGH Mannheim 1 S 347/13, Rn. 50.
200 VGH Mannheim aaO Rn. 51.
201 VGH Mannheim aaO Rn. 53.
202 VGH Mannheim aaO Rn. 56 mwN.

2. Örtliche Alkoholkonsumverbote gemäß § 18 PolG

328 Mit den oben genannten Urteil zum „Bermuda-Dreieck" in Freiburg[203] war der Gesetzgeber aufgerufen, erforderlichenfalls eine eigene Ermächtigungsgrundlage zu schaffen, um alkoholbedingten Exzessen auf öffentlichen Plätzen vorzubeugen. Dies hat zur Regelung des § 18 PolG geführt. Die Amtliche Begründung zur Gesetzesänderung nimmt ausdrücklich auf die Rechtsprechung des VGH Mannheim Bezug.[204]

329 Nach § 18 Abs. 1 PolG können die Ortspolizeibehörden – dies ist ein wichtiger Unterschied zu § 17 Abs. 1 PolG, der die allgemeinen Polizeibehörden ermächtigt – unter strengen Voraussetzungen an öffentlich zugänglichen Orten den Konsum alkoholischer Getränke sowie des Mitführen alkoholischer Getränke zum Zwecke des Konsums untersagen. Dabei müssen die Voraussetzungen des § 18 Abs. 1 Nr. 1 bis 4 PolG **kumulativ** vorliegen.[205]

330 Hinsichtlich der **Zuständigkeit** verweist die Amtliche Begründung zur Vorschrift[206] darauf, dass die Zuständigkeit des Bürgermeisters gemäß § 21 Satz 2 PolG nur für Polizeiverordnungen nach § 17 PolG gelte. Daher sei für den Erlass von Polizeiverordnungen gemäß § 18 PolG gemäß § 44 Abs. 3 Satz 1 GemO der **Gemeinderat zuständig**.[207] Gleichwohl ist dabei aber zu beachten, dass die Polizeiverordnung, auch wenn sie durch den Gemeinderat beschlossen wird, den allgemeinen Verkündungsvorschriften folgt, so dass der Bürgermeister die Verordnung ausfertigen und die Veröffentlichung veranlassen muss. Die Erwähnung des § 44 Abs. 3 Satz 1 GemO in der Amtlichen Begründung weist darüber hinaus auf die Selbstverständlichkeit hin, dass trotz der Zuständigkeit des Gemeinderates, die in § 44 Abs. 3 Satz 1 GemO ausdrücklich bestimmt wird, sich nichts an dem Umstand ändert, dass es sich um eine **Weisungsaufgabe** handelt. Damit unterliegt auch der Gemeinderat der Fachaufsicht, jedoch hat die Fachaufsicht kein Selbsteintrittsrecht, kann also die entsprechende Verordnung nicht selbst erlassen, da dies § 22 Satz 2 PolG ausdrücklich ausschließt. Damit wird die Verantwortung des Gemeinderates gestärkt.

331 **Materiellrechtlich** sind die **Hürden** der Nr. 1 bis 4 in § 18 PolG außerordentlich **hoch**; darüber hinaus ist es auch schwierig, die Voraussetzungen zu subsumieren.[208] Da es gewiss nicht leicht fällt, in einem Klausurfall die „Belastung" durch die Häufigkeit alkoholbedingter Straftaten zu messen oder auch festzustellen, was eine „Menschenmenge" ist (vgl. § 18 Abs. 1 Nr. 1 und 2 PolG), eignet sich § 18 PolG nur schlecht als Gegenstand einer Prüfungsaufgabe.

332 Auch die Amtliche Begründung zur Regelung[209] hat durchaus ihre Probleme mit den unbestimmten Rechtsbegriffen. Sie stellt zwar klar, dass sich die Belastungsflächen (§ 18 Abs. 1 Nr. 1 PolG) durch die Häufigkeit alkoholbedingter Straftaten von ande-

---

203 VGH Mannheim 1 S 2200/08, Rn. 32 ff.
204 LT-Drs. 16/2741, S. 23.
205 Zu § 10a PolG aF ausführlich *Braun* BWGZ 2018, 76 sowie *Pöltl* VBlBW 2018, 221.
206 LT-Drs. 16/2741, S. 28.
207 Ebenso *Pöltl* VBlBW 2018, 221 (229), *Braun* BWGZ 2018, 76 (81).
208 *Braun* BWGZ 2018, 76 (77): „Ein Festival der unbestimmten Rechtsbegriffe".
209 LT-Drs. 16/2741, S. 26 f.

ren abheben müssen, lässt aber darüber hinaus konkrete Maßstäbe vermissen. Sie spricht von einer „Gesamtbetrachtung aller relevanten Umstände"[210] und von den „Umständen im Einzelfall",[211] so dass zwar bei mehr als 100 Straftaten oder Ordnungswidrigkeiten pro Jahr die Regelvermutung für einen solchen Brennpunkt spreche, unterhalb dieser Zahl aber durchaus auch eine Belastung angenommen werden könne. Bei der Frage, was eine „Menschenmenge" isv § 18 Abs. 1 Nr. 2 PolG ist, verhält es sich ähnlich. Hier wird von „zumindest 50 Personen" gesprochen, gleichzeitig aber auch darauf verwiesen, dass man eine Einzelfallbetrachtung vorzunehmen habe.[212]

Der dort vertretenen Auffassung, „Menschenmenge" sei ein unbestimmter Rechtsbegriff und unterliege einem behördlichen Beurteilungsspielraum, kann hinsichtlich des Beurteilungsspielraums nicht gefolgt werden. Die Vorschrift zielt darauf ab, dass es konkrete Erhebungen gibt, wie viele Personen sich an dem Ort aufhalten. Der Begriff ist in die Vergangenheit gerichtet. Ein Prognosespielraum der zuständigen Ortspolizeibehörde ist nicht ersichtlich. Folglich unterliegt der Begriff der „Menschenmenge" der vollen gerichtlichen Kontrolle. Da darüber hinaus gemäß § 18 Abs. 1 Nr. 3 PolG die Polizeiverordnung mit Alkoholkonsumverbot ultima ratio ist, kann davon ausgegangen werden, dass § 18 PolG insgesamt einen äußerst engen Anwendungsbereich hat. Es ist daher verständlich, dass dem offensichtlich funktionierenden, aber aufgehobenen nächtlichen Alkoholverkaufsverbot nach dem Ladenöffnungsgesetz nachgetrauert wird.[213] 333

X. Ausgewählte Probleme des materiellen Polizeirechts

Die vorliegende Darstellung würde den Rahmen eines Studienbuchs überschreiten, wenn sie den Anspruch auf die vollständige Wiedergabe aller materiellen Probleme des Polizeirechts erheben würde. Gleichwohl existieren einige Themen, die, sei es durch die Aktualität, sei es durch die Klausurrelevanz, besondere Bedeutung erlangt haben, und deswegen hier in einem Überblick angesprochen werden sollen. 334

1. Unterbringung von Obdachlosen

Die unfreiwillige Obdachlosigkeit wird als Gefahr für die öffentliche Sicherheit angesehen, weil insbesondere die Grundrechte auf Leben und körperliche Unversehrtheit (Art. 2 Abs. 2 Satz 1 GG), das Recht auf freie Entfaltung der Persönlichkeit (Art. 2 Abs. 1 GG), das Grundrecht auf Ehe und Familie (Art. 6 GG) und auch das Eigentumsgrundrecht (Art. 14 GG) bedroht sind, wenn jemand gegen seinen Willen Tag und Nacht im Freien leben müsste, etwa weil seine Wohnung durch Brand oder Naturereignisse zerstört wurde.[214] Hieraus erwächst die Aufgabe der grundsätzlich zuständigen Ortspolizeibehörde, diese Gefahr abzuwehren. Dabei wird es bereits nicht als Bestandteil des Begriffes der Obdachlosigkeit angesehen und stellt auch keine Ge- 335

---
210 AaO S. 26.
211 AaO S. 27.
212 *Pöltl* VBlBW 2018, 221 (232).
213 *Braun* BGWZ 2018, 76.
214 Ausführlich zur Problematik *Ruder* NVwZ 2012, 1283.

fahr dar, solange derjenige, der sein Obdach verloren hat, sich selbst aus eigenen Kräften eine Unterkunft beschaffen kann, insbesondere, weil er über entsprechende Geldmittel verfügt, um übergangsweise eine Wohnung oder ein Zimmer anmieten zu können.[215]

336 Hinsichtlich der Einweisung von Obdachlosen in Wohnungen ist im Regelfall das Ermessen der Behörde dann auf Null reduziert, wenn Leben und körperliche Unversehrtheit bedroht sind.[216] Die Rechtsgrundlage der Einweisungsverfügung ist die Generalklausel der §§ 1, 3 PolG.[217]

337 Im Einzelfall ist es möglich, gemäß § 33 Abs. 1 Nr. 1 PolG eine Wohnung zur Unterbringung unfreiwillig Obdachloser zu beschlagnahmen. Hierbei handelt es sich allerdings im Regelfall um eine Maßnahme gegen einen Nichtstörer, so dass die Subsidiarität des § 9 PolG zu beachten ist.[218]

2. Gefährderansprache und -anschreiben, Gefährdetenansprache

338 Diese im Polizeirecht bereits vorher bekannten Instrumente wurden durch die Polizeirechtsnovelle von 2020 in § 29 PolG aufgenommen. Zuvor war die Gefährderansprache auf die polizeiliche Generalklausel gestützt worden.[219]

339 Ziel einer **Gefährderansprache** ist es nach Auffassung des VGH Mannheim,[220] das Verhalten einer Person zu beeinflussen und diese von der Begehung von Straftaten abzuhalten. Dazu wird die Person, bei der die Polizei zukünftig die Begehung von Straftaten befürchtet, aufgesucht und darüber informiert, dass Kenntnisse über sie vorliegen und sie unter Beobachtung stehe. Für den Fall späterer tatsächlicher Straftaten erfolgt ein Hinweis auf mögliche polizeiliche oder strafprozessuale Maßnahmen. In gleicher Weise funktioniert auch das Institut des Gefährderanschreibens. Nach § 29 Abs. 1 PolG unterscheiden sich die Maßnahmen nur nach der Form. Voraussetzung ist stets das Vorliegen konkreter Tatsachen, die darauf schließen lassen, dass der Adressat in einem überschaubaren Zeitraum die öffentliche Sicherheit stören wird. Vermutungen reichen dafür nicht aus, wohl aber polizeiliche Ermittlungserkenntnisse oder die Ankündigung von Straftaten durch den Gefährder in sozialen Netzwerken, etwa die Verabredung zu einer Schlägerei aus Anlass eines bevorstehenden Fußballspiels. Die Gefährderansprache wendet sich an „die Polizei", so dass es eine Parallelzuständigkeit zwischen Polizeibehörde und Polizeivollzugsdienst nach § 105 Abs. 3 und Abs. 2 PolG gibt. Auch wenn die Gefährderansprache im Regelfall zumindest in die allgemeine Handlungsfreiheit des Adressaten eingreift (Art. 2 Abs. 1 GG), dürfte sie im Regelfall keinen Verwaltungsakt darstellen, da sie dem Adressaten kein konkretes Tun abverlangt und deshalb keine Rechtsfolge iSv § 35 LVwVfG herbeiführt. Rechtsschutz ist daher über die Feststellungsklage zu gewähren.[221] Wird im Zusammenhang mit einer

---

215 *Ruder* NVwZ 2012, 1283 (1285).
216 *Ruder*, aaO, S. 1287.
217 VGH Mannheim 1 S 2439/94, Rn. 5.
218 *Ruder/Pöltl*, Polizeirecht Baden-Württemberg, § 6 Rn. 67.
219 LT-Drs. 14/3163, S. 66, VGH Mannheim 1 S 2526/16, Rn. 40.
220 VGH Mannheim 1 S 2526/16, Rn. 45.
221 So auch VGH Mannheim 1 S 2526/16, Rn. 32.

Gefährderansprache dem Adressaten ein konkretes Tun verboten, so kommt der Maßnahme Verwaltungsaktqualität zu, kann aber nicht auf § 29 Abs. 1 PolG gestützt werden; uU kommt § 30 Abs. 2 PolG in Betracht.

Demgegenüber dürfte die **Gefährdetenansprache** des § 29 Abs. 1 PolG einen geringeren Anwendungsbereich haben. Sie wendet sich an potentielle Opfer oder anderweitig Betroffene von drohenden Straftaten gegen Rechtsgüter von besonders herausragender Bedeutung (zB Leib, Leben, Sicherheit des Bundes). Die Gefährdetenansprache dient dazu, die Betroffenen zu informieren. Auch hier handelt es sich um einen polizeilichen Realakt und es besteht die Parallelzuständigkeit zwischen Polizeibehörde und Polizeivollzugsdienst nach § 105 Abs. 3 und Abs. 2 PolG

340

3. Der Einsatz von Bodycams

Der Einsatz von Bodycams ist in § 44 Abs. 5 bis 8 und 9 PolG geregelt. Die Bodycams heißen in der Gesetzessprache „körpernah getragene Aufnahmegeräte". § 44 Abs. 5 PolG gestattet die Aufzeichnungen mittels Bodycam sowohl bei der Durchführung von Maßnahmen zur Gefahrenabwehr als auch bei der Verfolgung von Straftaten oder Ordnungswidrigkeiten. Die zweite Variante (Strafverfolgung), hinsichtlich derer es massive Bedenken wegen der wohl fehlenden Gesetzgebungskompetenz des Landes gibt, insbesondere vor dem Hintergrund der Entscheidung des BVerfG zum Einsatz automatischer Kennzeichenlesesysteme,[222] bedarf hier keiner weiteren Erörterung.[223]

341

Nach § 44 Abs. 5 Satz 1 PolG ist ausschließlich der Polizeivollzugsdienst für den Einsatz der Bodycams zuständig, der auch in Wohnungen erfolgen kann, wobei es in Arbeits-, Betriebs- und Geschäftsräumen, die ebenfalls von Art. 13 GG geschützt sind, keiner richterlichen Erlaubnis bedarf.[224] Eine Speicherung der Daten von mehr als 60 Sekunden ist nur zulässig, wenn dies zum Schutz von Polizeibeamten oder Dritten gegen eine Gefahr für Leib oder Leben erforderlich ist (§ 44 Abs. 8 Satz 1 PolG). Ansonsten müssen gemäß § 44 Abs. 11 PolG die Daten spätestens nach 60 Sekunden automatisch gelöscht werden. Der Einsatz der Bodycams stellt einen Eingriff in das Grundrecht auf informationelle Selbstbestimmung (Art. 2 Abs. 1 iVm 1 Abs. 1 GG) dar.[225] Die Aufzeichnung beeinträchtigt auch das Recht am eigenen Bild und das Recht am gesprochenen Wort derer, die sich im Aufnahmebereich der Kamera befinden. Vor dem Hintergrund der Grundrechtsrelevanz sind im Einzelfall an den Einsatz der Bodycams hohe Verhältnismäßigkeitsanforderungen zu stellen. Ein enger Anwendungsbereich wird zudem dadurch gewährleistet, dass § 44 Abs. 8 Satz 1 PolG den Schutz von Polizeibeamten oder Dritten gegen eine Gefahr für Leib oder Leben in den Tatbestand aufgenommen hat. Ansonsten dürfte der Einsatz der Bodycams unzulässig sein. Dem steht nicht entgegen, dass § 44 Abs. 5 PolG allgemein von „Maßnahmen zur Gefahrenabwehr" spricht. Ein Grundrechtseingriff, hier in das Recht auf informa-

342

---

222 BVerfG 1 BvR 2795/09 ua Rn. 95, *Nachbaur* VBlBW 2018, 97 (98).
223 Speziell zur Verfassungswidrigkeit von § 44 Abs. 8 Satz 2 PolG *Nachbaur* VBlBW 2021, 55 (61), aA *Pöltl* VBlBW 2021, 45 (52).
224 Zur Verfassungswidrigkeit im Hinblick auf Art. 13 GG *Nachbaur* VBlBW 2021, 55 (61 f.).
225 *Kipker/Gärtner* NJW 2015, 296 (297), grundlegend zum Grundrecht auf informationelle Selbstbestimmung das Volkszählungsurteil des BVerfG 1 BvR 209/83 ua, Leitsätze.

tionelle Selbstbestimmung, ist auch in diesem Fall im Rahmen des Verhältnismäßigkeitsgrundsatzes nur dann gerechtfertigt, wenn keine milderen Mittel zur Verfügung stehen.

343 **Beispiel:**
Die Polizei will gewaltbereite Hooligans voneinander trennen und setzt zu diesem Zweck Bodycams ein.

344 In diesem Fall erscheint der Einsatz der Bodycams gerechtfertigt, weil sowohl den Polizeibeamten als auch den Dritten eine Gefahr für Leib oder Leben droht.

345 **Beispiel:**
Ein Polizeiaufgebot steht mit eingeschalteten Bodycams am Eingang eines Fußballstadions.

346 Hier erscheint der Bodycam-Einsatz nicht gerechtfertigt. Es ist keine konkrete Gefahr für Leib oder Leben ersichtlich. Selbst wenn einzelne gewaltbereite Hooligans sich auf den Weg in das Stadion gemacht haben, ist es möglich, mit milderen Maßnahmen, etwa Platzverweisen im Einzelfall, die konkrete Gefahr abzuwehren.

347 Insgesamt ist der Bodycam-Einsatz starker verfassungsrechtlicher Kritik ausgesetzt. So weist der repressive Einsatz zur Strafverfolgung Probleme hinsichtlich der Gesetzgebungskompetenz auf und der gleich mehrfache Eingriff in das allgemeine Persönlichkeitsrecht (Art. 2 Abs. 1 iVm Art. 1 Abs. 1 GG: Recht am eigenen Bild, Recht am eigenen Wort, Recht auf informationelle Selbstbestimmung) sowie in das Grundrecht auf Unverletzlichkeit der Wohnung (Art. 13 GG) erfordern eine strenge Verhältnismäßigkeitsprüfung nicht nur im Einzelfall, sondern bereits auf der abstrakten Ebene des Gesetzes. Sollte in einer Polizeirechtsklausur nach der Rechtmäßigkeit eines Bodycam-Einsatzes gefragt sein, so ist davon auszugehen, dass die Ermächtigungsgrundlage verfassungsgemäß ist, da ansonsten die Ermächtigungsgrundlage nichtig wäre und ihre Voraussetzungen nicht geprüft werden könnten. Anders verhält es sich, wenn ausdrücklich nach der Verfassungsmäßigkeit der Norm gefragt ist. Hierzu sei auf die einschlägige Literatur verwiesen.[226]

4. Die Polizeipflicht von Hoheitsträgern

348 Bei der Frage, inwieweit Hoheitsträger, also Behörden und Körperschaften des öffentlichen Rechts, polizeipflichtig sein können, sind einige Besonderheiten zu beachten.

349 **Beispiel:**
Das Regierungspräsidium erlässt als Immissionsschutzbehörde gegen eine Gemeinde eine immissionsschutzrechtliche Anordnung zur Beschränkung einer kommunal betriebenen Skating-Anlage.[227]

350 Hoheitlich handelnde Institutionen sind gemäß Art. 20 Abs. 3 GG unmittelbar an Recht und Gesetz gebunden. Folglich muss sich eine Gemeinde, die eine öffentliche Einrichtung betreibt, auch an die gesetzlichen Grenzwerte halten. Dies gilt auch, wenn

---

[226] Vgl. zB *Kipker/Gärtner* NJW 2015, 296 (301); *Nachbaur* VBlBW 2018, 97 (99); *Pschorr* JuS 2021, 937; *Schäfer* NVwZ 2022, 360 (365); *Ruder/Pöltl*, Polizeirecht Baden-Württemberg, § 10 Rn. 261 ff.
[227] Beispiel nach VGH Mannheim 10 S 2443/00, Rn. 38 ff.

sie ihre öffentliche Einrichtung in privater Rechtsform betreibt.[228] Es ist daher zunächst unproblematisch, gegen Hoheitsträger entsprechende Verwaltungsakte zu erlassen.

Allerdings entstehen Probleme, wenn die zuständige Behörde einen Verwaltungsakt gegen einen Hoheitsträger durchsetzen will: Gemäß § 22 LVwVG kann gegen Behörden und juristische Personen des öffentlichen Rechts nur vollstreckt werden, soweit dies durch Rechtsvorschriften ausdrücklich gestattet ist, was im Regelfall nicht so sein dürfte.[229] In der Literatur wird darauf hingewiesen, dass von diesem Grundsatz eine Ausnahme gewährt werden müsse, wenn es um besonders eilbedürftige Maßnahmen bzw. um hochrangige Rechtsgüter geht.[230] Nach diesen Grundsätzen könnte im vorliegenden Beispiel des Immissionsschutzrechts etwa dann keine Vollstreckung erfolgen, wenn die Überschreitung der Grenzwerte lediglich eine Belästigung, aber keine Gesundheitsgefährdung nach sich zieht. Anders wäre es, wenn beispielsweise eine kommunale Abfallbehandlungsanlage gesundheitsgefährdende chemische Substanzen ausstoßen würde, die unmittelbar zu Gesundheitsschäden führen. Im Wege einer verfassungskonformen reduzierten Anwendung des § 22 LVwVG wäre dann die Norm aufgrund des stets vorrangigen Grundrechtsschutzes für unanwendbar zu erklären. Sinnvoller wäre es allerdings, wenn hier der Gesetzgeber eine klare Regelung treffen würde.

351

5. Die Rechtsnachfolge im Polizeirecht

Unter dem Begriff der „Rechtsnachfolge im Polizeirecht" wird bis heute kontrovers die Frage diskutiert, inwieweit ein Rechtsnachfolger, also der Erwerber, der Erbe oder der Übernehmer eines Unternehmens, in eine Polizeipflicht eintreten kann, die vorher schon bestand. In dieser unendlichen Diskussion,[231] in der häufig zwischen Handlungs- und Zustandsverantwortlichkeit sowie zwischen Einzel- und Gesamtrechtsnachfolge differenziert wird, ist es angebracht, pragmatisch vorzugehen: Auch bei der Rechtsnachfolge stellt sich wie stets die Frage, ob eine polizeiliche Maßnahme, zumeist in Form eines Verwaltungsaktes, ergangen ist oder ergehen kann. Liegt noch kein Verwaltungsakt vor, so ergeben sich hinsichtlich der Anwendung der Ermächtigungsgrundlagen keinerlei Besonderheiten.

352

Beispiel:
Der X fährt seinen Pkw in den Graben, lässt ihn stehen und übereignet ihn dann an E. Kann eine Polizeiverfügung ergehen?

353

Bezüglich einer atypischen Anordnung stellt sich die Frage, ob X und/oder E als Störer anzusehen sind. Dies beantwortet sich nach den §§ 6, 7 PolG, wobei problematisiert werden muss, ob die Übereignung wirksam ist. Nur dann ist E (auch) Zustandsstörer iSv § 7 PolG. Hierzu wird überwiegend die Auffassung vertreten, dass eine Übereig-

354

---

228 *Ruder/Pöltl*, Polizeirecht Baden-Württemberg, § 3 Rn. 89.
229 Anders bei der Vollstreckung verwaltungsgerichtlicher Urteile, vgl. § 167 VwGO; vgl. zu Fällen, in denen Hoheitsträger vollstreckbare Urteile rechtswidrig ignorieren, *Klinger* NVwZ 2019, 1332.
230 *Ruder/Pöltl*, Polizeirecht Baden-Württemberg, § 3 Rn. 88.
231 Vgl. *Stückemann* JA 2015, 569; *Nolte/Niestedt* JuS 2000, 1071 und 1172.

nung wegen Verstoßes gegen § 138 Abs. 1 BGB **sittenwidrig und damit nichtig** ist, wenn sie den **ausschließlichen Zweck** verfolgt, sich der Störereigenschaft zu entziehen.[232] Damit eine Verfügung ergehen kann, muss also der Rechtsnachfolger, wie auch immer diese Rechtsnachfolge entsteht, die Störereigenschaft erfüllen, um polizeipflichtig zu sein.

355 Im obigen Beispiel ist dies anhand des Sachverhalts nicht zu ermitteln: Ist das Fahrzeug wertlos oder E an einer nicht erreichbaren Adresse im fernen Ausland gemeldet, so kann man annehmen, dass die Übereignung tatsächlich den ausschließlichen Zweck hatte, sich der Polizeipflicht zu entziehen. Hat aber E das Fahrzeug zu einem günstigen Preis gekauft und erfolgte deshalb die Übereignung, hat das Rechtsgeschäft wirtschaftliche Zwecke und erfüllt gerade nicht den ausschließlichen Zweck, sich der Polizeipflicht zu entziehen.

356 Schwieriger wird es, wenn ein Verwaltungsakt **gegen den Rechtsvorgänger ergangen** ist und sich dann die Frage stellt, ob der Rechtsnachfolger polizeipflichtig ist.

357 **Beispiel:**
E erwirbt einen Wohnwagen und findet in demselben die gegen den Rechtsvorgänger ergangene schriftliche Anordnung, das Fahrzeug der Verschrottung zuzuführen.

358 Hier geht es nicht um die Frage, ob gegen den E eine neue „Verschrottungsanordnung" ergehen kann – dies mag für die Behörde durchaus möglich sein – sondern vielmehr darum, ob E direkt und unmittelbar aus der an den Rechtsvorgänger ergangenen Anordnung verpflichtet wird, das Fahrzeug zu verschrotten. Relevant wird dabei auch die Problematik, ob womöglich gegen den E Vollstreckungsmaßnahmen ergriffen werden können, ob er irgendwelche Rechtsmittel hat und ob überhaupt davon ausgegangen werden kann, dass er durch diesen Verwaltungsakt verpflichtet wird. In dieser Situation hilft **§ 3 Satz 1 LVwVG**: Hiernach kann gegen den Rechtsnachfolger die Vollstreckung eingeleitet oder fortgesetzt werden, soweit der Rechtsnachfolger durch den Verwaltungsakt verpflichtet wird und wenn die Voraussetzungen der Vollstreckung für seine Person vorliegen.[233]

359 Ob der Rechtsnachfolger durch den an den Rechtsvorgänger ergangenen Verwaltungsakt überhaupt (materiell-rechtlich) verpflichtet werden kann, ist, sofern keine ausdrückliche gesetzliche Regelung existiert,[234] bereits äußerst fraglich, wird aber von Teilen der Literatur beim sogenannten „dinglichen" – also auf eine bewegliche oder unbewegliche Sache bezogenen – Verwaltungsakt angenommen.[235] Aber dann muss die Behörde auch noch die zweite Hälfte von § 3 Satz 1 LVwVG überwinden: Beim Rechtsnachfolger müssen die Voraussetzungen der Vollstreckung für seine Person vorliegen. Bereits oben wurde darauf hingewiesen, dass Verwaltungsvollstreckung die Durchsetzung eines Verwaltungsaktes gegen den Willen des Pflichtigen bedeutet. Die

---

232 Vgl. VGH Mannheim 8 S 577/97, Rn. 6, auch mit Nachweisen zur Gegenauffassung.
233 Zur Verwaltungsvollstreckung ausführlich im separaten Kapitel.
234 Vgl. etwa § 58 Abs. 2 LBO.
235 Zur berechtigten Kritik an dieser Konstruktion *Maurer/Waldhoff*, Allgemeines Verwaltungsrecht, § 9 V 4.

Voraussetzungen der Vollstreckung für die Person des Rechtsnachfolgers liegen also nur dann vor, wenn
a) der Verwaltungsakt, der vollstreckt werden soll, dem Rechtsnachfolger bekanntgegeben worden ist,
b) wenn dieser Verwaltungsakt die Voraussetzungen des § 2 LVwVG erfüllt, also dem Rechtsnachfolger gegenüber entweder unanfechtbar geworden oder sofort vollziehbar ist,
c) wenn dem Rechtsnachfolger die Vollstreckung angedroht wurde (§ 20 LVwVG),[236]
d) die Vollstreckung, soweit erforderlich, auch gegen den Rechtsnachfolger angeordnet wurde.

Bevor eine Behörde diesen schwierigen, riskanten und fehleranfälligen Weg geht, ist sie sicher gut beraten, gegen den Rechtsnachfolger direkt einen Verwaltungsakt zu erlassen. Auch wenn in der Rechtsprechung vertreten wird, dass sachbezogene Verwaltungsakte auch gegenüber dem Rechtsnachfolger grundsätzlich wirksam sind,[237] ist damit lediglich die erste Voraussetzung des § 3 Satz 1 LVwVG erfüllt, wonach der Rechtsnachfolger durch den Verwaltungsakt verpflichtet sein muss, und dies ist, wie ausgeführt, nicht hinreichend. 360

In einer Klausur wären in erster Linie die Einzelheiten des Sachverhalts daraufhin zu analysieren, ob die oben genannten vier Voraussetzungen vorliegen. Im Beispiel des Wohnwagens bestehen schon erhebliche Bedenken, ob der Verwaltungsakt, dessen Ausfertigung der Erwerber zufällig gefunden hat, ihm gegenüber überhaupt wirksam wurde. Gemäß § 43 Abs. 1 Satz 1 LVwVfG bedarf ein Verwaltungsakt zu seiner Wirksamkeit der Bekanntgabe. Ein durch zufälliges Auffinden bekannt gewordener Verwaltungsakt wird nicht wirksam, da insofern ein **Bekanntgabewille der Behörde** nicht vorliegt.[238] Ist aber schon der Grund-Verwaltungsakt nicht bekanntgegeben, so können hierauf keinerlei Vollstreckungsversuche gestützt werden. Die materielle Verpflichtung eines Rechtsnachfolgers aus einem (insbesondere) grundstücksbezogenen Verwaltungsakt kann sich erst dann realisieren, wenn man ihm den Verwaltungsakt auch bekannt gibt und in der Person des Rechtsnachfolgers die Vollstreckungsvoraussetzungen schafft, also insbesondere durch die Anordnung der sofortigen Vollziehung und die Androhung. 361

XI. Polizeikosten

Kostenbescheide sind Verwaltungsakte mit eigenem Regelungscharakter. Sie stellen gegenüber den eigentlichen polizeilichen Maßnahmen zusätzliche Grundrechtseingriffe dar und benötigen daher eine eigene Ermächtigungsgrundlage. Es ist mithin kein Automatismus, dass derjenige, gegenüber dem eine polizeiliche Maßnahme getroffen wurde, diese Polizeimaßnahme auch bezahlen muss. Im Folgenden werden einige 362

---

236 Vgl. VGH Mannheim III 629/79, Leitsatz.
237 VGH Mannheim 5 S 618/91, Leitsatz sowie 5 S 567/93, Rn. 32.
238 *Stelkens/Bonk/Sachs*, VwVfG, § 43 Rn. 176 mwN.

typische Ermächtigungsgrundlagen für eigenständige Kostenbescheide vorgestellt und deren Voraussetzungen erörtert.

1. Kostenersatz bei der unmittelbaren Ausführung (§ 8 Abs. 2 PolG)

363 Nach § 8 Abs. 2 Satz 1 PolG „sind die in den §§ 6 und 7 bezeichneten Personen" zum Ersatz der Kosten verpflichtet, die der Polizei durch die unmittelbare Ausführung entstehen. Voraussetzung ist zunächst eine rechtmäßige unmittelbare Ausführung. Für eine rechtswidrige unmittelbare Ausführung können Kosten nicht verlangt werden. Dies folgt bereits aus dem Rechtsstaatsprinzip und entspricht auch der ständigen Rechtsprechung des VGH Mannheim.[239]

364 Ersatzfähig sind nur die „durch" die unmittelbare Ausführung entstandenen Kosten. Dies bedeutet, dass Kosten, die nicht direkt durch die unmittelbare Ausführung veranlasst sind, weil sie bei der Behörde allgemein anfallen, etwa die grundsätzliche Bereithaltung von Personal, nicht ersatzfähig sind. Die Kostenpflicht trifft die in § 6 und § 7 PolG bezeichneten Personen, also die Störer. Dies bedeutet, dass auch hinsichtlich des Kostenbescheids eine Störerauswahl stattfinden kann, die von der Primärmaßnahme, der unmittelbaren Ausführung, unabhängig ist. Hierzu können sowohl das Maß der Verursachung als auch die finanzielle Leistungsfähigkeit herangezogen werden.[240]

365 **Beispiel:**
Der mittellose Student M parkt das Auto, welches seinem reichen Vater R gehört, auf einer Sperrfläche. Das Fahrzeug wird abgeschleppt. An wen ergeht der Kostenbescheid?

366 Da M Handlungsstörer ist (§ 6 PolG) und R Zustandsstörer (§ 7 PolG), kann die zuständige Behörde hinsichtlich des Kostenbescheids zwischen mehreren Störern auswählen. Angesichts der finanziellen Leistungskraft des R ist es gerechtfertigt, den Kostenbescheid an diesen zu richten (ex-post-Betrachtung).[241]

367 Ob die Kosten tatsächlich erhoben werden, ist nach Auffassung des VGH Mannheim und **entgegen dem Wortlaut** von § 8 Abs. 2 PolG eine Ermessensentscheidung.[242] Nach Auffassung des VGH Mannheim ist diese Auslegung mit Rücksicht auf den Verhältnismäßigkeitsgrundsatz geboten, um Härten zu vermeiden, die sich aus der strengen Zustandshaftung ergeben können. Sowohl bei der unmittelbaren Ausführung als auch bei der Ersatzvornahme könne dies nur dadurch geschehen, dass an der Polizeipflicht im Interesse einer wirksamen Gefahrenabwehr festgehalten werde und dass durch eine **Ermessensentscheidung** über die Kostenerhebung unter Beachtung des Grundsatzes der Verhältnismäßigkeit in atypischen Fällen ein Ausgleich ermöglicht wird.[243] Ein atypischer, keine Kostenpflicht auslösender Fall ist anzunehmen, wenn die abgewehrte Gefahr für die öffentliche Sicherheit nicht in die Risikosphäre des Ver-

---

239 VGH Mannheim 1 S 2025/01, Rn. 19 mwN sowie VGH Mannheim 1 S 2283/20, Rn. 23 mwN.
240 *Belz/Mussmann/Kahlert/Sander*, Polizeigesetz für Baden-Württemberg, § 6 Rn. 21 und § 8 Rn. 19.
241 VGH Mannheim 1 S 2283/20, Rn. 53 mwN.
242 VGH Mannheim 1 S 2805/89, Leitsatz 1 = NJW 1991, 1698.
243 VGH Mannheim aaO, S. 1699.

XI. Polizeikosten

antwortlichen fällt, etwa weil sie weder von ihm veranlasst noch für ihn vorhersehbar war.[244]

Beispiel: 368
Ein Fahrzeug wird ordnungsgemäß am Straßenrand geparkt. Eine Stunde später muss es abgeschleppt werden, weil sich an einem Wohnhaus Bauteile gelockert haben, die auf das Fahrzeug stürzen könnten.

Wenn der Störer nicht erreichbar ist, liegt auch hier eine unmittelbare Ausführung vor. 369 Auch wären die Voraussetzungen des § 8 Abs. 2 PolG dem Wortlaut nach hinsichtlich des Eigentümers des Fahrzeugs erfüllt. Gleichwohl wäre es unbillig, ihm mit den Kosten der Abschleppmaßnahme zu belasten, die aufgrund einer atypischen Situation entstanden ist, mit der er nicht rechnen konnte.

Gemäß § 129 PolG kann die Polizei bei der unmittelbaren Ausführung die Herausgabe 370 be von Sache von der Zahlung der entstandenen Kosten abhängig machen. In § 129 Satz 2 PolG wird gleichzeitig eine Rechtsgrundlage dafür geschaffen, dass ein Abschleppunternehmer Zahlungen in Empfang nehmen darf. Hat jedoch der Pflichtige gegen den Kostenbescheid mit aufschiebender Wirkung Widerspruch eingelegt, greift das Zurückbehaltungsrecht des § 129 PolG nicht ein.[245]

2. Kostenbescheide bei der Ersatzvornahme (§§ 25, 31 LVwVG) und beim unmittelbaren Zwang durch Verwaltungsbehörde und Polizei (§§ 26, 31 LVwVG sowie § 66 Abs. 4 PolG iVm § 31 LVwVG)

Wie bereits erwähnt, kommt die Ersatzvornahme in Form einer vertretbaren Handlung dann in Betracht, wenn der Pflichtige einem Handlungsgebot nicht nachkommt und die Behörde an dessen Stelle tätig wird. 371

Voraussetzung ist auch hier zunächst eine rechtmäßige **Ersatzvornahme**. Dazu muss 372 der Grund-Verwaltungsakt den Voraussetzungen des § 2 LVwVG genügen, also insbesondere nicht rechtmäßig sein.[246] § 25 LVwVG bestimmt, dass die Ersatzvornahme „auf Kosten des Pflichtigen" vorgenommen wird. Die Norm wird durch § 31 Abs. 1 und 2 LVwVG ergänzt. Nach § 31 Abs. 2 LVwVG ist Kostenschuldner der Pflichtige. Da die oben dargestellte Rechtsprechung des VGH Mannheim hinsichtlich der im Wortlaut der Normen nicht eindeutig zu lokalisierenden Ermessensentscheidung auch für die Verwaltungsvollstreckung Geltung beansprucht und sich aus dem rechtsstaatlichen Verhältnismäßigkeitsprinzip ableitet, muss auch hier angenommen werden, dass von der Heranziehung zu den Kosten der Ersatzvornahme **in atypischen Fällen** abgesehen werden muss.

Beispiel: 373
Ein Kraftfahrzeug wird am Straßenrand abgestellt. Am nächsten Morgen wird an der Stelle ein Halteverbotsschild aufgestellt. Zwei Stunden später wird das Fahrzeug abgeschleppt.[247]

---

244 VGH Mannheim 1 S 2283/20, Rn. 53
245 VGH Mannheim 1 S 871/19, Rn. 18.
246 Dazu unten ausführlich Kapitel Verwaltungsvollstreckungsrecht, vgl. VGH Mannheim 1 S 512/19, Rn. 36.
247 Vgl. VGH Mannheim 1 S 822/05, Rn. 20 ff.

374 In der Aufstellung eines Verkehrszeichens wird die Bekanntgabe eines Verwaltungsaktes gesehen, so dass hier die Ersatzvornahme einschlägig war.[248] Aus §§ 25, 31 LVwVG ergibt sich die grundsätzliche Kostentragungspflicht. Der VGH Mannheim ist jedoch zu Recht der Auffassung, dass die Kosten nicht erhoben werden können, wenn von einem Fahrzeug eine Störung ausgeht, die nicht vorhersehbar war oder nicht in die Risikosphäre des Halters oder Fahrers fällt.[249] Für das BVerwG ist eine Kostenbelastung für ein Abschleppen erst ab dem vierten Tag nach Aufstellen eines Verbotsschildes nicht unverhältnismäßig.[250] Dieser Auffassung hat sich der VGH Mannheim angeschlossen.[251] Im Beispielsfall wäre es also angesichts der Kurzfristigkeit unbillig, einen Kostenbescheid zu erlassen.

375 Gemäß § 31 Abs. 1 LVwVG werden die Kosten in **Gebühren und Auslagen** unterschieden. Eine Legaldefinition, was Gebühren und Auslagen sind, enthalten die § 2 Abs. 4 und 5 LGebG. Gebühren sind demnach öffentlich-rechtliche Geldleistungen, die für das unmittelbare Handeln des Hoheitsträgers entstehen, während Auslagen Ausgaben sind, die die Behörde Dritten bezahlt, um die öffentliche Leistung erbringen zu können (insbesondere an Abschleppunternehmer).

376 In gleicher Weise wie bei der Ersatzvornahme entstehen Kosten, wenn **unmittelbarer Zwang** ausgeübt wird (§ 26 LVwVG). Diese Norm ist jedoch nur für den unmittelbaren Zwang durch Behörden anwendbar (etwa durch die Baurechtsbehörde); der unmittelbare Zwang durch die Polizei ist speziell in den §§ 63 Abs. 2, 64 ff. PolG geregelt.[252] Maßgeblich für die hier zu erörternde Kostentragungspflicht ist, dass § 66 Abs. 4 PolG auf § 31 Abs. 1, 2, 4 und 6 des LVwVG verweist. Damit ist auch für die Kosten des unmittelbaren Zwangs der Pflichtige Kostenschuldner.

377 Soweit die Polizei selbst handelt, können die **Gebühren** für die Ersatzvornahme und den unmittelbaren Zwang **exakt berechnet** werden. Nach § 6 Abs. 2 **LVwVGKO** beträgt die Gebühr 48,00 EUR für jeden bei der Ausführung der Ersatzvornahme Bediensteten je angefangene Stunde. Beim unmittelbaren Zwang beträgt die Gebühr je angefangene Stunde 45,00 EUR.

378 **Beispiel:**
Wenn also ein Demonstrant von zwei Polizisten von den Eisenbahnschienen weggetragen wird, die er blockiert hat, kostet dies 90,00 EUR. Ist der Demonstrant schwerer und es werden vier Polizisten benötigt, kostet es 180,00 EUR.

3. Gebührenbescheide gemäß §§ 3, 4 LGebG

379 Gemäß § 2 Abs. 3 und 4 LGebG kann eine Behörde **aus Anlass individuell zurechenbarer öffentlicher Leistungen** einem Gebührenschuldner Gebühren auferlegen. Gemäß § 2 Abs. 3 LGebG ist eine öffentliche Leistung individuell zurechenbar, wenn sie im

---

248 VGH Mannheim aaO, Rn. 19 ff.
249 VGH Mannheim aaO, Rn. 20 mwN.
250 BVerwG 11 C 15.95, Rn. 13.
251 VGH Mannheim 1 S 822/05, Rn. 22.
252 Hierzu unten ausführlich Kapitel Vollstreckungsrecht, Rn. 48 ff.

Interesse des Einzelnen erbracht wird. Insbesondere gehört dazu gemäß § 2 Abs. 3 Satz 2 LGebG auch die verantwortliche Veranlassung einer öffentlichen Leistung.

Beispiel: 380
So kann eine Gebühr für eine Baugenehmigung verlangt werden, weil die Leistung der Behörde, also die rechtliche Prüfung und Ausfertigung der Baugenehmigung, im Interesse eines Einzelnen erbracht wird. Dagegen liegt die Absperrung einer Straße aufgrund einer Bombendrohung ausschließlich im öffentlichen Interesse, so dass hier keine individuelle Zurechenbarkeit besteht.

Die gebührenpflichtigen Tatbestände und die Gebührenhöhe werden gemäß § 4 Abs. 2 381 und Abs. 3 LGebG durch Rechtsverordnung bzw. auf kommunaler Ebene durch Satzung festgelegt. Im Polizeirecht ist dadurch die Möglichkeit zum Erlass mehrerer weiterer Kostenbescheide eröffnet: Nach der „Verordnung des Innenministeriums über die Festsetzung der Gebührensätze für öffentliche Leistungen der staatlichen Behörden für den Geschäftsbereich des Innenministeriums"[253], der ein Gebührenverzeichnis angeschlossen ist, können Kosten für die polizeiliche Begleitung von Schwertransporten, für den Gewahrsam, für den Transport mit einem Polizeifahrzeug, für den Transport von Personen, Tieren und Sachen, für das Suchen nach Tieren, für die Verwahrung sichergestellter und beschlagnahmter Fahrzeuge und anderer Sachen sowie für das ungerechtfertigte Anfordern von Polizeikräften verlangt werden, die im Verzeichnis der Gebührenhöhe nach aufgeführt sind.[254]

Wie bereits ausgeführt, ist der **Gebührenbescheid** ein **eigenständiger Verwaltungsakt**. 382 Nach § 24 Satz 1 LGebG kann die Gebührenentscheidung zusammen mit der Sachentscheidung oder selbstständig angefochten werden. Der Rechtsbehelf gegen eine Sachentscheidung erstreckt sich auf die Gebühren- und Auslagenentscheidung (§ 24 Satz 2 LGebG). Ist der der Gebührenentscheidung zugrunde liegende Verwaltungsakt rechtswidrig, so ist der Verwaltungsakt nicht im Interesse eines Einzelnen erbracht, so dass eine Gebührenerhebung ebenfalls nicht in Betracht kommt, vgl. § 2 Abs. 3 LGebG.

XII. Entschädigung und Schadensersatz bei polizeilichen Maßnahmen

Durch polizeiliche Maßnahmen können sowohl beim Adressaten als auch bei Drittbetroffenen Schäden entstehen. 383

Beispiel: 384
Der im Auftrag der Polizei handelnde Abschleppunternehmer beschädigt bei der Abschlepphandlung ein Fahrzeug. – Die Polizei will auf einem Grundstück eine Gefahr abwehren und muss, um auf das Grundstück zu gelangen, den Zaun des Nachbargrundstücks durchschneiden.

Diese Fälle führen ins Staatshaftungsrecht. Leider ist es dem Bundesgesetzgeber trotz 385 entsprechender Gesetzgebungskompetenz in Art. 74 Abs. 1 Nr. 24 GG bis zum heutigen Tag nicht gelungen, ein einheitliches Staatshaftungsrecht zu schaffen. Somit stehen bundes- und landesrechtliche Regelungen unsystematisch nebeneinander.[255] Der bundesrechtlich geregelte Amtshaftungsanspruch aus § 839 BGB und Art. 34 GG kann

---

253 GebVO IM, landesrecht-bw.de; in den bei den juristischen Staatsexamina zugelassenen Gesetzessammlungen nicht abgedruckt.
254 AaO Ziff. 15.
255 *Lege* JA 2016, 81: „chaotisch". So ist es.

grundsätzlich kumulativ mit anderen Anspruchsgrundlagen auftreten.[256] Für eine Klausur bedeutet dies, dass in einem Gutachten mehrere Anspruchsgrundlagen angesprochen werden müssen, soweit sie nicht durch den Bearbeitervermerk ausgeschlossen sind. Dies gilt im Wesentlichen für Ansprüche aus § 100 PolG, Amtshaftung (§ 839 BGB, Art. 34 GG) und den enteignungsgleichen Eingriff.

1. Entschädigungsansprüche aus § 100 PolG

386 Gemäß § 100 Abs. 1 Satz 1 PolG kann der **Nichtstörer**, gegenüber dem die Polizei eine Maßnahme getroffen hat, eine angemessene Entschädigung für den ihm durch die Maßnahme entstandenen Schaden verlangen. Wer Störer ist, dem versagt das Gesetz einen Entschädigungsanspruch. Bereits nach dem Wortlaut der Vorschrift kommt es nicht darauf an, ob die Maßnahme der Polizei rechtmäßig oder rechtswidrig war, genauso wenig, ob sie einen Verwaltungsakt oder einen Realakt darstellte.[257] Die Rechtsfolge ist ein Entschädigungsanspruch, der sich von einem Schadensersatzanspruch darin unterscheidet, dass die §§ 249 ff. BGB nicht zur Anwendung kommen. Dies ergibt sich daraus, dass der Gesetzgeber von „Entschädigung" und nicht von Schadensersatz spricht.

387 Nach § 100 Abs. 1 Satz 3 PolG müssen auch Umstände berücksichtigt werden, die der Geschädigte zu vertreten hat. Über diese Norm kann auch die Situation des „Anscheinstörers" gelöst werden, ohne dass es des Rückgriffs auf eine analoge Anwendung der Vorschrift bedarf.[258]

388 Gemäß § 102 PolG kann der nach § 101 PolG zur Entschädigung Verpflichtete, dies ist die Körperschaft, in deren Dienst der handelnde Beamte steht, also im Regelfall die Gemeinde oder das Land Baden-Württemberg, je nachdem, ob die Ortspolizeibehörde oder der Polizeivollzugsdienst gehandelt hat, die an den Nichtstörer geleistete Entschädigung von „den in den §§ 6 und 7 bezeichneten Personen", also von den Störern, wieder zurückverlangen. Gemäß § 103 Satz 1 PolG sind Streitigkeiten über den Entschädigungsanspruch vor den ordentlichen Gerichten auszutragen.

2. Amtshaftung (§ 839 BGB/Art. 34 GG)

389 § 839 BGB ist ein deliktischer Anspruch. Er setzt voraus, dass ein Beamter iSd § 839 BGB, also „im haftungsrechtlichen Sinn", schuldhaft eine drittbezogene Amtspflicht verletzt hat, woraus ein Schaden entstanden ist. Aufgrund von Art. 34 GG hat der Geschädigte keinen direkten Anspruch gegen den ihn schädigenden Beamten, sondern gemäß der in Art. 34 GG normierten Haftungsüberleitung einen Schadensersatzanspruch gegen den Dienstherrn. Im Polizeirecht ist es deshalb von Bedeutung, ob ein Beamter (oder Beauftragter) der Polizeibehörde oder des Polizeivollzugsdienstes gehandelt hat. Im Falle des Handelns der Ortspolizeibehörde richtet sich der Schadensersatzanspruch gegen die Gemeinde. Hat dagegen ein Beamter oder Beauftragter des

---

256 BGH III ZR 201/12, Rn. 27.
257 Vgl. *Belz/Mussmann/Kahler/Sander*, Polizeigesetz für Baden-Württemberg, § 100 Rn. 2.
258 Vertiefend *Ruder/Pöltl*, Polizeirecht Baden-Württemberg, § 14 Rn. 9.

Polizeivollzugsdienstes gehandelt, richtet sich der Anspruch gegen das Land Baden-Württemberg.

Beamte iSd Gesetzes sind nicht nur Beamte und Angestellte im öffentlichen Dienst, sondern auch **Beliehene** und **Verwaltungshelfer**. Eine Beleihung ist dadurch gekennzeichnet, dass es für die Übertragung der hoheitlichen Tätigkeit auf Privatpersonen eine gesetzliche Grundlage gibt.[259] Derartige Konstellationen kommen im Polizeirecht im Regelfall nicht in Betracht. Häufig ist dagegen die Figur des Verwaltungshelfers.

390

Beispiel: 391
Die Polizei beauftragt einen Abschleppunternehmer; die Polizei bittet Bürger, bei der Reinigung einer Straße mitzuhelfen.

Neben einer ausdrücklichen Beauftragung durch die Polizei (der Bürger darf sich nicht selbst zum Verwaltungshelfer und damit zum „Hilfssheriff" machen, auch wenn eine derartige Mentalität häufig verbreitet scheint), ist es erforderlich, dass die Amtshandlung, die der Private durchführt, als hoheitlich wahrgenommen wird. Je stärker der hoheitliche Charakter der Maßnahme in den Vordergrund tritt, desto näher liegt es, den Handelnden als Beamten im haftungsrechtlichen Sinne anzusehen.[260]

392

Die Pflicht eines Amtsträgers besteht grundsätzlich darin, rechtmäßig zu handeln; dies folgt aus der Gesetzesbindung der Verwaltung gemäß Art. 20 Abs. 3 GG. Bei einem rechtswidrigen adressatenbezogenen Handeln seitens der Polizei ist somit stets die Verletzung einer drittbezogenen Amtspflicht anzunehmen.

393

Beispiel: 394
Die Polizei bekommt einen Anruf, im Haus Lindenstraße Nr. 8 würden verdächtige Geräusche wahrgenommen. Als die Polizisten in der Lindenstraße erscheinen, verwechseln sie das Gebäude und brechen die Tür von Haus Nr. 6 auf.

Die polizeiliche Maßnahme (hier die Durchführung des Betretens gemäß § 36 Abs. 1 PolG als unmittelbare Ausführung gemäß § 8 Abs. 1 PolG) ist rechtswidrig. Eine Gefahr liegt nicht vor. Sofern man auf die Gefahr abstellt, die sich aus der ex-ante-Sicht der Polizisten aus dem Haus Nr. 8 ergeben könnte, ist die Maßnahme, das Haus Nr. 6 aufzubrechen, ungeeignet und damit unverhältnismäßig.

395

Ein Amtshaftungsanspruch kommt jedoch nur dann in Betracht, wenn man dem konkret handelnden Amtsträger ein Verschulden nachweisen kann. Nach dem objektivierten Sorgfaltsmaßstab des § 276 BGB kommt es für die Verschuldensfrage auf die Kenntnisse und Einsichten des Beamten an, die für die Führung des übernommenen Amts erforderlich sind. Jeder Beamte muss die für sein Amt erforderlichen Rechts- und Verwaltungskenntnisse besitzen oder sich verschaffen.[261] Im genannten Beispiel ist deswegen ein Verschulden der Beamten anzunehmen. Anders wäre es, wenn man ihnen eine falsche Hausnummer mitgeteilt hätte. Dies war jedoch nicht der Fall.

396

---

259 *Stelkens/Bonk/Sachs*, VwVfG, § 1 Rn. 246 mwN.
260 Grundlegend BGH III ZR 189/91, Rn. 11.
261 BGH III ZR 188/90, Rn. 31.

397 Der Schadensersatzanspruch gemäß § 839 BGB/Art. 34 GG richtet sich nach den §§ 249 ff. BGB; somit wird auch der entgangene Gewinn und Schmerzensgeld umfasst. Der Anspruch ist auf Geldersatz gerichtet, nicht auf Naturalrestitution. Aufgrund der Haftungsüberleitung auf den Staat gemäß Art. 34 GG kann der Staat nur das leisten, was der Amtsträger aus Privatperson unabhängig von seiner hoheitlichen Stellung leisten könnte.[262]

3. Anspruch aus enteignungsgleichem Eingriff

398 Schwieriger wird der Ersatz von Schäden, wenn kein polizeiliches Verschulden vorliegt.

399 **Beispiel:**
Die Polizei will einen Randalierer in Gewahrsam nehmen. Bei der Ausübung des unmittelbaren Zwangs wird durch einen Polizeigriff das Hemd des Randalierers zerrissen.

400 Hier ein Verschulden des Polizisten anzunehmen, ist bei einem Handgemenge der beschriebenen Art nicht möglich. Gleichwohl berechtigt die Durchführung des unmittelbaren Zwangs nicht zum Zerreißen fremder Kleidungsstücke. Es liegt demnach ein rechtswidriges, wenn auch schuldloses Handeln des Beamten vor.

401 In diesen Konstellationen hilft der **enteignungsgleiche Eingriff**, der nach Auffassung des BGH neben schuldlosem Handeln sogar auch schuldhaftes Handeln erfasst und dadurch neben § 839 BGB anwendbar ist.[263] In einer Klausur können somit § 100 PolG, § 839 BGB/Art. 34 GG und der enteignungsgleiche Eingriff kumulativ geprüft werden. Im genannten Beispiel wäre der Anspruch aus § 839 BGB/Art. 34 GG mangels schuldhaftem Handeln zu verneinen und der Anspruch aus § 100 PolG scheidet aus, weil er für Störer nicht anwendbar ist. Somit verbleibt als einzige Anspruchsnorm lediglich der enteignungsgleiche Eingriff, eine richterrechtliche Konstruktion, deren Bezeichnung missverständlich ist, weil sie mit einer Enteignung iSv Art. 14 Abs. 3 GG nichts zu tun hat.

402 Der Entschädigungsanspruch aus enteignungsgleichem Eingriff setzt voraus, dass rechtswidrig in eine durch Art. 14 GG geschützte Rechtsposition hoheitlich unmittelbar eingegriffen wird und dem Berechtigten dadurch ein besonderes, anderen nicht zugemutetes Opfer für die Allgemeinheit auferlegt wird.[264] Der enteignungsgleiche Eingriff kann als Gewohnheitsrecht bezeichnet werden. Er wird vom BGH auf die §§ 74, 75 der Einleitung zum Preußischen Allgemeinen Landrecht gestützt.[265] Im Falle des enteignungsgleichen Eingriffs wird kein Schadensersatz iSv § 249 BGB gewährt, sondern Entschädigung für den Substanzverlust.[266]

---

262 BGH III ZR 41/16, Rn. 40.
263 BGH III ZR 201/12, Rn. 27.
264 Vertiefend *Schlick* NJW 2017, 2509 (2510).
265 Grundlegend BGH III ZR 216/82, Rn. 36.
266 MünchKomm/*Papier/Schirvani* BGB, § 839, Rn. 51 mwN.

XIII. Exkurs: Versammlungsrecht

Das Versammlungsrecht gehört im Überblick zum Pflichtstoff des ersten und zweiten juristischen Staatsexamens. In Baden-Württemberg gilt nach wie vor das **Versammlungsgesetz des Bundes**. Mit der Föderalismusreform im Jahre 2006 hat der Bund die ursprünglich in Art. 74 Abs. 1 Nr. 3 GG geregelte konkurrierende Gesetzgebungskompetenz für das Versammlungsrecht verloren. Einige Bundesländer haben von dem Erlass eines eigenen Versammlungsgesetzes Gebrauch gemacht.[267] Dies gilt auch für Bayern, welches nach einem verfassungswidrigen Anlauf, bei dem das BVerfG dem Gesetzgeber „Einschüchterungseffekte" vorgeworfen hatte, nun ebenfalls zu einer Regelung gelangt ist.[268] Solange aber das Bundesland Baden-Württemberg kein eigenes Versammlungsgesetz erlässt, gilt hier das Bundesrecht gem. Art. 125a Abs. 1 Satz 1 GG fort. Wird von einer der Ermächtigungsgrundlagen des VersG Gebrauch gemacht, so ergibt sich die Zuständigkeit stets aus den Vorschriften der Versammlungsgesetz-Zuständigkeitsverordnung (**VersGZuVO**), welche eine parallele Zuständigkeit zwischen Kreispolizeibehörde und Polizeivollzugsdienst kennt.

403

1. Das Versammlungsgrundrecht (Art. 8 Abs. 1 GG)

Das Versammlungsgrundrecht gehört, um mit dem BVerfG zu sprechen, zu den „unentbehrlichen Funktionselementen eines demokratischen Gemeinwesens".[269] Eine Versammlung ist eine örtliche Zusammenkunft mehrerer Personen zwecks gemeinschaftlicher Erörterung oder Kundgebung, gerichtet auf die Teilhabe an der öffentlichen Meinungsbildung.[270] Bereits zwei Personen können eine Versammlung darstellen.[271] Kennzeichnend für eine Versammlung ist der Umstand, dass sie Ausdruck gemeinschaftlicher, auf Kommunikation angelegter Entfaltung ist.[272] Der Schutz ist nicht auf Veranstaltungen beschränkt, auf denen argumentiert und gestritten wird, sondern umfasst vielfältige Formen gemeinsamen Verhaltens bis hin zu nicht-verbalen Ausdrucksformen.[273]

404

Die Versammlungsfreiheit setzt eine innere Verbindung der Personen zu gemeinsamem Handeln voraus.[274] Die Zusammenkunft muss in irgendeiner Form auf die Teilhabe an der öffentlichen Meinungsbildung gerichtet sein.[275] Sie kann überall dort stattfinden, wo ein allgemeiner öffentlicher Verkehr eröffnet ist.[276] Vom Schutzbereich umfasst ist auch die Anreise zu einer Demonstration.[277]

405

---

267 Ua Niedersachen, Sachsen, Sachsen-Anhalt und Schleswig-Holstein.
268 Vgl. BVerfG 1 BvR 2492/08, Rn. 123.
269 BVerfG 1 BvR 233/81 („Brokdorf"), Leitsatz 1.
270 Vgl. BVerfG 1 BvR 1402/06, Rn. 19, st. Rspr.
271 VGH Mannheim 1 S 2828/06, Rn. 22 sowie Leitsatz 1.
272 BVerfG 1 BvR 233/81, Rn. 60.
273 BVerfG aaO.
274 BVerwG 7 C 50.88, Rn. 13.
275 BVerfG 1 BvR 388/05, Rn. 32.
276 BVerfG 1 BvR 2734/20, Rn. 10.
277 BVerfG 1 BvR 233/81, Rn. 70 sowie 1 BvR 772/90, Rn. 16.

406 **Beispiele:**

Versammlungen sind beispielsweise Kundgebungen, Demonstrationen, Schweigemärsche, Sitzblockaden. Keine Versammlungen sind kommerzielle Veranstaltungen oder reine Ansammlungen wie Zuschauer in einem Fußballstadion, da es an der inneren Verbindung fehlt, auch wenn sich dort spontane Meinungsäußerungen ergeben können.

407 Nicht erstreckt sich dagegen der Schutz des Art. 8 Abs. 1 GG auf Personen, die eine Versammlung verhindern wollen.[278] Ausgehend von der hohen Bedeutung des Versammlungsgrundrechts ist das Verbot oder die Auflösung einer Versammlung ultima ratio.[279] Soweit also eine polizeiliche Maßnahme in das Grundrecht der Versammlungsfreiheit eingreift, ist bei der Ermessenskontrolle und der Verhältnismäßigkeitsprüfung der besonderen Bedeutung des Grundrechts Rechnung zu tragen. Die grundrechtlich geschützte Versammlungsfreiheit hat nur dann zurückzutreten, wenn eine Güterabwägung unter Berücksichtigung des Freiheitsrechts ergibt, dass dies zum Schutz anderer gleichwertiger Rechtsgüter notwendig ist. Dabei müssen Dritte Belästigungen, die sich zwangsläufig aus der Massenhaftigkeit der Grundrechtsausübung ergeben, ertragen.[280]

2. Die Anwendbarkeit der Ermächtigungsgrundlagen des VersG und PolG auf versammlungsrechtlich relevante Sachverhalte

408 Der Begriff der „Polizeifestigkeit des Versammlungsrechts" und die Auffassung, das Versammlungsgesetz „gehe vor", dürfte vielen Studierenden bekannt sein.[281] Damit ist jedoch im Hinblick auf die Bestimmung der einschlägigen Ermächtigungsgrundlage nichts gewonnen.

409 **Beispiel:**

An einem frostigen Novembermorgen verlässt der X seine Wohnung in Südbaden, um zu einer Großdemonstration gegen die „Schiedsrichtermafia" in der Bundesliga nach Frankfurt am Main zu fahren. Als er aus der Haustür tritt, beschlagnahmt die Polizei seine Mütze, die er auf dem Kopf hat und auf der der Schriftzug steht: „Scheiß DFB". Welches ist die richtige Ermächtigungsgrundlage?

410 Die Schwierigkeit besteht darin, dass die räumliche Reichweite des Grundrechts der Versammlungsfreiheit eine andere Dimension hat als die Ausrichtung der Ermächtigungsgrundlagen des (rudimentären) VersG. Das VersG kennt hinsichtlich öffentlicher Versammlungen unter freiem Himmel im Wesentlichen die Ermächtigungsgrundlagen des Versammlungsverbots, der Auflagen und der Auflösung (§ 15 VersG), Anordnungen zur Durchsetzung des Waffen- und Vermummungsverbots (§ 17 a Abs. 4 VersG) sowie den Ausschluss von Teilnehmern, die die Ordnung gröblich stören (§ 18 Abs. 3 VersG). Hinsichtlich öffentlicher Versammlungen in geschlossenen Räumen sind die Regelungen noch spärlicher. Hier ist allein § 5 VersG zu nennen, wonach eine Versammlung im Einzelfall im Wege einer Ermessensentscheidung verboten werden kann.

---

278 BVerfG 1 BvR 772/90, Leitsatz.
279 BVerfG 1 BvR 233/81, Rn. 79.
280 BVerfG 1 BvR 233/81, Rn. 79.
281 Vgl. etwa die Nachweise bei *Trurnit* NVwZ 2012, 1079 (1080) sowie *Froese* JA 2015, 679 f.

XIII. Exkurs: Versammlungsrecht

An diesen Ermächtigungsgrundlagen zeigt sich, dass das VersG nur für Maßnahmen gerüstet ist, die am Versammlungsort direkt stattfinden. Deshalb erfasst nach Auffassung des VGH Mannheim das Regelungswerk des VersG eine Zusammenkunft erst, wenn sie „der im Versammlungsgesetz vorgesehenen Ordnungsgewalt eines Versammlungsleiters unterliegt".[282] Im angeführten Beispiel könnte die Beschlagnahme also allenfalls auf § 38 Abs. 1 Nr. 1 PolG gestützt werden, wobei in der Ermessensentscheidung das Grundrecht der Versammlungsfreiheit zu prüfen wäre. Allerdings kann aufgrund der räumlichen Entfernung eine unmittelbar bevorstehende Störung der öffentlichen Sicherheit nicht angenommen werden. Die Mütze wird als Kleidungsstück verwendet. Ob die Aufschrift auf der Mütze („Scheiß DFB") eine Formalbeleidigung darstellt oder lediglich eine zulässige überspitzte Meinungsäußerung, ist eine Auslegungsfrage. Nur im ersteren Fall ließe sich die Beschlagnahme rechtfertigen, jedoch wegen der in der Äußerung liegenden Straftat, nicht wegen der Nähe zur Versammlung. 411

Auf Vorfeldmaßnahmen, die nicht am unmittelbaren Versammlungsort stattfinden, sind somit die Ermächtigungsgrundlagen des PolG anzuwenden, wobei zu berücksichtigen ist, dass die Anreise zu einer Versammlung vom Grundrecht erfasst wird. Dies gilt auch für nicht öffentliche Versammlungen, zumal hier das VersG keinerlei Ermächtigungsgrundlagen zur Verfügung stellt.[283] Wenn also das BVerfG formuliert, dass sich versammlungsspezifische Maßnahmen der Gefahrenabwehr nach den hierfür speziell erlassenen Versammlungsgesetzen richten,[284] so ist damit gemeint, dass die **Ermächtigungsgrundlagen** des Versammlungsrechts dort zur Anwendung kommen, wo die **Ordnungsgewalt des Versammlungsleiters** gegeben ist. Darüber hinaus bleibt die Anwendbarkeit für das Polizeirecht bei nicht versammlungsspezifischen Gefahren eröffnet. 412

Beispiel: 413
Im abbruchreifen Heidelberger Schloss findet eine Demonstration gegen den Tourismus aus Fernost statt. Während der Kundgebung geraten die Mauern des Schlosses ins Wanken.

In diesem Fall darf die Polizei aufgrund der polizeilichen Generalklausel den Versammlungsplatz räumen lassen; es handelt sich um keine versammlungsspezifische Gefahr, sondern um eine Gefahr für Leben und körperliche Unversehrtheit der Versammlungsteilnehmer, die ihre Ursache nicht in der Ausübung des Versammlungsgrundrechts findet. 414

Bei den versammlungsspezifischen Gefahren sind die Ermächtigungsgrundlagen des VersG als abschließend anzusehen. Dies folgt letztlich aus dem Grundsatz, dass das VersG keinesfalls beabsichtigt, die Versammlungsfreiheit einzuschränken, sondern die Versammlungsfreiheit zu garantieren. Gerade die Möglichkeit, Auflagen zu erteilen (§ 15 VersG), dient dazu, die Grundrechtsausübung abzusichern. 415

---

282 VGH Mannheim 1 S 3280/96, Rn. 38.
283 Vgl. BVerwG 1 C 12.97, Rn. 20 ff.
284 BVerfG 1 BvR 1402/06, Rn. 28.

416 **Beispiel:**
Bei einer jeden Montag stattfindenden Mahnwache kommt es zu einer Diskussion unter den Teilnehmern, in deren Folge der Teilnehmer X einen anderen körperlich attackiert. Die Polizei erteilt ihm einen Platzverweis für die nächsten vier Montagsdemonstrationen.

417 Ein Platzverweis dieser Art könnte nur durch § 30 Abs. 1 PolG gerechtfertigt werden. Hier stehen jedoch die Ermächtigungsgrundlagen des VersG als abschließende vorrangige Regelungen entgegen, weil es sich um eine Maßnahme **am Versammlungsort** handelt. Die Polizei muss also von den Ermächtigungsgrundlagen des VersG Gebrauch machen. Dies geht nur über § 18 Abs. 3 VersG, wonach sie einen Teilnehmer von der Versammlung ausschließen kann. Auch wenn § 18 Abs. 3 VersG eine Ermessensentscheidung darstellt, kann im Rahmen dieses Ermessens nicht auf die Möglichkeiten des PolG zurückgegriffen werden. Nach der Rechtsprechung des BVerfG ist insbesondere ein Platzverweis ausgeschlossen, solange sich eine Person in einer Versammlung befindet und sich auf die Versammlungsfreiheit berufen kann. Dieser Schutz endet erst mit der eindeutigen Auflösung der Versammlung oder dem eindeutigen Ausschluss des Teilnehmers von der Versammlung.[285]

3. Der Begriff der öffentlichen Ordnung im Versammlungsrecht

418 Ähnlich der Generalklausel in §§ 1, 3 PolG ermöglicht die versammlungsrechtliche Generalklausel des § 15 Abs. 1 VersG den Erlass eines Versammlungsverbots oder von Auflagen, wenn „die öffentliche Sicherheit oder Ordnung" bei der Durchführung der Versammlung gefährdet ist. Während im Polizeirecht der Begriff der „öffentlichen Ordnung" als obsolet betrachtet werden kann, jedenfalls aber kaum einen Anwendungsbereich haben dürfte,[286] hat das BVerfG der „öffentlichen Ordnung" im Versammlungsrecht eine besondere Bedeutung beigemessen. Bereits im Brokdorf-Beschluss hat das BVerfG definiert, was versammlungsrechtlich unter öffentlicher Ordnung zu verstehen ist:[287] Hierunter wird die **Gesamtheit der ungeschriebenen Regeln** verstanden, deren Befolgung nach den jeweils herrschenden sozialen und ethischen Anschauungen als **unerlässliche Voraussetzung** eines geordneten menschlichen Zusammenlebens innerhalb eines bestimmten Gebiets angesehen wird. Ausgehend von der herausragenden Bedeutung des Versammlungsgrundrechts für unser demokratisches Gemeinwesen ist und der damit zusammenhängenden Erkenntnis, dass das Verbot oder die Auflösung einer Versammlung ultima ratio sein muss,[288] ergibt sich daraus, dass eine bloße Gefährdung der öffentlichen Ordnung (nicht: Sicherheit) im Allgemeinen ein Versammlungsverbot nicht rechtfertigt. Dies hat das BVerfG im Anschluss an die Brokdorf-Entscheidung ausdrücklich so formuliert.[289]

---

285 BVerfG 1 BvR 1402/06, Rn. 28.
286 Vgl. oben Rn. 29 ff.
287 BVerfG 1 BvR 233/81, Rn. 77.
288 BVerfG aaO Rn. 79.
289 BVerfG 1 BvQ 9/01, Rn. 14.

Beispiel: 419

Die zuständige Behörde ordnet im Wege der Auflage eine Verlegung einer Versammlung der „Kameradschaftswerbung" vom 27. auf den 28. Januar an, weil der 27. Januar der Jahrestag der Befreiung von Auschwitz ist.

Nach Auffassung des BVerfG kann die öffentliche Ordnung betroffen sein, wenn einem bestimmten Tag ein in der Gesellschaft eindeutiger Sinngehalt mit gewichtiger Symbolkraft zukommt, der bei der Durchführung eines Aufzugs an diesem Tag in einer Weise angegriffen wird, dass dadurch zugleich grundlegende soziale oder ethische Anschauungen in erheblicher Weise verletzt werden. Den 27. Januar sei ein Tag, der staatlicherseits zum offiziellen Tag des Gedenkens an die Opfer des Nationalsozialismus bestimmt worden sei. Eine Provokationswirkung an diesem Tag könne nicht hingenommen werden.[290] 420

Hier gilt es zu erkennen, dass das BVerfG keinesfalls den im Polizeirecht zu Recht reduzierten Begriff der öffentlichen Ordnung nutzt, um Eingriffsmöglichkeiten gegen eine Versammlung zu schaffen. Vielmehr gewinnt die Rechtsprechung ihre Wirkung vor allem daraus, dass ein reiner Verstoß gegen die öffentliche Ordnung ein Versammlungsverbot nicht rechtfertigt. Die im Brokdorf-Beschluss entwickelte Erkenntnis, dass die Behörden versammlungsfreundlich zu verfahren haben,[291] wird auch hier deutlich: Bei einem Verstoß gegen die öffentliche Ordnung wird die Versammlung nicht verboten, sondern der Verstoß gegen die öffentliche Ordnung muss beseitigt werden und dann darf die Versammlung stattfinden. In einer Klausur haben derartige Überlegungen ihren Platz bei der Frage, ob das Ermessen der zuständigen Behörde grundrechtskonform ausgeübt wurde, sowie bei der Beurteilung der Verhältnismäßigkeit. Soweit mildere Maßnahmen möglich sind als das Versammlungsverbot, um dem Grundrecht nachzugehen, müssen diese auch ergriffen werden. 421

Beispiel: 422

Eine rechtsradikale Vereinigung meldet eine Versammlung an und teilt mit, sie wolle auf dieser Versammlung verbotene NS-Parteiabzeichen tragen.

Soweit es sich um keine verbotene Organisation handelt, kommt ihr das Grundrecht der Versammlungsfreiheit zu. Mithilfe einer Auflage ist sicherzustellen, dass die verbotenen Parteiabzeichen nicht getragen werden. Damit ist die öffentliche Sicherheit hergestellt. Ein Versammlungsverbot wäre unverhältnismäßig, da die Auflage als milderes Mittel zur Verfügung steht. 423

XIV. Prozessuales

Polizeirechtsfälle gehen sehr häufig mit regelmäßig wiederkehrenden prozessualen Konstellationen einher. Diese sollen im Folgenden kurz dargestellt werden, wobei, wie auch in den anderen Kapiteln, hier in erster Linie das Bewusstsein für die Problematik geschaffen werden soll, eine weitere Befassung im Verwaltungsprozessrecht aber unerlässlich ist. 424

---

290 BVerfG 1 BvQ 9/01, Rn. 15.
291 BVerfG 1 BvR 233/81, Leitsatz 3.

§ 3 Polizeirecht

1. Rechtsschutz bei erledigten polizeilichen Maßnahmen

425 Polizeiliche Maßnahmen bergen es in sich, dass sie sich relativ schnell erledigen, so dass sie keine Rechtswirkungen mehr entfalten.

426 **Beispiel:**
Der X bekommt mit dem Polizeiknüppel einen Schlag auf den Kopf; danach kommt er in Gewahrsam und wird am anderen Morgen wieder freigelassen.

427 In solchen Fällen hat der Kläger aber gleichwohl ein Interesse, festgestellt zu bekommen, dass die Polizeimaßnahme rechtswidrig war, sei es, dass er Schäden davongetragen hat, dass er sich diskriminiert fühlt oder sei es auch nur, dass er eine rechtswidrige Maßnahme nicht einfach hinnehmen will.

428 In diesen Situationen helfen die **Fortsetzungsfeststellungsklage** und die **Feststellungsklage**. Die Fortsetzungsfeststellungsklage ist in § 113 Abs. 1 Satz 4 VwGO geregelt. Hat sich der Verwaltungsakt „vorher" erledigt, so spricht das Gericht durch Urteil aus, dass der Verwaltungsakt rechtswidrig gewesen ist, wenn der Kläger ein berechtigtes Interesse an dieser Feststellung hat.

429 Dies setzt zunächst voraus, dass das polizeiliche Handeln einen Verwaltungsakt darstellte. Dies ist im oben genannten Beispiel bei der förmlichen Anordnung eines Gewahrsams problemlos anzunehmen. Der Schlag mit dem Polizeiknüppel ist allerdings kein Verwaltungsakt, sondern eine Gewaltanwendung durch Realakt. Verwaltungsakte müssen zu ihrer Wirksamkeit gemäß § 43 Abs. 1 LVwVfG bekanntgegeben werden.

430 **Beispiel:**
Ein bewusstloser Betrunkener wird von der Polizei weggetragen und in eine Ausnüchterungszelle gebracht.

431 Auch in diesem Fall ist kein Verwaltungsakt iSv § 43 LVwVfG bekanntgegeben; es handelt sich um einen polizeilichen Realakt. Nur gegen erledigte Verwaltungsakte kann aber mit der Fortsetzungsfeststellungsklage vorgegangen werden. So ist beispielsweise eine Abschleppmaßnahme, die im Wege der unmittelbaren Ausführung stattgefunden hat,[292] einer Fortsetzungsfeststellungsklage nicht zugänglich, wohl aber ein Versammlungsverbot, das innerhalb kurzer Zeit erging und daher nicht mehr vor der geplanten Versammlung erfolgreich angefochten werden konnte. Mit der Formulierung „vorher" in § 113 Abs. 1 Satz 4 VwGO meint das Gesetz den Zeitpunkt, in dem sich eine Anfechtungsklagensituation nach Klageerhebung, aber vor dem Urteilsausspruch erledigt hat.

432 **Beispiel:**
Der X ficht eine Beschlagnahmeverfügung an. Nach Klageerhebung, aber vor dem gerichtlichen Verhandlungstermin wird die Beschlagnahmeverfügung aufgehoben.

433 Nach der Rechtsprechung und der hM wird § 113 Abs. 1 Satz 4 VwGO analog angewandt, wenn der Verwaltungsakt sich schon **vor** Klageerhebung erledigt hat.[293] Von

---

[292] Vgl. oben Rn. 265 ff.
[293] *Schoch/Schneider/Meissner/Schenk*, VwGO, § 74 Rn. 12.

der Erledigung eines Verwaltungsakts wird gesprochen, wenn die mit ihm verbundene rechtliche und sachliche Beschwer weggefallen ist, der Verwaltungsakt also keine Rechtswirkungen mehr entfaltet.[294] Bildet eine Polizeiverfügung die Grundlage für einen Kostenbescheid, gehen von ihr weiterhin rechtliche Wirkungen aus und es fehlt deshalb an einer Erledigung.[295]

Beispiel: 434
Eine Beschlagnahmeverfügung hat sich erledigt, wenn die Sache wieder an den Berechtigten herausgegeben ist; ein Kostenbescheid hat sich jedoch noch nicht erledigt, wenn er bezahlt wurde, da die Rechtswirkungen – der Vermögensverlust – nach wie vor bestehen.

Nach dem Gesagten ist bei einem erledigten Verwaltungsakt also die Fortsetzungsfeststellungsklage (§ 113 Abs. 1 Satz 4 VwGO analog), bei einem Realakt jedoch die Feststellungsklage statthaft. Die Feststellungsklage bei einem erledigten Realakt ist grundsätzlich auf das Nichtbestehen eines Rechtsverhältnisses gerichtet. Da ein Rechtsverhältnis als die aufgrund einer öffentlich-rechtlichen Rechtsnorm bestehende Beziehung zwischen zwei Rechtssubjekten definiert wird,[296] ist die Klage in diesen Fällen stets auf das Nichtbestehen eines Rechtsverhältnisses gerichtet, weil der Kläger der Auffassung ist, es gebe gerade keine Rechtsnorm, die den ihm gegenüber vorgenommenen Realakt legalisieren könnte. 435

In der Begründetheitsprüfung ist dann (bei beiden Klagearten) zu fragen, ob das polizeiliche Handeln von einer Ermächtigungsgrundlage getragen ist. Ist dies nicht der Fall, so ist die Fortsetzungsfeststellungsklage bei einem erledigten Verwaltungsakt, dessen Prüfung sich in der Begründetheit nicht von der Begründetheitsprüfung einer Anfechtungsklage unterscheidet, begründet, weil der Verwaltungsakt rechtswidrig war und den Kläger in seinen Rechten verletzt. 436

Ebenso ist bei Fehlen einer Ermächtigungsgrundlage oder bei einem rechtswidrigen Gebrauchmachen von einer solchen bei einem Realakt das festzustellende Rechtsverhältnis zu verneinen und die auf das Nichtbestehen dieses Rechtsverhältnisses gerichtete Feststellungsklage ist begründet. 437

Es kann durchaus erwogen werden, die analoge Anwendung von § 113 Abs. 1 Satz 4 VwGO zugunsten einer direkten Anwendung der Vorschriften über die Feststellungsklage aufzugeben.[297] Die Auffassung hat sich jedoch noch nicht endgültig durchgesetzt. Hier sollte die weitere Entwicklung beobachtet werden. 438

Hinsichtlich der **weiteren Zulässigkeitsvoraussetzungen** verlangt die Fortsetzungsfeststellungsklage als „ehemalige" Anfechtungsklage die Klagebefugnis (§ 42 Abs. 2 VwGO), die sich bei erledigten polizeilichen Maßnahmen jedenfalls aus der Adressatentheorie, also der möglichen Verletzung des Grundrechts der allgemeinen Handlungsfreiheit (Art. 2 Abs. 1 GG) ergibt, oftmals aber auch aus weiteren Grundrechten, die betroffen sein können, wie etwa Art. 13 oder Art. 14 GG. 439

---

294 Vgl. *Schoch/Schneider/Riese*, VwGO, § 113 Rn. 112 mwN.
295 BVerwG 6 B 7.21, Rn. 7.
296 *Schoch/Schneider/Pietzcker*, VwGO, § 43 Rn. 5 ff.
297 Vgl. hierzu *Schoch/Schneider/Riese*, VwGO, § 113 Rn. 100; *Fechner* NVwZ 2000, 121.

440 Bei der Feststellungsklage ist nach wie vor streitig, ob die **Klagebefugnis** gemäß § 42 Abs. 2 VwGO überhaupt erforderlich ist. Hiervon geht jedenfalls die Rechtsprechung aus.[298] Dagegen wird in der Literatur weitgehend neben anderen Auffassungen auch die Ansicht vertreten, es genüge lediglich das **berechtigte Interesse** gemäß § 43 Abs. 1 VwGO, da kein Bedarf herrsche, die Betroffenheit, die bereits in § 43 VwGO zum Ausdruck komme, mithilfe der analogen Anwendung einer nicht einschlägigen Vorschrift zu regeln.[299]

441 In einer Klausur kann man den Streit im Regelfall unentschieden lassen, da er sich auf die Falllösung nicht auswirkt.

442 **Beispiel:**
Demonstrant X hat die Straße blockiert und wird weggetragen. Er klagt darauf, dass die Maßnahme rechtswidrig war.

443 Das Wegtragen ist als unmittelbarer Zwang[300] ein Realakt. X muss also darauf klagen, dass ein Rechtsverhältnis nicht besteht, nämlich, dass es keine Rechtsnorm gibt, die der Polizei ihr Handeln erlaubt hat. Er hat auch ein berechtigtes Interesse iSv § 43 Abs. 1 VwGO. Darunter ist jedes anzuerkennende schutzwürdige Interesse zu verstehen, sei es rechtlicher, wirtschaftlicher oder ideeller Art.[301] Dieses Interesse ergibt sich als rechtliches Interesse daraus, dass er durch die Polizeiaktion in seiner allgemeinen Handlungsfreiheit beeinträchtigt wurde. Zudem lässt sich aufgrund dieser Grundrechtsbetroffenheit auch ein ideelles Interesse bejahen.

444 Ob für die Feststellungsklage in diesem Fall zusätzlich eine Klagebefugnis iSv § 42 Abs. 2 VwGO analog erforderlich ist, kann dahinstehen: Der Kläger ist jedenfalls möglicherweise iSv § 42 Abs. 2 VwGO in seinem Recht der allgemeinen Handlungsfreiheit (Art. 2 Abs. 1 GG) verletzt, da er Adressat eines belastenden Realaktes war. Der Streit dürfte somit in einer Klausur zwar erwähnt, aber nicht entschieden werden, da insoweit in beiden Fällen die Zulässigkeit der Klage anzunehmen ist.

445 Das Pendant zum Feststellungsinteresse in § 43 VwGO ist in der Fortsetzungsfeststellungsklage gemäß § 113 Abs. 1 Satz 4 VwGO das **Fortsetzungsfeststellungsinteresse**.

446 § 113 Abs. 1 Satz 4 VwGO fordert wie § 43 VwGO, dass der Kläger ein „berechtigtes Interesse" an der Feststellung haben müsse. Im Falle von § 113 Abs. 1 Satz 4 VwGO ist damit die Feststellung der Rechtswidrigkeit des Verwaltungsaktes gemeint. Aufgrund der Wortgleichheit lässt die Rechtsprechung des BVerwG grundsätzlich jedes nach Lage des Falles anzuerkennende schutzwürdige Interesse rechtlicher, wirtschaftlicher oder auch ideeller Art genügen, wenn es geeignet ist, die Position des Klägers zu verbessern.[302]

447 Sehr häufig findet man darüber hinaus auch die Formulierung, das Fortsetzungsfeststellungsinteresse bestehe bei konkreter Wiederholungsgefahr, der Präjudizialität von

---

298 Vgl. statt vieler *Schoch/Schneider/Pietzcker*, VwGO, § 43 Rn. 29.
299 Vgl. *Schoch/Schneider/Pietzcker*, VwGO, § 43 Rn. 30.
300 Dazu unten Kapitel Verwaltungsvollstreckungsrecht, Rn. 48 ff.
301 *Schoch/Schneider/Pietzcker*, VwGO § 43 Rn. 33.
302 Ausführliche Nachweise bei *Schoch/Schneider/Rieße*, VwGO § 113 Rn. 123.

Schadensersatz- oder Entschädigungsansprüchen sowie bei einem Rehabilitationsinteresse.[303] Diese drei Kriterien, wobei als Unterfall auch der Begriff der „tiefgreifenden Grundrechtsverletzung" hinzukommt,[304] können in einer Klausur als typische Fälle des Fortsetzungsfeststellungsinteresses herangezogen werden. Keinesfalls dürfen die Fallgruppen Wiederholungsgefahr, Schadensersatzpräjudiz und Rehabilitationsinteresse dahin gehend verstanden werden, dass **ausschließlich** bei deren Vorliegen das Fortsetzungsfeststellungsinteresse gegeben ist. Diese Auslegung findet im Wortlaut der Norm keine Stütze und geriete in Konflikt in der effektiven Rechtsschutzgarantie (Art. 19 Abs. 4 GG), weil es in vielen Fällen trotz der möglichen Verletzung subjektiver Rechte zu unzulässigen Klagen käme.

448 Völlig zu Recht wird darauf hingewiesen, dass diese drei Fallgruppen von manchen Gerichten konserviert worden seien, um die gerichtliche Überprüfung erledigter Verwaltungsakte in Grenzen zu halten.[305] Kommt man also in einer Klausur zu dem Ergebnis, dass keine der drei genannten Fallgruppen vorliegen, so sollte man darauf hinweisen, dass aufgrund der Wortgleichheit mit § 43 VwGO sowie der Funktion der Fortsetzungsfeststellungsklage im System effektiven Rechtsschutzes das Fortsetzungsfeststellungsinteresse auch bejaht werden muss, wenn (nur) ein schutzwürdiges Interesse rechtlicher, wirtschaftlicher oder ideeller Art vorliegt. Damit folgt man der Rechtsprechung des BVerwG und erkennt gleichzeitig, dass in Situationen, in denen bereits die Klagebefugnis gegeben ist, also eine mögliche Rechtsverletzung, ein rechtliches **Interesse**, welches geringer ist als eine mögliche Rechtsverletzung, bejaht werden muss.

449 Die Fortsetzungsfeststellungsklage gemäß § 113 Abs. 1 Satz 4 VwGO analog unterliegt **keiner Klagefrist**.[306] Die Klagefrist gemäß § 74 VwGO hat ihren Ursprung insbesondere in der Anfechtungsklage, in der es darum geht, durch die Einhaltung der Klagefrist die Bestandskraft des Verwaltungsaktes zu verhindern. Ein erledigter Verwaltungsakt ist aber nicht mehr der Bestandskraft fähig, da er eben schon erledigt ist, so dass auch eine analoge Anwendung von § 74 VwGO keinen Sinn ergäbe. Ebenso bedarf es auch keiner Durchführung eins **Widerspruchsverfahrens**, wenn sich ein Verwaltungsakt innerhalb der Widerspruchsfrist erledigt. Allerdings ist es nicht zulässig, eine Fortsetzungsfeststellungsklage zu erheben, wenn der Ausgangsbescheid bereits bestandskräftig geworden ist.[307]

450 Insgesamt ist somit festzustellen, dass sich die analoge Fortsetzungsfeststellungsklage und die Feststellungsklage bei erledigten Verwaltungsmaßnahmen aneinander annähern. Der Zeitpunkt, auf die analoge Fortsetzungsfeststellungsklage ganz zu verzichten, scheint indes noch nicht gekommen.

---

303 Vgl. *Schoch/Schneider/Rieße,* VwGO § 113 Rn. 125.
304 *Schoch/Schneider/Rieße* aaO. Offen bleibt die Frage, ob es auch „flachgreifende" Grundrechtsverletzungen gibt.
305 *Schoch/Schneider/Rieße* aaO, Rn. 125.
306 *Schoch/Schneider/Meissner/Schenck,* VwGO § 74, Rn. 12 mwN.
307 *Schoch/Schneider/Meissner/Schenck,* VwGO § 74 Rn. 15.

2. Anspruch auf polizeiliches Einschreiten

451 Ein Anspruch auf polizeiliches Einschreiten wird üblicherweise mit der Verpflichtungs- oder Leistungsklage durchgesetzt. Auch hier muss differenziert werden, ob ein Verwaltungsakt oder ein Realakt begehrt wird.

452 **Beispiel:**

X verklagt die Polizei, sie solle die Trompete des T beschlagnahmen, damit dieser nicht regelmäßig nachts auf dem Balkon stehend sein Instrument benutze. – Y verklagt die Polizei, sie solle den herrenlosen Wohnwagen auf dem Nachbargrundstück beseitigen.

453 An diesen Beispielen wird deutlich, dass bei der Bestimmung der Klageart ein besonderes Augenmerk darauf gelegt werden muss, ob ein Verwaltungsakt überhaupt ergehen kann. Dies ist bei der Beschlagnahmeverfügung im ersten Teil des Beispiels unproblematisch. Im zweiten Teil könnte man zunächst denken, dass man hinsichtlich eines herrenlosen Wohnwagens nur schwerlich einen adressatenbezogenen Verwaltungsakt erlassen kann. Bei genauerem Nachdenken stellt man jedoch fest, dass die Polizei zur Beseitigung des Wohnwagens ein fremdes Grundstück betreten muss, so dass gegen den dortigen Grundstückseigentümer (zumindest) eine Duldungsverfügung hinsichtlich des Betretens ergehen muss. Gleichwohl kann es Sachverhalte ergeben, in denen ausschließlich eine Leistungsklage in Betracht kommt.

454 **Beispiel:**

X klagt darauf, die Polizei möge ihre Fahrzeuge nicht regelmäßig in seiner Grundstückseinfahrt abstellen.

455 Hinsichtlich der Klagebefugnis steht hinter dem Begehren auf Einschreiten ein möglicher Anspruch. Dieser kann sich bei Ermächtigungsgrundlagen über den Charakter der Ermessensentscheidung ergeben, da die Polizei zum Schutz der öffentlichen Sicherheit handelt, welche auch und insbesondere die Grundrechte Dritter erfasst. Dies gilt auch, wenn von einer polizeirechtlichen Ermächtigungsgrundlage im Wege des Realakts Gebrauch gemacht werden soll. Geht es ausschließlich um den Schutz privater Rechte iSv § 2 Abs. 2 PolG,[308] sollte dies bei der Klagebefugnis ausgesprochen werden, auch wenn § 2 Abs. 2 PolG eine Zuständigkeitsnorm darstellt und die Frage, ob der Anspruch wirklich besteht, der Begründetheit vorbehalten werden muss.

456 Schließlich ist auch beim **Klagegegner** auf Besonderheiten zu achten. Ob in diesen Fällen die Gemeinde (als Rechtsträger der Ortspolizeibehörde) oder das Land Baden-Württemberg (für den Polizeivollzugsdienst) zu verklagen ist, muss anhand des Sachverhalts ermittelt werden. Ist der Sachverhalt in dieser Richtung offen, etwa bei einer Fragestellung dahin gehend, was die betroffene Person für Möglichkeiten hat, dann ist insbesondere darauf zu achten, dass bestimmte Ermächtigungsgrundlagen dem Polizeivollzugsdienst entzogen sind. So kann eine Maßnahme nach der polizeilichen Generalklausel (§§ 1, 3 PolG) vom Polizeivollzugsdienst nur unter den Zuständigkeitsvoraussetzungen des § 105 Abs. 2 PolG durchgeführt werden, also in einem **Eilfall**. Wird aber eine normale verwaltungsgerichtliche Klage erhoben, so muss man durchschnitt-

---

308 Dazu oben ausführlich Rn. 125 ff.

lich mit rund einem Jahr Verfahrensdauer rechnen. In dieser Zeit kann die gemäß § 105 Abs. 1 oder Abs. 3 PolG zuständige Ortspolizeibehörde gewiss einschreiten. Selbst ein Verfahren des vorläufigen Rechtsschutzes wird nicht innerhalb von wenigen Stunden entschieden, so dass auch dort ein Antragsgegner, der nur gemäß § 105 Abs. 2 PolG aufgrund seiner Eilzuständigkeit handeln könnte, nicht der Richtige wäre.

Wie an anderer Stelle bereits ausführlicher dargestellt,[309] ist eine Klage auf polizeiliches Einschreiten begründet, wenn der Anspruch besteht, wenn bei den polizeilichen Ermächtigungsgrundlagen also eine Ermessensreduzierung auf Null gegeben ist. Dabei ist, wenn einschlägig, § 2 Abs. 2 PolG[310] als zusätzliche Zuständigkeitsnorm zu erwähnen. Ein Bescheidungsurteil (§ 113 Abs. 5 Satz 2 VwGO) ergeht dann, wenn der Anspruch nicht gegeben ist, die ablehnende Ermessensentscheidung aber rechtswidrig war. 457

3. Inhaltskontrolle von Polizeiverordnungen

Polizeiverordnungen unterliegen der Überprüfung im Wege der Normenkontrolle gemäß § 47 VwGO, § 4 AGVwGO.[311] § 4 AGVwGO ermöglicht überhaupt erst die Kontrolle von „anderen im Rang unter dem Landesgesetz stehenden Rechtsvorschriften" iSv § 47 Abs. 1 Nr. 2 VwGO, so dass die Norm in Klausuren stets mitzuzitieren ist. 458

In der Zulässigkeitsprüfung der Normenkontrolle sind die Voraussetzungen des § 47 Abs. 2 VwGO zu beachten, insbesondere die Jahresfrist des § 47 Abs. 2 Satz 1 VwGO. Ähnlich wie bei der Klagebefugnis muss die mögliche Rechtsverletzung durch die Vorschrift dargelegt werden. Dabei meint „Rechtsvorschrift" nicht etwa lediglich einen einzelnen Paragrafen einer Polizeiverordnung, sondern die Polizeiverordnung insgesamt. Die Überprüfung im Wege der Normenkontrolle führt also dazu, dass die gesamte Verordnung auf den Prüfstand gestellt wird.[312] 459

Da die Normenkontrolle ein objektives Beanstandungsverfahren darstellt,[313] ist in der Begründetheit der Normenkontrolle lediglich die objektive Rechtswidrigkeit der Verordnung zu prüfen; eine Rechtsverletzung, wie sie insbesondere § 113 Abs. 1 Satz 1 VwGO bei der Anfechtungsklage kennt, ist zur Begründetheit eines Normenkontrollverfahrens nicht erforderlich. 460

XV. Fragen zur Lernkontrolle

Die folgenden Fragen dienen zur Kontrolle, ob Sie den Stoff verstanden haben. Wie in den anderen Rechtsgebieten gilt auch hier die Empfehlung, dass Sie sich zu den Antworten eigene Notizen machen, bevor Sie sie unter den Randnummern nachschlagen. Empfehlenswert ist auch, sich in einer Arbeitsgruppe die Antworten gegenseitig 461

---

309 Oben Rn. 252 ff.
310 Oben Rn. 125 ff.
311 Zur Normenkontrolle bei Bebauungsplänen vgl. Kapitel Baurecht, Rn. 406 ff.
312 Vertiefend *Schoch/Schneider/Panzer*, VwGO vor § 47 Rn. 4.
313 Vgl. BVerwG 6 BN 1.12, Rn. 8.

§ 3 Polizeirecht

abzufragen. Das hier erarbeitete Wissen bedarf der weiteren Ergänzung durch das Training an prüfungstypischen Fällen.

1. Welche Gemeinsamkeiten haben die polizeirechtlichen Ermächtigungsgrundlagen? (Rn. 25 ff.)
2. Welche Rechtsbehelfe kommen bei erledigten polizeilichen Maßnahmen in Betracht? (Rn. 8)
3. Welche Rechtsnorm ist regelmäßig zur Abgrenzung zwischen präventiver und repressiver Tätigkeit der Polizei heranzuziehen? (Rn. 11)
4. Was versteht man unter einer doppelfunktionalen Maßnahme und wie wird sie zugeordnet? (Rn. 12 ff.)
5. Kann ein Erbbauberechtigter als Polizeipflichtiger nach § 7 PolG herangezogen werden? (Rn. 19 f.)
6. Wie ist der Gefahrenbegriff zu definieren, wie der Begriff der „öffentlichen Sicherheit"? (Rn. 28)
7. Was versteht man unter eine Anscheins-, was unter einer Putativgefahr? (Rn. 33 ff.)
8. Welche Kriterien sind heranzuziehen, um eine Gefahr annehmen zu können? (Rn. 37 ff.)
9. Warum kann ein „Gefahrenverdacht" nicht zur Anwendung polizeilicher Ermächtigungsgrundlagen herangezogen werden? (Rn. 45 ff.)
10. Welche Arten von Adressaten bezüglich einer polizeilichen Maßnahme kommen in Betracht? (Rn. 50 ff.)
11. Was versteht man unter der Theorie der unmittelbaren Verursachung? (Rn. 60 f.)
12. Woran knüpft die Eigenschaft des Zustandsstörers an? (Rn 62 ff.)
13. Nach welchen Kriterien sind Ermessensentscheidungen zu überprüfen, welcher allgemeine Verwaltungsgrundsatz ist für polizeirechtliche Ermessensentscheidungen prägend? (Rn. 71 ff.)
14. Wo findet der Verhältnismäßigkeitsgrundsatz eine gesetzliche Grundlage und was bedeutet er? (Rn. 78 ff.)
15. Wie geht man bei der Suche nach der richtigen Ermächtigungsgrundlage im Polizeirecht systematisch vor? (Rn. 85 ff.)
16. Welches sind die Zuständigkeitsnormen für die Polizeibehörde und den Polizeivollzugsdienst? (Rn. 109 ff.)
17. Wann kann eine Zuständigkeit des Polizeivollzugsdienstes gemäß § 105 Abs. 2 PolG bejaht werden? (Rn. 120 f.)
18. Welche Bedeutung hat § 2 Abs. 2 PolG? (Rn. 125 ff.)
19. Was ist ein gemeindlicher Vollzugsbediensteter? (Rn. 136 ff.)
20. Wie unterscheiden sich Amtshilfe (§ 119 PolG) und Vollzugshilfe (§ 105 Abs. 5 PolG)? (Rn. 139 ff.)
21. Erläutern Sie den Begriff der „Störung"! (Rn. 163)
22. Warum wurden § 26 Abs. 1 Nr. 4 und Nr. 5 PolG aF vom BVerfG für nichtig erklärt? (Rn. 166 ff.)
23. Wie viele Ermächtigungsgrundlagen enthält § 30 PolG? Beschreiben Sie diese Ermächtigungsgrundlagen! (Rn. 168 ff.)
24. Wie wird der Begriff des Gewahrsams definiert? (Rn. 180)
25. Wie ist der Begriff der Wohnung iSv § 36 PolG zu definieren? (Rn. 207)
26. Was versteht man unter einer „dringenden Gefahr"? (Rn. 211)
27. Wie unterscheiden sich Sicherstellung und Beschlagnahme? (Rn. 216 ff.)
28. Beschreiben Sie das Verhältnis zwischen § 81b StPO und § 41 PolG hinsichtlich erkennungsdienstlicher Maßnahmen! (Rn. 224 ff.)
29. Welche beiden (vom BVerfG erfundenen) Grundrechte sind im Zusammenhang mit der Datenerhebung relevant? (Rn. 233 ff.)
30. In welchen Fällen kommt die Anwendung der polizeilichen Generalklausel in Betracht? (Rn. 244 ff.)
31. Wie grenzt sich die unmittelbare Ausführung von der Verwaltungsvollstreckung ab? (Rn. 266 ff.)
32. Wie ist die Rechtmäßigkeit einer durch unmittelbare Ausführung ergangenen polizeiliche Maßnahme zu prüfen? (Rn. 275 ff.)

33. Wann ist ein Abschleppfall als unmittelbare Ausführung anzusehen? (Rn. 294 ff.)
34. Welche sind die Kriterien für die Verhältnismäßigkeit einer Abschleppmaßnahme? (Rn. 303)
35. Unter welchen Voraussetzungen kann eine Polizeiverordnung ergehen? (Rn. 307 ff.)
36. Wie ist der Begriff der „abstrakten Gefahr" zu definieren? (Rn. 312)
37. Welche Besonderheiten gelten bei örtlichen Alkoholkonsumverboten gemäß § 18 PolG? (Rn. 328 ff.)
38. Worin besteht die Problematik der Rechtsnachfolge im Polizeirecht? (Rn. 352 ff.)
39. In welchen Konstellationen erscheinen Rechtsnachfolgefälle als eher unproblematisch? (Rn. 352)
40. Wodurch ist die Rechtsprechung des VGH Mannheim hinsichtlich der Erhebung von Polizeikosten gekennzeichnet? (Rn. 367, 372)
41. Nennen Sie die wichtigsten Normen für die Erhebung von Polizeikosten! (Rn. 363, 372, 375 ff.)
42. Charakterisieren Sie den Entschädigungsanspruch aus § 100 PolG! (Rn. 386 ff.)
43. Welche Voraussetzungen sind hinsichtlich der polizeilichen Maßnahme erforderlich und welchen Umfang hat der Anspruch? (Rn. 386 ff.)
44. Welche Personen können außer den Beamten im Sinne des Beamtenrechts ebenfalls noch als Beamte iSv § 839 BGB bezeichnet werden? (Rn. 390)
45. Definieren Sie das Grundrecht der Versammlungsfreiheit! (Rn. 404 ff.)
46. Wann können im Zusammenhang mit einer Versammlung die Ermächtigungsgrundlagen des Versammlungsgesetzes angewandt werden? (Rn. 411 ff.)
47. Nach welchen Vorschriften kann die Polizei einen Versammlungsteilnehmer von der Versammlung ausschließen? (Rn. 416 f.)
48. Welche Bedeutung hat der Begriff der „öffentlichen Ordnung" im Versammlungsrecht? (Rn. 418 ff.)
49. Welche Klagearten sind bei erledigten polizeilichen Maßnahmen einschlägig und wie grenzen sie sich gegeneinander ab? (Rn. 425 ff.)
50. Mit welchen Klagen wird ein Anspruch auf polizeiliches Einschreiten durchgesetzt? (Rn. 451 ff.)
51. Welche Norm des Landesrechts ist bei der Zulässigkeitsprüfung einer Normenkontrolle gegen eine Polizeiverordnung zu zitieren? (Rn. 458 ff.)

XVI. Fälle

Auch im Polizeirecht sollen die Fälle bei weitem nicht sämtliche Themen ansprechen, die zum Rechtsgebiet gehören. Vielmehr zeigen die Fälle auch hier in erster Linie, wie Falllösungen aufgebaut und formuliert werden müssen. Die Fälle sind sowohl für eine universitäre Fortgeschrittenenprüfung als auch erst recht für eine Examensklausur zu kurz und zu einfach. Anders als in den anderen Rechtsgebieten wird hier, insbesondere angesichts der typischen Klausurkonstellation der Überprüfung erledigter polizeilicher Maßnahmen, auch auf Fragen des Verwaltungsprozessrechts eingegangen. Lösen Sie, um einen Lerneffekt zu erzielen, die Fälle zuerst selbst, zumindest in Form einer Gliederung, bevor Sie die Lösung lesen. Bewusst sind deshalb zunächst alle Sachverhalte und erst danach die Lösungen abgedruckt.

Fall 1

Im Wildparkstadion findet das baden-württembergische Derby KSC gegen den VfB Stuttgart statt. Der KSC, der sich schon für die Champions League qualifiziert hat, könnte mit einem Heimsieg den VfB Stuttgart in Abstiegsgefahr bringen. KSC-Fan T kann nicht ins Stadion kommen und gibt, um sich ständig informieren zu lassen, dem R sein Designer-Handy „Badish Dynamite", das die Form einer Handgranate hat, ins Stadion mit.

Am Stadioneingang ist ein großes Aufgebot der Bereitschaftspolizei des Landes Baden-Württemberg aufgezogen, das die meisten Stadionbesucher durchsucht. Als R durchsucht wird, entdeckt

§ 3 Polizeirecht

der Polizist P das Handy. Obwohl R beteuert, dass es sich um ein Telefon handele, ist P der Auffassung, R wolle den „Sprengsatz" auf feindliche Fans werfen. Während der Diskussion klingelt das Handy. P erlaubt R nicht, das Handy zu bedienen und beschlagnahmt stattdessen das Gerät gem. § 38 Abs. 1 Nr. 1 PolG. Nach dem Spiel gelingt es R, das Handy vom Vorgesetzten des P zurückzubekommen, nachdem dieser die Ungefährlichkeit des Gegenstandes erkannt hat.

R klagt vor dem örtlich und sachlich zuständigen Verwaltungsgericht Karlsruhe auf die Feststellung, dass die Beschlagnahme des Handys rechtswidrig gewesen sei. Das beklagte Land ist der Meinung, alles sei rechtmäßig gewesen. Außerdem könne nicht R, sondern allenfalls der Eigentümer T klagen.

Ist die Klage des R zulässig und begründet?

464 **Fall 2**

Der Pfälzer P hat ein Einfamilienhaus in Freiburg geerbt und räumt es leer, weil er es verkaufen will. Als er einige Wochen später wieder zu seinem Haus kommt, stellt er fest, dass mehrere Wohnsitzlose von dem Haus Besitz ergriffen und es zu ihrem Treffpunkt erklärt haben. Die sanitären Anlagen wurden beschädigt; Fenster wurden eingeworfen und mit alten Zeitungen wurde im Wohnzimmer ein Lagerfeuer entfacht. P stellt Strafantrag wegen Hausfriedensbruch und Sachbeschädigung. Einen zivilrechtlichen Räumungstitel erwerben kann er nicht, weil er die Namen der Personen nicht kennt. Er beantragt deshalb, die Polizeibehörde der Stadt Freiburg im Wege vorläufigen Rechtsschutzes dazu zu verpflichten, gegen die Wohnsitzlosen Platzverweise auszusprechen.

Ist der Antrag zulässig und begründet?

465 **Fall 3**

Bauunternehmer U hat vor der Feuerwehrausfahrt eine kleinere Menge Sand abgeladen, die er zu Reparaturmaßnahmen am Feuerwehrhaus verwenden will. Polizist P fordert ihn rechtmäßigerweise auf, den Sand wegzuräumen. U weigert sich, da es 16 Uhr und somit Feierabend sei. P droht an, den Sand von einem anderen Unternehmen wegräumen zu lassen; dies würde ca. EUR 90,00 kosten, die U zu tragen habe. U will jedoch seinen verdienten Feierabend genießen und geht nach Hause.

P beauftragt den Betrieb K mit den Räumungsarbeiten. Nach Durchführung stellt K EUR 160,00 in Rechnung. Die Polizei fordert den U durch Bescheid auf, die EUR 160,00 zuzüglich einer Gebühr für den Bescheid in Höhe von EUR 50,00 zu zahlen. U hält die Summe für zu hoch.

1. **Hat ein Widerspruch des U gegen den Kostenbescheid aufschiebende Wirkung?**
2. **Ist der Kostenbescheid rechtmäßig?**

466 **Lösung Fall 1**

I. Zulässigkeit der Klage des R

1. **Rechtsweg**
   Der Verwaltungsrechtsweg gem. § 40 Abs. 1 Satz 1 VwGO ist gegeben, da es sich um eine Streitigkeit auf dem Gebiet des Polizeirechts handelt. Eine anderweitige Zuweisung ist nicht ersichtlich. Insbesondere scheidet § 23 EGGVG aus, da ein Handeln im Wege der Strafverfolgung nicht in Betracht kommt.

2. **Klageart**
   Da sich mit der Aufhebung der Beschlagnahme ein Verwaltungsakt erledigt haben könnte, kommt nur noch die Fortsetzungsfeststellungsklage nach § 113 Abs. 1 Satz 4 VwGO in Betracht.
   Dann müsste die Beschlagnahmeverfügung ein Verwaltungsakt sein (§ 35 LVwVfG). Die Beschlagnahme nach § 38 I Nr. 1 PolG stellt eine Regelung mit Außenwirkung dar, da sie dem R den Besitz über das Handy entzogen hat. Dieser Verwaltungsakt hatte sich erledigt. Unter Erledigung ist der Wegfall der rechtlichen und sachlichen Beschwer zu verstehen. Hier hat sich der VA durch die Rückgabe des Handys erledigt, vgl. § 113 Abs. 1 Satz 4 VwGO.

268

Fraglich bleibt aber, ob die Fortsetzungsfeststellungsklage gem. § 113 Abs. 1 Satz 4 VwGO ihrem Wortlaut nach anwendbar bleibt. Der Gesetzeswortlaut spricht davon, dass der Verwaltungsakt sich „vorher" erledigt haben muss. Dies zielt aber nur darauf ab, dass sich bei einer erhobenen Anfechtungsklage der Verwaltungsakt nach Klageerhebung während des anhängigen Prozesses erledigt.
Dies ist hier nicht der Fall, weil hier schon eine Erledigung vor Klageerhebung stattfand. In diesen Fällen wird aber, wie auch bei der hier nicht vorliegenden Verpflichtungsklagesituation, § 113 Abs. 1 Satz 4 VwGO analog angewandt.
Die Fortsetzungsfeststellungsklage ist also die richtige Klageart.

3. **Klagebefugnis**
R muss zur Klagebefugnis geltend machen, in eigenen Rechten verletzt zu sein, § 42 Abs. 2 VwGO. Als Nichteigentümer des Handys kann er zwar kein Grundrecht aus Art. 14 GG geltend machen; er ist aber Adressat der polizeilichen Maßnahme gewesen. Daher wurde R möglicherweise in seiner allgemeinen Handlungsfreiheit (Art. 2 Abs. 1 GG) verletzt und ist somit klagebefugt, § 42 Abs. 2 VwGO.

4. **Fortsetzungsfeststellungsinteresse**
Wegen der insoweit bestehenden Wortgleichheit mit § 43 VwGO wird daher zunehmend gefordert, die beiden Normen gleich zu behandeln und deshalb an das Fortsetzungsfeststellungsinteresse gem. § 113 Abs. 1 Satz 4 VwGO keine strengeren Anforderungen zu stellen als an das Feststellungsinteresse bei einer Feststellungsklage. Nach dieser Auffassung genügt daher für das Fortsetzungsfeststellungsinteresse jedes nach vernünftigen Erwägungen nach Lage des Falles anzuerkennende Interesse rechtlicher, wirtschaftlicher oder auch ideeller Art. Demgegenüber wird noch die Auffassung vertreten, das in § 113 Abs. 1 Satz 4 VwGO geforderte besondere Feststellungsinteresse müsse sich grundsätzlich aus Wiederholungsgefahr, Rehabilitationsinteresse oder im Hinblick auf einen bevorstehenden Schadensersatzprozess ergeben, in letzterem Fall jedoch nur, wenn sich der VA nach Klageerhebung erledigt hat.
Die Frage nach den Anforderungen an das Fortsetzungsfeststellungsinteresse kann hier offenbleiben, denn auch nach der strengeren Auffassung ergibt sich hier das Fortsetzungsfeststellungsinteresse des R jedenfalls aus einer konkreten Wiederholungsgefahr. Es ist nicht ausgeschlossen, dass R bei einem weiteren Fußballspiel das handgranatenähnliche Handy wieder weggenommen wird. Das Fortsetzungsfeststellungsinteresse des R ist damit gegeben.

5. **Vorverfahren**
Vorliegend wurde kein Widerspruch eingelegt. Sinn und Zweck des Widerspruchsverfahrens ist, dass mithilfe eines Widerspruchsbescheides Abhilfe geschaffen werden kann. Hier ist keine Abhilfe mehr möglich, da eine Abhilfeentscheidung aufgrund der schnellen Erledigung des Verwaltungsaktes in einem Widerspruchsverfahren nicht mehr geschehen kann. Die Einlegung eines Widerspruchs war also entbehrlich.

6. **Klagefrist**
Man könnte daran denken, § 74 VwGO, der für die Anfechtungsklage gilt, analog auch auf die Fortsetzungsfeststellungsklage anzuwenden. Sinn einer Klagefrist ist es, der Behörde einerseits einen Zeitraum einzuräumen, ab dem der VA bestandskräftig ist und sie ihn notfalls vollstrecken kann, und dem Kläger andererseits die Gewissheit zu verschaffen, aufgrund der aufschiebenden Wirkung der Anfechtungsklage (§ 80 Abs. 1 VwGO) während der Rechtshängigkeit davor sicher zu sein, den Verwaltungsakt nicht erfüllen zu müssen.
Im Falle eines vor Klageerhebung erledigten VA ist diese Interessenlage nicht gegeben, denn der Verwaltungsakt hat sich erledigt und kann nicht mehr bestandskräftig werden. Der Kläger kann keine aufschiebende Wirkung mehr für die Zukunft erreichen. Demnach ist § 74 VwGO vorliegend nicht analog anwendbar; bei der vorliegenden Fortsetzungsfeststellungsklage gibt es keine Frist.
Allenfalls wäre an eine Verwirkung des Klagerechts zu denken; dies kommt aber in einem so frühen Zeitraum nicht in Betracht.

7. Beteiligtenfähigkeit
H und das Land Baden-Württemberg sind nach § 61 Nr. 1 VwGO beteiligtenfähig.
8. Zuständiges Verwaltungsgericht
Das VG Karlsruhe ist lt. Sachverhalt örtlich und sachlich zuständig.
Die Klage ist zulässig.
II. Begründetheit der Klage
Die gem. § 78 Abs. 1 Nr. 1 VwGO gegen das Land Baden-Württemberg zu richtende Klage ist begründet, wenn der VA rechtswidrig war und den Kläger in seinen Rechten verletzt hat (§ 113 Abs. 1 Satz 4 VwGO).

1. Ermächtigungsgrundlage
Ermächtigungsgrundlage für den Verwaltungsakt ist lt. Sachverhalt § 38 Abs. 1 Nr. 1 PolG.

2. Formelle Rechtmäßigkeit
Die Zuständigkeit des handelnden Polizeivollzugsdienstes ergibt sich aus § 105 Abs. 3 PolG, in dem die Beschlagnahme ausdrücklich aufgeführt ist.
Eine Anhörung iSv § 28 Abs. 1 LVwVfG hat stattgefunden, da R in der Diskussion mit P die Möglichkeit hatte, seine Rechtsauffassung zu äußern.
Im Übrigen sind keine Verfahrensfehler ersichtlich.

3. Materielle Rechtmäßigkeit
Der VA war materiell rechtmäßig, wenn die Voraussetzungen des § 38 Abs. 1 Nr. 1 PolG gegeben sind. § 38 Abs. 1 Nr. 1 PolG verlangt zunächst das Vorliegen einer „unmittelbar bevorstehenden Störung der öffentlichen Sicherheit". Darunter versteht man eine Gefahrenlage, bei der der Eintritt eines Schadens an polizeilichen Schutzgütern in allernächster Zeit mit an Sicherheit grenzender Wahrscheinlichkeit zu erwarten ist.
Objektiv lag eine solche Gefahr jedenfalls insoweit nicht vor, weil das Handy nicht geeignet war, polizeiliche Schutzgüter (d.i. die öffentliche Sicherheit, also insbesondere Grundrechte anderer) in Form einer Explosion zu schädigen.
Eine nicht wirkliche Gefahr wird jedoch dann wie eine echte Gefahr behandelt, wenn man von einer „Anscheinsgefahr" sprechen kann. Diese ist dann gegeben, wenn aus der ex-ante-Sicht des objektiv-verständigen Polizisten bei seiner pflichtgemäßen Sachverhaltsprüfung tatsächliche Anhaltspunkte bestanden, die auf einen Schadenseintritt an einem polizeilichen Rechtsgut schließen lassen. Sie liegt aber dann nicht vor, wenn ein objektiv-verständiger Polizist ex ante erkennen mußte, daß keine Gefahr vorlag (Subsumtionsfehler; „Scheingefahr" oder „Putativgefahr").
Vorliegend musste der Polizist aus seiner ex-ante-Sicht erkennen, dass es sich um keine Handgranate, sondern um ein Telefon handelte, zumal das Gerät ihm noch vor der Beschlagnahme in dieser Funktion erkennbar war, als es klingelte. Es lag also eine Putativgefahr vor, die einer realen Gefahr nicht gleichgesetzt werden kann.
Demnach war auch keine „Störung", die eine Gefahr voraussetzt, iSv § 38 Abs. 1 Nr. 1 PolG gegeben.
Die Beschlagnahme war rechtswidrig. Dadurch wurde R als Adressat der Maßnahme in seinen Rechten verletzt.
Die Klage ist begründet.

Hinweis: aA vertretbar. Aus der ex-ante-Sicht eines objektiv-verständigen Polizisten könnte man auch eine konkrete Gefahr annehmen, weil durch das Hervorzeigen des Handys im Zuschauerblock Panik entstehen könnte. Würde man danach – noch vertretbar – auch eine unmittelbar bevorstehende Störung der öffentlichen Sicherheit annehmen, weil der Schadenseintritt (Panik) in allernächster Zeit zu erwarten ist, gelangt man zur Ermessens- und Verhältnismäßigkeitsprüfung. Ermessensfehlerfrei hat der Polizist unter T und R den Störer nach dem Grundsatz der Effektivität der Gefahrenabwehr ausgewählt; jedoch dürfte die Maßnahme unverhältnismäßig sein (§ 5 PolG), da als milderes Mittel die Untersagung der Benutzung des Handys im Zuschauerblock in Betracht kommt.

Lösung Fall 2

I. Zulässigkeit des Antrages auf vorläufigen Rechtsschutz

1. **Rechtsweg zum Verwaltungsgericht**
   In Ermangelung einer Spezialzuweisung, die § 40 Abs. 1 Satz 1 VwGO vorrangig wäre, ist der Rechtsweg zum Verwaltungsgericht in allen öffentlich-rechtlichen Streitigkeiten nichtverfassungsrechtlicher Art gegeben. Öffentlich-rechtlich ist eine Streitigkeit dann, wenn die streitentscheidenden Normen dem Öffentlichen Recht zuzuordnen sind. Im vorliegenden Fall begehrt P ein polizeiliches Einschreiten, also ein hoheitliches Handeln kraft Über-Unterordnungsverhältnis und gerade keinen zivilrechtlichen Räumungstitel.
   Es könnte aber die anderweitige Zuweisung des § 23 EGGVG in Betracht kommen, der die Entscheidung über Justizverwaltungsakte den ordentlichen Gerichten zuweist.
   § 23 EGGVG kommt nur dann in Betracht, wenn die Polizei repressiv, also zur Strafverfolgung handeln soll. Es ist vorliegend zwar nicht ausgeschlossen, dass die Wohnsitzlosen sich strafbar gemacht haben und die Polizei auch deshalb einschreiten könnte. Entscheidend ist aber, dass die Maßnahme, die P begehrt, keine des Strafprozessrechts ist: Nach StPO könnte die Polizei die Täter möglicherweise festnehmen oder die Personalien feststellen, jedenfalls aber nicht das Betreten des Hauses verbieten. Dies ist eine klar präventiv-polizeiliche Maßnahme. § 23 EGGVG, der nur für repressive polizeiliche Maßnahmen einschlägig ist, kommt nicht zur Anwendung. Der Rechtsweg zum Verwaltungsgericht ist gegeben.

2. **Statthafte Antragsart**
   P begehrt vorläufigen Rechtsschutz. Welche der (abgesehen vom Sonderfall § 47 Abs. 6 VwGO) beiden in der VwGO vorgesehenen vorläufigen Rechtsschutzarten einschlägig ist, richtet sich zunächst nach § 123 Abs. 5 VwGO. Danach ist der Rechtsschutz nach §§ 80 Abs. 5 VwGO vorrangig. Dieser kommt aber nur in Betracht, wenn es um die aufschiebende Wirkung eines bereits erlassenen Verwaltungsaktes geht. Ein solcher liegt hier jedoch nicht vor, da er von P gerade erst begehrt wird. Nach § 123 Abs. 5 VwGO ist daher die einstweilige Anordnung nach § 123 VwGO die richtige Antragsart. Einschlägig ist hier die einstweilige Anordnung im Sinne einer „Regelungsanordnung", da eine bestehende Rechtsposition erweitert werden soll.

3. **Antragsbefugnis**
   Gem. § 42 Abs. 2 VwGO analog muss der Antragsteller geltend machen, möglicherweise einen Anspruch auf polizeiliches Einschreiten zu haben. Dann wäre er durch die Ablehnung des Handelns möglicherweise in seinen eigenen Rechten verletzt.
   Ein möglicher Anspruch auf Einschreiten ergibt sich aus § 30 Abs. 1 PolG. Ein Platzverweis, also das Gebot an die Wohnsitzlosen, das Haus zu verlassen und nicht wieder zu betreten, ist („kann") eine Ermessensentscheidung. Möglicherweise ist das Ermessen aufgrund des Eigentumsgrundrechts (Art. 14 GG) des P auf Null reduziert. Zumindest aber hat P ein Recht auf ermessensfehlerfreie Entscheidung. Die Antragsbefugnis ist gegeben.

4. **Beteiligtenfähigkeit**
   Gem. § 61 Nr. 1 VwGO sind P und die Stadt Freiburg beteiligtenfähig.

5. **Prozessfähigkeit**
   P ist gem. § 62 Abs. 1 VwGO prozessfähig; die Stadt wird gem. § 62 Abs. 3 VwGO, §§ 42 Abs. 1 Satz 2, Abs. 4 GemO vom Oberbürgermeister vertreten.

6. **Zuständiges Gericht**
   Gem. § 123 Abs. 2 VwGO entscheidet das Gericht der Hauptsache. Somit ist das Verwaltungsgericht Freiburg gem. §§ 45, 52 Nr. 1 VwGO, 1 Abs. 2 AGVwGO, 12 Abs. 3 LVG örtlich und sachlich zuständig.

II. Begründetheit des Antrags

Der gem. § 78 Abs. 1 VwGO analog zutreffend gegen die Stadt Freiburg gerichtete Antrag ist begründet, wenn ein Anordnungsgrund und ein Anordnungsanspruch glaubhaft gemacht worden sind (vgl. §§ 123 VwGO, 920 Abs. 1, 294 ZPO) und keine unzulässige Vorwegnahme der Hauptsache vorliegt.

1. **Anordnungsgrund**
   Unter Anordnungsgrund versteht man die Eilbedürftigkeit der einstweiligen Anordnung. Es ist darauf abzustellen, welche Nachteile dem Antragsteller entstehen, wenn die einstweilige Anordnung nicht erlassen und er allein auf das Hauptsacheverfahren verwiesen würde. Vorliegend müsste P damit rechnen, dass sein Haus stark beschädigt würde, evtl. sogar abbrennen könnte, wenn er auf eine normale verwaltungsgerichtliche Klage, die evtl. erst nach einem Jahr terminiert wird, warten müsste. Die Eilbedürftigkeit ist gegeben.

2. **Anordnungsanspruch**
   Unter Anordnungsanspruch versteht man den materiellrechtlichen Anspruch des Antragstellers, der das Begehren trägt, das er mit dem Antrag verfolgt.

   a) **Bezeichnung der Anspruchsgrundlage**
   In Betracht kommt als spezialgesetzliche Rechtsvorschrift ein Anspruch aufgrund von § 30 Abs. 1 PolG, wobei dieser Platzverweis jeweils einzeln an die Wohnsitzlosen ergehen müsste.

   b) **formelle Anspruchsvoraussetzungen**
   Die Stadt Freiburg als Antragsgegner muss für das polizeiliche Einschreiten nach dieser Norm zuständig sein. Nach § 105 Abs. 1 PolG sind für die Wahrnehmung polizeilicher Aufgaben, soweit nichts anderes bestimmt ist, die Polizeibehörden zuständig. Sachlich zuständig ist dabei die Ortspolizeibehörde gem. § 111 Abs. 2 PolG. Dies ist gem. § 107 Abs. 4 PolG die Gemeinde, also die Stadt Freiburg.
   Diese Normen könnten allerdings durch die spezielle Zuständigkeitsregelung des § 2 Abs. 2 PolG überlagert sein, der an die Zuständigkeit der Polizei im Falle des Schutzes privater Rechte besondere Voraussetzungen knüpft. § 2 Abs. 2 PolG ist jedoch nur bei solchen privaten Rechten einschlägig, die ausschließlich von der Privatrechtsordnung geschützt sind und nicht auch zur „öffentlichen Sicherheit" iSv §§ 1, 3 PolG gehören, also rein zivilrechtliche Ansprüche. Da hier auch eine Sachbeschädigung und ein Hausfriedensbruch vorliegt, also Straftaten und eine Verletzung des durch Art. 14 GG geschützten Sacheigentums droht, geht es nicht um rein zivilrechtliche Ansprüche. § 2 Abs. 2 PolG ist also nicht einschlägig.

   c) **materielle Anspruchsvoraussetzungen**
   Der Anordnungsanspruch ist gegeben, wenn die Voraussetzungen der § 30 Abs. 1 PolG vorliegen. Da es sich um eine Ermessensentscheidung handelt, müssen die Tatbestandsvoraussetzungen vorliegen und zusätzlich das Ermessen auf Null reduziert sein.
   Erste Voraussetzung des präventiv-polizeilichen Tätigwerdens ist das Vorliegen einer Gefahr iSd Polizeirechts. Darunter versteht man einen Zustand oder ein Verhalten, das bei ungestörtem Geschehensablauf mit hinreichender Wahrscheinlichkeit zu einem Schaden an einem polizeilich geschützten Rechtsgut führen wird. Polizeilich geschützte Rechtsgüter sind – wie § 1 PolG deutlich macht – diejenigen der öffentlichen Sicherheit. Die öffentliche Sicherheit umfasst den Bestand des Staates und seiner Einrichtungen, den Schutz von Individualgütern und -rechten und den Schutz der Rechtsordnung, also des geschriebenen Rechts.
   Hier liegt ein Verstoß gegen die Rechtsordnung vor, denn es wird sowohl eine Sachbeschädigung (§ 303 StGB) und ein Hausfriedensbruch (§ 123 StGB) begangen, an deren Rechtswidrigkeit es insbesondere deshalb keinen Zweifel gibt, weil P Strafantrag gestellt hat.
   Liegt eine Gefahr vor, kann die Polizei(behörde) „nach pflichtmäßigem Ermessen" eine Maßnahme treffen. Ob P hierauf einen Anspruch hat, hängt davon ab, ob das Ermessen „auf Null" reduziert ist. Eine Ermessensreduzierung auf Null ist stets aufgrund von Grundrechten denkbar, nämlich dann, wenn ohne die Entscheidung im Sinne des Antragstellers der Verlust des Grundrechts droht. Würde im vorliegenden Fall die Polizei

keinen Platzverweis aussprechen, wäre konkret damit zu rechnen, daß das Haus des P, Eigentum iSv Art. 14 GG und damit Gegenstand eines Grundrechts, massiv beschädigt, uU sogar zerstört werden könnte. Das Ermessen ist somit auf Null reduziert. Ein Platzverweis wäre auch verhältnismäßig iSv § 5 PolG.
P hat einen Anspruch auf polizeiliches Einschreiten in Form eines Platzverweises.

3. **Keine unzulässige Vorwegnahme der Hauptsache**
Da der Rechtsschutz nach § 123 VwGO nur vorläufiger Natur ist, darf bei der einstweiligen Anordnung grundsätzlich die Hauptsache nicht vorweggenommen werden, dh es darf nicht dasselbe gewährt werden, was in einer verwaltungsgerichtlichen Klage gewährt werden könnte, sondern nur eine vorläufige Regelung.
Im vorliegenden Fall wird eine Vorwegnahme der Hauptsache erreicht: Mit einer Verpflichtungsklage gegen die Stadt Freiburg würde P dasselbe erreichen wie jetzt im vorläufigen Rechtsschutz, nämlich einen Platzverweis gegen die Wohnsitzlosen. Unter bestimmten Voraussetzungen ist jedoch vom Verbot der Vorwegnahme der Hauptsache eine Ausnahme zu machen, nämlich dann, wenn ohne eine Entscheidung zugunsten des Antragstellers für diesen schlechthin unzumutbare Nachteile entstünden *und* außerdem eindeutig überwiegende Erfolgsaussichten in der Hauptsache bestehen.
Dass in der Hauptsache überwiegende Erfolgsaussichten bestehen, wurde soeben bejaht, da die Voraussetzungen des Anspruchs aus § 30 Abs. 1 PolG gegeben sind. Fraglich ist nur, ob dem P ohne den Erlass der einstweiligen Anordnung unzumutbare Nachteile entstehen. Erhielte P die einstweilige Anordnung nicht, so müsste er auf ein polizeiliches Einschreiten so lange warten, bis er ein rechtskräftiges Hauptsacheurteil erhalten hätte. Dies könnte Jahre dauern. Inzwischen wäre durch das Verhalten der Wohnsitzlosen der Bestand seines Hauses gefährdet; es könnte zerstört werden. Diese massive Grundrechtsbeeinträchtigung muss P nicht hinnehmen, so dass es zum Schutz seines Grundrechts aus Art. 14 GG gerechtfertigt ist, den Grundsatz vom Verbot der Vorwegnahme der Hauptsache ausnahmsweise zu durchbrechen.
Der Antrag auf Erlass einer einstweiligen Anordnung ist begründet.

Lösung Fall 3

1. **Aufschiebende Wirkung des Widerspruchs**
Gem. § 80 Abs. 1 VwGO hat der Widerspruch gegen einen Verwaltungsakt grundsätzlich aufschiebende Wirkung, es sei denn, es greift eine Ausnahme iSv § 80 Abs. 2 VwGO ein. Vorliegend könnte es sich um die Anforderung öffentlicher Abgaben und Kosten iSv § 80 Abs. 2 Nr. 1 VwGO handeln.
Der Kostenbegriff in § 80 Abs. 2 Nr. 1 VwGO ist jedoch eng auszulegen. Darunter fallen nur Gebühren und Auslagen, die in einem Verwaltungsverfahren angefallen sind und die zur Deckung des Finanzbedarfs des Hoheitsträgers für die Erfüllung seiner öffentlichen Aufgaben dienen. Hier handelt es sich um Kosten einer Ersatzvornahme (EUR 160,00) und eine Verwaltungsgebühr für den Bescheid selbst (EUR 50,00). Kosten im Sinne von § 80 Abs. 2 Nr. 1 VwGO sind nur solche, die von allen erhoben werden, nach normativ bestimmten Tatbestand erfüllen und zur Deckung des Finanzbedarfs des Hoheitsträgers für die Erfüllung seiner öffentlichen Aufgaben dienen. Bei den Kosten für die Ersatzvornahme handelt es sich nicht um Kosten, die zur Deckung des allgemeinen Finanzbedarfs erhoben werden, da die Einnahmen des Hoheitsträgers hieraus nicht in einem Etat vorgesehen sind. Bezüglich der Kosten der Ersatzvornahme hat der Widerspruch also aufschiebende Wirkung. Hingegen verhält es sich mit den Verwaltungsgebühren anders. Sie wurden aufgrund von § 4 LGebG iVm einer entsprechenden Rechtsverordnung erhoben (Anm.: Diese Verordnungen sind nicht in den zum Examen zugelassenen Gesetzessammlungen abgedruckt.). Hier wirkt die Gebührenerhebung zur Deckung des Finanzbedarfs, der durch den Erlass des VA bei der Behörde entsteht. Hinsichtlich der Gebühr von EUR 50,00 sind also die Voraussetzungen des § 80 Abs. 2 Nr. 1 VwGO gegeben; der Widerspruch hat keine aufschiebende Wirkung.

2. **Rechtmäßigkeit des Kostenbescheids**
Der Kostenbescheid enthält zwei Regelungen: die Zahlung der Gebühr in Höhe von EUR 50,00 und die Zahlung der Unternehmerauslagen in Höhe von EUR 160,00.

a) **Auslagen**
Rechtsgrundlage des Kostenerstattungsanspruches in Höhe von EUR 160,00 ist §§ 25, 31 LVwVG.
Die Zuständigkeit ergibt sich aus § 4 LVwVG.
Materiell ist eine rechtmäßige Ersatzvornahme Voraussetzung. Sie setzt zunächst einen vollstreckbaren Grund-Verwaltungsakt voraus, § 2 LVwVG. Dieser liegt hier in der Anordnung, den Sand wegzuräumen. Dieser Verwaltungsakt war gem. § 2 Nr. 2 LVwVG, § 80 Abs. 2 Nr. 2 VwGO – unaufschiebbare Handlung eines Polizeivollzugsbeamten, da um diese Uhrzeit die Polizeibehörde nicht mehr erreichbar war – vollstreckbar. Eine Androhung iSv § 20 LVwVG hat stattgefunden. Die Vollstreckungshandlung selbst stellte sich auch in der Sache als Ersatzvornahme dar, da sie den Anforderungen des § 25 LVwVG genügte und die durch den Grund-VA begründete Handlungspflicht ersetzte.
Fraglich ist jedoch, ob U die Auslagen ersetzen muss, die über den Betrag von EUR 90,00 hinausgehen. Gemäß § 63 Abs. 1 PolG, § 20 Abs. 5 LVwVG sollen in der Androhung die voraussichtlichen Kosten der Ersatzvornahme angegeben werden. Diese Veranschlagung hat den Zweck, dem Pflichtigen die wirtschaftliche Belastung in etwa voraussehbar zu machen. Die Behörde führt mit der Auftragserteilung nicht eine eigene Obliegenheit aus, sondern ersetzt eine pflichtwidrig unterlassene Handlung durch eigenes Handeln. Hätte der U die Maßnahme selbst durchgeführt, hätte er auch das Kostenrisiko tragen müssen, wenn sich die Kosten höher als ursprünglich voraussehbar herausgestellt hätten. Das Vertrauen auf diese Veranschlagung ist damit nur wenig schutzwürdig, und der Polizeibehörde steht deshalb selbst bei wesentlicher Überschreitung des veranschlagten Betrages der volle Kostenerstattungsanspruch zu.

b) **Gebührenbescheid**
Nach § 4 LGebG iVm der entsprechenden Verordnung ist die Erhebung von Gebühren für Amtshandlungen der Behörde grundsätzlich möglich. Zuständig für die Gebühr ist die die Amtshandlung vornehmende Behörde gem. § 4 Abs. 1 LGebG. Die Gebührenerhebung ist aber rechtswidrig, wenn der ihr zugrundeliegende Verwaltungsakt rechtswidrig ist, weil sich die Anfechtung auf Gebühren- und Sachentscheidung gleichermaßen erstreckt (§ 24 LGebG) und dann die Gebühr nicht mehr dem Gebührenschuldner, sondern dem rechtswidrigen Grundverhalten der Behörde zuzurechnen ist (§ 5 Abs. 1 Nr. 1 LGebG). Der VA war hier jedoch, wie soeben dargestellt, rechtmäßig, da der Bescheid über die Auslagen zu Recht ergehen konnte.

Der Kostenbescheid war somit sowohl hinsichtlich der Erhebung einer Gebühr in Höhe von EUR 50,00 als auch hinsichtlich der Auslagen in Höhe von EUR 160,00 rechtmäßig.

§ 4 Verwaltungsvollstreckungsrecht

Literatur:

Bader/Ronellenfitsch, BeckOK VwVfG, Stand: 1. April 2023; *Belz/Mußmann/Kahlert/Sander*, Polizeigesetz für Baden-Württemberg, 9. Aufl., 2022; *Kümper*, Das Verkehrszeichen als Quelle klassischer Probleme des Verwaltungs- und Verwaltungsprozessrechts, JuS 2017, 731 und 833; *Ruder/Pöltl*, Polizeirecht Baden-Württemberg, 9. Aufl., 2021; *Schoch/Schneider*, Verwaltungsgerichtsordnung, Stand: August 2022.

I. Einführung 1	2. Formelle Rechtmäßigkeitsprüfung 63
II. Zeitliche Abfolge der Verwaltungsvollstreckung 14	3. Materielle Rechtmäßigkeitsprüfung 77
1. Grund-Verwaltungsakt 16	a) Allgemeine Verwaltungsvollstreckungsvoraussetzungen 78
2. Androhung 34	
3. Vollstreckungshandlung 39	
a) Zwangsgeld 40	
b) Ersatzvornahme 45	b) Besondere Verwaltungsvollstreckungsvoraussetzungen 90
c) Unmittelbarer Zwang 48	
III. Die Rechtmäßigkeitsprüfung von Vollstreckungsmaßnahmen 57	IV. Prozessuales 99
1. Bezeichnung der Ermächtigungsgrundlage 62	V. Fragen zur Lernkontrolle 104
	VI. Fälle 105

I. Einführung

In den vorangegangenen Kapiteln war bereits ansatzweise vom Verwaltungsvollstreckungsrecht die Rede.[1] Das Verwaltungsvollstreckungsrecht wird immer dann relevant, wenn ein Verwaltungsakt vollstreckt, also durchgesetzt werden soll. Mit dem Erlass eines Verwaltungsaktes allein ist es sehr häufig nicht getan. Denn es kommt durchaus regelmäßig vor, dass der Pflichtige dem Verwaltungsakt nicht nachkommen will, obwohl der Verwaltungsakt ihm bekanntgegeben wurde. 1

Beispiel: 2
X bekommt eine Abbruchanordnung. Er will aber sein Haus nicht abreißen.

Man sollte davon ausgehen, dass eine Behörde einen Verwaltungsakt erlässt, weil sie ihn für rechtmäßig hält. Deswegen dient jeder belastende Verwaltungsakt grundsätzlich der Durchsetzung der Gesetzmäßigkeit der Verwaltung (Art. 20 Abs. 3 GG). Dass trotz all dieser Intentionen Verwaltungsakte auch rechtswidrig sein können und die Behörde, weil sie sie für rechtmäßig hält, auch solche Verwaltungsakte durchzusetzen versucht, ist eine unzweifelhafte Erkenntnis. Auch hiermit muss sich das Verwaltungsvollstreckungsrecht auseinandersetzen und das Verwaltungsprozessrecht muss entsprechende Rechtsmittel bereitstellen. 3

Fälle mit verwaltungsvollstreckungsrechtlichen Bezügen können vor allem im Polizeirecht, im Baurecht und im Kommunalrecht vorkommen. Diese Reihenfolge gibt auch die Klausurhäufigkeit wieder. Gerade im Polizeirecht bleibt der Behörde oft nicht die Zeit, dem Adressaten einen schriftlichen Verwaltungsakt zuzustellen und darauf 4

---

1 Vgl. oben Kapitel Baurecht, Rn. 2; Kapitel Kommunalrecht, Rn. 266 ff.; Kapitel Polizeirecht, Rn. 132 ff., 265 ff.

zu warten, bis dieser, womöglich nach einem lang andauernden mehrinstanzlichen Gerichtsverfahren, als rechtmäßig bestätigt wird. Ein schnelles polizeiliches Handeln, oft durch Gewaltanwendung, kann zumeist nur im Wege des Verwaltungsvollstreckungsrechts erfolgen.

5 Ansonsten kennt das Verwaltungsrecht insbesondere noch das Institut der „unmittelbaren Ausführung", das im Kapitel Polizeirecht ausführlich beschrieben ist,[2] aber mit Verwaltungsvollstreckungsrecht nichts zu tun hat. In ihrem äußeren Erscheinungsbild unterscheiden sich unmittelbare Ausführung und Verwaltungsvollstreckung häufig nicht.

6 **Beispiel:**
Die zuständige Behörde entdeckt, dass ein Pkw in einer als solche beschilderten Brandschutzzone abgestellt ist und lässt ihn abschleppen. – Dasselbe geschieht vor einer Grundstückseinfahrt.

7 Da das Verkehrsschild „Brandschutzzone" einen Verwaltungsakt darstellt, der ein Wegfahrgebot beinhaltet,[3] kann nur in der ersten Variante ein Vorgehen im Wege der Verwaltungsvollstreckung angenommen werden. Im zweiten Fall dagegen fehlt es an einem Verwaltungsakt, dem sich der Pflichtige widersetzen könnte. Somit ist das Verwaltungsvollstreckungsrecht nicht einschlägig (vgl. § 1 LVwVG).

8 In beiden Fällen bedarf es schnellen Handelns. Damit ist immer eine gewisse Fehleranfälligkeit verbunden. Man stelle sich nur vor, die zuständige Behörde würde in der Brandschutzzone ein Feuerwehrfahrzeug abschleppen lassen.

9 Wie schon an anderer Stelle ausgeführt,[4] ist das Verwaltungsvollstreckungsrecht dadurch gekennzeichnet, dass dem Adressaten ein Verwaltungsakt bekanntgegeben wurde, den er **nicht** befolgen **will**. Ohne bekannt gegebenen Verwaltungsakt kann es somit keine Verwaltungsvollstreckung geben. Erst mit der Bekanntgabe gemäß § 43 LVwVfG wird der Verwaltungsakt wirksam.

10 Da das Verwaltungsvollstreckungsrecht sehr intensiv in Grundrechte eingreift – man denke nur daran, dass das Verwaltungsvollstreckungsrecht zur Durchsetzung polizeilicher Verwaltungsakte gemäß § 68 Abs. 2 PolG sogar einen gezielten Todesschuss und gemäß § 69 PolG den Gebrauch von Explosivmitteln zulässt – bedarf es besonderer gesetzlicher Vorkehrungen, die das Risiko eines rechtswidrigen Handelns minimieren. Dazu gehört insbesondere, dass ein Vollstreckungsmittel, bevor es zum Einsatz kommt, angedroht werden muss (vgl. § 66 Abs. 2 PolG sowie § 20 LVwVG).

11 Damit sind gleichzeitig auch die einschlägigen Gesetze erwähnt. Einschlägig für die Verwaltungsvollstreckung ist in erster Linie das **LVwVG**. Für den unmittelbaren Zwang durch die Polizei, also die Einwirkung auf Personen oder Sachen durch körperliche Gewalt oder durch Hilfsmittel der körperlichen Gewalt sowie Waffen (§ 64 Abs. 2 PolG), enthält das **PolG Spezialregelungen**, während die Polizei bei den anderen Zwangsmitteln auf das LVwVG zurückgreift.

---

[2] Kapitel Polizeirecht, Rn. 265 ff.
[3] Vgl. Kapitel Polizeirecht, Rn. 263.
[4] Kapitel Polizeirecht, Rn. 266, 271.

Jenseits polizeilicher Vollstreckungshandlungen, insbesondere im Baurecht, verbleibt es für die Behörden bei den Regelungen des LVwVG. Das Verwaltungsvollstreckungsgesetz des Bundes ist bei Bundesbehörden einschlägig und bedarf hier keiner weiteren Darstellung.

In Klausuren dürfte das Verwaltungsvollstreckungsrecht am häufigsten im Zusammenhang mit polizeilichen Maßnahmen erscheinen. Auch im Baurecht ist es nicht selten, dass die Behörde den von ihr erlassenen Verwaltungsakt mit Zwangsmitteln durchsetzt oder durch Beauftragte durchsetzen lässt. Im Kommunalrecht ist die kommunalrechtliche Ersatzvornahme (§ 123 GemO), soweit ersichtlich, der einzige relevante Vollstreckungsfall.

II. Zeitliche Abfolge der Verwaltungsvollstreckung

Die Verwaltungsvollstreckung erschließt sich am ehesten, wenn man sich deren zeitliche Abfolge klar macht. Dies geschieht am besten anhand der folgenden Übersicht, welche von oben nach unten die Abfolge der Verwaltungsvollstreckung darstellt.

Zeitliche Abfolge der Verwaltungsvollstreckung
1. Grund-Verwaltungsakt (Platzverweis, Abbruchanordnung etc)
2. Anordnung der sofortigen Vollziehung (kann mit dem Grund-Verwaltungsakt verbunden werden, entbehrlich, wenn der Verwaltungsakt bestandskräftig wird, § 2 LVwVG)
3. Androhung (kann ebenfalls mit Grund-Verwaltungsakt verbunden sein, § 20 Abs. 2 LVwVG oder nach § 21 LVwVG entbehrlich sein, Sondervorschriften im PolG)
4. eigentliche Vollstreckung (zB Durchführung der Ersatzvornahme oder des unmittelbaren Zwangs)

1. Grund-Verwaltungsakt

Die Verwaltungsvollstreckung beginnt mit dem Erlass eines **Verwaltungsakts**. Kommt der Pflichtige dem Verwaltungsakt, sei er rechtswidrig oder nicht, freiwillig nach, wird das LVwVG nicht relevant.[5] Der zu vollstreckende Verwaltungsakt muss zu einem Tun, Dulden oder Unterlassen verpflichten (vgl. § 18 LVwVG), damit er **vollstreckungsfähig** ist.

Der oben beschriebenen Eilsituation wird dadurch Rechnung getragen, dass nicht nur Verwaltungsakte vollstreckt werden können, die **unanfechtbar** sind, sondern auch solche, die **sofort vollziehbar** sind. Dies folgt aus § 2 LVwVG. Wie der Wortlaut ausdrücklich zeigt, kommt es zur Vollstreckung **nicht** auf die Rechtmäßigkeit des Verwaltungsaktes an.[6] Während sich die Unanfechtbarkeit eines Verwaltungsaktes gemäß § 2 Nr. 1 LVwVG aus dem Ablauf von Rechtsmittelfristen oder aus der rechtskräftigen Bestätigung durch Urteil ergibt, korrespondiert § 2 Nr. 2 LVwVG mit § 80 VwGO.

In Klausuren erscheint die Vollstreckung eines gemäß **§ 2 Nr. 2 LVwVG** unaufschiebbaren Verwaltungsakts deutlich häufiger als die eines iSv § 2 Nr. 1 LVwVG bestandskräftigen Verwaltungsakts.

---

5 Unberücksichtigt bleibt vorliegend mangels Examensrelevanz die Vollstreckung von Verwaltungsakten, die zu einer Geldleistung verpflichten (§§ 13 bis 17 LVwVG).
6 BVerfG 1 BvR 831/89, Rn. 30, BGH VII ZB 11/15, Rn. 25, VGH Mannheim 8 S 2187/15, Rn. 11 sowie 1 S 512/19, Rn. 36, st. Rspr.

19 **Beispiel:**

Ein Polizist fordert den Demonstranten X auf, die Eisenbahnschienen vor dem herannahenden Castortransport zu räumen. Als der Pflichtige sich weigert, wird er weggetragen.

20 Der zu vollstreckende Verwaltungsakt besteht in der Aufforderung, die Schienen zu verlassen. Dieser Verwaltungsakt stellt gemäß § 80 Abs. 2 Nr. 2 VwGO eine unaufschiebbare Anordnung eines Polizeivollzugsbeamten dar und erfüllt damit die Voraussetzungen des § 2 Nr. 2 LVwVG. Unaufschiebbar sind Anordnungen, die eilbedürftig sind und keinen Aufschub dulden,[7] was hier wegen des Herannahens des Zuges zu bejahen ist. Der Wortlaut des § 80 Abs. 2 Nr. 2 VwGO erfasst nur Anordnungen des Polizeivollzugsdienstes, nicht solche der Ortspolizeibehörde. Nach hM sind von § 80 Abs. 2 Nr. 2 VwGO analog auch Verkehrszeichen erfasst, die ein Wegfahrgebot beinhalten.[8]

21 **Beispiel:**

Die Straßenverkehrsbehörde ordnet eine Abschleppmaßnahme an, weil ein Fahrzeug unter einem Halteverbotsschild abgestellt wurde.[9]

22 Das Halteverbotsschild stellt gem. § 2 Nr. 2 LVwVG, § 80 Abs. 2 Nr. 2 VwGO analog den vollstreckungsfähigen Grund-Verwaltungsakt dar. Die Frage, ob das Schild womöglich auch gem. § 2 Nr. 1 LVwVG bestandskräftig geworden sein könnte, weil es schon vor längerer Zeit bekannt gegeben wurde, ist daher für die Vollstreckung nicht relevant.[10]

23 Auch gemäß **§ 80 Abs. 2 Nr. 3 VwGO** können Verwaltungsakte sofort vollziehbar sein und dann vollstreckt werden. Es handelt sich um solche Verwaltungsakte, bei denen der Gesetzgeber von vornherein entschieden hat, dass der Widerspruch gegen sie keine aufschiebende Wirkung haben soll. Klausurrelevant ist hierbei insbesondere § 64 Abs. 1 Satz 3 LBO.

24 **Beispiel:**

Die Baurechtsbehörde ordnet die Einstellung von Arbeiten auf einer Baustelle an. Als sie erkennt, dass der Bauherr trotzdem auf der Baustelle weiter baut, holt sie mithilfe von unmittelbarem Zwang die Bauarbeiter von der Baustelle.

25 Die Baueinstellungsverfügung erfüllt die Voraussetzungen des § 2 Nr. 2 LVwVG, da der Gesetzgeber in § 64 Abs. 1 Satz 3 LBO iVm § 80 Abs. 2 Nr. 3 VwGO angeordnet hat, dass Widerspruch und Anfechtungsklage gegen die Anordnung der Einstellung der Arbeiten keine aufschiebende Wirkung haben. Der Bauherr hätte, um die Vollstreckung zu verhindern, rechtzeitig im Wege des vorläufigen Rechtsschutzes gemäß § 80 Abs. 5 VwGO vor dem Verwaltungsgericht die Herstellung der aufschiebenden Wirkung seines Widerspruchs gegen die Baueinstellungsverfügung erreichen müssen. In

---

7 *Schoch/Schneider/Schoch*, VwGO § 80 Rn. 148.
8 Vgl. *Schoch/Schneider/Schoch*, VwGO § 80 Rn. 150, der zu Recht kritisiert, dass ersichtlich die Analogie nur noch auf einen puren Pragmatismus gründe und das Analogieverbot missachte. Sinnvollerweise sollte hier der Gesetzgeber eine Regelung treffen, wozu er aber bisher nicht fähig war.
9 Zu einzelnen Verkehrszeichen existiert eine umfassende Kasuistik, vgl. *Schoch/Schneider/Schoch*, VwGO § 80 Rn. 151.
10 Vertiefend *Kümper* JuS 2017, 833.

II. Zeitliche Abfolge der Verwaltungsvollstreckung

diesem Fall wäre es zu keiner Vollstreckung gekommen, da die Voraussetzungen des § 2 Nr. 2 LVwVG nicht (mehr) vorgelegen hätten.

Sofort vollziehbar gemäß § 80 Abs. 2 Nr. 3 VwGO sind darüber hinaus Verwaltungsakte aus der Verwaltungsvollstreckung selbst (§ 12 LVwVG). 26

Beispiel: 27
Der Widerspruch gegen die Festsetzung eines Zwangsgeldes hat keine aufschiebende Wirkung.

Dagegen hat ein Widerspruch gegen einen Kostenbescheid über die Kosten der Ersatzvornahme aufschiebende Wirkung (§ 80 Abs. 1 VwGO). 28

Bei dem Kostenbescheid handelt es sich um keine Maßnahme „in" der Verwaltungsvollstreckung gem. § 12 LVwVG, da zum Zeitpunkt des Erlasses des Kostenbescheides die Vollstreckung bereits längst abgeschlossen ist. Im Übrigen entfällt die aufschiebende Wirkung des Widerspruchs in diesem Fall auch nicht nach § 80 Abs. 2 Nr. 1 VwGO, da es sich nicht um öffentliche Abgaben und Kosten handelt. Dies sind nur solche, die in einem Haushaltsplan als Einnahmen vorgesehen sind, wozu Abschleppkosten nicht gehören.[11] 29

Bei Verwaltungsakten, die nicht von Gesetzes wegen sofort vollziehbar sind, kann die zuständige Behörde, um die Vollstreckungsfähigkeit des Verwaltungsaktes herbeizuführen, gemäß § 80 Abs. 2 Nr. 4 VwGO die sofortige Vollziehung anordnen. 30

Beispiel: 31
Die Baurechtsbehörde erlässt eine Abbruchanordnung bezüglich einer instabilen Mauer. Da diese in den öffentlichen Straßenraum zu stürzen droht und damit Leib und Leben von Passanten gefährdet, ordnet die Behörde gemäß § 80 Abs. 2 Nr. 4 VwGO die sofortige Vollziehung an.

Die Anordnung der sofortigen Vollziehung bedarf grundsätzlich einer **besonderen** Begründung (§ 80 Abs. 3 VwGO), aus der hervorgehen muss, warum es nicht hinzunehmen ist, dass der Widerspruch, wie im Regelfall des § 80 Abs. 1 VwGO, aufschiebende Wirkung hat.[12] Eine Anordnung der sofortigen Vollziehung nach § 80 Abs. 2 Nr. 4 VwGO kann somit nie konkludent oder stillschweigend ergehen. Im vorliegenden Beispiel lässt sich die Anordnung der sofortigen Vollziehung damit begründen, dass Gesundheits- und Lebensgefahren entstehen, so dass es zu gefährlich wäre, wenn dem Widerspruch aufschiebende Wirkung zukäme und damit eine gesundheitsbedrohende Situation aufrechterhalten bliebe. Der Verwaltungsakt kann also vollstreckt werden. In einem Klausursachverhalt muss die Anordnung der sofortigen Vollziehung genauso wie deren Begründung dem Aufgabentext entnommen werden können. 32

Die an den Grund-Verwaltungsakt gemäß § 2 LVwVG zu stellenden Voraussetzungen werden auch als „allgemeine Vollstreckungsvoraussetzungen" bezeichnet.[13] 33

---

11 VGH Mannheim 1 S 871/19, Rn. 15 f. mwN.
12 *Schoch/Schneider/Schoch*, VwGO, § 80 Rn. 247.
13 VGH Mannheim 8 S 2187/15, Rn. 11 sowie 8 S 1295/17, Rn. 18.

2. Androhung

34 Weitere Rechtmäßigkeitsvoraussetzung einer Vollstreckungsmaßnahme ist die **Androhung des Zwangsmittels**. Die Androhung ist in **§ 20 LVwVG** geregelt; für die Androhung des unmittelbaren Zwangs im Polizeirecht gilt die Spezialvorschrift des § 66 Abs. 2 PolG. Beim unmittelbaren Zwang im Polizeirecht kann somit § 20 LVwVG nicht angewandt werden, wie § 66 Abs. 4 PolG deutlich macht.

35 Die Androhung muss sich auf ein bestimmtes Zwangsmittel beziehen (§ 20 Abs. 3 Satz 1 LVwVG) und ist ein Verwaltungsakt.[14] Sie bezieht ihren Regelungscharakter daraus, dass die Behörde in der Androhung entscheiden muss, welches der drei in § 19 Abs. 1 LVwVG genannten Zwangsmittel (Zwangsgeld, Ersatzvornahme oder unmittelbarer Zwang) ausgewählt wird. Die Androhung bedarf gemäß § 20 Abs. 1 LVwVG grundsätzlich der Schriftform. Ein solches Schriftformerfordernis fehlt generell bei der Androhung unmittelbaren Zwangs durch den Polizeivollzugsdienst, da § 66 Abs. 2 PolG die Schriftform nicht verlangt.

36 Die Androhung kann unter bestimmten Voraussetzungen unterbleiben. Für den unmittelbaren Zwang nach PolG, der, wie schon ausgeführt, eine sehr intensiv grundrechtsschädigende Maßnahme sein kann, enthält als **Spezialnorm § 66 Abs. 2 PolG** eine sehr vage Formulierung: Der unmittelbare Zwang ist vor seiner Anwendung lediglich anzudrohen, „soweit es die Umstände zulassen". Soweit ersichtlich, ist diese Formulierung noch nicht Gegenstand von Entscheidungen des VGH Mannheim gewesen. Vor dem Hintergrund der erheblichen Grundrechtsrelevanz des unmittelbaren Zwangs ist die Norm allerdings eng auszulegen. Die Umstände lassen die Androhung eines unmittelbaren Zwangs stets dann zu, wenn der Polizist damit rechnen kann, dass der Pflichtige die Androhung derart wahrnimmt, dass er auch rechtzeitig dem Verwaltungsakt nachkommen kann. Die Zeitspanne zwischen Androhung und Anwendung des unmittelbaren Zwangs muss so bemessen sein, dass der Pflichtige in dieser Zeit Gelegenheit zur Erfüllung seiner Verpflichtung hat.[15]

37 Die Androhung bei den anderen Zwangsmitteln, die der Vorschrift des § 20 LVwVG unterliegen, kann **unterbleiben**, wenn die Voraussetzungen des § 21 LVwVG gegeben sind. Die Bedeutung des § 21 LVwVG ist dessen Überschrift zu entnehmen. Bei **Gefahr im Verzug** kann auf die Androhung verzichtet werden. Gefahr im Verzug in diesem Sinne liegt vor, wenn der Erfolg einer notwendigen Maßnahme ohne sofortiges Eingreifen beeinträchtigt oder vereitelt würde, die Maßnahme also unaufschiebbar ist.[16]

38 **Beispiel:**
Wird ein Fahrzeug unter einem Halteverbotsschild abgestellt, so ist dem Störer der Verwaltungsakt (Wegfahrgebot) bekannt gegeben. Würde man jetzt darauf bestehen, dass die Vollstreckung, die im Wege der Ersatzvornahme erfolgen würde, noch schriftlich angedroht wird, dürfte das Fahrzeug mindestens solange im Halteverbot geparkt bleiben, bis dem Pflichtigen die Androhung zugestellt wurde. Dies kann nicht hingenommen werden.

---

14 BVerwG 1 A 10.95, Rn. 19, VGH Mannheim 1 S 2146/13, Rn. 21, *Ruder/Pöltl*, Polizeirecht Baden-Württemberg, § 12 Rn. 34.
15 *Belz/Mussmann/Kahlert/Sander*, Polizeigesetz für Baden-Württemberg, § 66 Rn. 11.
16 VGH Mannheim 1 S 499/05, Leitsatz 3 sowie Rn. 12 mwN.

3. Vollstreckungshandlung

An die Androhung schließt sich die eigentliche Vollstreckungshandlung an. Die hierzu in Betracht kommenden Zwangsmittel sind gemäß § 19 Abs. 1 LVwVG **Zwangsgeld, Ersatzvornahme und unmittelbarer Zwang**. Dagegen ist die in § 19 Abs. 1 Nr. 1 LVwVG erwähnte Zwangshaft kein eigenes Zwangsmittel, sondern kommt gemäß § 24 Abs. 1 LVwVG nur in Betracht, wenn das Zwangsgeld uneinbringlich ist, also vorher festgesetzt wurde und nicht beigetrieben werden kann.[17] Bei der **Zwangshaft** handelt es sich um einen schwerwiegenden Eingriff in die durch Art. 2 Abs. 2, Art. 104 Abs. 1 GG geschützte Bewegungsfreiheit des Vollstreckungsschuldners; es bedarf deshalb einer strengen Prüfung der Verhältnismäßigkeit.[18]   39

a) Zwangsgeld

Das **Zwangsgeld** wird in Form eines Verwaltungsaktes festgesetzt. Gemäß § 23 LVwVG ist das Zwangsgeld in Höhe von mindestens 10 EUR, höchstens 50.000 EUR schriftlich festzusetzen. Anders als die Ersatzvornahme und der unmittelbare Zwang[19] ist das Zwangsgeld ein Beugemittel, mithilfe dessen erreicht werden soll, dass der Pflichtige dem Verwaltungsakt nachkommt. Deswegen kann gerade das Zwangsgeld auch wiederholt angewandt werden (§ 19 Abs. 4 LVwVG).   40

Beispiel: 41
X wird durch einen bestandskräftigen Verwaltungsakt dazu verpflichtet, eine Mauer abzubrechen. Er kommt diesem Verwaltungsakt nicht nach. Hier kann die zuständige Behörde zunächst ein Zwangsgeld androhen und es danach festsetzen, beispielsweise in Höhe von 300 EUR. Kommt X danach der Verpflichtung immer noch nicht nach, kann die Behörde ein weiteres Zwangsgeld festsetzen, etwa in Höhe von 400 EUR.

Die mehrfache Zwangsgeldfestsetzung ist möglich, bis der Verwaltungsakt vollzogen oder auf andere Weise erledigt ist (§ 19 Abs. 4 2. Halbsatz LVwVG). Der VGH Mannheim hat es für zulässig erklärt, wenn neben der Festsetzung des ersten Zwangsgelds gleichzeitig ein weiteres höheres Zwangsgeld angedroht wird.[20]   42

Da mit der Androhung des Zwangsgeldes und seiner Festsetzung, wie gezeigt, nicht direkt die Erfüllung des Verwaltungsaktes verbunden ist, erweist sich ein Zwangsgeld sehr häufig als ungeeignet und damit als unverhältnismäßig.   43

Beispiel: 44
Wenn im obigen Fall die abzubrechende Mauer in den öffentlichen Straßenraum zu stürzen und damit Leben und körperliche Unversehrtheit Dritter zu beeinträchtigen droht, ist nicht das Zwangsgeld, sondern die Ersatzvornahme das geeignete Vollstreckungsmittel, denn bei Festsetzung des Zwangsgeldes würde die Mauer über einen längeren Zeitraum stehenbleiben. Ebenso scheidet das Zwangsgeld im Regelfall bei eiligen Maßnahmen des Polizeivollzugsdienstes aus.

---

17 *Belz/Mussmann/Kahlert/Sander*, Polizeigesetz für Baden-Württemberg, § 63 Rn. 43.
18 VGH Mannheim 6 S 29/16, Rn. 2.
19 Dazu sogleich unten.
20 VGH Mannheim 3 S 1200/95, Leitsatz sowie Rn. 6.

b) Ersatzvornahme

45 Mit der **Ersatzvornahme** (§ 25 LVwVG) wird der Erfolg des Verwaltungsaktes durch die Verwaltung selbst oder von ihr beauftragte Personen herbeigeführt.

46 **Beispiel:**

Ein Kraftfahrzeug wird an einem Halteverbotsschild abgeschleppt, ein Gebäude wird durch die Verwaltung abgerissen, ein morscher Baum wird durch die Verwaltung gefällt.

47 Sofern die Ersatzvornahme nicht ausdrücklich schriftlich festgesetzt wird, ist sie ein Realakt.[21] Die Ersatzvornahme ist dadurch gekennzeichnet, dass sie eine „vertretbare Handlung", also eine Handlung, die jedermann ausführen kann, zum Gegenstand hat. Dies ist bei den oben genannten Beispielen problemlos der Fall.

c) Unmittelbarer Zwang

48 **Unmittelbarer Zwang** (§ 26 LVwVG, bei der Durchsetzung von polizeilichen Verfügungen § 50 Abs. 1 PolG) dagegen bezeichnet Handlungen, die nur ein Hoheitsträger durchführen kann und darf.

49 **Beispiel:**

Ein Gebäude zu versiegeln, einen gefährlichen Hund zu erschießen oder einen Demonstranten von den Eisenbahnschienen wegzutragen sind Handlungen, die in rechtlich zulässiger Form nur von der öffentlichen Gewalt durchgeführt werden können.

50 Sofern mehrere Zwangsmittel in Betracht kommen, hat die Behörde dasjenige Zwangsmittel anzuwenden, das den Pflichtigen am wenigsten beeinträchtigt (§ 19 Abs. 2 LVwVG). Dabei ist der unmittelbare Zwang gegenüber den anderen Zwangsmitteln subsidiär (§ 26 Abs. 2 LVwVG sowie im Polizeirecht § 52 Abs. 1 Satz 1 PolG). Innerhalb des unmittelbaren Zwangs ist der unmittelbare Zwang gegenüber Personen seinerseits gegenüber dem unmittelbaren Zwang gegen Sachen subsidiär (§ 26 Abs. 3 Satz 1 LVwVG, für das Polizeirecht § 66 Abs. 1 Satz 2 PolG).

51 Die **Abgrenzung** zwischen den beiden den unmittelbaren Zwang regelnden Vorschriften des § 26 LVwVG und den §§ 64 ff. PolG ergibt sich aus dem Wortlaut des PolG: Gemäß **§ 63 Abs. 2 PolG** kann die Polizei unmittelbaren Zwang nur nach den Vorschriften des PolG anwenden. Da gemäß § 66 Abs. 4 PolG für sie § 4 LVwVG in gleicher Weise zur Anwendung kommt wie für jede andere Behörde auch, ergibt sich hieraus zudem, dass auch die Polizei ihre eigenen Verwaltungsakte selbst vollstreckt. Allerdings ergibt sich beim unmittelbaren Zwang im Polizeirecht eine Besonderheit bei der Zuständigkeit.

52 **Beispiel:**

Die Polizeibehörde hat gegen X ein sofort vollziehbares Betretungsverbot für einen bestimmten Platz erlassen und für den Fall der Zuwiderhandlung unmittelbaren Zwang angedroht. Als X wieder auf dem Platz erscheint, wird er vom Polizeivollzugsdienst weggetragen.

53 Hat ein Verwaltungsakt seine Rechtsgrundlage in PolG, kann auch nur nach dem PolG unmittelbarer Zwang ausgeübt werden. Hier beruht der Ausgangsverwaltungs-

---

21 *Ruder/Pöltl*, Polizeirecht Baden-Württemberg, § 12 Rn. 41, *Belz/Mussmann/Kahlert/Sander*, Polizeigesetz für Baden-Württemberg, § 63 Rn. 48.

akt auf § 30 Abs. 1 PolG; die Androhung (für das Beispiel unterstellt) erfolgte nach § 66 Abs. 2 PolG. Den unmittelbaren Zwang ausführen darf aufgrund von **§ 65 PolG** nur der Polizeivollzugsdienst. Dies gilt gerade auch dann, wenn der Ausgangsverwaltungsakt von der Polizeibehörde kommt. Der sonst stets geltende Grundsatz des § 4 LVwVG, dass die Behörde, die den Verwaltungsakt erlässt, ihn auch zu vollstrecken hat, wird also für den unmittelbaren Zwang im Polizeirecht durch die Spezialregelung des § 65 PolG verdrängt.

Unmittelbarer Zwang nach § 26 LVwVG findet dagegen statt, wenn der zu vollstreckende Verwaltungsakt nicht auf der Grundlage des PolG ergangen ist. 54

Beispiel: 55
Die Baurechtsbehörde vollstreckt eine Einstellung von Bauarbeiten, in dem sie die am Bau arbeitenden Personen mit körperlicher Gewalt von der Baustelle führt.

Oftmals zieht eine Verwaltungsbehörde in solchen Gewaltsituationen den Polizeivollzugsdienst hinzu, da ihre Mitarbeiter für diese Handlungen weder ausgebildet sind noch dazu körperlich in der Lage sein dürften. In diesem Fall leistet der Polizeivollzugsdienst gemäß **§ 105 Abs. 5 PolG** Vollzugshilfe, in dem er die Vollstreckungshandlung ausführt. Eine eigene Zuständigkeit für den Polizeivollzugsdienst wird damit jedoch nicht begründet. 56

III. Die Rechtmäßigkeitsprüfung von Vollstreckungsmaßnahmen

Unabhängig davon, ob die Vollstreckungsmaßnahme einen Verwaltungsakt oder Realakt darstellt, benötigt sie angesichts ihres Eingriffscharakters eine Ermächtigungsgrundlage. Ebenso muss die zuständige Behörde handeln, Verfahrensvorschriften müssen eingehalten sein und die materiellen Voraussetzungen der Ermächtigungsgrundlage erfüllt sein. Der Aufbau der Rechtmäßigkeitsprüfung einer Vollstreckungsmaßnahme orientiert sich somit am üblichen Aufbau. 57

Rechtmäßigkeitsprüfung einer Vollstreckungsmaßnahme 58
1. Bezeichnung der Ermächtigungsgrundlage
2. Formelle Rechtmäßigkeit der Vollstreckungsmaßnahme
   a) Zuständigkeit: § 4 LVwVG oder § 65 PolG
   b) Verfahren: zB Androhung
3. Materielle Rechtmäßigkeit der Vollstreckungsmaßnahme
   a) Grund-Verwaltungsakt: § 2 LVwVG Nr. 1 oder Nr. 2 → § 80 VwGO
   b) Voraussetzungen der Zwangsmaßnahme im Einzelnen

Es gilt allerdings einige Besonderheiten zu beachten, die sich insbesondere aus der **Fallfrage** in einer Klausur ergeben können. Wenn – ausschließlich – nach der Rechtmäßigkeit einer Vollstreckungsmaßnahme gefragt ist, beinhaltet dies gerade **nicht** die Rechtmäßigkeitsprüfung des Grund-Verwaltungsakts. Denn, wie bereits ausgeführt: die Rechtmäßigkeit des Grund-Verwaltungsaktes ist keine Rechtmäßigkeitsvoraussetzung der Verwaltungsvollstreckung (**§ 2 LVwVG**). Die Androhung einer Vollstreckungsmaßnahme ist, wie ebenfalls oben erwähnt, ihrerseits ein Verwaltungsakt und gleichzeitig Bestandteil des Verwaltungsvollstreckungsverfahrens. Sie kann somit auch separat nach dem oben zusammengestellten Schema überprüft werden. Ist die Voll- 59 streckung vollständig durchgeführt worden und die Androhung rechtswidrig unterblieben oder fehlerhaft gewesen, wird dadurch die gesamte Vollstreckungsmaßnahme (formell) rechtswidrig.

60 Ist die Rechtmäßigkeit eines **Vollstreckungskostenbescheides** Gegenstand einer Fallfrage,[22] so ist die Rechtmäßigkeit der Vollstreckungsmaßnahme die erste Voraussetzung, die vorliegen muss, damit auch die Kosten der Vollstreckung erhoben werden können.

61 Gilt nach dem Gesagten das wichtigste Augenmerk der Fallfrage, so bedürfen die einzelnen Prüfungspunkte des dargestellten Aufbauschemas nur noch einer punktuellen Erläuterung.

1. Bezeichnung der Ermächtigungsgrundlage

62 Unter dem Prüfungspunkt „Bezeichnung der Ermächtigungsgrundlage" geht es vor allem um die Abgrenzung zwischen Ermächtigungsgrundlagen des LVwVG einerseits und des PolG andererseits. Hat der Polizeivollzugsdienst unmittelbaren Zwang angewendet, so lässt sich dessen Rechtmäßigkeit nur aus den §§ 63 Abs. 2, 64 ff. PolG herleiten. § 26 LVwVG gilt demgegenüber für die anderen Behörden. Ein ähnliches Abgrenzungsproblem kann sich auch ergeben, wenn eine Androhung überprüft werden muss. Hier gibt es die Spezialvorschrift des § 66 Abs. 2 PolG für den Polizeivollzugsdienst und des § 20 Abs. 1 LVwVG für die anderen Behörden. Im Polizeirecht bedarf die Androhung unmittelbaren Zwangs gemäß § 66 Abs. 2 PolG nicht der Schriftform. Soweit die Polizei nach LVwVG Zwangsgeld, Zwangshaft oder Ersatzvornahme anwendet, sollte man § 49 Abs. 1 LVwVG als Verweisungsnorm bei der Bezeichnung der Ermächtigungsgrundlage mitzitieren.

2. Formelle Rechtmäßigkeitsprüfung

63 Bei der **Zuständigkeit** sind § 4 LVwVG und § 65 PolG die einzigen in Betracht kommenden Vorschriften. Dabei gilt § 51 PolG ausschließlich für den polizeilich angewandten unmittelbaren Zwang. § 65 PolG eröffnet der Ortspolizeibehörde keinerlei Zuständigkeit, unmittelbaren Zwang auszuüben, selbst wenn sie den Verwaltungsakt, der zu vollstrecken ist, erlassen hat. In allen anderen Fällen gilt hinsichtlich der Zuständigkeit § 4 LVwVG, dh, dass die Behörde, die den Verwaltungsakt erlassen hat, ihn auch vollstreckt. Die Vorschrift gewinnt ihren Sinn darin, dass die Behörde, die den Grund-Verwaltungsakt erlässt, dessen Anlass und Rechtfertigung kennt und deshalb auch ein ureigenes Interesse daran hat, iSd Gesetzmäßigkeit der Verwaltung (Art. 20 Abs. 3 GG) den Verwaltungsakt zu verwirklichen.

64 Als **Verfahrenselement** ist die **Androhung** grundsätzlich unerlässlich (Ausnahme insbesondere: § 21 LVwVG). Sie muss sich auf ein bestimmtes Zwangsmittel beziehen (§ 20 Abs. 3 Satz 1 LVwVG). Bei der Androhung von unmittelbarem Zwang durch die Polizei ist hier nur zu prüfen, ob „die Umstände" es zugelassen haben, die Androhung auszusprechen.

---

22 Dazu sogleich unten.

Beispiel: 65

Zwei Polizisten entdecken, dass der Demonstrant X auf den Eisenbahnschienen sitzt und den Zug mit dem Castor-Behälter erwartet, der, wie die Polizisten wissen, aber eine Stunde Verspätung hat. Die Polizisten fordern den Demonstranten auf, die Schienen zu räumen. Der Demonstrant reagiert nicht. Wortlos tragen die Polizisten dann den Demonstranten weg.

Ermächtigungsgrundlage für den unmittelbaren Zwang sind die §§ 64, 66 PolG. Die Zuständigkeit des Polizeivollzugsdienstes (Polizisten) ergibt sich aus § 65 PolG. Jedoch ist die Maßnahme verfahrensfehlerhaft. In der konkreten Situation haben es die Umstände zugelassen, dass der unmittelbare Zwang vor seiner Anwendung angedroht wird. Die Situation war nicht so eilig, als dass die Androhung den Erfolg des polizeilichen Handelns in Frage gestellt hätte. Die Vollstreckungsmaßnahme ist formell rechtswidrig, weil sie gegen § 66 Abs. 2 PolG verstößt. 66

Ziel der Androhung im Vollstreckungsrecht ist es stets, nicht zuletzt wegen der durch die Verwaltungsvollstreckung für den Pflichtigen eintretenden Kostenfolgen, dass der Pflichtige einem Verwaltungsakt aus eigenem Antrieb nachkommt. Die Androhung muss daher immer dann verlangt werden, wenn sie den Erfolg des Grund-Verwaltungsaktes nicht in Frage stellt. Diesem Umstand trägt außerhalb des polizeilichen Verwaltungsvollstreckungsrechts § 21 LVwVG Rechnung, wonach eine Androhung nur bei Gefahr im Verzug unterbleiben kann.[23] 67

§ 20 LVwVG kennt noch weitere Voraussetzungen, die zur Rechtmäßigkeit einer Androhung erfüllt sein müssen. Hierzu gehört die Fristsetzung gemäß § 20 Abs. 1 Satz 2 LVwVG. Ebenso ist eine Androhung nur rechtmäßig, wenn sie sich auf bestimmte Zwangsmittel bezieht. Insbesondere muss konkret erkennbar sein, ob ein Zwangsgeld oder die Ersatzvornahme angedroht wird. § 20 Abs. 3 LVwVG ist Ausdruck des rechtsstaatlichen Bestimmtheitsgrundsatzes. Gemäß § 20 Abs. 2 LVwVG kann die Androhung mit dem Verwaltungsakt, der vollstreckt werden soll, verbunden werden. In dieser Formulierung erscheint unklar, was die Formulierung „der vollstreckt werden soll" für die Form der Androhung bedeutet.[24] Gemeint ist damit, dass der Verwaltungsakt zu dem Zeitpunkt, in dem die Androhung wirken soll, vollstreckungsfähig sein muss. 68

Da die Androhung Teil des Verwaltungsvollstreckungsverfahrens ist, müssen somit zu dem Zeitpunkt, für den sie ausgesprochen wird, die allgemeinen Verwaltungsvollstreckungsvoraussetzungen des § 2 LVwVG vorliegen. Wird also die Androhung mit dem Grund-Verwaltungsakt verbunden, dürfen weder der Grund-Verwaltungsakt noch die Androhung selbst gegen § 2 LVwVG verstoßen. Darauf ist in der Tenorierung eines Bescheides zu achten.[25] 69

---

23 Vgl. oben Rn. 34 ff.
24 *Belz/Mussmann/Kahlert/Sander*, Polizeigesetz für Baden-Württemberg, § 63 Rn. 30.
25 Die folgenden Ausführungen sind insbesondere für das Zweite Staatsexamen relevant, da man dort die Fähigkeit beherrschen muss, den Tenor eines Bescheides zu formulieren. Sie sind aber auch für das Erste Staatsexamen insoweit wichtig, als man erkennen muss, ob eine Androhung fehlerhaft in einen Grundverwaltungsakt integriert wurde.

70 **Beispiel:**
1. Sie werden verpflichtet, ihr Gebäude Flst. Nr. ... abzureißen.
2. Die sofortige Vollziehung der Entscheidung unter Ziff. 1 wird angeordnet.
3. Für den Fall, dass Sie das Gebäude nicht innerhalb eines Monats nach Zustellung dieses Bescheides abreißen, wird hiermit die Ersatzvornahme angedroht. Die voraussichtlichen Kosten belaufen sich auf 20.000,00 EUR.

71 In diesem Beispiel ist der Grund-Verwaltungsakt vollstreckungsfähig, iSv § 2 Nr. 2 LVwVG, da gemäß § 80 Abs. 2 Nr. 4 VwGO die sofortige Vollziehung angeordnet wurde. Die Androhung bezieht sich korrekterweise auf die Ersatzvornahme; auch die Kosten gemäß § 20 Abs. 5 LVwVG sind angegeben, wobei es sich bei letzterem um eine Sollvorschrift handelt, so dass die Angabe der Kosten jedenfalls dann unterbleiben kann, wenn dem Adressaten die Höhe der Kosten bekannt sind.[26]

72 **Beispiel:**
1. Sie werden verpflichtet, Ihr Gebäude Flst. Nr. ... abzureißen.
2. Für den Fall, dass Sie das Gebäude nicht innerhalb eines Monats nach Unanfechtbarkeit der Verfügung Ziff. 1 abreißen, wird hiermit die Ersatzvornahme angedroht. Die voraussichtlichen Kosten belaufen sich auf 20.000,00 EUR.

73 Auch diese Variante ist rechtlich zulässig. Die Formulierung der Androhung nimmt allerdings darauf Rücksicht, dass nur ein bestandskräftiger (§ 2 Nr. 1 LVwVG) oder sofort vollziehbarer (§ 2 Nr. 2 LVwVG) Verwaltungsakt vollstreckt werden kann:[27] Die Androhung greift hier erst für den Fall der Bestandskraft des Grund-Verwaltungsaktes ein (§ 2 Nr. 1 LVwVG), Allerdings hilft sie der Behörde nicht sonderlich weiter, da sie zu keinem Zeitpunkt wissen kann, wann der Verwaltungsakt bestandskräftig wird. Dies kann unter Umständen auch erst nach einem jahrelangen durch die Instanzen geführten Rechtsstreit der Fall sein.

74 Neben der Androhung sind im Vollstreckungsverfahren noch **weitere Verfahrensvorschriften** zu berücksichtigen. Diese Verfahrensvorschriften beanspruchen weitgehend auch Geltung für den unmittelbaren Zwang nach PolG (vgl. § 66 Abs. 4 PolG).

75 Gemäß § 9 LVwVG darf zur Nachtzeit sowie an Sonntagen und gesetzlichen Feiertagen nur mit schriftlicher Erlaubnis der Vollstreckungsbehörde vollstreckt werden. Welchen Zeitraum die Nachtzeit umfasst, ist in § 9 Abs. 2 LVwVG definiert. Allerdings kann bei Gefahr im Verzug (§ 21 LVwVG) von dieser Vorschrift abgewichen werden. Diese Entbehrlichkeit wird vor allem relevant, wenn in der Nachtzeit Abschleppmaßnahmen in Form der Ersatzvornahme durchgeführt werden.

76 Gemäß § 28 Abs. 2 Nr. 5 LVwVfG kann vor dem Erlass von **Verwaltungsakten** in der Verwaltungsvollstreckung auch die ansonsten übliche Anhörung unterbleiben.

3. Materielle Rechtmäßigkeitsprüfung

77 Die materielle Rechtmäßigkeitsprüfung einer Vollstreckungsmaßnahme lässt sich in die Prüfung der „allgemeinen" und der „besonderen" Vollstreckungsvoraussetzungen unterteilen. Dabei werden mit „allgemeinen" Vollstreckungsvoraussetzungen die-

---

[26] Kritisch *Belz/Mussmann/Kahlert/Sander*, Polizeigesetz für Baden-Württemberg, § 63 Rn. 32.
[27] Zum Ganzen VGH Mannheim GrS 1/80 Leitsatz.

jenigen bezeichnet, die sich auf den Grund-Verwaltungsakt beziehen. Besondere Verwaltungsvollstreckungsvoraussetzungen sind demgegenüber solche, die sich aus den Rechtmäßigkeitsanforderungen hinsichtlich des gewählten Vollstreckungsmittels ergeben.

a) Allgemeine Verwaltungsvollstreckungsvoraussetzungen

Gemäß § 2 LVwVG können Verwaltungsakte vollstreckt werden, wenn sie unanfechtbar geworden sind (Nr. 1) oder wenn die aufschiebende Wirkung eines Rechtsbehelfs entfällt (Nr. 2). Bevor die Unanfechtbarkeit oder die sofortige Vollziehbarkeit eines Grund-Verwaltungsaktes geprüft wird, ist darauf zu achten, ob der Verwaltungsakt dem Pflichtigen überhaupt bekanntgegeben wurde. Dies ist nach den allgemeinen Regeln des Verwaltungsverfahrensrechts zu bestimmen, insbesondere nach § 43 LVwVfG. 78

Beispiel: 79

X erwirbt ein Wohngebäude. Als er als frisch im Grundbuch eingetragener Eigentümer das Gebäude betritt, findet er in der Schublade eines Schrankes eine an den Rechtsvorgänger adressierte, für sofort vollziehbar erklärte Abbruchanordnung mit Androhung der Ersatzvornahme. Kann die Behörde gegenüber X die Ersatzvornahme durchführen?

Hier liegt zwar ein vollstreckungsfähiger Grund-Verwaltungsakt vor, der die Voraussetzungen des § 2 Nr. 2 LVwVG erfüllt, jedoch ist seine Wirksamkeit zu verneinen: Gemäß § 43 Abs. 1 LVwVfG wird ein Verwaltungsakt wirksam, indem er bekanntgegeben wird. Nach hier vertretener Auffassung setzt dies voraus, dass die Bekanntgabe durch eine zielgerichtete, adressatenbezogene Handlung der Behörde erfolgt.[28] 80

Der Zufallsfund in der Schublade kann somit eine Bekanntgabehandlung durch die Behörde nicht ersetzen. Aus diesem Grund greifen auch die Voraussetzungen der Vollstreckung gegen den Rechtsnachfolger (§ 3 LVwVG) nicht ein, da die Vorschrift voraussetzt, dass der Rechtsnachfolger durch den Verwaltungsakt verpflichtet wird und die Voraussetzungen der Vollstreckung für seine Person vorliegen. Eine solche Wirkung kann nur erreicht werden, indem die Behörde den Verwaltungsakt dem Rechtsnachfolger selbst bekanntgibt. 81

Darüber hinaus muss der Verwaltungsakt einen vollstreckungsfähigen Inhalt haben, dh er muss gemäß § 18 LVwVG zu einer Handlung, einer Duldung oder Unterlassung verpflichten. Nur in diesem Fall kommen die erläuterten Zwangsmittel zum Zuge. 82

Unanfechtbar wird ein Verwaltungsakt iSv § 2 Nr. 1 LVwVG durch Ablauf der Anfechtungsfrist oder durch die rechtskräftige Bestätigung in einem verwaltungsgerichtlichen Urteil. Ist ein Verwaltungsakt nicht gemäß § 2 Nr. 2 LVwVG sofort vollziehbar, so genügt es für den Pflichtigen, Widerspruch einzulegen, um die Vollstreckung zu verhindern. 83

---

28 Eine gegenteilige Ansicht ist vertretbar; da die Rechtsprechung, worauf BeckOK VwVfG-*Schemmer*, § 43 Rn. 39.1, zutreffend hinweist, hier klare Linien vermissen lässt.

84 **Beispiel:**
X bekommt eine Nutzungsuntersagung gemäß § 65 Abs. 1 Satz 2 LBO, weil er in seinem Wohngebäude eine gewerbliche Nutzung aufgenommen hat. Weitere Regelungen trifft die Behörde nicht.

85 Hier reicht der einfache Widerspruch gemäß § 80 Abs. 1 VwGO aus, um die Vollstreckung zu verhindern, da der Verwaltungsakt dadurch an seiner Bestandskraft gehindert wird und die Behörde darüber hinaus es unterlassen hat, gemäß § 80 Abs. 2 Nr. 4 VwGO die sofortige Vollziehung der Nutzungsuntersagung anzuordnen.

86 Gemäß § 2 Nr. 2 LVwVG sind Verwaltungsakte vollstreckungsfähig, die unaufschiebbar sind, maW solche, bei denen gemäß der Varianten des § 80 Abs. 2 VwGO der Widerspruch keine aufschiebende Wirkung hat.

87 Die wichtigsten prüfungsrelevanten Regelungen sind dabei folgende: Gebührenbescheide, sofern sie ihre Grundlage in der Finanzbedarfsdeckung eines Hoheitsträgers zur Erfüllung seiner öffentlichen Aufgaben haben, fallen unter § 80 **Abs. 2 Nr. 1** VwGO, nicht jedoch Kostenbescheide bezüglich der Ersatzvornahme selbst oder bezüglich einer unmittelbaren Ausführung.[29]

88 Unter § 80 Abs. 2 Nr. 2 VwGO fallen die unaufschiebbaren Anordnungen des Polizeivollzugsdienstes. Dabei muss darauf geachtet werden, dass die Vorschrift zwei Voraussetzungen kennt. Es muss sich um Anordnungen des Polizeivollzugsdienstes handeln; somit entfallen Anordnungen der Polizeibehörde. Nur die ein Wegfahrgebot enthaltenen Verkehrszeichen werden den unaufschiebbaren Anordnungen des Polizeivollzugsdienstes gleichgestellt.[30] Darüber hinaus ist nicht jede Anordnung des Polizeivollzugsdienstes unaufschiebbar; vielmehr muss die Unaufschiebbarkeit im besonderen Einzelfall festgestellt werden. Hier können dieselben Maßstäbe angelegt wie bei der Prüfung der Eilbedürftigkeit einer polizeilichen Maßnahme gemäß § 105 Abs. 2 PolG.[31]

89 Verwaltungsakte, die unter § 80 Abs. 2 Nr. 3 VwGO fallen, sind häufig schwer auszumachen, weil die Normen, die von Gesetzes wegen die aufschiebende Wirkung des Widerspruchs ausschließen, über verschiedene Gesetze verteilt sind. Daher erfolgt hier ein kleiner Überblick über die wichtigsten Vorschriften: Gemäß § 212 a BauGB hat ein Widerspruch gegen eine Baugenehmigung keine aufschiebende Wirkung. Dies gilt auch gemäß § 64 Abs. 1 Satz 3 LBO für den Widerspruch gegen die Anordnung der Einstellung von Arbeiten. § 54 **Abs. 4 Satz 5 LBO** ordnet den Ausschluss der aufschiebenden Wirkung von Widerspruch und Anfechtungsklage an, soweit in der Baugenehmigung ein von der Gemeinde verweigertes Einvernehmen im Wege der kommunalrechtlichen Ersatzvornahme ersetzt wird. Damit wird sichergestellt, dass bei Baugenehmigungen generell der Widerspruch keine aufschiebende Wirkung hat. Schließlich hat gemäß § 12 LVwVG der Widerspruch gegen Verwaltungsakte in der Verwaltungs-

---

29 VGH Mannheim 1 S 871/19, Rn. 15 f. mwN.
30 Vgl. oben Rn. 20.
31 Vgl. Kapitel Polizeirecht, Rn. 118 ff.

vollstreckung selbst (etwa die Festsetzung eines Zwangsgeldes oder die – ausnahmsweise – förmliche Anordnung der Ersatzvornahme) keine aufschiebende Wirkung.

b) **Besondere Verwaltungsvollstreckungsvoraussetzungen**

Hier sind diejenigen Voraussetzungen zu prüfen, die sich aus den gesetzlichen Voraussetzungen hinsichtlich des einzelnen Zwangsmittels ergeben.

Beispiel:
Es wird ein Zwangsgeld von 60.000,00 EUR festgesetzt.

Auch wenn alle Voraussetzungen hinsichtlich des Grund-Verwaltungsaktes gegeben sind, ist die Festsetzung des Zwangsgeldes rechtswidrig, da § 23 LVwVG nur einen Betrag von höchstens 50.000,00 EUR erlaubt.

Beispiel:
Es wird eine Ersatzvornahme durchgeführt, um die Abbruchanordnung eines Wohngebäudes zu vollstrecken. Die Ersatzvornahme wird durchgeführt, dabei wird die neben dem Haus stehende Garage ebenfalls abgerissen.

Hier verstößt die Ersatzvornahme gegen § 25 LVwVG: Gegenstand der Ersatzvornahme kann nur die Ausführung einer Handlung sein, „zu welcher der Verwaltungsakt verpflichtet". Der Grund-Verwaltungsakt verpflichtet hier aber nicht zum Abbruch der Garage, sondern zum Abbruch des Wohngebäudes. Die Ersatzvornahme ist daher materiell rechtswidrig.

Ein häufiges Problem ist die Frage der **Verhältnismäßigkeit der Vollstreckungsmaßnahme**. Die Verhältnismäßigkeit ist in § 19 Abs. 2 und 3 LVwVG sowie hinsichtlich des unmittelbaren Zwangs zusätzlich in § 26 Abs. 2 und 3 LVwVG ausdrücklich geregelt. Da das Verhältnismäßigkeitsprinzip im Rechtsstaatsprinzip seine Grundlage findet, ist die Geeignetheit, Erforderlichkeit und Angemessenheit eines Vollstreckungsmittels Bestandteil der Rechtmäßigkeitsprüfung.

Beispiel:
Die zuständige Behörde ordnet gegen den X, der mittellos ist, an, er solle sein baufälliges Gebäude absichern. Als er der Pflicht nicht nachkommt, ordnet sie die sofortige Vollziehung an und setzt nach vorheriger Androhung ein Zwangsgeld fest.

In diesem konkreten Fall ist die Anordnung des Zwangsgeldes ungeeignet. Grundsätzlich kommen zur Durchsetzung eines solchen Verwaltungsaktes sowohl Zwangsgeld als auch Ersatzvornahme in Betracht. Wenn die Behörde jedoch von vornherein weiß, dass ein Zwangsgeld – und gegebenenfalls auch ein weiteres Zwangsgeld – nicht zum Erfolg führt, muss sie dasjenige Zwangsmittel wählen, das am ehesten den Erfolg des Verwaltungsaktes herbeiführen kann. Dies ist hier die Ersatzvornahme.

An dieser Stelle ist auch die Frage zu erörtern, ob eine Abschleppmaßnahme, sofern es sich um eine Ersatzvornahme handelt, verhältnismäßig ist. Hierzu kann auf die Ausführungen im Kapitel Polizeirecht[32] verwiesen werden.

---

32 Kapitel Polizeirecht, Rn. 303 ff.

IV. Prozessuales

99 Bei der gerichtlichen Überprüfung von Maßnahmen in der Verwaltungsvollstreckung in Klausuren oder Hausarbeiten muss zunächst anhand der **Fallfrage** erkannt werden, was Gegenstand der Überprüfung sein soll. Dazu kommen grundsätzlich in Betracht die **Vollstreckungsmaßnahme selbst** oder ein **Kostenbescheid**.

100 Bei einer Klage gegen eine Vollstreckungsmaßnahme gilt es, auf **zwei Dinge** zu achten: War die Vollstreckungsmaßnahme ein Verwaltungsakt oder ein Realakt? Zweitens: Für die Rechtmäßigkeit einer Vollstreckungsmaßnahme ist die Rechtmäßigkeit des Grund-Verwaltungsaktes keine Voraussetzung, sondern nur dessen Bestandskraft oder sofortige Vollziehbarkeit (§ 2 LVwVG). Ist also nach der Rechtmäßigkeit einer Vollstreckungsmaßnahme gefragt, so ist von der Fallfragestellung die Prüfung des Grund-Verwaltungsaktes auf seine Rechtmäßigkeit gerade **nicht** umfasst; vielmehr gilt es, dem Korrektor zu zeigen, dass man gerade die Bedeutung des § 2 LVwVG verstanden hat.

101 Zumeist sind Vollstreckungsmaßnahmen schon **erledigt**, wenn sie vor dem Verwaltungsgericht überprüft werden sollen.[33] Nur in selteneren Fällen, etwa bei der förmlichen Anordnung eines Zwangsgeldes, wirkt die Regelung noch fort, so dass eine Anfechtungsklage in Betracht kommt. Ansonsten ist zwischen Fortsetzungsfeststellungsklage (erledigter Verwaltungsakt) und Feststellungsklage (erledigter Realakt) zu differenzieren. Dabei kann auf die Ausführungen im Kapitel Polizeirecht zurückgegriffen werden.[34] Die Statthaftigkeit der jeweiligen Klageart hängt also davon ab, ob ein Verwaltungsakt vorlag. Dies ist beim unmittelbaren Zwang und bei der realen Durchführung der Ersatzvornahme grundsätzlich zu verneinen.[35] Dagegen ist die Androhung eines Zwangsmittels ein Verwaltungsakt, weil das Zwangsmittel ausgewählt wird,[36] ebenso die Festsetzung eines Zwangsgeldes, die schriftlich erfolgen muss.[37]

102 Da der Widerspruch gegen Maßnahmen in der Verwaltungsvollstreckung gem. § 12 LVwVG keine aufschiebende Wirkung hat,[38] was selbstverständlich nur für Verwaltungsakte gilt (vgl. §§ 68 Abs. 1 Satz 1, 69 VwGO), kommt gegen die Androhung einer Zwangsmaßnahme und gegen die Festsetzung eines Zwangsgeldes auch die vorläufige Rechtsschutzform des § 80 Abs. 5 VwGO in Betracht, ebenso, wenn – selten – eine Ersatzvornahme förmlich schriftlich angeordnet wird.[39]

103 Ein **Kostenbescheid** ist ein Verwaltungsakt und deshalb der Anfechtungsklage zugänglich. Er setzt eine rechtmäßige Verwaltungsvollstreckung (also keinen rechtmäßigen Grund-Verwaltungsakt) **und** darüber hinaus eine weitere Ermessensentscheidung vor-

---

[33] Dagegen ist der der Vollstreckungsmaßnahme zugrunde liegende Verwaltungsakt (zB Abbruchanordnung, Platzverweis) solange nicht erledigt, wie er Grundlage für einen Kostenbescheid sein kann, VGH Mannheim 1 S 512/19, Rn. 56.
[34] Kapitel Polizeirecht, Rn. 428 ff.
[35] *Ruder/Pöltl*, Polizeirecht Baden-Württemberg, § 12 Rn. 41, *Belz/Mussmann/Kahlert/Sander*, Polizeigesetz für Baden-Württemberg, § 63 Rn. 48.
[36] BVerwG 1 A 10.95, Rn. 19, VGH Mannheim 1 S 2146/13, Rn. 21.
[37] *Belz/Mussmann/Kahlert/Sander*, Polizeigesetz für Baden-Württemberg, § 63 Rn. 40.
[38] Vgl. oben Rn. 26.
[39] *Belz/Mussmann/Kahlert/Sander*, Polizeigesetz für Baden-Württemberg, § 63 Rn. 40, 48.

aus, die sich damit zu befassen hat, ob ein atypischer Fall vorliegt, der eine Kostenerhebung zulasten des Pflichtigen ausschließt[40] und ob unter mehreren Pflichtigen der effektive ausgewählt wurde. Da diese Ermessensentscheidung im Wortlaut der einschlägigen Regelungen nicht zum Ausdruck kommt, ist sie in der Begründetheitsprüfung derart herauszustellen, dass die Ermessensentscheidung und ihre Kontrolle vom Korrektor erkannt und verstanden werden. Bezüglich der Höhe der Kosten kennt die VGKO[41] klare Gebührensätze: Der Stundensatz für jeden eingesetzten Bediensteten beträgt bei der Ersatzvornahme 48 EUR (§ 6 Abs. 2 VGKO) und beim unmittelbaren Zwang 45 EUR (§ 7 Abs. 2 VGKO). Wird zB ein Dritter eingesetzt, so handelt es sich um Auslagen gem. § 8 Abs. 1 VGKO, deren Höhe durch das Verhältnismäßigkeitsprinzip begrenzt wird.

V. Fragen zur Lernkontrolle

Die folgenden Fragen ermöglichen Ihnen die Kontrolle, ob Sie sich im Verwaltungsvollstreckungsrecht zurecht finden können. Hierzu wiederholen Sie sinnvollerweise auch die Fragen im Kapitel „Polizeirecht", welche sich mit der unmittelbaren Ausführung und mit Abschleppmaßnahmen beschäftigen. Wie in allen Rechtsgebieten sollten Sie sich zur Beantwortung der Fragen zunächst eigene Notizen machen, bevor Sie die Antworten unter den Randnummern nachschlagen. Dies kann auch in einer Arbeitsgruppe geschehen. Auch hier ist darauf hinzuweisen, dass das erarbeitete Wissen einer weiteren Ergänzung durch das Training an prüfungstypischen Fällen bedarf.

1. Welches sind die einschlägigen Gesetze, nach denen Verwaltungsvollstreckung stattfinden kann? (Rn. 11 ff.)
2. In welche vier Teile lässt sich die zeitliche Abfolge der Verwaltungsvollstreckung einteilen? (Rn. 15)
3. Welche Anforderungen muss ein Verwaltungsakt erfüllen, damit er vollstreckt werden kann? (Rn. 17)
4. Mit welcher Rechtsnorm korrespondiert § 2 Nr. 2 LVwVG? (Rn. 17 ff.)
5. Geben Sie Beispiele für Verwaltungsakte, bei denen der Widerspruch keine aufschiebende Wirkung hat. (Rn. 20 ff.)
6. In welchen Vorschriften ist die Androhung von Zwangsmitteln geregelt? Welche Unterschiede bestehen zwischen LVwVG und PolG? (Rn. 34 ff.)
7. Unter welchen Voraussetzungen kann eine Androhung unterbleiben? (Rn. 37)
8. Welche Zwangsmittel gibt es, um Verwaltungsakte zu vollstrecken, die zu einem Tun, Dulden oder Unterlassen verpflichten? (Rn. 39 ff.)
9. Weshalb ist die Zwangshaft kein eigenes Vollstreckungsmittel? (Rn. 39)
10. Wie unterscheiden sich Ersatzvornahme und unmittelbarer Zwang? (Rn. 45 ff.)
11. Wer kann gemäß § 26 LVwVG unmittelbaren Zwang ausführen, wer nicht? (Rn. 51 ff.)
12. Wie lässt sich die Rechtmäßigkeitsprüfung einer Vollstreckungsmaßnahme aufbauen? (Rn. 58)
13. Welches sind die Zuständigkeitsnormen im Verwaltungsvollstreckungsrecht und wie unterscheiden sie sich? (Rn. 63)
14. Wann kann die Androhung des unmittelbaren Zwangs im Polizeirecht unterbleiben? (Rn. 64)
15. Welche Problematik versteckt sich hinter der Formulierung „der vollstreckt werden soll" in § 20 Abs. 2 LVwVG? (Rn. 68 ff.)

---

40 *Ruder/Pöltl*, Polizeirecht Baden-Württemberg, § 15 Rn. 13.
41 In den zum Examen zugelassenen Gesetzessammlungen im Anschluss an das LVwVG abgedruckt.

16. Was versteht man unter den allgemeinen Verwaltungsvollstreckungsvoraussetzungen? (Rn. 78 ff.)
17. Welche prüfungsrelevanten Regelungen iSv § 80 Abs. 2 Nr. 3 VwGO kennen Sie? (Rn. 90)
18. Welche weiteren materiellen Vorschriften sind im Vollstreckungsrecht noch von besonderer Bedeutung? (Rn. 91 ff.)
19. Worauf ist bei der Prüfung der Verhältnismäßigkeit von Zwangsmitteln besonders zu achten? (Rn. 96 ff.)

VI. Fälle

105 Die folgenden kleinen Fälle sollen Ihnen auch hier in erster Linie zeigen, wie Falllösungen aufgebaut und formuliert werden müssen. Im Verwaltungsvollstreckungsrecht besteht die Besonderheit, dass die Problemstellungen, die in diesem Rechtsgebiet erscheinen, nie den gesamten Klausurumfang ausmachen können. Vieles hängt vom zu vollstreckenden Grund-Verwaltungsakt ab – und dies bedeutet, dass Sie zunächst Kenntnisse im Besonderen Verwaltungsrecht erarbeitet haben müssen, insbesondere im Bau- und Polizeirecht. Ein fehlerhafter Ansatz im materiellen Fachrecht schlägt zwangsweise auf die Prüfung des Vollstreckungsrechts durch. Lösen Sie die Fälle auch hier zuerst selbst, bevor Sie die Lösung lesen und denken Sie daran, dass diese Fälle bewusst deutlich kürzer gehalten sind, als man sie in Klausuren erwarten kann. Das Trainieren anhand examenstypischer Fälle ist unerlässlich.

106 **Fall 1**

A parkt seinen Wagen ordnungsgemäß in der X-Straße, wie er es schon jahrelang tut, und fliegt dann für drei Wochen in den Urlaub. Eine Woche nach Abflug werden dort von der nach StVO zuständigen Gemeinde absolute Halteverbotsschilder aufgestellt, da das Durchkommen von Rettungsfahrzeugen in der engen Straße nicht möglich ist. Wiederum eine Woche später lässt die Ortspolizeibehörde das Fahrzeug des A abschleppen. A wendet nach Rückkehr aus dem Urlaub gegen den Kostenbescheid ua ein, das Verkehrsschild sei ihm nicht bekannt gemacht worden, außerdem sei es unbillig, ihn in Anspruch zu nehmen.

Ist der Kostenbescheid rechtmäßig?

107 **Fall 2**

Auf einer Hauptverkehrsstraße sitzen demonstrieren mehrere Gegner von neuen 5G-Mobilfunkmasten. Das Feld, auf dem ein solcher Mast zeitnah angeliefert werden soll wird, ist 300 Meter entfernt. Die Polizei löst die Versammlung auf und fordert danach mit den Worten: „Beenden Sie umgehend Ihre Agitation und machen Sie die Straße frei!" die Demonstranten auf, sich zu zerstreuen. Zudem macht die Polizei deutlich, dass bei einer Weigerung die Polizei Gewalt anwenden wird. Als die Demonstranten sich nicht zerstreuen, werden die Demonstranten einzeln weggetragen.

War die Maßnahme des Wegtragens rechtmäßig?

108 **Lösung Fall 1**

1. Ermächtigungsgrundlage

Rechtsgrundlage des Kostenbescheides könnte § 63 Abs. 1 PolG iVm §§ 25, 31 LVwVG sein. Voraussetzung für die Ersatzvornahme ist das Vorliegen eines Verwaltungsaktes. Ein Verkehrszeichen ist ein Dauerverwaltungsakt in Form einer Allgemeinverfügung nach § 35 Satz 2 LVwVfG. Voraussetzung ist weiterhin, dass das Verkehrszeichen als vollziehbare (§ 80 Abs. 2 Nr. 2 VwGO) Gebotsverfügung dem A bekannt gegeben war. Ein Verkehrszeichen gilt nach den bundesrechtlichen Vorschriften der StVO, die dem § 41 LVwVfG vorgehen, mit seiner Aufstellung als bekanntgegeben, was eine besondere Form der öffentlichen Bekanntga-

be darstellt. Dass der Adressat das Verkehrszeichen persönlich wahrnimmt, ist nicht erforderlich.
Aufgrund der Bekanntgabe des Verwaltungsaktes liegt hier eine Ersatzvornahme vor und § 63 Abs. 1 PolG iVm §§ 25, 31 LVwVG ist Rechtsgrundlage des Kostenbescheides.

2. **Formelle Rechtmäßigkeit des Bescheides**
Zuständig für den Erlass des Kostenbescheides ist die Vollstreckungsbehörde, also die Behörde, die den Grund-Verwaltungsakt erlassen hat. Dies ist nach §§ 44 StVO, 4 LVwVG, 31 Abs. 6 LVwVG, 4 LGebG die Gemeinde. Von einer Anhörung konnte nach § 28 Abs. 2 Nr. 5 LVwVfG abgesehen werden.

3. **Materielle Rechtmäßigkeit des Bescheides**
Materiell rechtmäßig ist der Kostenbescheid, wenn (a) eine rechtmäßige Ersatzvornahme vorliegt und (b) die Kosteninanspruchnahme ihrerseits ermessensfehlerfrei und verhältnismäßig ist.

   a) **Rechtmäßigkeit der Ersatzvornahme**
   Eine rechtmäßige Ersatzvornahme liegt vor. Das Verkehrszeichen stellt einen – durch Aufstellung (s. o.) bekannt gegebenen – Verwaltungsakt dar, der nach § 80 Abs. 2 Nr. 2 VwGO analog sofort vollziehbar ist. Die allgemeinen Vollstreckungsvoraussetzungen gem. § 2 Nr. 2 LVwVG sind somit gegeben. Eine Androhung der Ersatzvornahme, § 20 LVwVG, war aufgrund Gefahr im Verzug gem. § 21 LVwVG entbehrlich. Die Ersatzvornahme selbst hält sich darüber hinaus im Rahmen des § 25 LVwVG.

   b) **Rechtmäßigkeit des Kostenbescheides**
   Darüber hinaus bleibt auf der Sekundärebene die Inanspruchnahme wegen der Kosten, die hier ausschließlich durch die Ersatzvornahme entstanden sind (§ 25 LVwVG), eine Ermessensentscheidung. Diese könnte jedoch unverhältnismäßig sein, weil A wegen seines Urlaubs nicht selbst auf die veränderte Situation reagieren konnte. Nach den Leitlinien des BVerwG, denen sich der VGH angeschlossen hat,[42] fällt jedoch eine Abschleppmaßnahme kostenmäßig auch bei fehlender Vorhersehbarkeit durch den Pflichtigen ab dem vierten Tag nach Aufstellen des Schildes in dessen Risikosphäre. Die Vorlaufzeit von drei Tagen bringt die gegenläufigen Belange zu einem angemessenen Ausgleich und dient der Rechtssicherheit.

Der Kostenbescheid ist verhältnismäßig.

Lösung Fall 2

1. **Ermächtigungsgrundlage**
Das Wegtragen der Demonstranten stellt die Anwendung unmittelbaren Zwanges nach § 64 Abs. 1 PolG dar.

2. **Formelle Rechtmäßigkeit der Maßnahme**
Zuständig für die Durchführung des unmittelbaren Zwanges ist der Polizeivollzugsdienst nach § 65 PolG.
Das Wegtragen wurde auch zuvor gemäß § 66 Abs. 2 PolG angedroht.

3. **Materielle Rechtmäßigkeit der Maßnahme**

   a) **Allgemeine Vollstreckungsvoraussetzungen**
   Voraussetzung ist weiterhin das Vorliegen eines zu vollstreckenden Verwaltungsaktes, § 66 Abs. 4 PolG, § 2 LVwVG. In der Aufforderung der Polizei, die Hauptverkehrsstraße zu verlassen, ist nicht mehr die Auflösung einer Versammlung nach § 13 VersG zu sehen, da dies schon vorher geschah. Da auch mit der Auflösung der Schutz des Art. 8 GG nicht mehr greift, ist §§ 1, 3 PolG ist am ehemaligen Versammlungsort für den Platzverweis gegen eine Personengruppe anwendbar, da § 30 PolG nur ein Vorgehen gegen Einzelpersonen gestattet. In der Anordnung, die Straße zu verlassen, liegt der zu vollstreckende Grund-Verwaltungsakt. Auf seine Rechtmäßigkeit kommt es nicht an.
   Des Weiteren muss gemäß § 2 LVwVG dieser VA unanfechtbar oder die aufschiebende Wirkung eines Widerspruchs entfallen sein. Hier entfällt die aufschiebende Wirkung des Widerspruchs gegen den Platzverweis gemäß § 2 Nr. 2 LVwVG wegen § 80 Abs. 2 Nr. 2

---
42 Vgl. Kapitel Polizeirecht, Rn. 303; VGH Mannheim 1 S 822/05, Rn. 22.

VwGO. Die Anordnung des Polizeivollzugsdienstes ist, insbesondere wegen der Nähe zum Baufeld, der Präsenz auf der Straße und wegen der zeitlichen Nähe zum Baubeginn unaufschiebbar. Bei Abwarten bis zum Handeln der Ortspolizeibehörde würde der Zweck der Gefahrenabwehr vereitelt. Die allgemeinen Verwaltungsvollstreckungsvoraussetzungen sind also gegeben.

b) **Besondere Vollstreckungsvoraussetzungen des unmittelbaren Zwangs**
Das schlichte Wegtragen stellt sich im Sinne von § 64 Abs. 1 PolG als einfache körperliche Gewalt dar. Anhaltspunkte dafür, dass der unmittelbare Zwang ermessensfehlerhaft oder unter Verstoß gegen § 52 Abs. 3 PolG unverhältnismäßig gewesen sein könnte, sind nicht ersichtlich.

Die Maßnahme war rechtmäßig.

§ 5 Landesverfassungsrecht

Literatur:

Albiez/Glunk/Grund, Der überspielte Volkswille, 2. Aufl., 1992; *Haug,* Verfassung des Landes Baden-Württemberg, 2018; *Kroitzsch,* Wegfall der Begründungspflicht – Wandel der Staatsform der Bundesrepublik, NJW 1994, 1032; *Pieroth,* Das Demokratieprinzip des Grundgesetzes, JuS 2010, 473; *Dürig/Herzog/Scholz,* Grundgesetz, Stand: Januar 2023; *Voßkuhle/Kaufhold,* Grundwissen – Öffentliches Recht: Das Rechtsstaatsprinzip, JuS 2010, 116; *Voßkuhle/Wischmeyer,* Grundwissen – Öffentliches Recht: Das Sozialstaatsprinzip, JuS 2015, 693.

I. Einführung 1	2. Die Verfahren vor dem VerfGH im Einzelnen 39
II. Die Landesverfassung als nachkonstitutionelles Recht 10	3. Insbesondere: Die Landesverfassungsbeschwerde 49
1. Die demokratiedefizitäre Gründung und Aufrechterhaltung des Landes Baden-Württemberg 12	a) Überblick über die Voraussetzungen der Verfassungsbeschwerde 52
2. Die Verknüpfungsnormen Art. 2 Abs. 1, Art. 23 und Art. 25 LV 24	b) Die Zulässigkeitsvoraussetzungen im Einzelnen 54
III. Verfahren vor dem VerfGH 32	IV. Fragen zur Lernkontrolle 83
1. Das Verhältnis zu den verfassungsrechtlichen Rechtsbehelfen des Bundesrechts 32	

I. Einführung

Das Landesverfassungsrecht hat in beiden Staatsexamina eine nur untergeordnete Bedeutung. Bevor Sie jetzt aufhören weiterzulesen, sollten Sie jedoch wissen, dass es gleichwohl unerlässlich ist, mit den Normen des Landesverfassungsrechts insoweit umgehen zu können, als man in einer Klausur in der Lage sein muss, die einschlägigen Normen aufzufinden und die Erfolgsaussichten eines landesverfassungsrechtlichen Rechtsbehelfs beurteilen zu können. Genau zu diesem Zweck sollen die folgenden Ausführungen einen Überblick verschaffen. 1

Klausuren mit ausschließlich landesverfassungsrechtlichem Inhalt erscheinen in den Staatsexamina kaum denkbar. Dazu weist das Landesverfassungsrecht zu wenige wesentliche Besonderheiten gegenüber dem Verfassungsrecht des Bundes auf. Es ist dennoch vorstellbar, dass man sich mit landesverfassungsrechtlichen Rechtsbehelfen auseinandersetzen muss. Dabei ist die Verknüpfung mit dem Bundesrecht von großer Wichtigkeit. Denn anders als andere Landesverfassungen wurde die Verfassung des Landes Baden-Württemberg erst unter Geltung des Grundgesetzes errichtet. 2

Das Land Baden-Württemberg ist ein „Glied der Bundesrepublik Deutschland" (Art. 23 Abs. 2 LV). Die **föderalistische Verfassung der Bundesrepublik Deutschland** gibt den Ländern umfassende Kompetenzen zu Entscheidungen, die auf Bundesebene nicht getroffen werden dürfen. Diese spielen sich im Bereich aller drei Gewalten ab. Nach Art. 30, 83 GG ist die Ausübung der staatlichen Befugnisse grundsätzlich Sache der Länder. Folglich haben die Länder nicht nur exekutive, sondern auch Gesetzgebungsbefugnisse. Nach Art. 70 Abs. 1 GG haben die Länder das Recht zur Gesetzge- 3 bung, es sei denn, das Grundgesetz weist dem Bund Gesetzgebungskompetenzen zu. Ebenso ist die Justiz zu einem ganz wesentlichen Teil Sache der Länder (Art. 92 GG).

4 Bei diesen Aufgabenzuweisungen ist es unerlässlich, dass ein Regelwerk mit übergeordneter Funktion dafür sorgen muss, wie die Aufgaben auf Landesebene gleich und rechtsstaatlich wahrzunehmen sind. Die Landesverfassung (LV) enthält daher in ihrem zweiten Hauptteil (Art. 23 ff. LV) umfassende Regelungen zur **Staatsorganisation**. In dem Kapitel über den Landtag (Art. 27 ff. LV), die Regierung (Art. 45 ff. LV), die Gesetzgebung (Art. 58 ff. LV), die Rechtspflege (Art. 65 ff. LV) und die Verwaltung (Art. 69 ff. LV) werden im Wesentlichen gerade diejenigen Aufgaben abgebildet, die nach den Vorgaben des Grundgesetzes von den Ländern selbstständig erledigt werden dürfen.

5 In den Eingangsnormen (Art. 1 ff. LV) enthält die LV auch **Grundrechte**, die jedoch angesichts der Grundrechtsgewährleistungen im GG keine herausragende separate Bedeutung besitzen. Gleichwohl gibt es Regelungen, die in vergleichbarer Deutlichkeit im GG nicht aufzufinden sind und die als Staatszielbestimmungen in verschiedenen Förder- und Schutzaufträgen gesetzgeberische Pflichten auslösen. Hierzu gehört beispielsweise die in Art. 3c Abs. 1 LV geregelte **staatliche Pflicht zur Sportförderung**, die später auf den gesamten ehrenamtlichen Einsatz für das Gemeinwohl und das kulturelle Leben ausgedehnt wurde.[1] Ebenso hat der **Tierschutz** (Art. 3b LV) als Staatszielbestimmung Eingang in die LV gefunden. Besondere Aufmerksamkeit widmet die LV (Art. 4 ff., Art. 11 ff.) den **Religionen** sowie der **Erziehung und dem Unterricht**. Eine wichtige, bei weitem nicht in allen Bundesländern verwirklichte Regelung ist dabei, dass nach Art. 14 Abs. 2 Satz 1 LV nicht nur der Unterricht, sondern auch die **Lernmittel** an den öffentlichen Schulen **unentgeltlich** sind. Hierbei handelt es sich um eine der wenigen Vorschriften in der LV, die materielle Regelungen beinhalten, aber nicht bereits eine Rezeption aus dem GG darstellen. Ein Landesgesetz darf gegen solche materiellrechtlichen Regelungen der LV wegen deren Vorrang nicht verstoßen. Diese allgemeine rechtsstaatliche Erkenntnis wird für das Landesrecht in **Art. 25 Abs. 2 LV** wiederholt, wonach die Gesetzgebung (des Landes) an die verfassungsmäßige Ordnung in Bund und Land gebunden ist; hierzu gehört selbstverständlich auch die LV.

6 Die Bedeutung der landesverfassungsrechtlichen Regelungen bringt es mit sich, dass hierüber **Streitigkeiten** entstehen können. Dies gilt insbesondere für Gesetzgebungsverfahren des Landes, aber auch für Akte öffentlicher Gewalt, die – ganz im Sinne einer Verfassungsbeschwerde, wie wir sie aus dem Bundesrecht kennen – gegen in der Landesverfassung gewährte Grundrechte verstoßen können. Da das BVerfG über Verstöße gegen das GG entscheidet (vgl. Art. 93 GG), ist die LV als Prüfungsmaßstab für Entscheidungen des BVerfG nicht vorstellbar.

7 Die Funktion, über **Verstöße gegen die LV** zu befinden, kommt vielmehr dem Verfassungsgerichtshof (**VerfGH**) zu. Mit Inkrafttreten der Verfassung des Landes Baden-Württemberg im Jahre 1953 wurde der VerfGH – damals unter der Bezeichnung

---

1 *Haug/Strobs*, Verfassung des Landes Baden-Württemberg, Art. 3 c Rn. 1.

"Staatsgerichtshof", die er bis zum Jahre 2015 behielt – [2] gemäß Art. 68 LV errichtet. Mit der Änderung des Begriffes in „Verfassungsgerichtshof" soll zum Ausdruck gebracht werden, dass das Verfassungsgericht des Landes nicht für den Staat, sondern für die Verfassung da sei.[3] Eine durchaus späte Erkenntnis, die jedoch insbesondere darauf zurückzuführen ist, dass seit der Einführung der Landesverfassungsbeschwerde[4] der VerfGH nun auch den Bürgerinnen und Bürgern als Verfassungsgerichtsbarkeit offen steht.

Der VerfGH besteht aus neun Richterinnen und Richtern, davon drei Berufsrichtern, drei Richtern mit allgemeiner Befähigung zum Richteramt und drei Richtern ohne diese Voraussetzung. Die Mitglieder werden vom Landtag für die Dauer von neun, sechs oder drei Jahren gewählt (näher zum Wahlverfahren § 2 VerfGHG). Die Mitglieder des VerfGH sind ehrenamtlich tätig (§ 7 VerfGHG), erhalten jedoch für ihre Teilnahme an den Sitzungen oder Beratungen eine angemessene Entschädigung. 8

Ähnlich wie im Verhältnis zwischen GG und BVerfGG sind die **Rechtsbehelfe** zunächst in der LV geregelt. Hier ist insbesondere auf die Art. 31, 42, 57, 64, 68 und 76 LV zu verweisen. Die einzelnen detaillierten Zulässigkeitsvoraussetzungen der Rechtsbehelfe finden sich dann, ähnlich wie im Bundesrecht im BVerfGG, im **VerfGHG** (insbesondere §§ 30 ff. VerfGHG). 9

II. Die Landesverfassung als nachkonstitutionelles Recht

Die LV wurde, anders als viele andere Landesverfassungen, erst **unter Geltung des GG** errichtet. Dies hat wesentliche Auswirkungen auf ihre rechtliche Struktur. Denn anders als andere Landesverfassungen konnte die LV auf das GG verweisen und somit Staatsprinzipien und Grundrechte übernehmen. Die Bindung der LV an das GG besteht zwar aufgrund des Rechtsstaatsprinzips und des Vorrangs der Verfassung ohnehin, ist aber durch die Verweise in der LV auf das GG und die Übernahme von Begriffen aus dem GG infolge der nachkonstitutionellen Errichtung in einer Fallbearbeitung leichter zu bewältigen. 10

Zum besseren Verständnis der LV soll zunächst ein Blick auf die Gründung des Landes Baden-Württemberg geworfen werden. Anders als viele andere Bundesländer ist das Land nicht historisch gewachsen, sondern unter Geltung des Grundgesetzes künstlich entstanden. Die Umstände, wie es dazu kam, waren politisch sehr umstritten und verfassungsrechtlich sehr fragwürdig. 11

1. Die demokratiedefizitäre Gründung und Aufrechterhaltung des Landes Baden-Württemberg

Noch heute findet sich in Art. 118 GG eine Regelung, wonach eine Neugliederung der die Länder Baden, Württemberg-Baden und Württemberg-Hohenzollern umfassenden Gebiete durch Vereinbarung der beteiligten Länder erfolgen kann. Doch diese drei Länder haben nie eine Vereinbarung geschlossen. Sie waren jeweils künstliche Gebil- 12

---

2 GBl. BW 2015, S. 1030.
3 Verfgh.baden-wuerttemberg.de.
4 GBl. BW 2012, S. 569.

de, die den Grenzen der Besatzungszonen folgten, und waren nicht identisch mit den Ländern Baden und Württemberg, wie sie vor 1933 existierten. Das 1947 gegründete Land Baden entsprach im Wesentlichen dem heutigen Südbaden und lag in der damaligen französischen Besatzungszone. Ebenso wurde im Jahre 1947 das französisch besetzte Gebiet Württembergs und Hohenzollerns zum Land Württemberg-Hohenzollern vereinigt. Württemberg-Baden wiederum war schon 1945 von der US-amerikanischen Militärregierung gegründet worden und umfasste Nordbaden und Nordwürttemberg.

13 Für das Fehlen einer Vereinbarung hält Art. 118 Satz 2 GG eine Lösung bereit, wonach die Neugliederung durch Bundesgesetz geregelt wird, welches eine Volksbefragung vorsehen muss, wenn die eigentlich vorrangige Vereinbarung unter den Ländern nicht zustande kommt.

14 Der in Art. 118 Satz 2 GG vorgeschriebenen Volksbefragung ging am **24. September 1950** eine Probeabstimmung voraus, bei der die Mehrheit in Württemberg-Baden und Württemberg-Hohenzollern (76,7 bzw. 92,5 %) für einen Südweststaat stimmte, während das Land Baden für die Wiederherstellung der alten Länder votierte (59,6 %, Gesamtbaden 51,1 %).[5]

15 Dies war nicht im Sinne der Württemberger, von denen 13 Bundestagsabgeordnete wenig später einen Gesetzentwurf in den Bundestag zur Durchführung einer Volksabstimmung einbrachten. Sie schlugen eine Festlegung von vier Abstimmungsbezirken vor. Die Stimmbezirke gliederten sich in Nordbaden, Südbaden, Nordwürttemberg und Südwürttemberg-Hohenzollern. Demnach war der Südweststaat dann zu bilden, wenn die Abstimmung im gesamten Abstimmungsgebiet und in mindestens drei Abstimmungsbezirken eine Mehrheit für die Vereinigung ergab. Mit großer Mehrheit stimmte der Bundestag dem Gesetz am 25. April 1951 zu.[6]

16 Am **9. Dezember 1951** stimmten in Nordbaden 57,1 % für den Südweststaat, in Nordwürttemberg 93,5 % und in Südwürttemberg-Hohenzollern 91,4 % der Abstimmenden. In Südbaden stimmten 62,2 % der Abstimmenden für die Wiederherstellung der alten Länder, also für die Selbständigkeit Badens. Hätte man bei der Auszählung der Stimmen auf die alten Länder abgestellt, wäre auch bei der zweiten Abstimmung das alte Land Baden wieder hergestellt worden.[7]

17 Die Befürworter des alten Landes Baden ließ dies nicht ruhen. Die badische Regierung forderte noch im Dezember vergeblich vom Bundestag, den Vollzug des 2. Neugliederungsgesetzes auszusetzen, bis die Neufestsetzung der Ländergrenzen im gesamten Bundesgebiet nach Art. 29 GG vollzogen sei.[8] Der badische Ministerpräsident Leo Wohleb sprach im Zusammenhang mit der Gründung Baden-Württembergs von einer „Vergewaltigung des Volkswillens", vom „morbus badensis" und sah Baden als „Op-

---

5 Leo-bw.de/themen/landesgeschichte/die-entstehung-baden-wurttembergs-der-weg-zum-sudweststaat.
6 Baden-wuerttemberg.de/de/unser-land/geschichte/entstehung-des-suedweststaats/.
7 *Scholz/Remmert*, GG, Art. 118 Rn. 12 mwN. Vertiefend zur gesamten Historie *Albiez/Glunk/Grund*, Der überspielte Volkswille, passim.
8 https://www.leo-bw.de/themen/landesgeschichte/die-entstehung-baden-wurttembergs-der-weg-zum-sudweststaat.

II. Die Landesverfassung als nachkonstitutionelles Recht

fer einer Verfassungsverletzung".[9] Doch das Land Baden-Württemberg wurde **1952** gegründet. Es kam noch im selben Jahr zur Gründung des „Heimatbunds Badnerland", der einen Antrag auf Volksbegehren nach Art. 29 Abs. 2 GG aF stellte, das jedoch erst nach einer Entscheidung des BVerfG[10] im Jahre 1956 zugelassen wurde, mit dem Ziel, die Wiederherstellung des alten Landes Baden herbeizuführen.

In seinem Urteil betont das BVerfG sehr deutlich, was es von der Volksabstimmung im Jahre 1951 hielt: „Bei der Abstimmung am 9. Dezember 1951 haben – wenn man von dem Gebiet des früheren preußischen Landesteiles Hohenzollern absieht – „zwei Bevölkerungen", die badische und die württembergische, in der Weise gemeinsam abgestimmt, daß die zahlenmäßig stärkere die schwächere majorisieren konnte. Es war also eine Abstimmung, in der die badische Bevölkerung gerade nicht selbst bestimmen konnte, in welchem staatlichen Verbande sie künftig leben will; mit anderen Worten, sie lebt noch immer in einem Gebiet, das „ohne Volksabstimmung" seine Landeszugehörigkeit geändert hat."[11]   18

Nach dem Erfolg des Volksbegehrens hätte die Bundesregierung gemäß Art. 29 Abs. 2 Satz 3 GG aF einen Gesetzesentwurf zur Neugliederung des Bundes mit einer Zuordnung des ehemaligen Landes Baden erstellen und einen Volksentscheid durchführen müssen. **Die Bundesregierung blieb jedoch untätig.**[12] Über Jahre hinweg und sogar nach einer weiteren Änderung des Art. 29 GG passierte nichts. Es kam es schließlich und damit unter mittlerweile gänzlich veränderten Bedingungen **erst im Jahre 1970** im Gebietsteil Baden des Landes Baden-Württemberg zu einem Volksentscheid, bei der sich 81,9 % der an der Abstimmung Teilnehmenden für den Verbleib im Land Baden-Württemberg aussprachen.   19

Rückblickend sind die Herbeiführung und Erhaltung des Bundeslandes Baden-Württemberg ein Musterbeispiel, wie trotz bindender Aufträge des BVerfG gegenläufig Fakten geschaffen werden, die sich nicht an den verfassungsrechtlichen Vorgaben orientieren. Letztlich wurden mit gesetzgeberischen Tricks und Verzögerungen, die die frühe Rechtsprechung des BVerfG mehrfach beschäftigt haben, die Ergebnisse herbeigeführt, die man haben wollte.   20

Allerdings ist es **für das Demokratieverständnis abträglich** und fördert in keiner Weise die Identifikation mit dem Verfassungsstaat, wenn vermeintlich demokratische Instrumente derart „gebraucht" werden. Dies lässt sich nicht mit der fehlenden Demokratieerfahrung der Nachkriegszeit entschuldigen, denn leider gibt es auch in der Gegenwart entsprechende Beispiele für die Nichtberücksichtigung demokratischen Willens, wie etwa die Auseinandersetzungen um die Auskreisung Reutlingens,[13] um   21

---

9 AaO.
10 BVerfG 2 BvP 1/56.
11 BVerfG 2 BvP 1/56, Rn. 31.
12 *Remmert* aaO, Rn. 13 mwN.
13 Reutlingen.de/stadtkreis. Vgl. § 3 Abs. 1 GemO, Art. 74 Abs. 1 LV. Die Verfassungsbeschwerde der Stadt Reutlingen gegen die ablehnende Entscheidung des Landtages wurde vom VerfGH als unzulässig zurückgewiesen, VerfGH Stuttgart 1 VB 11/19.

den Wechsel der Stadt Bad Herrenalb in den Landkreis Karlsruhe[14] sowie um das Volksbegehren für gebührenfreie Kitas.[15] Der rigorose staatliche Umgang mit diesen letztlich sämtlich erfolglosen Initiativen lässt es hin und wieder schwierig erscheinen, einer in diesem Bereich aufkommenden Staatsverdrossenheit mit Argumenten zu begegnen.

22 Hilfreich wäre es, wenn die in der LV verankerten Werte auch dann respektiert würden, wenn das Ergebnis manchen Betroffenen nicht gefällt, seien diese auf Seiten der Antragsteller oder der Antragsgegner. Sollten sich Verfassungsnormen als nicht praktikabel erweisen, steht es dem Verfassungsgeber frei, hieran Änderungen vorzunehmen. Ansonsten hat man sich der direkten Demokratie zu unterwerfen, dort wo sie vorgesehen ist.

23 Gerade hier kennt die LV eine Regelung, die dem Bundesrecht völlig fremd ist, nämlich generell **Gesetze** entweder durch den Landtag oder **durch Volksabstimmung** beschließen zu lassen (Art. 59 Abs. 4 LV). Es ist nach Art. 60 Abs. 3 LV sogar möglich, eine vom Landtag abgelehnte Gesetzesvorlage zur Volksabstimmung zu bringen.[16] Diese Regelungen stellen ein starkes Signal für das Verständnis einer Demokratie im Wortsinne dar und zeigen, dass es wenigstens der Text der LV, sei sie auch 1953[17] ohne die notwendige demokratische Legitimation erlassen worden, mit der direkten Demokratie ernst nimmt.

2. Die Verknüpfungsnormen Art. 2 Abs. 1, Art. 23 und Art. 25 LV

24 Wie schon ausgeführt, wurde die LV unter der Geltung des GG verabschiedet, so dass sie tragende Grundsätze des GG übernehmen konnte. Diese sind gleichzeitig wenn auch nicht ausschließlicher, so jedoch wesentlicher Maßstab der Überprüfung von landesrechtlichen Entscheidungen in den einzelnen landesverfassungsrechtlichen Rechtsbehelfen.[18] Die Übernahme von wesentlichen Prinzipien aus dem GG gewährleistet gleichzeitig eine an dem GG orientierte Auslegung der LV, was sich sowohl auf das Gesetzgebungsverfahren als auch auf die Überprüfung von Akten der Exekutive, Legislative und Judikative in den landesverfassungsrechtlichen Gerichtsverfahren auswirkt.

25 Nach **Art. 2 Abs. 1 LV** sind die im Grundgesetz für die Bundesrepublik Deutschland festgelegten Grundrechte und staatsbürgerlichen Rechte Bestandteil der LV und unmittelbar geltendes Recht. Nach dem Verständnis von VerfGH und Kommentarliteratur[19] handelt es sich bei der Rezeption von Art. 2 Abs. 1 LV nicht lediglich um die Geltungsanordnung der Grundrechte des GG, die bereits gemäß Art. 1 Abs. 3 GG ver-

---

14 Die Stadt Bad Herrenalb wollte vom Landkreis Calw in den Landkreis Karlsruhe wechseln und führte hierzu einen Bürgerentscheid durch. Der Landtag lehnte den Kreiswechsel mit Hinweis auf die fehlende Bindungswirkung des Bürgerentscheids ab. https://de.wikipedia.org/wiki/Landkreiswechsel.
15 Über ein Volksbegehren wollte die SPD eine Gesetzesvorlage einbringen, wonach die Kitas in Baden-Württemberg kostenlos sein sollten, vgl. Art. 59 LV. Der VerfGH hat das Volksbegehren als unzulässig angesehen, VerfGH Stuttgart 1 GR 24/19.
16 Vgl. aber, wie angesprochen, VerfGH Stuttgart 1 GR 24/19.
17 GBl. BW S. 173.
18 Dazu unten Rn. 39 ff.
19 StGH 1 VB 15/13, Rn. 301; *Haug/Strohs*, Verfassung des Landes Baden-Württemberg, Art. 2 Rn. 14.

II. Die Landesverfassung als nachkonstitutionelles Recht

bindlich sind, sondern um die Begründung eigenständiger Grundrechte des Landesrechts, auch wenn sie mit denen des GG inhaltsgleich sind. Dies hat Bedeutung insbesondere für die Landesverfassungsbeschwerde.[20] Als originäre landesverfassungsrechtliche Grundrechte unterliegen die Grundrechte der Auslegung durch den VerfGH, der nach seiner Auffassung hierbei an die Interpretation der Grundrechte des GG durch das BVerfG nicht gebunden ist.[21] Die mit ihrer Entstehung in die LV aufgenommene Rezeptionsklausel des Art. 2 Abs. 1 LV ist dahin gehend zu interpretieren, dass auch die nach ihrem Inkrafttreten erfolgten Änderungen der im GG festgelegten Grundrechte von ihr umfasst sind.[22] Gleichwohl steht es dem Verfassungsgeber frei, zusätzlich zu den Grundrechten des GG weitere in die Landesverfassung aufzunehmen.

Damit sind alle Bestimmungen des ersten Abschnitts des GG, also die Art. 1 bis 19 GG, Bestandteil der Landesverfassung geworden. Eine Rezeption der EMRK enthält die Landesverfassung nicht; die EMRK ist aber als Auslegungshilfe für die Bestimmung von Inhalt und Reichweite von Grundrechten und rechtsstaatlichen Grundsätzen des GG heranzuziehen[23] und gewinnt damit mittelbar Bedeutung auch für die Auslegung der aus dem GG übernommenen landesverfassungsrechtlichen Grundrechte. Als weitere, nicht im ersten Abschnitt des GG normierte rezipierte Rechte werden die Justizgrundrechte des Art. 101, 103 und 104 GG angesehen,[24] das Recht der Parteien auf freie Gründung aus Art. 21 Abs. 1 Satz 2 GG[25] sowie der Anspruch aus Amtshaftung nach Art. 34 GG.[26] Der Begriff der ebenfalls in Art. 2 Abs. 1 LV genannten „staatsbürgerlichen Rechte" ist unklar.[27] Landesverfassungsrechtliche Rechtsprechung hierzu ist, soweit ersichtlich, bisher noch nicht ergangen; die praktische Bedeutung der Formulierung scheint gering zu sein.

26

In **Art. 23 Abs. 1 LV** übernimmt die LV eigenständig die fundamentalen Grundlagen, die in Art. 20 Abs. 1 bis 3 GG für die Bundesrepublik Deutschland geregelt sind. Ähnlich wie die Ewigkeitsgarantie des Art. 79 Abs. 3 GG eine Änderung dieser Staatsprinzipien auf Bundesebene nicht zulässt, verhindert Art. 64 Abs. 1 Satz 2 LV Verfassungsänderungen, die den Grundsätzen des republikanischen, demokratischen und sozialen Rechtsstaats widersprechen. Der Begriff des **republikanischen** Rechtsstaats versteht sich in erster Linie in Abgrenzung zur Monarchie, wie sie bereits in der Weimarer Reichsverfassung auf Bundes- und Landesebene ausgeschlossen war (Art. 17 Abs. 1 Satz 1 WRV). Das in Art. 23 Abs. 1 LV gleichfalls niedergelegte **Demokratieprinzip** ist durch den Grundsatz der Volkssouveränität gekennzeichnet, das Prinzip der Herrschaft auf Zeit, das Mehrheitsprinzip, den Schutz der Opposition, das freie Mandat, die Chancengleichheit der Parteien sowie die freie und offene politische Willensbildung.[28] Für die Gemeinden findet das ebenfalls dem Demokratieprinzip zuzuordnende

27

---

20 Dazu unten Rn. 49 ff.
21 StGH 1 VB 15/13, Rn. 302.
22 StGH 1 VB 15/13, Rn. 300, *Haug/Strohs*, Verfassung des Landes Baden-Württemberg, Art. 2 Rn. 16.
23 BVerfG 1 BvR 3139/08 ua, Rn. 266.
24 Vgl. StGH 1 VB 8/14, Rn. 40.
25 *Haug/Strohs*, Verfassung des Landes Baden-Württemberg, Art. 2, Rn. 23.
26 *Haug/Strohs*, Verfassung des Landes Baden-Württemberg, Art. 2, Rn. 23 mwN (st. Rspr.).
27 *Haug/Strohs*, Verfassung des Landes Baden-Württemberg, Art. 2, Rn. 20.
28 *Haug/Hofmann*, Verfassung des Landes Baden-Württemberg, Art. 23 Rn. 16 mwN; *Pieroth* JuS 2010, 473.

Recht auf Selbstverwaltung sowie die freie Wahl ihrer Selbstverwaltungsorgane in Art. 71 und Art. 72 LV besonderen Niederschlag.

28 Auch das **Sozialstaatsprinzip** ist durch eine Verfassungsänderung nicht veränderbar. Das Sozialstaatsprinzip verpflichtet den Staat, für soziale Sicherheit und einen Ausgleich sozialer Gegensätze zu sorgen; insbesondere wird aus dem Sozialstaatsprinzip und aus Art. 1 Abs. 1 GG die Pflicht zur Sicherung des Existenzminimums abgeleitet.[29] Auch das in Art. 23 Abs. 1 LV aufgenommene **Rechtsstaatsprinzip** entspricht den Anforderungen, die bereits Art. 28 Abs. 1 Satz 1 GG für die Landesverfassungen der Bundesländer festschreibt. Elemente des Rechtsstaatsprinzips sind ua Vorrang von Verfassung und Gesetz, Vorbehalt des Gesetzes, Bestimmtheitsgrundsatz, Vertrauensschutz, Verhältnismäßigkeitsgrundsatz, effektiver Rechtsschutz und rechtsstaatliche Gerichtsverfahren.[30]

29 Schließlich werden das Demokratieprinzip und Teile des Rechtsstaatsprinzips noch in **Art. 25 LV** ausdrücklich normiert. Art. 25 Abs. 1 LV ist, bis auf die einleitende Vokabel, wortgleich mit Art. 20 Abs. 2 GG. Art. 25 Abs. 2 LV entspricht Art. 20 Abs. 3 GG, wobei Art. 25 Abs. 2 LV die ausdrückliche Bindung der Gesetzgebung auch an die verfassungsmäßige Ordnung des Bundes und nicht nur des Landes betont. Art. 25 Abs. 3 LV nennt die Gewaltenteilung, die sich grundsätzlich bereits aus Art. 25 Abs. 1 Satz 2 LV ergibt, wo Gesetzgebung, vollziehende Gewalt und Rechtsprechung bereits aufgezählt sind, nochmals ausdrücklich, was sich aus der zum Zeitpunkt der Entstehung der LV vor dem historischen Hintergrund bestehenden hohen Bedeutung dieses Prinzips erklären lässt.

30 Mithilfe von **Art. 2 Abs. 1, Art. 23 und Art. 25 LV** lässt sich somit in einer landesverfassungsrechtlichen Klausur das aus dem Bundesverfassungsrecht erarbeitete Wissen problemlos auf den zu lösenden Fall übertragen, wobei auf die Eigenständigkeit der landesverfassungsrechtlichen Regelungen zu achten ist. Es dürften sich im Bundesrecht und auch im Landesrecht kaum Klausuren (er)finden lassen, in denen die Grundrechte und die Staatsprinzipien keine Rolle spielen. Es ist also im doppelten Sinne angeraten, die Definitionen der Grundrechte und der Staatsprinzipien zu kennen, unabhängig davon, ob sie in einem bundes- oder landesverfassungsrechtlichen Umfeld geprüft werden.

31 Neben dem materiellen Wissen besteht die zweite Säule einer verfassungsrechtlichen Klausur stets in den Regelungen des Verfassungsprozessrechts, ohne dessen solide Kenntnis sich keine Verfassungsrechtsklausur lösen lässt.

---

29 Vertiefend *Haug/Hofmann*, Verfassung des Landes Baden-Württemberg, Art. 23 Rn. 20; *Voßkuhle/Wischmeyer* JuS 2015, 693.
30 Vertiefend *Voßkuhle/Kaufhold* JuS 2010, 116 sowie *Haug/Hofmann*, Verfassung des Landes Baden-Württemberg, Art. 23 Rn. 23 ff.

III. Verfahren vor dem VerfGH

1. Das Verhältnis zu den verfassungsrechtlichen Rechtsbehelfen des Bundesrechts

Bei allen inhaltlichen Parallelen und Überschneidungen gilt es zunächst, sich klar zu machen, dass das BVerfG und der VerfGH mit unterschiedlichen Prüfungsmaßstäben arbeiten. Das BVerfG hat in allen Rechtsbehelfen grundsätzlich (nur) die Frage zu beantworten, ob ein Akt öffentlicher Gewalt, sei es ein Regierungshandeln, ein Gesetz oder ein Urteil, gegen **das GG** verstößt. Wenn also das BVerfG ein Handeln oder Unterlassen für verfassungswidrig erachtet, dann verstößt diese Maßnahme nach Auffassung des BVerfG gegen das GG. 32

Anders ist es auf Landesebene: Der VerfGH wiederum kann nur prüfen, ob eine Maßnahme gegen **die LV** verstößt. Aufgrund dieser unterschiedlichen Prüfungsmaßstäbe sind **grundsätzlich bundes- und landesverfassungsrechtliche Rechtsbehelfe parallel vorstellbar**, es sei denn, es gibt gesetzliche Regelungen, wonach dies nicht möglich ist. Eine solche ist § 55 Abs. 1 VerfGHG, wonach eine Verfassungsbeschwerde gegen einen Akt öffentlicher Gewalt des Landes Baden-Württemberg nur dann zulässig ist, soweit nicht Verfassungsbeschwerde zum BVerfG erhoben ist oder wird. 33

Beispiel: 34
X erhebt eine Verfassungsbeschwerde zum BVerfG gegen eine letztinstanzliche Entscheidung eines Oberlandesgerichts im Familienrecht. Obwohl es sich um einen Akt öffentlicher Gewalt des Landes iSv § 55 Abs. 1 VerfGHG handelt, ist die Verfassungsbeschwerde zum VerfGH unzulässig, weil bereits eine Verfassungsbeschwerde zum BVerfG erhoben ist.

Demnach stehen die Verfassungsgerichtsbarkeiten des Bundes und Baden-Württembergs grundsätzlich selbstständig nebeneinander.[31] 35

Beispiel: 36
Ist es möglich, dass ein Gericht sowohl nach Art. 100 GG als auch nach Art. 68 Abs. 1 Nr. 3 LV iVm § 51 VerfGHG ein Landesgesetz dem BVerfG *und* VerfGH vorlegt?

Beide Vorlagen sind zulässig, es werden jedoch, wie ausgeführt, unterschiedliche Prüfungsmaßstäbe geprüft. Das BVerfG misst das Landesgesetz am GG, der VerfGH an der LV, auch wenn sich inhaltlich aufgrund der oben dargestellten Verknüpfungsnormen dieselben Rechtsfragen aufwerfen lassen. Hat die Normenkontrolle bei einem der beiden Gerichte – demjenigen, welches früher entscheidet – Erfolg, so wird die Normenkontrolle beim anderen Verfassungsgericht automatisch unzulässig, weil das Gesetz für verfassungswidrig erklärt wurde und deswegen als Prüfungsgegenstand wegfällt.[32] 37

Dem VerfGH ist es allerdings verwehrt, Verstöße von Rechtsnormen des Bundesrechts gegen die LV festzustellen. Hier gilt der Vorrang des Bundesrechts gemäß Art. 31 GG. 38

---

31 BVerfG 2 BvK 1/00, Rn. 63; *Haug/Hofmann*, Verfassung des Landes Baden-Württemberg, Art. 68 Rn. 8.
32 Vgl. *Haug/Hofmann*, Verfassung des Landes Baden-Württemberg, Art. 68 Rn. 15.

2. Die Verfahren vor dem VerfGH im Einzelnen

39 Um einen Überblick über die Verfahren vor dem VerfGH zu bekommen, ist es zunächst erforderlich, die §§ 30 ff. VerfGHG zu lesen. Es handelt sich dabei um Verfahren, von denen man manche aus dem Verfassungsrecht des Bundes gar nicht oder nicht in dieser Form kennt, die sich aber durch die Gesetzeslektüre relativ leicht erschließen lassen.

40 Bei der **Ministeranklage** (Art. 57 Abs. 1 bis 3 LV, §§ 30 ff. VerfGHG) können Mitglieder der Landesregierung wegen vorsätzlicher oder grob fahrlässiger Verletzung der Verfassung vor dem VerfGH angeklagt werden. Im gleichen Maße kann gemäß Art. 57 Abs. 4 LV auch ein Mitglied der Regierung den Antrag stellen, den Vorwurf einer Verfassungsverletzung durch den VerfGH kontrollieren zu lassen. In der Rechtsfolge kann dem Regierungsmitglied gemäß Art. 57 Abs. 3 LV das Amt aberkannt werden. Praktische Bedeutung haben diese Regelungen bisher nicht.

41 Nach Art. 42 LV iVm § 43 VerfGHG kann einem Abgeordneten **das Mandat aberkannt** werden, wenn er seine Stellung in gewinnsüchtiger Absicht missbraucht hat. Auch dieses Instrument ist bisher noch nie praktisch relevant geworden.[33]

42 Art. 68 Abs. 1 Nr. 1 LV iVm § 44 VerfGHG regelt das **Organstreitverfahren**. Es wurde bewusst dem Organstreitverfahren des Bundesrechts nachgebildet.[34] Es geht dennoch auch hier **ausschließlich um die Auslegung der LV**. Dabei ist das Organstreitverfahren ein kontradiktorisches Streitverfahren, das nicht der Klärung einer abstrakten Rechtsfrage und nicht der Kontrolle eines Organs in einem objektiven Verfahren, sondern der Entscheidung über eine zwischen den Beteiligten streitig gewordene verfassungsrechtliche Beziehung dient. Der Organstreit zielt auf ein Verhalten, nicht auf die Kontrolle einer Rechtsnorm. Allerdings kann als rechtserhebliche Handlung der Erlass eines Gesetzes in Betracht kommen.[35]

43 Art. 68 Abs. 1 Nr. 2, Abs. 3 LV normiert iVm §§ 48 ff. VerfGHG die **abstrakte Normenkontrolle**. Die abstrakte Normenkontrolle kennt keine Frist und auch keine Beschwer, „Zweifel oder Meinungsverschiedenheiten" (Art. 68 Abs. 1 Nr. 2 LV) sind ausreichend.

44 Die **konkrete Normenkontrolle** aufgrund des Antrags eines Gerichts gemäß Art. 68 Abs. 1 Nr. 3 LV, § 51 VerfGHG verweist in Art. 68 Abs. 1 Nr. 3 LV lediglich auf das Verfahren gemäß Art. 100 Abs. 1 GG, nicht jedoch auf die materiellen Voraussetzungen der bundesrechtlichen Normenkontrolle, da, wie ausgeführt, Prüfungsmaßstab der konkreten Kontrolle ausschließlich die LV ist, was sich im Übrigen auch aus dem Wortlaut des Art. 68 Abs. 1 Nr. 3 LV („mit dieser Verfassung") eindeutig ergibt.

45 Art. 31 Abs. 2 LV iVm § 52 VerfGHG regelt die **Wahlprüfungsbeschwerde**. Prinzipiell kann jeder Wahlberechtigte die Wahlprüfungsbeschwerde anstrengen, sofern ihm mindestens 100 Wahlberechtigte beitreten (§ 52 Abs. 1b VerfGHG). Allerdings ist der

---

[33] *Haug/Haug*, Verfassung des Landes Baden-Württemberg, Art. 42 Rn. 1.
[34] *Haug/Hofmann*, Verfassung des Landes Baden-Württemberg, Art. 68 Rn. 56.
[35] VerfGH 1 GR 29/17, Rn. 39.

Wahlprüfungsbeschwerde ein Vorverfahren vorgeschaltet, das im **Landeswahlprüfungsgesetz** geregelt ist.[36] Dieses Vorverfahren beginnt mit der Einlegung des Einspruchs, über den dann der Landtag zu befinden hat (§ 4 WahlprüfungsG). Wird der Einspruch vom Landtag verworfen, ist dieser Verwerfungsbeschluss Gegenstand des Verfahrens vor dem VerfGH.[37]

Gemäß Art. 64 Abs. 1 Satz 3 LV iVm § 53 VerfGHG kann die Zulässigkeit eines **Änderungsantrags zur Landesverfassung** vor dem VerfGH überprüft werden. Hierzu sind die Landesregierung oder 1/4 der Mitglieder des Landtags antragsberechtigt. Prüfungsmaßstab ist dabei Art. 64 Abs. 1 Satz 2 LV, wonach ein Änderungsantrag den Grundsätzen des republikanischen, demokratischen und sozialen Rechtsstaats nicht widersprechen darf. Art. 64 Abs. 1 Satz 2 LV weist damit Parallelen zu Art. 79 Abs. 3 GG auf. 46

Nach Art. 76 LV iVm § 54 VerfGHG können Gemeinden eine **Kommunalverfassungsbeschwerde** gegen ein Landesgesetz erheben. Eine derartige Kommunalverfassungsbeschwerde ist grundsätzlich auch nach Art. 93 Abs. 1 Nr. 4b GG vor dem BVerfG möglich. Hier ordnet das GG jedoch die Subsidiarität des bundesrechtlichen Rechtsbehelfs an: Die Kommunalverfassungsbeschwerde vor dem BVerfG ist nur zulässig, „soweit nicht Beschwerde beim Landesverfassungsgericht erhoben werden kann", also insbesondere dann, wenn sich die Kommunalverfassungsbeschwerde gegen Bundesgesetze richtet. Die Kommunalverfassungsbeschwerde hat eine hohe praktische Bedeutung.[38] 47

Neben den im VerfGHG beschriebenen Verfahren (zur Verfassungsbeschwerde sogleich unten) sind einfachgesetzlich dem VerfGH noch weitere Verfahren zugewiesen (vgl. § 8 Abs. 2 VerfGHG), die mit Volksabstimmung und Volksbegehren (Art. 59, 60 LV) in Zusammenhang stehen. Hier sind in §§ 23, 29, 44 **Volksabstimmungsgesetz**[39] die wesentlichen Zulässigkeitsvoraussetzungen geregelt. 48

3. Insbesondere: Die Landesverfassungsbeschwerde

Die Landesverfassungsbeschwerde wurde im Jahre 2013 in die LV aufgenommen und stellt damit unter den landesverfassungsrechtlichen Rechtsbehelfen das einzige Instrument des Grundrechtsschutzes dar.[40] Sie wurde der Verfassungsbeschwerde des Bundesrechts nachgebildet. Dies erklärt ihre geringe Erfolgsquote. Nach den Jahresstatistiken des BVerfG liegt die Erfolgsquote der Verfassungsbeschwerde grundsätzlich unter 2%.[41] Dass es beim VerfGH kaum anders ist, lässt sich allein schon daraus entnehmen, dass in den Pressemitteilungen über die Entscheidungen des VerfGH die Überschrift „Verfassungsbeschwerde als unzulässig zurückgewiesen", gelegentlich auch „als offensichtlich unbegründet zurückgewiesen", dominiert.[42] 49

---

36 Vgl. zuletzt GBl. BW 2015, S. 1030.
37 *Haug/Haug*, Verfassung des Landes Baden-Württemberg, Art. 31 Nr. 23.
38 Zur Statistik vgl. *Haug/Pautsch*, Verfassung des Landes Baden-Württemberg, Art. 76 Rn. 2.
39 GBl. BW 2016, 445 mit Änderung GBl. BW 2017, S. 99 f.
40 Vgl. LT-Drs. 15/2153, S. 10.
41 Bundesverfassungsgericht.de (dort unter „Jahresstatistiken").
42 https://verfgh.baden-wuerttemberg.de/de/entscheidungen/.

50 Im VerfGHG gewinnt man einen entsprechenden Eindruck dadurch, dass sich gleich vier Absätze des § 58 VerfGHG (Abs. 2 bis 5) mit der **Zurückweisung der Verfassungsbeschwerde** als unzulässig oder offensichtlich unbegründet befassen. Auch der Gesetzgeber schien ersichtlich ein Interesse daran zu haben, dass Verfassungsbeschwerden möglichst zurückgewiesen werden – und dass der Beschwerdeführer möglichst wenig zu den Gründen hierfür erfährt, wie § 58 Abs. 2 Satz 3 VerfGHG zeigt: Die Zurückweisung einer Verfassungsbeschwerde als unzulässig oder offensichtlich unbegründet bedarf im Regelfall **keiner Begründung.** Der Landesgesetzgeber folgte damit dem unsäglichen Vorbild des sogar noch strenger ausgestalteten § 93d Abs. 1 Satz 3 BVerfGG.[43]

51 In einer Klausur muss der Bearbeiter gleichwohl davon ausgehen, dass eine Verfassungsbeschwerde durchaus auch einmal begründet sein kann und benötigt deshalb solide verfassungsprozessuale und materiell-verfassungsrechtliche Kenntnisse. Das materielle und prozessuale Wissen aus dem Bundesrecht kann für die Landesverfassungsbeschwerde nutzbar gemacht werden, vorausgesetzt, man ist mit den Normen vertraut und erkennt die entsprechenden Unterschiede.

a) Überblick über die Voraussetzungen der Verfassungsbeschwerde

52 Die Zulässigkeits- und Begründetheitsprüfung einer Landesverfassungsbeschwerde kann anhand des folgenden Prüfungsschemas vorgenommen werden:

53 **Zulässigkeit und Begründetheit einer Verfassungsbeschwerde zum VerfGH**
I. Zulässigkeit

1. *Zuständigkeit des VerfGH*
Art. 68 Abs. 1 Nr. 4 LV, §§ 55 ff. VerfGHG
2. *Ordnungsgemäße Form*
Schriftform, § 15 Abs. 1 Satz 1 VerfGHG, Bezeichnung der Handlung und Begründungszwang, § 56 Abs. 1 und 2 Satz 1 VerfGHG
3. *Antragsberechtigung*
§ 55 Abs. 1 VerfGHG: „jeder", auch juristische Personen (Art. 2 Abs. 1 LV, Art. 19 Abs. 3 GG; Körperschaften des öffentlichen Rechts (Art. 5, 7 LV))
4. *Beschwerdegegenstand*
§ 55 Abs. 1 VerfGHG: Akt öffentlicher Gewalt des **Landes** (Verwaltungshandeln, Gesetze, Gerichtsentscheidungen)
5. *Beschwerdebefugnis*
§ 55 Abs. 1 VerfGHG: Der Beschwerdeführer muss behaupten, in einem **subjektiven Recht aus der LV** verletzt zu sein (die Verletzung muss als möglich erscheinen).
Darüber hinaus muss er behaupten, **selbst, gegenwärtig und unmittelbar** in diesen Rechten beeinträchtigt zu sein
6. *Rechtswegerschöpfung* und *Subsidiarität*
§ 55 Abs. 2 Satz 1 VerfGHG: Es müssen alle Rechtsmittel ausgeschöpft sein und darüber hinaus alle prozessualen Möglichkeiten ergriffen sein, um die Rechtsverletzung zu korrigieren.
7. *Beschwerdefrist*
§ 56 Abs. 2 VerfGHG: Monatsfrist (mit Wiedereinsetzungsmöglichkeit gem. § 56 Abs. 3 VerfGHG), bei Gesetzen Jahresfrist, § 56 Abs. 4 VerfGHG

---

43 Zur Kritik vgl. *Kroitzsch* NJW 1994, 1032 (1035), der von einem „Wandel der Staatsform" der Bundesrepublik spricht und durch dieses Verfahren aristokratische Tendenzen gefördert sieht – mit der Rolle der Verfassungsgerichtsbarkeit als aristokratische Herrscher.

II. Begründetheit

Die Verfassungsbeschwerde ist begründet, wenn der Beschwerdeführer durch den Hoheitsakt in einem subjektiven Recht aus der LV verletzt ist, vgl. § 59 Abs. 1 und 2 VerfGHG (einstweilige Anordnungen gem. § 25 VerfGHG möglich).

b) Die Zulässigkeitsvoraussetzungen im Einzelnen

Bezüglich der **Zuständigkeit** des VerfGH ist in einer Klausurbearbeitung lediglich die im Schaubild genannte Normenkette wiederzugeben.

54

Hinsichtlich der **Form** ist gemäß § 15 Abs. 1 Satz 1 VerfGHG die Schriftform vorgeschrieben, darüber hinaus ist der Antrag gemäß § 15 Abs. 1 Satz 2 VerfGHG zu begründen. Die Vorgaben hinsichtlich der Schriftform sind dieselben, die auch in anderen Verfahren hinsichtlich der Schriftform bestehen. In Ermangelung einer besonderen Regelung ist somit eine Einreichung von Schriftsätzen per E-Mail an den VerfGH nicht möglich. Ein Telefax dagegen genügt der Schriftform.[44]

55

Antragsberechtigt ist jeder, der Träger des von ihm geltend gemachten Rechts sein kann. Hierzu gehören alle Grundrechtsträger, vgl. Art. 2 Abs. 1 LV. Soweit juristische Personen des öffentlichen Rechts (Kirchen, Universitäten) Grundrechtsträger sein können, sind somit auch sie antragsberechtigt, da Art. 2 Abs. 1 LV die Grundrechte des GG als Bestandteil der LV ansieht. Somit kann auch ein Minderjähriger, der Grundrechtsträger ist, eine Verfassungsbeschwerde erheben. In welcher Weise er beim VerfGH vertreten wird, ist eine Frage der **Prozessfähigkeit**. Hier wird generell keine starre Altersgrenze angenommen.[45]

56

Beschwerdegegenstand kann nur ein Akt öffentlicher Gewalt des **Landes** sein. Dies ergibt sich eindeutig aus § 55 Abs. 1 Satz 1 VerfGHG.

57

Beispiel:
Bundesgesetze sowie höchstrichterliche Entscheidungen des BGH oder des BVerwG, die sehr häufig Gegenstand von Verfassungsbeschwerden auf Bundesebene sind, scheiden somit als Prüfungsgegenstand der Landesverfassungsbeschwerde von vornherein aus.

58

Letztlich verbleiben als Gegenstand der Verfassungsbeschwerde zum VerfGH insbesondere letztinstanzliche Entscheidungen der Gerichte des Landes, gegen die keine Revision zu einem Bundesgericht mehr möglich ist, sowie Landesgesetze.

59

Beispiel:
Das vorläufige Rechtsschutzverfahren im Verwaltungsrecht nach § 80 Abs. 5 VwGO oder § 123 VwGO endet gemäß §§ 146, 152 Abs. 2 VwGO mit der Beschwerdeentscheidung durch den VGH Mannheim. Eine solche letztinstanzliche Entscheidung kann Gegenstand einer Landesverfassungsbeschwerde sein. – Ebenso kann sich die Verfassungsbeschwerde gegen ein Landesgesetz richten.

60

Die **Beschwerdebefugnis** erfordert zunächst, dass die Verletzung des in der Begründung der Verfassungsbeschwerde angeführten subjektiven Rechts aus der LV **als möglich erscheint**.[46] Darüber hinaus muss der Beschwerdeführer behaupten, in dem ange-

61

---

44 *Haug/Hofmann*, Verfassung des Landes Baden-Württemberg, Art. 68 Rn. 163.
45 *Haug/Hofmann*, Verfassung des Landes Baden-Württemberg, Art. 68 Rn. 140 mwN.
46 VerfGH 1 VB 70/16 Rn. 2 ff.

führten Recht **selbst, gegenwärtig und unmittelbar** verletzt zu sein. Die Formulierung des „selbst, gegenwärtig und unmittelbar" findet im Wortlaut des § 55 Abs. 1 VerfGHG keine Stütze. Sie wurde vielmehr aus der Rechtsprechung des BVerfG übernommen, ohne dass diese zusätzliche Zulässigkeitsvoraussetzung auch nur ansatzweise gesetzlich geregelt wäre. Dennoch ist sie so bedeutungsvoll, dass der VerfGH auf sie auf seiner Internetseite hinweist.[47]

62 **Beispiel:**
X wehrt sich gegen ein Landesgesetz, wonach er für seine frisch eingebaute Ofenheizung eine Genehmigung benötigt.

63 Im Sinne der Beschwerdebefugnis erscheint es hier durchaus möglich, dass der Beschwerdeführer in seinem Eigentumsrecht, in seinem Recht auf Unverletzlichkeit der Wohnung oder auch in seiner allgemeinen Handlungsfreiheit beeinträchtigt ist. Es fehlt aber an der Unmittelbarkeit: Eine unmittelbare Betroffenheit liegt nur dann vor, wenn die gesetzliche Regelung **ohne weiteren Vollzugsakt** in Grundrechte eingreift. Dies ist hier (noch) nicht der Fall, sondern erst dann, wenn der X eine Genehmigung beantragt hat, diese ihm verweigert wird und er dagegen erfolglos den Rechtsweg beschreitet (der dann wohl beim BVerwG enden würde, so dass es gegen dessen letztinstanzliches Urteil zu keiner Landesverfassungsbeschwerde mehr kommen könnte). Die Verfassungsbeschwerde ist also unzulässig, weil der Beschwerdeführer durch das Gesetz gerade nicht unmittelbar in seinen Rechten beeinträchtigt sein kann.

64 Hieran wird deutlich, dass die Anforderungen des „selbst, gegenwärtig und unmittelbar" die subjektiven Hürden der Zulässigkeit einer Verfassungsbeschwerde erhöhen. Dies mag aus Gründen des effektiven Rechtsschutzes möglicherweise geboten sein. Zu kritisieren ist aber, dass diese Zulässigkeitsvoraussetzung praeter constitutionem angewandt wird, obwohl sie weder im Bundes- noch im Landesrecht einen gesetzlichen Niederschlag gefunden hat. Für die Klausurbearbeitung bedeutet dies, dass man diese Voraussetzungen kennen und lernen muss.

65 Die Voraussetzungen des „selbst" und „gegenwärtig" bereiten in der Zulässigkeitsprüfung geringere Probleme. Selbst betroffen ist ein Beschwerdeführer, wenn der Akt öffentlicher Gewalt an ihn gerichtet ist und gegenwärtig betroffen ist er, wenn aktuell, also „schon und noch" der Akt öffentlicher Gewalt auf den Beschwerdeführer einwirkt.

66 **Beispiel:**
Eine Verfassungsbeschwerde gegen einen Gesetzesentwurf des Landesrechts wird unabhängig von der möglicherweise fehlenden unmittelbaren Betroffenheit auch an der fehlenden gegenwärtigen Betroffenheit scheitern.

67 **Rechtswegerschöpfung** und **Subsidiarität** sind zwei verschiedene Dinge. Während die Rechtswegerschöpfung in § 55 Abs. 2 VerfGHG eindeutigen gesetzlichen Niederschlag gefunden hat, reicht der Grundsatz der Subsidiarität – eine weitere Rechtsfortbildung ohne gesetzliche Grundlage – weiter, als er in § 55 Abs. 1 VerfGHG normiert ist. Er-

---

47 VerfGH Baden-Wuerttemberg.de/de/Aufbau-und-Verfahren/Verfassungsbeschwerde/.

schöpfung des Rechtswegs iSv § 55 Abs. 2 Satz 1 VerfGHG bedeutet zunächst, dass gegen den angegriffenen Akt der öffentlichen Gewalt kein Rechtsmittel mehr möglich sein darf. Diese Regelung betrifft vor allem Gerichtsentscheidungen. Gegen Gesetze sind einem individuell Betroffenen keine vorrangigen Rechtsmittel möglich, gegen Rechtsnormen im Range unter dem Landesrecht (zB Polizeiverordnungen) steht aber sehr wohl die Normenkontrolle gemäß § 47 VwGO iVm § 4 AGVwGO zur Verfügung.

Somit ist der häufigste Anwendungsfall der Rechtswegerschöpfung die Verfassungsbeschwerde gegen letztinstanzliche Entscheidungen von Gerichten des Landes Baden-Württemberg. Hier kommen insbesondere, abhängig von den Prozessordnungen, Entscheidungen der Landgerichte, der Oberlandesgerichte oder des VGH in Betracht. Zur Rechtswegerschöpfung gehört auch, dass in der letzten Instanz (des Landes) von der Anhörungsrüge Gebrauch gemacht wurde (vgl. § 321a ZPO und § 152a VwGO).[48]

Beispiel:
Nach erfolgloser Anhörungsrüge erhebt X eine Verfassungsbeschwerde zum VerfGH gegen eine Beschwerdeentscheidung des VGH Mannheim, in der er in einem einstweiligen Rechtsschutzverfahren gemäß § 80 Abs. 5 VwGO unterlegen ist. Der im einstweiligen Rechtsschutzverfahren streitgegenständliche Verwaltungsakt ist erstinstanzlich noch vor dem VG anhängig. Ist der Rechtsweg erschöpft?

Ja. Hinsichtlich der Rechtswegerschöpfung sind die jeweiligen Verfahren getrennt zu betrachten. Im Verfahren des vorläufigen Rechtsschutzes hat X, insbesondere nach der erhobenen Anhörungsrüge vor dem VGH, keine weiteren Rechtsschutzmöglichkeiten mehr. Bei der noch anhängigen Anfechtungsklage handelt es sich um ein anderes Verfahren, das seinerseits die Möglichkeit bietet, die Instanzen zu beschreiten. Die Zulässigkeit der Verfassungsbeschwerde scheitert damit nicht an der Rechtswegerschöpfung.

Die **Subsidiarität** der Verfassungsbeschwerde kommt im Wortlaut des Gesetzes nur insoweit zum Ausdruck, als § 55 Abs. 1 VerfGHG normiert, dass eine Verfassungsbeschwerde zum VerfGH nur dann zulässig ist, soweit nicht Verfassungsbeschwerde zum BVerfG erhoben ist oder wird. Damit ist es jedoch leider mit der Subsidiarität noch nicht endgültig getan. Denn der VerfGH hat die Rechtsprechung des BVerfG übernommen, wonach der Beschwerdeführer über die Erschöpfung des Rechtsweges im engeren Sinne hinaus alle nach Lage der Sache zur Verfügung stehenden prozessualen Möglichkeiten ergreifen muss, um die Korrektur der geltend gemachten Grundrechtsverletzung durch die Fachgerichte zu erwirken oder eine Grundrechtsverletzung zu verhindern.[49] Damit wird ein weiteres Mal praeter constitutionem eine Zulässigkeitshürde aufgebaut, die nicht im Gesetz geregelt ist.

Beispiel:
Scheitert die Verfassungsbeschwerde gegen die letztinstanzliche Entscheidung im vorläufigen Rechtsschutz (siehe oben) an der Subsidiarität?

---

48 In einem Klausursachverhalt sollte, auch wenn Angaben fehlen, davon ausgegangen werden, dass die Anhörungsrüge stattgefunden hat.
49 VerfGH 1 VB 15/13, Rn. 170; BVerfG 1 BvR 1841/99, Rn. 21.

73 Bei letztinstanzlichen Entscheidungen im vorläufigen Rechtsschutz gewinnt der Subsidiaritätsgrundsatz eine entscheidende Bedeutung. Da nach dem oben Gesagten Subsidiarität dahin gehend zu verstehen ist, dass der Beschwerdeführer alles unternehmen muss, um ohne Inanspruchnahme der Verfassungsgerichtsbarkeit sein klägerisches Ziel zu erreichen, gehört hierzu – über den vorläufigen Rechtsschutz hinaus – grundsätzlich die Durchführung des entsprechenden Klageverfahrens. Im vorliegenden Fall wird somit dem Kläger grundsätzlich abverlangt, die verwaltungsgerichtliche Klage („Hauptsacheverfahren") bis zur letzten Instanz durchzuführen und erst dann gegen das letztinstanzliche Urteil Verfassungsbeschwerde zu erheben.

74 Der Grundsatz der **Subsidiarität** wird jedoch dann **durchbrochen**, wenn dem Beschwerdeführer ein schwerer und unabwendbarer Nachteil entstünde, falls er auf die weiteren Verfahren verwiesen würde.[50] Es ist natürlich zu kritisieren, dass zunächst das BVerfG ohne gesetzliche Grundlage weitere Zulässigkeitshürden aufstellt und dass sich der VerfGH, erst recht ohne gesetzliche Grundlage, diesen Grundsätzen anschließt. Da dies aber ganz offensichtlich kritiklos hingenommen wird,[51] ist eine Klausurlösung leider nicht der richtige Platz, um die von der Verfassungsgerichtsbarkeit außerhalb des Gesetzes aufgestellten zusätzlichen Zulässigkeitsvoraussetzungen durch eine neue Dogmatik zu ersetzen.

75 Gleichwohl sollte man sich bewusst sein, dass die **Erfolglosigkeit vieler Verfassungsbeschwerden** in der Praxis, sei auf Bundes- oder auf Landesebene, auch hierin ihre Ursache findet. Im zu prüfenden Fall ist somit nach der Vorgabe der Verfassungsgerichtsbarkeit danach zu fragen, ob dem Beschwerdeführer ein schwerer und unabwendbarer Nachteil entstünde, wenn er, trotz letztinstanzlicher Entscheidung im vorläufigen Rechtsschutz, auch noch das Klageverfahren durchführen müsste. Als Anhaltspunkt dürfen hier die Kriterien des § 55 Abs. 2 Satz 2 VerfGHG dienen, der jedoch vom Wortlaut nicht einschlägig ist, weil er von der „Erschöpfung des Rechtswegs" spricht, die hier dargestellte Problematik jedoch in der Subsidiarität zu verorten ist.

76 **Beispiel:**
X wehrt sich gegen eine ausländerrechtliche Ausweisungsverfügung mit dem Argument, er werde in seinem Heimatland von Folter bedroht. Sein Antrag gemäß § 80 Abs. 5 VwGO wird sowohl vom Verwaltungsgericht als auch vom VGH Mannheim zurückgewiesen.

77 Soweit die Bedrohung durch Folter im Verwaltungsverfahren glaubwürdig vorgetragen wurde, scheitert die Verfassungsbeschwerde gegen die letztinstanzliche Entscheidung des VGH nicht an der Subsidiarität, denn angesichts der Bedrohung des X für Leib und Leben entstünde ihm ein schwerer und unabwendbarer Nachteil, wenn er auf das Klageverfahren verwiesen würde. Dieser schwere und unabwendbare Nachteil ergibt sich daraus, dass die Ausweisungsverfügung vollstreckt werden könnte, bevor über sein Begehren endgültig entschieden ist.

---

50 *Haug/Hofmann*, Verfassung des Landes Baden-Württemberg, Art. 68, Rn. 149.
51 *Haug/Hofmann*, Verfassung des Landes Baden-Württemberg, Art. 68, Rn. 146.

Beispiel:
A beantragt eine Baugenehmigung und bekommt sie von der Behörde verweigert. Im Wege des § 123 VwGO beantragt er einstweiligen Rechtsschutz, um in den Genuss der Baugenehmigung zu kommen. VG und VGH Mannheim weisen seinen vorläufigen Rechtsschutzantrag zurück. Die Verpflichtungsklage auf Erteilung der Baugenehmigung ist noch erstinstanzlich anhängig. Ist eine Verfassungsbeschwerde zum VerfGH gegen die letztinstanzliche Entscheidung des VGH Mannheim im vorläufigen Rechtsschutz im Hinblick auf die Subsidiarität zulässig?

Der Grundsatz der Subsidiarität der Verfassungsbeschwerde verlangt, wie ausgeführt, dass der Beschwerdeführer über die Rechtswegerschöpfung hinaus alle prozessualen Möglichkeiten ergreifen muss, um eine Grundrechtsverletzung zu verhindern. Dazu gehört grundsätzlich auch die Durchführung des verwaltungsgerichtlichen Hauptsacheverfahrens, es sei denn, es würde dem Beschwerdeführer ein schwerer und unabwendbarer Nachteil entstehen, wenn er auf das Hauptsacheverfahren verwiesen würde.

Dies ist, anders im Beispiel davor, vorliegend nicht der Fall. Es ist keine irreparable Grundrechtsverletzung ersichtlich, wenn der A abwarten muss, bis er sein Begehren auf Baugenehmigung in der Hauptsache durchsetzen kann. Die Verfahrensdauer im Hauptsacheverfahren ist zwar naturgemäß deutlich länger als im vorläufigen Rechtsschutz, jedoch liegt hierin kein schwerer und unabwendbarer Nachteil. Die Rechtsposition des A verändert sich gegenüber seiner gegenwärtigen Situation nicht. Er erhält lediglich nicht das, was er erst begehrt und gegenwärtig noch nicht hat. Somit scheitert die Verfassungsbeschwerde an der Subsidiarität.

Wie sich zeigt, erscheinen die Zulässigkeitsvoraussetzungen der Beschwerdebefugnis und der Subsidiarität als problematischer als die anderen Zulässigkeitsvoraussetzungen. Zu diesen gehört auch – abschließend – die **Beschwerdefrist**, § 56 Abs. 2 VerfGHG, die einen Monat beträgt. Bei Gesetzen richtet sich die Frist nach § 56 Abs. 4 VerfGHG und beträgt ein Jahr seit dem Inkrafttreten des Gesetzes, welches nicht mit seinem Veröffentlichungsdatum identisch ist, sondern dem jeweiligen Gesetzestext zu entnehmen ist.

Zu Anfang der **Begründetheitsprüfung** sollte auf § 59 Abs. 1 VerfGHG Bezug genommen werden, woran sich die Prüfung des angefochtenen Hoheitsaktes auf die Verletzung des subjektiven Rechts aus der LV anschließt.

IV. Fragen zur Lernkontrolle

Die folgenden Fragen dienen zur Kontrolle, ob Sie den Stoff verstanden haben. Wie in den anderen Rechtsgebieten gilt auch hier die Empfehlung, dass Sie sich zu den Antworten eigene Notizen machen, bevor Sie sie unter den Randnummern nachschlagen. Empfehlenswert ist auch, sich in einer Arbeitsgruppe die Antworten gegenseitig abzufragen. Dabei ist zu berücksichtigen, dass rein landesverfassungsrechtliche Klausuren in den juristischen Staatsexamina, wo Sie über das hier Erarbeitete hinaus umfassende Kenntnisse des Bundesverfassungsrechts benötigen, grundsätzlich nicht zu erwarten sind. Aus diesem Grund wird in diesem Kapitel als einzigem auf die Wiedergabe von Fällen verzichtet.

1. Welche verfassungsrechtlichen Folgen ergeben sich aus der Formulierung in Art. 23 Abs. 2 LV, wonach das Land Baden-Württemberg ein „Glied der Bundesrepublik Deutschland" ist? (Rn. 3 ff.)
2. Welche materiellen Rechte enthält LV über die in Art. 2 Abs. 1 LV aus dem GG übernommenen Grundrecht hinaus? (Rn. 5)
3. Welche Funktion hat Art. 25 Abs. 2 LV? (Rn. 5)
4. Über welche Normverstöße entscheidet der Verfassungsgerichtshof? (Rn. 7)
5. Warum lässt sich die Gründung des Landes Baden-Württemberg als „demokratiedefizitär" bezeichnen? (Rn. 12 ff.)
6. Wie wirkt sich Art. 2 Abs. 1 LV auf den materiellen Inhalt der LV aus? (Rn. 25)
7. Welche Staatsprinzipien sind in Art. 23 Abs. 1 LV geregelt? (Rn. 27 ff.)
8. Wie sind die Staatsprinzipien Demokratieprinzip, Sozialstaatsprinzip, republikanisches Prinzip und Rechtsstaatsprinzip auf die Normen der LV verteilt? (Rn. 27 ff.)
9. Welche Prüfungsmaßstäbe sind Grundlage für die Entscheidungen des BVerfG und des VerfGH? (Rn. 32 ff.)
10. Welche Verfahren gibt es vor dem VerfGH? (Rn. 39 ff.)
11. Worin unterscheidet sich die Zulässigkeitsprüfung der Landesverfassungsbeschwerde von der Zulässigkeitsprüfung der Verfassungsbeschwerde des Bundesrechts? (Rn. 53)
12. Wer ist bei einer Verfassungsbeschwerde zum VerfGH antragsberechtigt und was kann nur Beschwerdegegenstand der Verfassungsbeschwerde sein? (Rn. 56 f.)
13. Aus welchen zwei Elementen besteht die Prüfung der Beschwerdebefugnis bei der Verfassungsbeschwerde vor dem VerfGH? (Rn. 61 ff.)
14. Worin unterscheiden sich die Zulässigkeitsvoraussetzungen Rechtswegerschöpfung und Subsidiarität? (Rn. 67 ff.)
15. Wie wirkt sich die Zulässigkeitsvoraussetzung der Subsidiarität bei Verfassungsbeschwerden gegen letztinstanzliche Entscheidungen des vorläufigen Rechtsschutzes aus? (Rn. 73 f.)

Stichwortverzeichnis

Die Angaben verweisen auf die Paragrafen des Buches (**fette Zahlen**) sowie die Randnummern innerhalb der einzelnen Paragrafen (magere Zahlen).

Abbruch von Anlagen **1** 82
Abbruchanordnung **1** 98 ff.
Abbruchanordnung, Unverhältnismäßigkeit **1** 339 ff.
Abrundungssatzungen **1** 313
Abschleppfälle **3** 294 ff.
Abstandsvorschriften **1** 318 f.
Abstrakte Gefahr **3** 311 ff.
Abstrakte Normenkontrolle **5** 43
Abwägungsgebot **1** 250
– Verletzung **1** 291 ff.
Abweichungen, unbeplanter Innenbereich **1** 202
Adressatenauswahl, Bauordnungsrecht **1** 115
Alkoholverbote **3** 316, 328 ff.
Allgemeine Verwaltungsvollstreckungsvoraussetzungen **4** 77 ff.
Allzuständigkeit **2** 91
Amtsblatt **2** 44, 330 ff.
Amtshaftungsansprüche **3** 389 ff.
Amtshilfe **3** 139 ff.
Analogieverbot **3** 18
Androhung **4** 64
Androhung von Zwangsmitteln **4** 34 ff.
Angelegenheiten der örtlichen Gemeinschaft **2** 11 ff.
Anordnung der Rechtsaufsicht **2** 260 ff.
Anordnung der sofortigen Vollziehung **4** 30 ff.
Ansammlung **3** 164
Anscheinsgefahr **3** 33 ff.
Anschluss- und Benutzungszwang **2** 44
Anspruch auf Benutzung öffentlicher Einrichtungen **2** 301

Anspruch auf Einschreiten, Rechtsschutz **3** 451
Anspruch auf Öffentlichkeit, Gemeinderat **2** 153 ff.
Anspruch auf polizeiliches Einschreiten **3** 252 ff.
Art und Maß der baulichen Nutzung **1** 175 ff.
Atypische Maßnahmen **3** 245 ff.
Aufenthaltsverbot **3** 170
Aufsichtsakt als Verwaltungsakt **2** 235
Aufsichtsmaßnahmen, Rechtsschutz **2** 373 ff.
Auskreisung **5** 21
Ausnahme, Bauplanungsrecht **1** 179 ff.
Ausscheiden von Gemeinderäten **2** 94 ff.
Ausschüsse, Gemeinderat **2** 122 ff.
Außenbereich **1** 204 ff.
Aussetzung der Baugenehmigung **1** 240

Baueinstellung, sofortige Vollziehbarkeit **4** 25
Baugenehmigung, Erledigung **1** 335 ff.
Baugenehmigung, Legalisierungswirkung **1** 103
Baugenehmigung, Prüfungsmaßstab **1** 59 ff.
Baugenehmigung, Wirkung **1** 333 ff.
Bauliche Anlage **1** 48 ff.
– BauGB **1** 65
– Erweiterung **1** 343 ff.
– Wiederrichtung **1** 343 ff.
Baunutzungsverordnung **1** 172 ff.
Baunutzungsverordnung, Nachbarschutz **1** 185 ff.
Bauordnungsrecht, Begriff **1** 8 ff.

Stichwortverzeichnis

Bauplanungsrecht, Anwendbarkeit 1 162 ff.
Bauplanungsrechtliche Zulässigkeit von Vorhaben 1 157 ff.
Baurechtsgutachten 1 6 ff.
Bauvorbescheid 1 85 ff.
Beanstandung 2 253 ff.
Bebauungsplan
– Aufstellungsverfahren 1 262 ff.
– einfacher 1 168 ff.
– Finalprogramm 1 289
– Inhaltskontrolle 1 278
– qualifizierter 1 168 ff.
– Überprüfung 1 249 ff.
Bebauungszusammenhang 1 195
Befangenheit 1 272 ff., 2 186 f.
Befassungskompetenz 2 134
Befassungskompetenz des Gemeinderats 2 22 ff.
Befreiung
– Bauordnungsrecht 1 141 ff.
– Bauplanungsrecht 1 141 ff., 184
Bekanntmachung von Satzungen und Rechtsverordnungen 2 201
Beliehene 3 390
Beratende Ausschüsse 2 123
Beratung, Gemeinderat 2 162 ff.
Beschlagnahme 3 216 ff.
Beschließende Ausschüsse 2 123
Beschlussfassung, Gemeinderat 2 185 ff.
Besondere Verwaltungsvollstreckungsvoraussetzungen 4 90 ff.
Bestandsschutz 1 112, 330 ff.
Betreten und Durchsuchung von Wohnungen 3 205 ff.
Bezirksbeiräte 2 335 ff.
Bodenrecht, Begriff 1 7
Bodenrechtliche Relevanz 1 65 ff., 163
Bodenrechtliche Schicksalsgemeinschaft 1 373 ff.
Bodycams 3 341 ff.
„Böser Schein" 2 186 f.
Brandschutz 1 320 ff.

Bürgerbegehren und Bürgerentscheid 2 332 ff.
Bürgermeister 2 102 ff.
Bürgermeister und Gemeinderat, Aufgabentrennung 2 209
Bürgermeisterverfassung 2 103
Datenerhebung im Polizeirecht 3 232 ff.
Demokratiedefizitäre Gründung des Landes Baden-Württemberg 5 12 ff.
Demokratieprinzip 5 27
Doppelfunktionale Maßnahmen 3 12 ff.
Doppelstörer 3 69
Dringende Gefahr 3 211
Drittschützende Vorschriften 1 360 ff.
– Bauordnungsrecht 1 371
– Bauplanungsrecht 1 372 ff.
Durchsuchung 3 195 ff.
Durchsuchung von Wohnungen 3 205 ff.
Effektivität der Gefahrenabwehr 3 74
Ehrenamtliche Tätigkeit 2 93 ff.
Eigentumsbezogenheit des Nachbarschutzes 1 366
Eilzuständigkeit, Polizeirecht 3 118 ff.
Einberufung von Gemeinderatssitzungen 2 137 ff.
Einfügen, unbeplanter Innenbereich 1 197 ff.
Einstellung von Arbeiten 1 129 ff.
Einvernehmen
– Bauplanungsrecht 1 235 ff.
– Bauplanungsrecht, Ersetzung 1 242 ff.
– Bauplanungsrecht, Unanwendbarkeit 1 241
Einwirkungs- und Verschaffungsanspruch 2 353
Einwohner 2 303
EMRK 5 26
Enteignungsgleicher Eingriff 3 398 ff.
Entgegenstehen und Beeinträchtigen, Außenbereich 1 225

Stichwortverzeichnis

Entschädigung bei polizeilichen Maßnahmen 3 383 ff.
Entschädigungsansprüche nach § 55 PolG 3 386 ff.
Erfolglosigkeit von Verfassungsbeschwerden 5 75
Erhaltungssatzung 1 314 f.
Erkennungsdienstliche Maßnahmen 3 224 ff.
Erledigte polizeiliche Maßnahmen, Rechtsschutz 3 425 ff.
Ermächtigungsgrundlagen, Bauordnungsrecht 1 12
Ermessen im Polizeirecht 3 71 ff.
Ersatzvornahme 4 45 ff.
– in der Rechtsaufsicht 2 263 ff.
Ersetzung des kommunalen Einvernehmens 2 269 ff.
Erweiterung eines gewerblichen Betriebs 1 356
Fachaufsicht 2 226 ff., 272 ff.
Fernseh- und Rundfunksendung, Gemeinderat 2 155
Finanzhoheit 2 29 f.
Flächennutzungsplan 1 218, 305 ff.
Föderalismus 5 3
Formelle und materielle Illegalität 1 104 ff.
Fraktionen
– im Gemeinderat 2 116 ff.
– Rechte im Gemeinderat 2 210
Fraktionsausschluss, Gemeinderat 2 121
Fraktionsmindeststärke 2 117, 215
Freiwillige Aufgaben 2 44 ff.

Gebietshoheit 2 27
Gebot der Rücksichtnahme 1 376 ff.
– im Außenbereich 1 393 f.
– im Planbereich 1 382 ff.
– im unbeplanten Innenbereich 1 389 ff.
Gebot der Rücksichtnahme, Außenbereich 1 223
Gebühren und Auslagen 3 375 ff.

Gebührenbescheide 3 379 ff.
Gefahr im Verzug 3 213
– Verwaltungsvollstreckung 4 37
Gefährderansprache 3 338 ff.
Gefährdetes Objekt 3 165
Gefahrenverdacht 3 45 ff.
Gefährlicher Ort 3 164
Gemeinderat 2 90 ff.
Gemeinderat und Bürgermeister, Aufgabentrennung 2 209
Gemeinderatsbeschluss als Verwaltungsakt 2 194 ff.
Gemeindestraßen 2 43
Gemeindliche Vollzugsbedienstete 3 136 ff.
Genehmigungspflichtige Vorhaben 1 47 ff.
Generalklausel
– Polizeirecht 3 107 ff., 118, 244 ff.
Generalklausel, Bauordnungsrecht 1 132 ff.
Geschäftsordnung 2 32
Geschäftsordnung, Gemeinderat 2 158 ff.
Gewahrsam 3 180 ff.
Gewahrsam und EMRK 3 181 f.
Gleichartigkeit eines Gebäudes 1 354
Grenzen bei der Zulassung zu öffentlichen Einrichtungen 2 304 ff.
Grobe Ungebühr 2 172 ff.
Große Kreisstädte 2 66 ff.
Grundrechte bei Gemeinderäten 2 100 f.
Grundrechte in der Landesverfassung 5 5
Grundsatz der Spiegelbildlichkeit 2 125
Gründung des Landes Baden-Württemberg 5 12 ff.
Grund-Verwaltungsakt, Verwaltungsvollstreckung 4 16 ff.
Grundzüge der Planung 1 146

Handhabung der Ordnung, Gemeinderat 2 169 ff.

315

Handlungsstörer 3 52 ff.
Hauptsatzung 2 31
Haushaltssparsamkeit 2 326 ff.
Hausrecht, Rathaus 2 169 ff.
Heilungsvorschriften, Bebauungsplan 1 257
Heimatbund Badnerland 5 17
Hoheiten der Gemeinde 2 26 ff.

Identitätsfeststellung 3 158 ff.

Kenntnisgabeverfahren 1 81 ff.
Klagebefugnis, Gemeinde 2 62 ff.
Klagegegner bei Handeln des Landratsamtes 2 346
Kommunalaufsicht 2 220 ff.
Kommunale Selbstverwaltungsgarantie 2 7 ff.
Kommunalverfassungsbeschwerde 2 17, 378 ff., 5 47
Kommunalverfassungsstreit 2 204 ff.
– Zulässigkeitsprüfung 2 360 ff.
Konkrete Gefahr 3 27 ff.
Konkrete Normenkontrolle 5 44
Kontrollerlaubnis 1 69

Landesgebührengesetz 3 379
Landesverfassung
– Änderung 5 46
– und EMRK 5 26
– Verknüpfung mit dem Grundgesetz 5 24 ff.
Landesverfassungsbeschwerde 5 49 ff.
Landkreise 2 66 ff., 339 ff.
Landratsamt, Doppelfunktion 2 77 ff.
Landschaftsbild 1 219 ff.
Landwirtschaft 1 209 ff.
Laufende Verwaltung 2 104, 131

Mandatsaberkennung 5 41
Materielle Präklusion 1 45
Ministeranklage 5 40

Nachbarbeteiligung 1 44 f.
Nachbargemeinde 1 359
– Rechtsschutz 1 395 ff.
Nachbarklagen 1 401 ff.

Nachbarschutz 1 357 ff.
Nachträgliche Anordnungen 1 139
Nebenbestimmungen zur Baugenehmigung 1 70 ff.
Nichtigkeit von Gemeinderatsbeschlüssen 2 192
Normenkontrolle, Bebauungsplan 1 406 ff.
Nutzungsänderung 1 54 ff., 67
Nutzungsuntersagung 1 117 ff.

Obdachlose 3 335 ff.
Öffentliche Belange, Außenbereich 1 206
Öffentliche Einrichtungen 2 44, 277 ff.
Öffentliche Ordnung 3 29 ff.
– Versammlungsrecht 3 418 ff.
Öffentlichkeit der Gemeinderatssitzung 2 146 ff.
Organe der Gemeinde 2 86 ff.
Organe des Landkreises 2 344 ff.
Organisationshoheit 2 31
Organstreitverfahren 5 42
Örtliche Bauvorschriften 1 38 ff., 316
Ortsansässige Personenvereinigungen 2 303
Ortschaftsräte 2 335 ff.
Ortsgebundener gewerblicher Betrieb 1 214

Personalhoheit 2 40
Pflichtaufgaben 2 43
Planungshoheit 1 236
Platzverweis 3 168 ff.
Polizeibehörden 3 89
Polizeifestigkeit des Versammlungsrechts 3 408
Polizeikosten 3 362 ff.
Polizeipflicht von Hoheitsträgern 3 348 ff.
Polizeipflichtige 3 50 ff.
Polizeirechtliche Ermächtigungsgrundlagen 3 16 ff.
– Struktur 3 25

Stichwortverzeichnis

Polizeiverordnungen 3 307 ff.
- Abgrenzung zum Verwaltungsakt 3 319 ff.
- Inhaltskontrolle 3 458
- Zustimmung des Gemeinderats 2 133

Präventive und repressive Tätigkeit der Polizei 3 10 ff.

Privatisierung öffentlicher Einrichtungen 2 292 ff.

Privilegierte und sonstige Vorhaben 1 205 ff.

Putativgefahr 3 33 ff.

Rastede-Beschluss 2 10

Realakte, Polizeirecht 3 261 ff.

Recht am eigenen Wort 2 183

Recht auf informationelle Selbstbestimmung 3 234

Recht auf Vertraulichkeit und Integrität informationstechnischer Systeme 3 236 ff.

Rechtmäßigkeitskontrolle 2 222

Rechtsaufsicht 2 220 ff.
- Instrumente 2 251 ff.
- Zuständigkeit 2 242 ff.

Rechtsform öffentlicher Einrichtungen 2 290

Rechtsnachfolge im Polizeirecht 3 352 ff.

Rechtsstaatsprinzip 5 28

Regierungsbezirke 2 66 ff.

Republikanischer Rechtsstaat 5 27

Richterliche Entscheidung beim Gewahrsam 3 190 ff.

Rückkehrverbot 3 174

Rückstellung von Baugesuchen 1 312

Satzung
- BauGB 1 40
- unbeplanter Innenbereich 1 203

Satzungshoheit 2 35

Schadensersatz bei polizeilichen Maßnahmen 3 383 ff.

Scheingefahr 3 33 ff.

Schulträgerschaft 2 43

Schutz privater Rechte, Polizeirecht 3 125 ff.

Schutznormtheorie 1 362 ff.

Schwarzbauten 1 116

Selbsteintrittsrecht, Bauordnungsrecht 1 35 ff.

Selbstverwaltungsaufgaben 2 9, 42 ff.

Sicherstellung 3 216 ff.

Sitzungsunterlagen, Gemeinderat 2 142

Sofortige Vollziehbarkeit von Verwaltungsakten 4 87 ff.

Sozialstaatsprinzip 5 28

Spezialgesetze im Polizeirecht 3 95 ff.

Splittersiedlung 1 218

Stadtkreise 2 66 ff.

Standardmaßnahmen 3 102 ff., 151 ff.

Stellplätze 1 323 ff.

Störer 3 52 ff.

Störung 3 163, 185

Störungen der Gemeinderatssitzung 2 164 ff.

Tagesordnung
- Anträge 2 145
- Gemeinderat 2 120, 143 ff.

Teilbaugenehmigung 1 95 ff.

Teilprivilegierung 1 230 ff.

Theorie der unmittelbaren Verursachung 3 60 f.

Übertragung von gemeindlichen Aufgaben auf die Landkreise 2 350 f.

Unaufschiebbare Anordnungen von Polizeivollzugsbeamten 4 20 ff.

Unbeplanter Innenbereich 1 193 ff.

Unmittelbare Ausführung 3 265 ff.
- Kostenersatz 3 363 ff.

Unmittelbarer Zwang 4 48 ff.
- Polizeirecht 3 122

Untätigkeit der Bundesregierung 5 19

Untere Baurechtsbehörde 1 26 ff.

Untere Verwaltungsbehörde 2 58 ff.

Urproduktion 1 214

Veränderungssperre 1 240, 306 ff.

Vereinfachtes Baugenehmigungsverfahren 1 78 ff.
Verfahren vor dem VerfGH 5 32 ff.
Verfahrensrecht, Bauordnungsrecht 1 41 ff.
Verfassungsbeschwerde
- Zulässigkeitsvoraussetzungen 5 54 ff.
- zum VerfGH 5 49 ff.
Verfassungsgerichtshof 5 7 f.
Vergewaltigung des Volkswillens 5 17
Verhältnismäßigkeit im Polizeirecht 3 78 ff.
Verhältnismäßigkeit von Abschleppmaßnahmen 3 303 ff.
Verhältnismäßigkeit von Vollstreckungsmaßnahmen 4 95
Verkündungsgesetz 2 203
Verlassen der Sitzung, Gemeinderat 2 190
Versammlungsfreiheit 3 404 ff.
Versammlungsleiter, Ordnungsgewalt 3 411 f.
Versammlungsrecht 3 403 ff.
- Ermächtigungsgrundlagen 3 410 f.
Versammlungsspezifische Gefahren 3 414 f.
Vertretung der Gemeinde 2 107 ff., 200
Verunstaltungsverbote 1 325 ff.
Verwaltungsakte in der Verwaltungsvollstreckung 4 26
Verwaltungsgemeinschaften 2 76
Verwaltungsgerichtsbezirke 2 81 ff.
Verwaltungshelfer 3 390
Verwaltungsvollstreckung
- Kostenersatz 3 371 ff.
- Polizeirecht 3 265 ff.
- Rechtsschutz 4 99 ff.
- zeitliche Abfolge 4 14 ff.
- Zuständigkeit 4 63
Verwaltungsvollstreckung Polizeirecht 3 132
Volksabstimmung 5 23

Volksabstimmungsgesetz 5 48
Vollstreckung gegen Hoheitsträger 3 351
Vollstreckungsmaßnahmen, Rechtmäßigkeitsprüfung 4 58 ff.
Vollzugshilfe 3 139 ff.
Vorbehalt des Gesetzes im Polizeirecht 3 18
Vorhaben von Hoheitsträgern 1 53
Vorläufiger Rechtsschutz im Baurecht 1 404 f.
Vorsitzender des Gemeinderates 2 114
Vorübergehende Legalität 1 112
Wahlprüfungsbeschwerde 5 45
Weisungsaufgaben 2 9, 54 ff.
Weisungsrecht, Bauordnungsrecht 1 32 ff.
Widerspruchsbescheid, Kommunalrecht 2 50
Widerspruchsrecht des Bürgermeisters 2 199
Widmung öffentlicher Einrichtungen 2 281
Wiederholter Verstoß gegen die Ordnung 2 172 ff.
Wirtschaftliche Tätigkeit von Gemeinden 2 319 ff.
Wohnungsverweis 3 174
Zersiedelung 1 221
Ziele der Raumordnung 1 222
Zuständigkeit
- der Polizeibehörde 3 110 ff.
- des Polizeivollzugsdienstes 3 113 ff.
Zuständigkeiten
- im Polizeirecht 3 109 ff.
Zuständigkeiten, Bauordnungsrecht 1 12, 22 ff.
Zustandstörer 3 62 ff.
Zwangsgeld 4 40 ff.
Zwangsmittel 4 39 ff.
Zweckmäßigkeitskontrolle 2 222
Zweckveranlasser 3 70

Topaktueller Einstieg in die Materie

Ausländer- und Asylrecht
Einführung
Von VRiVG apl.-Prof. Dr. Andreas Dietz
5. Auflage 2023, 307 S., brosch., 29,90€
ISBN 978-3-8487-7466-1
E-Book 978-3-7489-3253-6
(NomosEinführung)

Die Neuauflage des Buches behält das bewährte Konzept bei und führt entlang der Grundstrukturen in das Ausländer- und Asylrecht in Deutschland ein. Das Werk stellt die Bezüge zum Verfassungs-, Verwaltungs- und Verwaltungsprozessrecht her und erleichtert erstmals mit Ausländer- und Asylrecht befassten Studierenden den Zugriff durch zahlreiche Beispiele aus der Verwaltungs- und Gerichtspraxis.

Gegenüber der Vorauflage sind die Rechtsänderungen und Rechtsprechungsentwicklungen im Bereich des Ausländer- und Asylrechts berücksichtigt worden, topaktuell insbesondere das Gesetz zur Einführung des Chancen-Aufenthaltsrechts, das Gesetz zur Beschleunigung der Asylgerichtsverfahren und Asylverfahren sowie das sog. Fachkräfteeinwanderungsgesetz.

 nomos-elibrary.de

Bestellen Sie im Buchhandel oder versandkostenfrei online unter nomos-shop.de
Alle Preise inkl. Mehrwertsteuer

 Nomos

Damit der Plan aufgeht

Städtebauliche Verträge
Beraten | Formulieren | Durchsetzen
Herausgegeben von
Prof. Dr. Michael Uechtritz
2023, 440 S., brosch., 59,– €
ISBN 978-3-7560-0066-1
E-Book 978-3-7489-1475-4

Städtebauliche Verträge gestalten – aber wie?

Städtebauliche Verträge sind das kommunale Mittel der Wahl – gerade bei aktuellen Themen wie klimagerechte Stadtentwicklung, Nachverdichtung und Förderung des sozialen Wohnungsbaus. Konkrete Handlungsanleitungen sind gefragt.

Beraten – Formulieren – Durchsetzen

Das neue Handbuch gibt rechtssichere Klauseln, Vertragsmuster und Formulierungsvorschläge an die Hand – ergänzt um ausführliche Erläuterungen zu den Problemen, die typischerweise mit dem Einsatz des jeweiligen Vertragstyps verbunden sind. Profitieren Sie vom Erfahrungsschatz ausgewiesener Expert:innen, direkt umsetzbar bei

- der Vorbereitung und Durchführung städtebaulicher Maßnahmen
- der Förderung und Sicherung der mit der Bauleitplanung verfolgten Ziele
- Kostenübernahmeregeln
- Vorhaben- und Erschließungsplänen.

Bestellen Sie im Buchhandel oder versandkostenfrei online unter nomos-shop.de
Alle Preise inkl. Mehrwertsteuer